U0935314

珍藏本
纪念版

汉译世界学术名著丛书

罗马帝国社会经济史

上册

〔美〕M.罗斯托夫采夫 著

马雍 厉以宁 译

2017年·北京

M. Rostovtzeff

THE SOCIAL AND ECONOMIC HISTORY OF ROMAN EMPIRE

Oxford at the Clarendon Press, 1957.

根据牛津克拉伦登出版社 1957 年修订第二版译出

图 1　一座 C. 尤留斯·恺撒雕像的上半身

（罗马，孔塞尔瓦托里宫）

汉译世界学术名著丛书
（120年纪念版·珍藏本）
出版说明

2017年2月11日，商务印书馆迎来120岁的生日。120年前，商务印书馆前贤怀揣文化救国的理想，抱持"昌明教育，开启民智"的使命，立足本土，放眼寰宇，以出版为津梁，沟通中西，为中国、为世界提供最富智慧的思想文化成果。无论世事白云苍狗，潮流左右激荡，甚至战火硝烟弥漫，始终践行学术报国之志，无改初心。

逐译世界各国学术名著，即其一端。早在20世纪初年便出版《原富》《天演论》等影响至今的代表性著作，1950年代后更致力于外国哲学和社会科学经典的译介，及至1980年代，辑为"汉译世界学术名著丛书"，汇涓为流，蔚为大观。丛书自1981年开始出版，历时三十余年，迄今已推出七百种，是我国现代出版史上规模最大、最为重要的学术翻译工程。

丛书所选之书，立场观点不囿于一派，学科领域不限于一门，皆为文明开启以来，各时代、各国家、各民族的思想与文化精粹，代表着人类已经到达过的精神境界。丛书系统译介世界学术经典，引领时代思想，为本土原创学术的发展提供丰富的文化滋养，为推动中国现代学术和现代化进程做出了突出的贡献。

为纪念商务印书馆成立 120 周年，我们整体推出“汉译世界学术名著丛书”120 年纪念版的珍藏本，寄望既利于文化积累，又便于研读查考，同时向长期支持丛书出版的译者、编者和读者致以敬意。

两甲子后的今天，商务印书馆又站在了一个新的历史时间节点上。我们不仅要铭记先辈的身影和足迹，更须让我们的步伐充满新的时代精神。这是商务人代代相传的事业，更是与国家和民族的命运始终紧密相连的事业。我们责无旁贷，必须做好我们这代人的传承与创造，让我们的努力和成果不仅凝聚成民族文化的记忆，还能成为后来人可以接续的事业。唯此，才能不负前贤，无愧来者。

商务印书馆编辑部

2017 年 10 月

译者前言

米哈伊尔·伊凡诺维奇·罗斯托夫采夫于1870年10月出生于俄国的基辅，曾就读于基辅大学和圣彼得堡大学，1901年获博士学位，1917年任圣彼得堡大学教授，1920年移居美国，先后担任威斯康星大学、耶鲁大学教授，1952年10月死于康涅狄格州的纽黑文。他早期的著作主要是在考古学和古代文物研究方面，后来转入西方古代社会经济史研究。《罗马帝国社会经济史》(1926年初版)和《希腊化世界的社会经济史》(1941年版)是他的两部代表作，它们使罗斯托夫采夫在西方古代社会经济史学界得到很高的评价。

《罗马帝国社会经济史》迄今一直被西方学术界公认为权威性的著作。它最早于1926年刊行英文版，1930年出了德文版，1932年出了意大利文版。此书的英文第二版，是罗斯托夫采夫死后于1957年出版的。第二版的出版得到了弗雷泽的许多帮助。第二版与第一版相比，正文并没有多大出入，但注释大大丰富了。第一版是一卷本，既有正文，又有注释；第二版扩充为两卷，第一卷为正文，第二卷全系注释。

在《罗马帝国社会经济史》一书中，罗斯托夫采夫应用的是把西方的历史学、经济学和社会学相结合的研究方法。他以大量碑铭、钱币、建筑遗址、器皿、苇纸卷等文物作为依据，结合古代罗马作家的著述，概述了罗马帝国时期的意大利和外省的社会经济状况，提出了关于罗马帝国兴衰原因的看法。他认为，罗马帝国的经济繁荣是以城市资产者的兴旺为基础的，城市的工商业和自耕农的经营使罗马帝国得到充裕的财政收入和农产品的供应，这就促使帝国昌盛。但后来，罗马帝国的统治者不但不注意维护这些资产者的利益，反而压榨他们，摧残他们所经营的事业，结果使得罗马帝国失去了赖以生存的基础，终于崩溃。他的这些看法受到了西方社会经济史学界的重视，被认为自成一派，以区别于那些把奴隶占有主与奴隶之间的对抗及其尖锐化作为罗马帝国衰亡的基本原因，以及把意大利半岛的居民与罗马帝国境内其他地区的居民之间的民族矛盾的激化作为罗马帝国衰亡的基本原因等流行观点。也正因为如此，所以苏联一些学者把罗斯托夫采夫对罗马帝国社会经济史的研究称为“现代派”，其含义是：罗斯托夫采夫把研究近代现代经济史中惯用的方法和术语（如“资产阶级”、“无产阶级”等）搬用于古代经济史的研究中，使古代史“现代化”了，从而认为这是反科学的。

当然，罗斯托夫采夫是一个资产阶级历史学家，他对马克思列宁主义是持否定态度的。他出于对十月革命的反感和对苏联经济制度、经济政策的极度不满，在论述罗马帝国兴衰原因时，竭力推崇城市资产者对国家社会经济繁荣的作用，指责政府对城市资产者的掠夺性政策。这是我们在阅读本书时需要注意和分析的。但考虑到罗斯托夫采夫在史料的搜集、整理方面，以及在运用这些史料概述罗马帝国社会经济面貌方面作了很大的努力，这本书仍有一定的参考价值，不应对它采取简单否定的做法。

我们原来已将两卷全部译完。但第二卷四十多万字注释一部分是繁琐的考证，对一般读者而言没有阅读的必要，而另一部分则是各种文字参考文献目录，几乎百分之九十以上在国内无法找到，因此，其出版的价值不大。我们和出版社商定目前暂时只出版第一卷，分上、下两册。

由于原书排印文字格式颇为复杂，在中译本中，为表示区别，并考虑到排印问题，我们把原作中的斜体字者改为加曲线，把大写字母者改为加重点。又，凡圆括号内之文字均为原作所有（有的圆括号系原作者自己所加，有的圆括号则系译者根据译文需要所加）；六角括号系修订者弗雷泽所加；尖括号内的文字则表示译者对原英文本中之其他文种（多半为希腊文或拉丁文）的专门名词的译称。译名对照表是商经同志参考原书索引后代为编制的，对此，我们表示感谢。

这部著作引用的资料极为繁富。由于我们学力有限，译文中错误之处在所难免，敬希各位读者不吝赐正是幸。

目　　录

图版目录

第二版序言

罗斯托夫采夫的《罗马帝国社会经济史》新版问世了，对此需要稍加说明。这部著作第一版(1926 年)绝版于 1940 年，很快就成了稀有之物。但为了适应研究的需要，首先代之而起的有德文版(1931 年)，继之又有意大利文版(1933 年)。早在第二次世界大战爆发以前，大家即已认为应当为该书编订一个英文第二版。可是，罗斯托夫采夫当时正措意于其他方面的研究，随后他的健康状况又遭受损害，因而这项工作显然不可能由作者本人担任而只好由旁人来代劳了。

1952 年，在克拉伦登出版社委员们的敦请下，我终于怀着诚惶诚恐的心情应承了这项任务。经过商讨之后，我们决定不增加任何新材料，而只把罗斯托夫采夫最后在意大利文版的正文和注文中所增添的全部内容编入这一新版英文本。我就是按这个原则来进行这项工作的。

我认为这个方案用不着另加说明。因为，事情很明显，任何人不可能指望独力将罗斯托夫采夫此书的资料在各方面都改成最新的资料；而如果用若干人手来进行这项工作，又势必会旷日持久。而且，更重要的是，我们考虑到，罗斯托夫采夫这部书虽未必全无疵瑕，但在其所涉及的这个主题方面已经成了一部经典著作，因此，倘若想用对一部手册发行新版时所采取的方式来大量修订一番，那简直是毫无道理的。不过，把作者在意大利文版中对这个主题所提出的一些最终结论补充进去，自属理所当然的事。毫无疑问，这部书显然基本上表达了罗斯托夫采夫经过最后考虑后对罗马帝国社会经济史所提出的看法。他的晚年从事于其他方面的活动：发掘杜腊遗址和撰写关于希腊化世界社会经济史的巨著。

本版除了增添我所翻译的意大利文版中补充修订的内容以外，基本上照录了原版的正文和注文。然而，它与意大利文版却有许多不同之处，可以说，它已取代了以前各种文版。除正文中稍有改动之外，主要的不同之处在于订正和增补了注文以及改变了图版的排列。

（一）订正部分。我力所能及地核对了注文中所引用的大量参考资料。这件繁重而枯燥的工作使我改正了最先存在于英文版、后来由于疏忽而仍然保留在德文版和意大利文版中的许多错误。引用希腊文著作时的大量错误和引用碑铭、苇纸卷时较少量的错误都改正过来了。无疑地，在注文中，特别是在引用期刊方面，还会有错误存在，但其数量肯定已大为减少。[①]

（二）对于史料，特别是对于碑铭文和苇纸卷，凡力所能及之处，我都补引了后出而较通行的刊本。这些史料，在罗斯托夫采夫引用时，有些尚未刊布，有些还只刊载在期刊或类似于期刊的出版物上。此外，对罗斯托夫采夫那种漫无条理和使人感到混乱的引用史料方式，我也力图使之条理化和系统化。

---

① 上文所言错误均指引用文献时的卷、期、节、页数而言。——译者

（三）为了使图版与它们所描绘的正文更加接近，并使之更加便于装订，我改变了某些图版的位置，其顺序自亦因之而有所改动。

需要提醒读者的是，在正文中有极个别的地方，我不得不凭自己的判断来确定罗斯托夫采夫的确凿意思何在，因为在不同的译文之间偶尔有些出入，这些出入似乎并非反映罗斯托夫采夫的看法有所改变，而只是翻译上的错误。这样的情形很少，也无关宏旨，所以我感到没有必要加以标明。

我对参考资料所作的增补，差不多全都加上了六角括号〔 〕。在征引一篇苇纸卷或碑铭文的较新刊本时，我没有一一说明这个新本是否优于罗斯托夫采夫所引之本，但在少数例外情况下，我在新引的参考资料之前加上一个▲符号，用以标志它是较优的版本。

碑铭文和苇纸卷的引得都是我自己编的。此外，我还加了一个古代作家引文引得。

名词和主题引得系伦敦市中心区学院文科硕士 H. C. 奥克利先生所编。我应向他表示深深的感谢，因为他一举而使我立时免除了一项额外的负担。

P. M. 弗雷泽序于牛津大学万灵学院

第一版序言

我写此书的宗旨，并非想在现有的那些罗马帝国史之外再增添一部新作。我的目的并不很宏伟，而且是有限度的。关于罗马皇帝们的外交政策、罗马帝国的法制史、民政与军事制度以及军队的组织等方面，我们均已深知其概况了。在描述意大利和某些行省的都市生活方面，已经有人写出了有价值的著作；同时，也已经有人试图介绍罗马统治下的某些行省地区历史发展的全貌。然而，我们还没有一部书或一篇论文全面地研究罗马帝国的社会经济生活，并探讨其演变的主要路线。谈到某些个别问题或某一特定时期，倒是有一些有价值的著作，但这些著作大多是从文物学的观点出发、而不是从历史学的观点出发来写的（例如 L. 弗里德兰德的精湛之作）。没有一个人曾下过功夫把帝国的社会经济演变同帝国的法制与政治的发展联系起来，或者同皇帝们的内政外交政策联系起来。本书就在这一方面进行初步尝试。我深知本书远远不能令人满意。这项工作本来是很艰巨而又复杂的。材料贫乏、零散，没有可资利用的统计数字。对我们手头一点点资料的解释，还大有争论的余地。而近代学者们所下的结论大多出自假设，往往过于武断。但是，尽管有这种种困难，这项工作本身仍然很吸引人。我相信，如果对社会经济状况不进行透彻的研究，要想写一部罗马帝国通史是办不到的。

为说明我的观点和方法，不妨简单地综述一下我通过仔细研究帝国历史的社会经济现象之后所得出的主要结论。这样一个提纲可能有助于读者通盘了解本书的各章。

罗马元老院议员和骑士这两个特权阶层曾共同构成一个半封建的大地主和商人阶级，他们的物质财富是从开发国家的资源得来的，而他们的政治权力又是从他们的财富得来的。可是，意大利的资产阶级和无产阶级形成了联盟，这个联盟在野心勃勃的政客和军阀的领导下终于摧毁了上述两个特权阶层的统治政权。奥古斯都的活动体现了中下层罗马公民的这一胜利，同时也表现了敌对势力之间的一次妥协。尤留斯氏和克劳迪亚斯氏又恢复了这场斗争：他们的政策是要建立一个以整个帝国的城市资产阶级为基础的国家，他们用残暴的恐怖手段对共和国晚期的显贵们的余威和愿望予以致命的打击。爆发一次新的内战，证实了由帝国所有城市里的中产阶级所支持的新型政府已经巩固无虞，于是，弗拉维攸斯氏就把旧显贵阶级的残余分子以及曾经一度取代这个阶级的皇家幸臣统统清洗干净。这个力量雄厚的中产阶级构成了国家的经济骨干，这是皇帝们有意识发展起来的，他们在东方行省和西方行省中都同样地一贯推行促进城市生活发展的政策；但是，资产阶级通过首都中代表他们的团体（弗拉维攸斯氏的新帝国元老院）和外省自治市的权贵们表达了他们不愿意支持这种由奥古斯都的元首制经尤留斯—克劳迪亚斯朝蜕化而形成的个人武力专政制度，这种制度在韦斯帕西安一度企图重建奥古斯都的元首制之后又在多米威安的独裁政体下复活了。资产阶级不愿意支持这种制度的

结果是建立了安东尼努斯氏的君主立宪专制政体，这种政体以整个帝国的城市中产阶级和各城市的自治政府为基础。君主虽有专制之权，但他被视为罗马人民的最高长官。在他的旁边，有代表城市资产阶级的元老院作为一个咨询机构。皇家的官吏和军队，与意大利和各行省的自治团体是平列的。

这种使帝国国家体制适应于占领导地位的社会力量的做法，有一个缺点。帝国的基础，即城市中产阶级的力量，不足以支持大一统国家的机构。因为城市资产阶级事实上是以下层阶级——乡村的农民和城市里的无产者——的辛勤劳动为基础的；因此它也同帝国的贵族与官吏一样，不愿意让下层阶级的人进入它这个阶级中来。所有这三个集团都愈来愈排斥外人，而帝国的社会也愈来愈分裂成两个阶级或两种等第——资产阶级与群众，或 *honestiores*〈豪族〉与 *humiliores*〈寒门〉。于是造成了一种尖锐的敌对状态，而且逐渐采取了城乡敌对的形式。皇帝们想用鼓励都会化运动和支持乡村农民与城市工人的方法来消除这种敌对情形，但这种努力无济于事。造成公元三世纪时危机的根本原因就是这种敌对状态，当时下层阶级的愿望是由军队表达出来的，同时也得到皇帝们的暗中赞助。塞韦鲁斯氏曾努力设法在这两个阶级之间建立一种共存状态，结果失败，其后斗争就蜕化为社会性的内战，同时造成了三世纪下半期的政治混乱局面。由此，资产阶级和社会上的各上层阶级都被摧毁，而建立了一种多少适应现状的新统治形式——四世纪与五世纪的东方专制政体，其基础建立在军队、一个强有力的官僚集团和农民群众之上。

对社会的演变与那进展虽很缓慢但却在逐步前进的社会生活

的发展二者之间的密切联系，无须加以强调。我绝不打算过高地估计经济现象在历史上的重要性；但我坚信，在描述社会生活时，如果不附带描述作为其基础的经济状况，那就会不全面，而且还会令人发生误解。因此，我在研究罗马帝国社会史的同时，尽力对其经济生活发展的总线索作出相应的描述。在这一方面，我也没有前人可资借鉴。帝国的经济状态已经是一个一再被人研究过的课题。对于各个专题，已经有人写出很有价值的著作。但是，以前却还没有人企图探索整个帝国经济发展的主要路线，没有人试图说明帝国的物质生活状况是怎样和为什么逐渐改变的，以及帝国早期的繁华生活是怎样和为什么如此彻底地退化成晚期那种原始的、半野蛮的生活的。

根据我研究得出的结论，可以简述如下。在社会演变的第一个阶段，大地主和商人阶级统治宣告终结，而在经济方面，作为共和国晚期特征并阻碍古代世界经济正常发展的典型封建资本主义方式也相应地被摧毁了。帝国贵族大批破产，他们的大量财富集中到皇帝手中，与此同时，以商业、工业和科学化的农业为基础的希腊化的城市资本主义在奥古斯都所恢复的和平安宁的太平气象中重新抬头并迅速地发展起来了。这种资本主义形态的代表人物是城市资产阶级，这个阶级的人数及其在社会上与政治上的重要性都在逐步增加。帝国的都会化运动既是这个发展过程中的主要因素，同时也是它最明显的表现。其结果是使工商业和农业都得到空前迅速而显著的发展；而城市所积累的资本之不断增长，给整个帝国城市生活的富丽繁华带来了新的刺激。

但是，这种城市资本主义逐渐在退化。城市资产阶级的普遍愿望是成为坐食年金者:其经济活动的主要目的在于使个人或家庭能够依靠一笔即使不太丰裕但却稳定可靠的收入来维持安静悠闲的生活。在帝国早期曾经使帝国每一个地区的工业都迅速发达起来、并促使工商业和农业技术水平大为提高的那种创造力逐渐在萎缩,从而使经济生活愈来愈停滞不前。城市中产阶级的活动蜕化成为对从事辛勤劳动的下层阶级进行的一种有系统的剥削。他们积累起来的财富大多投资在土地上面。商业和工业变成地方性的了;而且,收入主要是依靠农业,经营工商业变成了增加这项主要收入的一种手段而已。资产阶级对外人的排斥和经济剥削制度使下层阶级不能上升,也不能改善他们的物质福利。另一方面,国家需要更多的金钱和劳动力来维持国内太平无事的局面。政府还像以前一样只注意国家存亡攸关的问题,对经济的发展则不闻不问,未曾采取任何措施来刺激和促进经济的发展。反之,由于政府袒护城市资产阶级而几乎毫不顾及群众的福利,因而甚至更助长了经济发展的停滞。于是,维持国家生存的负担就全都压到了劳动阶级身上,从而使他们的物质福利迅速降低。但因为他们是城市所生产的工业制造品的主要消费者,所以,他们的购买力降低,也就不利于工商业的发展,由此大大加剧了工商业中业已出现的不景气现象。早在公元二世纪初,衰落现象即已明显开始。二世纪时的战争反映出帝国前途暗淡的经济萎缩,并唤起了皇帝们对经济问题的注意。然而,他们虽认识到这个危机,却无法来医治这病症。他们的措施幼稚愚蠢,丝毫无济于事。他们为了拯救国家而重走古代世界的老路——采取暴力和强制政策。他们对城市资产阶级和下层阶级施加暴力和强制,使这两个阶级之间的敌对情绪更加激烈。结果造成了城市资本主义的崩溃和三世纪时剧烈的经济危机，这次危机使整个工商业迅速萧条，使原始的经济方式复活，同时发展了国家资本主义。这些都是四世纪及以后若干世纪的生活中突出的现象。

遗憾的是，我不能在本书中谈到与此发展步调相同的第三个方面——帝国的精神生活、文化生活和艺术生活。对生活中的这些方面不作全面的探讨，则这幅图画显然是片面的、不完备的。但是，若要包罗这些内容，就不仅会使本书的篇幅扩大一倍，而且势必会不断地从这个主题的某一方面跳到另一方面，而对其中任何一个方面都不能作一番适当的研究。在一部以全面描述罗马帝国为宗旨的著作中，必须对这些方面加以阐述；但我已经有言在先，本书的宗旨并非如此。事实上，帝国的精神生活、文化生活和艺术生活也是沿着与社会经济生活相同的道路发展的。共和国晚期和帝国早期创造了一种风雅的、优美的、高度贵族化的文化，这种文化对于城市中产阶级和群众说来同样是陌生的。上层阶级那种哲学气息浓厚的玄妙宗教亦复如是。随着时代的变迁，这种高级文化逐渐被正在成长中的中产阶级所吸收，并被改造以适合他们的标准和需要。一世纪时的那种优雅的创作由于传播得太广泛，自然也就愈来愈简单、愈来愈通俗、愈来愈唯物化了。然而，即使是这样的文化，对于下层阶级还是陌生的，因此，他们在攻击城市、攻击城市资产阶级的时候，终于把这种文化也毁灭了。帝国晚期的新文明，一方面是基督教会在群众中所传播的一层古代文明的薄浆；另一方面则是上层阶级——无论是野教徒或基督教徒——的文明，那是一种外来的文明，极其风雅，但却是空虚的仿古货色。

简单介绍一下本书材料的分配和安排，对读者来说也许是有用的。谈到共和国晚期的第一章只是一个简要的轮廓。如果对此想作更全面的研究，就需要写一部专著，我希望不久以后，结合对整个希腊化时期社会经济生活的研究，写出这样一部书来。以下两章论到奥古斯都和论到尤留斯氏与克劳迪亚斯氏两朝的武力专政，但都不如叙述二世纪与三世纪的各章那么详细，这是因为对这一段叙述中的一些最主要之点，我可以向读者推荐近代若干书籍作为参考，那些书对这个主题已经谈得很透辟，而且引用的资料也很完备。我这部书的重点是阐述二世纪与三世纪的那一部分（第四章至第十一章），这是在罗马帝国的历史中最被忽视的一段时期。最末一章又是一个简要的轮廓，用以对罗马帝国早期和晚期在社会经济结构上的差异作一极其一般性的描述。

全书分为正文和注文两个部分。在正文中，我尽可能对帝国的社会经济发展作出明白畅达的概括性描绘，使每一个对这方面感兴趣的人都能理解。注文又分为两种性质。凡是我能够举出一部很好的近代书籍或论文作为对全部详细情节的参考资料的地方，以及凡是我自己的论断以别人的著作为根据的地方，我所加的注文就只是一种纯粹介绍参考文献目录的注释。我自己知道，这份目录是极不完备的。本书既不是一部教科书，也不是一部手册。一般而言，我避免挑选过时的书籍和论文作为参考文献。凡我列举的书籍和论文都是经我仔细阅读并引以为自己论述的根据的；那些对我没有帮助的书籍和论文都没有列入，因为它们对本书的读者大概也无所裨益。通常我尽量避免在注文中批评近代的著作；只有当我引用一部书籍以代表在这个主题方面的主要著作，而该书的结论却与我自己根据同样史料所得出的结论有分歧的时候,我才予以批评。然而,大部分注文并不是介绍参考文献目录的注释。当我找不到一部近代著作来帮助自己而必须靠自己去搜集史料和解释史料的时候,通常我都插入一些注文。这些注文实际上是对于各个不同专题的短论,其性质是一种附带的讨论或附录。这类注文有些很冗长,引文也很累赘,只有专门研究这些问题的人才会去仔细阅读。我在正文中所加入的插图并非为了提高读者的兴趣,它们是本书的一个重要组成部分,确与注文以及摘自文献档案材料中的引文同样重要。它们取自大量的考古资料,对于研究社会经济生活的人来说,这种资料与文字资料同样重要和必需。我的某些推断和结论大多就是以考古资料为依据的。遗憾的是,我不能列入更多的插图;而且,我也不得不仅限于复制帝国时期的一些写实艺术品,而割舍了那些工业制造品如壶罐、灯、玻璃器、纺织物残片、玉器、金属器,等等,因为不可能对这些器物提出一套合适的图片,所以我就干脆把这类图片完全摒弃了。

在序言的末尾列举那些曾对自己的工作惠赐协助的人的名字,这是一个作者深感愉快的一种权利。我所要列举的人名很多。这表示我是多么诚挚地致力于使我的报道尽量没有遗漏,再则也可以由此看出战争和革命对于学者们国际间互助团结所起的破坏作用是多么微不足道。唯一感到遗憾的例外,就是现在的俄国政府使人们不可能为科学的目的而使用它所珍藏的宝贵资料,至少对我来说是这样。

本书献给我的挚友 J. G. C. 安德森以表示我对他的合作所致的钦佩和铭感之情,虽则这点意思甚为微薄。安德森先生不仅校订了我的手稿，将手稿的英文修改通顺——可谓厥功匪浅；他还校对了全部清样，对引文作了一套合理的安排，并核对了许多引文。最后但并非最不重要的一点就是，他教我对许多原文意义含糊的地方作出明确的陈述：显然，在这方面，英国人的头脑与斯拉夫人不同，他们不喜欢不精确的思想或表达方式。他还屡次劝我不要过于轻率地下结论以免错误。最后还要提到的是，他曾多次以其丰富的学识和稳健的意见帮助我澄清了我原先尚未明了的一些问题。我唯一的希望是，当他对本书尽力以后会说：他日念此，当觉快慰。在校样过程中，乔治·麦克唐纳博士慨然自愿协助安德森先生，对这位著名学者，我谨致以衷心的感谢。

其次，我必须感谢克拉伦登出版社。一部书能够在这个出版社出版的确是难得的幸运：该出版社负责人员的豁达大度和科学精神是举世皆知的。当我见到本书竟印得如此精致、图版印得如此美丽时，不禁喜出望外。

我在写有关罗马行省各章时，以及为本书搜集实物资料图片时，曾承同道诸君给我以最慷慨的援助。在英国，有不列颠博物馆的弗雷德里克·凯尼恩爵士、H. I. 贝尔、O. M. 多尔顿、H. R. 霍尔、G. F. 希尔、H. 马丁利和 A. H. 史密斯，牛津阿什莫尔博物馆的 D. G. 霍格思、E. 瑟洛·利兹、M. V. 泰勒小姐和 B. 阿什莫尔，博德利图书馆的 A. E. 考利和全体工作人员；在法国，有已故的 E. 巴贝龙、R. 卡尼亚、J. 卡尔科皮诺、R. 杜索、E. 埃斯佩朗迪厄、P. 儒盖、A. 梅尔兰、E. 米雄、P. 佩德里泽、L. 普安索、E. 波蒂安、M. 普龙；在德国，有 G. 罗登瓦尔德、K. 舒马赫和 R. 察恩；在意大利，有 W. 阿梅隆、S. 阿乌里詹玛、G. 布鲁辛、G. 卡尔扎、M. 德拉·科尔特、A.明托、R.帕里贝尼、A.斯帕诺和P.斯蒂科蒂；在奥地利，有R.埃格尔、J.凯尔和E.赖施；在波兰，有已故的P.宾科夫斯基；在塞尔维亚，有N.武利奇；在保加利亚，有B.菲洛夫和G.卡扎罗夫；在罗马尼亚，有V.帕尔万；在比利时，有F.曲蒙和F.马英斯；在美国，有纽约市艺术博物馆的E.鲁宾逊和G.F.里克特小姐、芝加哥自然史田野博物馆和威斯康星大学与图书馆——以上各位在各方面均曾尽力使我在写作此书时顺利迅速地完成任务。我请求他们接受我最诚恳的感谢。

最后，我要感谢我的妻子S.罗斯托夫采夫夫人，本书引得是她负责编排的。

〔罗斯托夫采夫在德文版(1931年)序言中又表示了他对A.马攸里教授、M.阿布拉米奇教授、A.E.R.博克教授和密执安大学考古发掘工作委员会、H.杰恩先生和菲斯克·金贝尔先生即开罗博物馆主任和亚历山大里亚博物馆主任，以及对M.A.梅尔兰和R.帕里贝尼教授等人的感谢。

他在意大利文版(1933年)序言中又增加了对A.马攸里教授、G.卡尔扎教授和G.圭迪教授的感谢。〕

第一章

意大利和内战

奥古斯都所建立的罗马帝国，乃是动乱不宁的内战时期的产物，这次内战在意大利和罗马行省中断断续续地拖延了八十多年之久。至于这些内战之所以引起，则又有两个主要原因：其一，罗马和意大利在公元前三世纪和前二世纪时在文明世界的事务中占据了统治地位，由于这种统治地位才建立起罗马大一统国家；其二，罗马和意大利的阶级对抗和阶级战争在逐渐发展，这与罗马大一统国家的成长有着密切的联系。而内战进行的过程也正是受这两个原因的支配。

因此，要描写罗马帝国社会经济的演变，就必须首先对造成意大利君临文明世界因而在罗马、意大利和各行省中引起内战的种种原因作一简单扼要的概述。

我们可以这样描述在罗马和意大利爆发内战以前的古代世界的面貌。在所谓希腊化时期，文明生活的中心逐渐从西方移到了东方。尼罗河上的亚历山大里亚、奥龙特斯河上的安蒂奥克和凯库斯河上的佩尔加蒙代雅典而执文明之牛耳。从经济观点来看，早在公元前五世纪和前四世纪时即已发展成一个繁荣的商业资本主义国家的希腊，特别是雅典，到这时候开始逐渐丧失其重要性了。希腊本土的经济生活一直下降的首要原因在于公元前四世纪和前三世纪时那些经常发生的、几乎不断的、席卷了许多城市的战争。虽然也曾多方努力来缩减这些战争的破坏作用，并使战争受到邦际的某些约束，但这些战争还是愈来愈激烈，愈来愈残酷，愈来愈使参战者——无论胜方或负方——遭受损害。蹂躏敌方的土地，销毁敌方的谷物、葡萄园和橄榄林，焚烧敌方的农舍，掠卖掳获的人畜，用被侵伐地区的物资来给养军队：这些行动都愈来愈普遍。有些邦，例如埃托里亚联盟和克里特诸城，专门以在陆上和海上进行抄掠为业，而其他的邦也相继走上这条趋于灭亡的道路，乃至那些希腊化的君主专制国家也不例外。

就在进行对外战争的时候，希腊本土和大多数岛屿上的希腊城市内部如火如荼地展开了一场无休止的阶级战争，这是由一个富裕的资产阶级在逐渐成长而群众相应地趋于贫困引起的。这场阶级战争使希腊很难以成长和发展起一个巩固的资本主义制度。这当然就使得各城邦的内部几乎不可能有正常的经济生活。希腊城市中的斗争性质愈来愈近于纯粹的社会经济斗争。斗争的主要目的，不是为了改善劳动条件和重新调整劳资之间的关系以求提高生产，而是为了重新分配财产，这种目的，通常是靠暴力革命来达到的。战争的口号是一个很早就有的口号——γῆς ἀναδασμὸς καὶ χρεῶν ἀποκοπή，即所谓重新分配土地和废除债务。早在伯罗奔尼撒战争结束的时候，这个口号已到处流行，所以雅典人才会在公元前401年的赫利亚法庭审判官誓言中列入一条，禁止将这类争端付诸表决。在亚里士多德和伊索克腊特斯的思想中经常反映出公元前四世纪时对社会革命的恐惧心理，而科林斯联盟曾在公元前

335 年组织了一个联合机构来防止社会革命。在克里特的伊塔诺斯城的市民宣誓中曾列入禁止重新分配土地和取消债务这一项，这件事足可说明公元前三世纪及稍后的时期中的希腊形势。

像这种以重新分配财产为目的的革命，对希腊是极端有害的。革命和反动势力，此兴彼衰，都只维持一段很短的时间，并都以大肆屠杀或流放最优秀的公民为务。结果，那些被流放者或设法回来向他们的敌人报仇，或流落到东方君主专制国家里去充当雇佣兵，到希腊化的国君们在东方各地新建的城市里充当移民，在希腊化的国家里充任文官，或做商贾。极少数的城市，如雅典等，多少没有受到这些周期性危机的影响，因而，相形之下还比较繁荣。

欧洲大陆和大多数岛屿上的希腊城市所丧失了的东西，被希腊化的君主国尤其是被东方的希腊城市得到了。这些城市，大多数处在希腊化的国君们直接的或间接的控制之下而享受不到政治自由。其结果是使这些城市内部每一次发动社会革命的企图都被希腊化的国君们的暴力所扼杀，同时也使它们很少被卷入对外战争之中。这样一来，在东方，积累资本和介绍先进的工商业方法都比在希腊本土进行得更为方便和更有成效。因此，公元前四世纪时这些希腊城市的商业资本主义达到了一个比以往任何时代都要高的发展水平，这种水平使得希腊化各邦非常接近于作为公元十九与二十世纪欧洲经济史的特征的工业资本主义阶段。东方的希腊化城市有一个很大的内部市场供它们自由活动。它们彼此互相竞逐地进行着起重要作用的、并在稳步发展的对外贸易。它们借助于理论科学和应用科学而逐渐改进了农业和工业的生产技术，在所有的希腊化王国里，理论科学和应用科学都有长足的进步；它们在农业（包括畜牧业在内）和工业中，都采用以奴隶劳动为基础的、纯资本主义经济的方法。它们史无前例地为一个不定市场进行大规模的商品生产。它们发展银行和信贷业。它们不仅能够订出海上贸易的公共规章（即所谓罗得海上公法），并且还能够订出一种公共民法，这种民法在整个的希腊化世界中都产生法律效用。在设法稳定金融或至少是想在各个独立的贸易国家的货币之间建立稳定比价的企图中，也可以看出那种走向统一的趋势。希腊化的国君们在他们国家的工商业生活中所起的领导作用，和商业事务在外交决策中所占的特殊重要性，很容易使我们把这些君主国的经济情况比之于近代欧洲史上的重商主义时期。

然而，不久以后，由于许多不同的原因，上述那种稳定的经济发展首先停滞，继而逐渐衰萎。正和公元前四世纪时候一样，连续的战争是主要原因之一，这时候，整个的希腊化世界几乎不断地爆发战争。在此处，我不能对这一方面详加叙述。这些事实和道理是大家都知道的。从经济观点来看，这些无休止的战争逐渐成为希腊世界的一场真正的大灾难。这不仅限于大片土地受到蹂躏、城市遭到洗劫、居民被贩卖为奴隶而已，而且远为重要的是这些战争迫使希腊化各邦，无论大小，都集中力量来准备战争，来尽量地扩建陆军与海军，来发明军事工程方面的新器械，因而耗费极多的金钱——例如迪米特里厄斯·波利约尔策特斯围攻罗得的情形就是这样。各邦的收入几乎完全用在军备上。这样一来，起先是使希腊化的国君们彼此竞逐地作稳健的努力，企图用一种合理的、科学的开发土地天然资源的方法来增加他们土地的收入。但是，渐渐地，像这种正常的、进步的增加国家收入的方法就被一系列轻率的、只顾眼前利益的措施所代替。其中最重要的一项措施是对生产和交换二者采取国有制(*étatisation*)①,至少在某些希腊化的君主国里是贯彻了这项措施的,尤其是在埃及。我所说的国有制,就是指经济活动中的一些最主要的部门归国家集中管理,也就是归国王及其官吏们集中管理。这种制度,初行虽有利于国家,但逐渐造成官吏方面进行欺诈和不法行为,同时又使国民方面在个人能力上的自由活动和竞争几乎完全趋于消灭。

在趋向于国家控制的潮流同时,一套十分严密的课税制度被精心规划出来了,这种课税制度涉及经济生活中的每一个方面。这是以东方君主国的经验为依据的,但在发明新税名目和改进征税方法这两方面都更有甚焉。赋税的负担沉重地压在希腊化世界的居民身上。对土著居民经常施行自古相传的强制劳役制度,即*corvées*〈徭役〉,因而这一部分人的负担更重。这个制度,和课税制度一样,是希腊人那种逻辑性和创造力很强的头脑精细制订出来的,在希腊化君主国里,国家和国王用一大套义务来束缚他们的臣民,而徭役就逐渐变成了这套义务中的一个新添的正规项目。

希腊化的国君们的国有制政策和精密的财政制度的主要受难者并不是新迁居于东方的移民,这些移民大多是希腊人。他们懂得怎样躲避这些负担,或怎样把这些负担移到土著居民的肩上去;而事实上,移民中的大多数人都被国王用来作为压迫土著居民的工具——如担任包税人、徭役的监督人、得到国家特许的工商业经

① 本书中所用“étatisation”一词涵义甚广,它包括国家管理、国家统制和国家所有三个方面。——译者

营者、大地产的管理人，等等。

希腊化君主国的这种摧残性的经济制度在大多数土著中产生了有增无已的不满情绪。例如，从公元前三世纪以后，埃及的土著居民就曾一再地起来反抗外来的压迫者。这些叛乱的首领往往是土著祭司。他们的最后目的就是要把外国人，包括国王在内，一起赶走——埃及人在亚述人和波斯人的统治下都曾经追求过这同一目的而往往获得成功。这些叛乱迫使国王们去扩充他们的雇佣军，许赐外国压迫者以新的特权，进一步增加赋税和劳役的负担。托勒密王家也曾屡次试用过相反的方法，答应向土著居民让步，但这样一来，反而鼓励了他们，使他们更相信政府的力量薄弱得不足以强迫执行它的要求，因此情况弄得更糟。这些发展情形使希腊化君主国不能够变成一个民族国家。这些君主国几乎毫无例外地保持着它们最初的原状，那就是，武力专政制度统治着被奴役的人民而恃雇佣军为其最后之手段。

因此之故，希腊化时代的文明一直没有变成一种希腊—东方式的文明。它差不多仍然是纯希腊式的文明，所掺杂的东方因素极少。在希腊化时代，希腊文明的主要的新面貌不是它的希腊—东方性，而是它的世界性。由于它具有世界性，所以东方和西方新兴的各种不同的民族国家都能接受这种文明。然而，在东方的新兴国家中——安息、大夏、印度、亚美尼亚等——没有一个是全盘接受希腊文化的。希腊的风格和希腊人的观念只是在带有地方色彩的、纯东方式的实体上加一层薄薄的表面装饰而已。而且，希腊影响在东方只限于城市和上层社会，并不曾及于群众。在西方各民族——意大利人、克勒特人、伊伯利安人和色雷斯人——的生活中，希腊影响是要深入一些。但是，在西方，希腊文明也还是保持其原来的状态和真正的面目。它始终是一种城市的和市民的文明。因此，希腊化时代的文明仅仅是希腊城市文明发展中的一个新的变态。就是在希腊化君主国本部——在小亚细亚、在叙利亚、在埃及、在黑海沿岸——乡村里的人民大众也从来没有受过希腊文明的影响，他们墨守着自己的旧风俗习惯和自己传统的宗教信仰。

罗马在布匿战争期间和战后时期对文明世界的事务突然加以干预，但这并没有使局面改善。甚至还可以说，罗马的干预更大大地使局势复杂化，更有力地助长了破坏力量。正在成长中的罗马共和国的目的就在于防止东方出现任何足以危及罗马国家的强大的政治组织。那儿的骚乱愈多愈妙。独立国家的数目越多，对罗马越发有利。而每一个国家的内政中纠纷越多，罗马就越有希望成为控制东方的力量，也就是统治东方的力量。在第一次（有时称为第二次）马其顿战争之后，希腊的城市都宣告独立了，而在反对安戚约库斯三世的战争前、战时和战后，亚洲的希腊城市也相继宣告独立，这使得这些城市的内部情况几乎陷于绝境。希腊本土不断增长的那种经济凋敝现象也落到小亚细亚的希腊城市身上来了。另一方面，罗马的威胁，使那些较大的希腊化君主国更加紧继续发展它们的军事力量，从而损害了近东最繁荣地区的正常的经济发展。然而，除了马其顿以外，其他希腊化君主国积累起来的物资并没有用于反抗罗马的斗争，而用于它们彼此之间的内部战争，在这些战争中，那些较小的国家反倒受罗马的保护和援助而致力于耗损那些较大的国家的力量，特别是耗损马其顿、叙利亚和埃及的力量。

罗马之干预东方事务，经历了若干发展阶段。第一个局面，即

第一次(或称第二次)马其顿战争和反对安戚约库斯三世的战争期间的局面(如前所述)是防御性战争的局面,进行这些战争的主要目的在于反对设想中的马其顿和叙利亚的帝国主义趋势以保护罗马与意大利。在首次给马其顿和叙利亚以致命打击以后,紧接着转入第二个局面,在这个局面中,罗马成了希腊城市以及某些较小的希腊化君主国的正式保护者,它设法防止那两个受挫的强国卷土重来。第二次(或称第三次)马其顿战争是这段时期中最突出的事件。马其顿竭力使自己摆脱罗马干涉的严重压迫,但它已彻底被击垮,而不再是希腊化世界的政治领导力量了。由于马其顿不再是希腊化世界的领导力量,因此罗马的保护实际上就变成了一种不太严厉的统治方式。这是罗马干预活动的第三个局面。罗马把希腊城市和希腊化君主国都一律视为必须唯命是从的藩邦了。

马其顿和希腊,被罗马使用强力时的残暴手段所激怒,都想从罗马统治下解放自己,恢复自己的政治独立地位。罗马则把它们的企图视为叛逆,而用可怕的残酷方式把它镇压下去。它对待这两个国家的态度,造成了对自己和对这两国都非常危险的混乱局面。在所有住在东方的希腊人中,反对罗马的仇恨心现在成了超乎一切的感情。加之,希腊和马其顿的民族力量不再足以防御它们北方边塞外的蛮族——克勒特人、色雷斯人和伊利里亚人。在小亚细亚也逐渐产生了同样的情况。最后,希腊各城市的内部生活愈来愈复杂、愈来愈混乱了。阶级战争席卷了整个希腊和小亚细亚。它采取了激烈斗争的方式,这是受罗马保护的贵族阶级与国民中其他那些既反对本地贵族阶级又反对罗马统治的人们之间的激烈斗争。

这些情况使罗马与希腊—东方世界之间的关系进入了第四个发展阶段，那就是彻底降服的局面。罗马现在把它统治迦太基本土（阿非利加行省）及先前的迦太基辖地（西西里岛、撒丁岛、科西嘉岛和西班牙）时所采用的行省制度加之于东方，这种制度具有一种长期军事占领的形式，由罗马派一员一年一任的长官来总领其事。在东方的希腊地区，马其顿最先成为了罗马行省。几年以后，佩尔加蒙的末代国王阿塔卢斯三世在临死的时候，考虑到最明智的办法莫如把他的王国改归行省制度。他大概认为：一个藩侯，一个受奴役的国王，没有足够的力量保护国土来应付小亚细亚那日甚一日的混乱局面。因此他把他的王国遗赠给罗马元老院和罗马民族。他死以后，随着发生了一场流血的社会革命，罗马镇压了这场革命，然后把佩尔加蒙王国改为亚细亚行省。我们从昔兰尼地方的一篇碑文*中得知，与阿塔卢斯同时代的托勒密·欧尔杰特斯二世也仿效他的政策，至少就昔兰尼而言是如此。这一点是很重要的。

罗马把希腊—东方的一个地区变成罗马的行省，同时对于其他形式上还保持独立的希腊化国家施行严格的约束，这样使东方的希腊地区暂时趋于安定。对外战争和内部阶级斗争两者都被罗马的铁腕同时扼断，希腊与希腊化东方的经济生活在公元前二世纪时开始复元了。但是，不久就可以看出罗马的统治及其行省机构远远不能胜任。罗马不大考虑它的新领土的繁荣。爱琴海和黑海上的海盗不断增多，这便是一个明显的证据，这些海盗在希腊世

* 《希腊文金石录补编》，ix，7。

界中严重地阻碍了经济状况的正常发展。而罗马的统治却一天比一天更自私。罗马的行省长官和资本家可以说是毫无顾忌地在各行省中渔利，他们通常是以最自私的精神和为了自身的利益来这样做。他们的行为在希腊人中引起了日益强烈的不满情绪，使希腊人去支持米特拉达悌，虽然那只是短时期的支持，但却是全心全意的，米特拉达悌是著名的本都国王，他挺身而出，成了为希腊自由而反抗罗马压迫的战士。

与米特拉达悌战争同时，在意大利发生了激烈的内战。我们将要在下面谈到这些战争，在这些战争中，罗马那些争权夺势的政治党派的敌对领袖们把东方仅仅视为一个渔利的场所，视为一个可以供给他们金钱的源泉。由于内战大多在希腊人的地方进行，所以希腊与小亚细亚受害最深。征粮来供给交战双方的人马，征调劳动力、运输工具和征用驻宿士兵和军官的地方，尤其是对于被迫支持一个不幸而战败的领袖的那些城市所课加的沉重负担，几乎把巴尔干半岛和小亚细亚的希腊城市蹂躏得体无完肤。罗马的资本家更拼命地蹂躏这些城市，只要它们愿意付出超额的利息，他们很乐于先把金钱借给城市。在内战将结束时，东方的希腊地区已被蹂躏得不堪而仆倒在罗马资本家和发战争财的人的脚下。

当东方经济这次逐渐走向凋敝的时候，意大利变成了古代世界中最富足的地方。在罗马征服东方以前，在加图所著的 *De re-rustica*（《农事杂谭》）第一次对罗马的经济（特别是罗马的农业）作一番概述以前，对意大利一般的经济状况，我们所得到的资料是很贫乏的。然而，有用的史料虽然非常稀少，我们还是可以从其中推断出，意大利在有史之初并不是一个贫困的国度。南意大利、撒丁岛和西西里岛很早以来就是世界上最富饶的谷物市场。意大利半岛上的希腊城市把大量的谷物输往希腊，而迦太基辖地（撒丁和西西里的一部分）与埃特鲁里亚则用它们的谷物来供应阿非利加的布匿城市，那些城市专门经营商业和替西方市场——包括埃特鲁里亚本身在内——生产葡萄酒、橄榄油和水果。

除了谷物以外，意大利的某些地区，特别是阿普利亚以及西西里的部分地方，自古以来就出产几种品质最佳的羊毛。康帕尼亚与埃特鲁里亚不仅农业发达，同时还具有高度发展的工业，它们都以其金属器皿和陶器著称。南意大利和西西里的希腊城市也可能在很早的时期大规模地种植过葡萄和橄榄以与它们的母邦、与阿非利加的布匿城市竞争。而且，这些城市也和阿非利加的布匿城市与海外布匿领土上的布匿城市一样，参与了希腊的经济演变，逐渐变成了希腊化的——也就是资本主义的——体系中心。西塞罗在弹劾韦雷斯的演说辞中经常引用耶罗二世的基本赋税法，这篇演说辞所反映的耶罗二世统治下的西西里的经济组织，与当时其他希腊化国家的经济组织并没有多大的差异。我们也知道，迦太基本土及其布匿城市是多么繁荣，它们的农业是多么高度地集中于较高级的生产形式上，它们是多么嫉妒地监视着它们的属地、藩邦和盟国，防止这些地方采用那些较进步的耕种方式，只许这些地方生产输往布匿城市去的谷物。迦太基对撒丁和西西里两地所采取的奖励谷物生产的措施，和马果那篇论农业文章的性质，都明显地证实了迦太基的这一政策，马果的文章就是布匿人把希腊人有关农业问题的科学论文用之于北非情况下的一个例子。

在意大利中部和北部，情况与此不同。就我们所能判断者而

言，北意大利的克勒特人过着原始的农民和牧人的生活，而畜牧业盛于农业。养猪和放羊是他们的主要职业之一。我们没有任何事实材料能证明北意大利的克勒特人曾参与了其他克勒特部落在高卢所完成的逐渐进步的过程。他们在尚未勃兴以前就被罗马人征服了，大部分人被赶出了最肥沃的地区。埃特鲁里亚的经济组织近似于古代小亚细亚某些希腊城市的经济组织。就史料所及来看，埃特鲁里亚的城市乃是埃特鲁里亚的贵族阶级的居住区，这个贵族阶级是由大地主、店东、工厂主人以及一些富商巨贾所组成的。贵族阶级的富庶建筑在被奴役人民的劳动之上，被奴役的人民就是替贵族阶级耕种庄田、牧养畜群的农奴和在他们的作坊中做工的农奴与奴隶。我非常怀疑的是，在贵族们的近郊园圃以外，埃特鲁里亚其他地方是否采用过较进步的耕作方式。没有任何史料表明埃特鲁里亚人的古朴状况（那大概是在开始征服此地时形成的）在埃特鲁里亚城市联盟存在的六百年中发生过任何重大的变化。埃特鲁里亚的墓穴中那些描绘埃特鲁里亚人的某些生活情况的壁画，就有关我们所涉及的这方面而言，至少在三百年中（从公元前五世纪到前三世纪）都差不多没有什么改变，其所画的是整个这段时期中一模一样的燕居生活。

我们对于拉丁人、罗马城以及翁布里—萨贝利人和萨谟奈人的古代经济生活所知者实在太少。大家也都知道，有关古代罗马公社农业生活的一些主要问题，都是些争论得很热烈的题目。没有一位读者会希望在一部致力于研究罗马帝国的书中充分地讨论这些问题。简短地综述一下我个人认为可能普遍存在于拉丁姆和意大利中部其他地方的情况就够了。不论拉丁姆的经济生活起初如何，总之，埃特鲁里亚人的统治对于它往后的发展起着决定性的作用。埃特鲁里亚人和罗马贵族阶级中的某些家族共同形成了上等阶级，他们是罗马的大地主和商人。大部分土著居民被迫去替他们的新主人耕种和做工。罗马贵族推翻埃特鲁里亚王朝并没有改变一般的经济情况。对罗马说来，比这更为重要得多的事情是需要维持和发展一支强大的军事组织，要使这支军力足以保卫罗马以免于受到从北方来的和从其他与罗马为敌的拉丁城市来的攻击。

罗马成为一个农民国家，其基础就是在罗马史上这段历史最不清楚的时期中奠定的。我们不知道早先在贵族手下的农奴怎样和在什么时候变成了自由的农民，变成了一小块土地的所有者和平民阶级中的成员。大概当时并没有像亚历山大二世在俄国所进行的那种急剧的改革，而只是逐渐地演变，随着这种演变，原先的农奴得到了解放，自由的平民地主增多了，这种自由的平民地主在罗马经济生活中，即使在埃特鲁里亚人统治时期，也从来没有匿迹。这两种发展大约都可以用罗马公社的军事需要来解释它，尤其是在生死关头的军事需要，例如在反抗维伊人的战争中、在高卢人入侵时、在和拉丁诸城市以及和沃尔西人与埃魁人的斗争中，还有在公元前四世纪末的拉丁战争和萨谟奈战争中等。塞尔维攸斯变法从形式上看固然如我们所知是在公元前四世纪时实现的，但这次变法乃是对公元前五世纪那段历史不明的时期中所产生的社会经济发展的结果予以合法化和尊认。

无论这个结果是怎样造成的，总之，在公元前四世纪时，特别是在下半世纪，罗马成了一个农民城市。利契纽斯律令（公元前

1. 拉丁战士

2. 埃特鲁里亚农民犁耕图

图 2　共和国时期的罗马

图 2 说 明

1. 一个普雷讷斯特的妆奁盖上的青铜提梁。发现于“弗朗乔锡区”的帕勒斯特里纳。最初陈列在温泉博物馆，现在陈列在纠留斯庄博物馆（罗马）。大概未曾发表过。W. 赫耳比希—W. 阿梅隆在《向导》（德文），ii，第 1519 号，第 220 页，曾提到过这件东西。在普雷讷斯特的一些 *cistae*〈妆奁〉上，像这类的提梁比较常见，R. 舍恩所撰文，载《罗马考古情报研究所年报》（意大利文），1866 年，第 151 页起，和 1868 年，第 413 页起，第 21 和 42 号，参看第 58 号；《罗马考古情报研究所的文物》（意大利文），增刊 13，14；A. 马乌所撰文，载《鲍利—维索瓦—克罗耳古典文物学实用百科全书》（德文），iii，第 2593 页起；赫耳比希—阿梅隆，《向导》（德文），ii，第 1768 号，第 318 页；G. 马提斯：《普雷讷斯特的镜子》（德文）（1912 年），第 71 页。

这个妆奁（妆奁是浴池、角斗演习所和梳妆台上用以盛物的一种圆筒形的青铜盒，一般均雕有图案为饰，在普雷讷斯特地方的公元前四世纪至前三世纪的墓中经常发现这种盒子）的提梁雕成两个蓄须的战士，全身披挂，盔甲齐全，带着胫甲；斜执重矛。他们抬着一个伙伴的尸体。死者无须，铠甲同他们所穿的相同，但没有戴头盔，也没有矛。人物的一般形象是古老的，但肯定是雕塑这个盒子的同时代的人物形象，其时代不得更早于公元前四世纪。两个战士抬着一个伙伴的尸体是上古希腊艺术中常见的主题。最著名的例子是柏林博物馆所藏的斯巴达的黑花 *kylix*〈双耳杯〉，那个杯上所雕的图形是一列斯巴达人抬着战死的伙伴们的尸体，请看 E. 佩尔尼斯所撰文，载《德意志考古研究所年报》（德文）16，1901 年，第 189 页起，图 III；E. 布朔尔：《希腊瓶画》（英文）（1921 年），第 92 页，图 XLV。普雷讷斯特的妆奁无疑是模仿这类原品而制成的，不过稍有改变而已。但是，我认为那人物的庄严形象，他们所特具的古风，以及他们的盔甲方面的某些特征（例如头盔），使人一望而知其出自拉丁人之手，很可能是由拉丁人或拉丁化的工匠在普雷讷斯特地方制造的。我觉得还可以肯定，这个妆奁的主人认为这些兵士的形象足以代表自己这方面的军队的成员。同时我们可以肯定，公元前四世纪时罗马兵士的形象同这个妆奁上的人像相差不大。这一组像很生动，可以作为公元前四世纪时罗马人和拉丁人生活的一幅很好的写照,当时的罗马国正是以军事力量和牺牲自己的成员为其立国基础的。参看在帕勒斯特里纳发现的另一件骨板上与此相似的人物像,那骨板原先是用来装饰一个木匣的(E. 费尼克:《普雷讷斯特之研究》(法文)(1880 年),第 208 页起,图 III-IV;赫耳比希—阿梅隆,《向导》(德文),ii,第 1768 号,W.,第 323 页起),还可以参看稍晚一些时候的意大利工艺品上的某些玉雕(A. 富尔特文格勒尔:《古玉》(德文),图 XXII-46 和 XXIII-24—29;参看 iii,第 232 页起,第 235 页起,及第 268 页)。关于公元前四世纪时拉丁艺术的一般特征,请看 G. 马提斯:前引书,第 123 页起。

2. 埃特鲁里亚人还愿的青铜人物组像。发现于埃特鲁里亚的阿雷佐附近。原先收藏在基尔凯里雅诺博物馆,现藏纠留斯庄博物馆。赫耳比希—阿梅隆,《向导》(德文),ii,第 1723 号,第 297 页,有参考资料目录。此物属于公元前六世纪。

这一组像(农民身后的米芮尔娃女神像不在其内,因为那是近代人添上去的,非原物所有)所塑的图形是一个埃特鲁里亚农民用犁耕种自己的或主人的田地。这个农民头戴一顶帽子,身穿一件 *chiton*〈希腊式披衫〉和一块兽皮,大概还穿着靴子。犁是由一片木板制成的木铧托(*buris*)、一块金属制的犁铧(*vomer*)和一个木制的犁柄(*stiva*)构成的。在特拉莫讷附近发现一个与此相似的犁(公元前四至前三世纪)(《古物发掘简报》(意大利文),1877 年,第 245 页;A. 米拉尼:《考古学与古钱学的资料与研究》(意大利文)i(1899 年),第 127 页)。这一组像虽然是埃特鲁里亚的,虽然是属于上古时代的,但毫无疑问,我们可以用它来描绘共和国时期拉丁姆地区乡村农民的生活。埃特鲁里亚的农民中大多数人都不属于埃特鲁里亚人的血统而属于意大利人的血统。直到现代,意大利的许多穷乡僻壤的农民仍然使用着这样的犁。

367—前 366 年)限制一个家族任意扩大其占有地或租用地的机会,以此促进了这个农民国家的成长,我认为这一点是没有疑问的。利契纽斯律令中对最大限度地段面积所规定的 *iugera*〈罗马亩〉数的精确数字,也许是后来在公元前二世纪时的某一条土地法中规定下来的,不过将日期倒填在订立利契纽斯律令的时候,然而，在早期立法工作中已具有这种限制田地面积的精神。存在着这类的律令，既说明了所谓塞尔维攸斯法制的性质，也说明了公元前四世纪时罗马国土之扩张造成罗马农民户口与农民占田面积相应增加这一事实。我们所见到的史料中，有一些史料把某些罗马城的贵族家庭描写成富裕农民的家庭，其生活与其他罗马公民相同，这种记载看来并无可疑之处。

因此，在公元前四世纪时，罗马经济生活的基础是农民经济，是一种原始的务农为本的生活方式，在这种生活方式中，每一家的全体成员都在田地里辛勤劳动，而在例外的情形下，使用一些奴隶和一些自远古以来由于宗教束缚而依附于贵族之家的靠客来帮助他们自己。农民经济和专门从事谷物生产是拉丁姆一般经济生活的主要面貌，所有那些新并入 *ager Romanus*〈罗马领土〉之内的诸部(*tribus*)的领地和新建立的罗马屯市[①]与拉丁屯市的辖区，情况当然也是一样。每一个新建的罗马移民区就是一个农民新村，每一个都会生活的中心地、每一个新建立的屯市就是一个筑有城堡的农民村庄。

我们对于拉丁姆与康帕尼亚之间的高地、萨宾山地、翁布里亚、皮切努姆和萨姆纽姆等地的情况所知道的一点点材料，说明这些地方与拉丁姆的一般情况非常相近，不过在这些地方，大概主要的是属于各部的牧场，而土地私有制和农业是次要的。这些地方的都会生活发展甚为迟缓，而且大多只限于与康帕尼亚的希腊城

① Colony 一词，旧译多作“殖民城”或“移民城”，今改译作“屯市”。相应地，colonists 译“屯户”，military colony 则译“军屯市”。——译者

市和希腊化城市的市区接界的地域。即使在康帕尼亚，像蓬佩伊这样的城市，其古老的房屋既有带房廊的前庭，又有园圃，这种城市并不是富商大贾和大地主所居住的城市，而是富裕农民所居住的城市。

罗马的势力愈强大，它所征服的新领土也就愈辽阔；它的屯市愈多，农民经济在意大利的传播也就愈广。那些孤立的资本主义经济中心就在这个时候衰落了。南意大利的希腊城市的历史用不着再加以复述。它们一个个相继沦为它们附近的萨谟奈人的牺牲品，能幸免者很少。其中有些被毁灭了；有些——康帕尼亚所有的城市，只有那不勒斯和少数几个城市除外——开始过着萨谟奈城市的新式生活，那就是说开始过着像蓬佩伊那样的农民城市的生活；没有几个城市还保持其纯粹的希腊特色。我们不知道埃特鲁里亚城市在被罗马征服以后的命运如何。其中大多由罗马移民侨居；有些大概还过着它们古老的生活，即地主与农奴的生活。

布匿战争一方面使意大利和迦太基领地上（当然连同西西里的希腊地区一道）的少数几个进步的经济生活中心加速衰落，另一方面扩大了罗马屯垦事业的范围。罗马和拉丁的屯民遍布于意大利北部那些从前为克勒特人所居住的地方；有些人移居到意大利中部和南部的荒地上。罗马的新行省——西西里和撒丁，可能西班牙也一样——并没有立刻吸引大量的罗马屯民。它们还保持着罗马征服以前普遍存在的经济生活面貌。原先属于耶罗的王国，仍然以耶罗的精神和方法统治之。西班牙、撒丁和西西里的布匿地区，对于罗马国家说来也和以前对于迦太基一样，仍然是国家的谷仓和各种金属的储藏库。事实上，如西塞罗所描述的，就是西西里的希腊地区也被罗马人降为了罗马的一个谷仓。尽管 *Senatus Populusque Romanus*〈罗马民族与元老院〉吞并了第一批新领土，罗马国家暂时还是一个农民国家。消灭腓尼基人的是罗马的农民军，征服东方的也是这些农民。至于征服东方的情节，前面已经说过了。

罗马征服迦太基和东方各国的经济后果是什么呢？我们要记住，这些胜利一方面是罗马国家的胜利，即罗马农民的胜利，另一方面也是国家的军政领袖们的胜利，这些军政领袖们就是居于统治地位的罗马世袭贵族阶级的成员，亦即罗马元老院的议员。这些胜利既然是国家的一种成就，因此，它们意味着国家财富大量地和稳步地增加。除了获得不计其数的钱币和大量的金银财宝之外，罗马还变成了一个大地主。大片的谷田和草地、森林、湖泊和河流里的渔场、矿区和采石场等，不论是在意大利或是在原先归迦太基统辖而现在变成罗马行省的地方，全都成了国家的财富。逐渐增多的谷田大多分配给那些移居到农民新村去的罗马公民。但是，罗马与拉丁公民人数的增加并不是与罗马领土的扩大等速并进的，即使在意大利也是这样，特别是在高卢战争和布匿战争以后。新屯市的设置，受政治动机的支配甚于受经济动机的支配。大多数屯民被遣送到意大利北部去保卫该半岛，以抵抗北来的侵略，这是不足为怪的：罗马一直没有忘记它被高卢人攻陷过的往事，也没有忘记高卢人曾以其最精锐的军队资助过汉尼拔的事情。意大利南部既然遭到了破坏，正在凋零之中，其危险性较小，当然也就不大吸引罗马和拉丁的移殖者，其中只有康帕尼亚是例外，但康帕尼亚也只有一部分地方为罗马屯民所移居，整个说来仍然保

持其萨谟奈的面貌。我们不能不认为,康帕尼亚的大多数城市在布匿战争中一直是忠于罗马的。

大块的土地,也包括谷田,就这样变成了罗马国家的财产,但不是罗马农民们的私有财产。然而,因布匿战争和东方战争而致富的并不只是国家。罗马的公民们也分享了财富。分肥最多的是罗马军队的将领们、元老院议员阶级的成员。从远古以来,他们就是罗马农民中最富裕的人,像拉丁城市和同盟城市中与他们相当的阶级一样。他们在扩张领土的战争中增加了自己的财富。大量的人畜都落入他们之手。当劫掠城市的时候,大多数战利品归他们所有。他们回到意大利时,"腰带"(或者如我们所说就是衣袋)里都兜满着金钱,而且,只要他们不把钱一下子挥霍掉,就能拥有成群的奴婢和牲畜。不仅如此,元老院派去统治新行省——原先的迦太基领地——的人也都是属于元老院议员阶级的。我们已经说过,这些领地和西西里的希腊地区——耶罗二世的王国——都保持着它们早先的状态,或者换句话说,这些地方都被罗马人民视为他们财产的一部分,视为罗马全民的地产(*praedia populi Romani*)。因为它们是被征服的地方,所以要受罗马将军、受罗马人民的长官的统治,他们在这些地方的统治权力几乎是无限制的。如前所述,对于在东方所吞并的领土也采用这同样的制度。行省政府于是变成了元老院议员阶级一个发财致富的新源泉。最后,由于事势所趋,由于他们财富日增的结果,使这个阶级参与了信贷事业——我们已经看到这是征服东方以后的必然后果;同时还不顾严格的禁令而参与了商业活动——这是资本集中到罗马与意大利的公民手中的后果。

除开罗马元老院议员阶级和意大利同盟城市中的一个相当于元老院议员的阶级之外，大群的罗马公民和意大利公民也分享了由于罗马君临文明世界而得来的财利。在罗马和在意大利都兴起了一个人数众多而势力强大的商人阶级。这个阶级的成员们最先是帮助国家——包括同盟城市在内——来利用国有的大规模不动产——谷田、矿区、森林、渔场、房屋、店铺等等，借此起家而发展起他们那生计兴隆的事业。在扩张领土的战争期间，他们以粮食、衣服和武器供应军队；他们从国家、从将军、军吏和士卒手中收购战利品；他们将各种各样的货物卖给前线的士兵，以及进行诸如此类的活动。当战争结束以后，他们把由这些活动赚来的钱借给罗马的盟友和藩属，无论其为国王或为城市；他们承包税收和国家在各行省中的其他收益；他们之中迁居到各行省去的人也不断增多，他们在东方高度发展的商业生活中大肆活动，例如充当放债者、商人、地主、畜群主人、城市中的房东和店东等。

这些商人中，有些人一直没有离开过意大利。有些人到东方去，长期居留在那里而逐渐在当地落了户。不过，这些精明强干的逐利之徒，大多数大概都是在去东方赚得金钱之后，再回到意大利来投下他们的资本。当高卢、阿非利加和西班牙的部分地区以及西西里、撒丁变成了罗马行省时，罗马商人当然也把他们的活动扩展到这些行省中去。在这个新兴的资本家集团中，最富裕的成员是骑士阶级，他们大多住在罗马本地，渴望能被选上一官半职，借此而获取加入元老院议员之列的荣耀。但其他大多数成员则仍然住在他们本乡的城市中，或住在意大利的罗马屯市和拉丁屯市中，或住在与罗马联盟的城市里。他们在那些地方，即使没有正式成为自治市议政会议员阶级的一个组成部分,他们的地位也仅次于这个阶级,他们和这个议员阶级共同形成居民中的上层。

金钱、奴隶、各种各样的货物、牲畜,都从各行省流入意大利,使意大利的经济生活受到刺激。现在集中在罗马公民手中和意大利各城市居民手中的资本,有一部分留在行省中,而大部分来到了意大利。这些暴发户大多是靠投机发财的。他们既已发财,自然希望找寻一种尽可能最安全的投资方法来投下这笔财富,他们希望这种投资能保证他们在熟悉的环境里过着悠闲舒适的生活。要能在城市里过着无所事事的安闲生活,最安全的投资莫过于置办田产,其次就是放债和投资于意大利的工业。大资本家的这种倾向是受到国家欢迎的。我们已经看到,国家这时候在意大利和各行省中都得到了大笔的不动产。除非对这么多的富源都废置不理——当需要金钱来供应公共建筑、水管、修筑驿道、民间敬神以及包括各项竞技在内的种种开支的时候,这样做当然是不符合公共利益的——否则就必须用某种方法来开发这些富源。唯一的办法就是吸引私人的资本,使之参与这些富源的开发工作。因此,国家当然奖励新兴的资本家投下他们的资金,首先投之于大片荒废了的谷田和牧场,在高卢战争和布匿战争的惨局之后,意大利北部和南部的田地尤为荒芜。除此以外,别无其他的方法来重新开垦这些土地。住在意大利而以务农为业的罗马公民和意大利公民的人数大为减少了,这不仅由于战时的死亡,还由于不断地向外移徙,首先是迁移到东方去,而后来也向西方迁移。因此没有农民来屯垦荒地。而另一方面,又有着大群的奴隶,同时还有一批愿意使用奴隶来耕种土地的人。无怪乎罗马元老院给予这些人以种种的

方便，或由执掌这方面事务的户籍官按正式手续把大片的土地租给他们，或允许他们非正式地占有土地，不过必须把这种重新开垦的土地的一部分收入缴纳给国家，总之，是让他们来恢复意大利遭受破坏的经济生活。

公元前二世纪时之所以一度逐步产生土地迅速被兼并的现象，其原因就在于此。那些地主们要不是罗马元老院议员阶级和骑士阶级的成员，就是意大利城市——无论是同盟城市或罗马和拉丁的屯市——居民中一些最精明强干和最勤俭的人。这些人从来不曾打算住在农庄上和亲自耕种土地。他们自始以来就是地主，而不是庄稼人，因此他们增加了住在城市中的地产所有者的数量，而相应地减损了住在乡下并真正经营农业的农民。另一方面，这个阶级的人也投资于工业和创办一些借奴隶劳动来经营的新商店和新工厂，因此，他们牺牲了自由的小手工业者而恢复了康帕尼亚和埃特鲁里亚旧有的工业。

罗马和意大利新旧贵族阶级的成员，大多数是在东方发财致富的，他们已经熟悉东方所流行的资本主义制度，他们把这套制度介绍到意大利的农业和工业中来。他们在致力于这方面时，借助于希腊人关于科学的和资本主义方式的农业的手册，这些手册都从布匿文和希腊文译成了拉丁文，因此在意大利人人都能读懂它们。我们不妨认为在工业方面也有过这类的手册，至少有一些旨在普及推广希腊工业技术的手册。在希腊化的东方，资本家在农业范围内的活动几乎完全集中在葡萄酒和橄榄油的酿造业上，这两种产品是希腊化的地主们主要的输出项目；也有人靠用科学方法饲养牲畜来发财；谷物生产则几乎完全让给了农民，所谓农民，或者是小地主或者是大地主的佃户和农奴。罗马和意大利诸城市的贵族和资产阶级是希腊化的地主们的衣钵继承者，他们之接受这种制度是毫不足怪的。这些人还把资本主义制度应用于工业管理上，特别是在罗马、埃特鲁里亚和康帕尼亚。

如前所述，我们可以看出，就意大利许多地区而言，公元前二世纪的资本主义潮流和意大利农业中之采用希腊化的方法，都不是新鲜的事，而是恢复古代的经济方式。资本主义制度之所以顺利发展，除了有一个古老的传统和意大利丰富的天然资源使它便于发展这种制度这两种因素而外，还有许多有利的因素。其中最重要的一个因素就是劳动力多而价廉。大群的奴隶流入了意大利，他们大多来自希腊和小亚细亚——其中有些是熟练的工匠，有些是习惯于在希腊化的国王和希腊化的资产阶级以科学方法经营的庄田上做工的人——这股人口迁徙的潮流自公元前二世纪至公元前一世纪整个时期内不曾间断过。

从另一方面看，意大利所生产的商品现在有了很好的销售机会，特别是销售橄榄油、葡萄酒、金属器皿和陶器。意大利的主要市场是古代世界的西部：一方面是高卢、西班牙和阿非利加，另一方面是北方和多瑙河流域诸行省。自从第二次布匿战争以后，迦太基不再执西方商业之牛耳了。它的活动只限于改进它的农业，尤其只限于大规模的园艺和种植葡萄与橄榄。迦太基所一直保持的地位落入了西西里和意大利南部的希腊人之手，这些希腊人原先是迦太基的竞争者，而现在是罗马的忠实盟友。希腊世界的东部这时正在经济逐渐凋敝之际，所以没有分享这种地位。迦太基

1. 牧猪人

2. 牡牛和犁

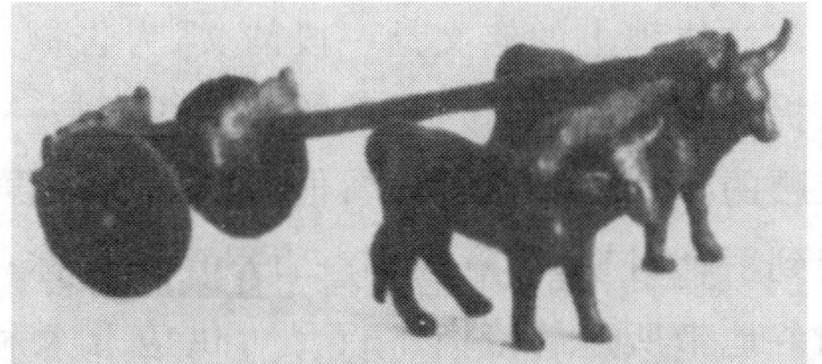

3. 牝牛和大车

4. 猪、绵羊和山羊

5. 农民生活

图 3　共和国晚期意大利的生活状况

图 3 说 明

1. 波洛尼亚地方所发现的墓碑。波洛尼亚市博物馆。杰塔诺·达洛利奥:《波洛尼亚附近雷诺河床中罗马露圹碑文》(意大利文)(1922 年),第 121 页起,第 59 号,图 27;《古物发掘简报》(意大利文),1898 年,第 479 页起,第 15 号,图 3。

这块碑上的铭文是一段韵文,为告诫观者不要污损本碑而作:文中并没有提到死者的姓名。所雕的人物图形是一个 *suarius*(牧猪人),他穿着一件束腰的紧身衣,倚杖而立;他的前面有一群猪,共计七只。要知道,从史前时期到罗马时期,北意大利一直以产猪著称;波利比攸斯书 ii. 15. 3 曾说到波河河谷地带所产的猪肉不仅足可供应意大利居民食用,而且还可供应军队食用;斯特腊博书,V. I. 12(218c)补充说,这个地区把大量猪肉运往罗马。参看公元一世纪初期的一个 *mercator frumentarius*〈粮商〉的墓碑,达洛利奥,前引书,第 118 页,第 58 号,图 26。

2—4. 青铜像群。大约发现于卡斯特拉纳镇。纽约市艺术博物馆。G. M. 里克特撰文,载《纽约市艺术博物馆公报》(英文)1910 年,4 月号,第 95 页起,图 1;《纽约市艺术博物馆青铜器目录》(英文),第 712—725 号;海伦·麦克利斯:《希腊人和罗马人的日常生活》(英文,1924 年),第 109 页起;M. 罗斯托夫采夫:《一所埃特鲁里亚晚期的田庄》(德文),载《古代雕塑》(德文)(W. 阿梅隆记录),第 213 页起,图 17。年代不能确定(见下文)。

这一组像包括两匹牡牛、两匹牝牛、一只公猪和一只母猪、一只牡绵羊和一只牝绵羊、一只牡山羊和一只牝山羊。此外还有双架轭两具,犁一部,大车一辆。图 2—4 的次序是按照纽约市艺术博物馆的次序排列的。一望而知,两匹牡牛架着一具双架轭正在拉犁,两匹牝牛架着另一具双架轭在拉大车,或者拉车的是牡牛而拉犁的是牝牛。所有这些东西全面地描绘了一个农庄上的牲口和农具。犁与图 2 - 2 的犁相似。它是木制的,木制原件接榫处经过细心复制。犁柄用钉子钉在铧托上,而犁铧用皮条或绳索绑扎在铧托上。那辆大车“只不过是一块底板,在前后各加一块木板,装在实心轮子上而已”。这些东西都是纯现实主义的作品,就其风格来看,其时代不得更早于希腊化时代；但就其制作来看，则是意大利人的作品，不是希腊人的作品。在埃特鲁里亚、意大利和撒丁的古墓里，经常发现古式的船只，那些船只上制了一些诸如此类的家畜群，与此极为相似。最好的例子是韦土洛尼亚地方的酋帅墓中所见到者。在那个墓中所发现的船只的舷沿上，缚着一只狗、一对牝牛架着一具轭（还有一部铁犁的残余）、猪、山羊和绵羊；差不多全都备有盛饲料的筐子。船内装满了稃糠或谷穗。如果我们把卡斯特拉纳镇这些小雕像归之于希腊化时代不算错误的话，那我们就不得不承认这种习惯竟维持了几百年，丝毫未改变，其时间之长久令人惊异。请看法尔基撰文，载《古物发掘简报》（意大利文），1887 年，第 503 页和图 XVII；同作者：《韦土洛尼亚》，第 109 页起；蒙特留斯：《意大利的原始文化》（法文），图 184—188；D. 兰德尔-默基佛：《村夫和上古埃特鲁里亚人》（英文）（1924 年），第 118 页，图 XXII-1。

5. 一块墓碑的一部分。苏尔莫纳。市博物馆。M. 贝涅撰文，载《法兰西古物学会论文集》（法文），第七辑，1，1906 年，第 242 页起；M. 罗斯托夫采夫所撰文，载《古代雕塑》（德文）（参看上文 2—4 下），第 215 页，图 1。公元前一世纪晚期，或公元后一世纪早期。

这块残碑上所见到的是农民生活的景象。左面一个农民，倚杖或倚犁而立，看守着他的羊（和猪？）。其右面为另一个农民，手牵着两匹马或骡子，拉着一辆载货的大车。再往右是一个妇人，大概是这个拉大车的农民的妻子。这幅浮雕所描绘的也许是一年一度从山地徙居平原（或从平原迁回山地）的情形。残缺不全的碑文如下：“我告诫人们；不要不信任你自己”：那意思就是说，“心情舒畅地工作，你就会发财享福”。

的覆灭最后彻底断送了这个布匿城市，使它不再成为一个商业上和经济上的力量。蓄意毁灭这个城市的大概是以加图为首的意大利资本家和地主。他们现在是葡萄酒和橄榄油的大生产者，他们有种种理由来致力于消灭一个劲敌，致力于把迦太基的领域从一个经营园艺、葡萄园和橄榄林的地方变成一大片谷田。

我们绝不可以低估西方和北方市场的重要性和它们的购买力。高卢是一个富裕之邦，非常需要购买葡萄酒、橄榄油和工业制造品，但在高卢本地的希腊城市以及(在公元前二世纪最后二十五年中)罗马人所占据的高卢地区,这些物品的生产量是不够的。西班牙和不列颠的生活情形大致与高卢相同。不列颠的统治阶级和西班牙部分地区的统治阶级都属于克勒特种人。西班牙半岛上的伊伯利安人地区几百年来已经用惯了希腊和腓尼基的进口货。就是日耳曼尼亚和多瑙河流域也逐渐熟悉使用希腊—意大利的商品了。

我们已经叙述了公元前二世纪时意大利所发生的演变,这个演变对于意大利的政治生活、社会生活和经济生活有着深远的影响。罗马不再是一个受地主贵族阶级——其中大多数是富裕的农民——统治的农民国家了。现在,在全意大利不仅兴起了一个有势力的商人阶级,而且还兴起了一个实际上相当富裕的城市资产阶级。意大利事实上到公元前二世纪时才趋向希腊人所谓的都会化。许多古代城市,有一些是希腊的或埃特鲁里亚的城市,都意想不到地恢复了旧日的繁荣。许多市镇、村庄、市集和小村墟都不仅采取了一种城市组织,而且在社会经济面貌上也的确像一个真正的城市了。这是由于上面所提到的城市里的店东和地产所有者那个阶级日益占重要地位而造成的,当他们住在希腊化东方的时候,即已逐渐习惯于舒适的城市生活,受到资产阶级理想的感染,所以他们回到意大利来提倡城市生活和资产阶级的理想。

这个新兴的城市资产阶级在国家的政治生活中并没有积极参加活动。领导地位仍然为罗马贵族阶级所把持。资产阶级太忙于组织它的经济生活和城市建设了(例如蓬佩伊城以及城内那些火山岩时期的美丽房屋,装饰着艺术性的门面和华丽的壁画与镶嵌细工),所以他们并不热衷于在京都的公众活动中显露一下头角。

他们的物质利益和政治理想，大致上与罗马贵族阶级的物质利益和政治理想相符。他们像贵族阶级一样，一般都投资于意大利的土地，那些土地主要是开垦成葡萄园和橄榄林，或用作牧地。因此，对于罗马对付迦太基的残酷政策，对于元老院禁止在西方新置的罗马行省中种植葡萄之类的政策，他们都表示缄默的支持。像元老院议员和罗马骑士们一样，他们也投资于希腊和小亚细亚的葡萄园和橄榄林。因此他们也支持元老院对东方的政策，而整个说来，在对各行省的财政剥削和经济剥削中他们也占有一大部分。所以当政府一开始走上帝国主义道路时，他们是政府的坚决拥护者。

罗马公民和意大利的资产阶级这两个上层阶级的日益富裕，对罗马国家的政治生活、社会生活和经济生活起了强烈的影响。大笔资本投入葡萄园和橄榄林，抬高了意大利许多地区的地价，引起许多农民出卖自己的产业而迁到城市里去住或迁到东方去。在适宜于种植葡萄或橄榄或适宜于按资本主义方式来饲养牲畜的地区，农民户口都逐渐减少了。自从击败汉尼拔以来，罗马元老院进行了连续不断的战争，这些战争削弱了意大利农民的经济力量。为什么资本不仅在意大利南部而且也在意大利中部——那儿是意大利农民坚守的阵地——攫取了大片的土地，为什么意大利中部的大部分农民从地主一变而为替罗马及各城市的资本家耕种庄田的佃户，这就是一个主要的原因。在埃特鲁里亚，早在公元前二世纪上半期，这个不幸的转变即已普遍发生。我们可以从这个地区普遍存在的特点来理解这一点。因为从远古以来，埃特鲁里亚已经是一个有大庄田和有大群农奴的地方。

大家都知道，所有这些重要的演变在意大利产生了一场严重

的危机。随着农民人口的减少与奴隶和佃户数量的增多,随着资本的积累,特别是罗马城资本的积累,罗马共和政体受到危险重重的威胁。传统的罗马贵族政体是以一支农民军为其基础的,这种政体逐渐退化成一种富豪显贵之家的寡头政治,而以意大利农民为其基础的意大利军事力量也衰落下去了。我们应当记得,只有地主才有到罗马军中服兵役的义务——顺便说一句,这也是那些不胜兵役之苦的农民为什么要把他们的土地卖给大财主而自己却仍然以佃户身份留在土地上的另一个原因。

这时候开始在意大利的政治和社会舞台上演出的第一幕就是由提贝里攸斯·格拉古首先倡导而在他死后由他的兄弟加攸斯·格拉古继续推行的一个激进的政治、经济和社会改革方案。提贝里攸斯和加攸斯二人都受到意大利乡村居民和意大利城市里没有土地的无产者的支持。他们的主要目的与希腊城市里许多革命领袖的目的相似。重新分配土地和由此必然恢复旧日的农民与军队,这就是他们进行改革的出发点,也是他们进行改革的目的,但像这样的一场革命所必然导致的结局,是产生一个由单独个人来领导的得民心的政府。佃户和没有土地的无产者之全心全意地支持格拉古兄弟是理所当然的。我们不能在这里详述在初次尝试政治和社会改革之后带来的内部纠纷。在这里,只用几句话说明一下使这次运动具有特殊而复杂面貌的原动力就够了。

格拉古兄弟并没有制止住罗马国家的严重危机。他们的活动连一次大规模的重新分配土地都没有办到,更远远谈不上彻底改变罗马国家的政治结构或一度恢复罗马旧日的农民。罗马农民国家不可能再恢复:它是一去不复返的了。当然,是重新划定了一些地段给农民，是把一些产业分给了没有土地的无产者，是有一些大地产被没收了。但是，没有多久，寡头统治者们的顽强抗拒首先阻碍了这些事的进行，而终于使它完全停顿下来。格拉古氏革命的唯一后果，是它鼓动了意大利广大的人民群众，并在罗马历史上第一次在富人同贫人之间、在“压迫者”同“被压迫者”之间划下了一道明显的鸿沟。这样的两个阶级之间的斗争一旦开始便不可收拾。

然而，斗争的主题——土地问题——在意大利内部纠纷的第二个发展阶段中却多少含糊了一些。在一段时期内，另一个纯政治性的问题代替了土地问题，或者说继土地问题而起，占据了首要地位。这就是罗马人的盟友的政治权利问题，特别是意大利城市中的资产阶级的政治权利问题。他们希望成为罗马共和政体中的成员，希望与罗马公民有着同等的权利，他们这些愿望已经被格拉古兄弟的诺言所唤起，而现在看来又被寡头们的反动势力所粉碎了。但是这些盟友们并不肯甘休。于是展开了一场激烈的流血战争，这场战争摧残、蹂躏了意大利中部，特别是北萨谟奈部落所占据的繁荣地方。结果双方妥协了。盟友们放弃了他们的新意大利联邦计划，而罗马人也真正地把公民权许给了同盟城市中所有的市民。盟友的要求是不可忽视的，否则，意大利—罗马国家就会不再存在。

在这段插曲之后，主要的斗争又恢复了，规模较前更大。罗马公民集团中加入了意大利人，使不满意的人数更增多了，在他们之中，大大增加了的是没有土地的无产者：他们几乎全都准备积极参加斗争。而另一方面，自治市的资产阶级加强了支持现存秩序的阵容。斗争不仅因新参加者而扩大化和复杂化，并且它的外貌也几乎完全改观了。在“社会”战争以前不久，某些克勒特—日耳曼部落曾大举入侵意大利，情势非常危急，这次外患和“社会”战争本身都反映出旧日只征调国民中一部分人——主要只包括地主在内——加入军队的这个原则不能再沿袭不改，从而，罗马军队在性质和社会成分方面都逐渐发生了一次剧烈的改变。自从马里攸斯开始着手改革以后，罗马军队就不再是一支意大利农民军，而变成了一支多少带有专业性的长期服役的军队，它是由无产者和贫穷的农民组织起来的。另一方面，在“社会”战争之后，罗马人民议会所包括的罗马公民人数少得可怜，它不能再真正地代表罗马公民的愿望，而变成了乖巧的政治家手中的一个工具。就表达大多数罗马人的愿望而言，比人民议会远为重要的是新军，就作为有野心的领袖们手中的一个工具而言，比人民议会远为有效的也是新军。

新军之兴起，不仅是由于蛮族的威胁和内战所造成的，而像内战本身一样，主要是由于罗马人的帝国（*Imperium Romanum*）、由于罗马人的大一统国家所造成的。没有一支这样的军队，大一统国家就不能维持下去；它肯定就会土崩瓦解。在东方的大战结束以后和马里攸斯进行改革以前，罗马所进行的每一次战争都反映了这一点。就像在阿非利加平定尤古尔塔之役和在西班牙平定克勒特—伊伯利安人之役这样一些小规模的战争，都使罗马在人力和财力方面遭受很大的损失，而没有给罗马军队增加丝毫的光荣。而克勒特和日耳曼部落入侵意大利这一严重的局面彻底显示出罗马民军的弱点，同时显示出非专业化的将领没有能力改变这种民军使其成为一支真正的作战力量。因此，必须进行两个密切相关的改进工作：要建立一支多少具有常备军性质的军事力量，同时要有一批新的专业化的将领，他们必须毕生致力于军事问题。

新式军队既然是罗马的一支最强大的有组织的力量，因此，它的统帅们就必然不仅只代表国家的军事力量，而且也变成国家的政治领袖，这样一来，就逐渐使元老院议员阶级和罗马人民议会，即罗马民族与元老院，丧失它们原有的地位。这些新领袖的主要任务是改变城邦制度来适合于一个大一统国家的需要，把它转变成一个新的政治体制，使它能够统治现在构成罗马帝国的那片辽阔的领土。因此，格拉古兄弟所发动的这场斗争本是作为恢复旧日农民国家的一场战斗；这场斗争曾经得到没有土地的无产者和贫穷农民的支持，他们是在“重新分配土地”这个陈旧的战斗口号下进行斗争的；而现在呢，这场斗争却变成一场争取彻底改造国家和争取把这个国家的机构改造成更能适合于一个大一统国家需要的工具的斗争了。

最先理解到这个斗争的新面貌、并利用罗马政治生活中的新因素来贯彻自己政策的是L. 科尔芮留斯·苏拉，他是“社会”战争中的一个罗马将军。他在一场激烈的革命战争中反击那些支持格拉古氏纲领——“全权归于由城市无产者选出来的长官所领导的罗马政治议会，恢复旧日农民国家”——的人们，他之所以反击他们，其主要政治思想就是要改变少数元老院议员的统治使之适应于帝国的需要。在这个新型的国家里，他本人所担任的是促成者和调节者的使命，他之所以能操纵国家大事，其基础在于他个人在军队中和在一大群罗马公民、特别是上层阶级中的声望。看来很奇怪，在这样一种性质的斗争里，支持他的竟是一支由无产者和贫穷农民组织起来的军队，虽然这些人似乎应当站到他的对手一边。但是我们应当想到，新军往往只看到它本身的利益；而苏拉许给他军队的利益比他的敌手所许的要多一些和更实际一些——他在和米特拉达悌作战时许给军士们以战利品,在军士们返回意大利以后许给他们以土地和金钱,并且使他们在自己本乡的城市里有一个较高的社会地位以度其余年(这个诺言的吸引力也并不小)。我们还必须记住的是,苏拉的军队也还包括一群旧罗马公民,他们是害怕那些因"社会"战争而获得公民身份的大批新公民的。马里攸斯和他的同党及继承者们则支持这些新公民的要求。

苏拉死后,内战立刻又恢复了,但这时的内战本质上已变成了一场争权夺势的斗争,这是元老院议员阶级中能力最强和野心最大的一些贵族彼此之间为了在政府中夺取压倒优势而进行的一场斗争。参加这次斗争的人没有标榜任何固定的政治纲领,没有提倡任何激进的社会改革或经济改革。这是为了个人势力和个人野心而在京城和战场中同时进行的一场战争。在大一统帝国的复杂的政治军事生活中,周期性地出现极端混乱的局面,混乱局面的唯一出路就是产生一种特任军事指挥权,这种特任军事指挥权使罗马贵族阶级中最有才干的一些人得到机会来和军队取得更密切的联系,并借报酬和诺言使军队亲附于自己;而这样自然就使军队的领袖只要一天得到军士的拥戴,就能做一天国家的主人。对手方面也使用同样的方法和手段。于是,内战实际上变成了由野心政治家所率领的组织严密、训练精良的军队之间的战争。罗马大多数公民并没有积极参加这次战争,行省居民当然也一样。他们所希望的只是和平与秩序。参与战争的人都是罗马帝国的职业军人。他们之所以打仗,是因为他们希望在敌对行动停止时能得到一笔丰赡的报酬,那就是土地和金钱。

内战这出悲剧的下一幕——恺撒和庞培之间的竞争——为什么会那么复杂,它的主要争端为什么会那么含糊不明,其原因就在于此。恺撒得胜了,而恺撒之所以能得胜是因为他是一个更优秀的组织者,一个有军事天才的人,一个在他的兵士中个人声望极高的人。在国家大事方面,庞培的道路和恺撒的道路所不同者非常细微,而这点细微的不同当然更非双方军队的兵士们所能理解。庞培支持元老院制度,甚至连元老院的议员们也未曾予以重视。他们要选择一个在他们看来危险性比恺撒小一些的人物来作为他们的领袖,而且他们希望这个领袖在得胜的时候是一个比较温和的主子。罗马的公众除了在被迫的情况外没有参加任何一方。

恺撒在他即将着手开展内政工作以前,死于一群阴谋者的手中。如果他能有时间去重新整顿国家,将会发生什么样的情形,我们无从判断。从一些征象看来,他心中曾有过一套明确的改革方案,但我们不可能将这个方案详细地重建起来。古代某些史学家和近代大多数学者都肯定认为恺撒打算建立一种真正的君主政体,不仅以罗马公民团体为其基础,而且要以整个罗马帝国为其基础。他们都认为庞培与恺撒相反,认为他所体现的理想是获得罗马上层社会广泛同情的,那就是希望建立一种“元首制”或者说由群贤——即指元老院议员阶级的成员——之首来统治。

在谋杀恺撒者与恺撒手下的将领及其嗣子两方面之间所展开的斗争,呈现出一种争权夺势的斗争所常有的混乱。恺撒手下的旧兵宿将支持安东尼和屋大维,因为这些人指望他们、也只有指望他们来实践恺撒曾经许以土地和金钱的诺言。一些热诚者,其中大多数是知识分子,他们相信恺撒是专横残暴的,相信元老院和谋杀恺撒者所代表的自由是幸福的，所以他们站在布鲁图斯和卡休斯一边作战。其他参加双方作战的人之所以来打仗，是因为他们是被动员来的，因为许给了他们土地和金钱，因为他们相信自己是在为恢复和平与秩序而战斗。

屋大维和安东尼之战胜谋杀者们并没有使局面澄清。这时候，屋大维——他过继给恺撒以后有时称屋大维安努斯，后来称奥古斯都——渐渐设法在意大利的人们中造成一种印象，那就是认为恺撒的目的在于建立一种纯粹的君主政体，而安东尼现在正在力求达到同一目的（这种说法本是谋杀者用来作为宣传的手段）。因为屋大维差不多一向留在意大利，而安东尼差不多一向都在海外，住在东方，所以屋大维这种宣传非常成功。屋大维散布谣言说安东尼之志在于把意大利变做埃及的一个行省，这当然是胡说，但是安东尼所犯的错误，即他对克娄巴特拉先奸后娶的关系，却使意大利的罗马公民更容易轻信这个谣言。

然而，罗马公民也真怕会有丧失他们特权的可能和被外省居民占去上风的趋势。因此，在屋大维和安东尼的斗争中，罗马公民，特别是整个意大利的势力强大的城市资产阶级连同那些上层阶级、即元老院议员和骑士中的大多数人，都愿意支持屋大维来反对安东尼，而这并不是仅仅为了得到土地和金钱。亚克兴之役，战胜者不是那些为自己物质利益而战的武装无产者，而是意大利的公民群众，他们是在争取自由和为了罗马国家的生存向东方的野蛮风气与奴役制度作斗争的这种思想的鼓动下进行战斗的：这种情形在内战中还是第一次出现。屋大维在进行内战的最后一仗的时候，不是作为一个争夺个人权力的革命领袖，而俨然是一个捍卫罗马文明的战士，一个捍卫罗马的过去和未来的战士。他为了这些目的而向一个东方式的国王政体的魔影作战。如果屋大维想要继续保持他因亚克兴之役而得到的权力，那么，对他说来最紧要的就是永远不要忘记他在这一仗中是怎样和为什么取得胜利的。

内战时期是罗马国民几乎人人都遭受大苦难的时期，不仅意大利如此，外省也一样。在意大利，许多人牺牲在战斗中，或在出征时受折磨而死。许多著名的领袖人物在政治恐怖风气重新抬头的时期中被杀掉了，许多人不论穷富都丧失了自己的财产，领袖们把这些财产拍卖来充实他们空虚的府库，或分给打了胜仗的兵士和革命军退役军人。经济情况一直没有稳定过。每一个人都有朝不保夕之虞。意大利的人心是完全动荡不安的，这里有一个需要，也只有一个需要，那就是和平。

例如，从贺拉西和维吉尔早年的诗中就可以看出这种渴望和平的心理多么强烈。已经有许多人研究过贺拉西在菲利皮之役以后的黑暗时期中的心理变化，进行这种研究是很有用的。和罗马帝国成千上万的国民一样，尤其是和罗马公民一样，贺拉西在一段悲观绝望时期以后，终于把自己的希望寄托在奥古斯都的最后胜利上面，因为奥古斯都有过结束内战的诺言。奥古斯都对于帝国国民普遍存在的心理了解得很清楚。和平是一致的呼声。每个人都愿意承认奥古斯都和他的统治，只要他能恢复和平和安宁。因此，奥古斯都便担起了恢复和平的使命；可以说，他要继续保持他的权力，这就是一项必须履行的条件。我们在下一章中就会看到奥古斯都认识和了解到人民的感觉，并顺而行之。

我们只要比较一下恺撒生前和死后就可以看出国民的心情已

完全改观了，但是意大利的社会经济情况在内战期间显然没有很大的变化。意大利仍然是古代世界经济生活的中心，它的繁荣富足仍几乎和以前完全一样。瓦罗在内战后半期时曾指出意大利在自然富源和垦殖方面是世界上最繁盛的地方。他的话是完全正确的。内战并没有暗中摧毁了往日的社会经济生活的基础。在拉丁姆、在埃特鲁里亚、在康帕尼亚，山头上和海边上到处都闪露出一些漂亮的庄院，有着大理石的圆柱走廊，围绕着绿荫浓密的园林，和以往一样地漂亮。在意大利南部和中部，遍布着和以往同样形式的农庄，这些农庄都是按资本主义方式经营的，都是仿照希腊化的农庄组织起来的，有大群奴隶住在庄上，他们在监工（监工们本身也是奴隶）的监督下在葡萄园、橄榄林、园圃、田地和草地上做工。这些 *villa rusticae*〈山庄〉的主人都是罗马的大资本家和自治市里有钱的资产阶级。从十八世纪以来，在蓬佩伊、斯塔别和希尔姑兰城附近发掘出这类庄院的遗迹，其中有些大概属于公元前一世纪。阿普利亚、萨姆纽姆、拉丁姆的某些地区和西西里、撒丁与科西嘉等地的大部分地区的经济生活中最突出的现象就是牧放牲畜的草地，在那草地上有着成群的武装牧奴牧放着成千上万的绵羊、山羊、公牛和母牛。相反地，埃特鲁里亚的一部分地区、翁布里亚、皮切努姆和波河河谷地带等地则仍然以小地主的零星农庄和村庄为主。在这种形式的农庄和村庄里，住着大地产所有者的佃农，他们为自己和为附近城市的市场生产谷物。在意大利这些地区内，像多米丘斯·埃诺巴尔布斯（与恺撒、庞培同时）这类人物所占有的土地之多，竟使他们可以允许他们手下数以千计的无土地的兵士能每人得到足以维持其生活的一小块土地。他和庞培都可以从他们的佃户（*coloni*）和奴隶中组成一支大规模的正规军。庞培说过，他只要在地上顿一顿脚就可以得到几千兵士，这并非夸大之词。毫无疑问，他主要是指那些旧部曲而言，他们都是他的靠客和他的田庄上的人。

在意大利的城市里住着一个相当富裕、有时甚至可说是很阔绰的资产阶级。他们大多是地主；有些人是出租房屋的房东和各种各样店铺的店东；有些人放债和经营银行业。最大、最富的城市是罗马。公元前二世纪与一世纪时，罗马城的发展异常迅速。最好的地皮都为罗马的达官贵人、元老院议员和骑士们的华丽的府邸所占据。在罗马那块大公共场地——广场——中的卡斯托尔神庙附近，每天都进行着交易活动。这里拥挤着成群的人们，他们在买进和卖出包税公司的股票和债券、各种各样现金交易或信用交易的货物、意大利和外省的农庄与地产、罗马及其他地方的房产与铺面、船只和货栈、奴隶和牲口等等。在广场及其附近的街道上的店铺里，有着成千上万的自由手工业者和店东，有着成千上万个属于有钱的资本家的奴隶、代理商、工人们在制造商品和将商品卖给顾客。在罗马城里较偏僻的地方，有着大批失业的或半失业的无产者，他们住在大杂院里，为了过日子，只要谁能有钱付给他们，他们就愿意把自己的赞同票和拳头卖给谁。

恐怖政策像浪潮一般，内战像痉挛一般，一阵过了，又来一阵，接连不断。它们卷走了上面提到的那些团体中的某些成员。但是，那些团体本身并未遭到破坏，丝毫未起改变，它们所丧失了的成员又为继起者与新加入者所代替。住在意大利某个城市里的一群地主们开始丧失了他们祖传的土地，于是，他们在乡间的房屋、他们的田地、有时还连同他们在城里的住宅，就转手让给了革命军的退役军人——这些人是出生于意大利的——或转给了庄稼人、农民和别的地主们。失去产业的地主们当然是破落了。他们迁移到大城市里去或到外省去，也变成了失业的无产者，或投入革命军等等。但是就整个意大利而言，是感觉不出这种改变的。退役军人都是罗马公民。他们全都是、或者说几乎全都是出生于意大利山野之间的。世代相承的城市无产者是几乎不存在的，即使在罗马城也不存在。今日之无产者即昨日之地主，而明日又成了一个军人或一个做买卖的代理商，成了一个手工业者或一个厮仆。不论是在乡下或在城市里，像这样一小群移居者的新村很快地就被一个人口稠密之区兼并了。从蓬佩伊的例子可以看出这样的兼并是何等的容易，在该处，有一个苏拉手下退役军人的屯市，这个屯市和该城原来的居民逐渐合为了一体。

诚然，我们不能缩小内战期间周期性地重新分配地产这个现象的重要性。根据审慎的统计，在这段混乱时期最后五十年中，在意大利获得产业的人数不下五十万。在“社会”战争历次大变动以后，这些重新分配产业的现象可能是意大利走向罗马化和拉丁化的历史中最有力的因素：以蓬佩伊为证，那儿的奥斯坎语在公元前一世纪时几乎完全被拉丁语所代替了。另一方面，我们若从严格的经济观点来看，却不能夸大这种改变所有权的重要性。即使我们假定大多数退役军人都亲自耕种土地，都是像正式农民似的庄稼人——事实上当然其中只有一部分人是这样——那么，这类新农民的置产立业也不可能改变经济潮流，经济潮流的趋向是使田庄归那些从来不住在田庄上的人们所占有，这些人只把田庄视为

图 4　欧里萨策斯之墓

图 4 说 明

M. 韦尔季留斯·欧里萨策斯的墓碑。罗马，卡西利纳路，靠近马乔列港。卡尼纳—O. 雅恩所撰文，载《罗马考古情报研究所年报》(意大利文)，1838 年，第 219 页起(碑)和第 214 页起(浮雕)；参考《罗马考古情报研究所未发表过的文物》(意大利文)ii，第 58 页；H. 布吕姆纳尔：《工艺学与术语学》(德文)，i，第 2 版(1912 年)，第 40 页起，图 13—15(摄影)。属于共和国晚期或奥古斯都时代早期。

这座墓碑形式特殊，不容易说明。这位欧里萨策斯的想法是要藉墓碑的形式与碑文和浅浮雕，使观者能想象他的行业。墓碑四面重复地刻着同样的碑文：*Est hoc monimentum Marcei Vergilei Eurysacis*，*pristoris*，*redemptoris*；*apparet* (四面刻文略有出入)。请看《拉丁文碑铭集录》i. 1013—15；vi. 1958 年；戴索：《拉丁文碑铭选录》7460 a－c，参看此人妻子的墓碑，《拉丁文碑铭集录》i. 1016；vi. 1958 年；戴索：《拉丁文碑铭选录》7460d，还参看此人一位朋友的墓碑，《拉丁文碑铭集录》i. 1017；vi. 9812。碑文的意义如下："这是马尔库斯·韦尔季留斯·欧里萨策斯的墓碑；他是一个面包师和承包商；同时又是一个 *apparitor* (长官供奉户)。"现在根据《罗马考古情报研究所未发表过的文物》(意大利文)所描的图将这座碑上的浅浮雕复制于下，这些浅浮雕描绘了制面包行业各个不同的作业过程：第一步是筛谷和洗谷，第二步是磨成面粉，第三步是揉面，第四步是擀面和烤成面包(1 和 2)，而最后画出将面包递送到欧里萨策斯所供奉的长官那儿去的情形(3)。这是对共和国晚期或奥古斯都时代早期的一个大企业公司的有代表性的图画，在这个企业公司内工作的有几十或几百工人，其中既有奴隶，也有自由人。

1

2
欧里萨策斯墓碑上的浮雕

3

自己收入来源之一而已。无论如何，我们可以肯定地说，随着内战的进行，即使把土地许给退役军人，经济潮流也并不是愈来愈趋向于新农民设置产业，而是愈来愈趋向于城市居民增置新产业。给予退役军人的产业面积之不断增加正可以反映出这一点。因此，就大多数情况而言，在意大利，退役军人不是增加了农民的人数，而是增加了城市居民的人数；不是增加了劳动阶级的人数，而是增加了资产阶级的人数。土地之重新分配也不曾影响大地产的增加。在内战中被军事首领们没收的大地产也可能分配一些给小地主。但是，一般而论，这类地产要不是被国家临时统治者留作他们个人势力的基础——他们的个人势力是以依附他们的靠客的多少为基础的——就是被卖成现金以充实他们那不断匮竭的府库。

行省中的改变比意大利远为重要。虽然在各行省中，除了住在该处的罗马公民以外没有人积极参加过内战，但是真正受灾难的还是各行省。它们必须承担起这些战争的大量费用。最沉重的负担落在东方各省身上，这一点我们在前面已经谈过了。现在让

我们来看一看西方的情况吧。

在罗马历史上，从意大利向西方各行省进行一次有系统的移民运动还是新鲜的事。所以 C. 格拉古和他的一些后继者想在西方、特别是在阿非利加贯彻这样的移民运动的企图终于徒劳无益，没有收到什么重大的效果。但是，在内战中，罗马移居者的浪潮，接二连三地涌入高卢、西班牙和阿非利加。最值得注意的移民区是由革命运动的领袖们所建立的新的罗马屯市，特别是马里攸斯在阿非利加建立的屯市*和恺撒、安东尼、奥古斯都在高卢、西班牙、阿非利加，甚至在东方某些地方尤其是在小亚细亚等地所建立的屯市。然而，在内战期中，各行省里并不仅只出现这些被组织好的移居者。有许多重要的意大利人团体为了自身利益而移居到行省里来。他们以商人、放债者、包税公司代办等身份同高卢、西班牙、阿非利加、努米底亚等地诸城市的罗马移民和本地人交际往来。阿非利加和努米底亚许多城市的历史都反映出这类罗马公民团体在这些地方的城市生活中是多么重要的一个因素。我们举阿非利加的土加镇和努米底亚的努米底亚王都契尔塔城为例。这两个移民区原先都不是军屯市（契尔塔直到公元前 44 年才被承认为一个罗马屯市），但是，在这两个城市的居民中，罗马公民都在社会经济生活里起着主导作用。毫无疑问，也有这类的移居者迁到西班牙南部与罗马最先建置的高卢行省中那些希腊城市和半希腊化的本地城市里去。同时，虽然没有直接的史料可供引证，我们也能设想到，意大利那些大田庄的主人们一定劝田庄上的穷 *coloni*

* 见下面第七章，第 454—455 页。

〈佃户〉乔迁到阿非利加的乐土上去，因此，从意大利迁出去的某些人，即这些佃户，一定很乐意接受他们主人的劝告而迁到阿非利加去，在那里从外省阔绰的地主手中租到更好、更大的份地。

较早的时候，罗马公民本来大多向东方流徙，而这样一来，在公元前一世纪时就转而向西方。东方的情况是那么恶劣，威胁着罗马移居者的危险（如从米特拉达悌的屠杀所见到的）是那么千真万确，而罗马政治局势的混乱又使他们的发展机会大为减少，因此，大群的移居者都宁愿到西方新地方去试试自己的运气了。如果说高卢、西班牙和阿非利加多少开始了罗马化的话，那么这种结果是由于内战期间加紧向这些地方移民造成的。新的资本、新的动力、新的生活习惯，从意大利伸到了西方各行省，而在意大利人之后，随着又来了希腊人和东方人。我们不知道这些新迁去的人中间究竟有多少人是到行省里去当手工业者和农民的。其中大多数人肯定不是普通的农民、佃户和工匠；多半都是不住在乡间而住在城市里的地主、大商贾和一般做买卖的人。

如果我们要用一个概括的公式来表达公元前一世纪时罗马国家的政治、经济和社会状况，我们很难找到一个简短而全面的公式。从政治上看，罗马国家就法权而论是一个由罗马公民群众统治着的帝国，但事实上，罗马公民群众是以富贵显达的公民、即元老院成员们所组成的统治集团为代表的。外省被视为这个统治集团所共有的地产。在这个集团内部，城邦的结构仍然保留着，几乎毫无改变，只略有损益而已。从社会上看，这个集团还包括了一个较小的统治阶级，这个阶级的成员住在罗马城中，大多是意大利和外省的大地主。元老院议员阶级加上一个人数众多而势力雄厚的商人和地主阶级，共同构成京都以及意大利诸城市的居民中的上层阶级。这些商人中，有些人家赀不可胜算，有些人则仅称小康。他们大多过着坐食年金者的生活。真正的劳动阶级则包括有城市中的零卖商贩和工匠，有官衙里和资产阶级店铺里的奴隶，有乡间的自耕农，还有一大群、并且人数仍在不断增多的奴隶和佃户，他们都在占有土地的资产阶级的田庄上做工。在外省的罗马公民团体中，各个集团的分配与此相同。

从经济上看，我们所见到的是一种资本主义经济，这种资本主义与希腊化时期以前和希腊化期间存在于东方的资本主义几乎完全属于同一类型。在罗马国内，在罗马及其邻邦之间，货畅其流。贸易中最重要的项目不是奢侈品的买卖，而是主要必需品的买卖——谷物、鱼肉、油、葡萄酒、亚麻、大麻、羊毛、木材、五金和手工业制造品。食品和原料出自希腊—罗马世界的边远地区；油、葡萄酒和手工业制造品出自希腊城市和意大利。金融与银行业几乎完全为意大利所垄断，首先是为罗马所垄断，因为绝大多数的钱货都集中在罗马资本家手中。政治状况不仅大大地促使这种行业为罗马所垄断、特别是为京都本地的银行家所垄断，而且还造成它具有高利贷的性质，这种高利贷性质严重地阻碍了一个正常成长着的资本主义体系的稳固发展。另外还有一个障碍，那就是，工业成长相当迟缓，工业技术不向前发展，作坊没有进一步变成真正的工厂。作坊一直是主要的生产方法，而且，即使有同一种行业的若干店坊属于同一个人这种现象，也不曾使这些作坊转变成具有近代意义的工厂。然而，我们必须记住，作坊中的工作是高度分工的，大多数作坊、特别是大工业中心城市的作坊都不是为专门订货而

是为一个不定市场制造货物的。在古代世界那些大工业中心城市之中，某些意大利城市开始占据显著地位，例如卡普阿和卡累斯之于五金业和陶器业，塔兰土姆之于毛织业和银器业，阿雷丘姆之于一种特殊的红色釉陶业。但是，意大利始终未成为工业发展的领袖。东方的希腊城市仍然保持着这个地位。

图 5　正门的奥古斯都雕像
（罗马，梵蒂冈）

第二章

奥古斯都的复原更新政策

关于奥古斯都的活动的性质和意义，现代学者们的看法彼此分歧很大。奥古斯都是一位伟大的人物，他替罗马国家创立的那种政体遵循着他所奠定的道路继续发展下去至少有二百年之久，这是毫无疑问的。古代世界的历史因他而开辟了一个新纪元，即我们通常所谓罗马帝国时代的纪元，这也是毫无疑问的。现代所有的学者对于这几点都完全表示同意。但是，当我们想要进一步断定我们所谓的奥古斯都改制的性质的时候，分歧就立刻出现了，而且这些分歧看来是不可调和的。有些学者坚持认为奥古斯都的事业是复原事业，而且仅仅是一种复原事业，认为他的主要目的就是恢复古代的罗马国家。而另一些人则认为应该给奥古斯都加上革命改制者的头衔，认为他能够假托某种古代的典制而创造出一种崭新的政体、一种由罗马军队的首领统治的真正的君主政体。还有一些人又采取介乎二者之间的态度。

我并不打算讨论这种种各持一端的议论，而只打算陈述若干事实和提出我自己对这些事实的阐释，我的注意力集中在这个问题中有关社会经济的方面。在前一章里，我们已经指出过，内战之结束是出自罗马帝国国民——特别是其中比较活跃和有影响的那

一部分国民，即意大利和外省的大多数公民——几乎全体一致的意志。在有公民身份的国民中，各个阶级全都坚持着同一个主要的主张：结束内战，恢复和平。如果奥古斯都想要巩固自己的权力，那么，他首先必须使恢复和平成为可能。每一个人都疲惫了、厌倦了，每一个人都满怀信心地指望亚克兴之役成为内战的最后一次战役。

但是，帝国中居领导地位的一部分国民并不是愿意漫无选择地接受解决这个问题的办法。罗马的公民之所以作战，是为了恢复罗马人的国家，并不是为了建立一种东方式的君主专制制度，即使这样的制度处于伪装之下也不行。他们要求和平，但他们是为了罗马人的国家而要求和平。这就是说，只要奥古斯都在恢复和平时愿意而且能够维护各个阶级的罗马公民曾经在国内享有的一切特权，他们是愿意支持他的。奥古斯都同安东尼作斗争的时候曾乞援于罗马公民的爱国情绪，他亲自提出了保证，要缄默地遵守他许给罗马公民的诺言，那就是：绝不剥夺他们的权利和特权，甚至还多少增加一点，或至少要把这些权利和特权更好地规定、巩固下来。只有在这些条件下，罗马公民们才愿意欣然承认奥古斯都是他们的领袖，承认他是罗马社稷、即罗马民族与元老院的合法首领。

仅就这点而言，奥古斯都的任务是很清楚的，而且也是比较容易的，这个任务主要就是一项复原工作。人们并不需要或盼望什么远大的改革。在使罗马原来的城邦政制适应一个大一统国家的需要方面，奥古斯都的前人，即内战期间罗马国家的军事领袖——马里攸斯、苏拉、庞培、恺撒、安东尼，和奥古斯都本人都已经推行了大多数必要的改革。现在唯一的需要就是再开动罗马的国家机器使它发挥作用而已。

但是，如果仅仅只求复原，那么，罗马国家的持久复兴就不可能求其有所保证。内战已经在国家机器中创造了两个新的因素，不能只求其复原而漠视或抛弃这两个新因素，因为它们是国家机器中的主要动力。这两个因素就是现有的常备军和这支常备军的主帅元戎奥古斯都，即 *Imperator Caesar divi filius Augustus*〈元戎—恺撒—神子—奥古斯都〉。军队就摆在那里。不能够遣散它，因为迫切地需要军队来保卫国内国外的和平。倘若没有一支强大的、纪律严明的和军饷充裕的军队，那就不可能有安宁和秩序，不可能有和平和繁荣。同时，如果罗马公民仍想继续在帝国中居于主宰者的地位，那么，这支军队，或至少是这支军队的中坚力量，必须是一支罗马公民的军队。另一方面，从内战中已经看得很清楚：一支纪律严明的常备军，也只有在单独一个人的统率下，在一个被军队奉为首领的人的统率下，才能发挥效用，这样的一个人不是由罗马人民和罗马元老院委任的，而是要得到将士爱戴和信任的（即使说不是由军队正式推举的）。在这里就产生了罗马帝国新局面的一个大矛盾。新国家一方面要恢复旧国家的原貌，要恢复共和国时期法治国家的原貌；但同时，它又必须保持革命时期的主要工具，保持一支革命军队和它的革命首领。奥古斯都的前人曾经提出过许多办法来解决这个问题。有一种解决办法是苏拉或者庞培提出的，那就是：军队应当交还给元老院，而军队的首领则应当以罗马国家一个普通长官的资格来行使职权。另一种解决办法似乎是恺撒所策划的，那就是：军队仍然由罗马人民的最高长官来统领，完全不让元老院同军队发生任何关系。奥古斯都大体上选择

了第二种办法。

把军队交还给元老院，这是绝对办不到的。如果这样做，就会卷入一场新的内战，因为军队不愿意接受这样的安排。奥古斯都也只可能继续担任军队的首领、主帅，而不可能听任旁人来平分兵权。实际上，这就意味着，随着法治国家的恢复而新建立起一种军事专制制度；在正规的国家行政组织之外再维持一个革命机构。同时，这又意味着，就理论上说，如果一个主帅不再受到军队的爱戴和信任，或者不能履行他对军队的许诺，那么就公开地允许军队推出另一个人来代替他。这一点也并非不重要。

因此，奥古斯都的政治工作并不是恢复内战以前所存在的那种局面，而是巩固和调整由于内战而形成的新局面。从政治角度来考虑，他采取了一些措施使军队尽可能不起危害作用。凡是选军都不驻扎在意大利而驻扎在罗马国家的边塞上。驻在意大利的只有一小部分军队，即皇帝的禁卫军。选军和禁卫军完全由罗马公民组成，并且完全由属于罗马公民两个上层阶级——元老院议员阶级和骑士阶级——的军官指挥。由外省补充的辅军被看成是非正规的军队，看成是“盟友”的军队，但由罗马军官指挥。驻扎在意大利的水军人员都是最下层的罗马公民、免奴、外省人。京城里的七营消防队员也由免奴充役。他们和京营配合在一起充当罗马城的警察。然而，所有这些措施都无济于事。实际上，军队才是国家的主人，而在重新恢复的罗马共和国中，皇帝通过军队，和只要军队愿意支持他、服从他，就可以统治一切。由服役十六年、二十年或二十五年（服役期限各因他们属于禁卫军或选军团或辅军部门而有不同）的职业兵组成的一支军队，由正式的罗马公民或准罗马公民、由罗马人民中正处于统治地位或即将处于统治地位的分子组成的一支军队，自然不可能轻易地被排斥于国家政治生活之外，而它既没有被排斥于外，它就必然在实际上（虽不是在法制上）成为有决定性的政治力量。

此外别无其他解决这个问题的办法。那些帮助奥古斯都打了胜仗的罗马公民们如果仍要成为这个帝国中的统治阶级，那么他们就必须履行他们的第一项义务，那就是捍卫国家防御敌人和保护他们自己在帝国内部的权利。军队必须是常备军，必须是一支由职业军人组成的军队：任何一种国民军都无力保卫罗马国家的边塞。这个时代的军事技术已经复杂得很，非短期内所能学会。在罗马帝国中，不可能有短期服役的军队，因为一支有效的战斗力量必须经过多年的辛勤训练。如果要使这支军队成为一支由职业军人长期服役的军队，那么，它当然就不可能采取强迫征集的办法。只要有足够的人愿意应募，它就必然或多或少地在自愿投军的人中招募新兵。强迫征来的人绝不会成为准备效命守职的优秀的职业军人。这样一来，军队必须得到相当的酬赏，而且要尽可能地使当兵这个行业具有吸引力。于是，军队的开支便成为国家财政中一项非常沉重的负担了。

但事实上，在奥古斯都长期统治的全部时间内，军队始终是安定的，甚至到他统治的末期，当多瑙河和来因河上的严重纠纷——潘诺尼亚人和达尔马提亚人的“叛乱”和日耳曼诸部落的“联合战线”——使得服兵役成为非常危险的事而使得增补选军、京营和 *alae*〈翼军〉的任务十分困难的时候，军队也还是很安定的。而且，就是遇到这几次不得不采取强迫征发的手段的时候，军队几乎毫

无骚动，毫无参与政治生活的打算。我们从奥古斯都时期军队组织的性质中可以找到说明这种现象的道理。

奥古斯都的军队不再是一支无产者的军队。服兵役，特别是在奥古斯都统治初期服兵役，是比较有利可图的事，也没有太大的危险。有功可立的职务就是意味着有飞黄腾达的机会，而在正规服役期满以后，这种飞黄腾达的机会并未完结。优秀的中下级军官或继续留在军队，享受优俸；或厕身于文官之列，作为皇帝的私人代表。普通士兵在服役期满后准能得到一小块土地或一笔丰裕的赏钱，足够使他成家立业，或养活他事实上（如果未经合法手续）在服兵役期间即已开始成立的一个家庭。因此，有许多人，甚至是社会地位较高的人，都愿意加入行伍。而且，这时的军队并非完全由出生于意大利的人组成。内战以后，意大利本部已经无力再向军队补充新兵了。所以，罗马化了的各行省，甚至连东方某些地区，都来支援，这些地区提供了优秀、忠实的军人，他们之中大概没有什么无产者。他们并非全是罗马公民，但是，奥古斯都在需要的情况下愿意把公民资格许给每一个新兵，只要他答应做一个好军人，只要他的罗马化程度已经足够说拉丁话和写拉丁文，或者他所受的教育已经能使他很快地、很好地学会拉丁语文就行了。这些外省的士兵也许比意大利人更忠诚、更可靠些，因为对他们之中的大多数人说来，在军队中服役意味着社会地位提高了很多。由外省人组成的辅军是同样地可靠，这一部分外省人只稍微受了一点罗马化，或甚至简直没有沾染过什么希腊文明或罗马文明。但是，对他们说来，入了军籍就表示在服役期满后得到罗马公民资格，而这是一种很高的特权。因此，如果说他们大概根本不存在什么政

治问题和政治欲望，那倒并不足为奇。

然而，最重要之点在于，军队是从帝国各处的居民中普遍抽出来的，它代表了国民中所有的阶级——元老院议员阶级和骑士阶级，意大利和各行省的罗马公民，东方各行省中罗马化和希腊化的居民（不论他们住在城市里或乡村里），以及还没有分享古代都会文明的无数部落和种族。这样一来，军队就反映了国民的心理状态。并且，罗马公民从远古以来就已经养成了服从国家的习惯。国家现在体现在奥古斯都个人身上，他是国家合法的领袖，元老院和罗马人民承认他这种地位。因此，服从于他乃是每一个忠诚的罗马公民的义务，也更是每一个盟邦人民和外省居民的义务。毫无疑问，奥古斯都在整个帝国的人民群众中受到异常的拥戴，如果我们能用这个现代名词来形容罗马人对这位新统治者所怀的半宗教性的敬畏的话。在他们看来，他真正是一个超人，一位神人，救世主，拨乱反正的人物，和平和繁荣的使者。我们可以按照我们的看法来说明内战结束的原因。我们可以说，内战之所以停止是由于罗马帝国的国民已经疲惫了、厌倦了，不愿意再打下去了。但是，我们也必须承认，对于内战之不可能再起，奥古斯都的个人作用占有一种很重要的地位。而且，即使我们相信（我并不作如此想）奥古斯都的贡献只不过是采集在他前人时即已成熟的果实，我们也绝不能忘记，帝国的国民群众是把和平和繁荣的恢复归之于奥古斯都个人的。

现代某些学者用“宣传部”来形容奥古斯都时代诗人的活动，据我看来，这个名词毫无疑问是绝对错误的。但是，如果我们承认维吉尔和贺拉西是配合梅策纳斯和奥古斯都而行动的，承认他们

竭力传播这两个人的思想，鼓吹这两个人的计划——我以为这种看法未免太狭隘了——那么，我们必须说，他们的宣传完全成功。他们在整个罗马世界中享有煊赫的声望，便是他们善为说辞的明证。如果宣传没有抓住群众的普遍心理，如果它没有群众的支持，任何宣传都不可能成功。因此，我们可以完全相信，维吉尔和贺拉西的主导思想就是罗马帝国成千上万的人民的思想，这些人民和贺拉西（对于他个人说来，这当然只能说是一种诗思）共同相信奥古斯都是一位在凡间显灵（ἐπιφανής）的尊神，是梅尔库里攸斯神或是阿波洛神或是埃尔库勒斯神，相信他是伟大的、神圣的罗马帝国的救世主。

我们还可以提出另一个"宣传部"，那就是元老院、罗马人民和罗马城若干公民私人为敬仰奥古斯都而建造的那些美丽的艺术纪念物。这些纪念物在国民心中的印象深刻，并不是因为它们美丽，而是因为它们用形象代替语言说出了诗人们所表达的那同一种声音，人人都感到这种声音是出乎至诚的。我们可以举出那座祭 *Gens Augusta*〈奥古斯都氏〉的神坛作为许多纪念物中的一个例子，它是在迦太基地方一个罗马公民修建的一座私人祠庙里发现的。这座神坛大概是模仿罗马城中一座相似的纪念物的复制品。神坛上有一幅雕像刻的是伟大的罗马女神，她被安置在一堆兵器上。她的左臂靠在一个盾牌上；她的右手伸直着，捧住一根柱子，柱子上面挂着一面圆形的 *clipeus*〈盾〉，这面盾是元老院和人民献给奥古斯都、装饰在帕拉丘姆山上奥古斯都的住宅中的。从天上降下来的胜利之神正好把这面盾带来交给罗马女神的手中。在女神的前面，可以看到一个祭坛，上面放着一支很大的 *cornucopi-*

ae〈富饶角〉，角上挂着一根 *caduceus*〈和平标〉，在这两件东西的前面有一个球——那就是 *orbis terrarum*〈地球〉。

难道这还不是一件美丽而且十分真实的标识，用来象征奥古斯都的罗马、象征奥古斯都所巩固的大一统帝国的吗？罗马女神的庄严法相意态安闲。战争结束了，罗马胜利了，再不需要什么兵器了。它们现在可以用来作为罗马权力的主要基础了。和平恢复了。罗马骄傲地注视着她的大一统帝国的标识：基础是虔诚，奠定基础的是宗教，那座神坛说明了这一点；它体现了由富饶角、和平标和那个球所代表的世界繁荣。

在罗马的 *Ara Pacis*（就是建立在马尔斯广场上的和平神祭坛）上，那些表现出最高尚的罗马精神的古典雕刻，特别是那些田园景色以及被自然环境所环绕并象征着奥古斯都所恢复和保障着的大自然创造力的地母神的形象，也都表示出和上面所说的相同的观念。

前面谈到罗马帝国国民普遍的心情，并不是说，那就等于每一个人的看法都是如此。当然会有例外的，其中最显著的就是元老院议员阶级中的大多数人。谁也不能想象那些斯多葛派和伊壁鸠鲁派会把奥古斯都看成神人，看成同样神圣的尤留斯的嗣子。他们把他看做他们自己这个阶级中的一员、比他们自己更为顺利的一员。他们之中有些人憎恨奥古斯都，因为他实际上结束了元老院独断的统治；有些人憎恨他是由于私人关系，有些人憎恨他则是受嫉妒心的驱使，他们认为自己和奥古斯都同样地有权成为国家的领袖，成为 *principes*〈元首〉。因此，经常发生危害奥古斯都生命的阴谋诡计。不过，元老院议员阶级的态度是无关紧要的。何况，

1. 迦太基的祭坛

2. 和平神祭坛上的一块石板

图 6　奥古斯都的主导思想

图 6 说 明

1. 迦太基所发现的一座大理石祭坛的一面。迦太基，圣路易山附近的索马涅教堂内。A. 梅尔兰所撰文，载《史学著作委员会考古学公报》(法文)，1919 年，第 clxxxvi 页起和第 ccxxxiv 页起，注 1；M. 罗斯托夫采夫：《奥古斯都》，载《威斯康星大学语言学与文学学报》(英文)，15，图 1；同作者所撰文，载《德意志考古研究所罗马学组报导》(德文)，38/39，1923—1924 年，第 281 页起；G. 加斯提芮耳所撰文，载《考古学评论》(法文)，1926 年(1)，第 40 页起；S. 格塞耳所撰文，载《史学评论》(法文)，156，1926 年，第 12 页起；L. 普安索，《突尼斯政府·备忘录与档案》(法文)，10，1929 年，《奥古斯都氏祭坛》；J. 西夫金撰文，载《日规》(法文)，7，1931 年，第 16 页起(评上面所引普安索的论著)。

这个祭坛所属的神庙上有着如下的铭文：*Genti Augustae P. Perelius Hedulus sac(erdos) perp(etuus) templum solo privato primus sua pecunia fecit*. “终身祭司 P. 佩雷留斯·埃杜卢斯用自己的钱在自己的土地上修盖这座神庙奉祀奥古斯都氏，他是第一个这样做的人。”关于这幅浅浮雕的说明，见第 70 页。

2. 一块雕像的大理石板，现在被安置在复原的和平神祭坛的建筑中〔请看 G. 莫雷提：《和平神祭坛》(意大利文)(1948 年)，第 232 页起〕。1568 年发现于罗马。一般认作罗马马尔斯广场上奥古斯都的和平神祭坛的神殿中装饰一个殿门的一块浅浮雕。关于这幅浅浮雕的详尽的参考资料目录和对它所作的精确的说明，见斯特朗夫人的《奥古斯都至君士坦丁期间的罗马雕刻》(意大利文)(1923 年)，第 38 页和图 VI〔请看 G. 莫雷提，《和平神祭坛》(意大利文)，引得 xvii〕。

这幅浅浮雕很美丽地描绘出奥古斯都最仁慈的思想。图的正中是 *Terra Mater* 〈地母神〉，她坐在一块环绕着花和谷穗的岩石上，衣裾上有果子，膝上有两个婴孩。她就是贺拉西的 *Carmen Saeculare* 〈百龄节歌〉中的 *Tellus* 〈地母〉(第 29 行起)：

Fertilis frugum pecorisque Tellus

Spicea donet Cererem corona;
Nutriant fetus et aquae salubres
  Et Iovis aurae.
〈五谷丰而牲畜蕃兮
愿地母饰稷神以谷冠；
祈天帝其风调而雨顺兮
  赐吾人以丰年。〉

地母神脚旁的两个动物代表农业（牡牛）和畜牧业（绵羊）。左右两边坐着两个人物，一个坐在一只天鹅上，另一个坐在一条海龙身上，这两个人物是河流和海洋的化身，或者是空界和水界的化身，也许是贺拉西所提到的 *Aurae*〈风〉。我认为她们是河流、海洋与风结合在一起的象征：和煦的风缓缓地吹过海洋和河流。参看奥古斯都雕像的铠甲（图 5）和阿魁累亚地方出土之 *patera*〈盘〉（图 13—1）上与此相似的人物图像。

元老院和元老院议员阶级中的大多数人还是欢迎重新恢复和平的，他们尽量表现卑躬屈节、奴颜婢膝的姿态，而不再汲汲于夸耀共和政体的精神了。

在行省中也时时发生骚乱，这些骚乱使我们看出奥古斯都是怎样地始终不能感到彻底的安定，看出他和行省的长官们是怎样地考虑及时对骚乱采取适当的措施。有一次这样的骚乱——当然是无足轻重的——就发生在公元前 7—前 6 年，或稍早一点。

然而，奥古斯都和行省长官们的忧虑无疑地是过分了一些。尽管罗马国家的政治制度中存在着潜在的矛盾，但是，军队的态度是镇定的，这种态度反映了人民普遍的情绪，它使奥古斯都得以贯彻复原的工作，不致因爆发新的内讧而受到干扰。他履行对罗马公民的诺言，不仅仅意味着维持他们的政治特权，而且最重要的是要避免损害他们的社会经济地位，自然也就是要使他们比帝国其他阶级的国民有着更多的优先机会。在这里，又一次看出，所要求于奥古斯都的并不是一项复古的工作，而是要巩固他所见到的在罗马国家社会经济生活中已经根深蒂固的现象，以及大部分由内战所造成的现象。

在进行内战期间，罗马公民各阶级之间的差异并未消失。元老院议员阶级仍然和以前一样地唯我独尊。骑士们意识到他们在国内占有很重要的地位，因而把地位和财产比不上他们的人简直不放在眼下。意大利各城市中也存在着相似的这类阶级。元老院的权贵，自治市议会的议员，其中有些是罗马骑士，形成了上层社会。与他们在一起而地位低于他们的是一群家道富裕的资产阶级，其中还有一部分男人和女人并非自由民出身。无论在罗马城，或在意大利的 *municipia*〈自治市〉，这些上层阶级不同集团之间的差异都是非常显著的。在元老院议员之中，只有那些贵族阶级的成员和那些能在自己的祖先里举得出一个执政官的人才被算入 *nobilitas*〈世族〉之列。在这些 *nobiles*〈世族子弟〉眼中，所有其他的人，至多只能算是暴发户。顺利地突破了元老院权贵们的壁垒的罗马骑士，被视为闯进来的生客。京城里的元老院议员和骑士们嘲笑自治市的 *gransignori*〈豪绅们〉土头土脑。而这些豪绅们又看不起有钱的免奴和其他的人。和他们这一切的人完全分开而站在另一方面的是自由民中的各个下层阶级，有大群的自由农民、自由工匠、半自由的庄稼人和手工工人。而在这些下层阶级之中，那些住在城市里的人又瞧不起农民，瞧不起这些 *pagani*〈村夫〉或 *rustici*〈乡下佬〉。在这个背后，有着大批的奴隶——仆役、工匠、种地者、开矿者、划船者等等。我们在这里谈到的并不是外省的情况，

而只是意大利的罗马公民中的社会分划。

奥古斯都从来没有想改变这些情况;他认为这是理所当然的。他所进行的工作就是使这些差异更加尖锐,使各个阶级之间的鸿沟更深,并且派定每一个阶级在国家生活中尽其一定的职分。罗马公民如果要当主宰者、统治者,那么,他们之中的每一个团体必须在统治大一统帝国的艰巨事业中担负起自己一份特殊的任务。奥古斯都在这方面的工作是大家所熟知的,我想用不着再加以详叙。元老院议员阶级充任帝国最高议会——元老院——的议员,充任罗马城的一些长官,充任行省总督(或由元老院任命,或以钦差资格驻在皇帝直辖的行省中),充任将军以及公民军队中的大部分军官。骑士阶级充任罗马法庭的陪审官,充任一部分行省总督、舰队和驻在罗马的陆军的司令官,辅军的将领和选军中一定数额的将领,最后还要充任不断增多的大批文官为皇帝私人效劳。意大利的诸城市必须为禁卫军和选军提供精锐士卒,并为禁卫军、选军以及辅军提供士官,唯城市的上层贵族阶级不在其内,因为他们大多属于骑士阶级。免奴充任海军中的水手和京都的消防队员。最后,一个高等奴隶和免奴的阶级——即那些属于皇帝的奴隶和免奴——供奉内廷各衙司,其分司遍布于全帝国。

各个不同阶级之间的这种不平的待遇并不是新现象。这从共和国后期以来已经相沿成习了。区划的主要标准是纯粹从物质条件着眼的。出身对于划分界线起着一定程度的作用。但主要之点在于物质财富,视财产之多寡而定 *census*〈户籍〉之高下。当然,谁也不要求专门定出一种教育标准。用教育来作为区别一般上层阶级的一种标准被视为理所当然的。国家对于京都和意大利诸城市的贵族子弟和自由民出身的青年所要求的唯一的教育训练，是某种程度的军事体育训练。因为从一个阶级提升到另一个阶级里去，实际上要取决于皇帝，所以，效忠于皇帝也就被视为最重要的条件之一。

意大利的情形就是这样。这就是对内战期间即已普遍存在的形势加以巩固和神圣化。奥古斯都在各行省方面也推行着同样的政策。没有进行任何重大措施使行省分担管理国家的职权。各行省和过去一样仍然是罗马人民的地产。外省人也和过去一样难以获得公民资格。就这一方面而言，奥古斯都的政策比起庞培、恺撒和安东尼的政策算是一种反动。至于把外省城市提升到自治市那么高的地位，也就是说使它们的权利可以与意大利城市以及那些已经和意大利城市有同等权利的外省城市相比，在这方面，他也简直没有进行过什么工作。罗马帝国最早的一个行省西西里所受的待遇算是唯一值得提到的例外，这个行省大概像波河地区一样成了意大利的一个组成部分。在内战结束后奥古斯都当政时期内，向这个方向的进展是相当迟缓的。他所做的，大多在内战混乱时期和内战刚结束之后就做过了。

然而最先体验到新制度好处的却是外省，尤其是东方各行省。奥古斯都对行省的行政制度没有作丝毫改变，但他能大大地改进政府的实际工作。行省仍然由元老院议员阶级的成员统治。他们或者以皇帝的名义或者在他的坚强控制下行使职权。但是，就是像这样形式的元老院议员阶级的统治也终于告一结束，而与此同时，政府的措施变得公正得多和合乎人情得多。随着和平局面的建立，征发和摊派都停止了。罗马高利贷者的垄断行为也随之告终。直接税逐渐成为定规,因此,罗马收税人一伙也就没有什么利益可图了。这一伙人日益匿迹,而逐渐由政府的经管人员所替代,这些人员是直接和纳税人打交道的(例如奥古斯都新添的专门由罗马公民缴纳的税项就是如此)。赋税并没有减少。对于某些部分的国民来说,甚至还加多了税。但是,税收制度的改善对各行省可以说是一件好事。而且,外省人现在很清楚地意识到,假使他们通过各城市那些每年聚会去参加皇家祀典的代表而向皇帝和元老院有所申诉的话,他们所得到的同情的倾听和获得的满足,都会比过去所得的多。行省议政会在和总督发生冲突的时候,往往可以直接谒见皇帝本人。还有一点也很重要,那就是,外省人十分清楚地知道,皇帝通过他的私人代表、皇家财务使,对各行省中所发生的每一件事情都很了解,这些皇家财务使在院辖行省中经管皇帝的私人财务而在皇帝直辖行省中负责征税。

东方各行省(埃及除外)的城市在处理内部事务上仍然和以前一样地独立自主,也许比以往任何时候还要更独立自主一些。这些行省大多是希腊城市和希腊化城市的结合体,对于这些行省原先流行的社会状况,奥古斯都毫不打算改变。城市行政组织以及它们的长官和它们的议会(βουλή),乃是下达于居民群众的一种非常好的居间者,因此,要想改变这种制度就是一种企图改变自然演变途径的愚蠢想法。

在奥古斯都时代,东方的希腊城市从来没有幻想争取恢复古代城邦的自由。它们默认自己的政治自由一去不复返的事实。它们愿意保持它们的地方自治。罗马政府为本身着想,希望这些城市充满着安宁、有秩序的气氛。社会革命和政治革命的时代已经过去了。要保证这些城市内部局面的稳定，最好的办法是让最有钱的市民来进行统治。保护这样一个社会阶级是罗马人自从插足于东方以来一直遵循的传统政策，也是奥古斯都的政策。

如果说奥古斯都对待东方行省的政策中有什么新的特点的话，那么，唯一可以看得出来的新特点就是对希腊化时代某些统治者所首倡的一种运动予以新的动力，那种运动的目的是要把不归城市管辖的地区迅速地改变成正式的城邦。奥古斯都对整个东方的政策一成不变地追随着庞培、恺撒和安东尼而反对元老院的政策，他在许多村庄、聚落和寺院土地上建立起新的城邦。罗马帝国变成了一个自治城市的联合组织。只有埃及的情形例外，因为埃及自远古以来的组织形式和希腊城邦的制度大相径庭，相去甚远。

我对于奥古斯都在东方的事业的评述的一个铁证得之于昔兰尼地方所发现的五篇奥古斯都诏令中的两篇（即第一篇和第四篇；并参照第三篇）。这两篇诏令涉及城市生活中的种种问题，特别是涉及一个很困难的问题，那就是居住在昔兰尼的罗马公民和昔兰尼城或彭塔波利斯地区诸城市中的全体希腊人之间的关系问题，这些希腊人不一定都是公民。那些寓居在昔兰尼而混杂希腊血统的罗马公民——他们大多不是很富裕的——的特权仍然保持如故，不过也有些稍微的改变，使希腊人确实感到地位改善了不少，特别是在司法组织方面和在派差与市税方面。把特权许给希腊种出身的新罗马公民的问题是很重要的：这些人大概已经从庞培、恺撒、安东尼和奥古斯都本人那里集体接受了公民身份。奥古斯都决定把他们视为罗马公民中只享有有限权利的一个特殊阶级。他们在缴纳赋税和应派差役时仍然是希腊人团体中的成员，只有那些曾经个别受到特赐 *immunitas*〈复除〉的人不在此例;就是所谓复除权也只是对于已有的财产生效,而对于此后获得的财产却无效。

奥古斯都对西方——对高卢、西班牙和阿非利加——所采取的政策和对东方的政策原则相同。不以建立罗马公民新屯市为满足,他竭力向高卢和西班牙的克勒特人部落制度中传入都市生活,而在阿非利加原先的迦太基国境中恢复都市生活。这里不是我们充分谈论这个题目的地方。使西方各行省的社会经济生活趋向都会化的政策,对于这些地方的前途是多么重要,这一点每个读者都会很清楚。在这些新城市里,领导阶级当然是有钱的公民,他们是罗马制度的坚强支持者。

主要由于这个政策的结果,许多地方的外貌差不多彻底起了变化。在小亚细亚和叙利亚,这种变化不大显著,因为在这里(如前所述)从亚历山大大帝或更早一些时候以来就已经开始把部落、村庄和寺院土地变成都市地区了。但在西方各行省中,这个变化非常显明。山顶上的克勒特人的村镇、坞壁和市集都绝迹了。统治着克勒特部落的贵族们移居于法兰西和西班牙一些大河流近旁的平原上。他们在这里修盖房屋和建立通常的公共建筑物。这些新的生活中心吸引了商人、工匠和水手们。一个真正的城市就是这样形成起来的。在阿非利加,迦太基这个大都市又重新建立并再度繁荣起来了。沿海一带古老的腓尼基村社开始过着一种新的生活。阿非利加和努米底亚的肥沃平原上那些布匿人和柏柏尔人杂居的村社——在某些村社中寄居着一个罗马侨民团体——从内战时所遭受的破坏中复元了,继续恢复了它们的经济活动。在罗马军队的保护下，东、南、西三面都形成了新建立的集中住宅区，这些住宅区不久就具备了正规城市的形式。和在来因河上、多瑙河上与西班牙等其他地方一样，在阿非利加，由店铺和住宅组成的范围很大的新村叫做 *canabae*〈营市〉，它们环绕着选军和辅军的军营以及在通往军营的大路旁发展起来，形成了后来的城市的核心。退役的军人加入这些新村的住户之中，或者作为一个团体接受一块土地以供他们定居和建设城市之用。

由于罗马帝国统治者有意识的努力，这个帝国于是就这样变成了一个由许多城邦组成的集体。奥古斯都不仅仅堪为罗马、意大利和各行省的罗马公民的领袖，而且堪为帝国中所有的都市居民、也就是说那些有教养的君子们的领袖，堪为一个确实能得到这些人支持的领袖。罗马皇帝的禁卫军和罗马皇帝的选军的组成就明显地表示了这一事实。它们都是罗马公民和帝国的都市居民二者的代表，当然罗马公民在其中更占重要地位。至于不住在都市的居民，那些附属于城市的部落和乡村，在帝国生活中只能起次要的作用。他们必须工作和服从，就古代对于自由这个名词的意义来说，他们是受约束的。

我们现在转而阐述奥古斯都的经济政策。他主要的努力就是履行他恢复和平和繁荣的诺言。在这个任务上，他的成就是很可观的。但是我们绝不要忘记，在奥古斯都的背后，有着罗马的历史传统，有着武功辉赫的光荣记录，有着大多数罗马公民对和平的渴望。罗马公民们需要和平，但他们需要体面的和平。对罗马人说来，这就是说要在征服和吞并的道路上向前迈进一步。我们也必须记住，奥古斯都本人是一个罗马贵族，他的想法和罗马所有的领袖人物的想法一样，辉煌的武功和威望、胜利和凯旋乃是人生最值得追求的成就。何况，罗马帝国的结构还远远没有完成。奥古斯都是恺撒的嗣子，而人人都知道恺撒有两个主要的愿望：在北方和东北方要巩固罗马的力量；在东方和东南方要重振罗马的声威，因为在这方面由于克拉苏的败绩和安东尼的功业未遂而使罗马的声威大为减损。

关于奥古斯都的对外政策，说几句就够了。奥古斯都的统治并不是一个休养生息的时期。罗马帝国的和平不是靠消极的防守政策来巩固，而是靠顽强的、积极的军事活动来巩固的。主要的问题是要为帝国找寻并且建立一条既能保证坚固又能保证安全的边防线，这样才有可能造成长久的和平。由于奥古斯都本人、他的僚友阿格里帕以及他妻子前夫之子提贝里攸斯和德鲁苏斯的努力，使阿尔卑斯山区、高卢和西班牙彻底平定下来。至于征服不列颠的事，暂时搁下了。巩固帝国北边和东北边即来因河和多瑙河上的边防是一个困难的问题，致力解决这个问题比征服不列颠更迫切得多。这个任务只完成了一部分，那就是在和潘诺尼亚人与达尔马提亚人进行长期血战以后平定了多瑙河以南的地方。这个任务的第二步，即把罗马边防线推进到易北河的任务并没有顺利地完成。瓦鲁斯在日耳曼尼亚的失败是一次惨重的挫折，不过还不算致命的挫折，它迫使奥古斯都放弃了把日耳曼尼亚兼并为罗马化的行省的念头。我们必须记住，这场惨败发生在奥古斯都在位的后期，那时候他已经老了。决定罗马和日耳曼尼亚之间的关系的步骤不是由奥古斯都承担，而是由他妻子的前夫之子兼他的继承者提贝里攸斯承担起来的。

对于东方，并没有在军事上作出任何重大的努力来洗雪克拉苏败于安息人的耻辱。为了满足舆论的要求，对安息人施加压力，使他们面临一场大战的威胁，因而安息人同意把他们所掳获的罗马军旗交还给罗马。奥古斯都的外孙加攸斯·恺撒之远征亚美尼亚也是为了达到同样的目的。扩大和加强罗马在东方势力的主要动力是外交和贸易。但是，外交和贸易得到强大的军事力量和积极的军事活动的支持。在埃及、在阿拉伯和在北阿非利加也奉行着同样的政策。埃留斯·加卢斯远征阿拉伯人虽没有大获全胜，但无论如何在从埃及去印度诸港的商道上替罗马商人取得了一些良好的港口。

由于这样一些措施，罗马帝国的持久和平得到了保证。在马尔斯广场(*Campus Martius*)上为“和平女神奥古斯塔”(*Pax Augusta*)而修建的壮丽的祭坛，就是和平已经压倒战争这一事实的象征，现在也就是奥古斯都统治的显著特征了。雅努斯神庙的大门一再关闭[①]，以及为了庆祝随着奥古斯都降临于文明世界的“新黄金时代”而举行的竞技会，都象征着同样的观念。罗马女神现在可以安置在虔诚之神的底座上，安静地躺在那保护和平和繁荣的手臂中了。

在海上和陆上建立和平的局面，对于帝国的经济生活极端重要，这一事实毋须乎加以强调说明。在几百年不断的战争之后，文明世界第一次享受了真正的和平。古代世界一些首脑人物的梦想，经过了一世纪又一世纪，终于实现了。在辽阔的帝国中，经济生活普遍地呈现出一种欣欣向荣的复兴景象，这是很自然的事。

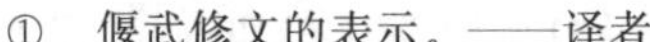

① 偃武修文的表示。——译者

希腊化时代的鼎盛时期又重新出现了，所不同者只是那许多为政治目的而消耗经济资源的独立国家彼此敌对的割据局面已不复存在，而整个文明世界现在已经成为了一个统一的大国，它囊括了希腊化时期一切的王国在内。互相竞逐的国家已被消灭了，现在的竞争只是商人们之间纯经济的抗衡，这种竞争的进行并没有受到政治动机的阻挠。

无论罗马国家或皇帝都不去干涉这种竞争活动。国家和皇帝都让经济生活顺其自然地发展。帝国内部贸易的唯一障碍是每个行省边境上所设的关税，这些关税并不很高。我们不知道国家课之于工业和农业方面的赋税负担有多重。但是，以罗马公民在继承遗产和释免奴隶时所缴纳的税额（二者都是百分之五）为例来看——前一种税是奥古斯都新设的，后一种是经过他调整的——不能说是很苛重。当然我们也必须考虑到，除了国家赋税以外，各自治市还有着种种的税收，我们对于市税知道得很少。然而，无论在意大利或在外省，城市的繁荣都在蒸蒸日上，这就说明了这种市税并没有沉重到足以真正妨碍私人企业和经济活动的发展。除了赋税而外，我们就简直找不出政府推行的任何其他经济性的措施。奥古斯都以及紧接着他的几代继承者的时代是一个贸易几乎完全自由的时期，是一个对私人创业发家机会最好的时期。不管是在共和国时期或是在奥古斯都及其继承者的领导下，罗马都不曾承袭过某些希腊化国家，特别是埃及，所推行的工商业国有化政策，即在一定程度上由国王所代表的国家垄断工商业的政策。埃及可以说是一块典型的实行 *étatisation*〈国有制〉的土地，在这里，国家对经济生活各个部门的干预有着复杂的制度，然而，即使在埃

及——奥古斯都在打败了克娄巴特拉和安东尼以后就把埃及保留作为在他个人统治下的一个行省——也推行了一些改革；这些改革的主要目的是要减少国家控制的压力。例如，他保护埃及私有地产的发展，国家对这种发展予以保证，其方式和其他行省相同。在埃及出现了许多大小不等的、属于私人所有者、特别是属于罗马退役军人的兴旺的田庄。

在帝国的经济生活中，共和国时期的大资本家似乎仍然占着优势；他们之中有些人属于元老院议员阶级，有些人属于骑士阶级，而大多数人都是过去的奴隶，即免奴。最大的一个资本家就是皇帝。奥古斯都与那些把国家产业视为私人产业而宣称普天之下莫非王土的希腊化君主不同，他像当时其他的富豪一样，使用他的奴隶和免奴来经营他那规模庞大的私产。但是，不管他本人的愿望如何，他不可能把他的私产同他以罗马共和国最高长官的身份、以许多行省的统治者的身份、以直接继承托勒密氏而为埃及统治者的身份而享有的钱财划分得一清二楚。皇家的、或者说内廷的财政（*arca*〈内府〉）势必很快地就和他居官所掌握的资产（*fiscus*〈国库〉）混淆在一起，而且很容易使他用同样的方法和同一些人来兼营这两种产业，这样也是很方便的。于是，内廷的奴隶，皇帝的家宰，特别是他的“主计吏”（*a rationibus*）就把内廷的财政和埃及的财政、其他行省的财政统统总揽在他们的手中了。

罗马军队的主要部队都驻扎在皇帝直辖的行省中，元老院要想摆脱掌管这些行省财政的艰巨任务，最简单的办法就是把财政权转交给皇帝，让他自己做主去征收赋税和任意处置这笔收入。我们可以设想，像境内有来因河边塞的高卢、有多瑙河边塞的多瑙河流

域诸行省、有幼发拉底边塞的叙利亚等处的耗费开支会要比它们所缴付的收入多得多，果真如此的话，那么，这些地方的财政，包括军费在内，势必经常亏空，而这项亏空得由皇帝的私囊来偿付。

因此，由于环境所迫，由于奥古斯都在内战期间积累了大笔私人财富的影响，在罗马帝国中造成了与希腊化君主国极为相似的一种情况。这位皇帝在公共事业上花费得愈多——用以赡恤罗马无产者，用以改建罗马城使它成为世界的京都，用以修浚台伯河河道，用以修筑遍于全帝国的军用驿道，等等——就愈难以把他的私人财源和国家收入划分清楚。这并不是说国家吞蚀了皇帝的财产，倒可以说是皇帝有权用处理他自己私人资财的办法来处理国家的资财了。提贝里攸斯及其继承者们承袭了这套成规，他们逐渐习惯于把国家的收入看成他们自己的个人收入，而随心所欲地来动用它。

皇帝并不是独一无二的享有一大笔私有财产的人。我们不知道，自从内战之乱以后，究竟还有多少旧贵族之家保持着他们的财富。奥古斯都经常救济那些穷困了的贵族之家，从这个事实看来，许多贵族家庭已经十分破落而完全依赖皇帝的施舍度日了。但我们知道，罗马城的贵族中最富有的人都是那些和奥古斯都关系密切的人——他自己家庭中的人和他的私人朋友阿格里帕、梅策纳斯等人。我们可以有把握地推测，有许多出力辅佐奥古斯都的贫寒之人，因为和他的关系密切而享有了大笔财产，并且他们的财产有增无已。

然而，这些人虽然是值得注意的人物，他们却并不代表奥古斯都时代经济生活中的头面人物的主要典型。皇帝的宠臣为数并不太 多，而且大概大多数都依靠俸禄为生，或者，如果他们增殖了自

1. 博斯科雷阿勒村
出土之杯

2. 柏林博物馆收藏之杯

图 7　奥古斯都时代的人生观

图 7 说 明

1. 博斯科雷阿勒村出土珍品中的一个酒盅。发现于博斯科雷阿勒村(蓬佩伊)附近的一个庄院废墟中。路夫勒博物馆(巴黎)。A. 埃隆·德·维厄福瑟撰文,载《皮奥氏文物图说》(法文),5,1899 年,图 VIII-2。

这里所复制的酒盅是一对以人骨架为图饰的酒盅中的一个,其中有些图形表达了希腊著名的作家和哲学家们的思想。这张照片中的图形最足以显示出那些酒盅图饰中所体现的精神。图的背面为一座祭坛,坛上放着两个头盖骨;它的后面有一根柱子,支着三位幸运女神中的一位女神的雕像(上面刻着 Κλωθώ〈克珞梭,一位幸运女神的名字〉)。左边那个头盖骨的上面有一个钱袋,袋上刻着 Σοφία(“智慧”),与此对称的是放在另一个头盖骨上的一卷苇纸卷,卷上刻着 Δόξαι(“臆测”)。我们所见到的这一面排满了三具大骸骨。最靠近柱子的一具骸骨的右手中拿着一个装满钱币的钱袋,左手里是一只蝴蝶(象征灵魂),那是送给第二具骸骨的。钱袋旁边刻着 Φθόνοι(“嫉妒”)。第二具骸骨正在把一顶花冠往头上戴。这两具骸骨之间有一具小骸骨在弹弄七弦琴,上面刻着 Τέρψις(“愉快”)。第三具骸骨注视着它自己右手所拿的一个头盖骨,它的左手拿着一枝花,上面刻着 Ἄνθος(“花”)。在第二具骸骨和第三具骸骨之间也有一具小骸骨正在作拍手状。它的顶上刻着一行字,概括了这位艺术匠的主要思想:Ζῶν μετάλαβε, τὸ γὰρ αὔριον ἄδηλόν ἐστι——“且尽生前乐,明朝未可期”。

2. 一个绿釉陶酒盅。柏林博物馆。R. 察恩:(《追求和享用》),文克尔曼氏简报第八十一号,柏林,1921 年,图 I—III。

一具人骸骨,四围是一个花圈、一块火腿、一支箫、一支笛子和一把双耳酒壶。左右两边是两个跳舞的侏儒,其中之一拿着一个钱袋。在这具骸骨头部的左右两边刻着:κτῶ, χρῶ(“追求和享用”)。参考《希腊文碑铭录》xii. 9. 1240(艾德普索斯;普罗伊讷尔撰文,载《德意志考古研究所年报》(德文),40,1920 年,第 39 页起):一个老船主,临终时手头还有一艘船,他的遗诫见于他的墓碑铭文中,那正是:追求和享用。

这两个酒盅只是一大堆物件中的两件样品，像这类表达希腊化时代晚期流行的人生观的物件甚多，而这种人生观到了罗马时代早期更为流行。有许多例子经常被人收集和加以描述，譬如佩特罗纽斯的小说（*Cena*（《筵席》），34.8）中那位暴发户特里马尔基约就有一个装饰餐桌用的小银骸骨架，诸如此类的例子都是大家所熟悉的，大概不用再提。这里之所以复制这两个酒盅的图样，是因为它们非常生动地描绘出罗马帝国早期人民普遍的心理状态，特别是城市中富裕的资产阶级的心理状态。从奥古斯都以后，随着内战混乱局面的结束而降临了一个太平繁荣的时代，这样一个时代自然而然会产生一种浅薄的唯物主义精神和庸俗的享乐主义精神。“且尽生前乐”这句话成了一时的格言。“世上最好的东西就是一个装得满满的钱袋和钱所能买到的：酒肉歌舞”。这些东西才是真正现实的东西，至于那些哲学家和诗人，他们本身尚且终不免于死亡，他们的玄想只不过是臆测（δόξαι）而已；又如特里马尔基约所说，“eheu nos miseros，quam totus homuncio nil est. sic erimus cuncti，postquam nos auferet Orcus. ergo vivamus，dum licet esse bene”〈“唉！我们真可怜！我们全都是芸芸众生而已。谁也免不了要见阎王的。所以，趁现在还活着，让我们痛痛快快地活吧。”〉（《筵席》，34.10）。我们最近发现埃皮丢斯·伊梅努斯的一所住宅，其 *triclinium*〈餐室〉墙上所题的箴铭，虽然也是享乐主义的，但措辞尚不太偏激，它使我们联想到奥维德的作品；把上文所说的那种人生观和这种不太偏激的享乐主义对比一下是很有趣的，关于后者，详见 M.德拉·科尔特所撰文，载《印度—希腊—意大利学评论》（意大利文），8，1924 年，第 121 页。

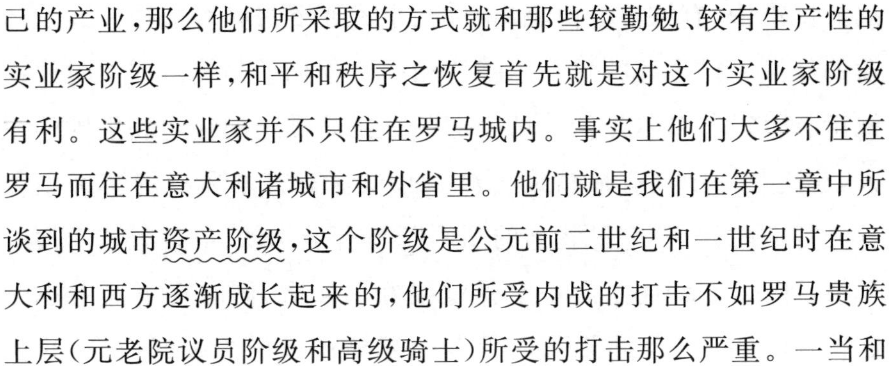

己的产业，那么他们所采取的方式就和那些较勤勉、较有生产性的实业家阶级一样，和平和秩序之恢复首先就是对这个实业家阶级有利。这些实业家并不只住在罗马城内。事实上他们大多不住在罗马而住在意大利诸城市和外省里。他们就是我们在第一章中所谈到的城市资产阶级，这个阶级是公元前二世纪和一世纪时在意大利和西方逐渐成长起来的，他们所受内战的打击不如罗马贵族上层（元老院议员阶级和高级骑士）所受的打击那么严重。一当和平与秩序恢复以后，这些人立刻就大规模地恢复了他们的实业活动，而且其中大多数人无疑是成功的。

这个阶级的一位典型的代表人物就是南意大利的一个城市中的退休富商，免奴特里马尔基约，对他的形象，佩特罗纽斯描写得很生动。他一生中从事活动的时光当然是在奥古斯都时代。佩特罗纽斯描写他的时候，他已经老了，他的毕生事业也已经完成了。他起初是一个奴隶，得到他主人的宠信，从他主人那里承继了一大笔财产，他把它投资于商业，特别是在葡萄酒的批发生意方面。到了暮年，他住在康帕尼亚一个城市里的漂亮私宅中，依靠他的大片庄田的收入和放息为生，他所放的债都有可靠的保证。特里马尔基约是这个时代的一个典型。他住在康帕尼亚而不住在罗马，这一点就很有代表性：我们就会知道，在这个时代，在康帕尼亚置一笔大产业要比在罗马置产好得多。还有一点也很有代表性，那就是，他的主要行业以经商为先，下一步才经营农业和银行业，当然他也可能仅代表免奴，不过我倒认为佩特罗纽斯之所以选择一个免奴作为典型正是为了尽可能地使这个 *nouveau riche*〈暴发户〉的形象更符合一些常见情况。我毫不怀疑，像蓬佩伊这类的康帕尼亚城市中，有许多自由民出身的、也许还受过教育的居民经营产业的经历一定也和特里马尔基约相同。他们就是奥古斯都时代蓬佩伊、斯塔别、希尔姑兰等城中那些宽敞而漂亮的住宅和别墅的主人，这正是一个具有最精致、最生动、最富有艺术风格的装饰画非常流行的时代；住宅里装饰的图画既具有最生动、最富有艺术性的风格，那么，它们的主人一定受过很好的教育，同时在事业上也一定很顺旺。关于奥古斯都时代蓬佩伊城中领导阶级的成分，我们

知道得很清楚。其中大多数人是苏拉手下的退役军人的子孙，还有一些人是蓬佩伊城的萨谟奈旧贵族阶级中的人士，其中极少数人是免奴。像普特约利之类的大城市以及希腊化东方的情形也是这样。我确信，在奥古斯都时代，无论意大利或外省，经济生活都是非常活跃的。这个时期的资产阶级并不是些懒汉，在他们之中以食利生活为理想的人并不比我们今天的资产阶级中怀有这种理想的人更多。

把意大利各城市的遗址全盘考察一下，对上面的论点可以找出最有力的证据。虽然其中某些城市在内战时期受到严重的破坏，但在公元前一世纪时，这些城市还不至于萧条不堪。不过，就意大利而言，真正的繁荣时期是奥古斯都时代。甚至，只要走马观花地看一看意大利所有的城市遗址，特别是意大利北部和中部的城市遗址，也能看出其中大多数城市都是在奥古斯都时代基本定型的，那些最美丽、最适用的建筑物也都是在这个时代修建的。我并不是指奥古斯都所建立的城市如都灵、苏萨等和其他北意大利的城市而言，甚至也不是指阿魁累亚而言。不过，假使我们看一看翁布里亚诸城市，看一看那些几乎没有工商业而只是农业生活中心的城市——佩鲁西亚、阿西休姆、伊斯佩卢姆、阿魁努姆等——或者看一看皮切努姆和埃特鲁里亚的某些城市，同时阅读一下关于这些城市现存残迹的记载，我们就会看到大多数最讲究的建筑物都是在奥古斯都时期修建的，但并不是奥古斯都本人修建的。他自己只专务于修建宏伟的意大利道路网，而各城市是由城市资产阶级去建造的，他们之中既有古代自治市的旧家子弟，也有新迁来的客户，即内战中的退役军人。到一世纪末年，增加了某些新建

筑物。有些城市到二世纪时还很繁荣，但是，如前所述，这些城市和建造它们的资产阶级（他们之中仍然以自由民出身的人占多数）的鼎盛时期是奥古斯都时代，即公元前30年至公元后14年之间的一段时期。

另一个证据就是奥古斯都时代经济生活的迅速发展。我们对当时的原始材料中所见到的情形略加考察，就会了解得很清楚。固然，我们所见到的记载几乎完全只限于意大利和只限于意大利所流行的经济情况。但这只是一种偶然现象吗？或者说，难道这还不能表示意大利在政治和经济两方面都是居领导地位的地区吗？东方所损失的力量恢复很缓慢，而西方各行省要立刻使经济生活发展得很繁荣又还不够成熟。不过，我们在后面将会看到，东方在工商业方面的复元比在农业方面快得多了。

我们已经看到，内战并没有影响意大利农业的发展。内战结束以后，农业生活的环境除了比以前更稳定而外并无其他变化。土地关系的基本面貌没有发生什么重大的改变。大庄田不断地增多，主要是兼并了农民的小块田地。除了大庄田而外，中等规模的和小规模的产业也增加了几分重要性：这一个过程主要是由于退役军人分领没收田地而造成的。无论大型或中型的产业都有一个共同之点，那就是，它们都是根据科学的和资本主义的方式来经营的，它们的业主都不住在田地上而住在城市里。从苏拉、庞培、恺撒和奥古斯都手上接受土地的退役军人几乎都属于这样一个阶级。

贺拉西对于他在萨宾的庄田的描写，正好描绘出中等规模的产业的经营状况。他从梅策纳斯那里接受他的 *Sabinum*〈萨宾庄〉，这是作为礼物而接受的，因此他也就和那些革命首领手下的退役军人属于同一类型的地主了。I. 格里符兹精密地研究了贺拉西谈到自己庄田的一些零散的随笔，从他的研究结果可以看出贺拉西这块庄田是一片很大的田地，其业主的收入相当可观。这位诗人对他的产业非常关怀，他把其中的一部分改变成按科学方法经营的标准农庄。但是他并没有在这上头花费许多时间。经营的工作并非由他亲自进行而是由他的管家（*vilicus*〈管庄〉）——一个奴隶——来进行的。从经济上来看，这块庄田包括两个部分——一部分是一个标准的农庄，由业主使用八个奴隶来经营它；另一部分是五段地，分佃给五家佃户，他们原先可能都是业主，而且很可能就是他们现在以贺拉西的佃农身份来替他耕种的这段地的业主。在标准农庄内，一部分土地开成一个葡萄园，再有一部分是蔬菜和果木园，而最大的一部分是谷田。归贺拉西所有的草地和林地则用来饲养一大群牛、绵羊、山羊和猪。

规模、性质与此相似而属于住在城市里的人的田庄，无疑是意大利中部有代表性的现象。这些中型田庄对自耕农的田产的危害大概比大地主的 *latifundia*〈大地产〉还要严重。意大利南部的农庄情形稍有不同。我们知道蓬佩伊、斯塔别和希尔姑兰境内某些农庄的情况。它们的遗址差不多统统用科学方法被发掘出来。毫无疑问的是，这些庄大多数不是某一块大地产 的组成部分。如果农庄属于从不住在庄上的大地主，它就不会有一套舒适的、相当奢侈的房间，因为这样一套房间应当是被庄主用作寓所的。因此，可以推定，这些农庄的主人们大多数原先都是蓬佩伊、斯塔别和希尔姑兰的市民和住户，而不是住在罗马城的元老院议员和骑士。就我们对这些庄院遗址加以精密研究后所能判断者而

1. 康帕尼亚一所庄院的主要建筑

2. 康帕尼亚的庄院

3—4. 海滨的罗马庄院

图 8　罗马庄院

图 8 说 明

1. 蓬佩伊地方卢克雷丘斯·弗龙托的住宅中的 *TABLINUM*〈餐厅〉内的一段壁画。蓬佩伊。拙著，载《德意志考古研究所年报》(德文)，19，1904年，第 103 页起，图 V-1。详细说明见第 104 页以下。属于奥古斯都时代。

一所华贵的庄院的正面，包括美丽的长廊(两层)和通往正厅(*atrium*)的大门。我们看到，在这大门前有一座屋顶呈穹隆形的庙亭。庄院后面是一个美丽的花园，园内各处点缀着形形色色的建筑物。长廊两翼的中间有一块英国式的草坪，坪内设有花坛。

2. 同图 1。拙著，同上，图 VI-2。

另一所式样相同的庄院的正面，由一列长廊构成。庄院后面突起两座小山，顺着两山的山坡是一个华丽的花园；长廊后面的庄屋就隐约出现在这花园周围。长廊面临一个小海湾或一个内陆湖的湖岸。岸边筑有一个船埠，埠头安着石柱，柱顶雕成埃尔姆斯神像〈吉祥之神，保佑商旅〉。岸边有两座小庙。海(或湖)中横着一艘游艇。

3. 斯塔别地方一所房屋中的一段壁画。那不勒斯，国民博物馆。拙著，载《德意志考古研究所罗马学组报导》(德文)，26，1911 年，第 75 页，图 VII-1。

一所宫殿式的庄院，位于三面环海的岬角地带。门前的走廊有两层；后面露出正厅上高耸的阁楼，还有高大的松树。海边的船埠筑有两道石堰或防波堤以资防护。

4. 同图 3。拙著，同图 3 所引，第 76 页，图 VII-2。

一座巍峨的避暑凉殿，修建在一个海岬或一个岛上，形式像一座三层楼的 *basilica*〈市政厅〉。这所庄院后面是一个松树园。

帝国时代的壁画中有许多与此相似的风景画，这些画很生动地描画出贺拉西及其同时代人笔下所描写的情景，同时，由此也可以看出，贺拉西和当时一般舆论对奥古斯都时代的奢靡风气所施的抨击并不是夸大其词。旅客们沿着康帕尼亚、拉丁姆和埃特鲁里亚海岸以及沿着北意大利一些湖岸旅行，无论从陆路或从水路走，所见到的景物中最触目的当然就是这些宏伟华丽的庄院了。这些庄院的主人自然不会完全是皇亲贵戚和高级贵族，其中也有不少是富裕的免奴。

言，康帕尼亚的农庄多少有些近似于贺拉西的田庄，它们包括维苏威山坡上的草地和林地。从那些宽敞的贮藏葡萄酒和橄榄油的库房看来，这些庄子一定有相当大的规模。它们的主要产品是葡萄酒和橄榄油，这些无疑是供销售用的。由于这些农庄中的房间的设计和分配情况与瓦罗和科卢梅拉二人的描写都极为符合，显而易见，它们都是按照科学的农业手册来经营的，使用的劳动力都是奴隶劳动。在这些农庄上简直没有像贺拉西的 *coloni*〈佃户〉分佃的那样的小块田地。康帕尼亚的农庄完全是资本主义方式的，没有保留一点以往的农民经济的残余。

毫无疑问，大地产上那些生产葡萄酒和橄榄油的部分是由较小的农庄组织起来的，它们的形式正与在蓬佩伊附近所发掘的那些小农庄相同。康帕尼亚的大地产当然是若干 *fundi*〈份地〉和若干 *villae*〈庄院〉的一种组合形式。根据贺拉西、提布卢斯和普罗佩尔丘斯等人提到阿普利亚、卡拉布里亚、埃特鲁里亚、撒丁和阿非利加各地区的大地产的情形来看，它们显然是另一种形式。从这些诗人眼中看来，这些地方的地产上最突出的现象就是使用成千的奴隶、牛和犁来耕种土地。因此，我们不能不这样设想，地产的中心是一座大庄院，它的四周环绕着一个村庄，住着奴隶和佣工。

农民逐渐绝迹，他们大多变成了地主的佃户，和奥古斯都同时代的人对于这种现象看得很清楚。古代的意大利消灭了。对于维吉尔、贺拉西、普罗佩尔丘斯和提布卢斯之类富于浪漫精神的人来说，这是值得叹息的现象。但是，感到恐慌的却并不只是富于浪漫

1. 康帕尼亚沿海的庄院

2. 康帕尼亚一所庄院的建筑群

图 9　罗马庄院

图 9 说 明

1. 斯塔别地方一所房屋内的一段壁画。那不勒斯,国民博物馆。见拙著,“希腊化—罗马时代的建筑景色”(德文),载《德意志考古研究所罗马学组报导》(德文),26,1911 年,第 75 页,图 VIII-2。

一所华丽的庄院,建筑在海边,大概是在康帕尼亚地方。向海中突出一个有拱形走廊的船埠。靠近船埠的港内有一艘船。船埠上有几个人在闲逛,另外有一个渔夫拿着他的渔具匆忙地跑过。这所庄院及其前面美丽的长廊就沿着海岸,一路曲曲折折。后面是一些别的建筑物和一个花园。

2. 蓬佩伊地方卢克雷丘斯·弗龙托的住宅中的 *TABLINUM*〈餐厅〉内的一段壁画。蓬佩伊。拙著,载《德意志考古研究所年报》(德文),19,1904 年,第 103 页起,图 VI-1。

另一所修建在海边的庄院。长廊和船埠的形式均与上图相同,但这里的船埠似乎被当作草坪使用。长廊后面是一个幽雅的园子,园中古树成丛,树丛中可以看到一栋一栋的建筑物,络绎相属。背景是一些有趣的矮山。

精神的人。意大利社会面貌在逐渐改观,奴隶和免奴的人数有增无已,甚至在意大利北部和中部——这原先都是意大利农民的根据地——也是如此,农民都变成了佃户,这些现象虽然都不完全是新出现的,但却使人们感到非常惶乱不安;它们是国家历史进入一个新阶段的信号。贺拉西某些诗无疑反映了梅策纳斯和奥古斯都在饮宴时的谈话,从这些诗可以看出,农民绝迹的现象乃是奥古斯都时代的领导人物中经常谈论的话题。忠忱爱国的罗马人向奥古斯都发出了一致的呼声,吁请拯救农民。然而,事实上我们却没有听说他在这方面采取过什么措施来干涉意大利土地租佃的情况。诗人们对当时社会道德的攻讦、对富人奢侈淫靡的攻讦,都与

1

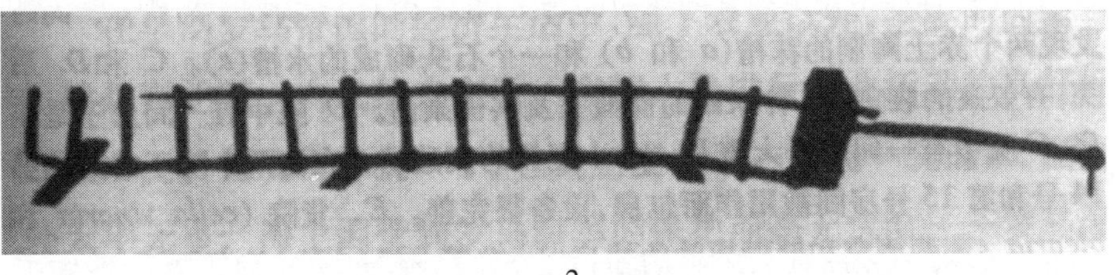

2

图 10　1. 一所山庄，蓬佩伊；2. 锁奴隶的铁铐，蓬佩伊

图 10 说 明

1. “丰塔纳-皮科拉”的一所房屋中的一段壁画。蓬佩伊:卡萨-德拉-丰塔纳-皮科拉。拙著,“希腊化—罗马时代的建筑景色”(德文),载《德意志考古研究所罗马学组报导》(德文),26,1911 年,第 95 页,图 XI-1。

一所阁楼式的村舍,坐落在一个被围墙环绕的院子里,院子的大门很宽。我们可以看到院子里的棕榈树和其他树木,树荫遮住了房子的一堵墙,正好挡住阳光,另外有一栋高起的建筑物,像一个亭子,也许画的是井亭。大门旁,一边放着一具犁,另一边有三个妇人坐在板凳上聊天。这所建筑物的外貌很难使我们认为它与蓬佩伊附近发掘出来的庄院属于同一类型。它倒有些像一个埃及农民的住宅,但我未敢肯定如此判断。这幅画可能画的是一个康帕尼亚农民的住宅,而其形式不同于蓬佩伊和斯塔别附近的庄院;参照图 33 - 1。

2. 格腊尼亚诺附近的一个 *VILLA RUSTICA* 〈山庄〉里发现的铁铐。M. 德拉·科尔特所撰文,载《古物发掘简报》(意大利文),1923 年,第 277 页,图 4。

最近在“马尔凯提低地”(在格腊尼亚诺市)发掘出一所庄院,在这所庄院的 *ergastulum* (牢房)里发现了这样一些铁铐,这是一个山庄用来锁禁奴隶的。我们在正文里曾谈到过蓬佩伊附近的山庄,这所庄院就是其中一个典型的例子(参看第 52 页),特别足以代表其中经营产业的部分。我现在按照《古物发掘简报》(意大利文)所发表的图样将该庄院的平面图复制于下。(见第 101 页)平面图说明。庄主或管庄的住房没有发掘出来。*A*. 大门。*B*. 正院,院内包括(1)门房和(2)厩房(*stabulum*),在这里发现马和牝牛或牡牛的骸骨,同时发现两个赤土陶制的秣槽(*a* 和 *b*)和一个石头砌成的水槽(*c*)。*C* 和 *D*. 后院,有奴隶的寝室、各种东西的储藏室及其他杂屋。*D* 院中有一间房子是牢房,*C* 院中有一间房子大概是一个小规模的制酪坊。在这两个院子之间的第 14 号和第 15 号房间被用作面包房,设备很完善。*E*. 货院(*cella vinaria* 和 *olearia*〈葡萄酒窖和储橄榄油的栈房〉),堆着大坛(*dolia*)的葡萄酒、橄榄油和谷物。第 28 号房间是一个榨酒房(*torcular*)。第 27 号房间中有一个棚子,棚子下面藏着一大堆木料。在此处发现的一些梁木现在保存在蓬佩伊博

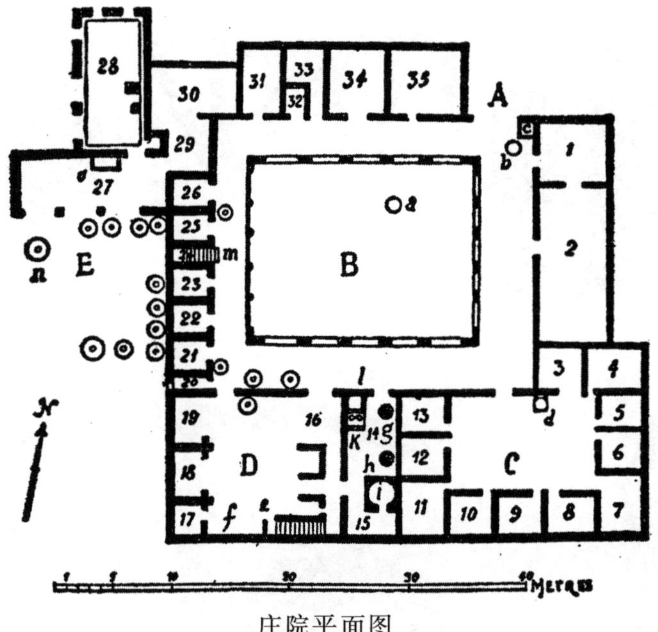

庄院平面图

物馆内。这所庄院的整个结构正好证明了瓦罗对一个山庄的描写是精确可靠的。这是一个工厂型的大农业行庄，使用奴隶劳动来经营，尽量做到自给自足，形成一个无求于人的小天地。

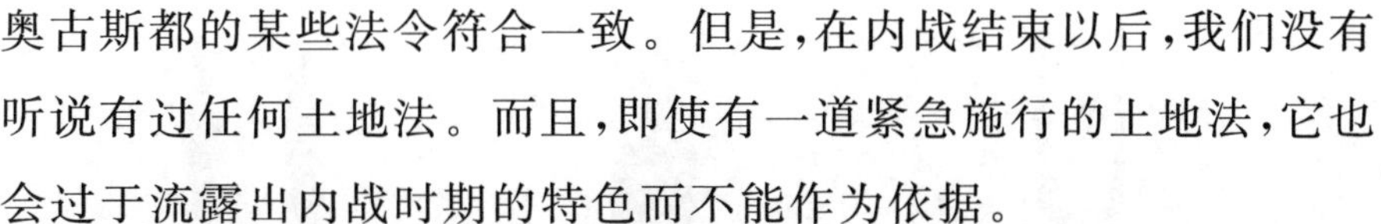

奥古斯都的某些法令符合一致。但是，在内战结束以后，我们没有听说有过任何土地法。而且，即使有一道紧急施行的土地法，它也会过于流露出内战时期的特色而不能作为依据。

在早期罗马帝国的经济生活中，除了农业以外，主要的因素当然就是商业了。内战结束之后，帝国人民进行商业活动的良好机会很广泛。文明世界统一了；它真正变成了一个大一统国家；国内外太平无事；海上因受到罗马海军的保护而毫无危险——罗马海军现在是一支常备军；宽平的道路不断增多，这些道路本为军用而筑，但也便于商业往来；国家不再干涉私人的商业活动了；在高卢、

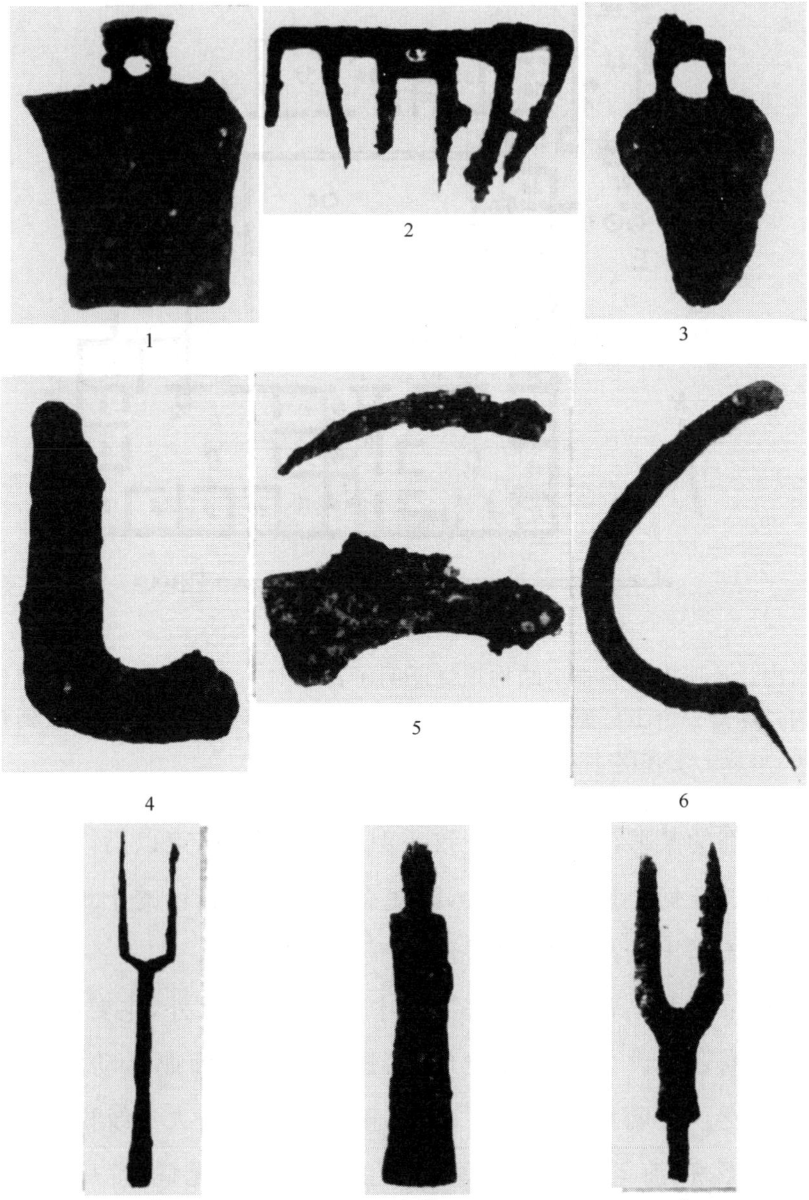

1

2

3

4

5

6

7

8

9

图 11　农具，蓬佩伊

图 11 说 明

1—9. 蓬佩伊出土的铁制农具。发现于博斯科雷阿勒附近的 L. 埃兰纽斯·弗洛鲁斯氏的大庄院(通常称之为 P. 凡纽斯·西尼斯托尔氏的庄院,但请看 M. 德拉·科尔特所撰文,载《那波利斯》(意大利文),2,1915 年,第 172 页)。芝加哥自然史田野博物馆。H. F. 科乌:《自然史田野博物馆所藏博斯科雷阿勒出土古物》(英文)(田野博物馆出版书刊,152,人类学专辑 7.4),1912 年,第 210 页起,及图 CLXIII—CLXVI;参考博斯科雷阿勒地方这所著名的庄院中发现的其他类似的工具,见《王家山猫学院珍藏古物集刊》(意大利文),1897 年,第 436—40 页。那不勒斯博物馆中可以见到大量这类的工具。

(1) 常见的罗马式的镐头。

(2) 六齿耙。

(3) 尖头镐。

(4) 钩刀,大概是用以芟刈的工具。

(5) 尖嘴锄和手斧。

(6) 镰刀。

(7 和 9) 叉。

(8) 凿锄。

这些东西大多是葡萄园中最常见的工具。在意大利和法兰西,至今某些这类工具仍保留着古老的形式。例如,我在勃艮第就见过许多。在蓬佩伊最新发现的遗迹中有一家店铺,店里列满着这类工具。店主是一个姓尤昆迪亚努斯的人。在他的店内发现了 *falces stramentariae*〈割草镰〉,*serae*〈门栓〉,*compedes*〈脚镣〉,*falces vinitariae*〈割葡萄镰〉,锁链以及其他一些不用于农业上的家具(M. 德拉·科尔特所撰文,载《印度—希腊—意大利学评论》(意大利文),7,1923 年,第 113 页)。在这家店铺附近有另一家 *faberferrarius*〈铁匠〉铺(M. 德拉·科尔特所撰文,同前引,第 115 页)。

西班牙和多瑙河流域各省逐渐开辟了新的安全的市场;阿尔卑斯

山区安靖了;迦太基和科林斯都恢复了,还有其他等等情况——凡此种种因素结合起来,使帝国中的商业活动焕然复兴并显著增长。

和邻邦以及和中国、印度之类的远方异域通商,在早期帝国的经济生活中并不占很重要的地位。这类商业曾经激起当时人产生幻觉,正如它激起现代某些学者产生幻觉一样,他们都过分夸大了这类商业的重要性。就拿锡来说,主要也是来自西班牙而并非来自不列颠。况且,锡是用来制青铜的,而青铜在罗马帝国生活中已经不再像在希腊化时代那么重要了。从日耳曼尼亚来的是琥珀、某些皮毛和奴隶。南俄罗斯仍然供应希腊以粮食,并输出一定数量的大麻、皮毛、蜡,大概还有蜂蜜。若干黄金可能来自乌拉尔山脉。撒哈拉的贝都因人可能输出椰枣和大批黑奴。比较重要的是埃及和中非洲的贸易:主要商品为象牙、某几种珍贵的木材、黄金、香料和种种调味品。同阿拉伯也发展这类贸易。奥古斯都曾派出一支专门远征军深入阿拉伯半岛南部,为罗马占取一些最重要的港口。彼处主要的出口物为香料、调味品、宝石和骆驼。印度与埃及之间,印度、中国(丝)与叙利亚之间也进行着一种类似的奢侈品的贸易。

在北方,对于国外输入的商品几乎完全以输出橄榄油、葡萄酒和工业品作为抵偿。对东方的货物,无疑地一部分如普利尼所说靠银币和金币偿付,而大部分靠帝国的制造品、特别是亚历山大里亚的制造品来偿付。概括地说,对外贸易几乎完全是奢侈品的贸易,对于帝国经济生活毫无实际重要性。

远为重要的是帝国的国内贸易,就是意大利和外省以及外省与外省之间的贸易。正如希腊化时代一样,这主要是生活必需品的贸易。谷物的输入量和输出量都很大。意大利本土所产的谷物是不足以自给的。希腊和希腊诸岛的情形也是如此，但西西里却不然，尽管西西里在很大程度上已经变成了一个牧场和葡萄园、橄榄林和果园的地区。沿海的许多工商业城市宁愿从海道获取谷物，而不愿花费大笔的运输费从陆道得到谷物。由于造船的需要，木材无疑是大量输出和输入的。著名的卡土卢斯的船就是用小亚细亚伊达山的木材制成的。蜡、大麻、松香和柏油无论在什么地方都不可能大量生产，但所有制造航海船只和内河船只的行省都需要这些东西。意大利需要金属铸造钱币，大大小小的金属工业中心也需要金属，然而，无论在意大利，或在以金属业著称的城市（例如南意大利的卡普阿和塔兰土姆、埃及的亚历山大里亚，也许还有小亚细亚和希腊的某些城市，高卢的某些地方）的邻近地区，所产的金属都不敷供应。金属主要开采于西班牙、高卢和多瑙河流域诸行省；东方的矿在帝国时期似乎不甚重要。硫磺几乎完全取自西西里的矿区；它是所有种植葡萄的地方所必需的东西。

橄榄油和葡萄酒的贸易仍和以前一样在意大利、希腊和小亚细亚的经济生活中占主要地位。其最大的消费者之一当然是罗马军队。希腊和小亚细亚的橄榄油和葡萄酒供应罗马的东方各行省和黑海沿岸，特别是北岸地区。意大利则主要供应多瑙河流域各行省、日耳曼尼亚、不列颠和阿非利加。也许连高卢和西班牙还多少从意大利输入一些橄榄油和葡萄酒。

工业品中除奢侈品外日常生活用品的交易极其发达。埃及仍然是唯一制造亚麻料衣服和苇纸的中心。大量的毛织品从小亚细亚、意大利和高卢输出。意大利的红釉陶器垄断了所有的市场。

1. 康帕尼亚的海港

2. 奴隶买卖

3. 释免奴隶

图 12　奥古斯都时代意大利的商业活动

图 12 说明

1. 斯塔别地方一所房屋内的一段壁画。发现于格腊尼亚诺。那不勒斯，国民博物馆。《希尔姑兰图画集》(意大利文)，ii. 图 LVI－0(本图即根据该图复制)。参看 K. 累曼—哈尔特累本:《地中海的古代港湾建筑》，载《克莉约》(德文)，增刊 14(1924 年)，第 224 页起，并参看 G. 斯帕诺:《“普特约利堤岸”》，载《王家那波利艺术考古学院报导》(意大利文)，8，1930 年，第 295 页起，特别是自第 323 页以下，关于蓬佩伊的海港，见 L. 雅科诺所撰文，载《那波利斯》(意大利文)，1，1913 年，第 353 页起。

一个典型的康帕尼亚海港，有着防波堤、各种各样的建筑、一个小岩石岛、“凯旋”拱门和以雕像为柱头的圆柱。它是否具体相当于康帕尼亚沿海某一个港口(如普特约利)，还无法肯定，但是我们可以断言普特约利的一般外貌当与此图相似，当然，其每一处的规模都要较此为大。

2. 卡普阿地方一块墓碑的片段。卡普阿博物馆。H. 贡梅鲁斯撰文，载《克莉约》(德文)，12，1912 年，第 500 页起；参考 B. 劳姆所发表的阿尔隆地方的一块浅浮雕，载《日耳曼尼亚》，2，1918 年，第 108 页。属于共和国晚期或奥古斯都时代早期。

这块碑的上段是两个站着的男人像，两个像的下面刻着铭文中提到的萨土尔和斯特帕努斯，那铭文是：*M. Publius M. l. Satur de suo sibi et liberto M. Publilio Stepano. Arbitratu M. Publili M. l. Cadiae praeconis et M. Publili M. l. Timotis*〈马尔库斯之免奴马尔库斯·普布利留斯·萨土尔为自身以及为免奴马尔库斯·普布利留斯·斯特帕努斯出资。公告人马尔库斯之免奴马尔库斯·普布利留斯·卡迪亚和马尔库斯之免奴马尔库斯·普布利留斯·提莫斯作证〉(《拉丁文碑铭集录》X. 8222)。这块石碑的下段就是本图所复制的浅浮雕。石座上立着一个裸体人像。他左边的那个人做很快地转向他的姿态，大概正在指着他说他；这个人穿着一领希腊式披衫和 *chlamys*〈短氅〉。其另一边也有一个人，穿一件 *toga*〈拖袈〉，安闲地把右手伸向这个裸体人。这幅图无疑画的是奴隶买卖。裸体人是奴隶，穿希腊装的人是卖主，*togatus*〈穿拖袈者〉是买主。看来，显然是那两位执行普布利留斯·萨土尔的遗嘱的人想刻画出萨土尔早年生活的一个片段，即他被他的主人买进时的情形，他的主人后来成了他的 *patronus*〈靠主〉。这是为了表示出这么一个出身贫贱的人后来变成了卡普阿地方的大人物，他的为人和生平大概在卡普阿是人尽皆知的。特里马尔基约也有着与此相似的想法，所以在他的住宅的一排圆柱上画下他自己生平的各个片段，而为首的一幅图就是"venalicium cum titulis pictum〈引以为荣而画上去的卖身像〉"（佩特罗纽斯，*cena*〈筵席〉，29.3）。

3. 瓦罗凯氏收藏品中一件浅浮雕的断片。马里厄蒙（比利时）。F. 曲蒙：《瓦罗凯氏收藏品》（法文），第 70 号；达伦堡—萨格利约：《希腊罗马古物辞典》（法文）iii，第 1585 页，图 4827（Ch. 莱克里汶）；E. 曲克：《公元一世纪时用释放杖释免奴隶的一个场面》，载《碑铭与文艺学学院报告》（法文），1915 年，第 537 页起；S. 赖纳赫，《希腊罗马浮雕图谱》（法文）ii，第 164 页，3〔=《马里厄蒙博物馆》（法文）（1952 年），第 138 页，号码 R. 14，和图 49〕。属于公元一世纪（?）。

这块浅浮雕残片所刻的图形是 *manumissio vindicta*〈用释放杖释免奴隶〉。被释放的奴隶中有一个正跪在主人面前，他的主人用一根释放杖（*vindicta*）触他。他戴着一顶 *pileus*〈尖顶毡帽〉，这是获得自由的象征。另一个人已经被释免了，正和他的主人、或者说和他原先的主子握手（表示在他和他的靠主之间建立了 *fides*〈信任〉）。我看没有理由认为这块残片是近代的赝品。

卡普阿和亚历山大里亚的五金用具是独步一时的。玻璃器皿产于叙利亚、亚历山大里亚，而且也大量产于南意大利。陶灯是意大利主要特产之一。琥珀制的梳妆用品专门在阿魁累亚制造，该处从日耳曼尼亚输入琥珀原料，制成小巧玲珑的镜子、匣子、瓶子等出口。罗马帝国内还有许多小地方以特种工艺品驰名，这些特产品大量推销于帝国其他地区，我们在这里不能一一列举这些小地方的名字。

虽然我们所见到的某些原始材料，例如奥古斯都时期的诗人的作品，在谈到罗马的奢侈的时候专门大谈这方面的特殊物品，然而，如我们所指出的，奢侈品的交易要比生活必需品的交易次要一些。但是，意大利那些讲究饮食的人毫不费力就可以弄到每个季节里所有的 *primeurs*〈新上市的蔬果〉和从遥远地方来的特产 *delicatessen*〈美味〉，这也足可看出交易情况是多么发达。他们还用不着专门费事去定购这些东西。有着专为此而开设的大商店，其中储积了大堆这类货物。

在奥古斯都时期，意大利在帝国商业生活中占据突出的地位，甚至比在公元前一世纪时还要突出。这不是仅仅因为罗马城愈来愈成为世界上最大的消费者之一而造成的现象。整个的意大利，包括它的无数城市，对文明世界其它地区说来是一个巨大、富足的市场。我们很值得花费些时间从这个观点出发来推敲一下在蓬佩伊所发现的那成千上万的东西，弄清楚哪些是本地制造的，哪些是从外地运来的，而在外地运来的东西中又有哪些是从意大利其他城市运来的，哪些是从海外各省运来的。但是，如果肯定地说罗马和意大利用各行省缴纳给罗马的贡税来偿付这些输入的货物，那大概是错误的。我们虽无统计资料，但从可能收集到的有关意大利工业生产力的资料来看，可以看出绝大部分的输入商品都是用一批价值相当的输出商品换来的。

输出品中最大一项就是意大利的葡萄酒和橄榄油。我们如果不假定意大利的葡萄酒和橄榄油大量输往帝国西部和北部各行省、甚至输往东方的话，我们就无法说明康帕尼亚这样一个大葡萄园的现象，也无法说明北意大利葡萄种植业的迅速发展。南意大利的主要港口是普特约利，普特约利和康帕尼亚的其他港口的营业中，很大一部分是葡萄酒和橄榄油的买卖，北部的阿魁累亚也是这样。我们应当记住，特里马尔基约就是靠输出葡萄酒而发财的，而且，他是和阿非利加方面有关系的。除了葡萄酒和橄榄油以外，意大利还向西方输出大量的工业品。我们已经指出过，阿雷丘姆的陶器和早期的 *terra sigillata*〈陶餐具〉曾经在一个短期内独霸世界市场，远及于北方的不列颠和东方的黑海沿岸。甚至在高加索和卡马河这样遥远的地区也发现过大量的卡普阿金属器皿。奥古斯都时代的一种特产，特殊的奥契萨安全栓，在西方各省、甚至在黑海沿岸都很有销路。在木提纳附近发现的福尔斯工厂制的油灯都是真货（并非当地伪造品），而且在奥古斯都时代曾大量制造出来。在罗马帝国每一个地区都发现过这些油灯。在南俄罗斯许多属于奥古斯都时期的墓里发现大量康帕尼亚仿造的叙利亚吹制玻璃，的确是非常美观的样品，它们是和叙利亚的原件在一起被发现的。看到这样一些事实，难道我们能说意大利的生产规模简直小得不足以抵偿输入品的价值吗？如果说罗马和罗马政府用从埃及、叙利亚、高卢和西班牙得来的金银偿付一部分输入的谷物和斗兽场上杀死的野兽以及皇帝们的奢侈品，那么，意大利的资产阶级就用生产品来抵偿贸易差额，而从各行省运货来的船只也大都是满载而归的。

虽然葡萄酒、橄榄油、谷物和木材、五金等类原料在帝国各行省之间的商业交易中占重要地位，但是，我们在估量奥古斯都时代的商业时，也不应当忽视了工业制造品（如前所述）。单就工业而言，罗马帝国中最发达的地区当推意大利，而在意大利之中当推康

帕尼亚和埃特鲁里亚。滕尼・弗兰克教授已经搜集了有关这个论点的证据，他最近写出的两部书专门研讨这个题目，无须我来重复他这两部书的内容。他指出，为了大量消费和大量出口而在埃特鲁里亚进行大量生产的红釉陶器，不断地愈来愈占重要地位。大家也都知道卡普阿制造的青铜器和银器特别著名，质地优良。我们方才还提到过畅销于北意大利的油灯的工厂。还可以补充一点，在奥古斯都时代，康帕尼亚的城市模仿亚历山大里亚并和亚历山大里亚竞逐，因而发展了许多种新型工业，这都是早期在康帕尼亚几乎没有见到过的，其中最主要的是漂亮的玻璃器皿，特别是上色的和雕花的器皿。在这行买卖方面，康帕尼亚几乎彻底地打垮了叙利亚和亚历山大里亚，我们在南俄罗斯发现的物品表明了这一点。同时，康帕尼亚诸城市无疑地开始利用它们盛产的上等橄榄油来制造香膏，并且开始恢复古代的珠宝业，这一行业在希腊化时代盛行于埃特鲁里亚而现在转移到了康帕尼亚。我们在下一章中还会再谈到这个问题。更重要的是羊毛衣服制造业的迅速发展，南意大利的品种优良的羊毛就是用于这一方面的。

在奥古斯都时代，意大利并不是只有康帕尼亚和埃特鲁里亚两地发展工业。当时的阿魁累亚又发展成了第二个普特约利，那儿形成了北方一个繁荣的商业兼工业中心。我们已经谈过这个城市以及它同多瑙河流域和亚德里亚海西岸所进行的葡萄酒贸易在商业上的重要性。阿魁累亚原是一个屯驻罗马退役军人的屯市，这些退役军人都是些积极的、进步的地主，他们很快地就把屯市的郊区变成一片茂盛的葡萄园，同时把葡萄酒输往多瑙河流域而大发其财；因此，阿魁累亚特殊的地理位置为它本身商业发展前途所提供的优越性很快地表现出来了。平定了诺里库姆，使阿魁累亚市民很容易进入那儿的铁矿区。葡萄酒之输出使大量的琥珀输入了阿魁累亚。阿魁累亚又出产质地优良的沙砾和粘土，因而大可以就本地制造（不是从外地输入）玻璃和陶器，倾销给多瑙河地区的消费者。意大利西北部的青铜工业历史悠久，而邻近的诺里库姆、雷戚亚和达尔马提亚的矿区所藏铜矿和银矿又很丰富，这些条件使本地青铜匠和银匠大为活跃。农业用具和铁制兵器都在这里制造：在该地发现的一块碑铭中曾提到一个 *aciarius*〈兵刃匠〉，可资证明。在维鲁努姆附近发现金矿大大地便利了珠宝匠，他们同时还利用该地区所发现的含有杂质的宝石。这样一来，阿魁累亚不仅逐步成为一个葡萄种植者和商人的城市，而且也成了最重要的工业中心城市之一。当你参观这个城市的博物馆时，那么多精致而别具风格的玻璃制造品，特别是那些仿古的石刻、玉雕和各式各样的花瓶，那么多的琥珀器皿，那么多的铁器，一些珍贵的青铜和银制的镂刻艺术品（其中有一部分属于奥古斯都时代），以及那么多的金饰品会使你感到惊叹不止。而在各个方面，最古的样品都是属于奥古斯都时代的。毫无疑问，早在奥古斯都时代，阿魁累亚即已成为意大利北部的普特约利了，这大概由于奥古斯都本人及其家族中一些经常住在该城的成员们的努力所致。像巴尔比攸斯氏和斯塔丘斯氏之类的人显然不仅是阿魁累亚商业的先驱者，而且也是阿魁累亚工业的先驱者。

意大利工业发展中的另一个重要现象就是生活之逐渐工业化不仅限于像普特约利和阿魁累亚之类的大都市（它们都是大出口港和重要商道的中心），而且也出现在一些小的地方性中心城市和港口。蓬佩伊就是一个好例子。蓬佩伊一向是一个农业发达地区的中心，是对于它附近的内地城市相当重要的一个港口，同时，它无疑地也逐渐变成了一个地方工业的中心，它的作坊里的制造品不仅销售给本城的消费者，并且还销售给邻近城市和近郊农家的消费者。早在加图时代，某些农具就在这里制造。从苏拉以后，而特别是在奥古斯都时代，其他方面的工业也开始发展起来了。这个市镇走向工业化的一个最显著的标识就是出现了一种新型的住宅，它的四周都环绕着商店。这些商店一部分由住宅主人亲自经营，而一部分租赁给工匠和零售商贩。似乎从很早开始，各种羊毛料子和衣服就是蓬佩伊的特产之一，这些毛织物有一部分就在本城染色。我们在下文中将会看到这种贸易是怎样发展的，以及这个城市怎样愈来愈工业化的。在这里只要提到这个过程开始于奥古斯都统治时期就够了。蓬佩伊另一种特产——一种著名的鱼酱，名叫蓬佩伊的 *garum*〈鲙卤〉——大约也是从这时候开始生产或恢复生产的。

弗兰克把蓬佩伊的工业组织描写为一种小工厂和零售商店的结合形式，这种组织可能是一个小型地方工商业中心的特色，正如蓬佩伊那种有正厅和周围绕着圆柱式的房屋是一种较古式的市镇的特色一样。在奥斯蒂亚的发掘使我们看出，早在公元一世纪时就已经出现了一种更为近代化的房屋和店铺，那种形式表明了另一种情况，那是更类似于我们今天的一种情况。我们不能仅仅对意大利的福利尼奥或乌尔比诺的店铺加以研究，或对美国麦迪逊的店铺加以研究，就对欧洲或美国的经济生活下断语。

遗憾的是，关于奥古斯都时代大都市生活的材料，无论就意大利或就外省而言，我们都感到非常贫乏。那些较大的工商业中心城市没有一个被我们发掘出来过；有许多中心城市已经不可能被发掘出来了。奥斯蒂亚还只刚开始让我们见到它早期的生活面貌；在普特约利、那不勒斯和布林迪西不可能有什么大规模的发掘；在阿魁累亚，发掘的机会虽然很好，但工作还才开始。外省的情形亦复如是，在那些地方的许多中心城市里，工业生活都重新繁荣起来了。在亚历山大里亚，事实上工业从来没有停顿过，它一直在为本地消费者、为埃及的市场和向外地输出而生产着大量的商品。但关于这个城市的工业组织，我们几乎一无所知；同时必须交待一句，如果我们所知道的东西仍然是这么贫乏的话，我们关于古代工业概况的报道就没有完备的希望。据我个人对于俄罗斯南部所发现的考古材料进行的研究来看，亚历山大里亚的工业生活在内战后的繁荣景象是前所未有的。亚历山大里亚为整个文明世界生产苇纸卷、某几种亚麻布、香膏、某些玻璃器皿（特别是念珠）、象牙制造品、一种特别的首饰、一大部分在古代世界里到处流行的银器及其他等等产品。我们在前面已经叙述过，康帕尼亚曾打算把这些工业中的某几种行业介绍到它自己的城市中去。

在东方希腊人地区内，发展工业生活的并不止亚历山大里亚一地。叙利亚发明和改进了吹制玻璃的方法，这种方法不久就被意大利一些最活跃的工业中心城市学去了。叙利亚的珠宝首饰和亚麻布与亚历山大里亚的产品彼此竞争。在小亚细亚，自古相传的羊毛工业开始再度兴旺起来。从这里往外输出的不再只限于粗毛毯了。这个地区现在专门从事于织造染色的毛料和衣服，而在这种专业方面，只有叙利亚可以与它抗衡。当然，意大利也生产一些质地优良的原色羊毛织物，其中一部分也在本地染色（让我们回想一下蓬佩伊的 *infectores*〈染坊〉）；同时，在罗马帝国其他地区也和意大利一样，家庭工业可以为家里人供应一些日常穿着的朴素的纯色衣服（不过我却认为就连这类衣服也是从市集上和商店里买来的，城市中的商店供应着廉价的着色衣料和衣服）。尽管如此，在织造染色羊毛和亚麻织物方面，埃及、小亚细亚和叙利亚是没有对手能相比的。只要想一想莫斯科织造的染色毛料输往家庭工业仍占优势的中央亚细亚、甚至输往印度的输出量有多大，你就会明了当时小亚细亚和叙利亚的染色毛料织造业是多么重要了。

奥古斯都时代的经济情况具有两个突出的特征，这是我们必须着重指出的。我们已经说过政府对于帝国的经济生活不加干涉。必须重复一句，奥古斯都没有任何专门的经济政策。劳动力的问题对他来说是根本不存在的。如果说他采取了某些保护性或限制性的措施，他这样做也不过只是为了一种政治上或道德上的原因。例如，节制奢侈的法令（*leges sumptuariae*〈禁奢令〉）或者被拟订过的保护意大利农户——意大利的小土地所有者——的措施都属于这类性质，关于后者，贺拉西曾在他某些颂诗中宣称是奥古斯都拟订的，但一直未付诸实现。普遍执行的是 *laissez-faire*〈自由放任〉政策。我们必须着重指出的第二点是意大利在帝国经济生活中的重要地位。意大利仍然是帝国中最富足的地方，还没有其他地方可与之相比。它在西方是农业、商业和工业上最大的中心地区。意大利的经济霸权是会引起对手的挑战的，而且这个时刻似乎就要来到，正如它本身曾经向希腊、亚历山大里亚和小亚细亚的霸权挑过战一样。但是我们还几乎感觉不到丝毫征兆能标

识着这样一个新时代的开始。还同希腊时代和希腊化时代一样，最有价值的工农业产品的生产仍然集中在少数地区，特别是集中在小亚细亚、亚历山大里亚、叙利亚和腓尼基，以及意大利；帝国的其他地区大都生产原料。但是，即使在西方各省中，一般的经济生活也愈来愈复杂，它们得到解放的日子也愈来愈临近了。

奥古斯都避免干预罗马帝国的经济生活，在政治生活和社会生活方面，他也奉行同样的政策，他认为这是最好的政策。在这两方面他都保持原状，而只有在绝对必要改变的时候才稍加改变。在经济范围内，他的政策也是一种复原和更新的政策，这种政策事实上就是一种适应现状的政策。

1. 阿魁累亚出土之盘

2. 博斯科雷阿勒村出土之杯

图 13　提贝里攸斯和克劳迪亚斯

图 13 说 明

1. 阿魁累亚地方所发现的银盘。维也纳博物馆。这个 *patera*〈盘〉经常被人发表;见 S. 赖纳赫所列目录,载《希腊罗马浮雕图谱》(法文),ii,第 146 页,1;参看 E. 勒维:《一件罗马工艺品》,载《东方史研究》(纪念 J. 斯特尔齐果夫斯基专号)(德文),1923 年,第 182 页起,和图 XX。

这个图组(浅浮雕)是罗马人的一件仿古品,或者说是一件略为变动的复制品,它是用新阿提卡派的风格来处理的,它的原样品就是那有名的希腊化埃及式的"Tazza Farnese〈釉土扁瓶〉"。图中把一位天神化的罗马皇帝画成一位新式的特里托勒莫斯①,他给大地之神带来了肥沃和繁荣,大地之神的形象是一个斜躺着的半裸体妇人,她身旁是一头憩息的牝牛(参看图 6-2)。这位皇帝刚刚从一辆由蛇拖着的双轮车上下来,他正把一件牺牲献给德梅特尔②;德梅特尔高高地居于靠后的地方,坐在一株老橄榄树或无花果树下面的一块岩石上。天顶上有一个天神宙斯的半身像。皇帝身旁环绕着四季之神(*Horae*〈季节女神鄂蕾们〉),其中有两位在饲喂和抚弄着蛇。有两个男孩和一个女孩充当 *camilli*〈法童〉。男孩们捧着两个盘,女孩提着一只篮子,篮内盛着水果和谷穗;她身后还有一只篮子放在地上。很难判断这位皇帝究竟是谁。我想,把他认作卡利古拉或芮罗要比认作克劳迪亚斯可靠些。我认为这些小孩并不是克劳迪亚斯的儿女;他们象征着黄金时代普遍的富饶和繁荣。这个盘很足以表现出一世纪的皇帝们极力想继承奥古斯都的思想,并极力强调他们也像奥古斯都一样是和平与繁荣的赐予者,是伟大的保护农业者和重振农业者。

2. 博斯科雷阿勒出土珍品中之银杯。发现于蓬佩伊附近的博斯科雷阿勒。E. 德·罗特希尔男爵收藏,巴黎。A. 埃隆·德·维厄福瑟撰文,载

① 特里托勒莫斯为希腊神话中的一个埃娄西斯人,稷母神德梅特尔派他把农业传给人类。——译者

② 德梅特尔为希腊神话中的稷母神,相当于罗马神话中的策蕾斯。——译者

《皮奥氏文物图说》(法文),5,1899年,第31页和第134页起,图XXXII-1、2; S.赖纳赫:《希腊罗马浮雕图谱》(法文)i,第92页起;拙撰,载《各家学者向碑铭与文艺学学院提出论文集》(法文),14,1924年;参看拙撰:《皇帝提贝里攸斯和对皇帝的宗教崇拜》,载《史学评论》(法文)163,1930年,第1页起。

这个杯子的一面已制成图版,兹将其全部图形摹绘在本页上,即上面两幅摹图中的第一幅(采自《雅典与罗马》(意大利文),6,1903年,第111页起),这个杯子可以称为奥古斯都—提贝里攸斯杯。在这里,提贝里攸斯把奥古斯都尊崇为武功辉赫的大英雄,为重振罗马军威的伟人,为尤留斯氏神圣家族的太祖。和奥古斯都一同出现的有提贝里攸斯的母亲,她已经成了神了;同时还出现提贝里攸斯本人,他成了皇帝最忠诚、最贤明的辅佐者,也是皇帝独一无二的继承者。杯子的一面可以看到奥古斯都坐在一张 *sella curulis*〈贵人椅〉上,手中拿着一个圆球和一个卷子(表示他是 *orbis terrarum*〈地球〉的主宰者和立法者)。他的面孔朝着身右边的一排神人:有把胜利神像献给他的维纳斯圣母(她的形状却是莉维雅?〈莉维雅系奥古斯都之妻、提贝里攸斯之母。——译者〉),有荣耀神,还有象征罗马人民英雄气概之神。他的左边有战神马尔斯,这是尤留斯氏的神祖,马尔斯率领七个被征服的民族排成一行。在这杯子的另一面,奥古斯都当着提贝里攸斯面前接受苏甘布里人的投降;他们就是被提贝里攸斯征服的。这个杯子明显地证实了提贝里攸斯及其继承者们尽力把他们自己和人们对奥古斯都的尊崇联系起来(参看《史学评论》(法文)中上引那篇论文所研讨的伊西翁地方的碑铭)。本页第二幅摹图是另一只杯子上的浅浮雕,雕的是提贝里攸斯战胜苏甘布里人(?)后凯旋的景象。

第三章

奥古斯都的继承者：尤留斯氏和克劳迪亚斯氏

奥古斯都去世时，他的大权落于他晚年所过继的嗣子提贝里攸斯之手，提贝里攸斯是他妻子前夫之子。提贝里攸斯的继承者卡利古拉是他的侄子日耳曼尼库斯的儿子。卡利古拉由他的叔父克劳迪亚斯继承。而克劳迪亚斯的继承者芮罗是他的第二个妻子阿格里皮娜[①]的儿子，阿格里皮娜是卡利古拉的妹妹。因此，政权一直掌握在奥古斯都的家族里达一百年左右。但是，我们却不能说元首制这时已成了一种世袭君主制。事实上，政权由奥古斯都家族里的一个成员传给另一个成员，完全是凭仗奥古斯都得到罗马军队将士拥戴的结果。公元一世纪中的皇帝们几乎全都是由军队、特别是由禁卫军推定的。只有提贝里攸斯是例外，军队曾毫不犹疑地向他宣誓尽忠。按法律说，按国家体制说，皇帝都应该从元老院和罗马人民的手中接受大权。但实际上，奥古斯都的继承者们所履行的元首制乃是以军队的欢心为基础的。

① 阿格里皮娜为克劳迪亚斯做皇帝以后的第二个妻子，实系他第四次结婚之妻。——译者

关于这一点,罗马帝国中每一个人,首先就是皇帝本人,都很明白,也都视为当然。这些皇帝深知他们的统治完全凭仗他们和奥古斯都的亲属关系以及凭仗军队对他们的支持。他们也知道,就理论上讲,元老院议员阶级的每一个成员都有资格担任帝国的最高长官。他们懂得这些关系,他们的行动也就从这里出发。由此,他们在京都里实行了专横、无情而残忍的统治,他们时刻害怕自己会变成一次逆谋的牺牲品,他们有系统地杀害奥古斯都家族里所有的成员以及帝国贵族阶级中所有的首脑人物,他们这些杀人如麻的暴行都被塔西佗非常生动地描写下来了。正由于这样,所以他们才对于禁卫军和罗马城的居民几乎俯首帖耳,唯命是从。也正由于这样,所以他们的私生活放荡淫乱不堪;他们都认为自己是"朝不保夕之君〈caliphs for an hour〉"。

奥古斯都氏王朝所有的皇帝都迫切地感到需要巩固他们的权力,需要在单单的法律基础以外替他们的权力找寻更多的基础。元老院的决议当然会对皇帝的权力予以合法的承认,把奥古斯都曾经执掌的以及曾经使他成为罗马城与罗马帝国最高长官的一切权柄都赠给了新任的元首。但是,皇帝们所需要的是一种更高的、更可靠的承认,那种承认根本不以元老院的意志为依据,要使他们不仅根据元首制政体应当执掌这些权柄,而且从皇帝的本身来说就应当执掌这些权柄。奥古斯都的继承者们,特别是卡利古拉和芮罗一再努力倡导对皇帝的宗教崇拜并使之成为一种国家制度,其道理就在于此。也正由于这样,所以才作出许多努力给在世的皇帝加上神名,使他具有神性,并且把他和希腊罗马泛神教中某些神人,特别是和阿波洛神或埃尔库勒斯神合为一体——因为这两位神人都是文明生活的启迪者和保护人类反抗黑暗势力的神。这些办法的目的正是要把帝国国民的宗教感情同在世的皇帝本身联系起来。提贝里攸斯和克劳迪亚斯都是受过很高教育的人，他们都受过哲学思想的训练。他们深知这类主张的妄诞，并且对于特别是从东方各省传来的谄媚阿谀的习气和虔诚的宗教感情的表现两者都加以反对。在拉科尼亚的伊西翁地方所发现的铭文可以证明提贝里攸斯的态度，这篇铭文的内容是皇帝的一封短信。伊西翁城派一位专使向提贝里攸斯和他的母亲献上神号。提贝里攸斯在他的回信中非常简短地声明了他的原则；据塔西佗的记载，他后来向元老院所作的一篇著名的演说辞又详细地发挥了这个原则。* 提贝里攸斯作这篇演说是为了答复外西班牙行省所提出的请求，该省请求为皇帝和他的母亲建立一座神庙。演说辞和回信的基本思想就是这样："我是一个凡人，神号只属于奥古斯都，他才是人类真正的救世主。"苏韦托纽斯曾提到提贝里攸斯的一道敕令，提贝里攸斯大概是由于东方提出了一系列诸如此类的请求才颁布这道敕令的。** 克劳迪亚斯从同样的动机出发，也抱有和提贝里攸斯相似的看法。关于这一点，有一件苇纸卷可作明证，这件苇纸卷发现于费拉德尔非亚，它的内容是克劳迪亚斯写给亚历山大里亚居民的一封信，他在这封信中断然拒绝接受任何神号。但是，即使是提贝里攸斯和克劳迪亚斯，由于政治上的考虑，他们也不得不接受某些把他们当作神来崇敬的仪式，特别是在东方各省

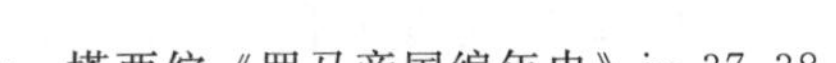

* 塔西佗，《罗马帝国编年史》，iv. 37，38。

** 苏韦托纽斯，《提贝里攸斯传》，26。

和西方新并入的一些行省中。

不管怎样，尤留斯氏和克劳迪亚斯氏血腥残暴的统治只是奥古斯都死后罗马帝国生活的一个方面。在暗中，奥古斯都所开始的那种改造帝国结构的缓慢过程仍在继续进行，并未受到罗马城中流血斗争的干扰。这个过程中最显著的现象是官僚机构逐渐发展，元老院被排于行政工作之外和行政工作集中于皇帝之手。这项工作中最重要的一方面就是皇帝掌握了罗马国家全部资源，只有他一人才有权处理罗马帝国的收入和安排支出。直接税和间接税的征课，间接税的收集，罗马国家田产的经营管理，所有这些都逐渐集中在皇帝内廷之手。元老院最后只保留下对院辖行省中各城市向罗马人民的国库缴纳的那些款项的经管权。

在这方面，提贝里攸斯的统治和尤其值得注意的克劳迪亚斯的统治都是极端重要的。我们在这里用不着重述 O. 希尔施费尔德及其他许多学者所指出的克劳迪亚斯的成就。这位皇帝在许多方面都采取了具有决定性的步骤，并且为皇家官僚机构的进一步发展（特别是在弗拉维攸斯氏和安东尼努斯氏统治时期的发展）创造了可依据的先例。例如，保留下来的大量碑铭和苇纸卷上抄录了他的敕令和信札，我们的文献材料上也有许多地方提到了这类的文件，这些史料都说明了克劳迪亚斯对整个帝国行政机构最细微的琐事都甚为关心。在特杰亚发现的一项关于帝国驿传事务（*curous publicus*）组织的敕令的断片和上面所提到的给亚历山大里亚居民的信可以说是最明显的例子了。在这封信中，涉及了亚历山大里亚市政组织的一个复杂问题（议会问题）和亚历山大里亚的犹太人同希腊人之间的微妙关系，克劳迪亚斯表现了惊人的丰富知识,他不是从理论上着眼,而是从实际出发对现实情况有着全面的了解,同时,也表现了他具有非凡的机智。简直不能理解像这样的一位人物怎么会同时又是他的妻子和免奴们手下的奴隶。他所签署过的所有文书无疑全是他亲笔写的或亲自仔细修改过的,因为这些文书不仅表现出同一人的独特风格,而且还表现出同一人的独特逻辑和同一人独具的推理方法。但是,如安德森先生所提出的,实际情形是这样,他只是在晚年智力不断衰退的时候,才被他最亲近的人的意志所左右;再者,塔西佗和元老院议员阶级其他作家也可能有些言过其实。

元老院从来不抗议皇帝在这些方面侵夺了它的权力。原因和在奥古斯都时期一样,害怕对国家必需的浩大开支负责。元老院现在的收入比元首制初期还要少,更无法应付这笔开支。但皇帝们却与此相反,他们在内战中一跃而为帝国中富豪之首,他们从安东尼和克娄巴特拉手中承继了埃及的资产,他们经常因抄没和继承而增加财富,因此,他们随时愿意用自己的收入来帮助国家,如改建和经营都城,赡养罗马城居民和满足他们的文娱需要,赏赐军士并为退役军人设置一笔恩俸基金,在意大利和各行省修建道路及其他种种浩大的开支费用,他们都愿意承担下来。在这方面,他们处处都步奥古斯都的后尘。皇帝们既然这样地帮助国家,他们当然就担起一件非常吃重的责任,同时也就有权利要求由他们控制和管理国家的财政。皇帝承担这份责任促使行政系统逐步改善,特别是使各行省的行政系统有所改善,因此使新制度在大多数国民中愈来愈受欢迎,而相应地削弱了元老院的权威。元首制于是开始确立,成为一种永久性的制度。

在描述帝国历史这个基本特征的时候，我要选择两个重点先来详细讨论一下。这两点是大家都知道的，但着重谈谈可能还是有些好处。

罗马城的行政管理是罗马国家的一个沉重负担。必须使罗马成为一个美丽的城市，使它配称为世界的京都；必须使罗马城不断增多的居民在生活基本需要方面得到保障，如水源供应、排水、卫生设备、防火防洪、铺平街道、修筑台伯河上的桥梁、一支有高度效率的警察部队等等——这些设施在希腊化时代希腊世界所有较重要的城市里都曾具备过——除此种种而外，为了赡养罗马城居民和满足他们的文娱需要，还得付出浩大开支。住在罗马城中成千上万的罗马公民很少关心政治权利。他们欣然同意奥古斯都逐步把公共集会变成有名无实的形式的做法，当提贝里攸斯连这种有名无实的形式也加以禁止的时候，他们毫无反抗，但是，他们却坚持他们在内战期间所获得的权利，那就是要由政府来赡养他们和满足他们的文娱需要。任何一位皇帝，哪怕就是恺撒或奥古斯都，也不敢触犯罗马无产者这种神圣的权利。他们最多只敢减少和固定领公粮者的名额，以及定出一种适当的分配制度。他们也规定了罗马城居民一年能在戏院、竞技场和圆剧场里看几天好戏。但他们一直没有侵犯过这种制度本身。他们并不是害怕罗马的贱民；他们手下的禁卫军足以平定任何可能发生的叛乱。然而，他们情愿让罗马城居民保持愉快的情绪。在罗马公民中有着这么一大群享受国家特别津贴的人，其人数在二十万左右，都是古代罗马部落的成员，因此，皇帝们每当出现于凯旋、献牲、主持竞技赛马或角斗等群众集会中时一定受到热烈的欢迎。但久而久之，就需要

有一种特别热烈的欢迎，为此，他们举办额外的赛会，添补钱谷的犒赏，设筵席招待成千上万的宾客，布施各种各样的物品。仗着这些手段使居民保持心情愉快，并且还“制造”了罗马城的“舆论”。制造舆论的花费，再加上维持罗马城优良条件的花费，无疑是一笔巨款。我们已经说过，元老院的财政收入现在仅限于院辖行省的直接税，所以元老院是没有力量来支付这笔巨款的。如果元老院把整个事业完全交托给皇帝，皇帝们就欣然担承起这个责任。在这方面也和在执掌兵权方面一样，这乃是帝国早期的 *arcana imperii*〈皇家内务〉之一。

与国家收支集权于皇帝手中同时，皇帝们对于院辖行省的行政组织也加强了监视。从一开始起，皇帝们就在院辖行省——这些行省总督是由元老院指派的——中设置皇家财务使或皇帝私人代表来管理他们的私产。这些皇家财务使自始就是皇帝派到这些行省里来的“耳目”。他们不断向皇帝报告行省里发生的每一件事，因此皇帝能够在需要的情况下在元老院里提出政绩恶劣的问题；而元老院在舆论的压力下自然不愿意用自己的威权去包庇它的总督们。由于皇庄的增多以及由于间接税改归皇帝私人代表负责征收，驻在各行省中的皇帝私人代表的员额加多了，他们的员额愈多，皇帝对院辖行省的控制也就愈加有力。另一方面，皇帝们通过推荐候补人和定期复审议员名单的方式来干预元老院新议员的任命和旧议员的黜免，这种干预的范围愈大，皇帝们在选择议员去统治行省时的旨意愈有决定性。事实上，早自公元一世纪起，行省总督差不多已经完全由皇帝任命：对于皇帝所辖的行省直接任命，而对于院辖行省则间接任命。于是，皇家行政组织越来越变成了

一个官僚体制，从而出现了一个由皇家官吏组成的新社会阶级——其中大多数人是皇帝的奴隶和免奴——这样一个阶级在奥古斯都时代仅处于萌芽状态，而到了他的继承者们的时代，特别是在克劳迪亚斯统治时期，在人数上和势力上都迅速增长了。

皇帝们使帝国都会化的工作，也就是说使东方和西方的罗马行省都会化的工作，亦复同样重要。关于帝国市政组织方面已经有人写了许多书籍，但其中没有一本谈到这个都会化运动的问题，所谓都会化运动就是指原先的部落、村庄、祠庙等发展成为新型都市而言。我们迫切地需要一份完备的表，具列各行省里的都市，按照它们正式成为都市的年代次序排列。无疑地，我们在其中就会看出每一个行省里都有许多都市是在内战结束以后才开始出现都会生活的。其中大多数是奥古斯都时代的产物，有一些是他的继承者们所增加的，特别是在克劳迪亚斯时代，克劳迪亚斯在这方面也和在发展皇家官僚体制方面一样地终始很积极。譬如，他建置了许多新屯市，这就是明证。他把阿瑙尼部落并入特里登土姆自治市，又把 *ius Latii*〈拉丁人特权〉赐给佩尼纳谷中的鄂克托杜鲁斯城民和岑特罗芮斯人。这就等于使他们过都会生活——他们的都会生活中心就是瓦兰休姆—克劳迪亚斯镇和岑特罗努姆—克劳迪亚斯镇。这些都和这位皇帝致力使罗马帝国各个地区、特别是西部地区都会化的工作完全配合的。本着同一精神，克劳迪亚斯在一次地方战争结束后把毛里塔尼亚地方一部分土著部落拨归毛里塔尼亚的沃卢比利斯，使他们以 *incolae*〈客户〉资格附籍于该城。他采取这一措施的目的，不仅是为了奖赏沃卢比利斯城对罗马国事的忠诚，而且还为了在居民仍保持若干部落生活方式的乡

村里建立起罗马城堡。毫无疑问，各行省之都会化始于奥古斯都，而在克劳迪亚斯统治时代有迅速的进展。西班牙是一个很好的例子，我们在下面研讨罗马帝国城市和乡村的一般问题时就会谈到它。

谈到了在奥古斯都的继承者们统治下帝国都会化运动的问题，我们必须认识到，这个运动一方面是行省中一种自然发展过程，而另一方面又是皇帝们一种有意识的政策。它之所以是行省的自然发展过程，因为与城市组织有关的高级文明生活吸引了行省居民；它之所以是皇帝们有意识的政策，因为他们力求推进这一过程，并使它成为自上而下的运动，以便扩大他们的权力基础。要知道，皇帝们的权力所依靠的是帝国中的文明分子，是城市居民。最简便的途径就是顺着"社会"战争所走过的道路前进，差不多所有的革命领袖，像苏拉、庞培，尤其是恺撒等人都曾经走过这条道路；再就是把罗马公民资格赐给帝国里所有过着都会生活的人们。但是，我们必须记住，奥古斯都之获得胜利主要由于意大利的罗马公民的支持，而这一部分公民对于他们的特权和他们在罗马全国中所占的优势是非常吝惜的。因此之故，奥古斯都和提贝里攸斯两人每当把公民资格许赐给外省人的时候都很犹豫、很审慎；因此之故，克劳迪亚斯才会遇到强烈的反对，使他不得不在一定程度上继承奥古斯都的传统而比较审慎地把罗马公民资格这种特权赐给外省人，这大概是违背他的初衷的。元首政体是罗马公民创造出来的，他们现在又一次把自己的意志强加给他们所推举出来的人，终于使元首政体中所不可避免的政治平等化过程尽可能地减慢速度。

至于在鼓励发展帝国国内都市生活方面，皇帝可以自由得多，因为这个政策没有遭到上层社会或一般罗马公民的反对。奥古斯都，甚至提贝里攸斯，而尤其是克劳迪亚斯，之所以非常愿意建置新都市，其原因就在于此。因为缺乏大批新的罗马公民，所以，他们促使都市居民的数量源源不断地增加。他们都意识到，那些都市居民只要一旦沾染上文明生活，就会积极支持一种显然能使他们享有大好良机的制度。我们必须记住，除了罗马公民而外，广大的城市居民，特别是外省的资产阶级也曾支持过奥古斯都，并且也愿意支持他的继承者，只要这些继承者能保证他们享受和平与秩序，能保证他们在外省乡村居民群众中享有特权地位。但是，就目前而言，那些既非罗马屯市又非拉丁屯市的城市还不得不满足于二等公民资格，即“友邦”或附庸城的地位；不过，不久就到了弗拉维攸斯朝，到那时候就对帝国内的古老城市和新城市采取更加一视同仁的政策了。

这个运动的后果，使罗马帝国的结构愈来愈像希腊化君主国了。但其间还存在许多根本的差别。罗马皇帝的权力也像希腊化君主的权力一样建立在军队上面。但是，罗马皇帝却不是一个外国人，他的权力并不依靠外国人和雇佣军人的支持。他是一个罗马人，是帝国统治民族中的一员，是罗马公民中的第一位公民。他的军队是一支罗马公民的军队，它不是为皇帝个人服务，而是为罗马国家和罗马神祇服务的。皇帝本人固然就是一位神，但是，对他的顶礼膜拜并不像对希腊化君主那样地具有个人崇拜的性质。他只有在统治国家的时候，也只因为他在统治着国家，他才是一位神。国家的神圣庄严具体体现在他个人身上。在他死后，他可以被列入天上诸神之列,但同样也可以不被列进去;这完全取决于他是怎样统治这个国家的。

奥古斯都家族的统治,即尤留斯氏和克劳迪亚斯氏的统治,随着芮罗的自杀而告终,这是由一次军事革命引起的,其结果造成一场延及一年左右的内战,这一年就称为“四帝争立之年”。使罗马国运遭到这样一次新危机的原因是显而易见的。提贝里攸斯、卡利古拉、克劳迪亚斯和芮罗的权力实际上都建筑在罗马军队上面。由于环境的关系,在推举一位新皇帝的时候,决定之权并不属于整个军队而仅属于禁卫军,因为禁卫军驻扎在罗马城和积极地参与政治生活。凡是禁卫军推举出来的人选,外省军队一般都毫无异议地予以承认。然而,这种惯例逐渐蜕变为一种禁卫军的独裁形式。谁愿意对他们的支持给予报酬,他们就支持谁。当这样一个事实成为人尽皆知的事实以后,在整个帝国中,特别是在驻扎在外省的军人当中就形成了一种对他们和他们所推举的人选表示嫉妒、猜疑和嫌恶的气氛。再者,奥古斯都朝最后几个皇帝忽略了他们和军队之间的关系,他们几乎从来不到军队里去。他们变成了独自坐守罗马城的皇帝,意大利和外省绝大多数军士和普通住民几乎都不认识他们。还有,他们为了使自己能够征收钱币以供应私人的开支,以便于铺张浪费来保证自己长期获得罗马驻军和民众的欢心,因而必然加重了行省的负担;而同时他们却又不像奥古斯都和提贝里攸斯那样汲汲于监督他们的行省官吏和总督。最后一点,这些统治者的淫秽的私生活,他们的恐怖罪行,他们那玩世不恭的态度,与罗马人、特别是外省军队的军人心目中的第一公民和罗马国家元首全不相称。姑且不论别人,最突出的是芮罗,这个

杀害自己母亲和兄弟的人，这个艺人和御者[①]，这个从来不到军队里去而只在下等市民和希腊人中间消磨日子的皇帝，彻底摧毁了奥古斯都朝的威信。

因此，公元69—70年的革命性兵变是外省军队以及整个帝国国民对于奥古斯都继承者们堕落的武力专政的一种抗议。它一开始的时候是克勒特人反对芮罗统治的叛乱，但立刻就形成了西班牙和日耳曼尼亚驻军反对这个皇帝的兵变。西班牙军士宣布加尔巴为罗马皇帝。加尔巴起先得到军队和元老院的承认，不久以后，禁卫军把帝位出卖给芮罗的一个亲密的朋友鄂托而杀死了他。同时，日耳曼尼亚的选军宣布维特留斯为皇帝；他终于击败了鄂托和禁卫军。但是，他表现出毫无能力来治理这个国家，而且还不得不对付这个时候从东方发出的一道新的革命檄文。东方的军队推举韦斯帕西安为皇帝，他得到多瑙河区驻军的承认：一些军官用他的名义打垮了维特留斯。

我深知我对于公元69年的内战的这种看法和当今流行的看法不一致。凡是谈到四帝争立的这一年的学者们，大多认为这次流血革命的根本原因是外省和外省军队方面的一种割据运动，他们认为这种运动表达了外省人的感情。我却看不出丝毫痕迹能设想罗马军队有割据主义的倾向。当然，高卢人曾借助这次革命来满足他们非常含糊的民族愿望，但罗马军队的第一个行动就正好和它首领的意愿相反，他们正好是去粉碎高卢的地方性叛乱。而

① 芮罗特别爱好希腊的竞技活动，自己经常参加表演，亲自驾马车参加赛车，所以称他为“艺人和御者”。——译者

且,罗马军队的主力依然是选军,而选军大部分是由原籍意大利的人组成的,他们大多数人甚至出生于意大利和在那里受教育。很难相信,这些人会轻易地忘本,很难相信他们会丧失作外省主人翁的感情,而想把外省的愿望强加给罗马国家。

如前所述,真实情况应当是这样,罗马军队对于尤留斯—克劳迪亚斯氏最后几个统治者所掌握的元首政体的形式表示不满。军士们表示只有他们才能操纵局势,他们毫无尽忠于尤留斯—克劳迪亚斯氏一族的义务。他们希望由元老院议员阶级中最优秀的罗马人来担任元首,来担任帝国的最高领袖和罗马军队的元帅。在这一点上,他们和大多数罗马公民的舆论完全一致。他们也和大多数罗马公民一样,并不想取消元首政体;而且,他们坚决努力反对分裂罗马帝国,例如起先有高卢的克勒特人而后有某些辅军(大多是来因河驻军中的日耳曼人)发动过分裂叛乱,都遭到他们的反对。因此,这次运动本身是一次健康的反抗运动,它反对芮罗那种堕落的武力专政,反对他所倡导的那种东方暴君式的淫秽的私生活,反对他对于一切文武职责的玩忽,反对他公然同情于种种不合于罗马人习惯的事物——他在这方面虽然不是有意模仿卡利古拉,却真正步他之后尘。反对芮罗的斗争其所以逐渐转变为一次正式的内战,因为头领们怀有政治野心,而罗马军队各个部队之间又发生了激烈的对抗和竞争。

但是,这次内战受到压力而迅速结束了,我们可以设想,这是来自舆论的压力,特别是在意大利,那里是敌对双方的战场,又是大多数军士们的故乡。我们必须记住,军队中大多数人仍然是罗马人,他们所受的训练和教育与意大利市民和农民所受的相同,他

们依然像在意大利一样地讲得一口好拉丁语，他们在意大利会遇到许多老退役军人，那些人身上有着奥古斯都军队的传统精神。关于内战在罗马军士以及在意大利一般人民中间所造成的厌战情绪，我们可以引用两段记载来说明一下。这两段文字都是引自史学家中一位最伟大的心理学家对内战所作的绝妙的描写。塔西佗在他的《罗马史》(iii. 25)中写道："一个名叫尤留斯·曼苏韦土斯的西班牙人被征入伍，在扫荡军中当兵，家里丢下了一个小儿子。这孩子长大了，又被加尔巴征到第七军里当兵。他在战场上遇见了他的父亲，把他打倒在地。当他正要去劫夺这个垂死的人的时候，他们两人彼此认出来了。他伸出手臂抱住了这个遍身是血的躯体，满眼含泪、声音哽咽地哀求他的父亲灵魂安息，不要嫌恨他是一个弑父的人。他悲号道，我们偏偏干出这种事情来：一个兵不过只是内战大洋中的一滴水珠而已！他说着就把那尸体抬起来，挖一个坟墓，为他的父亲尽了最后的孝心。他身边的人都看到了这件事，后来传到了别人那里，一直传遍了全军，在全军里引起了惊叹、恐怖和反对这场残酷战争的诅咒。"塔西佗接着说："虽然如此，他们却并没有减低残杀和劫夺自己同胞、亲戚、兄弟的热心。"塔西佗这点说得很对，军士们尽管感到不满，却并没有停止打仗；但是，不满情绪无疑在增长，同时，从意大利公民同胞对待他们和他们的行为的态度上可以使他们想到自己对战争的责任，会使他们想到继续打下去是多么无聊。第二段记载也是塔西佗所写的。在一场对阵交锋和短期围攻以后，克雷莫纳城被韦斯帕西安一边的人攻下来了。接着出现了一片恐怖的景象——大抢大杀和奸淫一番。意大利对这件暴行的愤激情绪顿时高涨起来。塔西佗写道："安东纽斯对这件惨案感到内疚，同时，他也明白公众的谴责越来越多，因此他就颁布一项公告，声称不得将克雷莫纳城民掳作战俘；说实话，这种战利品对于军士们来说已经没有价值了，因为整个意大利已经约定了不购买这种奴隶。于是，军士们开始屠杀他们的俘虏，当这件事被传出去以后，他们的亲戚就偷偷地把他们赎出来。"（《罗马史》iii. 34）

那么，显而易见，公元69—70年的内战本质上是一次政治运动。然而，它被另外一些动机弄得错综复杂起来了，以至于它严重地威胁了帝国的前途。斗争的激烈和残酷，洗劫克雷莫纳的惨剧，无论胜败双方军士之在意大利和在罗马城大肆屠杀富人，这一切都说明了即使在选军军士中（辅军更用不着说了）对意大利统治阶级及其支持者，就是那些代表意大利城市居民、特别代表城市资产阶级的禁卫军，怀着滋长的仇恨心。我们不要忘记，韦斯帕西安在内战结束后首要措施之一就是逐渐减少由意大利（包括意大利北部）征集的选军的人数。在意大利招兵的事虽然一直没有完全停止，就是到阿德里安时期也还在意大利招兵；但是，弗拉维攸斯氏和图拉真时代的罗马选军就已经不再代表意大利的罗马公民了：因为大多数军士虽然还是罗马公民，却是罗马化的行省里的公民。这是因为意大利在韦斯帕西安争位的斗争中没有支持他而许给意大利的一种特权吗？这是因为认识到意大利无力为选军供应足够人数的军士吗？我的意思觉得，这原因还得在别的方面去寻找。

我们已经知道，罗马选军通常不是强征来的，而是招募来的。韦斯帕西安的前人已宁愿在意大利北部招兵，而不愿在意大利中部和南部招兵。韦斯帕西安一反惯例，他不让意大利的投军者进入选军，而只许他们进入禁卫营，这个事实说明他的措施并不是赐给意大利一种特权。怎么样解释这个事实呢？我的看法是这样，韦斯帕西安必定透彻地了解内战的历史和起因，因而对意大利投军者的抱负和政治态度感到害怕。他必然希望选军中不再有出生于意大利的军士，因为这些军士是从居民中招来的一些桀骜难驯、心怀不满和穷凶极恶之徒，也就是意大利城市和乡村里的无产者。值得担心的是，军队可能又变成共和国晚期那种由罗马城无产者组成的军队，而再回到内战时代。看来，大概意大利的良家子弟都在禁卫营里服役，从而能够保证自己获得较高的军职，所以只有那些穷苦的意大利人才到选军里去服役。当韦斯帕西安裁减意大利投军者的员额时，对于军官团体和禁卫军的组织却仍然保持原状，而只大力使选军变成外省人的军队。我们在下面就会看到，我这个看法完全符合韦斯帕西安在整个西方各行省中的活动。从罗马化的外省城市招来的兵士不代表无产者，而代表居民中的上层阶级。

但是，出现了这样一个问题：对于意大利存在着相当多的无产者这一点，应如何解释呢？要答复这个问题，我们必须研究在尤留斯—克劳迪亚斯氏朝的皇帝们的统治下帝国经济发展使意大利生活产生的变化。

要把奥古斯都时代的一般经济情况和尤留斯、克劳迪亚斯二氏统治时期特殊的经济情况作一比较，不是很容易的事情。要想在尤留斯—克劳迪亚斯氏朝和弗拉维攸斯氏朝之间划下一条分界线则更加困难了。但是，把这些区别弄清楚还是必要的，否则我们就无法理解罗马帝国经济生活的演变。我们应当想到，自从奥古斯都之死到韦斯帕西安即位，已经经历了半世纪有余，半个世纪是一段很长的时间，尤其是像公元一世纪这样变故很多、事物日新的年代。研究尤留斯—克劳迪亚斯氏时代经济情况之所以感到困难，是由于我们的史料的性质和证据的贫乏造成的。史家们对于帝国的经济生活不感兴趣。比较有价值的材料都见之于第二种史料来源——伦理学家的著作和科学著作：对于伦理学家而言，一世纪时的经济情况为他们同时代人道德的败坏提供了很好的说明，而对于写科学著作的作家而言，他们或者直接涉及经济问题，或者在讨论各种科学问题时不得不提到经济现象。因此，塔西佗、苏韦托纽斯和迪约·卡休斯关于公元14年至70年之间的帝国经济情况虽然报道得很少，但我们可以从两位塞芮卡、佩尔休斯，甚至像卢坎等作家那里找到补充材料，而其中最重要的作家，一是佩特罗纽斯，二是老普利尼和科卢梅拉。但遗憾的是，除了对佩特罗纽斯和科卢梅拉的材料而外，对于其他这类材料，还没有一个人尽力收集过和解释过。研究这段时期经济史的人仔细地研究金石考古资料，特别是蓬佩伊出土的材料，也可以得到一些帮助。在这本简短的书中，不可能作这样一番全面的研究。我只好仅仅把我反复阅读上述一切材料以后所得的印象写出来。

乍看起来，奥古斯都时期的经济情况和尤留斯—克劳迪亚斯氏时期的经济情况似乎并没有差异。在描写尤留斯—克劳迪亚斯氏时期时，我们往往不自觉地杂乱使用材料，不仅引用弗拉维攸斯时期的拉丁作家和希腊作家，而且还一方面引用维吉尔、贺拉西、提布卢斯、普罗佩尔丘斯和奥维德，另一方面又引用佩尔休斯、佩特罗纽斯、塞芮卡、普利尼和科卢梅拉。主要的现象的确依然如故。差别在于它们的发展程度和某些新因素的出现。这段时期的皇帝们对待经济生活的态度,他们的经济政策,或者说他们之没有经济政策,仍和奥古斯都时期一模一样。流行的是一种自由放任政策。在灾难严重的时期,国家感到有责任拯救灾民,如提贝里攸斯时候小亚细亚大地震以后的例子一样。某些措施可能对一般经济生活产生影响,例如,改进税收办法、增加新税、有关运输情况的措施等等。但是,采取诸如此类的措施往往是单纯从财政着眼的;其目的在于改善国家的财政,而不在于改善或调整经济情况。经济发展的进行几乎完全没有受到国家方面的干扰。它的主要特征和奥古斯都时期的特征相同,但由于自然力量的自由发展,这些特征比原先显著得多。

这些特征中最重要的就是外省经济生活的逐渐复兴。在东方,这种复兴气象非常显目。即使我们草草地阅读一下小亚细亚和叙利亚的碑铭以及埃及的苇纸卷,泛泛地看一看这些地区的古城遗迹,我们也能看出东方经济发展进度在奥古斯都时期是多么迅速,而在他的继承者们的时期更是加速进行。西方各省,特别是高卢、西班牙和阿非利加,也恢复了它们的经济活力,那是过去首先在被征服时而后又在内战期间停滞下来的。恢复经济活力的标识之一就是都市生活的勃兴,这固然受到皇帝们的鼓励,但主要还是依靠这些地区的自然发展。至少在西班牙和阿非利加,都会化运动是早在罗马人来到以前很久即已开始的一个演变过程的继续。西班牙和希腊、罗马一样,早先经常是一个城市很多的地区。至于阿非利加的都会化运动,则在很大程度上早已由迦太基人和由迦太基统治下以及努米底亚国王、毛里塔尼亚国王统治下的土著居民推行了。

从经济观点来看,都会化运动意味着一个城市资产阶级的形成,这是一个地主、商人和经营工业者组成的阶级,他们寓居在都市里,按照资本主义方式积极发展实业。因此,都会化运动也就意味着一种资本主义经营方式传入西班牙和高卢的部分地区,和再一次传入阿非利加,这种经营方式与意大利和东方所盛行的方式很类似。在农业方面,这个运动的内容就是从农民经济转变为地主经济,这些地主们是按资本主义方式、按科学方法来经营他们的田产的。它的内容还包括一种改变作物的趋势,那就是以栽培利润更大的作物、特别是葡萄和橄榄树来代替种植谷物。就西班牙和阿非利加大部分地区以及高卢的希腊城市而言,这并不是什么新鲜事。这些地区本身原来也是按照这个方向发展的,不过由于公元前二世纪时大地主们的自私政策和后来公元前一世纪时的内战,使它们的发展受到阻滞。到了奥古斯都及其继承者们的统治时代,葡萄和橄榄树的种植业迅速地发展起来了,葡萄种植业盛行于高卢,橄榄树种植业首先盛行于西班牙,而后盛行于阿非利加。意大利人之迁居于西部各省,加速了这个过程,关于迁居问题,我们在第一章中已经谈过了。

属于同一类型的另一个现象就是工业逐渐转移到了外省。高卢从最早起就表现出在发展工业方面得天独厚。在罗马统治之下,高卢继续大规模地发展工业,并且立刻就在制造雕花陶瓶和金属器皿之类最富于意大利特色的物品方面成了意大利的劲敌。法兰西水道之纵横,高卢与不列颠、日耳曼尼亚之间早就存在的交通往来,都是有利于高卢工业迅速发展的条件,我们在高卢南部格罗

1. 酒神巴库斯和阿丽雅德芮女神

2. 收获葡萄

3. 葡萄酒商

4. 卖花人

图 14　韦丘斯氏宅中的图画，蓬佩伊

图 14 说 明

1—4. 蓬佩伊地方韦丘斯氏住宅中暗室板壁下部支板上的四幅图画。蓬佩伊,韦丘斯氏住宅。A. 马乌:《蓬佩伊的生活和艺术》(德文),第二版(1908 年),第 350 页起;同作者,载《德意志考古研究所罗马学组报导》(德文)11,1896 年,第 1 页起;A. 索格利亚诺所撰文,载《王家山猫学院珍藏古物集刊》(意大利文)8,1898 年,第 233 页起;拙撰,载《圣彼得堡考古学会论文集》,1899 年(俄文);P. 赫尔曼:《古代理想画的画匠》(德文)(布鲁克曼,明亨,1904—1931 年),第 29 页起,图 XX 起。

1. 酒神巴库斯和阿丽雅德芮女神的凯旋行列,前行者和后随者为一些男精灵库皮德和女精灵西采等,还有一位牧神帕恩。

2. 收获葡萄和酿造葡萄酒。图左画的是几个男精灵库皮德在爬上树的葡萄藤上采摘葡萄,图右(此处仅复制其一部分)的一些男精灵库皮德利用很长的杠杆在转动葡萄压榨器上的绞盘。(最近,在《米斯特里庄》(意大利文)一书中由 L. 雅科诺复原了一个压榨器的全貌:请看 A. 马攸里:《米斯特里庄》(意大利文)(1931 年),第 89 页起。)参看 S. 赖纳赫:《希腊罗马古画图谱》(法文),第 85 页,3。

3. 葡萄酒商。在一间存放着大批酒坛的小屋里,一个乡下佬来买葡萄酒,他左手拿着一根杆儿,正要尝尝卖主递给他的样品。卖主是一个斯斯文文的城里人,他的奴隶们正替他向另外一个杯子里倒上另一种葡萄酒的样品。

4. 卖花人。花是从花园里摘来的,由一头山羊驮着。那些男精灵库皮德正在做花圈。花圈放在一个专用的架子上出售,有一位漂亮的妇人来买花,她正从那架上取下一串花圈。一个库皮德向她翘起两个指头说价钱(表示两个 *asses*〈阿斯,罗马铜币单位。——译者〉)。参看 S. 赖纳赫:《希腊罗马古画图谱》(法文),第 86 页,8;第 92 页,1 和 2。

这房间中的装饰以卖酒和卖花作为景物中的主要部分,显见得房主韦丘斯氏在蓬佩伊附近拥有许多庄田,而且他们是卖酒和卖花行业中的大商人。我认为这是没有疑问的。在我尚未读过 M. 德拉 · 科尔特关于韦丘斯氏住宅的精辟论文以前早就具有上面的想法，他的论文《蓬佩伊的住宅及其居住者》载于《那波利斯》(意大利文)，2，1915 年，第 311 页起。德拉·科尔特指出韦丘斯氏在蓬佩伊和斯塔别两市的市郊内拥有许多经营葡萄酒的农庄，他们家在葡萄酒业界的买卖很大，很占势力。他们的商品有着各种不同的商标，在他们的住宅中所发现的大量酒坛上的题识提到了这些商标。我们举出其中最有代表性的几条题识如下：(1)“XV Kal(endas) Ian(uarias) de Arriano dol. XV”〈“12 月 18 日，来自阿里亚努斯庄，第 15 瓮”〉，《拉丁文碑铭集录》iv. 5572；(2)“Idibus Ian(uariis) de Asiniano racemat(o) dol. I”〈“正月 13 日，来自阿西尼亚努斯庄的蒲桃酒，第 1 瓮”〉，《拉丁文碑铭集录》iv. 5573；(3)“Idibus... de Formiano dolio XXV”〈“……13 日《或 15 日》，来自福尔米亚努斯庄，第 25 瓮”〉，《拉丁文碑铭集录》iv. 5577。我同意马乌的看法，这些瓮里的葡萄酒是从韦丘斯氏兄弟的各个农庄运来的，各个农庄栽种着品种不同的葡萄，每一种葡萄酒都分别标上瓮号。我们的题识中所提到的盛酒的 *diffusio*〈瓮〉，见于英斯—布朗德耳府中的浅浮雕图，本书图 33-2。同时我们指出，这所住宅的 *vestibulum*〈前院〉里的常见画图中画着一个显著的徽识(即园圃神普里雅普斯拿着钱袋和水果的图样)，住宅的装饰图画中到处见到男女精灵库皮德和西采等摘花的图样。蓬佩伊的许多其他住宅中也见到这类的标识，例如属于 L. 科尔芮留斯·普里莫杰芮斯的梅拉杰尔的住宅中有一幅著名的图画，画的是稷母神策蕾斯或德梅特尔坐在那里，财神梅尔库里攸斯把一个装得满满的钱袋放在她的膝上(M. 德拉·科尔特所撰文，载《那波利斯》(意大利文)，2，1915 年，第 189 页)。据我想，这所住宅的主人韦丘斯氏就是贵族韦丘斯氏家中的免奴。

弗桑克地方考古发现的遗物确凿地证明了这一点。在克勒特人和日耳曼人的市场上开始看不到意大利的制造品了。

商业的发展也逐渐呈现出新颖的、意想不到的气象，尤以东方为甚。我们已经知道，与阿拉伯和印度之间几乎专门交易奢侈品的贸易如何在罗马帝国奥古斯都时代商业关系中开始占有一定的地位，我们也已经知道了埃留斯·加卢斯的远征是怎样一部分由于需要保护这种日益兴旺的贸易而促成的。经过尤留斯氏和克劳迪亚斯氏时代，这种贸易稳定地向前发展。印度贸易和中亚贸易的主要商道是从印度起，或直接地、或通过阿拉伯到达埃及，而以亚历山大里亚为其总站。在希腊化时代和罗马时代，佩特腊是北阿拉伯的大商业中心。在希腊化时代早期，印度和阿拉伯的商品从佩特腊通过勒乌克—科梅、艾拉或加扎到达埃及，当叙利亚和腓尼基落入条支王朝之手的时候，这个王朝的统治者们企图把阿拉伯商业转引向巴勒斯坦、叙利亚和腓尼基的各个港口，因而排挤了他们的埃及对手。从这个目的出发，他们特别施惠于希腊化时代早期在外约旦建立的旧军屯市，尤其重视安莫尼特人地区（拉巴特—安蒙）的费拉德尔非亚，杰腊萨境内的安蒂奥克、贝雷尼切、加达腊和迪雍等军屯市，企图把它们变成正规化的沙漠商队城市，使它们保障沙漠商队从佩特腊取道来到大马士革和叙利亚的港口。条支王朝始终没有完全达到目的：佩特腊仍然效忠于托勒密王朝。随着罗马宗主权的开始建立，情形大变。外约旦的希腊城市早先大部分被有宗教狂热的亚历山大・延芮乌斯（公元前 102—前 76 年）所摧毁，后来得到庞培的保护才开始恢复起来，不过直到公元一世纪末尾以前，它们并没有真能兴旺如故。帝国所建立的和平安定局面，使它们能够长期把佩特腊贸易的相当多一部分引向叙利亚和腓尼基诸港来，而同时并没有严重地损害亚历山大里亚的地位。

印度和中亚的贸易从远古以来走的是另一条路，那就是取道底格里斯河与幼发拉底河两河流域。到了希腊化时代末，先有安息人和条支王国之间的敌对，后有安息人和罗马人之间的敌对，再

加上幼发拉底河沿岸到处骚乱不宁，以致把这条避免通过沙漠到佩特腊而改由波斯和波斯湾转运的老路废弃了。到公元一世纪中，罗马人和安息人之间建立了一种 *modus vivendi*〈共存状态〉，情形就改变了。通过幼发拉底河谷的道路又重新开放了。阿瓦梅部落所居住的小村帕耳米腊，因为是幼发拉底河与大马士革之间的中途站，同时又紧靠着沙漠里的一口新泉水，所以就大享地位之利。于是帕耳米腊就能（当然是在罗马人和安息人的协助与保障之下）把附近沙漠里的部落联合起来，为从塞琉契亚一切西丰来的沙漠商队的安全创造了条件（因为再往北走，即在幼发拉底河上游，缺少这种安全的保障）。当斯特腊博写他的材料时，帕耳米腊事实上还不存在；但到了奥古斯都和提贝里攸斯之时，它已经建立了一些叙利亚最美丽的神庙，并且在安息人和罗马人双重保护之下变成了一个宏大、富足的沙漠商队城市，有着漂亮的街道、广场和一些吸引人的公共建筑物。

尽管如此，东方商业范围是非常大的，所以虽然开辟佩特腊—外约旦—大马士革的商道和重新开放帕耳米腊的商道，并无损于亚历山大里亚。从埃及到阿拉伯、从阿拉伯到印度这一条线上的海上贸易仍然和古代一样重要。在多米戚安时期，一个亚历山大里亚的商人写了一本有趣的手册，名叫 *Periplus Maris Erythraei*（《埃里特雷海航程录》），其中描叙了通印度的海上贸易发展之迅速，关于这方面，老普利尼也提供了证据。另一方面，在印度发现大量罗马钱币使我们能证实文献材料的论述。看来，一直到克劳迪亚斯和芮罗时期为止，这边的商业都集中在阿拉伯诸港。阿拉伯商人成了埃及商贾和印度商贾之间的中介人。如前所述，这种商业大多以交易奢侈品为主。罗马人通常用金银来换取这些奢侈品。这种方式的交易不可避免地是一种主要通过中介人来进行的贸易。

这种贸易发展下去的自然趋势使它超出了仅仅是奢侈品贸易的范围，也使它不再只是单方面的被动的贸易。同时，在托勒密王朝末年或罗马时期初年，亚历山大里亚的伊帕卢斯发现了季候风。由于这两个原因，在埃及和印度之间终于开辟了直接的航线。这时贸易的主要中心是亚历山大里亚。阿拉伯诸港丧失了它们的重要性；其中有些港口（如阿达纳，也许还有索科特腊）已被罗马人占据，用作水手们的供水站和避难处。它们也像克里米亚的水陆两路的商栈一样，用以保护商人们免受海盗的掳劫。这一改进要归功于帝国时期埃及商人们的努力，他们得到罗马政府（最先在奥古斯都时期，后来在克劳迪亚斯和芮罗时期）的积极帮助。这条新商道是在写那部 *Periplus*〈航程录〉的时候全部通航的，也就是在多米戚安时期全部通航的。和印度的贸易渐渐发展成为埃及与阿拉伯、印度之间的各种各样货物的正常贸易。从印度来的最重要的货物中，有一宗是棉花；还有一宗大概是丝。这两宗产品都在亚历山大里亚的工厂里加工——相当晚出的书 *Expositio totius mundi et gentium*〈万国通志〉第 22 节似乎表示丝主要是在腓尼基诸城市里加工——再送出去换玻璃、金属器皿，可能还交换亚麻布。

罗马对北方的贸易也有很大的进展。我们从零散的文献资料和在德意志东部、斯堪的纳维亚（瑞典和挪威）以及俄罗斯所发现的考古资料中得知，在克劳迪亚斯和芮罗时期，罗马商人实际上同德意志东部、挪威和瑞典维持着大规模的贸易往来。他们到丹麦、

1.香膏业

2. 浆洗业

3. 首饰行

4. 灶姑节

图 15　韦丘斯氏宅中的图画，蓬佩伊

图 15 说 明

1—4. 韦丘斯氏住宅中暗室板壁下部支板上的四幅图画。蓬佩伊，韦丘斯氏住宅。参考图 14。

1. 香水或香膏的制造者和贩卖者(*UNGUENTARII*)。一种特别商标的上等橄榄油是用一种特型榨油器(见图右)榨出来的。榨出以后将油熬沸。在沸油里渗入特制的香料(大概是花精)。再往左就是掌柜的柜台了。掌柜的身旁有一个橱柜，柜里放着大小形式各不相同的许多瓶子，瓶内储有各种不同的香料(?)。图中其余的部分画的是把这种香膏卖给一个妇人，那妇人带着她的婢女进店来了。请看 M. 马乌所撰文，载《德意志考古研究所罗马学组报导》(德文)15，1900 年，第 301 页起；参阅 S. 赖纳赫：《希腊罗马古画图谱》(法文)，第 86 页，4；第 91 页，2。

2. 浆洗行(*FULLONES*)。在大槽里踩衣服，刷洗毛料衣服，点查衣服和折叠已经洗好的上衣。

3. 金匠(*AURIFICES*)。图的右端是一个大熔炉。熔炉后面，一个男精灵库皮德正在专心专意地錾一个金属做的大碗，大概是一个青铜碗，准备拿去镶银的。(曾经在一家 *negotiator aerarius*〈铜货商〉的铺子里发现过一个镶银的青铜碗，M. 德拉·科尔特所撰文，载《印度-希腊-意大利学评论》(意大利文)，6，1922 年，第 104 页。)另一个男精灵库皮德拿着一根吹火筒在看管熔炉，同时还拿着一把火钳夹住一块金属物在熔炼。第三个男精灵库皮德正在把一小块金属片放在砧上锤打。他的旁边是一副柜台，柜台上三个打开的抽屉，还有大小天平各一架。一位女顾客和店主在商谈一件首饰的分量。在他们的另一边，另有两个男精灵库皮德把一大块金属物放在砧上锤打。毫无疑问，这幅图画的是首饰生意的情景(A. 布朗歇：《法兰西古钱学会上的口头报告》(法文)1899 年，第 xvi 页起和第 xlviii 页起；参看《古钱研究》(法文)2，1901 年，第 195 页起和第 224 页起；A. 马乌所撰文，载《德意志考古研究所罗马学组报导》(德文)16，1901 年，第 109 页起)。奇怪的是，有许多著名学者竟会对这个看法有争议，认为画的不是一家首饰行，而是一个造币局(《德意志考古研究所罗马学组报导》(德文)22，1907 年，第 198 页起；《古钱学年

鉴》(英文)1922年,第28页起;P. 赫尔曼:《古代理想画的画匠》(德文),第37页)。一位女顾客到造币局去做什么呢?我认为,有种种理由相信在蓬佩伊发现的某些银器就是在本地店铺里制造出来的,例如该市一所大房宅的主人累留斯·埃拉斯土斯的店铺之类就是这种店(《拉丁文碑铭集录》x. 8071·10,11,和德拉·科尔特所撰文,载《那波利斯》(意大利文),2,1915年,第184页)。参考最近在蓬佩伊发现的皮纳里攸斯·策里亚利斯的店铺,这人是一个 *caelator*〈雕匠〉,M. 德拉·科尔特所撰文,载《印度-希腊-意大利学评论》(意大利文),8,1924年,第121页。

4. 灶姑节的宴会。餐桌上是一些男精灵库皮德和女精灵西采。后面可以看到灶姑维斯姐的神驴。参加宴会的人是一些面包师(*pistores*)吗?参看另一幅主题相同的壁画,S. 赖纳赫:《希腊罗马古画图谱》(法文),第88页,3。

这所华丽的住宅的主人韦丘斯氏之所以选择这些专门行业画在住宅内最讲究的房间里,很可能(如前所述)是因为他们同这些行业有切身的利益关系;同时也由于这些行业实际上是整个康帕尼亚的主要行业。同样看得很清楚,这些有钱的蓬佩伊人画出这些朴实的行业——稍为带一点浪漫风格(如用精灵库皮德等来代替真人)——是为了夸耀于他们的朋友,他们有钱有势就是靠这些行业挣来的。城市资产阶级并不以他们的职业寒贱为羞:例如,这个阶级的典型代表人物特里马尔基约在谈话中、在装饰自己住宅的图画中和在他的墓碑上都毫不隐讳地吐露他一生的事迹;还有另一个蓬佩伊富商法比攸斯·欧波尔算是特里马尔基约的前辈,他也在一张选举名单上傲然自得地在自己的名字下添注"princeps libertinorum"〈"免奴中第一人"〉(《拉丁文碑铭集录》iv. 117),这些都是明证。

斯堪的纳维亚诸国、德意志东部去的最古老的路线是从高卢北部的海港由海道往东。就在这个时候前后,罗马的货物开始从多瑙河口、从黑海沿岸的希腊城市取道第聂伯河而运往波罗的海和斯堪的纳维亚诸国。同时,第聂伯河流域逐渐为日耳曼人所占据。但最安全的道路是从阿魁累亚经过卡尔嫩土姆和马罗博杜乌斯王国而到达德意志东部,再从那里前往斯堪的纳维亚。这方面贸易的主要商品是青铜和玻璃，这两者无疑都是康帕尼亚的产品。

意大利并非一开始就感觉到外省这种缓慢的经济解放运动的后果。和以往一样，意大利的地主们仍然在他们以资本主义方式经营的农庄上生产大量的葡萄酒和橄榄油。和以往一样，康帕尼亚和意大利北部的作坊仍然活跃非凡。但是，却开始显出了一种隐忧。科卢梅拉和普利尼仍然鼓吹尽可能大规模地种植葡萄。然而，他们都感到有必要来刺激一下意大利地主们的活力，因为这些地主们并不太愿意投下资本来维持现有的葡萄园和开辟新的葡萄园。普利尼说了一些耸人听闻的故事，谈到意大利某些以生产葡萄酒为业的人的惊人成就。但是，地主们并不热情地听从他的这些劝告。他们宁愿把土地租给佃户，因此逐渐恢复农民经营的农业和恢复谷物的生产。我们怎样来解释这种趋势呢？一般的看法均认为他们不想亲自经营自己的农庄。说他们懒惰成性、游手好闲。我简直不能相信这是主要的缘由。我也不能相信劳动力的缺少是科学化的农业衰落的主要原因。奴隶劳动力还是很充足的。在家务、作坊、商业、银行业和帝国行政机构等方面都使用着大群的奴隶。在农业方面当然也不缺少奴隶。如果说，从向来运出奴隶的地区运进奴隶已愈来愈困难，那么，鼓励奴隶结婚和生育子女的办法却愈来愈普遍了。

真正的原因是西方行省经济的发展促使市场情况每况愈下，虽然普利尼和科卢梅拉忽略了这一原因，但地主们是了解得很清楚的。意大利中部和康帕尼亚是主要的受难者。就意大利北部而言，多瑙河流域的市场还在向它开着门，并且还越来越重要了，所以意大利北部对情况改观的感受不如意大利中部和南部之深。

葡萄酒的生产过剩开始日益成为问题，这正是现代意大利，甚至法兰西所常见的一种现象。这种景象虽然还不算灾难，但已够严重。我们在第六章里将会看到，这些情况在多米戚安统治时期如何导致了一场严重的危机。

在发生这种变化的同时，地产逐渐集中于少数富豪手中。无论在意大利或在外省，土地都在集中，尤以阿非利加为甚。普利尼曾谈到在芮罗时代，有六个地主就占有阿非利加一半的领土，* 大家所熟悉的这段叙述或许有些夸大，但是，大地产为该行省土地情况的显著特征，仍然是事实。大地产的增长也是埃及的特色。当奥古斯都时期，特别是在克劳迪亚斯和芮罗时期，埃及出现了许多大 *οὐσίαι*〈产业〉。其中大多是皇帝们赐给他们所宠幸的妇女和男子的礼物。然而，我们绝不能夸大这些现象的重要性，也决不能把盛行于阿非利加和逐渐在埃及发展起来的情况普遍地推之于别地。阿非利加自远古以来就是大地产的乐土，是公元前一世纪时罗马富翁们经营的特种农场的所在地。埃及的大地产是皇帝们一手造成的，他们把大片土地赐给和卖给皇族中人以及他们的宠臣。我们简直没有听说过在高卢和西班牙也有类似的现象。而在意大利，这个过程似乎相当缓慢。但是，毫无疑问，在意大利，也是大地产越变越大，而且逐步兼并了中等规模的农庄和自耕农的小块田地。塞芮卡是十分清楚这一点的，他也应该知道这一点，因为他即使不是克劳迪亚斯和芮罗时代意大利的首富，也是第一流富翁中的一个，而且他本人就是一个大业主。前文中所描述的那种农业

* 《博物志》，xviii. 35。

情况也是解释这种现象的理由。中等规模的田庄因市场不景气而逐渐亏损，自然很快地卖给了大资本家。这些大资本家当然设法简化他们产业的经营方式，同时，因为他们愿意接受一种租额虽低但却安全可靠的地租，所以就情愿把他们的土地租给佃农并以生产谷物为主了。

因此之故，意大利又渐渐变成了谷米之乡。这个结论和普通一般人的看法不一样。有人问，意大利怎么会认为生产谷物比生产葡萄酒更为有利可图呢？外省廉价的谷物不是供应很方便吗？意大利有可能与它竞争吗？自从奥古斯都和提贝里攸斯进行改革以后，许多行省是否仍然以谷物作为贡赋，对于这一点，我深表怀疑。运入意大利、特别是输入罗马的谷物来自埃及和阿非利加两地的皇庄。这些谷物成为皇帝们的主要收入，他们用之于维持他们权力的必要开支上——发给军粮和赡养罗马城内的市井无赖。剩下的谷物，他们也像其他地主一样地卖掉。价格是受市场情况决定的，而这些情况都有利于卖谷者。罗马帝国内并没有谷物生产过剩的现象。在所有的城市里，特别是在东方，行政组织中最重要的部门之一就是负责居民必需的粮食供应的部门（εὐθηνία）。然而，在帝国的都市生活中，饥荒还是极常见的现象。皇帝们是知道这一点的，所以他们奖励谷物生产和限制谷物买卖的自由，特别在埃及是如此。在这种情况下，意大利生产谷物当然是有利可图的，大概比生产葡萄酒的利润更大，或至少比生产葡萄酒的利润要稳定些。

在意大利和外省大地产不断增多的同时，不少大地产很快集中到皇帝们的手中。皇帝们与元老院议员阶级贵族之间的激烈斗

1

2

图 16　蓬佩伊店铺招牌

图 16 说 明

1—2. 蓬佩伊市丰富路一家商店大门前壁柱上的两幅壁画(登录 IX,铭文 X,第 7 号)。M. 德拉·科尔特所撰文,载《古物发掘简报》(意大利文),1912 年,第 176 页起,图 2 和 3,以及载《印度-希腊-意大利学评论》(意大利文),7,1923 年,第 110 页起(有参考资料目录)。

右边壁柱的上部分画着一所小小的神庙,修建在一个 *podium*〈台基〉上面,神庙有一间两楹的 *pronaos*〈前殿〉。庙的 *cella*〈神龛〉里露出财神梅尔库里攸斯的神像,衣装整齐:头戴 *petasos*〈远游帽〉,脚著带翼的靴子,身穿 *chiton*〈古希腊式披衫〉和 *chlamys*〈短氅〉,手拿 *caduceus*〈和平标〉和钱袋,看样子像是准备出门,大概要去拜访韦雷昆杜斯的店铺。在这所神庙底下那个方框子里画着一家适意的商店,店中央端坐一个妇人,她正在向一个顾客谈话,手里拿着两只彩色的拖鞋。顾客坐在一张漂亮的长靠椅上,正在和那妇人交谈。店主面前摆着一张桌子,桌上摆满了店中所卖的货品——彩色的毯子或袍子,以及拖鞋——而店门前的街上放着一个木制的货台,用以晾干货物(《律令大全》43.10.1.4)。在这神庙和商店图形的顶上空白处涂满了选举人的招贴,而没有神庙和神的图画。

在左边壁柱的上部分,用鲜明的颜色画着蓬佩伊的保护女神维纳斯·蓬佩雅娜,她头戴一顶壁冠,好像是这个城市的城隍娘娘一样。她的左右都有精灵库皮德在飞翔;她的儿子本身就是一个库皮德,他向她献上一面镜子。她乘坐一只小船,船由四匹阿非利加的大象拖着。她的右边,命运女神站在一个圆球上;她的左边,元神手执一 *patera*〈盘〉和 *cornucopiae*〈富饶角〉。这块地方的下部画着一个小工厂,看来那个妇人所卖的货物好像就是在这个工厂里制造出来的。图中央有四个工人正在烘焙羊毛,准备用以制毯。左边另外有两个工人,右边另外有一个工人,都坐在一条板凳的后面,姿势就和一般常见的鞋匠一样。在右角上,那位店主(他的名字韦雷昆杜斯就写在他的像下面,并且重描了一次,好像粗刻一样)洋洋得意地摊开一段已经织好的材料——一幅厚毯。这店铺的图画上面涂写着一条选举人的广告,其文字为:"Vettium Firmum aed(ilem)quactiliar(i)rog(ant)"〈"毯商们请投票选举韦丘

斯·菲尔木斯为市政官”〉(《古物发掘简报》(意大利文),1912年,第188页,第29号〔=R.卡尼亚与M.贝涅:《一年来的碑铭学》(法文)1913年,94〕)。在这块店铺招牌上涂得这么乱七八糟的大概不会是外人,而只会是店主和店里的工人们自己。我们应当观察到,这条广告并没有侵犯那女神像所占的地方。这图表明韦雷昆杜斯是一个 *coactiliarius* 〈毯商〉或 *lanarius coactiliarius*(《拉丁文碑铭集录》vi. 9494),一个毛毯制造商(参看《古物发掘简报》(意大利文),1912年,第136页,第2号〔=R.卡尼亚与M.贝涅:《一年来的碑铭学》(法文),1913年,85〕)。他可能还做过裁缝;参看《拉丁文碑铭集录》iv. 3130:“M. Vecilius Verecundus vestiar(ius)”〈成衣匠M.韦契留斯·韦雷昆杜斯〉,还有一行粗刻,其文为“tunica lintea aur(ata)”〈金边亚麻下衣〉,这两条铭文都被德拉·科尔特引用过。关于一般店铺招牌的情况,可看A.马乌所撰文,载《鲍利-维索瓦-克罗耳古典文物学实用百科全书》(德文),ii,第2558栏起,还可参看库比切克所撰文,载《鲍利-维索瓦-克罗耳古典文物学实用百科全书》(德文),第二编ii,第2452栏起,第2565栏起。本插图上的图画表现了当时的时代精神——“商业处在宗教的庇佑之下”。主要的神为财神梅尔库里攸斯;和他一道的还有蓬佩伊的保护女神,那就是神通广大无往不利的维纳斯·蓬佩雅娜,她保护该城市的商业贸易和保证它的繁荣,每一个市民都崇祀她和画上她的神像。她相当于女王,因此之故,在画中,她也像希腊化时代的国王和罗马皇帝们一样,排着凯旋的仪仗,驾着御用的坐骑大象。补充一点,在丰富路的另一处地方最近又发掘出本图所见的店铺以外的另一个毯商的店铺(德拉·科尔特所撰文,载《印度-希腊-意大利学评论》(意大利文),7,1923年,第113页),还有一家 *infectores* 〈染坊〉(同上引文,第112页)——可以同一家 *offectores* 〈漂洗坊〉作一比较(德拉·科尔特所撰文,同前杂志,4,1920年,第117页起)——以及许多 *fullonicae* 〈浆洗店〉,其中有两家的门面很大(德拉·科尔特所撰文,同前杂志,7,1923年,第114页和第123页)。

争在芮罗统治时期告一结束,其结果是最富有的和最悠久的元老院议员家族几乎被杀尽斩绝。残留下来的只有极少一部分家族,而且是那些势力最小的家族。许多家族的绝灭也由于贵族们不喜欢成家和生儿育女。由于这两种因素的结果，使得大量产业或通过抄没、或通过承继落入皇帝们手中。凡是被判 *lèse-majesté*〈大逆不道〉的人的土地被没收以后，按法律上讲是归了国家，而实际上却归了皇帝所有，这是从内战时期流传下来的继承财产的办法。许多富裕的人，特别是那些鳏夫们，往往把他们的一大部分财产遗赠给皇帝，是为了使他们的私生子或选定的继承人能够保证得到剩下的小部分财产。这些情形，大家都知道得非常清楚，毋庸多加论证。在抄没和继承过来的财产中，大多数是不动产。一所房子或一块土地不可能隐匿起来，而钱币就比较容易处置了。于是，皇帝们成了罗马帝国中最大的地主。这个现象不仅从政治观点看来很重要：它在经济史上也很重要。虽然大地产仍然是帝国经济生活中的主要特征之一，但是，土地所有者阶级的人员改变了。古老的巨室不存在了；代之而起的是皇帝们，还有一部分是皇帝的宠臣们，不过后者也相继不存在了。现在与皇帝并存的是些新兴的富裕地主，他们属于自治市权贵之列。皇帝位居这整个阶级之首。对于皇帝们来说，经管皇家地产是一个重要的问题。他们怎样从这些大块的土地上得到可靠的租赋呢？他们怎样解决劳动力的问题呢？所有这些问题都要留待后面再作讨论。尤留斯氏和克劳迪亚斯氏的时代是一个抄没和集中的时代，还不是一个进行组织的时代。

我已经一再地谈到了各行省，特别是东方各行省在尤留斯—克劳迪亚斯氏统治之下日益繁荣起来。虽说这段时期整个说来是一个一直上升的时期，但是也有某些迹象说明这个进展过程并非没有中断过。我们没有太多的确切材料；但如果我们把菲洛褒颂提贝里攸斯时代罗马政权给埃及带来繁荣之词和同一作者描述卡利古拉与克劳迪亚斯时代的埃及简况*对照一下，就可以看出提贝里攸斯的嗣君们的统治对埃及并无恩泽。在法尤姆地方发现的大量史料更加强了这种印象，从那些史料中我们知道有些一度繁盛过的村庄在芮罗时代荒废下来了，大概是由于财赋上的负担过重和灌溉系统失修的缘故。灌溉系统失修之咎，可能归因于大地产在埃及的增长，以及归因于罗马政府之牺牲农民和小地主来照顾罗马显贵。有名的Ti.尤留斯·亚历山大的敕令**提到他发现埃及情况不佳，大有革新的必要。虽然公元一世纪末期埃及的凋敝可能是一个例外情形，因为这是由于皇帝们把埃及视为一块私人的田庄和视为罗马帝国的粮仓而加以强征暴敛所造成的后果。但是我却认为芮罗晚年胡乱的浪费还大大地促成了意大利局部凋残的现象。

这些情况如何使帝国社会面貌发生重大的改变，这一点是不难理解的。罗马城的旧贵族阶级消灭了。取而代之的是一些新人物：有些出自意大利自治市的权贵，有些出自多少罗马化了的外省，有些出自行险侥幸之徒和皇帝宠幸之辈。虽然统计数字可能不完备，但足可看出这个逐步发展的进程。无论意大利或外省，骑士阶级贵族的人数都在日益增多。大多数骑士住在意大利和外省；他们一部分人是家道小康的地主，一部分人是军官和皇帝所雇用的官吏。

---

* 菲洛，《加攸斯皇廷奉使录》自8以下，参看自47以下，自141以下（提贝里攸斯）；参看《致弗拉库斯》，5（军人的品行），150（地产的抄没），93（搜查武器）。

** 迪滕伯格尔：《东方希腊文碑铭选录》669〔=▲埃维林·怀特—奥利佛，《伊比斯神庙》（1939年），ii，自第25页以下，第3—4号〕。

意大利的日益繁荣、东方行省的复兴、西方行省以及东方某些行省的都会化运动，在整个罗马帝国里创造了一个势力强大、人数众多的城市资产阶级。这个阶级成了帝国的领导力量。其中年岁较大的人是城市议会的成员，是行政长官和祭司集团的成员。年岁较轻的一辈到军队和禁卫军中去充职，或任军官，或任军吏，或充兵卒。为了胜任军职，他们都先在他们所在的市俱乐部 *collegiaiuvenum*〈青年社〉里受严格的训练，这种组织以在尤留斯—克劳迪亚斯朝时期最有势力和组织得最好。皇帝们的权力的最后凭借，除了军队之外，还有这个资产阶级。

在这个自由民出身的资产阶级之外，罗马、意大利和各行省中成长起一个克勤克俭的阶级，这就是免奴阶级。不能过分高估他们在帝国生活中的重要性。在行政组织中，他们和皇家奴隶一道成为皇帝的辅佐者和代理人，起着非常重要的作用。皇帝们仍然认为自己过的是一种罗马显贵的生活，他们也采取其他罗马贵族同样的方针来组织他们的“家业”(*domus*)，那就是说，在他们的私人奴隶和免奴的帮助下经营它。他们的家业虽不像希腊化君主的家业一样等于国家，但事实上至少也和国家机构同样重要，或许还更重要一些，因此他们的奴隶和免奴——*Caesaris servi*〈皇家奴隶〉和 *liberti Augusti*〈皇家免奴〉——形成了一种新型的权贵阶级，其富裕可与自由民出身的元老院议员阶级、骑士阶级和自治市资产阶级相提并论，而在管理国家事务方面的权势当然也不会比他们低。

虽然如此，这些皇家奴隶和免奴在罗马世界的奴隶和免奴中究竟只占一小部分。奴隶是帝国经济生活中的栋梁，特别是在工商业界，在这方面，他们为各种各样的作坊主人供应了劳动力。固然，这些店铺主人本身原先大多也是奴隶，他们顺利地取得或赎回自己的自由，并且还弄到了一笔相当可观的财产。自治市的免奴形成了自治市权贵阶级或财阀阶级的下层，正和皇家免奴形成皇家权贵阶级下层一样。因为他们是一个有权势的阶级，所以，自治市的各种祀典中的 *magistri*〈掌教〉和 *ministri*〈司役〉的组织（后者有时甚至是奴隶），尤其是崇祀皇帝的 *Augustales*〈祭皇典董事〉的组织，使他们在自治市的社会活动中占一席之地。他们的义务是捐献钱财以维持祀典，而其报酬是给予他们以"祭皇典董事"的头衔和市政活动中的某些特权。①

意大利经济生活的开始变化以及大地产和佃户人数的增多，造成了或增加了城乡的无产阶级——在城市里是失业者，在乡村是佃户和长工。其中大多数人——像罗马城的一部分资产阶级和无产阶级一样，像许多寄寓在意大利和外省城市中的客户一样——的祖籍并不在意大利或外省本地。他们大多是东方人，被贩为奴隶运进来的，而且保持着他们不同于罗马人的特征达若干代之久。无怪他们中间许多人都很愿意到军队里去供职。不仅从政治上着眼，就是从军事上着眼，他们中间有许多人都是居心叵测的，这也就不足为怪。韦斯帕西安之所以情愿抛弃他们正是理所当然之事。

① 掌教为市民宗教团体或半宗教性团体的首领，司役为这种团体中的执事。祭皇典是帝国城市居民把皇帝当作神一样来崇祀的一种祀典。免奴不准参加公民一般正式的公共祀典，唯独可以参加祭皇典并担任其董事，所以"祭皇典董事"的头衔可以提高免奴的社会身份。——译者

第四章

弗拉维攸斯氏的统治和安东尼努斯氏的开明专制

内战的纷扰局面随着韦斯帕西安之战胜维特留斯而告终，这显然是由于受到意大利的舆论的压力，并因为军士们相信他们已经达到最后目的的缘故。他们已经表明，皇帝不应该由禁卫军任意推戴，而应当是军队以及罗马元老院和人民所公认的帝国最优秀的人物，无须考虑到他是否与奥古斯都家族有关。因此“四帝争立之年”只是一段插曲，不过这段插曲对帝国的前途具有重大的影响，在元首制的历史上产生了一个新的变化。

这个新的变化是在韦斯帕西安及其子提土斯两朝的复原政策下开始出现的。这两朝政治的基本特征与奥古斯都和提贝里攸斯初年相似。首要的问题是恢复和平。韦斯帕西安初即位的措施之一就是封闭雅努斯神庙的庙门；他所修建的最辉煌的建筑是摹拟奥古斯都的和平神祭坛的 *forum Pacis*〈和平神广场〉；同时，在他的钱币上又重新出现了和平女神奥古斯塔的形象：这一切都不是出自偶然，而是明显地说明了韦斯帕西安的指导思想。

和平的基本条件就是军队的安定和服从。要使禁卫军和行省军队的行伍中恢复宁静和纪律并非一件容易的事。由于在四帝争立之年的恐怖局面以后军队的情绪沮丧，并且由于意大利和外省舆论的影响，在一定程度上使这件事比较易于着手进行。但是，这两个因素的影响未必会保持长久。因此就有韦斯帕西安的军事改革。我所说的军事改革不是指他对部队的重新部署，也不是指他解散了某些军团和设立了某些新军团而言。这些改革固然重要，但并不能够保证今后维持和平局面和军队的安定。我所说的主要之点是指从社会观点来改变军队的组织。我已经说明过，韦斯帕西安在这方面的主导原则看来是：把意大利的无产者从军队行伍中排除出去。除了一部分禁卫军以外，全部军队都将成为一支外省人的军队；不过，并非取自罗马世界所有各个地区的外省人，而不顾及他们的出身和社会地位。诚然，即使对于弗拉维攸斯氏时期兵士的籍贯问题，我们所掌握的材料也很少，至于他们属于什么社会阶级当然就更说不上了。然而，这些兵士在提到他们的原籍时一般都是指某一城市，而韦斯帕西安也像奥古斯都和克劳迪亚斯一样始终赞助帝国的都会化运动，始终愿意尽最大可能把罗马公民资格和拉丁公民资格惠赐给那些已经都会化了的地区，特别是西方各地区，这些现象说明韦斯帕西安的政策虽是把军队变成外省人的军队，但并不是要把它变成蛮族的军队。我们有种种理由认为，允许乡村和部落集体建立城市组织以及把罗马公民权或拉丁公民权许给那些现存城市，这都不是单单赐予特权，同时也是课以义务，并且以它们已经具有一定程度的罗马化或希腊化为前提。新组织起来的城市的第一件义务就是把城市的青年送到选军里去。值得注意的是，当弗拉维攸斯统治时期，意大利候补兵士的训练所青年社这种组织又复兴起来了，而且推广到西方各省。

由此，弗拉维攸斯氏时期的罗马选军主要是一支由帝国内已经都会化了的地区的上等阶级即最文明最有教养的阶级中征募来的。用社会主义者到处滥用的一个时髦字眼来说，这是一支资产阶级的军队，是一支从外省城市里的有产阶级、从地主和庄稼人——他们或住在城里或仍然住在他们的农庄上和乡间住宅里——中征募来的军队，而不是从城市无产者或乡村无产者征募来的军队。我们在下面就会看到，在大多数新旧的外省城市中，无产者并不属于公民团体。因此，在外省就比在意大利更易于把这个阶级排斥于军队之外。

韦斯帕西安本着同样精神所推行的另一个改革措施就是建立新的征募辅军的制度。很可能他放弃了过去的政策。按照过去的政策，辅军是几乎专门从那些根本没有都市生活的各族人民和部落中征募来的，因此这些人是各省居民中文化程度最低的分子。从韦斯帕西安的时候起，选军和辅军之间的本质区别逐渐消失了：这两种军队都是从行省里征调来的，在这两种军队中我们都能遇到一些罗马公民出身的兵士，这两种军队里都有相当多的人（在选军中占多数，在辅军中占少数）在出身和受教育方面属于国民中接受都会文明的阶层。此外，虽然辅军各有其种族番号，但并非仅限于包含某一部落或某一地区的人。例如，在一个 *cohors Thracum*〈色雷斯步兵营〉里并非只有色雷斯人，同时还有其他种族的人。这种把各民族、各部落混合于军事团体中的政策是多民族国家的一种明智的政策，沙俄就长期奉行过这种政策。也是从韦斯帕西安的时候起，在一个行省的辅军中，本地征调的辅军部队不再占多数了。如就埃及或阿非利加的辅军而言，本地的步兵营、翼军和

1. 图拉真出师图。誓师

2. 图拉真和蛮族酋帅们

3. M. 奥雷留斯出师图

图 17　罗马帝国的战争

图 17 说 明

1. 图拉真墓碑上的一块浅浮雕，罗马城图拉真广场中的圆柱。C. 契科里攸斯：《图拉真记功柱上之浮雕》（德文），图 LXXVII，正文 III，第 169 页；K. 累曼—哈尔特累本：《图拉真记功柱》（德文），图 49，第 104 号。

图拉真带着他的幕僚们站在一个 *podium*〈台基〉上，正在向他的远征军的军士们演讲（*allocutiones*〈誓师辞〉）。站在最前列的是一些手执无敌棒的人（*signiferi*〈执仗之士〉），他们的后面是选军步兵和骑兵。这幅图和圆柱上另外一些雕刻一样，把图拉真描绘成罗马人的伟大领袖，描绘成罗马人中第一人，即为罗马的幸福和光荣而孜孜勤劳的 *princeps*〈元首〉。

2. 图拉真圆柱上的另一块浅浮雕。契科里攸斯，前引书，图 LXXIII，第 262—4 号，正文 III，第 142 页起；K. 累曼—哈尔特累本，前引书，图 46，第 100 号。

图拉真被他的幕僚们围绕着，他们全都穿着文官礼服。图拉真正在接见一个使节团，这个使节团至少包括八个敌国酋长团体——日耳曼人、萨尔马特人、色雷斯人，还可能有斯拉夫人的祖先在内。我们看到，那背景是一个筑有城郭的城市，城墙外有一个圆形剧场和一所房屋。这幅雕刻真正算得是那位雕饰该圆柱的巨匠的杰作。这一组像不仅就艺术而言非常优美，而且还在心理直观方面达到惊人的成就。两个世界，迎面相逢——一个是罗马人引以自豪的世界，他们是居住在城市里的文明人，是 *togati*〈穿掩袈者〉（以皇帝、皇帝的幕僚和罗马兵士为代表），而另一个是陌生的世界，是日耳曼人、巴尔干各族人民和斯拉夫人的世界，这些蛮族一心想承受罗马帝国的遗产，并在古代城市的废墟上开始建立一种新式的生活。这些蛮族之向伟大的罗马人致敬，并不像奴隶或臣属那样，而是以平等者的姿态出现，他们的自豪心和自信心并不在罗马人之下。这两个世界之间的决斗还刚开始，而塑造了这幅图像的天才艺术匠已经深深地领会这场决斗的深刻意义。毫无疑问，二世纪时那些伟大的皇帝们对于它的严重性也是充分理解到的。

3. 罗马城马尔库斯·奥雷留斯圆柱上的一块浅浮雕。罗马，圆柱广场。E. 佩特尔森，A. 冯·多玛斯策夫斯基，G. 卡尔德里尼：《罗马圆柱广场上的马尔库斯记功柱》(德文)(1896 年),图 119A,§§ cx—cxi。

罗马军队在行军。皇帝 M. 奥雷留斯露着顶,手里没有拿武器,夹在两个穿着同样服装的将军和两面 *vexilla*〈军旗〉之间,像一个兵士一样地在步行。他的马匹由一个兵士牵着。他的身后有一群羊,那是从老百姓那里弄来充军粮的。他的前面有一些沉甸甸的大车装载着武器,由牛、马拉着,那是从敌人境内和附近的罗马行省里征调来的。单纯从技巧和艺术着眼来看,这幅雕刻远远赶不上图拉真圆柱上的雕刻。但是它却充满着活力,生动得很。皇帝的形象在众人之中特别突出,很鲜明地证实了 M. 奥雷留斯实践他那勤劳尽职的高尚理想的姿态。如果不是出自尽忠职守的责任感,还有什么其他原因会使这位年老的哲学家时刻不断地在这几乎毫未开发的多瑙河沿岸的森林沼泽中行军呢?

numeri〈联队〉往往只占少数,而多数部队的番号都与埃及或阿非利加无关,而且其中的兵士纵使有几个出生于埃及或阿非利加,但为数极少。

164 对于常驻罗马城的部队也采取了同样的措施。过去虽说他们必须由居住在意大利的罗马公民中征调出来,但其结果已经是在人选上不太严格。而现在呢,我们更看到在卫戍罗马城的驻军中除了意大利人以外,还有若干外省人,那都是实行了都会化的地区的人,特别是高卢南部、西班牙、诺里库姆、马其顿等地人,也还有从阿尔卑斯山区、从卢西塔尼亚、从达尔马提亚和从潘诺尼亚来的人。

韦斯帕西安使军队中立化(从政治上着眼)的措施,在效果方面并不稍逊于许多年前奥古斯都为同一目的而采取的措施。在这方面,韦斯帕西安又是奥古斯都的好学生及其政策的忠实追随者。罗马军队重新恢复的军纪和作战力在多米戚安时期艰苦的战争里以及在他被害以后随着而来的危急之秋受到了考验。除了禁卫军以外，整个军队在这段国家多事的时期中不曾积极参与过政治事变，而当元老院选出芮尔瓦以及当芮尔瓦指定图拉真为继承人的时候，他们都帖然承认这些既成的事实。迪约·克里索斯托姆在梅西亚的一个军团的营寨里的亲身体验是大家都知道的，他的经历给这个时代的情况提供了一幅生动的描绘。我们很难相信他那篇动人的演说辞（那是用希腊语还是用拉丁语发表的呢？）果真平息了该处正在酝酿的暴动。看来倒像是这场骚乱纯粹属于表面性的事故。

韦斯帕西安和奥古斯都一样，他并不只是一个复原者。他坚决地继续推行了奥古斯都和克劳迪亚斯在帝国行政机构的两个最重要的部门中所曾开展的工作——其一是在财政方面继续发展官僚体制，其二是鼓励各行省建立都会生活。我们不可能详细谈论这两个题目。关于前一个题目的主要之点，希尔施费尔德在他的重要著作中已经说得很清楚了，此处毋庸赘述。只有一个细节需要着重指出一下，因为它对于二世纪的经济史关系甚巨，这就是韦斯帕西安对皇室土地和公有土地的关心。一方面由于芮罗采取的抄没私人家产这种影响深远的措施，另一方面由于四帝争立之年存在的混乱局面，当时许多富裕的元老院议员和自治市议员都被乱军及其所推戴的皇上杀害了，因此，这情况多少与奥古斯都收拾内战残局时的情况有些相似。韦斯帕西安的任务是很艰巨的。然而，他毕竟能如愿以偿地把属于皇帝的和属于国家的大量地产加以整顿，并且把这两个组织体系实际上合而为一，从而大大增加了皇帝的财政来源。无论在意大利或在外省，国家仍然掌有大片可

耕地，矿场、采石场、渔场、森林等等自不必说；这些产业都集中在皇帝手中，当然就会要有一项很明确的开发政策。帝国中那些最大的地主们所不得不决定采用的经营管理制度，绝非无关紧要，而事实上影响于整个罗马世界的经济生活者至深至巨。我们将在第六、第七章里讨论这个问题，并叙述弗拉维攸斯氏政策的主要路线及其对整个帝国经济生活今后发展的重要性。但是，我们在这里可以先提醒一句，韦斯帕西安开始着手在国有的和皇室的大地产上重新组织社会经济生活，这种政策之施行，与其说是按照罗马民法的“自由”法则，不如说是按照申包埃尔所谓的“标准的”希腊化原则。希腊化东方在罗马统治时期仍然通行的那种情况，尤其是埃及的情况，可能当作了榜样。

韦斯帕西安在推行他的扶植各行省发展都会生活的政策方面，也表现了同样的积极性。我们也留在第六、第七章里再对这个问题作更详细的叙述。显而易见，他的宗旨首先在于扩大皇帝权力最后凭借的基础。四帝争立之年的那些血腥的事件，表明了罗马公民、特别是居住在意大利的罗马公民所给予的支持是多么微弱，多么不可靠。仅仅依靠他们来支持的一种元首制度，必然会再度陷入内战时期那种混乱局面。我们已经知道，韦斯帕西安是充分了解这种形势的，而他的军事改革正是由于他对现实的估计而不得不执行的。但是，他也相当清楚地理解到，在当时情况下，要想抛弃奥古斯都所建立的政体原则是不可能的；理解到，主宰着帝国的是罗马公民，或者说是那些法律上属于意大利籍的人。不可能使帝国内所有的居民一律平等，也不可能把公民资格普赐给全体居民。另一方面，维持尤留斯氏和克劳迪亚斯氏有限度地赐予罗马公民资格和拉丁公民资格的政策又是不安全的。我们就会看到，韦斯帕西安选择了中间路线。对于那些多多少少已经罗马化了的行省，特别是那些主要的征兵地区，那些驻扎有罗马重兵的行省——西班牙，日耳曼尼亚和多瑙河流域诸行省——他就加速其都会化运动。在半开化的部落和氏族的地区内建立新的自治市时，他就鼓励它们形成一个罗马化的权贵阶级，其中大多数是退役军人，他们在服役期间就已经开始罗马化了，他把经济方面的和社会地位方面的权利和特权赐给这些罗马文明的核心分子，使他们统治其余的居民。因此，西班牙、日耳曼尼亚和伊利里库姆的都会化运动以及阿非利加、高卢和不列颠较小规模的都会化运动，意味着把某些分子集中在城市里，使政府便于控制这些分子，并通过他们来控制广大的行省居民。在罗马化程度较高的行省内，把罗马公民资格和拉丁公民资格赐予新建立的都市中心。在罗马化程度较低的行省中，正如在帝国的希腊化地区内一样，公民资格是不赐予的，至少暂时是不赐予的。无论什么地方，都会化运动都在迅速地推进，尽其实际可能的程度推进到极限。

就这样，为元首政制，特别是为弗拉维攸斯氏家族的权力创造了一个新的基础。由于韦斯帕西安和他的儿子们以私恩赐给一些新人物，使他们社会地位提高，同时又由于这些人被征入选军，还有一部分被征入辅军，因此，弗拉维攸斯氏的元首制似乎有了巩固无虞的基础。新建立的屯市和城市所起的作用，当然与恺撒和奥古斯都所建立的屯市在内战以后所起的作用一样。韦斯帕西安的政策是一个挑战，是对古老的意大利城市和对各行省中古老的都市生活中心的挑战，也是对罗马公民中那些自奥古斯都建立元首制以来就不支持这种政体的旧家世族的挑战，同时，他的政策也是一种呼吁，对意大利怀有敌意而直接向外省发出的呼吁，为的是答谢外省在四帝争立之年对韦斯帕西安本人以及对这样一种元首制所给予的支持。自从实行改革以后，元首制仍然代表着罗马公民团体，不过这个团体不再以意大利为限了。

对于帝国社会发展有着重大影响的，是韦斯帕西安和提土斯对待元老院的政策。关于这个问题的组织体制方面，已经有许多有名的学者屡加研究和说明，而且与本书所涉及的问题关系甚微，所以我们在这里不去谈它，这里所要谈的是韦斯帕西安之重建元老院以及他以户籍官的资格撤免元老院某些议员并用些新人物弥补缺额的活动。我们在上一章里已经仔细地探讨过这个问题。探讨的结果表明，韦斯帕西安所组织的元老院与尤留斯—克劳迪亚斯氏时期的元老院大不相同。它不再代表共和时期罗马城的旧家世族，也不再代表奥古斯都赐以贵族头衔而引入元老院的家族(后者也像旧家世族一样大多是属于罗马本城的家族)。尤留斯—克劳迪亚斯氏的皇帝们的迫害和元老院议员家族的“种族自尽”使这些旧家世族消灭殆尽。取代他们的那些新人物出身各不相同，有些人出身暧昧不明。但这个政策的主线始终是倾向于用意大利和西方各行省的自治市权贵阶级中的人来代替旧家世族。这些人形成了骑士阶级中的大多数，他们在文武职役中的行径都表现出他们是元首制的忠实仆人和坚定的支持者。这个过程是由韦斯帕西安来完成的。在他的统治下，元老院的议员几乎完全取自自治市资产阶级的上层。这些来自外省的人大多是操拉丁语的。至于东方人，包括希腊人在内，一般是不被接受的。弗拉维攸斯氏的态

度，即使说不是偏袒于狭义的罗马人和意大利人，至少也和奥古斯都一样，肯定是偏袒于说拉丁语的人。他们使操拉丁语的人在帝国中势力加强和居于支配地位。

作为一个皇帝而言，新皇帝的处境却比奥古斯都的处境困难多了。这次内战仅仅延续了一年，东方并没有受到内战的影响，就是高卢、西班牙和阿非利加等地也没有真正地被卷入这场动乱之中。实际受祸的是意大利，尤其是意大利富腴的地区，即北部和中部。因此，在帝国大多数居民的眼光中，韦斯帕西安并没有奥古斯都的灵光，没有他个人那种像神一般的魔力；韦斯帕西安并不是救世主。毫无疑问，即使是奥古斯都，也还曾遇到某些敌视他个人的元老院议员的反对而不得不时时与他们妥协。韦斯帕西安所遇到的情况更不在话下了。我们从塔西佗、苏韦托纽斯和迪约·卡休斯那里知道，他曾碰到元老院议员当中许多大胆和坚决的反对者，他出于万不得已而严厉地对付过这些人，并把其中少数人处以死刑。

我们对于韦斯帕西安统治时期所知者过于贫乏，以致难以判断那些元老院议员反对他的目的究竟何在。和尤留斯—克劳迪亚斯氏时期不同，这不再是反对个人的问题了。我们知道，早在芮罗时期就已经不是反对个人，而变成了一种哲学式的反对，特拉塞阿·佩土斯就是这种反对派的著名领袖之一。这种新的反对形式既然是以理论上的哲学推理为根据，当然就要比芮罗以前的皇帝们所遭遇的反对更为强烈，更为坚决。埃尔维迪斯·普里斯库斯所领导的反对韦斯帕西安的运动也属于这种类型。我们所见到的史料可能使我们和现代一般历史学家产生同样的看法，那就是认为，反对韦斯帕西安的元老院议员渴望重建共和国，他们“谈论着多少是坦率的共和主义”。但是，很难相信一个严重的反对运动是以这样一些空想作为根据。尤其难以设想罗马元老院通过四帝争立之年而没有受到一点教训，我们看一下这时元老院的社会组成，就可以看出它绝不会怀着古代共和时期元老院同样的愿望。就是元老院反对运动的哲学色彩也是不利于这种以“共和主义”为其主要政治理想的看法的。当时最流行的哲学流派斯多葛派和犬儒学派的思想基本上是非共和主义的。

这个时代有一个人比其他人更为我们所熟悉，甚至比塔西佗所描写的那些人物还要熟悉。这就是迪约，后来被称为克里索斯托姆，他是普鲁萨的公民，在韦斯帕西安在位时候来到罗马，当时他还是一个青年，但已经是一位知名的诡辩家了。他是该市的一个有钱人，是权贵阶级中的人，因此他有机缘和京都里许多头面人物、甚至和皇族中人结下交情。当他初住在罗马时，似乎并不反对韦斯帕西安。他好像还支持韦斯帕西安，甚至对韦斯帕西安所采取的对付哲学家的办法以及对他与哲学家反对派的首领之一、著名的穆索纽斯之间的冲突也表示支持。但迪约渐渐同元老院反对派议员有了接触。显然，他也渐渐地接受了他们的看法。我们对迪约的政治观点了解得很清楚。在他的著作中，丝毫没有露出同情共和主义之处。他在罗得的演说辞大概是在他被流放以前的作品，当时他正与反对弗拉维攸斯氏政权的元老院议员维持着最密切的关系，而这篇演说辞中却毫无颂扬共和主义民主政治之语。因此，不可能相信元老院议员的反对运动大谈其纯粹的共和主义和企图重新恢复元老院统治的黄金时代。很明显的，他们所谈论

的是另外一些东西。

元老院议员反对运动在与韦斯帕西安进行斗争时并不是孤立无援的。韦斯帕西安统治时期的一个奇怪的特色就是他不得不把那些所谓哲学家放逐出京都。迪约·克里索斯托姆在一篇著名的演说辞(向亚历山大里亚人发表的演说,第 xxxii.)中把他那个时代的哲学家划分为四类:第一类,根本不设帐授徒的哲学家;第二类,名副其实的教授,他们为固定的学生团体讲学;第三类,向公众演说的哲学家,他们到处旅行,作公开讲学;第四类是最有趣的一类,他对这一类哲学家作如下的描写:*"所谓犬儒学派者,在城市中为数甚多……这些人在十字路口、在小街僻巷、在神殿的殿门边把奴隶、水手之类的人集合拢来,向他们进行蛊惑,胡扯许多嬉笑怒骂、评头论足和难听的丑话。所以他们不做好事,专做最坏的事。"每一个研究罗马帝国的学者对于最后这类哲学家都是很熟悉的。他们是公元后一世纪、二世纪中罗马统治下的东方各城市里最引人注意的现象。他们之中有许多人一定要到罗马城去,这本是理所当然的事,因为在罗马城他们能找到一群懂希腊语并对他们的教义感兴趣的人。关于这种教义,我们知道得极少,但可以肯定一般是本着犬儒主义的精神,这种精神攻击生活俗套和颂扬返回自然。然而,如果他们的教义要旨仅仅如此而已,为什么他们会成为韦斯帕西安的眼中钉呢?为什么他们会同一般的哲学家即那些教导和鼓舞反对韦斯帕西安统治的元老院议员的哲学家一道被放逐出罗马城呢?我们除了作下面的解释以外,不可能再找出其

* 《演说集》,xxxii. 10。

他的解释，那就是：所有的哲学家，无论高级的或低级的，都同样在进行一种政治社会宣传，这种宣传显然对韦斯帕西安大为不利。

他们所特别颂扬的是什么呢？他们的教义中对社会的看法有这样大的蛊惑性，以至能唤起了无产者的敌对情绪。但是，这种对社会的看法本身还不足以解释韦斯帕西安的行动；何况，这只限于街头哲学家们。街头犬儒学者的宣传中必定还有些什么政治性的东西。专就政治问题而言，犬儒学派和斯多葛学派教义的唯一共同的论点——这可能是真正对韦斯帕西安有危害性的一个论点——就是把僭主同国王对立起来的提法，犬儒学者和斯多葛派都时常讨论这个题目，后来迪约·克里索斯托姆在他的著名的论僭主政体和国王政体的演说辞中发展了这个说法。国王和僭主之间主要不同点之一就是，国王的权力是上帝授予的，他是上帝所选拔的最贤明的人，因此这种权力不能世袭。如果这就是元老院议员的哲学式反对运动与犬儒学者街头说教二者之间联系所在，那么，我们就能理解元老院议员与街头哲学家共同遭受迫害的原因，也就能理解这样一点：韦斯帕西安当某些反对他的阴谋被揭发以后，在元老院里声明说，除了他的儿子以外，任何其他人都不得继承他的事情。我们可以附带说一句，这个声明看来没有丝毫痕迹能假定元老院有共和主义的倾向。这只是对那些宣扬贤者应为国王之说——选立贤者为嗣之说——的人们的一个严厉答复。

舆论一致斥责韦斯帕西安的统治是一种僭主政治，因为他希望看到他的儿子们继承他的大位，在这种舆论的激流之外，另外还有一股潮流，其危险性虽较小，但对当时社会情况讲来却极有代表

性。我们从苏韦托纽斯那里知道[*]，某些希腊地区的行省和自由城市也和某些藩属王国一样在韦斯帕西安统治时期经常发生骚乱(*tumultuosius inter se agebant*)和遭到取消“自由”的处分。苏韦托纽斯指名的有阿凯亚、吕西亚、罗得、拜占庭和萨摩斯，全都是繁华地方，其中有些是很重要的工商业城市。与此同时，亚历山大里亚人也表示了对韦斯帕西安的反感。[**] 关于东方希腊人地区方面这类行动应当作何解释呢？应当指出，这种不满情绪并非弗拉维攸斯氏时期所特有的现象。这种情绪直到图拉真统治时期，甚至到阿德里安以后仍然保持未改，尤其是在亚历山大里亚。根据迪约·克里索斯托姆在图拉真时代在某些东方城市里所作的演说，以及根据普卢塔尔克大约在同一时期所著的《治邦论》，我们多少能知道一些希腊城市所发生的情况。除了这些城市永恒的敌对和竞争(这是从它们政治自由时期遗留下来的)以外，其内部生活中有两个突出的现象，使得城市当局和罗马政府都为之烦困不安——一个就是贫富之间不断的社会斗争，还有一个就是全体居民无论贫富都一致强烈地反对罗马总督的行政管理方法。由此，这些城市里的社会运动，特别是无产者中的社会运动，必然会带有反罗马的倾向，因为罗马人一般都支持那些公开压迫无产者的统治阶级。

我相信这两个政治的和社会的因素是亚历山大里亚经常发生骚乱的主要原因。关于这些骚乱，我们从文学史料和一部名叫《异

* 《韦斯帕西安传》，viii. 2。

** 苏韦托纽斯，《韦斯帕西安传》，xix. 2；参看斯特腊博书，xvii. 796。

教殉道者行传》的政治小册子的某些残篇断简中得到相当全面的报道，所谓《异教殉道者行传》是一部珍贵的集子，它曾在埃及的希腊人和希腊化居民中大为流行过。这些骚乱采取“屠杀”犹太人的方式，但无疑是直接反抗罗马政府和几乎是纯政治性的。而且，毫无疑问，在亚历山大里亚也和在小亚细亚诸城市里一样，犬儒学派的街头哲学家对于居民中不逞之徒、特别是对于无产者具有强烈的影响。亚历山大里亚的所谓《异教殉道者行传》里反复出现的那些犬儒学派论题，如“国王与僭主”、“自由与奴役”等等，正表现了这种强烈的影响。

这种情况是怎样发生的呢？在亚历山大里亚，早在卡利古拉统治时期就开始发生骚乱了。但在东方其他地方，在弗拉维攸斯氏以前一直没有表现过不满的征兆。在解释这种现象时，我要向读者们再提醒一下前章已经说过的，自从内战结束以后在东方开始出现神奇的经济复兴。随着经济复兴之后又出现了一次文化复兴，这是西方不足与之抗衡的。就连罗马人也再一次认为只有希腊文明才是文明，只有希腊艺术才是艺术，只有希腊文学才是文学。芮罗领头宣称 *urbi et orbi*〈都会与赛会〉[①]是新的福音，并且按照这条真理办事。希腊城市，特别是其中的上层社会、知识分子抬高了自己的身价，简直抬高得过分了。到了韦斯帕西安时代发生了一种反动。东方是最先拥戴韦斯帕西安的，因此希望从他那里得到各种各样的特权，希望降临一个新的黄金时代：要有自由，

① 这两者都是希腊文明的象征，芮罗特别爱好希腊的赛会竞技活动，故云。——译者

要有罗马公民资格，要有元老院议席以及其他种种。幻想的破灭的确是件痛苦的事。如我们所见到的，韦斯帕西安远远不是在追随芮罗所曾走过的道路。他既不是一个世界主义者，也不是一个希腊人。他是出生于意大利的，有着意大利人的一切偏见而并不相信希腊人的优越性。而且，他更知道，如果没有西方的支持他是会坍台的，而东方即使反抗他，也不过只是一种 *Fronde*〈骚乱〉而已，并不是一种真正的威胁。他执行他的政策也许太过分了一些，以致在罗马本城也给自己添了不少敌人。迪约在罗得的演说表示出他和他那一类的人（在罗马立足并且有声名的希腊人并不止他一个）都共同相信希腊世界的复兴，并且力主对此予以重视。像迪约之类的人的确从来不曾赞扬过反叛或发生骚乱，但是，他们所持的稳健态度却被街头哲学家的活动抵消了，那些人使尽了一切办法来争取民心——这也是韦斯帕西安必然使他们在罗马极尽苦恼之另一原因。然而，他们尽管被放逐出去，仍然能设法再进入罗马城而在公共场所进行其宣传活动，这正足以表示他们的顽强性。

提土斯的统治在皇帝与帝国居民之间的关系史上只是一个短暂的插曲。他向元老院作出让步，他的政策宽厚容忍，然而这并没有遏止不满情绪的扩散，尤其是在东方。值得注意的是，当他在位时期（大概是在公元 80 年）小亚细亚出现了一个“伪”芮罗，并啸聚了不少的徒党。等到多米戚安继承提土斯的时候，危机终于来临了。关于多米戚安统治时期一些众所周知的史实，毋庸赘述。那些反对武力专政、反对尤留斯氏和克劳迪亚斯氏元首政体以天下为己私的人们，以及那些与现在似乎已经在罗马巩固建立起来的世袭君主政体为敌的人们，都把多米戚安的统治看成赤裸裸的专制政体或看成斯多葛派和犬儒学派所说的独裁政体。多米戚安从来不掩饰他对帝权的理想。他十分坦率，十分诚实。他从来不想接受斯多葛派所谓理想“国王”之说。他希望众人服从他，希望掌握一切大权，就像一个主子和上帝一样。这并不一定意味着改变奥古斯都及其继承者们所创立的元首政制的外形。也许是由于反对现存制度者再度发动攻击，多米戚安才不得不露出他的本色。他对付反对者的手段之严厉残酷是大家都知道的。现在又回到提贝里攸斯、卡利古拉和芮罗那种最黑暗的日子了。完全可以肯定，帝国各地的上层社会人士都一致谴责他的政策，并一致主张帝权与反对帝权者的要求二者之间取得妥协。尽管多米戚安施恩于军队，但军队似乎也并不完全站在皇帝一边。因此，使多米戚安送命的宫廷阴谋很可能并不是一次偶然的事变，而是在外省和在军队中牵连甚广的一个阴谋。果真如此，那么，迪约·卡休斯所信以为真的那些神秘故事，如日耳曼尼亚一个什么名叫拉尔季努斯(?)·普罗克卢斯的人(大概是一个兵士)的预言，还有提亚纳人阿波洛纽斯在以弗所能远见千里以外等等，也就能得到圆满的解释了。

由此可见，在多米戚安统治之下，反对派又重新攻击帝权的各个方面以及攻击皇帝个人。斗争并不限于罗马一城。我们知道，迪约·克里索斯托姆被放逐出罗马城并禁止居留在其故乡比提尼亚，只好乔装改扮，大概还改名换姓，过着流浪生活，而他到处宣扬他这时开始信奉的新斯多葛—犬儒学派的福音。他差不多竭尽全力来传播他的新思想，值得注意的是，他所宣传的内容实际上正是直接反对多米戚安和反对他的统治制度的。迪约不得居留在比提尼亚，因为他在他故乡的影响可能危及统治者：即此一端，可以窥见当时东方一般情况如何。

他所宣传的东西带有什么性质呢？我们根据他的演说辞，以及根据一些有关罗马城哲学家的活动的证据，可以看出这种宣传首先是攻击暴君专制，而所谓暴君专制完全是指多米戚安的统治而言。这是它所否定的一面。那么，多米戚安的反对者们是否提出过另外某种内容，提出某种肯定的东西来反对暴君专制呢？这到了以后，在图拉真统治时期，迪约告诉皇帝，也就告诉了我们，他所考虑的罗马帝国的理想制度如何，以及一般的理想国家如何。他用斯多葛派和犬儒学派的王政（*βασιλεία*）来反对暴君专制，而他所描绘的王政似乎笼罩着由图拉真元首政制的实际情况得来的色彩，或至少部分地带有这种色彩。目前流行的看法，都认为迪约以及反对派在描绘这样一种王政的时候，乃是迫不得已而为之，他们不得不接受君主政体，而只好把图拉真的君主政体和斯多葛派的王政等同起来，*faire bonne mine au mauvais jeu*〈聊以自慰〉；他们之放弃他们的共和政体的理想实出勉强。但我认为，没有任何理由能承认这种看法。据我看来，反对派自始就接受元首政制，不过他们采取了安提斯特芮斯和后起的犬儒学者以及斯多葛派学者们的观点，主张元首政制应当符合于斯多葛派和犬儒学派所谓王政的型范，其中也许有个别例外的人主张不同（如果埃尔维迪斯·普里斯库斯的确是一个真正的共和主义者的话）。斯多葛派和犬儒学派所谓王政的纲领，如迪约所引述的，* 已为大家所熟知，此处无须详叙。其主要之点如下：皇帝之立，出于神意，其所作为自

* Περὶ βασιλείας〈王政论〉，i 和 iii。

应协和天心;他在生之时本身并非一位神;他不应将自己的权力视为一种个人的特权,而应当视为一种职责;他的生活应当克勤克俭(πόνος),而不应当耽于逸乐(ἡδονή);他应当是臣民的父亲和恩人(πατὴρ καὶ εὐεργέτης),而不是他们的主子(δεσπότης);他的臣民是自由的人,不是奴隶;他的臣民必须爱戴他,而他必须既φιλοπολίτης〈爱民〉,又φιλοστρατιώτης〈爱兵〉;他必须πολεμικός〈英武〉,但从王者无敌于天下这个意义来说,他又必须εἰρηνικός〈慈和〉;最后一点,他必须有一些僚友来辅佐他(这是暗指元老院而言),他们应当分掌国家的庶政,他们应当是一些自由的(ἐλεύθεροι)和高贵的(γενναιôι)人。在迪约逐款说明的纲领中,无疑地有许多点并非理论上的,而是符合于图拉真的品行的东西。但我们只要稍许看一下普利尼就任执政官时向图拉真致敬的演说辞,并拿来和迪约论王政的第一篇与第三篇演说辞作一对比,就可以看出迪约的演说辞中有多少分量不是单单地记录现况,而是首要地在于阐明图拉真应当何去何从的永恒典范。

所以,我相信那些反对弗拉维攸斯氏统治的人大多数并不反对这样一种元首政制,他们对元首政制的态度颇近于塔西佗。他们接受这种制度;但他们希望它尽可能接近于斯多葛派所谓的王政,而尽可能不同于斯多葛派所谓的暴君专制,那种暴君专制就是指整个尤留斯—克劳迪亚斯氏朝的武力专政(尤其是芮罗的统治)以及指多米戚安的武力专政而言。当芮尔瓦和图拉真执政之时,帝国居民群众,其中特别是城市资产阶级中的受过教育的人士,与帝权方面讲和了。迪约曾当面向图拉真陈述其论王政的演说辞,并且他大概承图拉真的旨意而在东方一些最重要的城市里反复讲述这些演说辞；这些演说辞表述了元首政制所接受的斯多葛派学说的要点，以及表述了这个学说中一些适应实际生活需要的论点。

保持安定服从已近一百年左右的军队也接受这种和解的局面，这个事实说明军士们并不站在武力专政一方面，而是愿意接受帝国各地士大夫阶级的舆论所提出的解决办法。公元二世纪的元首政制，安东尼努斯氏的开明君主制度，乃是士大夫阶级的一个胜利，正如奥古斯都的元首政制曾经是 *cives Romani*〈罗马公民〉的胜利一样。移植于一种武力专政制度上的东方式君主专制的魔影又一次被打倒，但是我们不久就会看到，这个魔影受过这次打击以后就没有再受打击了。

没有任何史料可以使我们看出士大夫阶级和皇帝之间达成妥协的条件。罗马帝国的宪法仍然是不成文法，这是自罗马有史以来一直如此的。情况的改变就是帝权对现存形势作了新的适应。罗马皇帝的权力并没有减轻，反而增加了。大权独揽于一身，现在倒成为各阶级人民所公认的事实，并认为理所当然了。没有一个统一的意志，罗马帝国就必然会趋于瓦解。皇帝所辖的官僚体系毫无阻碍地向前发展下去。但是，奥古斯都的元首政制的基本原则被重新强调了一番。皇帝不是一个东方式的君主；他是罗马帝国的最高长官，无论对罗马公民或对外省人都是如此。他不由任何选民团体选举，但其权柄也不是仅按血缘关系由父传子。皇帝从最贤明的人们中择其最贤者立为继嗣，而所谓最贤明的人们就是指元老院议员阶级的成员、皇帝的僚辈以及皇帝所栽培的后进等。元老院议员阶级的成员人人都献身于国，当然这个阶级便由此专为皇帝提供继嗣。皇帝的权力也不视为一种个人特权，而被视为一种责任,一种由上帝和元老院授予掌权者的职务。由是言之,皇帝成了帝国的化身,因而他的权力和他的人身都是神圣的,他本人成了一个顶礼膜拜的对象。帝国的庄严就体现在他身上。他不是国家的主子,而是国家的第一名仆人;为国效劳是他的职守。当他在军队中时,他必须像一个普通士兵一样承受军事上的一切艰难困苦。当他在京都里时,他必须作为国家的统治者而专心于自己的职守,必须日日夜夜为帝国的安全繁荣而辛勤工作。因此他的生活必须是一个国家首脑的生活,不是一个一般凡民的生活,然而,还该尽量求其俭朴。他的私财与国家财产融合为一。皇帝的也就是公家的,公家的也就是皇帝的。我们只有从这个观点出发,才能理解安东尼努斯·皮攸斯的话。当他被阿德里安立为继嗣以后,和他的妻子争论起来,他说:*“傻瓜,现在我们被转交给帝国了,连我们先前所有的东西都丧失了。”这句话可能是捏造出来的,但它却着重地表现了当时一般人对这个问题的看法。皇帝在他的家庭生活中,必须割舍他对自己子女的恩爱;他必须在他的僚辈中选择最贤明的人,立为继嗣,使他登上帝座。

这就是二世纪中直到康莫杜斯为止的几代罗马皇帝们的政策。谁也难于相信这种相符的情况是出自偶然的,譬如说,谁也不会认为建立这样的帝位继承制度是仅仅由于M.奥雷留斯以前的皇帝们都没有儿子的缘故,也不会认为他们是由于各人个性而决定采用这一政策的,因为他们各人的个性相差悬殊。图拉真是一位伟大的军人和征服者;阿德里安是一位才智之士,一个有高尚艺

* 《历朝帝王传集,安东尼努斯·皮攸斯传》,c. 4。

术修养的人，他可算雅典伟大的公民中的最后一人，帝王中的风流名士；安东尼努斯·皮攸斯是元老院议员阶级中一位善良的意大利资产阶级人士，才智有限，然而通达事理，有幽默的天才；M.奥雷留斯是一位严肃的哲学家，生活在他的书本中，也为他的书本而生活，对他说来，沉思玄理才是生活中最大的乐趣——以上这几位，尽管个性显然各不相同，但在其皇帝职权范围内却都遵循着同一道路。事实是大家都知道的。上文所描写的情况既非引自迪约的演说辞，也不是引自M.奥雷留斯的论文，而是从那些皇帝们在位时期的生活中得来的。他们所遵循的行动轨范是民情舆论替他们制定的。多年的帝政统治，长久的深谋远虑，以及新元老院议员阶级中人竞天择的过程——这个新元老院议员阶级除了名称以外已经与奥古斯都及其继嗣们时代的旧元老院议员贵族阶级毫无共同之点，它是由一些阅历很深的文官、武将和外省总督等人组成的——这些因素形成了一种心理状态，而体现于皇帝们的公务生活中，这些皇帝就是属于新元老院议员阶级的。

这个时期，罗马人民领导阶级的口号是纪律严明、尽忠守职、为国效劳。如果皇帝们力求遵奉这几条原则，他们至少得要求统治阶级和军队忠诚地遵行上述的准则。对元老院，对骑士阶级，对国家文武官员，对军士们都一律要求遵守纪律和服从。最先在罗马军队中树立崇奉“军纪神”仪式的是阿德里安，这就不是偶然的；同时我们也可看到，并不只是皇帝们要求服从，甚至军队也承认服从是天职。在此以前，军队从来没有训练得这么好，从来没有过这么好的纪律，以前的军队也从来没有像开明君主制度时期这么刻苦和安心。图拉真的远征，或者M.奥雷留斯时期的艰苦战争，都足以证明军队虽然遭受重大损失和经历严酷灾难但却能适应可能范围内最严格的要求。帝国的行政组织应当说也和军队情况相同,以前从来没有像在安东尼努斯氏励精图治时期这么公正,这么合乎人情,这么效率高。对于以上一切情况,我所能找到的唯一解释就是,帝国国民心理状态起了变化,产生了一股反对一世纪时那种轻举妄动和唯物主义精神的潮流,这股潮流使古代世界在此后数十年中得以安享和平安定的岁月。

这个时代最重要的现象之一就是皇帝们对待外省的政策。二世纪中的皇帝大多数本身出生于外省。图拉真和阿德里安是西班牙来的罗马公民,安东尼努斯·皮攸斯和 M. 奥雷留斯是迁居高卢的罗马公民的后裔。他们都属于元老院议员阶级,他们维护这个阶级的特权,同时也维护帝国第二阶级、即骑士阶级的特权。他们不曾侵犯这两个阶级作为皇帝以下最高官吏的权利。但是,这两个阶级的结构现在已完全改变了。无论是其中哪一个阶级都不再局限于意大利一地。它们所有的成员都需要在意大利有自己的寓所和掌握一些产业,但很少是出生在意大利的。他们因为出身于外省自治市的权贵阶级,所以同他们在东方或西方的老家保持着联系。由此,罗马上层社会现在在人数上大大增加了,他们所代表的不是罗马城或意大利的权贵阶级而是帝国的权贵阶级,也就是整个罗马世界各地城市居民中最富裕和文化最高的阶层。这个现象也许能说明我们方才所谈到的世道人心的改变。这个新的贵族阶级是皇帝们为国家政务着眼而从整个帝国中文化程度相当高的人们里选拔出来的一个贵族阶级。罗马国家固然还是由一个权贵而兼富豪的阶级统治着,但是,对于这个阶级成员的选擢,着重

家世和财富已不如着重个人功绩、能力和才智之甚了。

这个新权贵阶级几乎完全是由外省人组成的，自然比较清楚地了解外省的需要，并且完全尊重外省的权利，那就是，不把外省看作罗马人民的地产而看作罗马国家的组成部分来进行管理。这一改变早自弗拉维攸斯氏时即已开始。奥古斯都及其继承者中某些人、特别如提贝里攸斯和克劳迪亚斯，即已在这方面采取过某些措施。在安东尼努斯氏时期，这个改变达到了顶点。我们看到，紧接着奥古斯都的几位继承者中除了提贝里攸斯以外再没有一个人在即帝位以前曾经统治过一个外省；紧接着提贝里攸斯的几位继承者中没有一个人能根据亲身体验了解到外省人的一丝半点需要和抱负；卡利古拉和克劳迪亚斯的出外巡视只是纯粹为了军事上的目的。弗拉维攸斯氏以前所有的皇帝全都是罗马人，他们都住在罗马城，对他们说来，罗马城就是天下的中心，其中只有加尔巴、维特留斯和鄂托是例外，但他们三人的兴起只是外省对于现行惯例掀起的一阵反动浪潮而已。从弗拉维攸斯氏以下，情况完全改变了。韦斯帕西安大半生都付在统率军队和治理外省上面，提土斯也是一样。当然，多米威安又一次表现为旧日蛰居京城的皇帝们那类人物。但是，从他以后，一直到康莫杜斯为止，每一代皇帝在即位以前都差不多完全在外省度日，还有些人，如阿德里安，甚至在即位以后也仍然在外省度日。

在这些情况下，旧日统治外省的理论和措施必然完全不再存在，而二世纪中的皇帝们必然感到他们自己不仅仅是罗马城的皇帝或罗马公民们的皇帝，而是整个帝国的皇帝，这都是极其自然的事。取得罗马公民资格的权利迅速地普及于整个帝国，越来越多

地把罗马自治市的权利或者把罗马屯市或拉丁屯市的权利赐给外省的城镇，这两件事都表明了上面所说的那一点。而更为重要的是，各行省现在感到它们本身是一个独立的个体，是一个地方性的统一单位，是一个“邦”——只要我们在这里谨严地使用“邦”这个名词的涵义。此刻的罗马帝国就是由这样一些邦联合组成的。大家所熟悉的阿德里安的那套钱币即行省币，最显著地表达了这种思想。二世纪时的皇帝们改革后的财政、经济和社会政策也证明了同一事实，不过，关于这些，我们要留待以后再谈，让我们先从社会经济观点对二世纪的帝国作一番概述，然后再去研讨那些政策。

可以看到，就在罗马政府对待外省的态度发生改变的同时，整个外省越来越顺从于罗马的统治，其中尤以上层阶级为甚。关于西方各行省，我们所知道的非常有限。但是，西方各城市中为了歌颂二世纪时的皇帝们而建立的大量碑碣，就说明了这些地方的上层阶级对现况是何等的满意。就是在东方各行省中，居民的态度也开始逐渐改变了。迪约和普卢塔尔克的活动，埃留斯·阿里斯提德斯的演说词，甚至连卢契安的詈讦，都说明了帝国内操希腊语的居民中的领导阶级逐渐默认现存状态，他们放弃了争取自由的幻想而致力于巩固罗马在东方的权力。亚历山大里亚人算是最顽固的了。他们坚持和罗马政府为敌，坚持不把皇帝权力的性质视为一种王政而称之为僭主政体。但是，必须提醒大家，关于这场斗争，我们是从一件文献资料里看到的，而这件资料却属于康莫杜斯时期，并且在这件资料里把康莫杜斯同他的父亲作了不同的对比。

另外一个不容忽视的事实就是，二世纪时的皇帝们不曾迫害过哲学家，就连犬儒学派也没有遭过迫害。对犬儒学派等人进行攻击和加以嘲笑的任务，由忠于皇家的哲学家和诡辩家们担承。在这场笔墨官司中，政府不曾干预过，但我们必须记住，政府奖励东方各城市中文化的推广不下于对待西方，并且政府还以公款奖助私人教师和修辞学家以及某些教育机构。

然而，我们也不能断言二世纪时罗马帝国内就没有不满分子。固然，即使在东方，上层阶级多多少少顺从了帝国。但下层阶级却并不如此。图拉真时代对于比提尼亚的惩戒和亚历山大里亚的骚乱，表明我们前面曾经谈过的那种社会对抗在小亚细亚或埃及等地并未平息过，而罗马政府和各城市的长官们很难对付城市居民中的下层阶级。我们将在下章再回过来谈这个题目。

关于安东尼努斯氏时期罗马军队的社会成分，可以再补充几句话。在本章中，我们曾一再陈述，罗马军队不仅对帝国的政治生活起决定作用，而且也对帝国的社会经济生活起决定作用。人们不禁会问：M. 奥雷留斯和康莫杜斯时期的军队是否仍然同弗拉维佊斯氏和图拉真时期的军队一模一样呢？那就是说，它是否基本上仍然是一支由正式的罗马公民或准罗马公民组成的军队，而由出生于罗马城和意大利的罗马公民来担任统帅呢？如要透彻了解二世纪和三世纪中的种种事件，那么，这个问题就非常重要。我们对这个问题能答复多少呢？很清楚的是，就成分而言，军队的结构未曾改变。在整个二世纪中，军官都由元老院议员阶级和骑士阶级中的人担任，军吏都是一些出生于意大利或西方各省已经罗马化了的地区并在该地受教育的罗马公民。禁卫军的兵士都是意大利人，或者是西班牙和诺里库姆两地的罗马化行省或马其顿行省的本地人。选军的兵士按规定完全是罗马公民。辅军的兵士按理说应当是懂得拉丁语的人,他们在服役期满时得到罗马公民资格。然而,毫无疑问,虽有这种政治身份的规定,几乎所有的兵士都是外省人,意大利人只在禁卫军中服役,而禁卫军也成了其他部队的军吏的培养机构。自从阿德里安以后,每一个行省必须自己征足本省的军队。

这些情况已经过现代学者们的彻底研究而成为人尽皆知的事实。但从社会成分来看军队的组成,我们所知道的却少得多。兵士们究竟属于国民中哪一个阶级或哪些阶级呢?军队比较能充分代表的是帝国的哪一部分呢——是城市还是乡村?兵士中的大多数人是城市居民还是农民呢?固然,当他们写下自己全部正式姓名时,差不多总是提到某一个城市作为他们的原籍,但是,这个情况并不能解决上面的问题。一个兵士可能属于某城市的辖区,但仍然可能是一个农民或者一个 *colonus*,即一个佃户。可以肯定的是,辅军大部分是从农民和牧民中征来的。但选军是怎样的呢?一般意见认为,即使是选军,其兵士现在也大多是农民了,城市居民不乐意服兵役,而军官们也不甚看重他们。据我看,这种意见是正确的。二世纪时的皇帝们当然想尽可能把更多的罗马化的青年人征到军队里来,而这种人大多数要到城市里去找。皇帝们同意并赞助外省组织青年社,这种组织在一旦需要时就成为一支地方民团。但事实上,即使是这些为罗马选军提供后备兵的青年社也逐渐丧失其城市色彩,这在沿边各省尤甚。探究一下弗拉维攸斯氏以后一段时期中来因河流域各省的青年社的发展情况是很有意思的。这些行省中的青年社并不局限在两个日耳曼尼亚省的少数正式城市里。我们发现,在那些同日耳曼人和克勒特人的部落或

氏族关系密切的地方单位如 *civitates*〈镇〉、*pagi*〈村〉和 *vici*〈庄〉等处也有青年社的组织。这些社的本身不像意大利各城市中的“社”。在沿克勒特—日耳曼边塞诸省中，这些意大利的组织被移植在当地土著半宗教性的组织之上，那种半宗教性的组织在整个印欧种人中是普遍的，先罗马时代的意大利也存在过。日耳曼尼亚的 *iuvenes*〈青年社社员〉可能原先只代表日耳曼诸省居民中的上层阶级，即地主和富裕农民阶级，不论他是侨寓者或是土著，但毫无疑问的是，后来逐渐把本地适合兵役的青年人全体网罗在内了。

因此，在二世纪中，罗马军队逐渐同城市断了联系而变成了罗马史上的古代时期曾经存在过的那种军队，即变成了一支由地主和农民组成的军队，由乡下人组成的军队，这些乡下人和乡村以及和农业生活仍然保持着联系。我们在第六、第七两章里就会知道，这种乡村居民在帝国国民中占了大多数。当然，只有城市生活发展迟慢而还没有普及到大部分乡村居民中去的那些地区才提供最优秀的兵士，例如希腊、意大利这类地方就不行，甚至像高卢都要稍逊一筹。

在整个二世纪中，军队表现得那么安定守法，若从军队的成分来理解这种气质，也是可能的。农民们从来没有参与过什么政治事件，而城市无产者比起农民来知识要开豁得多、对一般政治生活要熟悉得多，因此，一支由农民组成的军队比一支由城市无产者组成的军队要容易遵守纪律和容易受控制些。二世纪，特别是二世纪下半期（M. 奥雷留斯和康莫杜斯统治时期），军队主要是由帝国内的乡村居民组成的，这一假定更可由下面的事实得到证实，那就是，这时候的军队不再是招募来的了。当 M. 奥雷留斯之时，皇帝正在南北两面边塞上进行激烈的战争，日耳曼人险些就要入侵意大利，东方和意大利又大遭瘟疫之灾，在这种时候，要继续依靠募兵制是不可能的。大家知道，M. 奥雷留斯为局势所迫曾征调过奴隶、角斗士、城市警察甚至日耳曼人和达尔马提亚、达尔达尼亚等地以劫掠为生的部落民入伍。这可能是一次非常性的措施，但它却说明了，即使在不太危急的时刻，M. 奥雷留斯也不能免于用征调的方式来补充他的军队。我们必须记住，无论何时，服兵役一直是罗马公民和外省人的义务，征调方式一直是征集辅军的正规制度。既然帝国居民中乡下人占了大多数，既然城市居民——特别是在艰难的时刻——用各种各样的方法来躲避兵役，那么，显而易见，M. 奥雷留斯的军队主要是由农民组成的，特别是由罗马帝国那些不太开化的行省中的农民组成的，那些行省提供了最精壮的兵士。

迪约·卡休斯在谈到塞普提米攸斯·塞韦鲁斯的改革时描述了外省军队的形象，使我们很具体地看出外省军队在成分上和禁卫军的对比，因为塞普提米攸斯·塞韦鲁斯遣散了旧的禁卫军，而代之以从外省军队里挑选来的兵士，其中大多数是多瑙河流域的兵士。迪约说道："这样一来，他就完全摧残了意大利的青年人，使他们不再服兵役而转去当强盗和职业角斗士，而京城里却充斥着一群杂牌军，他们的相貌蛮悍，说起话来令人害怕"——由此可见其中大多数不用拉丁语——"举止粗野。"* 那么，无疑地，二世纪

* ixxiv. 2。

末期的罗马军队虽说仍然由罗马人组成，但指的只是罗马帝国的居民而已，比起过去，却越来越野蛮，越来越不能代表有文化的居民了。除了军官和军吏之外，军队的精神已经不是都会居民各阶级的精神，而几乎完全是乡村各阶级的精神了。

第五章

弗拉维攸斯氏和安东尼努斯氏时期的罗马帝国

城市和工商业

公元154年，被称为“诡辩家”的埃留斯·阿里斯提德斯在罗马城发表了他的演说 Εἰς Ῥώμην〈罗马献辞〉，这篇演说词对二世纪的罗马帝国作了最好的全面描写，它是我们所见到的有关资料中最详细、最完备的一篇。它不仅是对罗马帝国的伟大表示衷心崇拜的一篇颂词，而且还是对政治具有深刻周到的分析的精心杰作。谈到阿里斯提德斯这篇“颂词”，人们往往认为它只是一篇辞章之文，并无独创的见解，而只堆砌着许多人尽皆知的老一套说法。这种看法的论据是从分析阿里斯提德斯演说词的资料来源而得到的。有人说，他所引证的史料主要得自伊索克腊特斯；他的主导思想大半受到普卢塔尔克、阿利卡尔纳苏斯的迪约尼休斯和波利比攸斯的启发；而演说词的结构则依据梅南德尔所写的词学手册里的理论原则。我们可以承认，这些论证全都是正确的。但请问，在现代大多数漂亮的政治演说中，又有几篇能经得起这样一种分析呢？对于阿里斯提德斯的演说词的根源进行了分析，并不能证明那个最根本的论点，即认为他的思想空泛，认为这篇演说词通篇都只充满着老生常谈。演说词中某些思想可能重复着当时流行的看法。这并不一定就意味着这些思想空泛。毫无疑问，老一套的说法是会遇到的。但是，人们会向这些批评家提出诘难，请他们在二世纪的文学作品中举出另外任何一篇，要能像阿里斯提德斯这篇作品一样，对罗马帝国的结构描绘得这么全面、这么清晰。他们能不能举出另外任何作品，其中对帝国的政治、社会、经济各个方面有着这么多精彩生动的描绘呢？而且，阿里斯提德斯的演说词中还有某些思想是在别的作品中找不到的，或即使找得到，也没有表达得像他这么清楚、完整。例如，他表达了二世纪时对于开明君主政体的性质、对于君主政体与帝国居民各个不同阶级之间的关系所具有的流行看法；他点明帝国的性质是一种自由的自治城邦的联合团体；他精练地概述了军队在罗马国家中所起的作用——这也是该文相当重要的特色。我认为，不仅在了解当时人对罗马帝国整个结构的看法时，阿里斯提德斯的演说词是最重要的资料之一，而且，在研究安东尼努斯氏时代的精神面貌以及当时的政治思潮时，它也是一篇最重要的资料。谁也不想在一篇“颂词”里找到对帝国的批评。演说者的任务就是要抓住和指明正面的现象，而同时要不浮夸，不作过分的奉承。对于这个任务，阿里斯提德斯完成得相当出色。

我们必须把《罗马献辞》和迪约论王政的一些演说词对照来看。那些演说词解释了一个纲领，即皇帝们和罗马皇家集团中的才智之士所共同赞许的一种纲领。而阿里斯提德斯的演说词表达了这一纲领是怎样施行的，以及表达了安东尼努斯氏时代、特别是安东尼努斯·皮攸斯时代的实际情况究竟与帝国中的贤达们的理想适应到什么程度。无疑的是,阿里斯提德斯极其颂扬开明君主政体的成就,这是与当时的社会名流,与广大的都市居民、帝国各地的城市资产阶级完全一致的。我们可以从下面的事实证明这一点:在罗马各地曾建造了成千上万的碑柱来颂扬二世纪的皇帝们(尤其突出的是颂扬安东尼努斯·皮攸斯)和千秋万岁的罗马国家。

本章既要讨论帝国的城市,因此,自然一开始就得引述阿里斯提德斯的演说词中所表达的某些思想。阿里斯提德斯认为,罗马帝国是一个大一统国家,而罗马城是世界的中心。阿里斯提德斯所谓的"世界"当然是指文明世界(οἰκουμένη)而言,也就是指地中海地区而言。罗马帝国顺利地进行统一这个文明世界的工作,并终于成功,这是古代东方君主国和希腊城邦都未能完成的任务。这种统一不是以奴役为基础的,而古代东方君主国、甚至连亚历山大及其继承者们的君主国都是靠奴役来达成统一的。这个大一统世界的首领不是一个主子(δεσπότης)而是一个统治者(ἄρχων)或领导者(ἡγεμών)。他统治着自由民,不是统治奴隶,而他之所以进行统治是因为他得到他的臣民的衷心拥戴。臣民们感到只有团结才能生存:于是世界变成了一个城邦(μία πόλις πᾶσα ἡ οἰκουμένη)。在这个国家里,没有什么希腊人同野蛮人之别,没有什么土著者和异邦人之别:我们可以这么说(虽然阿里斯提德斯并没有说),大家都是人。无论大人物或小人物,无论富人或穷人,在国家面前一律平等。但是,也存在着一种区别:有优秀的人,有一般的人。优秀的人是统治者,就是罗马公民;一般的人必须服从他们。不过,统治者倒不一定是罗马城或意大利本地人。他们是罗马帝国各个地

1. 印度

2.万神中之罗马女神

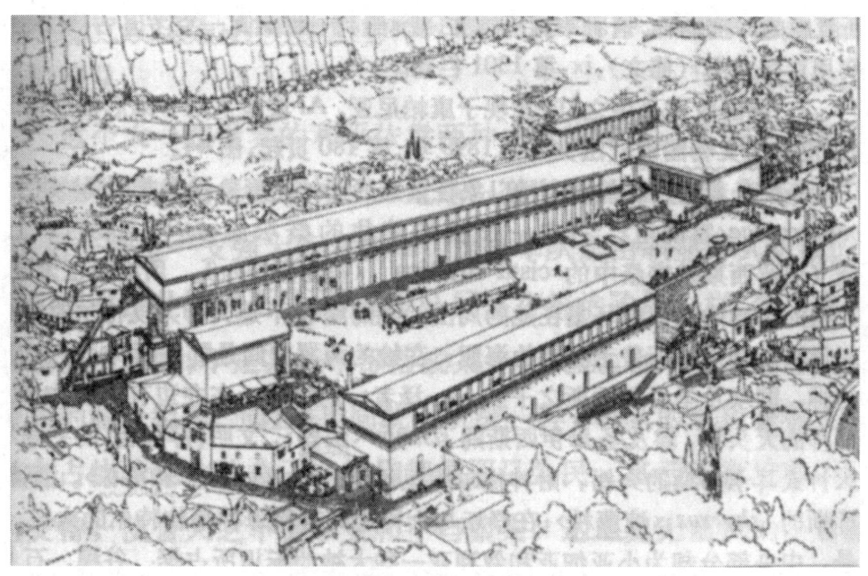

3. 阿索斯市场（复原图）

图 18　罗马帝国早期的繁荣

图 18 说 明

1. 银盘，部分镀金和镶金，部分嵌黑色合金或上釉。发现于兰普萨库斯。伊斯坦布尔博物馆。《考古学报》(法文)，3，图 XIX；H. 格雷文撰文，载《德意志考古研究所年报》(德文)，15，1903 年，第 203 页，图 6；S. 赖纳赫：《希腊罗马浮雕图谱》(法文)，ii，第 174 页，1；E. H. 瓦明滕：《罗马帝国与印度之间的商业》(英文)(1928 年)，第 143 页。格雷文把该盘归之于拜占庭时代早期之物。我觉得没有理由把它的时代推得那么晚。这是二世纪或三世纪的东西？希腊—印度混合式的或亚历山大里亚式的制品？

用人物形象代表的印度坐在一把式样特殊的印度椅子上，椅脚是用象牙做成的。她的右手向上举起，做祈祷状，左手执弓。身旁围绕着印度动物——一只鹦鹉，一只珍珠鸡和两只戴着项圈的驯猴。她的脚下是两个印度人领着一只驯虎和一只驯豹，准备斗兽，正做着敬礼的姿势。这个盘子很有价值地证实了罗马人对于印度具有丰富的知识，并深感兴趣。关于希腊罗马传说中所反映的印度动物，请看韦克所撰文，载《鲍利—维索瓦—克罗耳古典文物学实用百科全书》(德文)，ix，第 1301 栏起。

2. 男爵收藏品中之灯。发现于康帕尼亚。A. 埃隆·德·维厄福瑟撰文，载《皮奥氏文物图说》(法文)，5，1899 年，第 180 页起，图 44。

一位长着大翅膀的胜利神以象征繁荣的女神的形象代表着罗马：她手执 *cornucopiae*〈富饶角〉，并向一个被蛇缠住的祭坛或 *cista*〈圣物匣〉上奠酒(埃留西斯秘密祭中的 cista mystica〈圣物匣祭〉?)。所有象征繁荣和文明的诸神的标识都环集在她的周围：她的座位下是天神尤皮特尔的神鹫；座位后面是水神芮普土努斯的海豚；在她的两翼之间是鄂鲁斯神〈一位埃及的神，即埃及圣母伊西斯之子。——译者〉的神鹰；在左边有：埃尔库勒斯神的大头棒，埃及圣母伊西斯的 *sistrum*〈法器〉，文明神阿波洛的七弦琴，火神武耳卡努斯的火钳，财神梅尔库里攸斯的 *caduceus*〈和平标〉，酒神巴库斯的 *thyrsus*〈缠藤杖〉；在祭坛与女神之间有稷母神德梅特尔的火炬。但是，中央部分却为小亚细亚和叙利亚一些大神的标识所占据：谷穗，石榴，铜钹，小亚细亚王母神的大鸦，还有一个图徽由日神的圆脸和一轮蛾眉月紧连在一个球体上构成——这是小亚细亚和叙利亚一些太阳神的标识。这盏灯是一个很美丽的徽识，它表现了强大的罗马帝国给东、西两方都带来了和平、繁荣和文明。

3. 小亚细亚阿索斯市场（*AGORA*）复原图。F. H. 贝肯：《阿索斯考查记》（英文）（美国考古研究所远征队）（1902—1921 年），第 27 页；参照第 21 页（阿索斯图）和第 33 页，图 4（阿索斯市场图）。

市场的一头是一座神庙（左边），右头是 *Bouleuterion*，即市议会会堂。在市议会会堂和神庙侧旁各有一座牌坊进口。市场长边的左面是一条很长的 Stoa（柱廊），类似罗马广场上的市政厅，右面是一个有趣的“劝业场”，其中有店铺、堆栈等等。商品陈列所侧旁是一所小小的 Herôon〈古英雄祠〉。在帝国时代，阿索斯是一个典型的小城市，一个朴素而安乐的市镇，从它那台城上美丽的古庙可以看出这个市镇有着光辉的历史。

区的优秀的人。由于他们是优秀的人，所以他们才成为罗马公民，也因之而成为统治者；他们统治帝国所有的组成部分，即所有的城市；而一般众人的职责就是服从。如果他们不服从，如果他们一旦作乱，如果他们企图突破现存的秩序，那么有力量迫使他们服从。

这个大一统世界的和平依靠两种力量作保证，其一是帝国的一套效率很高的行政机构——这是一套奇妙的中央集权官僚体制，另一种是一支强大的常备军，这支军队是由职业军人组成的，他们同时也是罗马公民。罗马军队同整个统治阶级一样，它所代表的是整个帝国，不是某一个部落或某一个民族，也不是某些部落和民族的联合组织；而且，也同统治阶级一样，军队的成员全都是国民中占统治地位的分子：他们都是罗马公民。多亏了官吏和军队的支持，使普天之下都享受和平与繁荣，这是史无前例的。普遍的和平促使城市繁荣发展，从而把帝国变成了一个由最繁华的城市组成的机体，其中尤以希腊、伊奥尼亚（小亚细亚）和埃及的城市为著。

我们毫不掩饰地概述了阿里斯提德斯演说词中所表达的主要思想。这虽是一个概述，但也足可看出他的思想与迪约的思想有密切的联系。阿里斯提德斯在向罗马城的听众致词时，他自己完全知道他是代表开明君主政体的精神讲话的，他也知道他的话就是皇帝安东尼努斯本人也可能泰然说得出口的。同时，他的听众也迫不及待地插嘴打断他这些话。他们希望听到对于罗马的赞扬（真正的赞扬，而不是单单的奉承），希望听到对现况的赞扬，要能令人信服，要能消散那种衰乱将临的不祥预感，因为有许多人已经很公开地谈到这种预感，像史学家安努斯·弗洛鲁斯就认为罗马帝国时期代表人类文明的风烛残年（*Senectus*）。

我们既已陈述了阿里斯提德斯所描绘的情况，现在再按照现代的观念来描绘一下罗马帝国的情况，我们唯一能胜过阿里斯提德斯的地方就是我们不仅能就罗马帝国的历史来谈，而且还能就其日后的发展来谈。

阿里斯提德斯着重指出罗马帝国是一个希腊城市、意大利城市和外省城市的结合体——外省城市里居住着本省中的一些多少希腊化和罗马化了的土著，这一点是完全正确的。每一个城市都规定辖领一块或大或小的地区，我们通常称之为“市辖区”。这个市辖区或者是一个古代希腊城邦或意大利城邦原有的领地，或者是因意大利或外省的罗马人而指定分配给某个新城市或旧城市的土地，这样的城市也许是罗马屯市或拉丁屯市，也许是土著的市镇。我们已经谈过帝国城市生活逐渐发展的情况，一世纪时所有的皇帝们都或多或少地一贯促进这种发展，奥古斯都和克劳迪亚斯是其中致力之最积极者。到了弗拉维攸斯氏和安东尼努斯氏时期，这种发展并未停止。我们也曾提及，韦斯帕西安积极地在帝国各地，特别是在北意大利、西班牙和达尔马提亚等处建立新的城市，或者把城市的权利赐给土著的市镇。安东尼努斯氏的新“王朝”推行同样的政策，图拉真和阿德里安推行尤力。自从那些希腊化君主国灭亡以后，以皇室人名为名的城镇，特别是东方这种城镇，其数目之多以这两位皇帝时为最。在东方的希腊化地区和半希腊化地区，除了原来以尤留堡和弗拉维攸堡为名的城镇以外，兴起了许多以图拉真堡、普洛提娜堡、马尔契亚堡和阿德里亚堡（或其他与阿德里安的名字联系在一起的地名）为名的城镇。似乎图拉真和阿德里安有意在这方面超过条支王朝、阿塔卢斯王朝和托勒密王朝。图拉真在达契亚、上梅西亚、下梅西亚和色雷斯一带所进行的积极活动尤其重要。他在这一片辽阔的地区上的土著居民中所造成的深刻印象，可以与亚历山大之为人在东方深入人心的程度相比，有一些文物遗迹、一些地名和一些传说故事（当这些传说故事产生的时代帝国本身也已经仅仅成了传说）都反映了这一点。图拉真之所以能有这样的影响，并非单单因为他在军事上的胜利，而在很大程度上是因为他最先在现在的罗马尼亚和保加利亚推行都会化运动并使这个地区接受希腊和罗马文明。恺撒和一世纪的皇帝们，包括弗拉维攸斯氏在内，在北意大利、在高卢、在来因河流域、在不列颠、在西班牙、在达尔马提亚等地所曾建树的成就，图拉真及其继承者们——特别是阿德里安——同样地建之于多瑙河流域的东部。图拉真在外约旦和阿拉伯推行都会化运动的工作比较次要，因为在那一带，大部分工作都已经由弗拉维攸斯氏完成了。在阿非利加，从奥古斯都以来，都会化运动一直在进行，未曾中断。阿德里安甚至还在埃及建

立了一个希腊式城市,名之为安提诺堡,这是托勒密王朝以后所建立的第一个希腊式城市,也是最后的一个。

以皇室人名或以当地土名为名的新城市,一部分原先是村庄或小市镇(其中居民大多是土著),一部分则是罗马退役军人的屯市,这在阿非利加、来因和多瑙两河流域尤为多见。甚至把罗马皇帝们的一些较大的辖区外庄田(关于这点,将在下章中谈到)上的若干居民点也被认作城市,而把皇室庄田或其一部分田地划作这种城市的辖区。这些新城市中,没有一个是特意新建的。这完全是各行省转向都会生活的自然发展趋势。但是,如果不是皇帝们精心筹划出严整的制度并投付大量资金来支持这种运动的话,外省是不可能掀起这样一个迅速的都会化运动的。应当提到的是,并不是安东尼努斯氏时期的皇帝们自始至终都积极支持这个运动。自从阿德里安以后,虽然发展进程一直没有完全停顿过,但成立新城市的现象却是越来越少见了。

因此,二世纪时的帝国所呈现的状态,比以前更像是一个由城邦组成的大联盟了。每一个城市都有它自己的地方自治,都有它本地的“政治”生活(指古代所谓的“政治”),都有它自己所要解决的社会经济问题。在所有城市之上,有一个强有力的中央政府,它执掌国家大事——外交、军事、国家财政。这个中央政府的首脑就是皇帝,他是居于首位的统治者,是元首,是领导者。他的代理人,有文职的,也有武职的,都以他的名义行使职权。元老院仍然被视为皇帝权力的根源,这仅仅因为就理论而言皇帝的权力是由元老院授予的;而实际上元老院在国家生活中只占次要的地位,只算是帝国的高等法院和议会而已。从法律上说,中央政府仍然是元老

1. 杰腊萨的大街及街旁列柱

2. 杰腊萨的阿尔特米斯女神庙

图 19　外约旦沙漠商道上的城市杰腊萨

图 19 说 明

1—2. 外约旦杰腊萨城遗址。

1. 大街及街旁列柱，从北门往南。最近由外约旦文物局局长 G. 贺斯菲尔德清理出来。右边高地上是该市一所大“阛宫”、即阿尔特米斯女神庙的壮丽遗址。

2. 阿尔特米斯女神庙。该庙尚未发掘完毕，其历史仍系悬案。

今根据拙著《沙漠商道上的城市》(英文)，1932 年，第 54 页，复制杰腊萨城平面图如下。(见第 199 页图)

城门：1. 拱门，2. 费拉德尔非亚门，3. 佩拉门，4. 加达腊门，5. 大马士革门。街道等：6. 安托尼讷街，7. 佩拉街，8. 加达腊街，14. 广场，15. 南四牌楼，16. 北四牌楼，9. 阿尔特米斯桥，10. 佩拉桥。游艺场：11. 跑马场，12. 南剧场，13. 北剧场。市政建筑：17. 东浴池，18. 西浴池，21. 宁妃池〈Nymphaeum〉。神庙：19. 天神宙斯庙，20. 阿尔特米斯女神庙。教堂：22. 主教礼拜堂，23. 圣狄奥多教堂，24. 圣彼得和圣保罗教堂，25. 保罗主教教堂，26. 施洗者圣约翰教堂，27. 达米亚诺斯教堂，28. 圣乔治教堂，29. 犹太会堂所改之教堂，30. 先知、使徒和殉道者礼拜堂，31. 山门教堂，32. 创世教堂。

杰腊萨是一个典型的沙漠商道城市。沙漠商队的大道变成了一条两旁有着漂亮列柱的街道，大体上顺着河岸由北往南。南门外是一座美丽的“凯旋式”拱门的遗迹，这座拱门和一个很大的竞技场(一般称为“水战剧场〈Naumachia〉”)相连。该城南端是最古老的建筑：一个很美丽的剧场，大概是希腊化时代修建的，后来经过多次重修(最近由贺斯菲尔德发掘出来)，其附近有一座神庙。南门近处有一个令人注意的椭圆形的 *piazza*〈广场〉，大概是沙漠商队的一个休息场所和市场(尚未发掘完毕)。那条大街上点缀着两座 *tetrapyla*〈四牌楼〉和一座 *nymphaeum*〈宁妃池〉，后者系由贺斯菲尔德发掘出来并加以部分复原。离宁妃池不远就是那宏伟的 *propylaea*〈山门〉，进了山门，上台阶一直通到中心神庙。这座山门现在已经由贺斯菲尔德发掘完毕，正在重修(请看 G. 贺斯菲尔德：《外约旦政府文物局公报》(英文)，i，1926 年，图 I—IV(“宁妃池”和“山门”))。神庙旁是另一个剧场的遗址。最值得注意的一些基督教教堂的遗址已经由耶鲁大学和英国耶路撒冷学院(以

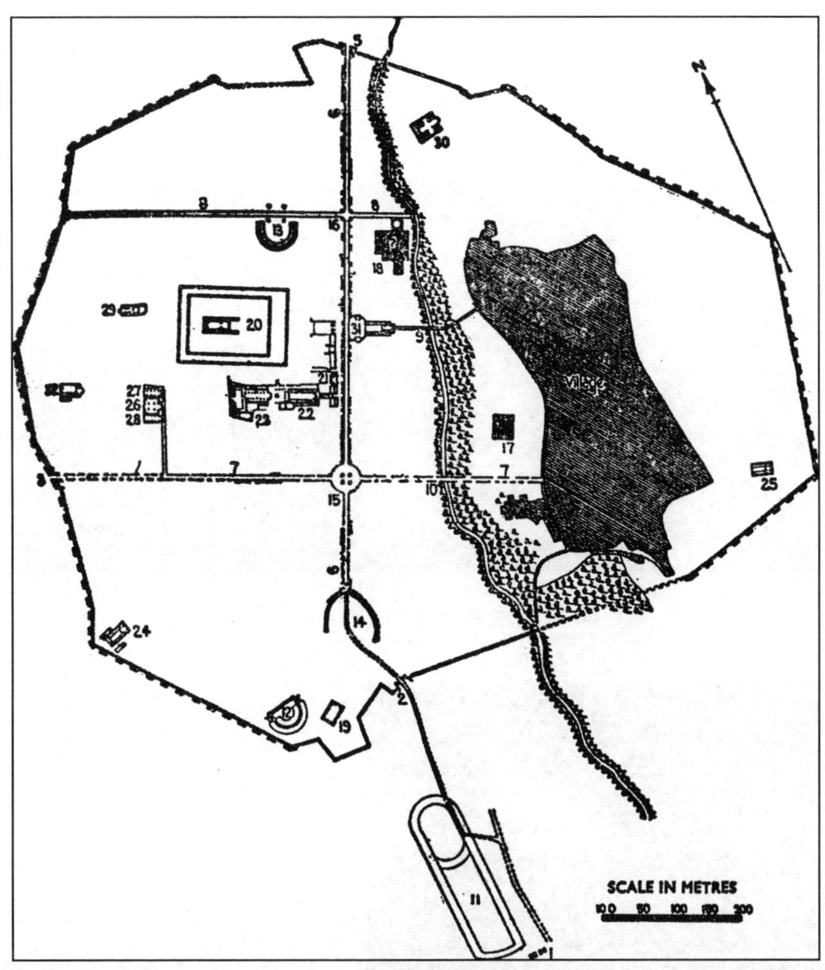

杰腊萨平面图

及美国耶路撒冷学院)联合组织的远征队发掘出来:请看J.W.克娄富特的初步报告,载《巴勒斯坦考古发掘基金委员会季度报告》(英文),以及美国耶路撒冷学院方面领导发掘工作者们的初步报告,载《美国东方学研究社公报》(英文)〔请看C.H.克雷林所编之《德卡波利斯地方的杰腊萨城》(英文)(1938年)〕。所发现的碑铭文字已由A.H.M.琼斯发表于《罗马学杂志》(英文)18,1928年,第144页起,和同一杂志20,1930年,第43页起〔C.B.韦尔斯所撰文,载《德卡波利斯地方的杰腊萨城》(英文),第355—494页〕。

图 20　希尔姑兰城:城南地区,正在进行发掘中

图 21　希尔姑兰城:
一所房屋的内部

图 21 说明

希尔姑兰城的新发掘。那不勒斯，国民博物馆。一所萨谟奈式的房屋的内部，这所房屋在罗马时代经过重修和装饰。在正厅和餐厅之间有一扇很大的木隔屏，开着三个门，有两个门保存无恙。参考 A. 马攸里：《希尔姑兰城》（意大利文），第 2 版（1937 年）。

院和罗马人民的政府，事实上，它却是一个专制的君主政府，不过因为把某些特权赐予了罗马公民的上层阶级，同时因为各城市有自治之权，所以专制的程度有所限制。城市的自治权的确差不多是完整的。皇室的官僚机构很少干预城市的地方事务。它几乎只专管收税（大多由城市经手），管经营皇庄和国家的田庄，以及管一部分司法事务，其余就不过问了。

罗马帝国与现代同类型国家之间的区别就在于：罗马帝国的中央政府既不是由帝国中有政治权的国民选举出来的，也不受他们的控制。在罗马帝国里，是中央政府监督和指导城市的自治机构，而不是它受城市自治机构的监督和指导。这个中央政府好像是一个独立的单位，好像是从它还是一个城市的政府那个时代传下来的遗产，不过这个城市现在已经成为世界的霸主了。所以，二世纪的罗马帝国乃是自治城市的联盟和驾凌于这个联盟之上的一个近乎绝对专制的君主政府二者奇妙的混合体，而其君主在法律上只是首府罗马城的最高长官。

因此，无怪乎凡是有关罗马帝国的文字史料几乎全都涉及罗马城和涉及中央政府的活动。然而，我们也偶然知道一点帝国其他城市的生活状况。关于意大利和帝国西半部的城市，只要提到斯塔丘斯、马尔恰耳、尤韦纳耳和小普利尼等作家的作品就够了，关于希腊和东方希腊化地区的城市，只要提到小普利尼、迪约·克里索斯托姆、卢契安、弗拉维攸斯·约塞富斯、菲洛、阿里斯提德斯等人的作品就够了。而且，这些城市本身是很饶舌的。它们有着成千上万的碑铭和苇纸卷，有希腊文的，也有拉丁文的，通过这些资料使我们知道许多有关城市生活的重要的和无关紧要的详情细节，其内容之丰富足使我们相当容易地恢复它们的基本面貌。此外，近代考古工作者的发掘工作自然首先以城市遗址为发掘对象。某些城市的遗址，特别是那些自从罗马政权崩溃后就荒废了的地区如小亚细亚、叙利亚、阿非利加等地的城市遗址，保存得很完美，令人分外感到兴趣。最后，还有着数以万计的钱币，这些钱币大多数仍然是由帝国各城市自行铸造的，它们对各城市的政治、宗教和经济等方面的许多重要问题提供了最宝贵的报道。这些材料使我们不仅认清了许多古代城市的外貌，而且还认识到这些城市生活每一个方面的主要面貌——一方面可以辨认它们的城垣、城门、街道、公共场所和公私建筑，另一方面可以弄清它们的市政组织、收入开支、公私财富及其财富来源、宗教信仰、文娱生活和文化事业。

研究这些史料所获得的第一个印象是令人不胜惊异的。自有史以来，在欧洲、亚洲和非洲还从来未曾有过这么大一片地区其基本面貌呈现出如此文明、还可以说如此现代化的景象。那些城市之中，有大的也有小的，有富庶豪侈的，也有贫穷简朴的。但它们有一个共同之处，那就是，它们都竭尽全力改善城市的生活，使之尽可能方便、舒适。

罗马，这个壮丽辉煌的世界首府，当然是帝国所有的城市中最令人叹赏、最令人颂扬的一个。它既完全值得我们今天赞赏，其值得当时人的赞赏更不待言：就是罗马城的遗址还那么美丽，它的公共建筑物的遗迹还那么动人——如神庙、皇帝们的宫殿及其城内的“苑囿”和城郊的离宫别墅、民用的大建筑（浴堂、市政厅、柱廊）、公共场所和公园等等。与罗马城比美的有那些最富足、最繁荣的行省的首府：埃及的亚历山大里亚、叙利亚的安蒂奥克、小亚细亚的以弗所、阿非利加的迦太基、高卢的里昂。稍逊于此的有东西两方数以百计的美丽的大城市。我们可以略举几个以见一斑：意大利的蓬佩伊、普特约利、奥斯蒂亚、维罗纳和阿魁累亚；西西里的陶罗梅纽姆、锡腊库塞和帕诺尔木斯；高卢和日耳曼尼亚的马西利亚、纳尔博、阿雷拉特、讷毛苏斯、阿劳西约、奥古斯塔—特雷韦罗鲁姆、阿格里皮嫩西斯屯市、崩纳、莫根恰库姆和阿尔展托腊特；英格兰的隆迪纽姆和埃布腊库姆；西班牙的塔腊科、科尔杜巴、伊斯帕利斯、意大利卡、埃梅里塔和阿斯土里卡；阿非利加、努米底亚和毛里塔尼亚的阿德鲁梅土姆、契尔塔、伊波—雷纠斯和凯撒雷亚；昔兰尼加的昔兰尼；伊斯特利亚的特尔杰斯特和波拉；达尔马提亚的萨洛纳；潘诺尼亚的埃莫纳和佩托维约；马其顿的特萨洛尼卡；希腊的雅典、科林斯和罗得；亚细亚的斯米尔纳、佩尔加蒙、萨尔迪斯和米勒土斯；加拉戚亚的安契腊和安蒂奥基亚—皮西迪亚；弗里季亚的佩西努斯和埃札尼；契利契亚的塔尔苏斯；比提尼亚的尼策亚和尼科梅迪亚；马尔马拉海及其附近海峡岸边的契齐库斯和拜占庭；黑海上的锡诺普，黑海西岸的托米和伊斯特鲁斯；克里米亚的潘提卡佩乌姆（一个附庸城市）和克尔索讷苏斯；腓尼基的提尔、

西顿和阿腊杜斯；叙利亚的埃利约波利斯、帕耳米腊、大马士革、费拉德尔非亚（安曼）和杰腊萨；美索不达米亚的底格里斯河上之塞琉契亚；阿拉伯的佩特腊和博斯特腊；巴勒斯坦的耶路撒冷。

以上所举只不过是上千个城市中挑出来的少数几个，一半由于它们在我们所见到的文字史料中受到赞扬，一半由于它们以其遗址保存得完好而著称。我们还可以举出许许多多城市的名字。此外，考古发掘工作使我们发现了很多在文字史料中几乎绝未提到的城市，而它们却都是一些富丽繁荣的居住中心地。这类城市也可以举一些例子，如阿非利加、努米底亚和毛里塔尼亚的土加、土布尔博—马攸斯、土布尔西库—努米达鲁姆、布拉—雷季亚、苏费土拉、阿耳提布罗斯、季格提斯、的黎波里斯（鄂亚、萨布腊塔、勒普契斯）、特韦斯特、兰贝西斯、塔木加迪、马道鲁斯、奎库耳和沃卢比利斯；多瑙河上的卡尔嫩土姆、阿昆库姆和伊斯特鲁斯附近之尼科堡；现在瑞士境内的文多尼萨和奥古斯塔—劳里卡；雷戚亚的卡斯特腊—雷季纳（勒根斯堡）和坎博杜努姆；诺里库姆的维鲁努姆；达尔马提亚的多克勒亚；英格兰的卡勒瓦—阿特雷巴土姆（锡耳彻斯特）、文塔—锡卢鲁姆（塞温特）和阿奎—苏利斯（巴思）；小亚细亚的阿索斯；埃及一些大村庄和小城市等等。

罗马帝国的城市当然不是完全属于同一类型。它们各因其历史发展和地理环境而有所不同。首先是一些大而富庶的工商业城镇，其中大多是大海或大河航道的中心，某些——如帕耳米腊、佩特腊和博斯特腊——则是沙漠地区往来频繁的商队的重要聚会中心。上面所列举的那些帝国中最美丽的城市大多属于这一类。在这些领导文明生活的大城市之下，还有着许多建设得很好的大市镇——

图 22　一个罗马行省里的城市：提姆加德（塔木加迪）

图 22 说 明

努米底亚塔木加迪城(提姆加德)的部分遗址。P. 贝斯威瓦耳德,A. 巴卢和 R. 卡尼亚:《阿非利加的一个城市提姆加德》(法文)(1901—1905 年);A. 巴卢:《附插图的提姆加德(古塔木加迪)便览》(法文),第 2 版(1904 年)。

从剧场(平面图中第 18 号)外望的景象。靠近中央的方地是广场和广场上的建筑物(平面图中第 13 号)。照片上所见到的有两根圆柱的建筑是胜利

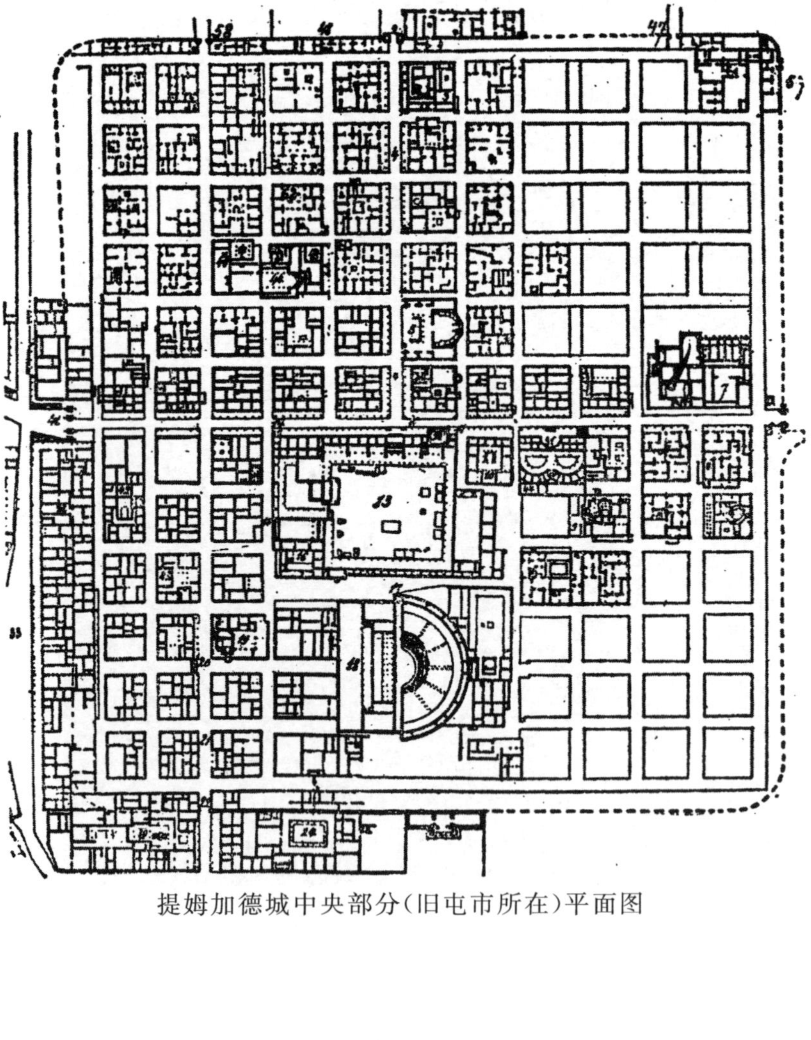

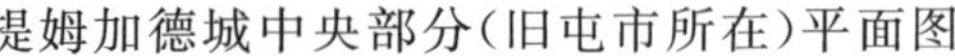

提姆加德城中央部分(旧屯市所在)平面图

神之庙；庙前有一个平台，是长官们用来向市民演讲和发布公告的讲坛。庙旁有大家所熟悉的公共厕所（*latrinae*，平面图中第 12 号）。广场四围都是柱廊。广场后面是一条大街，即 *decumanus maximus* 〈前门大道〉（平面图中第 6 号）。在前门大道截断旧城城墙（该城本来是图拉真时代的一个军屯市）的地方，修建了一座华丽的拱门以纪念图拉真。从照片上可以看到这拱门的遗迹巍然屹立（平面图中第 41 号）。其他遗址大多为私人住宅、公共浴场、市场和基督教教堂的废墟（如平面图中第 44 和第 46 号就是基督教教堂，第 45 和第 62 号就是私人住宅）。平面图中第 5 号是有名的提姆加德公共图书馆。

广阔肥沃的农业地区的中心，行省或行省以下的行政区域的首府。它们大多位于重要商道的交叉点或位于一条可通航的河流之旁，同时也就是外省地方性商业的重要中心。由各个贫富不等的农业地区里的村庄逐渐发展起来的那些较小的城市实际上也属于上面这种类型，差不多上文所提到的所有的阿非利加城市以及不列颠、西班牙、高卢、日耳曼尼亚、阿尔卑斯山区和多瑙河流域诸行省、色雷斯、马其顿、希腊、小亚细亚、叙利亚、埃及等地的许多城市都属这类。在埃及，像这种城市虽然是幅员不小的富庶区域的行政中心，但在法律上还根本不算城市而只算村庄。它们由于自然发展而使得自己的外貌居然像一个标准的、设备齐全的希腊—东方式城镇了。

帝国所有的城市，尽管面积大小、人口多寡、财富、政治上和社会上的重要性各有不同，但都呈现出某些共同特征。如前所述，它们全都尽其可能地致力于使它们的居民生活舒适；它们的外貌全都类似现代西方的某些城市，而不大像现代东方的城市和村庄。我确信，现代意大利的某些城市或大多数城市同它们在罗马时代的旧形相差极小。几乎帝国全部城市，特别是希腊化东方的城市，全都有一套非常科学的排水系统；有着建设精巧的水道，输水源源不断，甚至在高楼之上也能用水方便；有铺砌得很讲究的街道和广场，沿着街道两旁盖着柱廊替行人遮蔽阳光和挡雨；有洁净宽敞的市场——特别是鱼肉市场供水便利；城内到处都有漂亮的大浴堂，使每个市民能天天洗澡而所费无几；有规模宏大、设备精良的游艺运动场所——竞技所和角斗演习所。在宗教方面修建了巍峨辉煌的神庙和祭坛，城门之外，大路两旁还有神林和一长排美观的墓碑。所有的城市里都见得着高大的公用建筑：有 *curiae*（本地议政会的会场），有长官们的衙署，有供官方 *collegia*〈社团〉以及公众选举时投票人聚会的大厅，有审理案件的市政厅，还有监狱等等。此外则是一些供公众娱乐和教育事业用的建筑：如剧场、竞技场、竞走场、圆形剧场、公共图书馆、供辩论和公众演讲用的 *auditoria*〈讲堂〉和图片陈列馆。至于私人住宅则大多大小适宜，设备之舒适与现代一般无二，例如大多备有私用浴室和自来水，登楼则有砌得考究的石级之类。

这些都是尽人皆知的事实。我们可以说，就舒适、美观和卫生方面而言，罗马帝国的城市不愧为希腊化时代前身的继承者，而比之于现代欧洲和美洲的许多城镇也毫无逊色。无怪这些城市的居民中竟有那么多的人那样深切、衷心地热爱它们。我们从阿里斯提德斯对斯米尔纳的描写——他原籍并不是该城人而只是后来才被接纳为该城市民的——或从迪约对罗得的描写——他和罗得毫无关系，或从许多有关雅典的描写中，都可以看到这种热爱城市的感情的具体例子。它们表明罗马帝国的人民对于自己建立城市和都会文明这件伟绩是引以自豪的。城市的辉煌壮丽几乎要完全归功于居民中上层富裕阶级的慷慨捐输。至于它的经常费用当然依靠正规收入，那就是从居民中征收来的各种赋税，纳税人包括本市市民和侨寓者或近郊居民（在东方希腊化地区为 *κάτοικοι*〈侨民〉，*πάϱοικοι*〈郊民〉等；在西方为客户，*inquilini*〈侨民〉，*populi attributi*〈郊民〉）。税收制度是根据数世纪的经验而精心制订出来的，特别是取自希腊化时代的经验。举凡城市辖区内的土地、城中的不动产、货物的进出（市关税）、商业的经营、契约的订立和买卖的成交、市场的使用（租用公家铺面的租金）和其他公家不动产的使用等等项目都要纳税。

因此，城市的收入，特别是富庶的大城市的收入，有时是非常可观的。但我们不要忘记，一个城市的经常开支也是非常大的，不论从哪方面看的确都比现代一个城市的开支更大。当然，城市并不支付长官们的薪俸。民政官或宗教官之为城市出力服务，或认为这是一种荣耀，或认为是一种负担；不管是荣耀也好，负担也好，意思就是说担任这些官职是没有报酬的。但城市的下级吏员需由城市支付其俸禄，他们有些人是公众的奴隶（*δημόσιοι*，*servi publici*），所以必须供给他们住处和衣食，有些人则是自由的雇员。这些吏员的俸禄是一笔相当大的开支。而修缮和赠给各种公用建设的费用较此更大。

城市和城市长官们最麻烦的任务之一就是能保证公众消费的食品“充裕”（*abundantia*），尤其要保证口粮（*annona*，*εὐθηνία*）[①]充裕。在罗马城，由皇帝负责。在其他城市里，这是城市议政会和城

① annona一词意义很多，在本书中根据不同情况，分别译为“粮食”、“口粮”、“公粮”和“公粮税”等。——译者

1

2

3

图 23　奥斯蒂亚地方的房屋

图 23 说 明

1．奥斯蒂亚地方迪亚娜的房屋的遗址。G. 卡尔扎：《从拉丁住宅建筑看现代住宅形式的起源》，载《建筑术与装饰艺术》（意大利文），3，1923 年，图 8。

一处典型的大房屋遗址，该屋分成若干单元，系公元二世纪时所建。从右附平面图可以看出中间天井周围上下两层房间的分配情况。

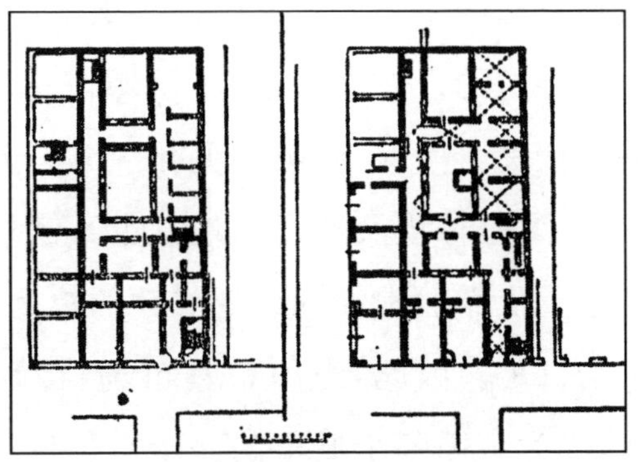

迪亚娜的房屋平面图

2. 时运街街角房屋的复原图（建筑师 I. 季斯蒙迪复原）。G. 卡尔扎，前引文，图 22。

一所四层楼的公寓。一楼开着店铺（其中一家是酒馆，*thermopolium*），上面几层是住房，有些房间面积很大（租给有钱人的）。请注意那漂亮的游廊

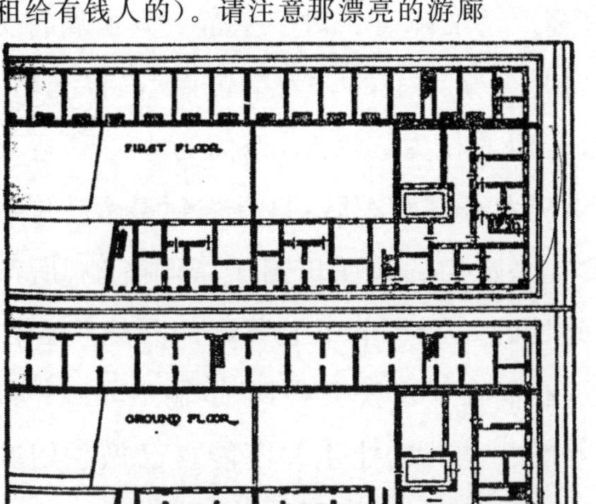

FIRST FLOOR：一楼

GROUND FLOOR：底层

劳伦斯所复原的“迪平提氏住宅”平面图

和吊楼。

3. 奥斯蒂亚地方“迪平提氏住宅”内院正面复原图(建筑师 I. 季斯蒙迪复原)。G. 卡尔扎,前引文,图 28。

我们看到的是这所大住宅的内院,其中有着花木池沼等。上附的平面图是建筑师劳伦斯复原的,从该图可以看出底层和一楼的房间的分配情况。

市长官们的主要职责之一。为保证粮食供应充足所必需的条件是并不有利的。在许多情况下,城市辖区面积的大小不足以供应足够的粮食。何况,收成的变化无常乃是古代世界经济生活的显著特征,就是像埃及这样的地方也不例外。所以,所有的城市都多少免不了依靠经常性的或偶然性的粮食进口。没有一个城市能长保自给自足。因此,组织粮食市场,特别是组织大批粮食的运输工作,成为帝国各个城市的一个首要问题。中央政府并不负责解决调整市场的问题。相反地,在有关生活必需品的贸易自由发展的道路上反而设下了许多严重的障碍。对于皇帝及其所属官吏们说来,国家和国家的需要是至高无上的。就皇帝而言,甚至可以说,尤关紧要的是如何保全他的权力。因此,他们为本身利益而垄断了大量的谷物,用以供应罗马城和军队:只有得到皇帝特许状者才可以从埃及运出粮食。皇帝们的大庄田遍于帝国各地,所产谷物为量甚巨,也都用于此目的。这些皇庄上所产的谷物很少出现在公开的市场上。而且,我们在下文就会看到,运输工具到处都在国家直接控制之下,而船舶和驮兽的业主并不能自己做主用其全部力量来解决满足国民需要的问题。首先必须满足国家和皇帝的需要。尤其重要和麻烦的是运输问题。虽然海上此刻平安无事,海盗已经销声匿迹,虽然皇帝们在陆上修筑了一个令人惊叹的交通

网，然而，问题之严重和困难仍然与以往一样。每一个行省里都兴起了无数的新城市，其中有些离海很远，离水运干线很远，甚至离主要道路都很远。这些城市尽力修筑区间道路，使它的辖区同主要道路、同河流、同海洋联系起来。但这是一个很缓慢的过程，修筑和修补道路需要花费大量的金钱。这些区间道路的修建费和养路费完全由城市自己负担。而且，即使修建了很好的道路也并没有解决问题。陆上运输比起海运和河运要花费大得多。因此，要从陆上运输大量粮食不是那些较小较穷的城市所负担得起的。

由于这个缘故，所以帝国所有的城市差不多全都经常遇到缺粮和粮价高涨的灾季，就是那些最肥沃的地区的城市也在所不免，而意大利和外省山区里的城市则尤为甚焉。真正闹饥荒的年成确属屡见不鲜。一遇到饥年通常社会上就准会发生严重的骚乱，大家指责长官们和议政会考虑不周，指责大地主和粮商贪图暴利。在这种情况下，普遍发生暴动和示威。要预防这种灾难是非常困难的，就是在正常的年份，也要城市花掉大量的钱。因此，*σιτώνης*（购粮官）的职位是一个市政长官宦途中最艰险的历程之一。相当于西方 *aediles*〈市政官〉的 *agoranomoi*〈市易官〉，其任务之艰巨也不会比购粮官差多少。他们要负责保证粮价低廉，并控制其他物价，使不超过适当的标准。有某些谈话谈到了市政官及其活动情况，这些话很可以使我们了解这些为振兴市政和爱护乡土之情而做了可怜的牺牲品的人物的生活；例如，特里马尔基约在宴会上对鱼价问题所发表的看法是大家所知道的，还有卢秋斯那位同样有名的朋友——阿普勒攸斯使他名垂不朽——对于塞萨利的一个市镇上的鱼市所发表的意见等等。因此，无怪乎当一个城市能够

保持谷价低廉的时候，就要把这件功绩刻在该城官长题名碑上的市易官姓名侧旁，像以弗所的某些市易官就曾这样做过。在东方，购粮官这个官职比起西方相应的官职 *curator annonae*〈督粮官〉等类的名称要常见得多。这道理很简单：因为希腊城市所产粮食向来不够自给，就连小亚细亚部分地区也是这样，而希腊和小亚细亚一带由于气候炎热、雨水不足和不调的缘故，其收成的变化无常更甚于欧洲中部地方，乃至更甚于意大利、西班牙和阿非利加。关于这一点，我们在下章里还要详述。

城市预算中另一项浩大的开支就是在公共教育和青年老年的体育锻炼方面的费用，这在东方那些彻底希腊化的城市里开销尤其大。一个受过教育的人所不同于一个粗人之处，最显著的差别在于他受过竞技所和角斗演习所的课程训练。例如，在埃及，凡是在竞技所受过教育的人形成居民中的一个特殊阶级，他们能享受某些权利和特权（οἱ ἀπό τοῦ γυμνασίου〈竞技所毕业生〉）：因此，皇帝克劳迪亚斯认为亚历山大里亚自由民中的青年只有受过这种教育的人才能获得亚历山大里亚公民资格这一重要的特权。从许多碑铭文中可以看出，东方希腊人地区的城市不曾忘记它们过去的光荣传统，并且还和以前一样热心地——也许更热心些——按希腊方式使城市青年受到良好教育，至少，仅仅因为他们属于特权阶级也不得不这样做。但这笔开支是很大的。支付教练员的薪俸，筹办和不断修缮学校与体育场，以及把橄榄油配给那些无力购油的人，这都得花费大笔的钱。要保证城市得到够用的橄榄油供应，差不多和保证粮食充裕、粮价公平同样的重要。在希腊城市里，专管购买橄榄油的官（ἐλαιῶναι）几乎和购粮官同样地普遍。这个职务

是既重要而又艰巨的。

除了公共教育以外，宗教方面也需要关怀和开销。每一个城市都有许多神庙，神庙必须修缮得很完美。有些神庙有自己的基金，而许多神庙却没有。把祭司职位出租，就可以收到某些实物补贴，从这里得到一些收入。但比起维持组织完善的宗教生活所费的开支来说，这笔收入是微乎其微的，因为那些开支项目包括献祭给神和献祭给古英雄的牺牲、仪仗、宗教节典、为庆祝各种神而举行的竞赛（ἀγῶνες）和游戏等等。无怪有一些城市有一个专门的财政部门来应付公众的宗教仪式，有专门的司库员和专门的金库。与崇奉神祇有密切关系的是各种竞技游戏，这些竞技游戏在城市生活中逐渐变得和粮食供应同样重要了。大部分竞技游戏都是由官长们或由富裕的市民自己花钱举办的。但有些时候，为了预防大群无产者发生反感，甚至怕他们会发生暴动，城市也不得不举办这类活动。

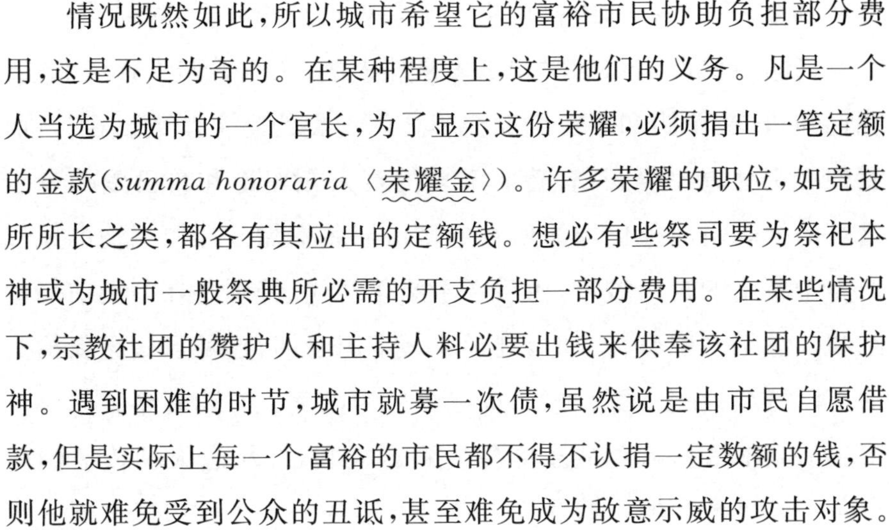

情况既然如此，所以城市希望它的富裕市民协助负担部分费用，这是不足为奇的。在某种程度上，这是他们的义务。凡是一个人当选为城市的一个官长，为了显示这份荣耀，必须捐出一笔定额的金款（*summa honoraria*〈荣耀金〉）。许多荣耀的职位，如竞技所所长之类，都各有其应出的定额钱。想必有些祭司要为祭祀本神或为城市一般祭典所必需的开支负担一部分费用。在某些情况下，宗教社团的赞护人和主持人料必要出钱来供奉该社团的保护神。遇到困难的时节，城市就募一次债，虽然说是由市民自愿借款，但是实际上每一个富裕的市民都不得不认捐一定数额的钱，否则他就难免受到公众的丑诋，甚至难免成为敌意示威的攻击对象。

如有必要时，城市还援引古代派差之法，即强迫富裕市民摊款来支援某些重要的公共事业。

但是，必须指出，在一世纪时，无论在补足行政官长、祭司、竞技所所长及其他职位方面，或者在获得有力的支援来美化城市、创建或维持社会宗教组织，甚至弥补经常费用等方面，都很少需要采取强迫手段，而到了二世纪上半期就更少需要强迫了。富裕市民对于城市所需要的一切都乐于援助，慷慨解囊：我们可以说，东方城市和西方城市中大多数美丽的公共建筑物都是他们所捐献的。遇到饥荒的时节，也就是靠这些人博施普济来赈救饥民。在平常年代里，他们付出大笔金钱使市行政方面所举办的竞技游戏增光显耀，或者自己出资举办游艺竞赛。他们也时常布施，或施金钱，或施酒食，无论贫富都能受到施舍。为大群市民举行公宴是自治市生活中的一个普遍现象。这些捐献之中，有些采取基金形式，或者是用于投资的大笔金钱，或者是用于出租的土地及其他不动产，这些基金用来创办和维持城市某个宗教组织或社会团体。

富裕市民所捐献的财物之多是惊人的，东方希腊人地区尤甚。我们知道，在希腊和小亚细亚全境之内这类的施主就数以百计，而我们必定会想象得到，有着非常多的富人在舆论和自己爱护乡土之情的推动下为他们原籍所在的城市慷慨捐输。慷慨捐输的风气产生于希腊的自由城市，而后在希腊化时代、特别是在公元前三世纪和二世纪时曾盛行一时，到了罗马帝国时期，这种风气重新抬头而得以持续，在公元后一、二世纪中最为显著。它随着希腊城市自治生活其他一些特色从东方传播到意大利，再从意大利传播到西方各省。奥地利的一些探勘者在吕西亚的一个小城市里发现一块墓碑，墓主名叫鄂普腊莫阿斯，是罗迪亚波利斯人，他为了本城和吕西亚其他一些城市以及吕西亚城市的省议政院（κοινόν）的需要而花费过几百万的钱；当时发现这块墓碑对学者们说来是一个意想不到的启示。也并非只有这一个吕西亚人有这种行径。在东方希腊人地区到处都出现这类人物；其中最著名者有斯巴达的尤留斯·欧里克勒斯和他的子孙，还有雅典的埃罗德斯·阿提库斯，这些人都是在文献中和铭文资料中得到称誉的。值得注意的是，这个运动的领导人物都是一些受过良好教育的人，是当时的知识分子，诸如波勒蒙、达米亚努斯和埃罗德斯·阿提库斯之类的家道富裕的“诡辩家”。罗马城的新权贵阶级，意大利和外省的元老院议员和骑士（小普利尼曾在他的书札中提到他所捐赠的财物和基金，这是人人都知道的），外省新城市的权贵阶级，以及高卢、西班牙、阿非利加和其他行省的城市里的富商、地主和工业界的老板们，统统表现出这种慷慨精神。在整个公元后一世纪中，尤其是在二世纪上半期，这类捐赠的礼物和基金无论在数额上或在范围上都不断扩大，形成一个普遍的潮流，其中大多数都是自愿捐赠的而不是被迫缴纳的，同时，无数有钱的人都乐于就任为行政长官、祭司、各种社团的主持人和保护人、省议政院（κοινά）中的官员和祭司等，从而我们可以清楚地知道，不仅城市自治精神在二世纪上半期达到登峰造极的程度，而且，无论在东方或在西方，集中在城市资产阶级手中的财富都在不断增多。

这些城市资产阶级，人数多到成千累万，他们分居在帝国的各处，为自己添置大片的田地，积蓄大宗的钱财，在城里有的是房产和铺面，在水陆两路有的是船舶和兽力，可是，他们这滚滚而来的

钱财究竟从何而来呢？关于这个问题，首先要着重指出一点，那就是，在帝国全境之内，富人的人数不断在增多。现在与雅典共和国或罗马元老院的统治时代不同，财富已经不再集中在少数人手中和集中在少数地区了。情况正与希腊化时代一样，我们见到的是财富分散化，如果我们可以使用这种说法的话。某些罗马元老院议员仍然很富，但他们不再同于公元前一世纪时的"富豪"，也不再同于尤留斯氏和克劳迪亚斯氏时代的百万富翁了。在公元二世纪的元老院议员（主要是意大利人或外省城市中人）当中，有钱的人并不少见，但一般说来，他们都是像小普利尼一类的人物，虽有钱而不太阔，大多是地主。可以注意到，在二世纪时，没有提到过一位元老院议员其财富可以与帝国早期那些宠幸人物——如梅策纳斯、阿格里帕、塞芮卡、阿克苔（芮罗的情妇）、纳尔契苏斯、帕拉斯等人——相比。宠幸人物的时代已经过去了。固然，尤韦纳耳还是说起百万富翁在城市权贵阶级中居领导地位这种老话，但这也不过只是一句老话而已。对于他的说法，我们举不出什么人名来加以证实，但对于前此一个时期来说却能举出几十个人名来。

现在，在罗马城可以见到一部分非常有钱的人（大多不是元老院议员而是免奴之辈），而大多数非常有钱的人都在外省，不在意大利：不再有特里马尔基约之流的人了，即使有，现在也不住在康帕尼亚而住在外省的一个什么地方。外省城市里个别市民手中积累起来的财富有时为数甚巨。我们已经列举过吕西亚的鄂普腊莫阿斯、斯巴达的欧里克勒斯、雅典的埃罗德斯·阿提库斯等例子。埃罗德斯的父亲在雅典他家的住宅中所发现的宝藏（我们可以顺便提一句）并不是一宗宝藏，大概就是埃罗德斯的祖父伊帕尔库斯在多米戚安肆行虐政的乱世埋藏起来的金钱(伊帕尔库斯本人为多米戚安害死)。由于缺乏统计材料,我们无法估量鄂普腊莫阿斯以及他这一类的其他人的财产究竟多到什么程度,也无法拿他们的财产来和公元一世纪时的富人的财产或者和现代的大宗财产作一比较。更加重要的是,现在在最想象不到的地方到处都能见到富人,例如在吕西亚的罗迪亚波利斯,或在阿非利加、高卢、西班牙,甚至色雷斯的某一个小城市里都能见得到。如果需要证据的话,那么,在证据方面,我们不仅有二世纪时所捐赠的财物和基金——这些材料需要比较审慎的收集和区分,而且还有那些奢华的墓葬遗址为证。现在我们发现的这个时期最华丽的墓葬遗址并不在罗马城或在意大利而在外省,这难道不是当时情况的一个特征吗?这些遗址可以举例如下:中型城市阿索斯附近的墓葬遗址——这是美国发掘工作队发掘出来并加以复原的;小亚细亚全境那些美丽的墓祠和庞大的石棺,特别是在吕西亚所见到的;鄂耳比亚和潘提卡佩乌姆附近的巨冢以及潘提卡佩乌姆的彩绘岩墓;阿非利加和叙利亚的"灵庙",那是专祭死者的享堂;在叙利亚,则有帕耳米腊地区所特有的塔式墓以及阿勒颇和安蒂奥克之间现已荒废的山区中的五个遗址;高卢全境的雕像墓,特别是在特雷韦附近、在卢森堡和在阿尔隆附近所见者。甚至就是在新开发的多瑙河地区也遇到一些规模宏大、花费繁浩的坟墓;例如维米纳秋姆附近一个有钱的地主的坟墓涂着彩绘,装饰着雕像。凡是花得起钱来修造这些茔墓庙宇,而身后还有足够的遗财来保护茔地和墓园的人,都是积蓄了大宗资财的人。

因此,首先要着重指出,二世纪是这样一个时代,在这个时代

1. 牧人

2. 筛谷

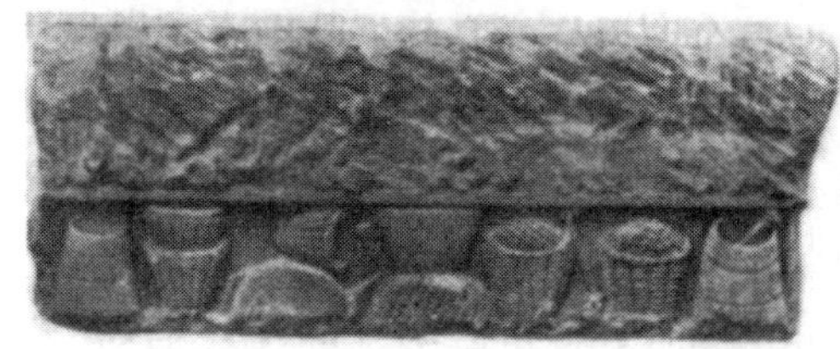

3. 制葡萄酒或苹果酒的用具

4.银行业

5. 衣服买卖

图 24 西方各行省中的实业

图 24 说 明

1. “M.特兰丘斯的免奴牧羊人尤昆杜斯”墓碑座石上的嵌版。美因兹，中央博物馆。《拉丁文碑铭集录》xiii.7070；E.埃斯佩朗迪厄：《罗马高卢浅浮雕图录》（法文）vii，第5824号；《罗马境内之日耳曼尼亚，一本插画地图》（德文），图XXXIX-6。

图中是某个M.特兰丘斯的免奴尤昆杜斯领着一群羊在一个树林里牧放。他的*patronus*〈靠主〉立了一块碑以纪念他，碑上所刻的铭辞说到，尤昆杜斯在三十岁的时候被一个奴隶害死，这个奴隶随即自沉于美因河。特兰丘斯无疑是一个富有的地主，而尤昆杜斯是他的牧人头目，头目之下管领着许多奴隶作为帮手。

2. 莫根恰库姆（美因兹）一个富商的墓碑上的一块浅浮雕。发现于美因兹城墙中。美因兹，中央博物馆。E.埃斯佩朗迪厄：《罗马高卢浅浮雕图录》（法文）vii，第5833号；《罗马境内之日耳曼尼亚》（德文），图XLII-6；S.赖纳赫：《希腊罗马浮雕图谱》（法文）ii.71，5。

我们看到一个人在筛谷，另一个人把一筐已经筛好的谷子搬走。

3. 阿杰丁库姆（桑市）地方一座墓碑的一段雕花腰线的残片。桑市，收藏在博物馆。G.朱利约：《桑市高卢罗马文物陈列馆》（法文），第97页和图VII；E.埃斯佩朗迪厄：《罗马高卢浅浮雕图录》（法文）iv，第2852，2853号。

制葡萄酒或苹果酒用的各种器具：四个空的筐子，两个盛满果子的筐子，一个木箱，四个擂钵（其中两个带着杵），一把叉子，还有三堆东西，朱利约认为那是*le marc de raisin*〈榨干了的葡萄渣〉。

4. 努马展（特雷韦）地方的一块浅浮雕，一座墓碑的一部分。特雷韦博物馆。赫特芮尔：《邦立特里尔博物馆便览（附插图）》（德文）（1903年），第16页，13；E.埃斯佩朗迪厄：《罗马高卢浅浮雕图录》（法文）vi，第5148号；《罗马境内之日耳曼尼亚》（德文），图XLI-3；S.赖纳赫：《希腊罗马浮雕图谱》（法文）ii.91，3。

一个银行家或地主和他的两个助手，都把髭须剃净，穿着罗马服装，正在收四个农民的付款，那四个农民都留着胡须，穿着标准的乡下人那种半克勒特式的衣服。

5. 伊杰耳(在特雷韦附近)地方塞昆迪纽斯氏的墓碑上的一块浅浮雕。德腊根多尔夫和克吕格尔:《伊杰耳出土墓碑》(德文)(1924年),图 X-1 和摹图 47,第 77 页;E. 埃斯佩朗迪厄:《罗马高卢浅浮雕图录》(法文)vi,第 5268 号,第 443 页;德雷克塞尔撰文,载《德意志考古研究所罗马学组报导》(德文)35,1920 年,第 83—142 页。

衣服买卖。两个人正在看一段衣料。另外四个人和这两个看货的人站在一起。其中一人在他的簿子上记上这段料子。第七个人正走进屋来。

这套图片可用来说明西方各省各行各业都很兴旺。

里,富人或者家道康裕的人遍于帝国全境之内,他们并不是像共和国时期和帝国早期意大利的城市资产阶级那样的朴实的地主,他们是一些阔绰的人物,是一些豪华的资本家,他们总是在本城的社会生活中称雄做主,不仅本城人人知道他们的名字,而且在一个地区之内,甚至在整个行省之内,提起他们的名字也是无人不知的。

他们的财富究竟从何而来,这是一个非常有趣的问题。财主是不可能由皇帝们随心所欲造成的。皇帝们的政策自然是使这些人在城市事务中掌握最大可能的势力。遗憾的是,我们还见不到一部涉及这个问题的学术著作。没有一位学者致力于收集有关二世纪中的富翁、其收入来源以及经济活动的性质等方面的资料。细心地钻研这个题目准会得到很好的成果。我们所掌握的知识是相当丰富的。就我所收集的材料来看,我可以作出这样的判断:大宗财产的主要来源仍和以往一样是来自经营商业。经营商业所获的钱财再通过放债而增多(放债大多采用抵押的方式),同时也投资于土地。在商业以及与此密切相关的运输业之外,工业也是一种生财之道;不过,虽然某些财富无疑是由于经营工业而挣来的,工业总还是占次要地位。二世纪的商业和运输业的发展状况非常有趣。在前几章中我们谈到了以往的某些旧现象，对于那些现象我们已经有所认识，但现在我们发现在那些旧现象之外出现了一些新情况，这是一世纪时差不多未曾见过的。

二世纪的商业仍和以往一样是一种世界性的商业，而范围较前更大。罗马帝国同它所有的邻邦以及一些居地并不接壤的民族统统发生了商业关系。高卢、多瑙河流域、日耳曼尼亚等地彼此之间商业往来很活跃。罗马工业制造品甚至远及斯堪的纳维亚地区和波罗的海沿岸，而且其数量相当多。罗马的商业从多瑙河畔伸展到了第聂伯河流域，根据罗马钱币的出土，以及根据在这个流域的古墓中经常发现公元一、二世纪时的罗马陶器和玻璃器的情况，可以看出罗马商业在这里曾经占很重要的地位，并且在整个二世纪中一直保持着这种地位。黑海沿岸的希腊城市，特别是鄂耳比亚、克尔索讷苏斯、潘提卡佩乌姆和塔奈斯，在整个二世纪中又再度繁荣起来了。鄂耳比亚和潘提卡佩乌姆同黑海南岸与西岸都有联系。博斯普鲁斯王国仍然出口大量谷物和其他原料（尤以皮革、鱼和大麻为多）。这些出口货物一部分直接输往那些希腊城市，而大部分则通过黑海南岸与西岸的城市而输给多瑙河上和卡帕多细亚地区罗马军队的常驻营地。每当皇帝们必须把大批军队从东方调往西方或从西方调往东方的时候，这种输出货物的数量自然增多起来，如韦斯帕西安、多米戚安、图拉真和M.奥雷留斯时代都有过这样的情况。罗马军队保卫鄂耳比亚以及克里米亚的许多城市，特别是其中已经成为俄罗斯南部罗马势力主要中心的自由城市克尔索讷苏斯，以防御草原上居民的入侵，由这件事可以看出俄

罗斯南部对于罗马帝国关系甚重。我们不知道博斯普鲁斯商人和鄂耳比亚商人在把俄罗斯中部的商品(毛皮和蜡)与亚洲的商品运往罗马帝国方面究竟起过多大作用。但是,这种贸易肯定存在过,并且它曾使当时称霸于南俄罗斯草原与高加索一带的萨尔马特部落发财致富,也曾把俄罗斯南部同中国的大丝路联系起来。俄罗斯南部的商业一部分集中在博斯普鲁斯国王以及博斯普鲁斯和鄂耳比亚的商人们手中,一部分集中在锡诺普、阿米索斯、托米和伊斯特鲁斯商人们的手中。

至于说到南方和东南方的商业,那么阿非利加方面同撒哈拉各部落的贸易实际上并不重要。输入阿非利加、努米底亚和毛里塔尼亚等省的有一些奴隶,大概还有一些象牙;此外则有大批的野兽,准备送去陈列给民众观看和运往当时各地都设有的斗兽场里去送死。非洲杉木也是有名的制桌案的材料。较重要的是南方埃及同梅雷王国、同阿比西尼亚(阿克苏姆)之间的贸易以及通过这些半开化国家同非洲中部地区进行的贸易。从梅雷发现的遗物可以看出罗马帝国是用埃及工业制造品来偿付非洲中部所输出的商品的。但是,最重要的还是埃及、特别是亚历山大里亚同阿拉伯的贸易,以及——一部分通过阿拉伯,一部分直接地——同印度和通过印度同中国之间的贸易。前一章中已经谈到过这个题目,但此处还需补充几句,罗马帝国的商业这时候不仅抵达印度河流域,而且还抵达印度支那和苏门答腊,罗马帝国同印度和中国之间的贸易也不断发展,并变成了十分正规的贸易。而且,这不再只是奢侈品的贸易了。虽然进口货中无疑还有一些是奢侈品,但大部分则是棉花和调味品之类的商品。从罗马帝国出口到东方去的商品性

质也与以前不同了。其中一部分是原料和食物(如铁和谷物等),而主要的一部分则是亚历山大里亚的工业制造品。在罗马帝国同印度和中国之间积极从事货物交流的经手人就是亚历山大里亚的商人。如果没有他们,同印度的商业也许就不会存在。

近年来发现的材料使我们认识到,早在托勒密王朝时期即已同索马里兰沿海一带、同阿拉伯、同印度进行频繁的贸易,而这些贸易到了罗马人时代组织得比以前更好。我们在科普托斯发现一张公元 90 年制订的关税表,载着沿途得到保镖时所应缴纳的税额,这张表证实了在科普托斯与贝雷尼切之间的沙漠通道上商业往来很频繁。旅客之中大多数是航海船长、保镖部队的军官、技术熟练的工匠、海船上的木匠和水手等,这些人都是红海商船队上的人(那些航海船长被称为“红海船长”)。帆桅和帆桁也在运输品之列。有的地方提到了兵士们的妻子,可以证明部队驻扎在贝雷尼切。这些兵士大概一部分属于保护这种商业的舰队的人员编制。在科普托斯与贝雷尼切之间的沙漠中修通了一条大道,沿途掘井引泉,并设置屯戍驿站:所有这些事务都由 *Arabarches*〈埃及税务官〉和贝雷尼切山区行政长官负责主管。每一队沙漠商队都由罗马官方的武装部队保镖,在这种部队中很倚重阿拉伯人,因为他们自幼熟习沙漠。对于西面绿洲与法尤姆之间的商旅以及法尤姆与埃及之间的商旅采取了类似的措施予以保障。对于尼罗河和各运河上的航行,有一支组织健全的河道警察部队予以监护。这一整套制度直到公元五世纪时仍然残存着。此外还发现一些材料使我们对于东方与非洲的贸易经纪人的情况略见一斑;从梅达木特

1. 赶骆驼者和骆驼

3. 中国的闪米特行贩

2. 中国的波斯行贩或乐人

4. 中国的外国商贩

图 25　沙漠商队在远东经商

图 25 说 明

1. 中国的陶俑。芝加哥自然史博物馆。B. 劳弗尔于 1908 年得于西安府；发现于陕西省省会西安府附近的一座墓中。未曾发表过。属于唐代，7—8 世纪。承芝加哥自然史博物馆馆长惠许在此发表。承 B. 劳弗尔博士对该俑加以说明。

驮着东西的骆驼正跪在地上。一个中亚人，大概是一个突厥人，穿着羊毛衣和外氅，跨坐在两个驼峰之间，把那畜牲赶起来。那骆驼驮着两个沉重的包捆，挣扎着爬起来，正喘着气。筋肉的紧张姿态刻画得很逼真。

2. 中国的陶俑。宾夕法尼亚博物馆。未曾发表过。属于唐代。本图及图 4 的照片均承宾夕法尼亚博物馆东方艺术部主任霍勒斯 · H. F. 杰恩惠赠，并承加以说明。

一个小贩，左腋下夹着一包货样，右手里大概有一只喇叭，用以招揽生意；小贩们还靠吹这种喇叭以宣告他们来到某处。人头的形状以及浓密的髭须表明他是西亚人；大概是一个波斯人。他戴着一顶尖顶高帽，穿一件短袖衫，领口开成 V 形，系着一条软料长带，绑长筒护腿，着软靴。这类型的人像是最常见的。例如，参考《欧莫佛泡洛斯氏藏品中之陶瓷》（英文），i，第 195 号，图 28；第 297 号，图 44；第 298 号，图 44。C. 亨兹把那些人像认作乐人，他们正在吹奏左腋下所挟的喇叭（C. 亨兹：《中国墓俑》（英文），1928 年）。

3. 中国的赤土陶俑。伦敦，不列颠博物馆，乔治 · 欧莫佛泡洛斯藏品。H. L. 贺布森和 A. L. 赫瑟林顿：《中国陶器艺术》（英文）（1923 年），图 17；《欧莫佛泡洛斯氏藏品中之陶瓷》（英文）i，第 196 号，图 35。参考 C. 亨兹，前引书，图 17B。属于唐代。

一个小贩或一个奴隶，肩上紧背着一个包袱，左手拿着一把壶。他戴着一顶西域式的帽子，帽顶上覆着一块头巾，衣领开成 V 形，边缘有皱褶，系带，绑护腿；他的面貌像一个闪米特人，蓄须。以上引自贺布森在欧莫佛泡洛斯氏藏品图目中所作说明，略加修改。

4. 中国的赤土陶俑。宾夕法尼亚博物馆。未曾发表过。属于唐代。

与图 2 相似。服装相同。头面有异：其形态与欧莫佛泡洛斯氏藏品中著名的赤陶人像(属于六朝时代者)非常近似,有些人认为在那些人像中可能找得到一个印度人。请看《欧莫佛泡洛斯氏藏品中之陶瓷》(英文),i,第171号,图25;参考塞利曼撰文,载《人》(英文),1924年,8月。但我们的这个人像可能是一个突厥人。一个与此相似的人像见C.亨兹:《中国墓俑》(英文)(1928年),图74B。

上述这些赤土陶俑都是陪葬品。它们用以供给死者在阴间所需要的一切男女牲畜;或者它们都是供祭的牺牲。C.亨兹在他的名著《中国墓俑》(英文)(1928年,原版为法文)中有力地支持了后一种看法。其所以用骆驼陪葬,是因为它们可以替死者供应那些由沙漠商队运进中国的商品。其所以会有那些小贩(如果他们是小贩的话),大概也可以用同样理由来解释。那些乐人、舞人、伎人、仆人以及各种妇人更无需解释。值得注意的是,差不多所有的陪葬者都是外国人,其中大多数是中亚、印度和西亚等地人。参考C.亨兹,前引书,第51页起。虽然这些中国陶俑在时间上距罗马帝国早期已相当晚,但我在此处复制这些图的目的在于说明中亚的商业概况。就是这些骆驼和赶骆驼者,无疑地也就是这些行商游贩,他们同样地游历过亚洲西海岸,南至安息,北至南俄罗斯。可能,在汉代和唐代,这些沙漠商队曾把商品从西方运到中国,如织物就是大宗;参考科兹洛夫上校在蒙古所发现的一世纪初的新物件(请看拙著:《汉代的嵌花青铜器》(英文)(1927年),第54页起;拙著:《南俄罗斯和中国的动物姿态》(英文),图XXIV和XXIVa,第110页;参考《1929年1月12日至4月2日中国工艺展览会上的中国工艺品》(德文),第438页起,第1216—1272号)。

的一篇碑铭可以看出托勒密时代船主和商人们的行帮组织一直到公元三世纪时仍然存在。这篇碑铭以及另外一些久已熟知的碑铭都证实了在公元三世纪时有一支舰队驻在红海;不过,这支舰队建立于何时尚不能确定。普利尼(《博物志》,vi.101,105)似乎还不知道有这回事:他只谈过开往印度的船队上派有弓箭手作为保镖一事。

亚历山大里亚对外贸易的发展并未扼杀阿拉伯与叙利亚的沙漠商队的贸易。从阿拉伯的佩特腊遗址可以看出,该城并入罗马帝国(公元106年)以后的一段时期绝不是它走下坡路的时期。大家都知道,图拉真从叙利亚修了一条康庄大道通到红海之滨。叙利亚的帕耳米腊也是以二世纪为其最繁荣的时期;安息的京城底格里斯河上的忒息丰的发展辉煌可观,这又提供了另一个证据。最精彩的帕耳米腊的雕刻、最美丽的建筑物、最豪华的墓葬以及大多数的碑铭——包括那著名的关税表在内——都证明商业曾十分繁盛,远及阿德里安和安东尼努斯·皮攸斯统治时期以后很久,这种繁盛现象犹能保持不衰。这是不足奇怪的,因为图拉真远征安息人既已取得胜利,而阿德里安和安东尼努斯的和平政策又长期保障了帕耳米腊方面的贸易得到安定的发展。帕耳米腊和佩特腊两地的贸易完全掌握在本地商人的手中,这些商人积累了大笔财富。正同经营上述贸易的博斯特腊、费拉德尔非亚(安曼)、杰腊萨和杜腊等地一样,这两个城市也有着奢侈的墓葬保留下来的美丽遗址,从而使我们可以看出这两个城市的商人们是何等的豪华阔绰。财富通过这些商人流向安蒂奥克,流向叙利亚、腓尼基、巴勒斯坦和小亚细亚等处沿海各城市。

但是,不论对外贸易对罗马帝国是多么重要,各行省的财富却并非由于对外贸易得来的。哪怕就是在埃及和叙利亚这种地方,各省之间的货物交易,作为一种收入来源来说,其重要性至少也不在对外贸易之下。就埃及而言,谷物、亚麻布、纸张、玻璃以及亚历山大里亚那些部分用外地进口原料制造的工业品(象牙和乌木器具、香水、珠宝)等等方面的商业,与转运印度和中国进口商品的商业是同等重要的。就叙利亚而言,有它的玻璃器、亚麻布以及用地道的提尔紫染色的呢绒,其情况与埃及也是一样。帝国各地沿海和沿河的大城市主要的生财之道就在于进行省际的贸易，而这种商业差不多完全是交易生活必需品。我们见到二世纪以来的碑铭涉及当时人们职业者数以百计。其中有许多碑铭告诉我们一些商人的称谓（如粮商、*negotiatores*〈钱庄经理〉），甚至告诉我们这些商人从事何种专门的行业。如果我们从这一大堆称谓中抛掉那些有关各城市零售商贩的名称不管，而仅仅只算计一下那些批发商人——进口商和出口商——那么，我们就会看出其中大多数人经营的是食品，特别是谷物、葡萄酒和油，以及五金、木材、布匹、陶器等商业。许多行省都输出谷物，尤以埃及、阿非利加、撒丁、西西里为著，高卢和西班牙输出量也很大。希腊的粮食是由小亚细亚和南俄罗斯供应的。这时候质量最好的橄榄油以西班牙产量最大，运销高卢、不列颠、意大利及其他各地。阿非利加的橄榄油在质量上虽比不上西班牙的产品，但其价格无疑地较为低廉，因而用于点灯和化妆等方面。这时候最上等的葡萄酒则产于意大利、希腊、小亚细亚和高卢。把各省输出的和输入的商品一一列举出来并不困难，不过从这样一个统计中得出的主要现象将会是：奢侈品在大宗批发贸易中几乎毫无地位，大宗批发贸易差不多专门经营生活必需品。

所有这些商品的消费者是些什么人呢？这么多的谷物、肉类、油和葡萄酒从这儿运到那儿究竟是为了谁呢？毋庸多说，只要精密地研究材料就可以看出，消费量最大的是皇帝征收的公粮，而大多数商人——他们往往同时又是船主和堆栈主人——都在为皇帝的利益而忙碌，也就是说，都在为罗马城的居民和军队而忙碌。我们得到这样一种印象，首先是由于研究了那些谈到商人和船主——海上的 *navicularii*〈船主〉和湖泊河流上的 *nautae*〈船家〉——的 *collegia*〈帮会〉的碑铭。这些帮会大多数得到国家的承认,甚至得到国家的照顾,因为它们对于国家是有利的,或者说多少是国家所不可缺少的。毫无疑问,同一行业的人自然会产生结社、集会和促进本行业利益的愿望;但同样无疑的是,如果这些组织无益于国家,那么帝国政府就不会予以承认,更谈不上予以保护了。不仅首先得到承认而且还首先获得保护和特权的帮会就是商人和船主的帮会,这件事是值得注意的。早在希腊化时代,至少在埃及一地,像这类的组织已经在为国家效力了。罗马人在亚历山大里亚继承了这种关系。很自然的,他们要把这种关系推广到罗马、奥斯蒂亚、普特约利、阿魁累亚等地已存的组织中去,和推广到高卢、西班牙和阿非利加等地正在发展的组织中去。同一个有组织的、人员熟习的团体打交道,比起同一群漫无组织的陌生者打交道要容易得多;而帝国行政当局如果没有这种组织的帮助就根本无法解决运输大量笨重物资这一极端棘手的问题。克劳迪亚斯曾把某些特权许赐船主和粮商团体中的个别成员,由此可见早在这位皇帝时代,组织商人和船主的工作即已推行甚力。并且,奥斯蒂亚剧场后面的大廊道被指定为与 *annona urbis*〈城市口粮〉有关的同业公会的办事处,这件事很可能也是在克劳迪亚斯在位时期:我们现在所见到的这个大廊道已经是塞普提米攸斯·塞韦鲁斯时代的规模了。皇帝们为了照顾城市口粮和军队,自不免时时强迫征调粮谷,大概也同时对商人和船主的团体施加强大的压力。不过,据小普利尼所说(*Paneg*〈颂词〉29),在开明君主政体下,一般并不强征谷物而是用收购的办法,利用那些组织团体服役的时候也只采取开明的方式。

1. 意大利的港口

2. 伊西斯-杰米尼亚娜号

图 26　罗马帝国早期的贸易

图 26 说 明

1. 罗马托尔洛尼亚藏品中的浅浮雕。罗马，托尔洛尼亚博物馆。C. L. 维斯孔提：《托尔洛尼亚博物馆的文物》（意大利文），第 430 号，登录 110；Th. 施赖贝尔撰文，载《德意志考古研究所年报》（德文）11，1896 年，第 99 页，图 6；S. 赖纳赫：《希腊罗马浮雕图谱》（法文）iii，第 344 页，4。关于摹写意大利和外省各地的港口的图画和浅浮雕，请看 K. 累曼—哈尔特累本：《地中海的古代港湾建筑》（德文），载《克莉约》（德文），增刊 14，1923 年，第 233 页和第 235 页起。关于希腊罗马时代的商船，请看 A. 克斯特尔：《古代的海上事务》（德文）（1923 年），第 151 页起，尤着重第 175 页，图 42。

这幅浅浮雕所描绘的是一艘大商船进港的情形，港内有一艘较小的、大概属于同一船主的商船正在卸下它所装载的酒瓮。两船之间站着水神芮普土努斯。在岸上可以看到一座巍峨的灯塔，灯塔的第四层顶上立着一座皇帝雕像，扮作古英雄姿态，还可以看到一座高大的凯旋拱门，门顶上装饰着一辆四象车，车中载着一位皇帝，他的手中拿着棕榈枝。大船舱顶上，船主及其妻子，还有船长（?），正在供祭牺牲，感谢神灵。在那些建筑物之间可以看到某些神像——一个港埠的城隍娘娘头上顶着一座灯塔（亚历山大里亚?），站在一个花圈上的罗马神鹫，罗马城元神（?），还有酒神利贝尔（即巴库斯）。我们看到那小船帆篷下面有一只大眼睛（驱邪的神眼，参考图 46-1）。这幅浮雕并没有准定地描绘意大利的某一个港口。它所画的是一般港口的通貌。但是，图中的细节却暗示它指的是奥斯蒂亚港或图拉真港。因为那罗马神鹫，那大船帆篷上的母狼和一对双生子的图，那船尾上的维纳斯（和战神马尔斯?）以及爱神的像，还有酒神利贝尔下面那河神宁妃的像等等可作标识。这块浮雕是一个葡萄酒商的献神之物，或是他的招牌。请注意酒神利贝尔的像，大船船头上也有他的像，小船船头上也有他的半身像，大船帆篷上还有 *V*（*otum*）*L*（*ibero*）〈向酒神利贝尔许愿〉两个字母。关于这幅浅浮雕和两只船的详细说明，见上面所引书籍和论文。最近在奥斯蒂亚发现了一块类似的浅浮雕（G. 卡尔扎：《萨克腊岛上罗马港的墓地》（意大利文）（1940 年），第 203 号，图 7）：那幅浅浮雕也描画一只船进港，船主和船长平安抵岸以后落在一个旅店里。

2. 奥斯蒂亚一座墓碑上的水彩画。罗马，梵蒂冈。复原图。画的左段遗失。该画发现后即发表于《罗马考古情报研究所年报》(意大利文)，1866 年，图 1；B. 诺加腊：《阿尔多布拉齐尼的婚姻等》(意大利文)，米兰(1907 年)，图 XLVI；S. 赖纳赫：《希腊罗马古画图谱》(法文)，第 273 页，1。

画的左段画着一个很大的财神梅尔库里攸斯的像以及他的随身法物。我们从这剩余部分看到一艘小商船正在装载一袋一袋的谷物。船尾附近写着船名，*Isis Geminiana*〈伊西斯-杰米尼亚娜号〉。船尾上站着船长，并记着他的名字，*Farnaces magister*〈船长法尔纳策斯〉。一个脚伕当着两个人的面把一个小袋(上写 *res*)里的谷子倒入一个大袋，那两个人中间有一个人的头顶上写着他的名字，*Abascantus*〈阿巴斯坎土斯〉。另一个脚伕在船头上等着，举起他的右手，口里说 *Feci*，同时还有另外两个脚伕从岸上把袋子搬上船。这船大概是专门装运 *annona*〈公粮〉的。阿巴斯坎土斯(那位 *navicularius*〈船主〉)大概既是这船的主人，又是墓中的死者。他身旁是一个公吏，即 *mensor frumentarius*〈粮吏〉。

情况诚如上述，但是，我们必须注意，不要过分偏重问题中的这一方面。皇帝征收公粮固然是省际贸易的主要动力，收购和运输大量谷物、油、葡萄酒、肉类、鱼类、木材、皮革、五金和布匹固然是为了满足来因、多瑙和幼发拉底河上驻军的需要，运购其中某些商品也固然是为了满足首都的需要；但是，需要富商大贾和有钱的运输商帮忙的并非仅仅只有公粮一项。许多大城市，尤其是东方的城市，如果得不到外地运来的粮食，都会要发生饥荒；同时也不可能每个城市都生产许多工业制造品。希腊各城市经常提到购粮官，这就表明粮商们不仅仅供应公粮而已，他们还有另外一些同等重要的顾主。

各省间的商业当然在一世纪时即已存在，但到二世纪时规模却大得多。这时候，几乎在帝国每一个行省里都有正在发展中的

图 27　帝国时代前期的商业：罗马的石棺

图 27 说明

1. 一具刻合婚图的罗马石棺上的浅浮雕。罗马，温泉博物馆。R.帕里贝尼撰文，载《艺术公报》（意大利文），1909 年，第 291 页起；同作者：《迪约克勒戚安温泉和罗马国民博物馆》（意大利文），第 142 页，第 287 号；《拉丁文碑铭集录》vi. 29809。属于公元三世纪。

图中正在举行婚礼。中央部分包括丈夫、妻子、合婚神天后尤诺，和一个蓄须的人带着一个卷子。丈夫的脚边有一束卷子（他的账簿）。在这中央部分两旁的是象征性的人像。站在左端的是罗马大港的化身，Portus（在这像的顶上刻着 *Portus*）；她的右手端着那著名的灯塔。她身旁是另一个化身，那是一个戴着王冠的妇人，面朝右方，拿着一块小牌子给她的同伴看；她的左手拿着一件相当长大的东西，其形如桨。我想她应当是 *Liberalitas*〈君子之风的化身〉或 *Frumentatio*〈粮秣的化身〉，尽管在帝国钱币上所见到的传统的 *Liberalitas* 像（钱币上从未见过 *Frumentatio* 的像）并没有本图中所见的这些法物。这两件法物也许就是 *tessera frumentaria*〈粮符〉和 *mensores frumentarii*〈粮吏〉用来在 *modii*〈量器〉上推平谷物的小棒（*rutellum*〈刮斗板〉）。罗马时代的碑阙上经常见到量器和刮斗板的图形，墓碑上尤其多见。最好的例子发现于波洛尼亚；布里齐约撰文，载《古物发掘简报》（意大利文），1898 年，第 477 页，第 14 号；G.达洛利奥：《波洛尼亚附近雷诺河床中罗马露圹碑文》（意大利文）（1922 年），第 118 页，第 58 号，图 26，一个 *mercator frumentarius*〈粮商〉的墓碑。布里齐约和达洛利奥已将所有见到量器和刮斗板的碑铭搜集在一起；参考奥斯蒂亚地方的 *porticus annonaria*〈谷仓〉上的镶嵌细工（帕斯凯托：《奥斯蒂亚》（意大利文），第 332 页；G.卡尔扎撰文，载《罗马市考古委员会公报》（意大利文）43，1915 年，第 187 页，第 5 号，和卡尼亚所撰文，载达伦堡—萨格利约：《希腊罗马古物辞典》（法文），iii. 2，第 1727 页）。中央部分右边的象征性人物像是拿着 *cornucopiae*〈富饶角〉和桨的 *Annona*〈收成的化身〉，她的围裙里兜着水果和谷穗，身旁有一个满盛谷穗的量器，还有一个人物像是 Africa〈阿非利加的化身〉（如铭文所示），右手拿着谷穗，她的头上，像通常所画的那样，是一个大象的头皮；紧靠着她身旁的是

另一个盛着谷穗的量器。这类人物像在帝国钱币上经常见到。这个男主人大概是一个 *mercator frumentarius Afrarius*〈名叫阿弗腊里攸斯的粮商〉(《拉丁文碑铭集录》vi. 1620),或者是一个帮着收粮谷的伙计。

内部贸易,它们差不多全是新兴的。当然,也不能说全部都是新兴的。如埃及、希腊、小亚细亚和叙利亚的水陆交通一向就很方便;这些地区(如今已成为罗马的行省)境内货畅其流已有数百年之久了。又如高卢,由于当地水道纵横,又有保持得很好的天然道路网与之配合,所以也早已有内部的贸易。但是,对于西方绝大部分地方——包括阿非利加在内——来说,以及对于东方许多地区来说,只有在帝国统一之下才有可能产生内部商业。水陆航运几乎完全保证安全无恙,高额关税业已取消,尤其是罗马大道纵横连属蔚为壮观,这一切都促使各省的商业达到空前未有的繁荣局面。而这一发展的本身又反过来有力地刺激了各城市内部商业的兴起,外省大多数城镇中那些提及零售商和店东的碑铭为数之多以及他们的店铺遗迹都正好表明了这一现象。

省际贸易和各省内部商业的增长正是商业倾向分散化的一种征兆。这个趋势极为显著。意大利曾经从希腊人的东方那里继承了商业活动中的统治地位,并且卓有成效地保持这种地位将近二百年之久,在这段时期内意大利在发展商业的同时,一并发展了它的农业和工业,而现在呢,它正在逐渐丧失这种统治地位。固然,意大利商人仍然掌握着多瑙河流域的市场,他们仍然输出若干意大利的产品,他们仍然在罗马城组成一个庞大富裕的阶级,但是,他们不能防止外省商业和外省商业阶级的成长,甚至不能防止后者之征服意大利。普特约利是共和国时期最大的港口,尤其是意大利对东方进行贸易的最大港口，它在商业和工业两方面都曾是提洛斯的继承者，又是亚历山大里亚的竞争者，如今普特约利却逐渐衰落下来，这就非常显著地表明了意大利商业的凋敝，特别是南意大利商业的凋敝。通常认为普特约利的衰落是由于皇帝克劳迪亚斯在奥斯蒂亚开筑一个人工港的缘故，这个人工港曾被芮罗扩建过，又被图拉真重修过。但单独这一件事不足以说明该城市的衰落。正如G.卡尔扎所指出的，奥斯蒂亚在帝国早期就不是一个被人忽视的地方。它是国家把粮食（公粮）从外地——主要是西方各省——运入意大利和罗马城的一个最大的意大利港口。来自西班牙、高卢、撒丁和阿非利加的船只在奥斯蒂亚港内得到设备周全的供应，帝国早期在该处的"同业公会会馆"和大规模的堆栈正证明了这一点。这个城市在公元前一世纪和公元后一世纪中不断发展，这就证实了它的重要性。尽管如此，在公元后一世纪时，奥斯蒂亚还是不能和普特约利匹敌，它不能把东方或西方来的私商吸引到它的港口里来，甚至不能把亚历山大里亚的供应船队招引到它的港口里来。原因在于，普特约利的港口虽不见得胜过奥斯蒂亚，但对于商人和船主们说来，其地理位置却要比奥斯蒂亚好。它的位置之所以见优，是因为就商人们看来康帕尼亚的市场比罗马城的市场更为有利可图，因为在普特约利容易找到回头货运，但奥斯蒂亚则因罗马城始终不是一个重要工业中心而无此便宜。

普特约利之衰落与奥斯蒂亚之藉此而兴起，这件事说明原来的情况有所改变。最足以证实这个康帕尼亚港口衰落的材料，见于该城中一件提到提尔庄号〈*statio*〉的碑铭，这碑铭是大家所熟悉的。这个一度兴旺的庄号现在却承认它早先设在奥斯蒂亚和罗马城的分庄有至高无上之权，而卑躬屈节向那里求款。毫无疑问，商业的主流已经离开了普特约利而到了奥斯蒂亚。这个变化的唯一理由就是普特约利已经丧失了它早先胜过奥斯蒂亚的优越性，也就是说，它已经不再有供应回头货运的能力了。康帕尼亚的货物——葡萄酒、油和工业制造品——显然不再足以招引大批商人到这个港口来了，其所以如此，只可能是由于在消费者附近的地区已经生产康帕尼亚的特产品，而且其质量更优，价格更廉——并非由于罗马城和奥斯蒂亚开始生产这些货物，这样设想显然是不合事实的。奥斯蒂亚仍然和它以往一样，是输入罗马城所需要的供应粮食及其他货物的一个最大的进口港。

当奥斯蒂亚藉打击普特约利而兴起的时候，外省的商业也同时藉打击意大利各处的商业——乃至包括奥斯蒂亚在内——而发展起来。皇帝的公粮供应部门规定由高卢的商人和运输商供应海陆军所需要的谷物、葡萄酒、油、木材、皮革、麻绳、五金、衣服、靴鞋、武器等物资，比之依靠意大利商人要容易得多，因为前者熟悉当地市场情况，并且在手头掌握了大量的河海船舶以及其他运输工具。兵士们所需要的大部分物品在高卢、不列颠、西班牙和阿尔卑斯山区都是就地现成的（如木材、沥青、五金、皮革），同时，像在高卢这样一个天然资源如此丰富的地方，很容易发展一些新的工业和农业生产，如种植葡萄，养蜂，制造衣料、靴鞋、肥皂之类。我们经常谈到高卢的水道纵横成网，而且，它的南、西、北三面沿海都有良好的海港，因此，高卢商人很便于——比意大利商人方便得多——聚集各地物产，不仅是高卢本地的物产，并且还有邻近各省的物产，有些来自里昂和特雷韦一带，有些来自来因河下游各城市

1. 酒肉零卖业

2. 一个零售商人

3. 运酒

4. 一个鞋匠

5. 一个制药坊或肥皂店

图 28 高卢的工商业

图 28 说 明

1. 一座大墓碑上的残片。发现于第戎附近之提耳—夏特耳。第戎博物馆。E. 埃斯佩朗迪厄:《罗马高卢浅浮雕图录》(法文)iv,第 3608 号;S. 赖纳赫:《希腊罗马浮雕图谱》(法文)ii,第 221 页,3。

两个零售店。左边的一家(保存完整者)是酒店。店主坐在他的柜台后面,柜台上放着三个盛酒器,酒就从器里通过管子传送给顾客。一个顾客正在买酒,店主把酒注入一个盛酒器内,顾客用他自己带来的瓶子接酒。店主身后的墙上挂着各种容量不同的量酒器。酒大概是从柜台后面的瓮里舀出来的。第二个店是一家 *charcuterie*〈猪肉铺〉。一个男孩坐在柜台后面,那后面挂着三捆腊肠,三个猪头和三副火腿。柜台外面立着一个大木桶(盛着猪油?)。请注意,第戎是勃艮第的首府,迄今这儿还是一个著名的产酒区和一个酒业大集散地。

2. 一个商人的墓碑上的一块浅浮雕。利尔邦(尤利约博纳,卡勒提)。卢昂博物馆。E. 埃斯佩朗迪厄:《罗马高卢浅浮雕图录》(法文)iv,第 3097 号;S. 赖纳赫:《希腊罗马浮雕图谱》(法文)ii,第 303 页,4。

这座碑两面都有雕刻图形。其一面是夫妻二人的像。另一面的左半部画的是那丈夫在他店里的柜台后面。他经营百货(香粉等化妆品)生意,货物盛在大大小小的匣子和各种各样的瓶子里。右半部画的是他的妻子,臂中抱着一条小弄犬。

3. 一块五角形大石碑的一面上的浅浮雕。朗格勒(林哥讷斯)。朗格勒博物馆。E. 埃斯佩朗迪厄:《罗马高卢浅浮雕图录》(法文)iv,第 3232 号;达伦堡—萨格利约:《希腊罗马古物辞典》(法文)iv,第 1561 页。

一对骡子拉着一辆沉重的四轮大车,车子造得很精巧,车上载着一个大瓮。赶车人穿着一件很沉的高卢式大氅,戴着标准的头巾,坐在赶车的座上,手里拿住缰绳和一根长鞭子。在这块石碑的另一面画着一个人拿着一条链子(链头上有一个钩子),套住这两匹骡子正往马房里赶。这位死者显然是一对骡子的主人,这对骡子使他在营业中得力不小,他为此而感到心满意足。参看 C. 朱利安:《高卢史》(法文),v,第 154 页起。

4. 一块墓碑上的浅浮雕。兰斯(杜罗科尔托鲁姆,雷米)。兰斯的医院。E. 埃斯佩朗迪厄:《罗马高卢浅浮雕图录》(法文)v,第3685号;S. 赖纳赫:《希腊罗马浮雕图谱》(法文)ii,第302页,3。

一个鞋匠在他的店里,跨坐在一条板凳上,正在制一只(木料的?)鞋子(板鞋)。他的工具一半挂在墙上,一半放在板凳下面的一只篮子里。

5. 还愿碑。格兰德。厄比纳耳博物馆。E. 埃斯佩朗迪厄:《罗马高卢浅浮雕图录》(法文)vi,第4892号;S. 赖纳赫:《希腊罗马浮雕图谱》(法文)ii,第222页,1。

一个妇人(女神?)拿着一个 *patera*〈盘子〉和小木板,坐在一个壁龛里。她的右边是一个炉子,炉子上一口锅,锅上放着一个木盆,盆下垫着一块平板。盆里伸出一把勺子。壁架上放着两个球状物。女神的左边有四个木盆,一个叠着一个。右角里有一个女孩正在搅拌一个木桶里的东西,木桶钉住在墙上。这或许是一个制高卢皂(*sapo*)的作坊,还有那保护制皂业的女神天后尤诺?请看 C. 朱利安撰文,载《古史学评论》(法文)19,1917年,第199页起;《高卢史》(法文),v,第263页,注1,并参考《鲍利—维索瓦—克罗耳古典文物学实用百科全书》(德文),ii A,第1112栏起。也许是一个制药坊?高卢皂主要是用来染发的。J. 皮若安教授在一封信里提出,说这幅图画的是一个干酪坊(属于制“caciocavalla〈一种干酪饼〉”作坊一类的)。

(那里又是不列颠产品的集中地),同时他们也很便于把这些产品散销给来因河上的屯戍地。我们还要记住,瑞士与多瑙河流域之间有联系而且有康斯坦茨湖(即 *Brigantinus*〈布里甘提努斯湖〉),加之诺里库姆居民具有极深的克勒特人性格,这都使得高卢商人容易进入多瑙河流域,并且使他们能与意大利商人、与阿魁累亚的港口和达尔马提亚诸城市竞争,至少能在较轻便的商品方面进行竞争。

因此,在二世纪时,高卢的商业同它的农业和工业一起达到了空前未有的繁荣状态。只要阅览一下《拉丁文碑铭集录》第十二卷和第十三卷中那些碑铭,以及研究一下埃斯佩朗迪厄刊印高卢所发现之雕塑和浅浮雕的那部洋洋大观的图集，就足以了解高卢工商业发展之辉煌了。例如，里昂的一些碑铭，无论是刻在石碑上的或是刻在各种日常用具（“*instrumenta domestica*〈家具〉”）上的，都反映出这个城市在高卢和整个罗马帝国的经济生活中占着十分重要的地位，特别是那些涉及各种不同商业行会的碑铭尤能看出这一点。里昂不仅是谷物、葡萄酒、油和木材等方面交易的一个大的票据兑换所；而且它还是帝国中制造并分销高卢、日耳曼尼亚、不列颠诸地大多数消费品的最大中心地之一。

与里昂同等重要的是摩泽尔河上的美丽城市特雷韦。特雷韦主要是一个商业城市，其次才算一个工业中心。这儿的商人也和里昂、阿雷拉特（阿耳）的商人一样，大多是皇帝政府的经纪人；他们在高卢收购各种货物，用船沿摩泽尔河运往来因河上诸城市和边塞上的堡寨。他们主要的专业是贩运衣装和葡萄酒。摩泽尔河沿岸一个突出的景色就是有一些非常有趣的墓碑，这些墓碑的形式是由柱形演变来的，它们叙述了特雷韦这个城市在高卢和日耳曼尼亚的经济生活中所起的特殊作用。这些碑大多都刻满了雕像，其中一部分刻的是神话情节，而大多数则是详尽地刻画建碑者的事业和私生活，这些建碑者的主要职业显见是批发商业而非工业。公元三世纪初在伊杰耳地方塞昆迪纽斯家墓地上建立的那座有名的碑极其琐细地描绘了衣装批发生意的情况以及这项买卖所使用的运输工具。一格连一格的雕图使我们看到塞昆迪纽斯家商号里的大账房和账房里的货样、铺面、货物包装、货物在陆上用大型二轮运货马车运输而在河里靠纤夫拉船运输等等情景。塞昆迪纽斯家是衣装行的大商人，但我们在努马展发现一些奢丽的墓碑

的碎片，这些墓碑的主人却是葡萄酒商人。在这些碑上也和伊杰耳的碑上一样刻着次序相同的一套连环图画，不过那货物却是大木桶装的葡萄酒。从特雷韦富商们的墓碑上所刻的各种景象看来，这些富商也像一世纪时的特里马尔基约及其他富翁们一样把自己的一部分金钱投资于土地，一部分投资于钱庄业或放款上。我们在下章里还要回过来谈这个主题。

高卢的另外两个大商业城市是阿雷拉特和纳尔博。但是，它们不像里昂和特雷韦那样着重于供应来因河上的军队，而是着重于把高卢的产品，特别是葡萄酒，输往罗马城及意大利其他城市，甚至输往东方各省。我们知道这两个城市里有许多市民都是靠兼营批发生意和运输业而发大财的。

高卢的企业活动一旦开始，势必要继续发展。商业、农业和工业的兴盛使高卢致富以后，这个地区变成了本地货物和外地货物的一个重要的需购者，这些货物从这里很容易转送到不列颠的一些最遥远的角落。高卢商人也毫无必要把自己的活动限制在罗马行省边境以内。他们重新恢复了同日耳曼尼亚之间的贸易关系，这种关系早在远古时期即已存在过。高卢的工业产品虽不十分精美，但价廉而经久耐用，因此在帝国各地都受欢迎；高卢就靠这些产品以及它的葡萄酒和谷物来偿付它从意大利和东方输入的货物。

西班牙、阿非利加和不列颠的商业若同高卢相比则发展水平是较低的。这些地方产品的市场不太大，而它们的贸易除了向罗马城和意大利输出部分外，主要是本地区内部的贸易，交易的都是本地土产。高卢在帝国西部的唯一的商业竞争者是亚德里亚海沿岸诸港，尤其是阿魁累亚。意大利北部既很肥沃，而阿魁累亚的位置又很适宜，从这里有一些天然道路通往多瑙河流域各条主要河道之旁，这两点对于这个城市以及整个该地区是很有利的，从而使高卢不能独霸多瑙河流域的市场。由此我们就明了为什么当意大利中部和南部趋向衰敝的时候意大利北部和达尔马提亚反而兴旺繁荣起来。阿魁累亚是多瑙河驻军的一个票据兑换所，正等于里昂和特雷韦是来因河驻军的票据兑换所一样。多瑙河口上的那些城市简直不可能同它竞争，因为它们没有发达的工业或科学的农业。

东方也同样正在逐步摆脱意大利，或更确切地说，这是一个恢复罗马统治前已存状况的过程。对于帝国东方各行省恢复经济活力的运动，也是靠国家大力支助的。幼发拉底河上游和中游的驻军就是叙利亚和小亚细亚居民的好顾客。东方的另一个重要市场是罗马城本身，它吸收大量东方所产的货品或从中亚、中国和印度运到东方来的货物。埃及的情况与此相同。固然，在这样一个富饶之邦的贸易平衡中，埃及驻军规模之大还不足以使其消费成为一个举足轻重的项目；但是，罗马城却还是替它提供了一个重要的市场，埃及向它供应谷物、亚麻布、苇纸、玻璃、大麻以及在亚历山大里亚用印度和中国进口原料制造成的货物。尽管如此，国家、军队和罗马城并非东方货物的最大顾客。帝国各城市日益繁荣，这就增加了对高级货品的需要，所谓高级货品并非专指奢侈品，大多数是一些供文明人享受舒服的必需品，例如上等牌子的染色羊毛织物和亚麻布、上等牌子的皮革制品、多少有些艺术性的家具、精致的银餐具、香水和颜料、艺术性的化妆品、调味品以及诸如此类的东西。这些物品日益成为帝国各地城市居民生活中不可缺少的用品，无怪乎它们从少数产地向东方和西方各城市输入的数量不

图 29　罗马帝国的商业

内河船只和海舶(阿耳提布罗斯的镶嵌细工)

图 29 说 明

阿非利加院辖省梅丹纳(阿耳提布罗斯)地方的一块镶嵌细工。突尼斯，阿拉乌伊博物馆。《高卢与阿非利加镶嵌细工图谱》(法文)，ii(1910 年)，第 576 页；S. 赖纳赫：《希腊罗马古画图谱》(法文)，第 274 页，3。关于铭文，请看《拉丁文碑铭集录》viii. 27790。

这块镶嵌细工嵌在阿耳提布罗斯地方一个富人家中浴室的 *frigidarium*〈凉爽间〉的地板上。花图两端是：(1)大洋化身的头部，周围环绕着鱼、其他海兽，还有精灵库皮德们坐在海豚上，(2)一位河神的像，环绕着芦苇，他的左手拿着一根树枝。在这两端之间的地方全画着水，水面上浮着各种各样的海船和内河船只。大多数船只都标明了它们的专称，有些名称旁边还附上拉丁诗人们的诗句。有些名称是用拉丁文和希腊文两种文字写的。其中文字保存得最清晰的有下面一些。(1) *Σχεδία*〈平底船〉，*ratis sive ratiaria*〈筏或浮桥船〉。(2) *Celetes*，*κέλητες*〈急行船〉："hypereticosque celetas"(卢契留斯?)。(3) *Celoces*〈快艇〉："labitur uncta carina per aequora cana celocis〈那涂着油的快艇船底将在灰色的海面上起伏颠簸〉"(恩纽斯)。(4) *Corbita*〈驳船〉："quam malus navi e corbita maximus ulla'st〈在名为驳船的船上，什么东西都尽可能地和大樯一样高大〉"(卢契留斯)；(5) *Hippago*，*ἱππαγωγός*〈运马船〉(船上载着三匹马——Ferox，Icarus 和 Cupido)。(6) *Catascopiscus*〈侦察船〉。(7) *Actuaria*〈轻便船〉(船长正用一把 *portisculus*〈指挥桨手之木棒〉，在指示桨手应该多久划一下)。(8) *Tesserariae*〈信号船〉。(9) *Paro*〈轻装船〉："[tunc se fluctigero tradit mand]atq[ue]paroni〈正当这个时候，轻装船委身于波涛之中〉"，(西塞罗)。(10) *Myoparo*〈轻装海盗船〉。(11) *Musculus*，*μύδιον*〈海贝船〉。其他名称见上引著述。

从这幅镶嵌细工可以看出古代世界的船只名目繁多，各有专用。直到近代发明汽船使河海生涯中这种孤帆独舶、景物如画的环境大受破坏以前，一直保留着诸如此类的繁杂的船只名目和形式。关于这幅镶嵌细工的铭文所提到的种种不同的船只形式及其所作的描写，请看达伦堡—萨格利约：《希腊罗马古物辞典》(法文)中所刊有关论文。

断增多。例如,我们在南俄罗斯那些半希腊式的城市里所发现的亚历山大里亚制品数量惊人,而这些城市并非特殊的例子。东方同帝国各城市的贸易正是东方各省和埃及发财致富的主要来源。

这种东方的贸易不再集中在罗马商人和意大利商人手中了。在公元一世纪之中,意大利商人逐渐不在东方出现了。其原因前文已经交代过。一则由于公元前一世纪后半期东方到处情况恶劣造成阻碍,再则因为西方新兴市场具有吸引力,所以意大利人逐渐从东方转到了西方。当和平局面来临和东方开始复兴以后,那些意大利人仍然落后,而无法同精明的东方人竞争,东方人一直没有把东方贸易的门户要地、即亚历山大里亚和叙利亚—腓尼基沿海诸港放弃给西方的侨民。在公元前二世纪和前一世纪时,叙利亚商人和埃及商人就是从这里派出他们的经纪人到提洛斯岛去,后来又派到普特约利去,而在整个内战期间那种多难之秋,他们仍然保住了他们的商栈(*stationes*,相当于后来的"庄〈fonduks〉")。待恢复和平以后,这些庄号很自然地成为东方和西方之间的中介。东方不再吸引意大利人了,因为意大利人在那儿已经没有战胜自己对手的希望。其结果是,意大利人不再出现于这些地区如同他们也不再出现于西方一样,而东方人却不仅垄断了东方的贸易,并且还逐渐愈来愈多地出现在意大利和西方各省的港口。

关于罗马帝国商业活动的组织状况,我们知道得很少。中央政府对于商业的态度没有什么变化。无论在一世纪或在二世纪,政府的政策总是自由贸易政策。如前文所指出的,皇帝们保存了所有行省边界上所征收的有限度的关税;对于国家所需要的商人和船主则赐以特权从而允许他们发展自己的行业和行帮组织,以资鼓励。因此，在对外贸易方面和国内贸易——无论是省际贸易或省内贸易——方面，政府的政策都是保持自由放任的政策。

在托勒密王朝时代的埃及，商业曾经或多或少有点国有化，但罗马皇帝们并非原封不动地保留这种制度，更谈不上发展它了。赐予特许营业权的办法虽未完全放弃，但已不轻易施行，而希腊化时代的国家经纪人则有一部分变成了自由的零售商，他们对国家的义务归结为缴纳定额税金。

批发商和零售商，船主和运输商，都有联合组织，其名目之繁多似乎可以表明一世纪和二世纪时的商业开始改变其原来的个体经营的性质而逐渐采取了现代资本主义商业的方式，即以规模庞大、资金雄厚的贸易公司为基础。然而，这种看法并不符合事实。在整个希腊—罗马世界的历史中，商业活动始终完全是个体经营的。唯一的例外是包税人的公司及其半现代化的组织，但它们只是一种暂时现象。它们是在一个既不愿意又无能力处理复杂的税收问题的国家的赞助保护下产生的；而一旦国家取消保护并且较严格地限制它们的活动，它们就立刻趋于瓦解。在罗马帝国有关贸易公司和贸易团体的法律中，实际上找不出这种包税公司留下的痕迹。帝国时期的贸易联合组织绝不是由税收公司演变出来的。它们是作为行业公会而发展的，国家之所以承认它们，只是因为国家同团体交涉比同个人交涉要简单容易些，这一点前文已谈过。我并非断言它们仅仅是一些俱乐部和宗教性的团体；但是我深信，如果说它们具有一点经济重要性，那么，这种经济重要性也仅限于调整它们同国家之间的关系而已，而这些关系与其说是一种经济性的关系，还不如说是一种社会性和司法性的关系。在正

常的时候，国家同一个公会中的个别会员打交道。只有当国家把一种特权赐给其全体会员或者把一项负担加在全体会员身上的时候才同整个团体打交道。对于希腊—罗马时代的一个社会团体来说，正常的发展道路就是从独立自主直接转向受国家统制和国有化。帝国时期商业活动的个体性可以从罗马法律中关于团体组织(*societates*)的专款看出来。罗马的法律从来没有提到过现代非常熟悉的那种公司，显然是因为根本不存在那种公司。罗马的 *societates*〈团体组织〉仅仅是个人的团体，虽然组成了这种团体，但个人活动所受限制很小。

对于这个一般规律而言，唯一值得提到的例外就是帕耳米腊的商人团体。他们有自己的 *ἀρχέμποροι*，即领班，这种领班肯定不能同 *συνοδιάρχαι* 混为一谈，后者即沙漠商队的领队。沙漠商队大概每出外经商一次就要选一次领班和领队；但是，领队是商队的向导，而领班则是组成商队的一些商人帮伙的首领。由于我们对于帕耳米腊商人的材料见到的很少，所以无从对他们的组织作出肯定确切的判断。不过，看来与这种团体相近似的组织在罗马帝国是找不出来的，只有到巴比伦尼亚的传统习惯中和巴比伦尼亚的贸易团体里去找寻。

我们综观公元后头两个世纪中罗马帝国商业的演变，从而确定这样一个事实：商业，特别是对外的和省际的海上商业，乃是罗马帝国主要的财源。大多数暴发户都是靠这种商业发财的。经营商业所得的钱财投之于工业、土地和放贷，这些投资方式被认为是比较安全的。帝国最富裕的城市(我要不嫌重复地强调这一点)，也就是罗马世界中最大的财主们所居住的城市，都是那些商业最发达的城市,它们或位于距海不远的重要商道上,或是内河航运四通八达的中心地。

另一项致富之源是工业。帝国各地广泛地散布着地方工业所制造的物品,尤其像那些其他地方所不能复制和仿造的工业品。东方,特别是小亚细亚和腓尼基,仍然以制造色彩华丽的衣装和毛毯著称。小亚细亚是制羊毛衣的主要中心,叙利亚和埃及是制亚麻布的主要中心。上等皮革制品也是近东的一项特产——产于叙利亚、巴比伦尼亚、小亚细亚和埃及。埃及的苇纸除了小亚细亚和叙利亚的羊皮纸而外别无其他竞争者。叙利亚和埃及的玻璃在整个罗马世界中仍然享誉甚高。精美的首饰珍宝也大多产于东方。有一件事是很显著的:工业永远同希腊本土无缘。我们的材料中所提到的重要物品只有一两样在希腊本土也生产。

工业发展中最重要的特征就是它的迅速分散化。东方在工业活动中仍占重要地位,但却不是独霸无敌。西方的工业也开始蒸蒸日上。关于意大利的情况,我们已经说过了。意大利工业的命运在某种程度上类似希腊本土工业的命运。随着文明和城市生活之推广到西方各省,意大利不再据有西方工业活动中心这种领导地位了。南意大利、特别是塔兰土姆的羊毛织品和北意大利的羊毛织物仍然享有盛誉,能够行销。但是,意大利在生产玻璃、陶器、灯盏乃至金属器皿等方面所曾占有的垄断地位却一去不复返了。意大利尽管仍然生产这些物品,但差不多全部产品都只可能供销于本地市场。意大利的劲敌是高卢。高卢盛产金属和最适宜制陶器的粘土,又有大片的森林和牧场,水道异常稠密,因此当地精明强干的企业家很容易击败意大利,差不多将它完全排挤出西北市场。高卢和日耳曼尼亚的红釉陶器原来是摹仿意大利的产品，现在却彻底打垮了它；来因河流域所产的玻璃比康帕尼亚的玻璃价廉物美；日常穿着的羊毛外衣为高卢的一种特产品，后来不列颠也制造这种外衣，它不仅行销于意大利，而且还行销于东方；高卢作坊里制出的青铜瓶以及 *champlevé*〈镂成铜胎〉再涂珐琅的青铜安全栓畅销于意大利、西班牙、不列颠、日耳曼尼亚，甚至远达南俄罗斯草原。总而言之，高卢现在取得了意大利在公元前一世纪时所占有的地位，成为西方最大的工业区。多瑙河流域诸行省、西班牙和阿非利加都不能与高卢的作坊竞争。

但是，工业的分散化并不仅限于高卢的工业化。帝国每一个行省和行省里每一个分区都尽可能用廉价的本地仿造品来代替进口货以与之竞争。大家知道，意大利北部的福尔斯工厂（或作坊）起初几乎垄断了陶灯的制造业，但到二世纪时丧失了它那无远勿届的市场，在各个行省内都有本地制造的形状相同的灯盏代替它的产品，有时那些仿制品甚至还仿造福尔斯家的商标。特别可以说明问题的是阿非利加的灯盏制造业发展史。起初，迦太基所制的灯代替了意大利所制的灯而独占阿非利加本地市场。但是，迦太基的陶制品在某些市场上又逐渐被当地所制的灯盏排挤出来。另外一个可以说明问题的例子就是埃耳—奥亚附近某个名叫纳维纠斯的人所开的陶瓶工厂，这个工厂制造带有嵌镶图像的陶瓶。这些陶瓶是根据原先从东方传到意大利来的那些陶瓶式样仿造的，而它们很顺利地占有了一个广阔的市场（参看图 60）。

中央政府并未采取任何措施来保护意大利的工业。帝国时期的法律中没有类似于现代有关专利权的法律。任何人可以自由地仿造竞逐者的产品,甚至伪造赝品。这究竟是由于没有立案权还是由于政府方面执行这样一种固定的政策呢?不管怎样,这总是表明这班工业家们毫无政治力量。大地主们可以提议要政府保障意大利的葡萄酒业(下一章将说明这件事),富商们终能获得商业上的重要特权,唯独在工业方面显然没有任何有权势的人感到兴趣。由此可以想见,工业始终掌握在一些较小的作坊主手中,从来不曾有过投资甚巨的大规模工业组织形式。如果同我们所见到的公元一世纪时意大利——特别是蓬佩伊——生活的逐渐工业化比较起来,这无疑是一个显著的衰退现象;甚至就是同希腊化国家中可能发展起来的那种工业组织比较起来,这也是一个显著的衰退现象。工业分散化运动使意大利的工业资本主义的发展停顿下来了,而且现在它正在阻碍各行省中大规模工业组织的成长。我们诚然不能否认由意大利开端的工业化运动扩展到大多数行省中去了,在外省许多小市镇上我们也能看出蓬佩伊所曾经历过的那种变化过程。外省中大多数城市原先本是农业生活的中心,本是一个或大或小的农业区域的行政首府,而现在都发展起重要的地方工业来了。每一个较大的地区,乃至每一个行省,都有它自己的工商业中心,这些中心地所生产的货物不仅只供应当地的市场,甚至不仅只供应本省市场而已。读者会回想起前文所谈过的高卢工业生产日益增长的情况、里昂在高卢工业生产中所起的作用,以及东方大工商业中心的情况。我们曾见到在东方和意大利都有过资本主义方式的大规模生产,在上面提到的这些大城市中我们不能不假定也有倾向于这种资本主义方式大规模生产的发展趋势。然而,就是在这些较大的中心城市里,大规模的资本主义企业组织也

一直未曾发展得比希腊化时期的规模更大，组织也未见更为完善。地方上小工匠的作坊在许多方面居然能同较大的资本主义组织对抗。大工业字号并没有扫灭小工匠，这与十九、二十世纪时欧洲和美洲大工业字号扫灭小工匠的情况不同。地方作坊甚至连玻璃和陶器这类货品也能顺利地进行制造，而这些地方产品的竞逐竟使得大企业不能漫无止境地发展。地方作坊仍保持着工匠店铺的旧形式，一面制作，一面出售，产品则各店自有专行，如提姆加德的地方作坊就是一个例子。

外省经济生活中另一个有趣的现象就是：在某些经营农业的大庄田上发展起来的大工业机构同城市里的作坊和工厂进行竞争。有一些属于大财主的大庄田在二世纪时开始组织作坊生产货品，其产品并非为庄田上的消费而是为了出售。在法国南部图卢兹附近的一个庄子里发现了一所很大的羊毛织造厂，在不列颠的一个庄子里发现了另外一所毛织厂。在比利时的一个庄子里曾发现陶窑，同时大家都知道，比利时著名的昂特厄庄中有一部分庄屋就是一所制上釉青铜器的工厂。这样一些企业组织显然具有资本主义性质。但它们的发展也意味着工业的进一步分散化。

就在工业活动开始分散化的同时，无论是大工厂或小作坊制造的产品都逐渐简单化和定型化了。在希腊化时代，工业制品以美观为首要，这种风气在公元一世纪时仍然流行，但到了二世纪时就逐渐消失殆尽了。这个时代没有创造任何新的形式，没有采用任何新的装饰标准。在技术界触目皆是呆板无味的老一套。从一世纪以后，除了玻璃工业中还有一些新的花样外，在其他工业技术中，我们简直看不出有任何一点新发明。如果把早期阿雷丘姆的

1. 卖带子和枕头

2. 陈阅一段布料样品

3. 造船

4. 一个铁匠

图 30　意大利的工业

图 30 说 明

1. 浅浮雕。佛罗伦萨，乌菲齐展览馆。W. 阿梅隆：《佛罗伦萨古物介绍》(德文)，第 168 号；S. 赖纳赫：《希腊罗马浮雕图谱》(法文)iii，第 44 页，3。

一个店铺的内部。墙上挂着枕头(或毛毯?)、腰带和一大段衣料(或一条毛毯?)。两个伙计当着店主(?)面打开一个盒子，盒内盛着一个枕头。看货的两个顾客，一男一女，坐在板凳上，后面站着两个奴隶。

2. 同图 1。W. 阿梅隆，同前引，第 167 号；S. 赖纳赫，同前引，第 44 页，2。

两个顾客(或是该作坊的主人)带着两个随从奴隶看一大段布料，布料由另外两个人拿着，在他们面前。

J. 西夫金在《奥地利考古研究所年刊》(德文)13，1910 年，第 97 页和图 56、57 中将上面这两幅浮雕归之于公元前一世纪下半期，A. 斯特朗夫人在《奥古斯都至君士坦丁期间的罗马雕刻》(意大利文)第一章中采用了这个说法。但它们的风格，如阿梅隆所指出的，近似于奥古斯都式(即所谓希腊化的)浅浮雕的风格；其构图令人回味起蓬佩伊的商店招牌和壁画(见图 14—16)。我觉得还是把这两幅浮雕归之于公元后一世纪较为妥当。

3. 一座墓碑的一部分。腊万纳。收藏在博物馆。S. 赖纳赫：《希腊罗马浮雕图谱》(法文)iii，第 128 页，3。

这碑的上部包括一个壁龛中的两座半身像。壁龛的上面和下面写着如下的铭文："P. Longidienus P. f. Cam. faber navalis, se vivo constituit et Longidienae P. l. Stactini. P. Longidienus P. l. Rufio, P. Longidienus P. l. Piladespotus impensam patrono dederunt〈普布留斯之子船匠普布留斯·隆季迭努斯·卡米努斯及其妻普布留斯之免婢隆季迭娜·斯塔克提妮之像。普布留斯之免奴普布留斯·隆季迭努斯·鲁菲约与普布留斯之免奴普布留斯·隆季迭努斯·皮拉德斯波士斯合资为其靠主立碑造像〉"(《拉丁文碑铭集录》xi，139＝戴索：《拉丁文碑铭选录》，7725)。碑的下部画着隆季迭努斯正在辛勤地制造一只船；船旁一块小匾，上题"P. Longidienus P. f. ad onus properat"("隆季迭努斯努力做他的工作")。

4. 一座墓碑的残片。阿魁累亚。收藏在博物馆。E. 马约尼卡：《阿魁累亚国立罗马碑铭博物馆介绍》(意大利文)(1911 年),第 56 页,第 36 号;G. 布鲁辛:《阿魁累亚的历史与艺术简介》(意大利文)(1929 年),第 118 页,第 18 号,图 71。

一个铁匠坐在一把椅子上,正用钳子夹住一块铁放在砧上锤打着。他的背后有一个男孩或奴隶在拉风箱扇炉子里的火,风箱钉有一块挡板,免得火花飞到人身上来。右边陈列着一些铁打的东西——钳、锤、枪头和锁。铭文只剩下了末尾,"etl(ibertis)l(ibertabus)que";参看图 32-1。

陶器拿来同早期意大利和高卢的 *sigillata*〈印纹陶器〉对比一下,再把后者拿来同公元二世纪时的产品对比,就看得很清楚了。阿雷丘姆那些美丽的碗和壶非常悦目动人,一世纪时的 *terra sigillata*〈印纹陶器〉在技巧上精致异常,而且也还美观可爱,但是,二世纪时同样的陶器尽管在实用方面仍不失其为坚固适用的器皿,却显得单调呆板,艺术风格的主题和主题的组合互相承袭,毫无变化。在珠宝首饰、金属雕刻艺术品、雕玉、家具、家用器皿、兵器和军械等等方面都可以看出同样的现象。

我们如何解释工业的分散化运动同艺术风格、精巧技术的衰退二者同时发生的原因呢?我们将在最后一章中讨论这个问题,此处略举数因就够了。工业产品迅速地传遍整个文明世界,即使在帝国最边远的角落它也终于排斥了家庭制造品,这是显然的事实。例如,在埃及村庄里所得的发掘物的统计数字就可证明这一点。在这些村庄里几乎没有发现一件东西是家庭制造的:件件东西都是从村店里或从市场上买来的。在帝国各地,无论城乡,所有贫民的坟墓中所发现的情况也是这样。因此,城市也好,乡村也好,一般的需要并不要求高级工业产品。需要高级品的人仅限于城镇里富裕的资产阶级圈子。而居民群众则要求廉价品,越便宜越好。我们从下文便会知道乡村居民和城市下层居民的购买力是极低的。然而,他们的人数却是很多的。既然存在这种情况,自然就兴起了大量生产和工厂事业。不能不考虑到的另一个因素是运输状况。海港得到充裕的廉价品的供应,因为海运是比较便宜的。但海运的危险性总是较大的。因此,即使在濒海的城市里,一件本地制造的商品也比一件从远地运来的商品便宜得多。这种情况产生了工业分散化的第一步。在埃及和高卢,河流很便利地把货物运往境内最遥远的地方:因此无论亚历山大里亚或高卢的大城市都发展成为工业的重心。但在西班牙的某些地区、在阿非利加、在多瑙河流域的许多地方、在小亚细亚、在叙利亚,情形就与此不同了。希腊—罗马文明越深入远离海洋的地区、越丧失其显著的地中海性质,那么各种工业产品也就越难以运入那些远离海洋和河流的地方。这说明了工业分散化的第二步。每一个内地城市都希望达到自给自足,就地生产居民所需要的物品,同时采用进步的技术方法和模仿流行的式样。

由于需要廉价的物品,也就是说需要标准化的物品,因此小城市里的工匠与远古时期希腊城市里的工匠不同,他们不生产新颖的产品,因为新颖的产品同进口货竞争会嫌太贵。他们简单地用他们从大工厂学来的方法复制标准化产品。由于不知道使用机械,也没有任何防止伪造的措施,小城市里的工匠们生意兴隆,差不多在各项工业中他们都能同大企业竞争。这样一来,那些大作坊也就不得不降低它们的成品的质量:它们使成品价格更廉,自然也就使成品更趋于标准化和平板单调。

无论在小作坊里或是在工厂类型的大企业组织里,所使用的劳动力虽不纯粹是奴隶劳动，但主要是奴隶劳动。这就说明了为什么不存在劳动力的问题和为什么毫无组织劳动力的企图。同行业人的团体大概多数是大商人和船主、作坊主、工匠们的团体。但是，只要某一行业同帝国行政当局有直接联系，政府就不仅保护商人和船主的团体而且也保护工人们的团体，其理由是相同的——那就是为了和一个有组织的团体打交道而免得和一群漫无组织的个人打交道。至于工业界的奴隶和自由的雇工，国家毫不关心，他们可以加入所谓 *collegia tenuiorum*〈贫民社〉，这种组织的宗旨是不在经济方面的。

上面所述的是一般的常规，我们见到一个例外情形，那就是东方——特别是小亚细亚——的工业社。我们在小亚细亚所有的大工业城市中遇到许多有势力的团体，参加者都是从事某一项工业的人，其中大多数属于纺织工业的若干部门。这些团体的成员是些什么样的人呢？他们是作坊主还是工人，或是两者兼而有之呢？我想，他们大概只包括作坊主。这是一种行会或社团组织，其中的成员世代相承经营某项专门的行业，他们也许是某些祭司家族的后代，那些祭司懂得工业中某一行的营业秘密。小亚细亚的劳动力的情况似乎是特殊的。迪约曾谈到塔尔苏斯的亚麻业工人(λινουϱγοί)，据他所谈的看来，似乎这种工人形成该城市居民的低贱阶层，而并未享受完整的城市公民权。这些亚麻业工人很可能是那些原先隶属于神庙工厂的工奴的子孙。埃及的一般情况与此类似。在埃及，托勒密王朝最早几代也是把神庙垄断工业的制度摧毁了。接着是一个几乎全面国有化的时期，工人们都分属于为国家利益而进行生产的某一工业专行。最后，到了罗马时期，国家

垄断的束缚松弛了；作坊主开始为自己牟利（至少是部分地为自己），使用自己家内成员、学徒工、雇工或奴隶的劳动力。至于国有化还残存了多少，以及工人们实际上受国家奴役到什么程度，目前还不可能断言。

小亚细亚的工人已经不再是工奴而又还未成为城市的公民。在这里，一般情况的特点就是罢工，它是我们所知道的唯一发生罢工的地方。这里发生的是真正的行业性的罢工，与埃及那种逃往薮泽和沙漠中去或逃往神庙里去求神庇护之类的亡命行动（ἀναχώρήσεις）有所不同。我们也是在小亚细亚才经常听到城市暴动的事，这些暴动显然是由作坊和工厂所雇用的工人们组织起来的，而且真正企图进行社会革命。迪约经常谈到比提尼亚各市中发生骚动，他又曾提到塔尔苏斯的亚麻业工人发生暴乱，此外在小亚细亚、巴尔干半岛和巴勒斯坦等地其他希腊城市里也不时发生闹事，这些情况就是像上面所说的那样。

除开商业、工业和农业（下一章就会把农业同矿业、采石业等等合起来谈）之外，实业活动中另一个重要部门就是银行家和私人贷款者这一行。在帝国各城市中，信贷和信贷业务十分发达。由于工商业的兴旺，由于寄寓城市的地主人数不断增多，因此越来越需要更多的现金以充发展和改进种种企业之用。另一方面，许多资本家手中正积累了大量现金。无怪乎不论是正式的银行家或是不专以放贷为业的富翁，贷款总是一件有利可图的事。在帝国全境之内，到处都发展起名副其实的银行，有些是私人开办的，有些是市政当局开办的。

埃及的许多银行（τϱάπεζαι）经营业务性质之复杂使我们了解

到很多的情况。在托勒密王朝时期，银行同工商业一样也是由国家垄断的，未曾发展过什么很重要的业务活动。罗马政府给予银行业以自由，于是在埃及各城市中兴办了许多私人银行。我们所了解的材料的确只限于某些地方性的小市镇，因而对于亚历山大里亚这类大工商业中心城市里的银行家的业务活动不可能具有什么概念。但是，即使是地方性的银行也能成为一个非常有趣的研究题材。无疑，这些银行都办理存款，并对某些存款付以利息。还可以肯定的是，它们也办理由甲账户划拨给乙账户的支付业务。甚至把款子从一个城市拨到另一个城市也偶尔通过地方性的银行作为中介来办理。银行业的另一个重要事项就是买卖外币和检验钱币的真伪或是否掺混杂质。埃及各银行经营信贷业究竟有多大范围，我们无从知道。它们所存集的金钱并不闲置起来，这是无疑的；但就我们所得的全部材料看来，它们的主要业务在于协助它们的账户经办企业和纳税等等。

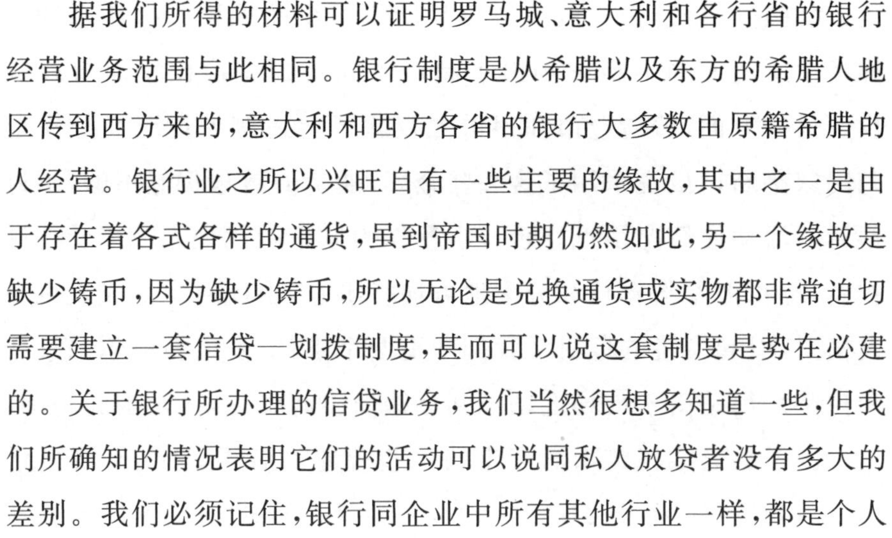

据我们所得的材料可以证明罗马城、意大利和各行省的银行经营业务范围与此相同。银行制度是从希腊以及东方的希腊人地区传到西方来的，意大利和西方各省的银行大多数由原籍希腊的人经营。银行业之所以兴旺自有一些主要的缘故，其中之一是由于存在着各式各样的通货，虽到帝国时期仍然如此，另一个缘故是缺少铸币，因为缺少铸币，所以无论是兑换通货或实物都非常迫切需要建立一套信贷—划拨制度，甚而可以说这套制度是势在必建的。关于银行所办理的信贷业务，我们当然很想多知道一些，但我们所确知的情况表明它们的活动可以说同私人放贷者没有多大的差别。我们必须记住，银行同企业中所有其他行业一样，都是个人经营的事业，固然有一些银行由合伙经营，但在古代世界中没有任何大规模集股办的金融公司。

我们已经说过，银行业的发展多少归因于铸币流通方面的普遍情况。在这里不可能讨论这个困难而又复杂的问题。只说下面这一点就够了：在罗马统治东方之前，希腊城市和希腊化君主国内，到处都是币制紊乱的现象，自从施行以罗马国币为主币以来，紊乱现象才大为减少。地方钱币逐渐减少，并慢慢绝迹了。在公元后头两个世纪内，除了藩属博斯普鲁斯王国自己发行货币而外，金币和银币统统由罗马国家铸造；不过在东方某些城市如提尔等地也曾暂时造过银币。国家在亚历山大里亚和短期内在安蒂奥克这两个东方商业首府维持过地方银币，而铜币则由罗马元老院和许多城市铸造，东方城市中造铜币者尤多。城市造币的原因在于罗马的造币厂不能适应帝国对于零钱日益增长的需要，因此自然就要把造币权分给地方而允许某些东方城市保持它们自己的通货，允许它们铸造为发展地方贸易所不可少的铜币。存在多种多样货币所造成的不良影响由于制定了固定的兑换比率而得以减少。另一方面，铸造金币和银币之权除了上述例外情况而外完全归国家垄断。虽说采用了这么些金属，通货的数量仍然不够，不过银行的活动使情况稍见好转。银行作为城市的代理人或接受特许权者，也积极参与发行和分配地方通货事宜，由此时常造成投机和发横财，引起尖锐的危机。我们知道两个事件（发生在佩尔加蒙和米拉萨），都是由于市场上见不到零钱而引起骚乱，甚至引起暴动。

由于缺乏零钱铸币而产生的一些有趣的后果，证明经济生活已有蓬勃发展，而国家对于这种经济生活的要求却反应迟钝和不

全面。当克劳迪亚斯和芮罗统治时期，在取缔高卢和西班牙地方造币权以后，西方各省包括来因河地区和不列颠等处出现了无数伪铜币，都是仿罗马城所铸的铜币而伪造的，而政府对于这些伪币视若无睹。此外，差不多在帝国所有的大城市里，甚至在某些小城市里，零售商、酒店掌柜、旅店老板、渡口和渡船主人等等都发行他们自己的钱币，或用代币形式，或用筹码形式。在罗马城的台伯河畔曾发现大量的这种 *tesserae*〈代币筹〉，大多是铅制的，在阿魁累亚、奥斯蒂亚、斯米尔纳及其他地方也发现过一些。在某些地区，甚至在一些城市里，可能定期地发行这种代币，像埃及的一些中心城市肯定这样做过。

掌握铸币最多的大财主当然是皇帝和他的国库。他们无疑地也像私人放贷者和私人银行一样地把钱借贷出去收息。他们的金融业务活动当然非常之多，而国库大概也就是帝国中最大的银行家。我们听说过，在某些危机期间，皇帝们曾撤销私人所欠皇家财库的债。在某些情况下，特别是在紧急情况下，皇帝们能够同现代国家银行一样采取措施。皇帝提贝里攸斯为照顾意大利地主的利益所采取的财政措施就是一个例子。奥古斯都为了支付退役军人恩俸而寄存在 *aerarium militare*〈军用库〉里的基金绝不可能闲置在这个专用财库的保险柜中。芮尔瓦和图拉真为补助本土自由民子女而创设了一大笔基金（*alimenta*〈贫儿补助金〉），到他们的继承者时候又扩大了它；这笔基金需要精明的经营，而这一项金融业务加以必要的改变就可以同现代国家银行以地产作保证的贷款活动相比。关于皇帝们在这一方面的活动，我们知道得很少，但可以肯定的是，皇帝们在经营这些业务时从来没有什么定规，也从来没有采用过任何制度可与现代大规模的国家银行所行的制度相比拟。

对于公元后头两个世纪中帝国经济生活高度发展的情况，在这段期间的罗马民法中有一种最清楚的说明。这些民法既体现于皇帝们和罗马长官们的法令（也有一些是元老院的法令）内，同时也体现于记载当时种种商业活动的文案内。还有一个材料来源就是有关法律的论文，有些保存得完整无缺，有些只剩下断简残篇。只有专家才有资格全面讨论这个题目。遗憾的是，一位正好有资格从法学观点和史学观点同时来阐明罗马民法发展情况的学者L.米太斯没有来得及完成他的经典著作就去世了，他这部书只刊行了一卷。他根据研究罗马法律史料和埃及的希腊文莘纸卷的结果，发现除了调整罗马公民实业活动的纯罗马民法以外，在外省还存在着另外调整外省人的法制，最主要的是由希腊城市和希腊化君主国制定的希腊—希腊化法制，他的这一重大发现使我们深受其惠。在埃及、小亚细亚和叙利亚，早先存在过的埃及法、赫梯法和巴比伦尼亚法对于这种希腊—希腊化法制究竟产生多么深的影响，我们无从知道。对于法律的比较研究现仍处在幼稚阶段，我们需要全面地研究埃及律例和巴比伦尼亚、亚述、赫梯等法典所反映的东方法制。但米太斯及其学生们的刻苦钻研已经使我们肯定曾经有过一套相当通行的希腊化民法，这是从小亚细亚的碑铭、从叙利亚的羊皮纸卷子和叙利亚文律典、特别是从托勒密时期埃及的希腊文莘纸卷得知的。因此，我们可以设想，帝国其他的行省里早在被罗马人征服以前也曾存在过一些不大严密、不大完备的法律作为这些地方的实业活动的依据。我们必须记住，高卢、西班牙、迦太

基以及伊利里亚人和色雷斯人的地区在受罗马人支配以前已经经历了好几个世纪的文明生活。所有这些地方性的法制，尤其是希腊化法制，并未被罗马民法消灭掉或被所谓 *ius gentium*〈国法〉取而代之。在整个帝国时期，它们一直存在于各个行省中并成为该处司法的根据。它们的逐步发展对于罗马法的成长起了多大的影响，以及受到罗马法多大的影响，这还是一个有争论的问题。至于拜占庭时代的一些大部头法典如《狄奥多西法典》、《尤斯提年法典》和《律令大全》等所体现的晚期罗马和拜占庭民法体制的来源，也是一个同样有争论的问题。

根据数以千计的埃及苇纸卷以及在意大利和西方各省发现的若干文献来仔细地研究这些汇编的历史根源，就会看出罗马民法与地方法制两者随时代而演变的情况；而这样一种有关帝国内曾经通行的各种不同法制的演变历史就会成为我们对处于这些法制之下的经济情况进行研究的根据。在尚未完成这种研究之前，我们如果要使用拜占庭的这些汇编来重整罗马帝国任何一段时期或任何一个地区的经济面貌，都必须十分审慎。然而，某几类文献和罗马皇帝们的若干法令，只要使用得谨慎，对于我们研究帝国社会经济情况可能有所裨益。从这一点着眼，本书各章中使用了这类材料。但综合起来看，它们仍证明无论东方或西方的实业都有惊人的发展。特别足以说明问题的是埃及的希腊文苇纸卷。只要稍为涉猎一下米太斯和维尔肯所编的《苇纸卷辑要》，或者涉猎一下P.迈耶尔所精选的有关律法的苇纸卷集子，就足可看出在埃及的罗马行省中实业活动是何等的复杂、经营起来是何等的费心。各种不同形式的契约，各种记录契约和保证其便于执行的手段，尤其

是埃及公证人和亚历山大里亚备案局的活动,以及 βιβλιοθήκη ἐγκτήσεων〈不动产存档处〉这个令人惊异的机构——这是一个土地注册所和一个保存埃及一切住户财产调查数字的档案局的联合机构——所有这些给予我们的印象就是:经济生活高度发展,其组织形式十分成熟。近年来在安息帝国境内搜集到的有关司法情况的报道材料也表明了与此相同的现象。在美索不达米亚的一些安息城市里所发现的羊皮纸卷子和苇纸卷上的法律史料,虽然为数尚少,但也证明了当时国家所组织的司法制度有着高度的发展,其形式与埃及的制度相同。

研究一下罗马民法的发展,以及研究一下描写这一发展的史料——如碑铭、蓬佩伊和达契亚的蜡版、皇帝们的谕旨、诏令和御札,也就是布龙斯—格腊登维茨和吉腊尔所收集的所有资料——所得印象与上述相同。值得提到的是,帝国法政有某些方面承受了希腊化时代独创的成就:例如,它接受所谓罗得海上公法并用以管理海上商业。

我们在第二章里已经谈过帝国国民由于内战所造成的社会政治身份的划分,而奥古斯都曾经使这种划分成为定制。帝国的社会结构在公元一世纪下半期和二世纪中没有发生重大的改变。元老院议员阶级仍然是与皇帝同辈的贵族,这些人有在皇帝领导下治理国家的世袭权利。同一世纪时不同,它已不再是一个讲出身的贵族阶级,而变成一个服官职的贵族阶级了。其成员资格之一仍然是相当数量的财富。但是,供职于帝国行政机构中各种部门都很容易获得这样一笔财富,或者皇帝赏识某些人称职也可以赐予这样一笔财富。组成这个贵族阶级的人非但是皇帝的臣仆,而且还是忠心的臣仆。它的成员实际上是由皇帝选录的。皇帝们之所以很容易进行选择人员的工作，不仅仅因为他们通常可以摈斥他们所厌恶的人，而且也因为元老院议员的家庭总是在很短期间就绝了后代，就连新议员的家庭也是这样。从奥古斯都起就开始抨击上层社会人士不愿意养育子女的风气，但他所采取的措施并未克制住这种嫌弃子女的心情。像这样一个阶级竟然未完全绝灭，那是因为它不断地从帝国官僚的行列中、即从骑士阶层中递补新成员的缘故。

帝国贵族阶级第二级人数之多远过于元老院议员阶级。它也是一个服官职的贵族阶级，其人选完全取决于皇帝。它的成员虽然也要具备一定的家产，但标准并不高。它只需要 40 万塞斯透银币[①]，而帝国高级文官每年的薪俸是 20 万塞斯透银币，我们只要想一想这种情况，就能很容易明了，骑士贵族阶级并不是一个世袭财阀阶级，而几乎纯粹是一个官僚贵族阶级。这个官僚集团的成员是由城市富裕居民阶层中那些曾在军队里充任过军官的人递补的。因此他们像元老院议员阶级一样代表知识分子，是帝国中受过教育的阶级。他们之中大多数人也像元老院议员一样，并不出生于罗马城或意大利，而属于西方和东方城市居民的上层。

因此，就社会观点来看，帝国这两个贵族阶级都属于意大利和外省人数众多的都市贵族阶级。对于这个庞大而有势力的集团，还没有人从社会经济观点来进行细致的研究。如果学者们对意大利和各行省的城市一个一个地研究其有关记载，将会得到良好的

① Sesterce〈塞斯透银币〉是罗马一种小银币，每币折合二阿斯半。——译者

收获。现在我写下一些印象，这是由我个人和我的几个学生对某些城市进行详细研究而得出的。城市的政府掌握在资产阶级上层人士之手，他们之中有些人属于元老院议员阶级和骑士阶级，而其余的人至少都是罗马公民。他们几乎形成了一个清一色的财阀团体：自治市的行政机构只可能由有钱的人担任职务，因为职位是由选举产生的（或由民众选举授职如西方所最常见的那样；或由地方议政会选举授职，这似乎是东方的惯例），而又是没有薪俸的。在职者有义务捐助城市以礼物，同时还得向中央政府担负财政上十分广泛的责任。这个富裕阶级的起源在帝国各个地区内是各不相同的。在意大利，自治市贵族阶级有一部分出自世家旧族，那都是意大利诸城市尚未并入罗马公民团体以前即已存在的世家旧族。在内战期间，有一部分这样的世家旧族为退役军人所替换。他们大多是小康的地主。在工商业城市中，除了这样一个地主贵族阶级以外，同时还有一个新兴阶级逐渐兴起并在市政活动中起领导作用，这就是富裕的商人和作坊主的阶级，其中有些人是自由民出身，而大多数是免奴或免奴的后代。在西方克勒特人居住的各省中，也有一群古老的土著贵族世家，差不多都是富有的地主。除了他们以外，出现了从意大利迁来的客户，人数不断增多。这些侨迁户最初的核心是由该地被征服时期和被征服后不久期间从意大利来的商人和放贷者以及那些定居于罗马屯市的退役军人组成的。工商业的发展使新侨迁户的人数和土著中的商人与作坊主（一部分是免奴和免奴的后代）的人数日益增多。西班牙、阿非利加以及多瑙河流域诸行省的城市的情况亦复如此。

在东方，一个希腊化型的资产阶级依然残存于古老的希腊城市中。这个阶级包括一部分希腊人和一部分希腊化的土著居民，又吸收了共和国时期从意大利迁来的侨民。到了帝国时期，从西方新迁来的侨民相形见少了。小亚细亚的少数罗马退役军人的屯市暂时成了希腊化大海里的意大利岛屿，但这些屯市逐渐接受了希腊的影响而变成希腊化的城市了。因此，富裕的资产阶级的主要成分仍然是土著居民。

这种城市里的贵族阶级成分稳定程度如何，以及其人数有多少，我们无法回答这些问题。在帝国全境之内，新城市不断地成长，以资产阶级的财富为基础的城市生活蓬勃发展，表明在公元后头两个世纪中，资产阶级的人数迅速地增长。但是，正如元老院议员阶级和骑士阶级的情形一样，他们人数的增多似乎并非完全由于旧家族的繁衍，而同时也由于加入了新成员，特别是新兴的土著和免奴。各城市的上层社会人士在许多情况下也像罗马元老院议员阶级一样乏嗣无后。城市贵族家庭通常过了一两代就绝了后，或者靠过继子女来继承，也有的家庭释免奴隶来补充家庭成员。我们只有从这一点才能解释为什么城市资产阶级在罗马化和希腊化方面纯粹停留在表面的现象，而这种现象是城市资产阶级中一切阶层、包括最上层在内的共同特征：我们只要想一想土著的风俗习惯在二世纪和三世纪期间在外省、特别是在东方各省的文化生活中重新活跃的事实就够了。例如，我们看到在外省的墓碑以及在一些宗教性纪念物上所刻画的服装式样带有地方色彩；同时，我们还可以想一想地方性宗教仪式的复活，那也是在这个时期发生的。另外一件同样有代表性的事例就是：塞普提米攸斯·塞韦鲁斯的拉丁语说得不好，而他的姊妹根本不会说拉丁语。文化情况

如此，我们用不着感到惊讶，因为罗马化和希腊化的过程不得不一次又一次地从那些新兴的土著家庭和那些替代旧家庭成员的免奴们身上重新开始进行。

对城市资产阶级上层的重要性绝非夸大其词。正是这个阶层，它给帝国带来了灿烂光辉的面貌；正是这个阶层，它实际上统治着这个帝国。从罗马皇帝的眼光来看，这个阶层也同元老院议员阶级和骑士阶级一样，是一个服官职的贵族阶级，皇帝们就是通过他们来治理城市和市辖区的。社会地位较他们低一级的有小资产阶级，那就是一些店主、零售商、兑换钱币者、工匠以及自由职业的代表者如教师、医生等等。关于他们的情形，我们知道得很少。他们在人数上同自治市贵族阶级和城市无产者两方面比较起来究竟孰多孰少，我们难以断言。意大利和外省一些古代城市的遗址以及遗留下来的千百家大小店铺，还有提到这个阶层的个别人物和提到他们的社团组织的千百件碑铭，使我们相信，他们是自治市生活中的骨干。但我们永远也不可能断定究竟有多少店铺归这种小资产阶级所有，有多少店铺是由奴隶和免奴（*institorers*〈经理〉）替自治市贵族阶级中人来经营的。而且，我们无法在资产阶级的上层与下层之间划一道鸿沟，因为下层中人肯定常补升到上层中去。属于小资产阶级的还有一些领工薪的政府吏员和自治市的低级官员，这是一个人数很多而且有势力的阶层，其中大多数人是皇帝的——即国家的——奴隶和免奴以及城市的奴隶和免奴（*servi publici*〈公众的奴隶〉）。至于他们所得薪金的高低，以及小资产阶级收入的多寡，史料没有向我们作任何的报道。

处在社会底层的是城市无产者、自由雇工以及店铺和家庭中所

1. 一个外科医生在进行工作

2. 接生婆助产

图 31　奥斯蒂亚地方的生活和行业

图 31 说 明

1. 这幅雕刻的右边有一个袋子，盛着外科医疗器械，左边有一个医生坐在一个小板凳上，给一个病人的腿放血。我们看到，那医生正在绑扎坐在他面前的那个男人的小腿，那个男人把这条小腿伸放在一个盆子里。（G. 卡尔扎：《萨克腊岛上罗马港的墓地》（意大利文）（1940 年），第 250 页，第 39 号和图 149。）

2. 这幅雕刻式样独特，它表现的是一个婴儿出生的情形。那产妇坐在一把产科椅子上，由一个护士伸两臂扶住，同时那接生婆坐在前面，好像在用力按捺产妇的小腹，催助婴儿出生。（G. 卡尔扎，前引书，第 248 页，第 38 号和图 148。）

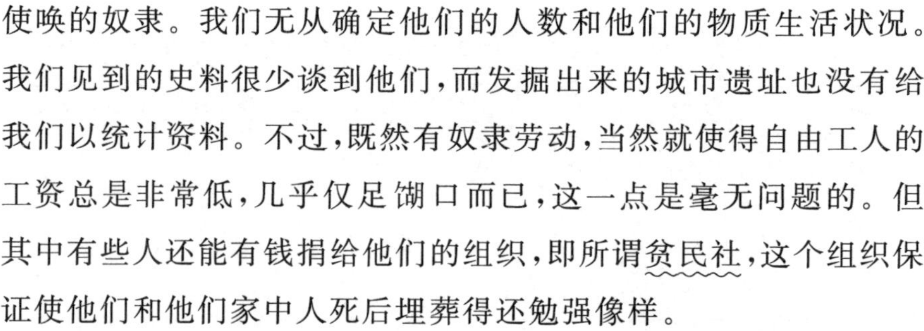

使唤的奴隶。我们无从确定他们的人数和他们的物质生活状况。我们见到的史料很少谈到他们，而发掘出来的城市遗址也没有给我们以统计资料。不过，既然有奴隶劳动，当然就使得自由工人的工资总是非常低，几乎仅足餬口而已，这一点是毫无问题的。但其中有些人还能有钱捐给他们的组织，即所谓贫民社，这个组织保证使他们和他们家中人死后埋葬得还勉强像样。

城市居民中层和下层罗马化和希腊化的深度如何，这是我们所不知道的。看来，在西方，他们之中大多数人说拉丁语，某些人甚至还能写拉丁文；而在东方，则大多数人说希腊语，某些人能写希腊文。城市的公共活动非常活跃，剧场和圆剧场上的赛会和表演，大街和市场上的日常接触，这些都成了推广古代世界这两种官话的得力助手。我们准想知道，那些公共浴堂、竞技场、角斗演习所、剧场和圆剧场究竟是为谁建造的，为谁开放的。很难设想它们

1. 铁匠的工场

2. 卖水人

图 32　奥斯蒂亚地方的生活和行业

图 32 说 明

1. 图为一个铁匠工场。铁匠在他的作坊里，作坊内挂满着多种多样的器具，如外科医疗器械、锯、锤、砧、手斧、小刀等。两个人正在专心制造工具或修整工具。(G. 卡尔扎:《萨克腊岛上罗马港的墓地》(意大利文)(1940年)，第 251 页，第 40 号和图 150。)

2. 铭文指出这是 *Lucifer Aquatari*(*us*)〈清水池〉，碑刻本身表明画的是一个卖水店。一个妇人来买水，水贮在一个大缸里。在顶上一层板格子中陈列着各种大小的水瓶。(G. 卡尔扎，前引书，第 255 页，第 45 号、46 号和图 157。)

不是为人人开放的。但希腊—罗马式的上等教育则无疑仅仅是上层社会人士的特权，二世纪时的皇帝们决定由国库开支公共学校教师的薪水，其目的并非为了使无产者受到教育，而是为了帮助城市资产阶级，使他们如愿以偿能让新生一代受到良好的教育。

以上就是罗马帝国城市的情况。它们的社会景况不如它们外貌之动人。从我们的史料中所得的印象是这样：城市的繁华是由城市居民中相当少的人创造出来的，也是为他们而存在的；然而就是这一小群人的福利也是建筑在相当薄弱的基础之上；而绝大多数城市居民群众则或者收入极为菲薄，或者生活贫苦不堪。总而言之，我们千万不要夸大城市的繁华富丽：它们的外貌是迷眩人的。

第六章

弗拉维攸斯氏和安东尼努斯氏时期的罗马帝国

意大利和欧洲罗马西部诸行省中的城市与乡村

我们没有统计材料来说明城市人口与乡村人口的比例。但是，由于每一个城市都有一片很宽的“市辖区”，那就是说，有一大片土地同城市本身共同构成一个政治、社会经济单位，同时，由于在这些市辖区以外还有着辽阔的地区毫无城市生活可言，因此，我们不妨笼统地说，无论在意大利或在外省，城市人口若与乡村人口比较起来毕竟要少得多。文明生活当然集中在城市里；凡是对文化知识稍感兴趣从而同他的伙伴们有所讨论的人，全都住在城市里，他不可能设想自己能在城市以外生活：从这种人的眼光看来，γεωργός〈庄稼人〉或村夫就是半开化或未开化的贱民。无怪乎我们所知道的古代世界的生活多少就等于古代城市的生活。城市把它们的事迹告诉了我们，而乡村则总是保持缄默。我们所了解的乡村的情况大多是从城里人那里得来的；城里人眼中的乡下农民，有时是取笑的对象，像希腊和罗马的市民喜剧中所反映的那样；有时是反衬城市邪恶生活的对照品，像某些理学家、讽刺作家和田园诗人的作品中所反映的那样。城里人因为乡村是他们收入的来源，有时也谈到与本身有关的一些乡村实况，这种情形虽不常见，但偶尔有之，如小普利尼的书信和迪约·克里索斯托姆的演说辞中某几段就谈到过乡村实况。乡村居民自己的意见是很少听到的。自从埃西奥德写下他的诗篇以后，几百年来，乡村一直保持缄默，这种缄默只是不时被一些怨言所打破，怨言所申诉的是乡村生活的艰苦以及城市与政府（它们认为政府是代表城市的）对它们的苛待。某些文献中保存了这类怨言，其中大多数是埃及的苇纸卷，也有一些刻在古代世界其他地方的石碑上。我们通过公私文件档案——法律、皇帝和皇家官吏的敕令和诰谕、自治市行政当局的命令和自治市议政会的公告、乡村居民自己的代表团体的条例、诉讼案的判词，以及各种商务报告书等——间接地知道乡村居民及其经济状况。这些报道材料实在太少，而且很难利用。因此，难怪近代大多数有关罗马帝国的著作根本不提乡村和乡村居民，或者只偶尔在谈到国家生活和城市生活中某些事件时附带提到它们。然而，乡村生活状况的问题，与有关国家和城市的问题同等重要，同样地不容忽视。如果对这个问题缺乏仔细的研究，我们就永远不可能了解古代世界社会经济的发展情况。

把乡村居民笼统地当作一个整体来谈是极其不妥的，而在我们这个历史研究领域内，如果这样谈论，尤其不妥。在古代世界中，各个地区的一般社会经济状况各有不同，其乡村生活亦因之而异；就是当这些不同地区丧失其政治独立性而被并入罗马帝国的时候，乡村生活也仍然和过去一样各不相同。罗马行省里的上层社会和一般城市居民多多少少罗马化和希腊化了；整个帝国的城市生活具有了共同的形式；文化活动和实业生活在各个不同行省中也多少趋于一致了；但是，乡村生活，村庄和农庄里的生活，却几乎完全不曾受到这个统一化过程的影响。罗马化和希腊化运动在城市里顺利完成了，而在乡村里甚至连帝国这两种官话还接受得非常迟缓。乡村在同城市以及行政方面办交涉的时候才使用官话。但农民们彼此之间，在他们的家里和村子里，仍然说他们的土语方言。这是大家所知道的事实，用不着证明。小亚细亚的弗里吉亚族农民和加拉戚亚族农民在圣保罗时代和以后仍说他们自己的方言，而阿非利加的柏柏尔人、不列颠和高卢的克勒特人、西班牙的伊伯利安人和克勒特—伊伯利安混种人、来因河上的日耳曼人、巴尔干半岛上的色雷斯人和伊利里亚人、埃及的 *fellahîn*〈土著农民〉，以及小亚细亚和叙利亚那些数以百计的闪米特种部落和非闪米特种部落——属于前者有阿拉米人、腓尼基人、犹太人、阿拉伯人、加勒底人等，属于后者有吕底亚人、弗里吉亚人、卡里亚人、帕弗拉哥尼亚人、卡帕多契亚人、亚美尼亚人、吕西亚人等，也都各个使用自己的方言。他们并且还非常小心地保持他们原来的宗教信仰。他们的男神和女神可以借用希腊—罗马式的形象和名号。神的形象和名号都是希腊—罗马文明的产物，所以必然是希腊—罗马式的，因为那些刻碑匠、雕塑家和画家都是从希腊—罗马学校里培养出来的，除了希腊—罗马式的东西以外，他们也没有掌握任何其他成文的语言和任何其他通俗的形式。但是，他们所崇奉的神虽加上了这些官方的名号和不伦不类的形象，却仍然是农民们自古相传的土神，与几百年前被农民想象出来的时候一模一

样。还有一点也相当重要,即乡村居民在社会经济生活方面也保持他们的传统形式,这些风俗习惯力量之强有时甚至超过皇家的法律。

在这部简述帝国社会经济演变的书里,我们至多只能对这个问题目前所呈现的现象作一般的概括。就是作这样一种概括也不是一件容易的事:其内容包括整个农业的发展状况以及土地所有制形式和地租形式二者的演变等问题,而对于帝国的每一个地区必须分别对待。

我们从意大利谈起,我们对于意大利所知道的情况比对帝国其他地区清楚一些。在前面几章中已经指出,意大利仍然是帝国中耕种得最好的地区之一,无论如何在公元一世纪以及二世纪上半期肯定是这样。从外省和国外运进意大利的货物至少大部分是用高级葡萄酒抵偿的,这个半岛仍然到处都大量生产这种酒,尤以康帕尼亚和北部所产最多。葡萄酒的生产是以资本主义方式、按科学方法组织起来的,主要是为了销售和输出。当然,公元 79 年维苏威火山的喷发就是从经济观点来看也是一场大灾难。尽管政府采取了措施,但被埋葬的城市未能恢复,而且在这个区域内没有再兴起一个新城市,因为这要等过了几十年以后才有可能——以上的现象典型地说明了康帕尼亚经济力量的衰退。然而,事实上我们却没有理由认为公元 79 年的灾难严重地影响了这个地区的一般生产事业。不过,如我们在前几章所见到的,意大利的葡萄种植业和以输出葡萄酒为基础的经济却受到另外一种发展的沉重打击,这种发展就是外省的经济解放,它对意大利的威胁肯定远远超过维苏威火山喷发之类的偶然灾难。意大利工商业的凋敝意味着

城市资产阶级逐渐趋于贫困，而如前所述，这个阶级正是科学的、资本主义的农业的主要支持者。这在很大程度上说明了下述现象，即地产集中于大资本家手中的过程在公元二世纪时并未停止，甚至比以前规模更大，其所侵害的对象不仅是农民，而且也包括城市资产阶级在内。就是在韦累亚和贝芮文土姆等市辖区那么穷的地方也可以看出这个土地集中的过程。如我们从有关贫儿补助金的文献材料中所见到的，* 这些市辖区的历史主要就是当地的份地慢慢集中于极少数地主手中的历史，而这些地主大多不是韦累亚和贝芮文土姆本地人，其中有些人显然是有钱的免奴。我们所见到的二世纪时的文字史料（例如尤韦纳耳的作品）仍然采用一世纪诗人和理学家们所常用的主题，即小地主被贪婪的大资本家所迫而离开了自己祖传的份地这个主题；而身为大地主的小普利尼也毫不隐讳地谈到他对土地的投资和他的大地产日益增多。

不难猜想这些投入意大利土地的资本是从何而来的。我们知道，罗马城的古老贵族阶级已经不存在了。这个贵族阶级在外省所占有的土地大部分变成了皇帝们的财产。至于意大利的皇家地产，我们几乎一无所知；它们所以很少被人提到，是有重要意义的。这只可能是由于皇帝们不想亲自经营意大利地产的缘故：可能他们把这些地产以这种或那种方式转让出去，特别是让给那些服官职的新兴贵族。小普利尼就是这个新兴贵族阶级的一个典型代表人物。他出生于一个相当富裕的家庭，大概是大地主家庭，属于科木姆自治市贵族阶级。他以及他家中其他成员都由于在国家行政

* 见第八章。

1. 意大利的一个村庄

2. 一个酒窖

3. 途中

图 33　意大利的生活和行业

图 33 说 明

1. 芒佐尼路早期基督教坟墓正室中的一个弧形面上的图画。罗马，芒佐尼路。G. 本迪芮利所撰文，载《古物发掘简报》(意大利文)，1920 年，图 IV，以及《王家山猫学院珍藏古物集刊》(意大利文)28，1922 年，图 XIII。

本图上半部所画的是一个大城堡附近的两所庄屋或农民住宅。两所房屋之间有一大群牲畜(驴、牛、绵羊、山羊)在吃草。关于这个弧形面下半部所画的图形的意义，请看我所写的论文：《路夫勒博物馆所藏的一块色雷斯—米特里亚的匾牌》(法文)，载《各家学者向碑铭与文艺学学院提出论文集》(法文)13，1923 年，第 394 页起。

2. 一个石棺(?)上的浅浮雕。英格兰，英斯—布朗德耳府。H. 布吕姆讷尔所撰文，载《考古学报》(德文)1877 年，第 128 页起，图 I；拙撰，载《德意志考古研究所罗马学组报导》(德文)26，1911 年，第 281 页，图 3；S. 赖纳赫：《希腊罗马浮雕图谱》(法文)ii，第 454 页，1；B. 阿什莫尔：《英斯—布朗德耳府所藏古代大理石目录》(英文)(1929 年)，第 108 页，第 298 号，图 46。

浮雕的左边雕着一对夫妇握手的形状。这两个人像大概构成石棺的一条长边的中央部分。在他们的右边刻画着一个大 *cell vinaria*〈葡萄酒窖〉，它同时又是一个葡萄园。一些奴隶正忙着把 *dolia*(“diffusio〈瓮〉”)中的酒灌到双耳酒坛里去并把它们运走；其中有些人正在歇息。右角上，屋棚下有一个柜台，柜台后面坐着一人，手执簿册，正在同一个顾客谈生意。柜台上放着一些木筒。他的左面坐着一个助手，从助手的身后可以看到一个格子，格子里面放着文卷(?)，还可以看到一幅画，画着一条蛇。这一部分的右端有一个少年，大概是那对夫妇的儿子。毫无疑问，这幅图刻画的是一个大酒窖，在这里正进行一项葡萄酒的大批发交易。我认为这幅浮雕是一个石棺上的一部分，我的看法有一个旁证，那就是大家所知道的安纽斯·屋大维·瓦勒里亚努斯的石棺可以与此类比，后者在拉特朗地方(S. 赖纳赫：《希腊罗马浮雕图谱》(法文)iii，第 282 页，2)，其图形如下所绘。这里画的是：(1)耕地和耨草，(2)收获谷物，(3)搬运谷物，(4)磨面和烤面包。〔关于这个石棺的另一块残片参看图 34。〕

3. 一个大石棺的前面。本图说明见图 34，在那幅图中印制了该石棺同一面的另一块残片的图形。

安纽斯·屋大维·瓦勒里亚努斯的石棺。罗马，拉特朗

机构中身居要职而增殖了他们的祖传产业：其初如老普利尼等以皇家财务使起家，而最后如小普利尼等则先加人元老院，接着充任国家和皇帝的官职，就任外省总督以及皇家行政机构中各种部门的主管人，特别是在罗马城中。虽说在弗拉维攸斯氏和安东尼努斯氏时代，搜括外省之风并不少见，但小普利尼以及他这一类型的人却不靠这种劫掠手段来发财致富。即使是最老实的总督，除了高薪厚禄以外，也有各种机会能够不违法禁而使宦囊充裕。那些土生土长于意大利的皇家官吏（普利尼即一例）自然要找寻一种安全的投资之道。一方面出于恋乡之情，一方面考虑到便于管理，他们也就自然愿意投资于意大利的土地或典押意大利的土地。投资于土地、次则典押土地，虽然利润不算太大，却是最安全的靠本生息之道，而这些沐皇恩的世家大族的理想仍和以往一样，正是要享有一笔安全的收入，这是法国人所谓坐食年金者的理想。对于皇家官僚中意大利本地人的人数，我们也绝不可低估：他们依然占皇家官僚的大多数。

但是，这个官僚集团以及元老院贵族阶级中有许多人是外省

人。他们都属于富裕的自治市贵族阶级，在西方多为西班牙、高卢和阿非利加人，在东方多为小亚细亚人，后来也有叙利亚人。他们的经济兴趣自然集中于外省；即使他们不完全是有钱的外省地主，至少其中大多数都是这种人。然而，他们之中有许多人在就任皇家官职时开始与罗马城发生了联系，这种联系也许比他们与原籍城市的联系更要密切。他们寄寓在京城，并至少把一部分金钱投资于意大利的土地。固然，他们的本心还是想返归外省原籍，在故乡终其余年，受到乡里的敬重。这种愿望可能持续数代不衰，但也可能很快就消失无遗，因为第二代或第三代子孙过分迷恋京城的生活，而不大想到一个小小的外省 *trou* 〈巢穴〉去度那悠闲的日子。何况，如前所述，皇帝们都希望元老院议员的家族能长期安居在意大利，极力主张他们把一部分金钱投资于意大利的土地。

除了皇家官僚而外，在罗马城，以及在那些依然富庶繁华的城市如阿魁累亚和整个北意大利的城市等地，还有着一大批阔绰的批发商人和船主、善于经营的皇家免奴和奴隶、有钱的银行家和零售商人。我们必须记住，罗马城是日盛一日的，它在意大利的生活中所占的地位——即使不说它在全帝国生活中的地位，有如今日巴黎之于法国，伦敦之于英国。罗马城的富翁有许多人都出生在意大利，他们大多数都住家在罗马城，在这里度日。无怪他们在找寻安全的投资方式时首先就想到意大利的土地，这是近在手边的，比外省土地易于经管。

在大资本家的压力下，举凡农民所有的小块田产（大多在意大利的丘陵地区和山区）以及城市资产阶级的中等规模的地产，都不得不同归于尽，不得不被皇家官僚和意大利富豪们的大地产所吞并。老普利尼曾谈到大地产对于意大利经济生活所造成的恶果，他所说的完全属实。普利尼认为大地产 *perdidere Italiam*〈毁了意大利〉，他的意思当然不仅指农民个体经营方式的消灭而言，并且还指那种以科学方法经营的农庄也趋于消灭。这些农庄是被大地产所吞并的，而大地产却是按照另一个完全不同的原则来经营的，我们在下文就会谈到这一点。普利尼所说的情形不只是他当时习见的情形，这种情形在他以后好多代仍很普遍。对于他如此明确地概括的现象，皇帝们是知道得很清楚的。他们曾试用各种方法来挽救意大利。克劳迪亚斯、芮罗和弗拉维攸斯氏一来为了这个目的，同时也为了国库的利益，曾极力把私有主非法占有的公地收归国家，再把这些公地分成小块卖给无土地的农民。芮罗和韦斯帕西安曾遣送相当多的陆军和海军兵士到南意大利那些日渐衰落的城市里去安家立业。关于多米戚安的措施，下文即将谈到。芮尔瓦曾收购大片土地，分给无土地的无产者。图拉真曾设法援助城市里的地主，大概也为了援助农民，他的办法是给他们以低息贷款，使他们改良土地，帮助他们教养他们的儿子，或不如说是抚育他们的儿子，并且也多少照顾他们的女儿。他还在意大利建立一些屯市，并禁止意大利向外省移民。关于阿德里安、安东尼努斯和 M. 奥雷留斯所采取的措施，我们将在下章里谈到。

所有这些措施均无成效。经济演变的力量超过政府的努力。主要的原因在于外省的解放，而这个原因是不可能消除的，甚至就是要想减轻它对意大利经济繁荣的危害亦不可能。意大利经济之逐渐衰落，主要是由于本地工商业的凋敝，同时又因农业的危机而更加剧，那就是一世纪末乡村里的科学的、资本主义的农业经济所

图34　弗拉维攸斯氏和安东尼努斯氏时代意大利的生活情景

图 34 说 明

一个大石棺的前面。罗马，萨拉里亚门，温泉博物馆。帕里贝尼撰文，载《古物发掘简报》(意大利文)，1926 年，图 VIII。

发现时已断成两块。准备刻铭文的地方留着空白未刻。本图所印制的一块残片上刻画的是一所农民的茅舍(类似一所阿非利加的 *mapale*〈村屋〉)；在不远的地方有一个农民把一筐水果献供给一位长着胡子的乡下神。再过来是吃草的羊和一个牧羊人，接着又见到前面的那位神。最后是一个妇人带着一个孩子坐在农民的茅舍附近。图 33-3 印制了另一块残片的图形，那幅图上所雕的是一条道路。路上见到一块里程碑，碑上的数字是 V；一个旅客坐在马背上，带着一条狗，他的前面是一个向导；旅客的后面有一辆大车，由两匹牛拉着，车上装着一个庞大的盛酒革囊；而大车的背后有一座房屋开着三个窗棂。请参看原先收藏在博尔季亚博物馆的一件浮雕品，见 P. 托马塞提：《罗马的康帕尼亚》(意大利文)，i，第 52 页，图 30，还可参看菲利佩维厄的石棺，见 S. 格塞尔：《菲利佩维厄博物馆》(法文)，图 II-1。

遭受的危机，它是由于葡萄酒生产过剩、缺乏顾主而造成的。在第三章中曾经提到过这个危机的来临。西班牙、高卢和阿非利加以往都是南意大利的主要顾主，而现在随着自然发展的趋势，这些地方多半就地生产葡萄酒了。在东方，意大利的葡萄酒难以同希腊群岛、小亚细亚、叙利亚和巴勒斯坦的葡萄酒竞争，甚至难以同埃及的葡萄酒竞争。只有日耳曼尼亚和多瑙河流域诸行省还是意大利葡萄酒的市场。但这两处又主要是北意大利的市场，因为要从意大利西海岸的港口用船把葡萄酒运往达尔马提亚和伊斯的利亚沿海的港口是很困难的。橄榄油的生产也将遭遇同样的命运。前文已经指出过，西班牙成为名牌橄榄油的主要产地，而阿非利加成为廉价橄榄油的主要产地。在东方，小亚细亚的橄榄油和叙利亚沿海的优质产品已经取代了意大利的橄榄油。

上面所简述的发展情况威胁着意大利的经济繁荣，特别是威胁着意大利中产阶级的经济繁荣，但其危害尚不止此。这种发展使全国处于紧张状态。古代世界从来不曾遭受过食物（尤其是谷物）生产过剩的危害。前文已经屡屡提到，希腊、意大利，甚至小亚细亚都依靠那些大量生产谷物之邦来供应粮食；希腊和小亚细亚由南俄罗斯供应，意大利则由西西里、撒丁、西班牙、阿非利加和埃及供应。东西两方之推广葡萄树和橄榄树的种植，不仅意味着意大利的经济遭受损害，而且也会引起整个帝国的谷物荒。当然，罗马城还是安保无虞的。有来自埃及的谷物，还有来自西西里和阿非利加的皇家田地与公共田地上的谷物，高卢和西班牙也要送来一些，这都是佃户缴纳的地租，这些租谷使京城里的无产者和宫廷得到充足的粮食供应。此外，皇帝们采取了某些预防措施来保证罗马城一切居民得到足够的粮食供应，其措施是使罗马城的居民对一些产谷行省的产品有优先取得之权，换言之，就是规定埃及出口的谷物除特殊情况外不得输往罗马城以外任何地区。但是，帝国各城市依靠外来谷物为生者甚多，罗马城不过是其中之一而已。我们已经提到过希腊和小亚细亚的城市。这两处不能依靠南俄罗斯进口粮食为生，因为南俄罗斯的粮食产量日见低落，而且该地所产的谷物绝大部分要供应帝国驻在东方的军队。因此，东西两方葡萄酒和橄榄油的生产过剩意味着东方有长久之忧。饥馑之魔现在不断地在希腊城市前面飞翔：读者们会联想起圣约翰启示录中的生动描写，在皮西迪亚的安蒂奥克发现一件公元93年的拉丁文

碑文,证明启示录所描写的是小亚细亚的一次广泛的饥荒。* 罗马政府不能坐视东方各省陷于饥馑而不顾。普鲁萨的迪约曾描写过韦斯帕西安时期普鲁萨地方的无产者的暴动,这类暴动是一种严重的威胁。因此,皇帝们采取了一些措施来奖励谷物生产和限制葡萄酒与橄榄油的生产。关于这些措施,我们知道得太少。从一件偶然的告示中可以看出韦斯帕西安曾力图间接鼓励亚细亚的谷物生产。契比腊地方有一块公元 73 年的碑,碑文中说的是一个有钱的施主指定把他赠给该城的钱投之于"殖谷之地",同时指示应将此事禀报皇帝和元老院。我们不能不认为这篇碑文证实了元老院和皇帝方面至少是鼓励小亚细亚诸城市最好把它们所得的指赠基金投之于殖谷之地,否则似乎无法解释这篇碑文。此外,皇帝们还用强力干涉来禁止饥荒期间的投机倒把行为。在上文刚提到的那件安蒂奥克的碑文中,说到多米戚安手下的一位总督采取了严厉的措施,甚至可说是强硬的措施(使我们想起第一次世界大战期间欧洲各国所采取的类似的办法)来禁止诸如此类的行为,并保证该城得到比较价廉的谷物供应。

无论如何,大家都知道多米戚安曾颁布了一项普遍施行的敕令来鼓励外省种植谷物和援助意大利的葡萄酒生产者。按照这项敕令,无论意大利或外省都不得再开辟任何新葡萄园。而且,现有的葡萄园有半数要毁掉。我们知道,这个措施没有完全贯彻执行。小亚细亚为此事派了一个专使团,由著名的演说家斯科佩利亚努

---

* R.卡尼亚与 M.贝涅:《一年来的碑铭学》(法文),载《考古学杂志》(法文),1925 年,126。

斯率领。这个使团保全了本省的葡萄园，也许还救了整个东方的葡萄园。还有，至少高卢南部和西班牙南部（纳尔博嫩西斯省与贝提卡省）的葡萄园大概终于保全下来了。我们知道上面这些地区的葡萄酒向外输出未受阻碍。但是，如果说多米戚安的措施完全流产则亦言之过甚。这项措施在阿非利加是肯定雷厉风行过的，在多瑙河流域诸行省、高卢中部和北部、西班牙部分地区也在一定程度上厉行过。后来普罗布斯废止了这项敕令（大约在二百年后），才准许多瑙河地区、高卢和西班牙种植葡萄，甚至准许从未种过葡萄的不列颠也可以种植葡萄，这一点可以证明上述情况是事实。此外，在阿非利加，有名的 *lex Manciana* 〈曼契亚法〉（多米戚安时或图拉真时）规定只许在废掉旧葡萄园时才能开辟新葡萄园以代替旧园；而另外一项阿德里安时代的法令谈到利用生荒地和熟荒地来栽种各种作物，却毫未提到葡萄。

对于意大利的橄榄油生产，未曾采取任何类似的保护措施。相反地，对于达尔马提亚沿海、西班牙和阿非利加等地却予以扩大橄榄油生产的自由，我们知道，这些地方都渐渐变成了帝国中这一行业的主要中心。阿德里安在阿非利加颁布了专为该地区施行的利用生荒地和熟荒地的法令，从这些法令可以看出橄榄油生产在阿非利加的重要性，并可以看出皇帝们极力想把该邦变成橄榄林之乡；而考古发掘又证明阿非利加的西南部在二、三世纪时无论沿海或内地都是连绵若干里不断的大橄榄林，这一事实也可以证明上面所谈的情况。

多米戚安的保护措施挽救了意大利的葡萄种植业，至少在一定程度上起了挽救作用。但这些措施并未能挽救整个意大利的先进农业和推行先进农业的中产阶级地主。在一世纪末的危机中，中产阶级是最先受难者。工商业没有得到皇帝们的保护，日见凋敝，从而加速了这个阶级的破产。此外，科学农业所依仗的劳动力，特别是奴隶劳动力，愈来愈昂贵了。无怪乎意大利的城市资产阶级不能够同罗马城的大资本家互竞高下。大资本家的出现事实上就意味着科学农业的彻底毁灭。

这一点无需多加解释。像小普利尼这类的地主可能是很好的企业家，可能善于经营他们的一般业务，如买卖土地、放债等等。但是，农业的繁荣绝不能依靠他们这类人。他们从来不住在自己的田庄上，因为他们在城市里事务忙碌，同时他们从来不完全依靠某一个田庄上得来的收入，而以往城市资产阶级中多数人却都是如此。我们已经说过，他们这类人所持的是坐食年金者的态度。他们只希望麻烦越少越好，哪怕收入少些也不在乎。要从土地上得到一笔相当可观而不太苛求的收入，最妥善的办法是把土地出租，而不是依靠奴隶用科学方法来从事耕种，因为后一种方式本人必须亲自精心管理。租佃土地之制在公元前一世纪时已曾为大地主采用过。在奥古斯都时期，包括革命军退役军人在内的城市资产阶级曾经取代过公元一世纪时的显贵，至少在意大利中部和北部是如此，而当这个阶级崩溃以后，租佃制又重新复活起来。这种制度当然意味着放弃科学经营方式。佃户，尤其是长期佃户，难得是好庄稼人，特别难得是酿造葡萄酒的好手。此外，意大利的谷物现在愈来愈少，所以种谷之利至少可与生产葡萄酒相等，而其危险性则较后者为小，其所需于地主和佃户双方的亲身照料也较少。

主要的困难是找寻佃户。从普利尼的经验和马尔恰耳的某些

零星札记可以看出这些地主居然找足了他们所需要的那么多的佃户，近代学者对于这个事实总感到困惑不解。如果农民在格拉古兄弟时代即已破落殆尽，如果农民在公元前一世纪时已经绝迹而为大群奴隶所代替，那么，普利尼的佃户又从何而来呢？读者只要按照上面这个逻辑推论，就会看出我们不接受时下认为意大利农民业已绝迹的观点。在意大利南部，自从“社会”战争以后，农民的人数无疑是减少了，尤其是在阿普利亚、卡拉布里亚和布鲁丘姆，在康帕尼亚和萨姆纽姆也有一定程度的减少。但是，在意大利中部和波河河谷地带，农民仍在居民中占大多数。他们之中有些人已经不再是自己那份田地的业主了，但他们仍住在原来的庄子或村子里，有的成了佃户，有的成了长工，在城市资产阶级的农庄上找活儿干。在葡萄园里固然是用奴隶来代替了他们，但意大利绝大部分地方并不是葡萄园而是大田，而大田都是由农民耕种的。除旧农户外，可能地主们又迁来了一些奴隶和免奴作为他们庄田上的佃户，因此农民人数也许还有所增多。尽管如此，要为大地产所有者的庄田找寻合适的和足够的劳动力仍然是难以解决的严重问题。意大利固然有农民愿意承佃大庄田的土地，但为数似乎不足以适应日益增加的需求，而且他们都是相当懒惰而效率不高的劳动者。然而，即使在这种情况下，大地主还是宁愿要佃户干活而不愿意要奴隶干活。例如，普利尼只有在迫切需要人手之时才使用奴隶。他的庄田上的主要劳动力是佃户劳动力。赫特兰当然不会同意上面的陈述。他认为，佃户大多是一种监督奴隶劳动的监工，而奴隶劳动力则由地主供应。但是，我们所有的史料中似乎没有任何地方说过，公元二世纪时的普遍现象是把土地分段佃给佃

户而附上一张包括若干奴隶在内的财产清单。毫无疑问，普利尼并不把他的佃户当作中间人，而是当作直接耕种土地者，因为他们就是租佃给他们的那段土地上的主要劳动力。我们并不否认一个手头宽裕的佃户可能买一两个奴隶来帮助自己干活，也不否认某些地段出租时附有一张包括房屋、牲口、农具和奴隶在内的财产清单。近代的 *mercante di campagna*〈土掌柜〉这类人在古代世界早已习见。但是，近代意大利有这种身份的人并不等于说近代意大利就没有农民了。

因此我们不得不认为公元二世纪时意大利存在着一个人数很多的农民阶级，其中大部分是佃农。他们构成与城市相对而言的村子和庄子里的居民，他们就是与 *intramurani*〈城里人〉相反的 *vicani*〈庄汉〉和村夫。从斯塔丘斯和马尔恰耳的描写，从普利尼的品评，都可以看出这种意大利乡村居民形成一个低贱阶级，而这个阶级在公元二世纪时的地位同佃户在稍后一段时期中的地位以及同农奴在整个欧洲中世纪时的地位并没有什么不同。举例来说，我们可以用马尔恰耳的笔记来说明公元三世纪时特雷韦附近的伊杰耳碑上相应的图像，还可以用来说明四世纪时阿非利加的某些镶嵌细工上的图像。我毫不怀疑，这种地位并非较晚才有的。我深信，至少庞培的佃户在他们的靠主面前的身份同马尔恰耳那位当律师的朋友的佃户的身份是相同的。

从经济观点来看，二世纪时意大利最有意思的现象倒并不是存在农民阶层：意大利的历史上从来没有一个不存在农民阶层的时期。令人注意的事实是：农民不再像他们过去那样是自耕农，而成为大地主的佃户了。因此他们在意大利的农业生活中占据了重要地位，甚至可以说居于首要地位。这个时候流行的农业经营方式既不是按科学方法经营的中型农庄，也不是由数以千计的套着锁链的奴隶来耕种的大田庄，而又重新是资本主义尚未发展以前曾经流行于意大利的那种农民分地段耕种的方式了。那个时代和公元二世纪时所不同者在于：现在的农民地段变成了城里地主的产业，而耕地者变成了城里地主的佃户。中型农庄和由奴隶耕种的大田庄并未完全绝迹。这是大家都知道的。但是，这两种经营方式越来越过时了，它们只不过是残余现象，而不足以代表意大利农业的一般情况；要知道，在瓦罗时代、甚至在科卢梅拉时代，它们曾代表过农业一般情况，而在公元前四世纪和前三世纪时，代表农业一般情况的则是自耕农制度。

由此可见，意大利的乡村居民为数甚巨。他们在社会上和经济上自成一个阶级，低于那些经常住在罗马城或意大利其他城市中的地主所形成的阶级。在政治上当然并没有区别：意大利所有的居民统统是罗马公民，每一个人都属于与某个城市相关联的某个罗马公民团体。在政治上没有把意大利的公民划分级别，只有意大利北部情况特殊，那儿有许多阿尔卑斯山区的部落，按照罗马人的习惯说法，那些部落是“附属”于意大利城市（布里克西亚、贝尔哥木姆、科木姆、特里登土姆、特尔杰斯特、阿魁累亚）的，意思是说它们并未分享其所属城市的公民权。但如前所述，即使在意大利北部，自从帝国初建之日起，就有一个趋势逐渐减少上面提到的这种附属民，而把他们并入城市的辖区之内，赐以罗马公民资格或拉丁公民资格。然而，实际上，那些庄子和村子里的居民，像都市里的无产者一样，被视为比住在城里的地主低贱得多的人。因此，有一个“村夫”后来成为佩利尼的一个城市苏尔莫纳的 *decurio*〈市议员〉，这件事竟被认作值得一提的例外情形。* 就社会地位而言，意大利北部“附属”部落的村夫和庄汉与意大利其他地区的同一阶层并无多大差异。

让我们转而考察外省。我们看到，有关外省社会组织的材料，特别是有关土地租佃方式和使用方式的材料，分配极为不均。我们对于某些行省（埃及、阿非利加和亚细亚）知之甚详，而对于另外一些行省则几乎一无所知。然而，必须从社会经济观点对所有较重要的罗马行省作一番综述。虽然已经屡次谈到罗马行省发展中的政治一面，即谈过它们的逐步都会化（部落和氏族、村子和庄子转变为以一个都市作中心的行政区域，由住在城市里的长官管理其行政），但是，却还一直未曾试图从社会经济观点对整个罗马帝国作一番综述，也很少对个别行省作过综述。

我们先从西西里、撒丁和科西嘉谈起。在前几章中已经说明西西里在共和国晚期和帝国早期仍然一直是向罗马城输出大量谷物的粮仓之一，只有内战最后阶段暂时中断了一下。斯特腊博的记载和稍后一些时期的零星记录对这一点提供了铁证。现在我们必须探究的是，与共和国时代相比，在帝国早期该岛的社会经济组织有何主要的特征。很难相信，西西里会像希腊和意大利那样把全境都划分成各个市辖区。显然，在腓尼基人和希腊人统治期间，该岛的腓尼基人地区以及内地大片地方并不是按照这种形式组织的。罗马人一直没有促使西西里全面都会化。他们不曾建立过一

* 《拉丁文碑铭集》，ix. 3088＝戴索，《拉丁碑铭文选录》，6531。

个新城市，也丝毫不曾打算恢复已废的希腊城市。他们在腓尼基人地区还维持这样一种特殊情况，乃至保留埃里克斯地方那种亚细亚式的维纳斯神庙，这种神庙拥有大群侍奉神的奴隶和占有大片的地面。从西塞罗对该岛的描写可以看出，罗马根据该岛的希腊城市对自己的不同态度将这些城市分成若干级别，并且，不论在腓尼基人地区或希腊人地区，罗马谨慎地掌握着那些不属于任何城市辖区的公地，以便将这种公地作为 *ager publicus populi Romani*〈罗马民族的公地〉，由罗马户籍官租给罗马公民和外省人。

属于城市辖区的土地要向罗马国库缴纳十分之一的农产品（极少数豁免土地税者除外）。征收这种什一税是由耶罗二世的一项法令规定下来的，新统治者未加改变。这些城市辖区内的土地掌握在城市资产阶级手中，西塞罗称他们为 *possessores*〈业主〉或 *aratores*〈庄稼人〉（γεωϱγοί）。地主的人数，即使包括那些从罗马国家租到耕地的人在内，也是相当少的（12 000 至 13 000）。城市辖区以外的大片土地则掌握在财主手中，他们在这些土地上饲养大群牲畜。这些大片土地并不作为罗马富翁们的私产。他们大概是从国家方面租借到这种土地的。耕种土地和牧羊所用的劳动力是：在田地里大概兼用奴隶和自由劳动力（由贫苦佃户充任），而在牧场里则几乎全用奴隶。

西西里被奴隶战争所造成的破坏很快就恢复过来了。城市资产阶级似乎并未受这些战争的影响：在西塞罗的时候，这个阶级依然既庶且富，并有势力。内战期间，这种情况起了变化。在这次持续若干年的战争中发生了一段最突出的插曲，那就是塞克斯土斯·庞培和屋大维之间的斗争，而西西里正是这段插曲的舞台。

庞培主要是依仗奴隶支持，我们当然会推想他牺牲了城市资产阶级的利益而赐惠于奴隶。但不管是否如此，总之，屋大维得胜以后不可能也不愿意继续把罗马公民资格许赐给全体西西里人（这是恺撒所筹划的，并为安东尼所推行过），这是个铁定的事实。所谓“全体西西里人”当然指的是希腊城市里的市民，即地主（*aratores*）阶级。奥古斯都着手重新组织西西里时，把许赐公民资格的事搁置不谈，这也许是由于这种做法已无多大意义，因为希腊籍的城市资产阶级已经大受内战的摧残而所余无几了。也正由于他们大受摧残，所以奥古斯都才送罗马侨民去充实一些比较重要的西西里城市（大多是那些输出谷物、羊毛和硫磺的重要港埠），并且，他才把罗马自治市或拉丁屯市的权利赐给少数城市，那些城市大概包括若干大规模的意大利侨民新村。但是，无论奥古斯都或紧接着他的几代皇帝，谁都不打算恢复西西里的城市生活和城市资产阶级，这与他们对待西班牙、高卢、多瑙河地区和阿非利加的政策有所不同。大多数的镇和 *oppida*〈邑〉都得缴纳一种 *stipendium*〈贡税〉，缴一种土地税，也许还缴一种丁税，因此它们在各级城市中地位最低。在西西里建置 *civitates stipendiariae*〈纳贡市镇〉这种等级，这就等于废除了什一税（*decumae*）制，因为贡税是用金钱缴纳的。而所以建置这种等级，原因有二。其一是因为什一税制已不再行，这种税制以存在一个富裕的地主阶级为基础，而这个阶级现在已经处于凋敝衰落状态了。其二是因为在镇的辖区内，居领导地位的现在大概都是土著而不是希腊人，而这些土著中有许多人是不适应于城市生活的。遗憾的是，我们所见有关纳贡市镇与邑的史料太少：镇并不一定指一个都会性的组织，它可能是一些村落的合称，或指一个部落的领地。

尽管城市资产阶级破落了，西西里仍然是一个富庶之邦。某些城市（如梅萨纳和陶罗梅纽姆）的葡萄种植业已经兴旺起来了，但如前所述，就全境而言仍然是以谷田和牧场为主。看来这种情况似乎是皇帝们有意保持着的。他们可以允许某些城市种植葡萄和果树，但他们希望西西里的绝大部分地区都是谷田，至于山区，那自然依旧是牧人之家。所以，他们不肯在西西里推行都会化运动的政策而使其土著保持原始状态。他们需要该岛作为意大利的粮仓，而并不十分希望该岛在各方面都很发达。由于同一理由，所以大片土地仍掌握在国家手中。当多米威安和图拉真之时，在西西里，和在贝提卡一样，有一种专管公田的行政机构，名为“公粮”（*frumentum mancipale*）司，所谓公粮即指公田佃户所交的谷物而言。该岛上大田庄之发展和皇庄之相应增多也归因于同一理由。我们曾经谈过阿格里帕在西西里所占有的大片田地。一些游记中所记载的许多古地名都是由罗马氏姓变来的，由此可见，在本省占有大片土地的业主并不止阿格里帕一人。在加列努斯时代发生过一次暴动，大概是农民暴动（像这类叛乱在整个三世纪中是常见的现象）；从这次事件可以看出大田庄的发展在公元后最先两个世纪中并未中断过。

总而言之，在最先两个世纪中，西西里境内有少数繁华的城市，其中居民大多是罗马侨民，另外有许多镇，其中有些还保持着城市生活的外貌，而有些则仅系若干土著所居的村落合在一起的名称。无论是哪种镇都肯定具有纯乡村性的一面：它们都包括成群的农民和牧人在内。罗马人民和皇帝们的田庄的经营方式大概与其他行省里的大田庄相同。他们把田庄发租给包租人（承包人），而耕种者则为佃户。在某些富豪地主的大田庄上，大概以畜牧为主要收入来源，而畜群由大批奴隶看管，情形与公元前二世纪时相似。因此，罗马皇帝们终于使西西里保持为罗马人民的一个粮仓，这里到处是田地和牧场，其间零星地散布几个较进步的经济生活点。

撒丁行省的景况与西西里相同。撒丁曾经是迦太基的粮仓（这个统治城市蓄意设法保持这种状况），此后则一直是罗马城和意大利的粮仓。在罗马人的治理下，无论是共和国时期或帝国时期，都会生活都有所发展，但很迟缓。该岛的主要城市为卡腊利斯和土里斯；这两个城市都是大出口港，出口的是本岛所产的谷物和开采的金属矿物，前一个城市是自治市，后者是罗马侨民的屯市。即使在帝国时期，内地还是盛行部落组织，而各部落并未向城市生活发展。有些部落可能已经形成了行政组织单位（镇），有些部落则显然住在公家、皇家或私人的大田庄的领地上。他们作为佃户耕种这些庄田，处于一种半农奴地位，此外还替他们的主人看管畜群。我们曾经提过芮罗的情妇阿克苔的大田庄：那种大田庄似乎是本地典型的经济结构。由于少数城市迁来了罗马侨民，同时由于土著的臣服，这个岛于是也像西西里一样多少有些罗马化了——在城市里是彻底的，在乡村里则极轻微。

关于科西嘉，我们仅仅略知一二。但是，我们从一块碑文可以看出该岛主要居住着一些土著部落，奥古斯都用一种固定形式把它们组织起来。大部分土地都属于皇帝——大概尤以森林为多；另一部分土地划给了一个马里攸斯所建的屯市。余下的土地则属于土著居民。有一个土著部落，即瓦纳契尼部，其财力之雄厚足以向韦斯帕西安购买土地并建立一个半都会式的市集，市集上还建有奥古斯都庙（可与西方各省中那些外省人崇祀皇帝的市集相比较）。

西班牙通常被视为罗马文明的堡垒，视为西方各省中罗马化最彻底的一省。对于这个国度依然用罗马语系的语言这一点姑置不论（当然，西班牙语不如罗马尼亚语接近拉丁语，但罗马尼亚却是帝国建省最晚、存在时间最短的一个省），赞同上述观点的人还指出：西班牙是（继西西里、撒丁、科西嘉之后）最古老的罗马行省，西班牙被罗马人完全都会化了，所有的西班牙部落和城镇都从韦斯帕西安手中接受了拉丁权利。毫无疑问，西班牙的一部分地区已彻底罗马化和都会化。贝提卡就是西班牙境内的小意大利，正如纳尔博嫩西斯是高卢境内的小意大利一样。塔腊科嫩西斯沿海和卢西塔尼亚低地的情形也肯定（多少）与贝提卡相同。我们对此不必感到惊奇，因为西班牙的这一带早在罗马人统治以前已经有过一段长时期的文化发展史。我们知道，伊伯利安人的文明是何等古老，这种文明早在米诺斯时期即与南地中海的其他文明有何等密切的联系。我们也知道，希腊人（福凯亚人）和腓尼基人（其侨民先来自提尔，后来自迦太基）都曾迁居于西班牙南部，并把希腊—东方式的城市生活带到了这里。罗马人是最后来到的。他们保持当地的原状，起初并没有大量增添他们自己的文明因素。但是，西班牙却逐渐地变成了意大利移民运动的乐土，贝提卡尤其有吸引力。虽然从远古时期起，罗马人就曾侨迁到那儿去，但移民运动基本上是恺撒和他的嗣子所进行的工作。大概就在这个时期，即在内战期间，有许多意大利人迁居到西班牙的大商业城市中来，不论希腊城市或腓尼基城市都有。在这些城市中，最大、最繁荣和

罗马化程度较深的是加德斯,其次是恩坡里乌姆。西班牙那些开化的、经济繁荣的地区就这样地渐渐罗马化了,而城市和乡村里的旧统治阶级也就被罗马人和说拉丁语的意大利人取而代之。城市中其余的居民(原来的希腊人、腓尼基人和伊伯利安人)为新来者所吸收,而逐渐采用了统治阶级的语言和风俗习惯。

西班牙南部和西部的繁荣的基础是开发当地的天然富源。农业,特别是种植橄榄和亚麻,以及矿业(银、铜、铁、锡、铅)自古以来就是西班牙人最主要的生财之源。由于有了这些天然富源,所以工业随之欣欣向荣,而炼钢业和亚麻织造业尤盛。罗马人发展了这种经济事业,尤其是发展了矿业,因为西班牙是正在成长的帝国中矿产最丰、开采最早的地区。罗马人对于该处优质的橄榄油也极其关怀,这里的橄榄油比意大利所产者价廉而物美。

西班牙南部因其富足繁荣,长期以来一直是意大利的移民区。许多罗马资本家,无论是元老院议员阶级的或骑士阶级的;都投资于西班牙土地。这些新来者,同早期侨民的子孙以及罗马人未来到以前的上层阶级中某些代表人物一道构成了城市资产阶级。在他们之中可以见到意大利资本家的经理人和皇帝的代办,其中有些人定居在具有吸引力的行省里。这些人的人数和财产都不断增多。他们的收入主要来自农业。我们知道,在贝提卡和卢西塔尼亚两地,罗马侨民通常能领到一大笔产业。这就是他们的财富的原始来源,他们的财富稳步增殖,而在公元二世纪时达到最高峰。贝提卡、卢西塔尼亚以及塔腊科嫩西斯部分地区的那些美丽的城市遗址——其中以意大利卡、塔腊科、埃梅里塔和克卢尼亚最为有名——证明这一带曾经空前繁盛。可以料到,这种财富的基础在

1. 西班牙的矿工

2. 西班牙的一个疗养地

图 35　西班牙的生活和行业

图 35 说 明

1. 一件浅浮雕的残片。发现于西班牙之利纳雷斯。A. 多布勒厄撰文，载《考古学评论》(法文)43,1882 年,第 193 页起,图 V;H. 桑达尔斯撰文,同上杂志,第 4 辑,1,1903 年,第 201 页起,图 IV;同前作者撰文,载《考古学》(法文)59,1905 年,第 311 页起和图 LXIX;S. 赖纳赫:《希腊罗马浮雕图谱》(法文)ii,第 192 页,4;T. A. 里卡德:《罗马人在西班牙的矿业》,载《罗马学杂志》(英文)18,1928 年,第 139 页起。

九个矿工排成两行沿着一条坑道向下走往矿井去。第一行的最末一人手里拿着矿工用的尖嘴锄或锤子,倒数第二人拿着一盏灯。他们后面那个身躯高大的人是一个工头,他拿着一把大双孔钳和一盏提灯(?);也有人认为是一个铃铛,或是一个给提灯灌油的油罐子。所有的人的服装都一样:上身和腿都裸露着;腰际围着一条短 *tunica*〈围腰〉(或裤子)和系着一条带子或皮条。利纳雷斯(即古之卡斯土洛)是西班牙重要矿区之一;该矿区的银矿与铅矿都极丰富(波利比攸斯书 10.38;11.20;斯特腊博书 3.2.10;147C);卡斯土洛与著名的矿区昔萨波之间有一条铺石的道路相通。请看《拉丁文碑铭集录》ii,第 440 页起和第 949 页起。在卡斯土洛所发现的许多拉丁文碑铭以及大量钱币显示出这个市镇相当富足繁荣(从公元前一世纪起到公元后四世纪)。其他发现物备载于上面所引的里卡德的文章,第 141 页起。

2. 刻着浅浮雕的银杯。发现于西班牙北部之卡斯特罗—乌尔迪亚勒斯(弗拉维约布里加)。收藏在卡斯特罗—乌尔迪亚勒斯地方的昂托尼奥·德·奥塔涅斯家中。E. 许布讷尔撰文,载《考古学报》(德文)1873 年,第 115 页,图 XI;《考古学报》(法文)1884 年,第 261 页起和第 270 页;达伦堡—萨格利约:《希腊罗马古物辞典》(法文),图 6089;《拉丁文碑铭集录》ii. 2917;S. 赖纳赫:《希腊罗马浮雕图谱》(法文)ii,第 195 页,3。本图根据马德里复制艺术品博物馆的金属模型复制。

杯子内层刻着浅浮雕图,图的四周环以嵌金字母的铭文,其文为 *Salus Umeritana*〈乌梅里的安乐女神〉。图的顶部为水的化身,亦即乌梅里的 *Salus*〈安乐女神〉,她斜躺着,半裸体,右手执一芦苇,左手扶在一个瓮上,一股水从瓮中流出，流入一个粗糙的大石槽。她的两旁都是古树。乌梅里（地址失考）大约因为有能治病的矿泉而成为西班牙的一个出名的疗养场所。（关于西班牙的疗养地，请看普利尼的《博物志》，31.2，参看 23；关于奥古斯都曾在比利牛斯山中某个疗养地逗留的掌故，请看克里纳哥腊斯的文章，载 *Anth. Pal.*〈《人类学与古物学》?〉9.419。）泉水的旁边有一个家童取水灌入一个大瓶。离泉水不远的地方有一个年老的病人，坐在一把柳条椅上，从一个家童手中取过一杯水。图的左边，就是这个老人穿着一件拖袈（他是一个病人，现已恢复健康了），向一个祭坛供献牺牲。图的右边有一个本地的游客或牧羊人向另一个祭坛上供。图的下部，第三个童子把一瓶水倒入一个桶中，桶装在大车上，大车由两匹骡子拉着。显然，乌梅里是一个著名的疗养地，在比利牛斯山中和罗马帝国其他各地有着许多疗养地，乌梅里是其中之一；而该地名声之大乃至把此处的水运往远地去。参看 E. 许布讷尔的《罗马人在欧洲西部的统治》（德文）（1890 年），第 288 页起，和第 262 页。关于所有疗养地的概况，见《鲍利-维索瓦-克罗耳古典文物学实用百科全书》（德文）ii，第 294 栏起；L. 弗里德兰德—G. 维索瓦：《罗马风俗史》（德文），第 9 版 i，第 387 页；iii，第 178 页。

于开发土地。皇帝图拉真和阿德里安的家族就是大地主的好例子。这类田庄和矿场上的劳动力大概是由土著居民充任的，他们仍和过去一样，是种地者和矿工。

然而，西班牙南部还有大片大片的土地不在私人业主手中。从这儿初被征服时起，大庄田和多数矿场就属于罗马人民所有。尤留斯—克劳迪亚斯氏朝的皇帝们在这里也同在阿非利加、在亚细亚一样，他们的私产之多可以与罗马人民相匹敌，他们这些私产是靠抄没和继承而不断增多的。最大的几次抄没是芮罗所进行的，而到了二世纪时，这些皇产形成了许多面积辽阔的祖传地产。多数矿场所遭受的命运与此相同。关于这些祖传田地和公共田地的经营方式，我们无从知悉，但我们不妨设想其方式同我们在阿非利加和亚细亚所见者无异。田地大概发租给大小不等的佃耕者，即 *conductores*〈承佃人〉和佃户。前一种人是大规模经营农业的人，他们都住在市镇上；而后一种人住在田庄上，亲手耕种。西班牙也同高卢一样曾经一度存在过农奴制度，这种农奴制度最后变成了什么形式，我们却不知道了。很难相信罗马人在任何地方都像公元前 189 年在阿斯塔那样废除农奴制度。* 至于矿场的开发情形，我们知道得较多：有两篇碑文非常详细地说明了维帕斯卡的一个矿场的组织状况，碑文内容见于下章。

卢西塔尼亚和塔腊科嫩西斯两省的高地，尤其是克勒特—伊伯利安人、阿斯图里亚人和卡累契亚人的地区，罗马化的程度差得很。这些地区不吸引意大利的移民，因而保持其原有的民族风格和社会经济制度特色。罗马化和都会化都很表面，氏族和部落(gentes)的分划依然残存。虽然韦斯帕西安把拉丁权利赐给了西班牙中部、北部和西部所有的部落，但这件事并不等于说这些部落在受赐以前就都已彻底罗马化了。这只是说，在罗马统治以前的西班牙社会制度并非与城市生活格格不入，同时说明，部落地区的一部分居民通过服军职而开始稍微有些罗马化，并可以仿照罗马自治市的形式组成一个统治集团，统领着本部落其余的人和其他部落。韦斯帕西安的改革既是为了打破民族和部落式的联系，也是为了使罗马选军能保证补足优良的士兵(罗马选军已经不再在意大利征集)，而这些士兵都是退役辅军军人的子孙和都会权贵阶级的成员，他们在一定程度上已经罗马化，并由于社会地位较高而

* 戴索：《拉丁碑铭文选录》，15。

与他们的亲戚朋友分开。于是，一批人变成了城市组织的成员，而其余的人则保持以往的原状，仍过着他们所习惯的部落生活，并送子弟到罗马辅军部队中去当兵。大概正是由于韦斯帕西安把这些居民如此划分，所以他受到一些人的批评，那些人指责他把帝国的军队“蛮族化”了。

我们对于高地的社会经济生活所掌握的资料很少，从这点贫乏的资料来看，即使在韦斯帕西安实施改革以后，高地仍然处于贫困和原始的状态，同早先波利比攸斯和斯特腊博时代的情况完全一样。自从一开始有罗马式的城市生活时候起，就不容易找到足数的候补人员来充任市政长官，这件事实证明在该处形成一个城市资产阶级的过程相当缓慢，同时证明内地的居民仍然大多是农民和牧人，即使住在城市里的居民也大多是这类人。在这一带地方，正如舒耳滕在努曼戚亚的考古发掘所显示的，城市的繁荣程度始终比不上沿海和低地所习见的那种繁荣景象。这里的城市多少还保持原状，仍然是一些村镇。其中有些城市固然已经从山上迁到平地，但是从萨博伦塞斯的诉词可以看出这种现象并不一定就是繁荣的标识。当然，那些大行政区的首府比其他城市发展得要快些。关于居住在新城市辖区里或在某些情况下居住在自己领地上的部落和氏族的组织情形，我们没有材料。在城市辖区内，经常提到所谓客户和 *contributi*〈增并户〉，其中有些人甚至还是城里人，那就是说，他们是住在城内的；由此可以看出那些享有拉丁权利并且多少有点罗马化的人在西班牙居民中只占极少数，而其余的人的身份地位依然同西班牙“全面都会化”以前的情况一模一样。

关于高卢的社会经济生活，我们知道得较详细。C. 朱利安、

F. 曲蒙和 F. 施泰林所作的精辟的描写只是一种极其简要的叙述。我们在这里作概述时仍然必须十分审慎。高卢—纳尔博嫩西斯像贝提卡一样，其罗马化的程度比之于阿魁塔尼亚和高卢—卢古杜嫩西斯（包括贝尔吉卡）要深得多。这个靠南的行省同意大利北部一样地彻底罗马化了。正与贝提卡的情况相同，在此处生活中占主要地位的是罗马屯市，对每个屯市都分给了大片田地。其中有些屯市（如阿雷拉特和纳尔博）变成了富足的工商业城市，而另一些屯市（如阿劳西约、维也纳[①]等）则为广阔和开发得很好的农业地区的中心。在该省最重要的两个部落沃孔提部和阿洛布罗杰部的领地内，罗马化运动是遵循一种特殊途径进行的，情形与在高卢—科马塔[②]的赫尔维蒂部中相似。这些部落领地在很长一段时期内一直是没有什么城市的农业地区。生活的主要发展出现在村子和庄子里，后者在蒸蒸日上的繁荣景象的影响下自然而然在一定程度内发展成为正式的城市。不过，它们的行政组织虽然已与其他地方有所不同，但还不是都会型的组织。

这里同贝提卡一样，也许比贝提卡犹有过之，地产都集中在少数所有主手中。我们不知道皇家产业所占的比重有多大，但是，靠近图卢兹的那座华丽的基腊甘庄可能就是一所皇庄，同时，在特斯塔乔山上发现了来自本省的大量碎陶片，这也可能说明皇庄兼并了相当大面积的公地。此外，在纳尔博嫩西斯还有一些谈到皇家 *patrimonium*〈祖产〉经管人的碑铭；这是不足为奇的，因为共和国

① 此维也纳在法国里昂之南，非今奥地利首都。——译者

② 除了高卢—纳尔博嫩西斯省以外的高卢地方统称之为高卢—科马塔。——译者

第一行
春（2），□，夏（3），夏（2）。

第二行
春（1），春神，夏神，夏（1）。

第三行
冬（1），冬神，秋神，秋（1）。

第四行
冬（2），冬（3），秋（3），秋（2）。

第五行
冬（4），冬（5），秋（4），秋（5）。

第六行
冬（6），冬（7），秋（6），秋（7）。

第七行
装饰图

一幅绘图农历（维也纳的镶嵌细工）〈图右注号系译者所加〉

图 36　高卢南部的农业

图 36 说 明

镶嵌细工。1890 年发现于法国南部之圣罗曼-昂-加耳(古代的尤莉雅—维也纳屯市)。巴黎,路夫勒博物馆。G. 拉法耶撰文,载《考古学评论》(法文),第 3 辑,19,1892 年,第 322 页起,附摹图;《高卢与阿非利加镶嵌细工图谱》(法文),i(1909 年),第 246 号和三幅摄影图;卡尼亚—夏波:《……手册》(法文),ii,第 173 页;R. 比利阿尔:《古代的葡萄园》(法文)(1913 年),第 425 页及其他各处;S. 赖纳赫:《希腊罗马古画图谱》(法文),第 223 页起。

这幅镶嵌细工是维也纳〈此维也纳在法国里昂之南,非奥地利首都。——译者〉一所私人住宅中的一间大房间的地板。保留下来的只是它的一部分。共有四十个方格子,外面装有花边(本图未将花边制入)。此处见到的就是保存下来的二十八个方格,而其中有三格为火所伤甚剧。镶嵌细工上端四方格和下端四方格都是纯粹为了装饰用的;余下的三十二格则嵌满了与农村生活有关的图画。全部图画是作为一幅绘画农历用的。中央部分的四个方格画的是四位 *genii*〈元神〉骑在四种兽——公猪、雄豹、牡牛、雄狮——身上的像。这四位元神肯定是代表四季的:骑在公猪身上的代表冬,骑在牡牛身上的代表春,骑在雄狮身上的代表夏,骑在雄豹身上的代表秋。四季的象征图在古代碑铭上是极为常见的,见于镶嵌细工中者尤多;例如,见本书图 58 和 79。以元神代表四季则颇为少见,但可与维也纳的另外一幅镶嵌细工对比(《高卢与阿非利加镶嵌细工图谱》(法文),第 207 号)。每七方格为一组,分画四季之图;其中冬、秋两组图全存;夏季图今只存三格,春季图只存二格。这些图画与流传至今的两部农历(*Menologium, rusticum Colotianum*〈《科洛戚安的农村月令》〉和 *Vallense*〈《瓦伦斯的农村月令》〉,《拉丁文碑铭集录》i,第二版,第 280 页起(vi. 2305,参看第 3318 页)＝戴索:《拉丁文碑铭选录》8745)以及文字史料(*Scriptores rei rusticae*〈《农村记事》〉和维吉尔的作品)中所描写的农作情况非常符合。这些图画的数目不能与一年十二个月紧密配合(那些用文字写的农历是按十二个月依次排列的)。似乎这幅绘图农历的作者的意思是把每季的九十一天按十三天分为一段。这里不可能详细叙述这些图画,只能按天然合理顺序由上而下依次作一简单说明。〈因作

者在此对说明所对应的图次交代得不明白，而图次系统又不十分合规律，颇难一一对照，故译者在图上按说明次序分别注号。如有舛误不符之处，由译者负责。——译者〉I. 冬季。(1)二人在室内围炉而坐。(2)一男子把一束芦苇或柳条递与一妇人，妇人正在编织筐筥(历书正月下注：*salix*，*harundo caeditur*〈伐柳、苇〉)。(3)二人忙于播种何种作物，所播者或系豆类(历书十二月下注：*faba seritur*〈种豆〉)。(4)一男子偕一童子(家奴？)在户前向一可携带之祭坛上奠酒(历书正月下注：*sacrificant dis penatibus*〈杀牲祭家神〉)。(5)碾谷(维吉尔，*Georg.*〈咏农诗〉i. 267)。(6)在一炉灶上烤制面包(?)。(7)运肥往葡萄园(历书十二月下注：*vineae stercorantur*〈葡萄施肥〉)。II. 秋季。(1)该图受损极大。或系历书九月下所注之 *arborum obloqueatio*〈为树木嵌护板〉？(2)收获葡萄(历书十月下注：*vindemiae*〈收葡萄〉)。(3)榨 *marc du raisin*〈葡萄渣〉。(4)自树上收摘苹果或其他水果(历书九月下注：*poma leguntur*〈收摘水果〉)。(5)以足踩葡萄取汁。(6)为瓶瓮涂沥青(历书九月下注：*dolia picantur*〈以黑油涂瓮〉)。(7)耕地播种(历书十一月下注：*sementes triticariae et hordiariae*〈播种小麦与大麦〉)。III. 夏季。(1)该图受损极大。图为收获大麦(历书七月下注：*messes hordiar* [*iae*] *et fabar*[*iae*]〈收刈大麦与豆〉)；此时收获小麦尚嫌过早，小麦非至八月不熟。(2)恐系乡宴赛会图(投掷标枪：维吉尔，*Georg.*〈咏农诗〉ii. 529)。(3)杀牲祭稷母神策蕾斯。IV. 春季。(1)鹳始来宾。(2)为树木接枝。

值得提醒的是，这幅绘图农历(其图形设计无疑是取自手画的底本)差不多完全只涉及葡萄种植业和园艺。我们要记住，维也纳是一个农业生活的重要中心地，它以产名葡萄酒而著称。请参照维也纳所发现的大量有关葡萄酒和葡萄种植业的镶嵌细工(《高卢与阿非利加镶嵌细工图谱》(法文)，第 169、174、187、207、220、236、243 等号)。

时期一些有钱的罗马元老院议员毫无疑问在这里占有大片产业。最阔绰的地主当然都住在繁华的大城市里，其中一部分是意大利人，一部分是本地人。在前一章中，我们已经谈过这些城市资产阶级成员所经营的重要商业，我们可以肯定，那些顺利发家的商人们

1. 高卢阔绰的资产者

2. 一个高卢实业家

3. 卖芜菁或梨；耨草和锄地

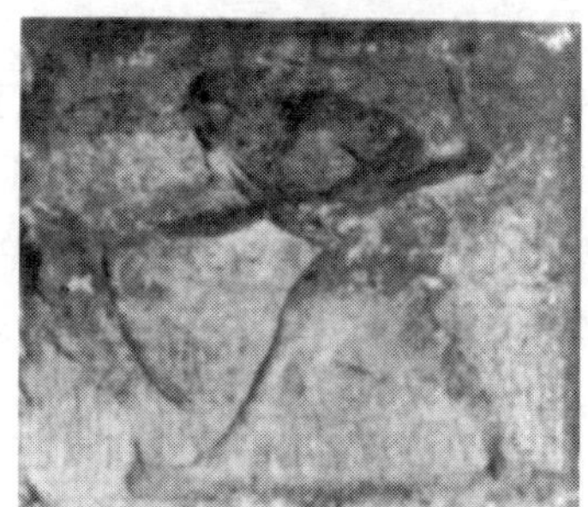

4. 刈谷

5. 一个商人和一个向他买货的农民

图 37　高卢的实业

图 37 说 明

1. 墓碑。发现于桑市(阿杰丁库姆)。桑市博物馆。G. 朱利约:《桑市高卢罗马文物陈列馆》(法文)(1869—1898 年),第 73 页,图 XIII;E. 埃斯佩朗迪厄:《罗马高卢浅浮雕图录》(法文)iv,第 2803 号。

一对夫妇。丈夫(在图右者)穿着常见的高卢—罗马式服装,左手拿着一个装满钱币的大钱袋。妻子的服装与丈夫相似,她两手捧住一个小瓶,瓶里装着香水(?)。

2. 装饰一座墓碑的浅浮雕的残块。发现于桑市(阿杰丁库姆)。桑市博物馆。G. 朱利约:《桑市高卢罗马文物陈列馆》(法文),第 79 页,图 XI;E. 埃斯佩朗迪厄:《罗马高卢浅浮雕图录》(法文)iv,第 2806 号。

立在龛子里的人像。保存得最好的一个人像穿着常见的高卢—罗马式服装。他正在忙着记账,账本是一个很厚的簿册。

3. 一块墓地 *CIPPUS*〈界碑〉上的两幅浅浮雕。发现于阿尔隆(鄂罗劳努姆村)。阿尔隆博物馆。E. 埃斯佩朗迪厄:《罗马高卢浅浮雕图录》(法文)v,第 4044 号(附资料目录)。

这块界碑的正面(本图未制入)是墓中死者的人像,丈夫拿着钱袋,妻子拿着一个匣子,两人都站在一个龛子里(与本图 1 相似)。碑的一侧(本图未制入)刻着一个男子驾着一辆双轮大车(*cisium*),还有一个妇人把水果卖给一个行路人。碑的另一侧就是本图所复制部分。上面一格画的是一个店铺,铺里柜台上摆着水果或蔬菜(芜菁?)出卖,一个男子和一个妇人正在把货卖给一个顾客。柜台下面有三个筐子,天花板上挂着几捆洋葱。下面一格画着两个人在田间操作:一人耨草,一人锄地。这块 *cippus*〈界碑〉上所雕绘的一对夫妇大概是地主,他们把自己的庄田(或菜园)里的产品放在自己的店铺中以及庄田附近的大路上出售。

4. 一块墓碑的一幅浅浮雕的残片。发现于阿尔隆(鄂罗劳努姆村)。阿尔隆博物馆。E. 埃斯佩朗迪厄:《罗马高卢浅浮雕图录》(法文)v,第 4036 号。

谷田里有一个人和两匹牲畜(牛?)。图中的农作大概是用机械在收获,机械由一架双轭牛拉挽着。

5. 一块墓碑(?)的片段。发现于阿尔隆。阿尔隆博物馆。E.埃斯佩朗迪厄:《罗马高卢浅浮雕图录》(法文)v,第 4037 号。

一个人坐在自己账房里的柜台面前一把椅子上,把一个钱袋里的钱往柜台上倒。另外一个留着胡子的人站在柜台外边,右手举起,左手拿着一根杖。也许是一个农民到银行里来付款或贷款?

都把大笔金钱投资于土地。法国南部城市中那些辉煌的建筑物,以及都会权贵阶级那些壮丽的坟墓,足以证明他们财力雄厚并具有高度的公益心。在这些基腊甘庄式的大田庄之外,那些中型和小型的田产究竟发展到什么程度,简直无法臆测。虽然我们知道阿奎—塞克斯切有所谓业主,但这是否就能证明在这个城市的辖区内存在一群小地主,那还大有可疑。看来业主一词更像是指房主而不是指地主。

关于高卢其他省份的生活状况,可以作出更肯定的描述。毫无疑问,这些地方的城市发展迟缓,城市的居民大多是经营工商业者和官吏。我们对其中某些城市可以得到一个相当明确的观念。这些城市是当时尚未分支的那些部落的前哨站,它们的特殊名字(如卢特戚亚)后来逐渐为它们的部落名字所代替了,例如,一方有阿瓦里库姆(布尔日)、奥古斯托杜努姆(奥顿)、阿杰丁库姆(桑市)和罗托马古斯(卢昂),另一方有纳姆芮特斯(南特)、梅迪约拉努姆—散托努姆(散特)和巴黎昔邑。但是,这些城市的遗址无论如何不能与高卢南部的城市遗址相比。而财富的主要来源现在却不再是城市的工商业而是土地。在罗马统治以前和以后,高卢人在农业方面实行了许多革新,我们阅读一下有关这些革新的记载是很有趣的。高卢土地的垦殖是有条不紊的。这种农业经营方式的代表者是大土地所有主、在罗马征服前和征服后占有土地的部落贵族，还有靠商业、工业和银行业发财致富的外来移民。本地某些小手工业者和小商人发了财以后也投资于土地，这也是毫无疑问的。不仅波利比攸斯、斯特腊博、恺撒等人关于高卢的记载可以证明这些事实，而且在高卢各处地面上还留下了数以百计的大小庄院的遗址。这种庄院遍布于高卢全境，这已经成为人所共知的事实，无待于强调。近年来在法国和比利时境内以及在来因河两岸（特别是在左岸）所进行的细心发掘已经充分表明了这些田产不同的类型：一方面是富豪地主的大庄院，有耕种者零星分布的农庄，还有依附于这种大庄院的长工（不是法律上的依附而是经济上的依附）所居住的大庄子；另一方面是规模较小的庄院，与蓬佩伊的那些庄院类似。值得提及的是，这一带许多城市村庄现代的名称都来自当时那些庄院主人的姓名。* 这种地名确实数以千计。还有一个重要的事实，那就是，高卢中部、北部和西部许多当地土神的庙宇都与城市无关，而只作为住在土著克勒特人村落里的乡下人的宗教信仰中心。我们已经发掘出一些土著村落，可以看出它们同罗马统治以前的克勒特人村落并无多大不同。另一个有趣的事是，高卢到处都有许多剧场，剧场多半与方才提到的乡村神庙有关。无疑，这些剧场原先主要是用于同土著信神有关的宗教仪式的。

我们现在来谈日耳曼尼亚。我们都知道，来因河上的两个罗

* 地产（*fuandi*〈份地〉）都是把所有主的姓氏变字尾为-*acus* 或-*anus* 改成形容词而命名的。

1　　2

3—5

6　　7

图 38　高卢的工业生活

图 38 说 明

1 和 7. 墓碑。桑市(阿杰丁库姆,塞诺芮斯)。收藏在博物馆。G. 朱利约:《桑市高卢罗马文物陈列馆》(法文),第 85 页和图 IX;E. 埃斯佩朗迪厄:《罗马高卢浅浮雕图录》(法文)iv,第 2768 号。

一个浆洗者的墓碑。下部(图 7)画的是这个浆洗者在盆里踩布匹,上部(图 1)画的是这个浆洗者用一把大剪刀剪断一段布料。

2. 一块墓碑的残片。桑市。收藏在博物馆。G. 朱利约,前引书;E. 埃斯佩朗迪厄,前引书,第 2783 号。

一个制木鞋(sabots)者在他的店里。他的右手拿着一把锤子,左手拿着一块木料(?)。墙上可以看到他的工具。

3. 一块墓碑的残片。桑市。收藏在博物馆。G. 朱利约,前引书;E. 埃斯佩朗迪厄,前引书,第 2780 号。

五金店。一个顾客正瞧着挂在墙上的两个大鳖盘,同时店主递给他一个小鳖盘。

4. 一块残碑。桑市。收藏在博物馆。G. 朱利约,前引书,第 93 页和图 IX;E. 埃斯佩朗迪厄,前引书,第 2778 号。

柜台旁站着一个人,柜台前面放着一个筐子和一个提包。

5. 一块残碑。桑市。收藏在博物馆。G. 朱利约,前引书,第 87 页和图 IX;E. 埃斯佩朗迪厄,前引书,第 2784 号。

一个实业家或商人在他的柜台后面,右手拿着一支 *stilus*〈刀笔〉,左手拿着简版。图的左边墙上挂着一件带盖头的外套。

6. 一块残碑。桑市。收藏在博物馆。G. 朱利约,前引书,第 86 页和图 IX、LII;E. 埃斯佩朗迪厄,前引书,第 2781 号。

一个裁缝的墓碑。这个裁缝(仅仅保存他的手部)正在用一把大剪刀剪裁一块布料。墙上挂着两个兜囊。碑的反面有墓志铭文的残段(《拉丁文碑铭集录》xiii. 2953)。

本图将这几块残碑组合在一起,因为它们统统出自一地,这个地方是一个不大重要的高卢城市;此外再参看 E. 埃斯佩朗迪厄,前引书,第 2767 号

(壁画家),第 2770 号(赶车者,*cisiarius*〈赶双轮大车者〉);第 2775 号(卖鸟者);第 2778 号(石匠?);第 2782 号(商人?),以及许多画着死者形象的墓碑,那些图画都与死者生前职业有关,其目的就在于着重说明他是一个生意人;还可参看图 24-3,以及图 37-1-2,所有这些都得自桑市一地。这一套图片可以使我们了解一个中等大小的高卢城市的实业活动。

马行省,下日耳曼尼亚和上日耳曼尼亚(*Germania inferior* 和 *superior*),建省时间是比较晚的(公元 82—90 年),而来因河长期以来是高卢各省的军事边防线。我们不能在这里再来细述罗马人以武力占领来因河地区的历史。我们只需要指出一点:自从奥古斯都想建成日耳曼尼亚行省并将边防线推进到易北河的计划失败以后,六十年中,来因河一直是帝国的边境。韦斯帕西安和他的儿子们一方面由于军事上的考虑,一方面由于高卢人口过多,再加上需要为退役军人找寻好的耕地,因此不得不重新从事征服日耳曼尼亚的工作,同时他们还抱着一个同样重要的目的,那就是,要用更短和更方便的道路把来因河地区的军队和多瑙河地区的军队联系起来。为了这个目的,必须吞并来因河和多瑙河之间的三角地带(即来因河中上游右岸的沃土地带,一面止于美因河,一面止于内卡河),必须以一连串不断的营堡环绕陶努斯山和施瓦尔茨瓦耳德山(即黑森林)。在韦斯帕西安、提土斯、多米戚安和图拉真的努力下,这个任务逐步完成了。从而修筑了一系列的营堡,并连以一条连贯的土筑长城和(深入南方的一段)石筑长城,用以保卫新占领的土地和保卫联系来因、多瑙二河的优等道路网。

虽然文献资料很少谈到皇帝们在这方面的成就,但充分的考古调查已经向我们揭示了军事占领的一切详情。不仅如此,考古

调查也使我们能够追溯来因河地区经济发展的轮廓，以及追溯在来因河中上游两岸逐渐成长起来的晚期罗马文明的显著特征。我们对罗马境内的日耳曼尼亚具有详尽的知识，这是考古学界最著称的收获之一。如果没有德国学者们所进行的精心发掘，我们对于帝国早期的来因河地区的历史和整个日耳曼尼亚的早期历史几乎会一无所知。

当来因河中上游东岸之地既已并入帝国以后，罗马政府不再把整个来因河地区作为高卢的军事边防区，而作为两个独立的行省：来因河下游一省和上游一省。下游一省限于该河左岸之地；上游一省则包括两岸大片土地，一直伸到美因河和摩泽尔河。对这两个行省的社会经济生活需要作一简短的叙述。

从这个观点来看，把来因河地区划分成一个下日耳曼尼亚和一个上日耳曼尼亚纯粹是人为的。事实上，该河的左岸自成一个单位，而右岸另成一单位。前者，特别是南部，与高卢其他地方并无多大不同，这一带原先本属高卢。的确，左岸的大城市除了奥古斯塔—特雷韦罗鲁姆以外统统是随着军事而兴起的。阿格里皮嫩西斯屯市、卡斯特腊—韦特腊（即乌耳皮亚—图拉真纳屯市）、诺韦休姆、莫根恰库姆、崩纳等等全都是从那些环绕大军营而兴建的住宅区发展起来的；那种住宅区即所谓营市，逐渐形成一个或许多个庄子。但这些半军事性和全罗马式的城市自己过着自己的生活，与它们周围的乡村截然不同。其中有些城市，如屯市等，发展蓬勃惊人，因为它们在本省内部贸易以及与外省——例如不列颠——的贸易中都占重要地位，并且还在那沿着北部海岸同日耳曼尼亚之间发展的贸易中占重要地位。它们逐渐地——虽然是缓慢

1. 内河运酒

2. 装运酒桶

3. 一只船在卸货

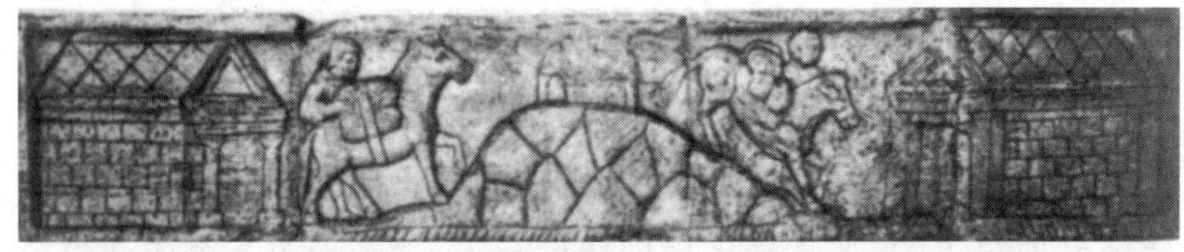

4. 爬越一个山坡

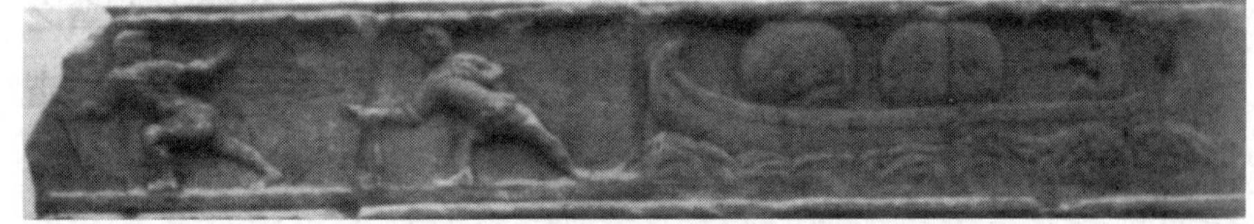

5. 沿着河岸替一只驳船背纤

图 39　高卢和日耳曼尼亚的商业

图 39 说明

1. 努马展地方一座墓碑上的一件雕刻(复原品)。发现于努马展。特雷韦博物馆。赫特芮尔:《……便览》(德文),第 14 页;E. 弗耳策尔:《新复原的一具努马展的船》,载《来因区古物同好者协会年报》(德文)120,1911 年,第 236 页;E. 埃斯佩朗迪厄:《罗马高卢浅浮雕图录》(法文)vi,第 5193 号;《罗马境内之日耳曼尼亚》(德文)(地图),图 XLII,2;S. 赖纳赫:《希腊罗马浮雕图谱》(法文)ii,第 90 页,5,和 iii,第 528 页,7。

一只驳船正荡桨行驶中。船上装载四个大酒桶,坐着六个桨手和两个舵手,其中一个舵手用拍手掌的方式来打拍子。经过复原以后,恢复了这只驳船的船头和船尾,一头装饰成牡羊头状,一头装饰成狼头状。

2—3. 莫根恰库姆地方一个富商的墓碑上的浅浮雕残片。发现于美因兹。美因兹中央博物馆。《美因兹期刊》(德文)I,1906 年,第 31 页;E. 埃斯佩朗迪厄:《罗马高卢浅浮雕图录》(法文)vii,第 5833 号;S. 赖纳赫:《希腊罗马浮雕图谱》(法文)ii,第 71 页,3,4;《罗马境内之日耳曼尼亚》(德文)(地图),图 XLII-8、5。图 24-2 之浅浮雕也是这座碑上的。

三个工人把木桶滚上一块跳板,跳板的一头显然搭在船上。那一边,四个人正在卸下一只船上的货:其中一人连同他背的一包东西一道跌倒在地上;有两人在岸上;另外一人正从跳板上跑下来。这些船装载的是葡萄酒和谷物吗?而该墓主就是贩卖这些产品的大买卖人吗?

4. 伊杰耳地方圆柱上的一段浅浮雕。特雷韦附近之伊杰耳。E. 埃斯佩朗迪厄:《罗马高卢浅浮雕图录》(法文)vi,第 5268 号,第 454 页;F. 德雷克塞尔所撰文,载《德意志考古研究所罗马学组报导》(德文)35,1920 年,第 92 页;H. 德腊根多尔夫—E. 克吕格尔:《伊杰耳出土墓碑》(德文),图 IX。

马背上驮着大包,运过丘陵地带。两匹马正爬过一个山坡。路的两端各有一所大建筑物。

5. 同图 4。E. 埃斯佩朗迪厄:《罗马高卢浅浮雕图录》(法文)vi,第 455 页;F. 德雷克塞尔,引文同上,第 91 页,图 3;《罗马境内之日耳曼尼亚》(德文)(地图),图 XLII-7;H. 德腊根多尔夫—E. 克吕格尔,同前书,图 XVI。

两个人或更多的人(雕图已残破)正在为一艘沉重的大船背纤,船上装着两个大包。一个舵手坐在船尾。请对比卡布里厄雷—德盖(渥克卢塞)的浅浮雕,那块浮雕刻画的景物与此相同,但有一些新颖而极为有趣的细节,见F.德雷克塞尔,前引文,第109页,图10(埃斯佩朗迪厄书中所无)。

这五块有代表性的碑是从埃斯佩朗迪厄的《图录》中很容易查阅的几十幅图中挑选出来的,它们很好地描写了来因河及其支流等处活跃的商业活动。

地——采取了罗马城市的正规组织;而乡村却与高卢其他地方一样分划为大的部落领地(镇),后者实际上与某一个日耳曼部落或克勒特部落居住区相符,而大多数情况下则与日耳曼人和克勒特人混合居住区相符。例如以科隆为首府的乌比伊部和以特雷韦为首府的特雷韦里部都属于这种情形。

当罗马人占领来因河左岸之时,该处并不是一个渺无人烟之境。这儿是克勒特人国家的一部分,有它自己的市镇、村庄、神庙等等;也有它自己的社会经济生活,这在前文已经叙述过。但是,在恺撒以后居民重新分布了,又迁入了许多日耳曼部落,再加上与军事边防线直接接触,这种种都成为整个地区社会经济发展中重要的新因素。从经济观点来看,这里是资本家的天堂,摩泽尔河和默兹河地区尤其如此。由于物产丰饶,土壤肥沃,它必然成为来因河驻军的粮仓和向他们供应酒、衣料、靴鞋、木材、五金、陶器等等物资的主要产地。自始以来,这里就吸引大批外来的移民,他们的职业主要是供应军队以最需要的物资。这些人并不是随军卖酒食的小贩,而是做大生意的商人和经营运输业者。他们的主要集中地,除了里昂以外(里昂是从高卢南部、中部以及从意大利来的进口货的卸货栈),还有摩泽尔河上的特雷韦、来因河中下游的科隆和努马展(即诺维约马古斯)。其中最重要的是特雷韦,它是摩泽尔河上最古老的罗马城市。特雷韦不仅是一个大商业中心,而且它逐渐成为附近整个地区的经济中心,这是势所必然的。这个城市的商人靠卖货给来因河驻军而大发其财,可想而知,他们当然把自己的金钱投入近处有利可图的事业中去,而科隆和来因河上其他商业城市中的商人亦步他们的后尘。他们很自然地会产生这样的念头,想在本地生产谷物、牲畜和葡萄酒而不再从外地输入这些物资,想在邻近地方制造毛织品、五金、皮货及其他货物以免用船只从远地运来这些货品。要实现这一点,第一步就是鼓励发展大规模的农业、畜牧业和葡萄种植业,并使之遵循资本主义的道路。因此,来因河左岸,沿着摩泽尔、默兹两河河谷一带,逐渐变成了以农业为主的资本主义企业的一个大中心地。用曲蒙的话来说,这儿变成了一片"non de villes,mais de villas〈不见城镇,只见乡村〉"的地方了。在现代的比利时、卢森堡,特别是特雷韦附近地方,当年的富商地主们为自己修建的壮丽的墓碑遍于一乡,在这些墓碑上刻绘着当地的经济状况。我们在谈到高卢和来因河上批发生意的发展情况时,已经提到过这些柱形墓碑上所装饰的浅浮雕。现在用它们作为农业发展迅速的显著证明,其重要性并不亚于前者。在这里,各地都见到大庄院的辉煌遗址,这更进一步证实了整个地区那时都很繁荣兴旺。这些庄院大多数是城市商人奢华的寓所,或者是经营农业和工业的大企业机构,那是由一所奢华的避暑住宅和一套纯营业性的建筑物组合在一起的。

墓碑和庄院遗址同时又使我们了解该地的社会状况。大工业企业的劳动力是由土著居民如乌比伊部人、特雷韦里部人等供应

的，他们住在大庄院附近的村落里和茅屋里。从特雷韦附近的伊杰耳墓碑上的浅浮雕，以及从比利时某些庄院附近的村落遗址，可以看出这些土著居民渐渐变成了城里富商们的靠客，在某些情况下变成了他们的佃户。努马展的浅浮雕所描述的是农民们向一个城里人缴钱(这城里人有一个或几个伙计)，这浮雕虽然不一定是描述一个大地主的佃户缴纳田租的情景，但是，伊杰耳墓碑上那幅农民向他们的主人送上实物的图景，却使我们立刻就联想起前文所提到的斯塔丘斯和马尔恰耳的记载，因此我们不能不认为浅浮雕上的农民不只是墓碑主人的靠客和债户，而且，无论如何在某些情况下也是他的佃户。

在来因河地区，城市资本家怎样变成了最肥沃的田地和最好的牧场的主人，这个问题难于答复。他们肯定不属于本地部落贵族阶级。在移居于来因河左岸的新日耳曼部落或克勒特—日耳曼混合部落乌比伊部和特雷韦里部中，简直不存在这种贵族阶级。上面所说的那套浅浮雕可能替我们阐释这个问题。来因地区的富人除了经营商业和农业以外，还经营大规模的放债业。他们是在新经济情况影响下出现的新社会中的银行家。我倾向于把所谓缴纳田租的图景解释为描写银行业的活动。那些庄院不仅是经营农业和工业的大企业机构，而且也是地方银行。很容易理解这些狡猾的商人如何借贷款给邻近的村民和农夫而变成债户的靠主，不久又变成他们的主子，并逐渐使原先的自耕农和地主变成佃户。罗马的新税制帮助他们达到这个目的，而在来因河左岸日渐发展资本主义生活的新情况也促成了这个后果。

近来在特雷韦和波恩所获得的极有趣的考古发现不仅对于社

会史很有裨益，而且对宗教史也很有裨益。我所指的是1924年以来S.洛埃施克教授以相当大的努力和天才在特雷韦发掘出来的克勒特—日耳曼神庙建筑群，以及1928和1929年H.累内尔教授在波恩修道院的教堂下面所得到的发现物。我们可以称之为特雷韦地方克勒特—日耳曼的奥林匹亚或德尔斐的建筑特别有意义。这个地区大概从史前时期以来就是宗教信仰的中心地。公元一世纪时，特雷韦的居民在这里盖满了建筑物，这些居民本身既不是意大利人，也不是罗马化的克勒特人或罗马化的日耳曼人，但他们得到罗马技术和罗马艺术的帮助，因此这座神城四周环绕着围墙。很难说这些神殿的建造者属于什么阶级。我们只知道其中一个人的社会身份；这个人是来因舰队中的一个士兵，可能同时又是一个贩卖啤酒或染料的零售商（或可能他的家世属于染匠团体）。其他的人没有表明他们自己是什么人；但从他们的姓名和他们没有任何头衔看来，他们都是罗马化的土著，因为其中大多身份低贱：鞋匠、木匠、佣工等。在这个神城里，建筑活动接连不断地进行着：虽然经过两次大火，但神庙又重修起来。到了公元三世纪时，境内所包括的神庙不下六十座，有大的也有小的。有一座较大的神庙附有一个敬神的剧场；从其他的克勒特神殿可以证明这是一种习见的情况。神座上刻着该座神主的名字，与杜腊地方的阿塔尔加提斯神庙一样。在这些神庙中，某些神像和供物是罗马式的，某些名字是拉丁神名，而铭文往往是拉丁文：其余一切都是克勒特式的，也有部分是日耳曼式的。值得注意的是，波斯的神米特腊斯也被放在克勒特和日耳曼诸神一起；不过这是较晚才出现的事。最先只是在私宅中祀奉米特腊斯神。公元337年，这座神城被基

督教徒彻底摧毁。城中没有一座神庙变成基督教教堂。这里的遭遇和罗马城市里的遭遇大不相同,令人惊异。可见,基督教的真正敌人正是这座神城里的众神。

波恩地方的发现同样重要。在这里,是否也在营市中有过一座克勒特人的城市,而公元四世纪波恩最古老的教堂就是用这座城市的石头修建的呢?不管怎样,在安东尼努斯·皮攸斯和M.奥雷留斯时代,这座神城以及营市的一些个别的克勒特神殿都受到隆重的顶礼膜拜,甚至受到军营和城市里的罗马籍人的崇拜。这一点从下面的事实可以看出来:军营、营市和首府屯市三方面的“头面人物”,由最高负责人亲自领头,向马特雷斯·奥法涅、梅尔库里攸斯·格里纽斯(?)及其他诸神献祭过。公元二世纪和三世纪时本地的神祇在希腊人和罗马人个人中受到普遍的崇奉、土著们对于自己的民族宗教信仰坚奉不渝,这些事实不仅对研究罗马帝国的宗教史极其重要,而且对研究它的社会史也极其重要。

来因河右岸的一般情况与左岸不同。罗马人所兼并的土地富饶肥沃,但居民非常稀少。这里多年来是日耳曼人和罗马人之间的一个战场。环境太不安定,以致不能吸引大批移民来此长期定居。罗马人最先把和平带到这里。他们建立了堡寨,修筑了道路开辟了河道运输线。为数很多的堡寨设于河道险厄和咽喉要冲之地。堡寨的四周出现了村庄。土著居民开始比较精耕细作了。从高卢移入这块新地方的人成群结队而来。退役军人在堡寨附近领到一块土地。堡寨近处的地面即为堡寨的辖区,这些土地由军事当局经营:当局把它分租给军士,军士们当然再转租给本地的或外来的老百姓。但是,拨归堡寨的辖区面积从来不大。当堡寨向前推进的时候，平民留在原地形成了一个庄子（*vicus*）。这整片土地都是国家的财产，其大部分由皇家行政机构管理，作为皇庄（*saltus*〈苑囿〉）。这些皇庄有一部分交给土著，一部分交给退役军士，还有一部分卖给了外来移民或有钱的兵士和军官。

情况愈安定，这块新地方就愈吸引外来的人。新的农庄建立起来了，新的村落发展起来了，其中有些略具正规城市的面貌。政府认识到这个现象。这块地方也仿照高卢一样被分划为若干镇，每一镇内最繁华的村庄成为该镇的首府，并在适当时候采取城市组织形式。然而，全境仍保持其乡村面貌。根据有系统的考古发掘所揭示的情况来看，这里突出的特征不是村落而是各自成为一个单元的农庄。某些位于*limes*〈边塞〉附近的农庄被分给了在役军人，变成新兵的培养地，这种情况在三世纪时尤为多见；但是，大多数农庄都是规模比较大的资本主义农业行庄，其形式不同于摩泽尔河旁的田庄，而颇类似蓬佩伊的庄院。典型的庄院都有一所房宅，虽不甚奢丽，却宽敞舒适，像今天美国乡下的大农庄一样。其主人虽不是远住在城市里的阔绰地主，但肯定是家道丰裕的人。根据地理条件，有些农庄生产谷物，有些经营畜牧，这里的畜牧业是大规模经营的。在各地区的首府中，在温泉疗养场所，在大村落里，商业和工业也都在发展着。

适应着这种经济趋势，土著居民自然地大多数变成了外来农庄主人的佃户和牧人。我们有时听说过这里有大批佃户，他们可能属于某一个较大的田庄。由此可见，在来因河右岸，也和左岸一样，居民之中分成了一个上层富裕农庄主人阶级和一个下层农民、佃户阶级。

不列颠实际上是高卢的附庸。一方面由于对西部高地实行军事占领,另一方面由于修筑了可与日耳曼边塞相比的罗马边塞以防御苏格兰,因此保障了平原地带的安全;而这一地带的归顺事实上等于高卢和日耳曼尼亚诸省向北扩张,并使军事边防线尽量缩短。罗马境内的不列颠,就其社会经济发展看来,与来因河地区极为相似,尤似于该河右岸之地。F. 哈佛菲耳德对不列颠省的罗马化曾作过精彩的概述,因此我只要略事评述就够了。

军事边防线上的生活当然几乎同来因河上的生活完全一样。虽说这里自有其特殊之处而值得作缜密的研究,但那对于我们这个主题说来却无关宏旨。平原地带城市生活的发展与该岛之被征服和实行军事占领密切有关。不列颠的四个屯市(卡木洛杜努姆、格勒武姆、埃布腊库姆和林杜姆)全都是因军事而兴起的,因此它们可与日耳曼尼亚的阿格里皮嫩西斯屯市、卡斯特腊—韦特腊(或乌耳皮亚—图拉真纳屯市)、诺韦休姆、崩纳、莫根恰库姆等城市相比。最富足的商业城市是隆迪纽姆,这个城市在不列颠生活中所起的作用相当于特雷韦和里昂在高卢和日耳曼尼亚的作用。巴思疗养地可与来因河地区的许多温泉相比。不列颠的其他罗马城市,也像高卢中部、北部和上日耳曼尼亚的大多数城市一样,都是克勒特人居住的市镇,它们成为庄稼人进行交易的市场、部落乡区的*chefs-lieux*〈首镇〉,成为他们从事政治、宗教、工商业活动的中心。这种城市有两所已被完全发掘出来了,那就是卡勒瓦—阿特雷巴土姆和文塔—锡卢鲁姆,它们都具有大村庄形式,村庄里有一些公共建筑物。

与高卢北部和日耳曼尼亚相似,不列颠不是一个以城市为主

1. 切德沃思地方的一所庄院（A.福雷斯契厄复原）

2. 不列颠的一个犁耕者

3. 不列颠的旅行者和牧人

4. 不列颠的一个铁匠

图 40　不列颠的生活和行业

图 40 说 明

1. 切德沃思地方的罗马庄院，格洛斯。由 A. 福雷斯契厄复原(《伦敦画报》(英文)，1924 年，7 月 12 日，第 75 页)。关于发掘情况，请看 G. E. 福克斯所撰文，载《考古学杂志》(英文)44，1887 年，第 322 页起和图，又另文，载《考古学》(法文)，59，1905 年，第 210 页起，图 LVII；J. 布克曼和 R. W. 霍尔：《格洛斯特郡切德沃思罗马庄院简记》(英文)，赛伦塞斯特(1919 年)。

这个庄院(见下附平面图)包括有(1)一个大院子，院内有谷仓、库房，两厢是工人们的住房，前面有一个大门，和(2)一个小院子和花园，三面环绕着

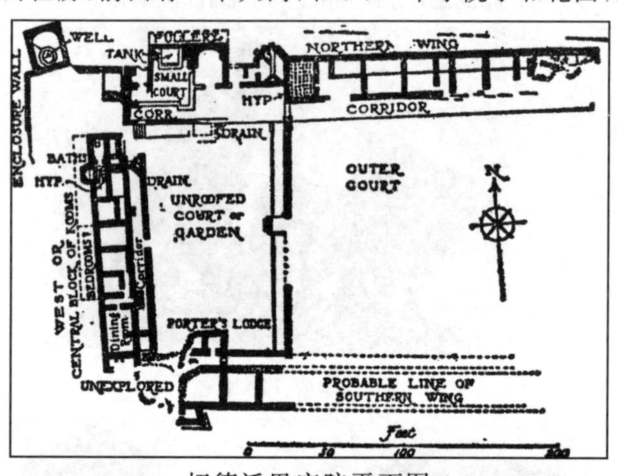

切德沃思庄院平面图

WELL：井；*TANK* 水槽；*FULLERY* 浆洗坊；*HYP*：地窖；*CORRIDOR*：廊道；*BATHS*：浴室；*NORTHERN WING*：北厢房；*DRAIN*：水沟；*BEDROOMS*：卧室；*ENCLOSURE WALL*：围墙；*WEST OR CENTRAL BLOCK OF ROOMS*：西屋或正屋；*SMALL COURT*：小院；*DINING ROOM*：餐室；*PORTER'S LODGE*：门房；*UNRO-OFED COURT OR GARDEN*：露天院子或花园；*OUTER COURT*：外院；*PROBABLE OF SOUTHERN WING*：南厢房略址；*UNEXPLORED*：未查勘部分。(比例尺单位：英尺)

房屋，其中一边（南厢）住仆役（?），而另一边前面有廊道的是庄主的住屋。庄主住屋这排房子中，楼下有一间很大的餐室和浴室，楼上是起居间。餐室里装饰着一幅精美的镶嵌细工，画着四季的图景（参照本书图 58）。第三排房子，也就是北厢，为一个铁工场和一个大浆洗坊（*fullonica*）若仅供家用则规模用不着这么大。庄院附近的神庙比庄院本身时代早，关于神庙的发现情况见 R.G.科林伍德和 M.V.泰勒所撰文，载《罗马学杂志》（英文）14，1924 年，第 231 页。

2. 一个犁耕者的铜像。发现于达勒姆郡之皮尔斯桥。不列颠博物馆。《不列颠博物馆所藏罗马不列颠古物介绍》（英文）（1922 年），第 90 页；E.伍勒：《皮尔斯桥的罗马军垒》（英文）（伦敦，1917 年），第 148 页前。

犁由一架双轭牛拉着。耕者穿着克勒特式的服装——一件带盖头的外套。在萨锡克斯的一个墓里发现过一把犁和一些农具的模型；见《不列颠博物馆所藏罗马不列颠古物介绍》（英文），第 42 页，图 39。

3. 一个银盘的把手。1747 年发现于诺森伯兰郡之凯普希滕。不列颠博物馆。参考资料目录见我所撰的论文，载《罗马学杂志》（英文）13，1923 年，第 99 页，注 5。

把手顶端装饰着一个皇后的半身像，其左侧为一个旅客背着他的行囊，扶着一根手杖，其右侧为一个牧人带着他的羊；下面（本图未制入）是一个神庙，庙中有梅尔库里攸斯以及巴库斯和阿丽雅德芮的神像，角上是一条河流和一个海港的化身像。我在上引的论文中企图说明这个 *patera*〈盘〉很可能是在不列颠制造的。这个把手全面地描绘了罗马开明政府统治下境内的太平景象，在这里，旅途平安，牲畜蕃息，河海交通甚为畅便。

4. 一座 *AEDICULA*〈神龛〉式的墓碑。发现于约克（埃布腊库姆）。约克博物馆。哥尔东·贺姆：《罗马时代的约克》（英文）（1924 年），第 24 页前。

一个铁匠用一把火钳夹住一块铁放在砧上锤打。

的地区，而是一个以农庄和经营农业的庄园为主的地区，它是一个属于庄院和缙绅的地区，而不是一个属于农民和小所有主的地区。这些地主，一部分是罗马移民和退役军人以及他们的子孙，另一部分是当地克勒特贵族阶级中的头面人物。分布甚广的庄院遗址证明平原地带具有这种特征。不列颠的发展规模较小,这些庄院中没有一座比得上特雷韦的庄院那么宽敞奢华,虽然如此,但从庭院的形式可以看出它们也是由大地主的住宅和一所按资本主义方式经营的大农庄组合成的。无论从建筑观点或从社会观点来看,这些庄院的廊道和谷仓都可与来因河右岸的上日耳曼尼亚的农庄相比。

我们自然会推想不列颠的社会经济发展非常近似于高卢,而尤其近似于上日耳曼尼亚和下日耳曼尼亚。这里的生活方式是军事占领所造成的,只要确实存在军事占领以及它的保障仍具实效,则此种生活方式自将保持不变。平原地带是军队的腹地,它是在罗马保障和平的局面下开始发展其经济生活的。该地产品的主要消费者是军队。当地的乡村后来也提供了一个市场,但始终未在该岛的经济生活中起过决定性的作用。因为在北面和西面都有一个保证生产者销售其产品的永久性市场,所以,精耕土地变得有利可图。不列颠居民很快就理解到他们的有利的机会,并加以利用。持有田产的克勒特地主们按照高卢同族人所熟悉的方式发展农业和畜牧业。但是,和摩泽尔河谷的情形一样,这里大庄田的业主大多还是那些在军事占领初期由大陆运货供应军队的富商,他们都是隆迪纽姆的企业主。大厅大院的庄院就是属于他们的。除此以外,有领取或买得片段田地的退役军人,有采用新式精耕细作方法的勤俭的克勒特人,还有新自大陆迁来的侨民。这些人就是那些有廊道和谷仓的农庄的主人。

所有这些地主,没有一个人亲自耕种土地,也没有一个人派他们的子女到草地上和树林中去牧放牛羊猪群。劳动力有一部分由

奴隶供应，而大部分由住在村落里的土著供应，他们所居住的村落形式有如皮特—里佛兹将军在索尔兹贝里附近所发掘出来的以及D. 阿特金斯恩先生在娄贝里山（在伯克郡）上所发掘出来的那样。在平原地带的较贫瘠地区，这些村民可能自己拥有土地和牧场，但在较肥沃的地区，他们肯定是变成了大小地主的牧人和佃户。他们学会了使用罗马的壶罐和安全栓。那些住在城市中的人则学会了拉丁语。我们在碑铭中所见到的那些引自维吉尔诗句的附带题词也许就是他们留下来的。但就整体而言，他们依然和埃及的土著农民一样对于希腊—罗马文明的实质（城市生活及一切与此有关的事物）是陌生的。他们的人数与军人、城市居民、乡间缙绅的人数比较起来多少如何，我们不能断定。

罗马的阿尔卑斯山区诸省中，以雷戚亚和诺里库姆为最大和最重要，我们对于这些行省不可能言之甚详。意大利方向与此毗连的地区有一些大城市，如奥古斯塔—陶里诺鲁姆和塞古西约、奥古斯塔—普雷托里亚和埃波雷迪亚、科木姆、贝尔哥木姆、布里克西亚、维罗纳、维策戚亚、孔科尔迪亚和阿魁累亚等。所有这些城市原先都是罗马的军屯市，后来变成了大的农业中心，有着广阔的辖区，并有许多克勒特部落和雷戚亚部落附属于这些城市。如果从社会经济观点来看，则阿尔卑斯山地的某些地方的特征和上述意大利地区差不多一样。阿尔卑斯地区的其他地方实际上则属于高卢南部山区。雷戚亚在阿尔卑斯地区中面积之大居第二位，它的社会经济结构同上日耳曼尼亚的边塞内与此毗连的一部分地方没有多大的差异。至少，从发掘出来的雷戚亚城市看来，并没有表现出什么与上日耳曼尼亚城市显然大不相同的特征。雷戚亚的城市，最知名和最重要者为奥古斯塔—文德利科鲁姆（奥格斯堡，奥古斯塔），这个城市同多瑙河上游及其边塞的关系大概相当于特雷韦和莫根恰库姆同来因河边塞的关系。例如，由商人们——尤其是衣料商和陶器商——在该城市生活中显露头角的程度就可以看出这一点。另一件有趣的事是，雷戚亚最大的军事堡寨卡斯特腊—雷季纳（勒根斯堡，腊提斯崩）占有大片土地，在这片土地的一部分地面上逐渐兴起了这个堡寨的营市。公元后178年的一篇碑文中称这个军事辖区为 *territorium contributum*〈并入区〉。有趣的是，我们看到这些营市的最高长官的官衔是市政官。我们可以认为，在这片地区尚未划归堡寨管辖以前并非没有居民；可能在罗马人来之先占据此处的居民组成了雷戚亚许多 *gentes*〈部落〉中的一个；自从这里为罗马人占领以后，他们就成为堡寨的佃户继续耕种这块土地。埃斯戚约芮斯族的城市坎博杜努姆（今之肯普滕）是高卢—罗马式的市镇成为都会生活中心的克勒特 *pagus*〈村落〉的重要例子。这个城市在公元一世纪时甚为繁华，当时它成为重要的贸易中心；二世纪时它的发展停顿下来，三世纪时就开始衰落。它的遗址已经细心地发掘出来了，它极其清楚地描绘出一个县级城市的兴起和形成。这种城市的都会生活的发展不依赖于该城市在军事上或行政上的重要性。

阿尔卑斯山区诸省中最大的一省为诺里库姆，原先是诺里库姆王国，居民为克勒特人。它包括了意大利东北部最适宜居住的地方，而且长期以来处在阿魁累亚的影响下。这个地区一向以一个土著国王为中心，过着统一和平的生活，因而使意大利的各种因素轻而易举地渗入它的各个城市和溪谷。几乎没有通过斗争，奥古斯都就把这个王国变成了一个帝辖行省。自从并入意大利以后，这里的溪谷地带很快就达到了相当高度的繁荣。因为没有受战争和叛乱的纷扰，所以在各个克勒特部落的许多古老的中心市镇中都发展起都会生活来了，这些市镇中最大的为维鲁努姆（首府）、策累亚、透尔尼亚和尤瓦鲁姆。它们全都有很大的市辖区，居民兼有土著和意大利人。皇帝克劳迪亚斯按照意大利自治市的形式把这些克勒特—罗马式的市镇组织起来，并正式把自治市的法权制度赐给那些较重要的都会生活中心。城市居民中除了罗马公民以外的人都接受了拉丁公民资格，至于乡村里的农民和牧人则依然是 *peregrini*〈裔民〉，他们一直保持着乡土的风俗习惯，在该省较偏僻的角落里尤其如此，如尤文纳以及拉万谷地的情形就是这样。

诺里库姆的主要经济资源是丰富的铁矿和铅矿、森林、饶美的牧地和一些良田。它们大多在富裕的城市资产阶级的手中。矿场主要为国家所有，并和达尔马提亚与西班牙一样，通过有相当资产的"承包商"(*conductores*)来进行开采的。森林、牧地和田畴则归城市公民所有。境内不大吸引人的地方也许留在当地的裔民手中。

我们现在来谈谈多瑙河流域两大种族——伊利里亚人和色雷斯人——的居住地区。混有大量克勒特人血统的一部分伊利里亚人所居住的地区就是伊斯特利亚，这块地方早就成为意大利的一部分；其余的伊利里亚人与色雷斯部落及克勒特部落所共同占据的另一个地区在并入罗马帝国以后成为伊利里亚行省，后来又再分为以伊利里亚人为主的达尔马提亚省和两个潘诺尼亚省，以及以色雷斯人为主的上梅西亚省和下梅西亚省，前者为色雷斯人和

1. 大布利俄尼岛上一所庄院内的三座神庙（A.格尼尔斯复原）

2. 这所庄院的主要建筑（A.格尼尔斯复原）

3. 卡特纳湾和庄院遗址的全景

图 41　伊斯特利亚的一所庄院

图 41 说 明

1—3. 波拉附近的大布利俄尼岛上的大庄院。

这所庄院是由奥地利考古研究所发掘出来的。领导发掘工作的 A. 格尼尔斯在进行工作时极度细心，从而获得辉煌的成果。图 3(《奥地利考古研究所年刊》(德文)10，1907 年，附录，第 43—44 页，图 1)所示为卡特纳湾的全景，该庄院的建筑物就环立在这个景色宜人的海湾周围。

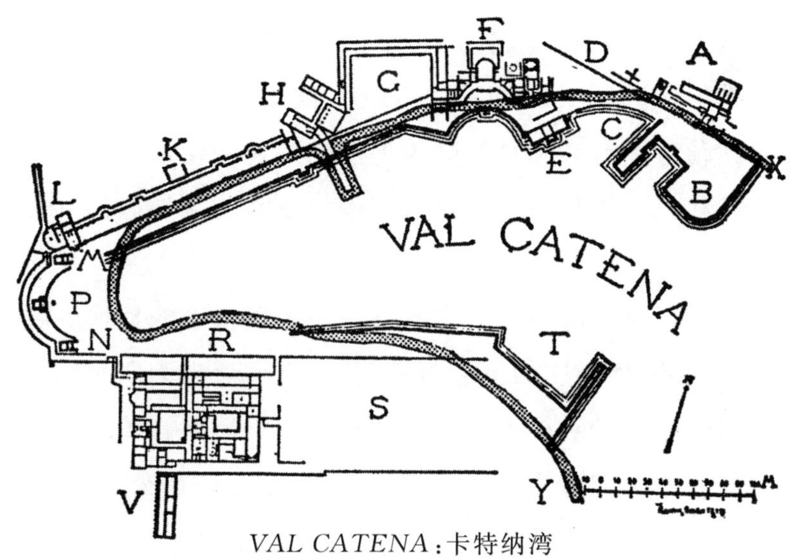

VAL CATENA：卡特纳湾

大布利俄尼岛上的庄院平面概观图

在海湾的狭端(见上平面图，该图摹自《奥地利考古研究所年刊》(德文)18，1915 年，附录，第 133—134 页，图 54)有一个漂亮的码头，码头上有三座神庙由一条半圆弧形的廊道连成一气(图 1 摹自《奥地利考古研究所年刊》(德文)7，1904 年，附录，第 139—140 页，图 23)。其中一座神庙(平面图中之 N)可能是供奉水神芮普土努斯的。图 2(《奥地利考古研究所年刊》(德文)18，1915 年，附录，第 127—128 页，图 52)为该庄院主要建筑复原图，这部分即所谓“台地建筑”。这所庄院修筑在高出于码头之上的一个大 *podium*〈台基〉上。它的前面是一条长廊；左(东)厢房屋环绕着一个宽敞的院子，被用作店房，其中最值得提及的是那些榨橄榄油的房间；右（西）厢是一栋壮丽的住宅。庄院里的其他显目的建筑物如平面图所示：船坞（B）、鱼池（E）、大浴室，即 *thermae*〈温泉浴池〉（F）、码头上的长廊（K）、长廊尽头一座像亭阁似的建筑（*diaeta*〈消夏厅〉）（L）、另外一座周围绕以圆柱、中间有 *atrium*〈正厅〉的 *diaeta*〈消夏厅〉（H）、一个花园（S）和一个大水槽（V）。关于伊斯特利亚大庄院一般供水状况以及关于大布利俄尼岛上这所庄院的蓄水槽，参看 A. 格尼尔斯撰文，载《*Strena Buličiana*》（塞尔维亚文）（1924 年），第 138 页起。

伊利里亚人混居，后者则几乎全是色雷斯人所居住。关于伊利里亚人和色雷斯人诸省，迄至目前尚无任何概括性的著作堪与 C. 朱利安、F. 哈佛菲耳德、F. 曲蒙、K. 舒马赫和 F. 施泰林等人关于帝国中的克勒特人地区和日耳曼人地区的著作相比，因此，我们必须对伊斯特利亚、亚德里亚海沿岸、多瑙河及其支流地区的一般社会经济状况作一番比较详细的描写。

伊斯特利亚在该地有史之初即非一个野蛮人的地区。在那些所谓 *castellieri*〈砦堡〉的土著市镇（其中有些后来为罗马城市所代替）中所进行的发掘，显示出此地早在迈锡尼后期就曾达到高度的文明。罗马人很早就移居伊斯特利亚（主要是在公元前一世纪时），这里开始全面罗马化，至少沿海的大城市都如此——例如，特尔杰斯特（若从行政组织的角度看来，此城并不属于伊斯特利亚）、帕伦丘姆，尤其是有着美丽港口的波拉。这些城市的市辖区大部分属皇帝们和住在本城中的意大利人所有，这些意大利人中只稍微混有土著的血统。（撇开常见的各种各族的免奴以及一定数量的希腊人和东方人不谈。）勒卡纽斯氏是波拉最显赫、最活跃的意大利家族之一。就其在各个经济方面的活动而言，这一家可与阿魁累亚的巴尔比攸斯氏相提并论。该家族中人遍布于波拉各处，

1. 多瑙河旁的埠头和城市

2. 达尔马提亚地方一个开鞋铺的财主

图 42　多瑙河流域的经济生活

图 42 说 明

1. 图拉真记功柱上的浅浮雕。罗马，图拉真广场。C. 契科里攸斯：《图拉真记功柱上之浮雕》(德文)，图 XXV 和正文 ii，第 155 页起；S. 赖纳赫：《希腊罗马浮雕图谱》(法文)i，第 339 页 27 和 28。

图拉真第二次远征启程时的情景。兵士们把出征用的装备装上一只内河航船。图拉真本人、他的幕僚和一小队禁卫军准备登上另一艘设有篷舱的御舟。桨手无疑地是公民和外省的土著。岸上有一座建筑完美、环以城堡的大城市，可能是多瑙河流域的一个城市，也许是萨夫河上的锡什亚；城外有一个石建的圆形剧场。剧场附近可以看到那 *navalia*〈埠头〉，即该城市的内河码头，码头上有堆栈和两座拱门，其中一座拱门(离河近者)顶上砌着一辆 *biga*〈双马车〉。在这个记功柱上到处都雕刻着海港和河埠的图形，但任何一个都无法肯定其确指何地(参考 K. 累曼—哈尔特累本：《地中海的古代港湾建筑》(德文)，载《克莉约》(德文)，增刊 14，1923 年，第 228 页起)。从本图这幅雕刻可以看出多瑙河地区沿河埠头是何等的重要。当然，那些埠头并非专为军事目的而修建的。

2. 斯克拉尼地方所发现的墓地祭坛(达尔马提亚)。C. 帕奇：《罗马达尔马提亚行省考古碑铭研究(七)》，载《波斯尼亚与黑塞哥维那学术报导》(德文)，ii，1890 年，第 155 页，图 63—64。

祭坛上有一段残缺的铭文，几乎无法辨读。坛的两面刻着同一个人的像。其一面，这个人穿着当地的服装站在那里，右手执一杖，左手执一束谷穗；另一面，这个人成了一个鞋匠，右手拿着一只靴子或靴楦头，身边有他行业的工具。这幅雕刻很具体地描写了一个土著最初在一个小城市里当鞋匠起家，而后来弄到一笔田产；或者是另一种相反的情况，即一个地主或农民因为在市镇上开一鞋匠铺，获利不少，从而增多了收入。

有勒卡纽斯氏本宗的子孙，也有族内各人手下的免奴和免奴的子孙。

这些人把科学的、资本主义的垦殖土地方法带到了伊斯特利亚半岛。伊斯特利亚南部几乎全部变成了一个橄榄园，波拉港口中的岛屿也都是这样，其中尤以大布利俄尼岛为最甚。这个岛上有座美丽的庄院，庄院是由一所确实华贵的府邸和一个庞大的农庄组合成的，已经被A.格尼尔斯全部发掘出来了。这座庄院是罗马世界中（无论意大利或外省）这一类大庄院中一个最好的例子。此外，当地的考古工作者和奥地利考古研究所已经发现并部分发掘了许多宏丽的庄院（它们都是大庄田的中心）遗址和许多零星分布的农舍（它们可能是那些庄田中的组成部分）残迹。它们看上去很像蓬佩伊和斯塔别的庄院，所不同者，这里不集中生产葡萄酒（大概也生产葡萄酒，但产量不太大）而集中生产橄榄油。蓬佩伊的庄院和伊斯特利亚的庄院另一个不同之处在于：后者不是中型庄田的中心，而是（至少就我们所熟知的情况来说）正规的大地产的中心，这种大地产的形式与高卢、不列颠、比利时、日耳曼尼亚和阿非利加等地所见者相似。

住在伊斯特利亚城市中的意大利人还在特尔杰斯特和波拉附近开设大规模的砖瓦厂和壶瓮厂。这些砖瓦和壶瓮行销于伊斯特利亚、达尔马提亚和整个多瑙河流域。占有大庄田的意大利人可能还收购城市后面的山区里的土著部落所生产的羊毛。当然，有一部分羊群本就属城里人所有，而由他们的奴隶牧放。著名的伊斯特利亚羊毛衣服就是用这种羊毛制成的，这种羊毛衣服与高卢所产的稍微粗糙和比较朴素的羊毛衣服相互竞逐。

这个半岛的腹地和特尔杰斯特市背后的地区的罗马化程度要差得多。特尔杰斯特本身原先是一个伊利里亚人的居住区，后来成为克勒特人卡尔尼部的一个村落。我们已经引用过那件谈到卡尔尼部和卡塔利部附属于特尔杰斯特的碑文(戴索:《拉丁文碑铭选录》6680):这些部落的生活情况大概是原始的乡村生活。它们的“酋长”变成了罗马公民,但部落中其他成员大概始终没有取得罗马公民资格。伊斯特利亚的伊利里亚部落情况与此相同,这从他们所遗留下来的拉丁文碑铭(如在芮萨克丘姆和皮款土姆境内所见者)可以看出来。

达尔马提亚、潘诺尼亚以及上梅西亚部分地区的伊利里亚人不是纯种。最先定居于这些地方的是色雷斯人。随后来了伊利里亚人,他们奴役了色雷斯人。再后又出现了克勒特人,他们同一些最重要的伊利里亚部落(亚德里亚区域北部的利布尔尼亚人、达尔马提亚人、亚普迪亚人和梅泽亚人以及南部地区的陶兰戚亚人、恩克累亚人和阿尔迪亚人)混合起来了。伊利里亚人开始与罗马人接触之时(在公元前三世纪),他们已经经历了很长一段时期的有史生活,这一点正与西班牙的伊伯利安人相似。在青铜时代晚期和铁器时代早期,他们已经受到后期米诺斯文明的深刻影响。他们很早就与希腊人接触。在这些影响下,他们发展了自己独有的一种物质文明,这种文明还受到亚德里亚海隔岸意大利那边的同族人的文明的影响。它所表现的许多显著特色都是很有趣的。

从社会方面看,各个伊利里亚部落生活在一种颇为原始的状态下。他们生活的显著特色与伊伯利安人的特色非常相似。各部落和氏族都分据丘陵或山岭的峰顶,筑成城堡式的市镇作为他们的中心;畜牧业和农业是他们主要的职业;从某些例子看到,这里存在着一种特殊的制度,即每隔八年就在部落和氏族成员中重新分配一次土地。同西班牙的伊伯利安人一样，伊利里亚人也时常组成君主统治下的较大的政治单位——起先有阿波洛尼亚附近的恩克累亚人和埃皮达姆努斯附近的陶兰戚亚人，后来有阿尔迪亚人，最后有达尔马提亚人。但是，这些邦并没有表现出真正的团结统一，与其说它们是中央集权的君主国，毋宁说它们是部落与氏族的一种不甚紧密的联盟。

罗马人对待这些伊利里亚人和克勒特—伊利里亚混种人的方法与对待伊伯利安人和克勒特—伊伯利安混种人的方法相同。他们很早以来就与沿海诸城市发生外交和商业的关系，并保护伊利里亚地区旧有的希腊人居住点和希腊城市。在迭次反对领导部落的长期战争中，罗马对于伊利里亚人事务的这种影响愈加强，外交和商业的关系也就愈密切。到公元前二至一世纪时，伊利里亚人的军事力量一蹶不振（虽说有些部落还保持名义上的独立），大批意大利的商人和放债者就在这时移居于沿海较重要的城市。就是这些人，他们和早先的希腊侨民以及或多或少有点希腊化的土著们一道从事海上的贸易，这种贸易自远古以来就是这些城市的命根子。他们借助于伊利里亚人擅长的航海术，伊利里亚人素来是有名的海盗。这些人现在到商船队里充任水手来了，后来帝国的腊万纳舰队中的船员有相当多的人就是由他们之中找来的（与埃及人服务于米塞努姆舰队的情况相同）。当伊利里亚地区最后并入罗马帝国的时候（在奥古斯都时期，始于公元前 33 年左右，以及在紧接着他的几代继承人时期），罗马人把这些城市改为了屯市：塞尼亚、亚德尔、萨洛纳、纳罗纳和埃皮道鲁姆是最先改为屯市的。把它们改为屯市意味着建立几乎纯意大利式的都会生活中心。每

1. 潘诺尼亚的一个银行家

2. 潘诺尼亚的一个矿工

3. 达尔马提亚的一位主母

图 43　潘诺尼亚和达尔马提亚的实业

图 43 说 明

1. 潘诺尼亚的一座墓碑的下段。发现于塞尔维亚。贝尔格莱德博物馆。我所写的论文，载《德意志考古研究所罗马学组报导》(德文)26，1911年，第278页，图2；S. 赖纳赫：《希腊罗马浮雕图谱》(法文)ii，第160页，2。

图为一个银行家或实业家的公事房。这个银行家(着罗马服)坐在一把椅子上，靠近一张折叠式的壁桌。他的左手拿着一本簿册，那是他的账簿(*codex accepti et expensi*〈流水账〉)，在他面前的桌子上放着一个大袋子，袋内装着钱币——一天的收入。桌前站着一个奴隶，正拿着 *adversaria*〈记事册〉或 *ephemerides*(日记账)在报他的日账。关于罗马人的簿记，请看 R. 拜格贝：《罗马的会计制度和记账方式》(德文)(1904年)，并参看 C. 巴尔特撰文，载《古典语言学周刊》(德文)1905年，第13页起。关于潘诺尼亚的文化和艺术的发展，请看 A. 赫克勒尔撰文，载《*Strena Buličiana*》(塞尔维亚文)(1924年)，第208页起。

2. 一座还愿祭坛(?)上的浅浮雕。未完成的雕刻。发现于圣马丁—阿姆—巴克尔(潘诺尼亚)的采石场区附近。普图伊博物馆。V. 斯克腊巴尔撰文，载《*Strena Buličiana*》(塞尔维亚文)(1924年)，第159页，图9。

一个矿工(也许更像是矿工的祖师神埃尔库勒斯或西耳瓦努斯·萨克萨努斯)在一个矿坑里，半裸着身体，用一把沉重的矿锄或锤子敲打他前面的矿岩壁。他的身旁有一些采掘好的大理石板。这幅图使我们联想起斯塔

图43　4. 梅西亚的农业

丘斯关于达尔马提亚金矿的那段人人知道的描写(*Silvae*〈森林集〉,iv. 7. 13以下):“quando te dulci Latio remittent| Dalmatae montes ubi Dite viso| pallidus fossor redit erutoque | concolor auro?〈那儿就是达尔马提亚人的山岭,阎王爷时时降临,颜色惨淡的苦工在那里开采着颜色惨淡的黄金,安逸的罗马人啊,你什么时候才把他们的苦难减轻?〉”值得提出的是,斯塔丘斯把达尔马提亚和西班牙都看作主要的黄金产地(*Silvae*〈森林集〉,iii. 3. 89—90,参看1. 2. 153)。参考本书图 35-1(西班牙的矿工)。

3. 一具石棺的座石。发现于萨洛纳。斯普利特博物馆。〔K. 普里亚特利撰文,载《达尔马提亚考古学与史学通讯》(塞尔维亚文)53,1950—1951 年(斯普利特,1952 年),第 142 页和图 Xll。〕属于公元四世纪。

一个 *femina stolata*〈主母〉的胸像,她无疑是本地贵族阶级中人。我发表此图应感谢 M. 阿布拉米奇教授的惠赠。

4. 下梅西亚的乌耳梅土姆地方所发现的墓地 *CIPPUS*〈界碑〉。布加勒斯特博物馆。《拉丁文碑名集录》iii. 12491;V. 帕尔万:《罗马人之最初定居于多瑙河口》(罗马尼亚文)(1923 年),第 52 页起,图 31—33;参看上页图 4。

这块 *cippus*〈界碑〉树在某个名叫 C. 尤留斯·C. f. 夸德腊土斯的人的墓上,此人是 *territorium Capidavense*〈卡皮达瓦辖区〉的 *princeps loci*〈头人〉兼 *quinquennalis*〈五年任长官〉。碑的上部是西耳瓦努斯神像,他是保护农业和畜牧业之神;下部是一个人在耕田。碑的另一面可以看到一个树林里有一群牲畜。

个屯市都分得大片优等的可耕地。许多屯民都变成了家道兴旺的地主,他们多半用土著充做佃户和佣工。住在这些城市里的某些家庭倒是新土地的真正拓荒者。他们在达尔马提亚的平原地方修盖庄院,并把在意大利和伊斯特利亚所建立的资本主义经营方法介绍到这里来。他们最先从事的活动是伐木和畜牧。后来才生产谷物,再后才种植葡萄和橄榄树。除城市以外,还在境内建立了两处驻扎选军的城堡,一在布尔努姆,一在德耳米纽姆,另外有几十个较小的堡寨。但是,到了韦斯帕西安时期,虽然有些较小的堡寨仍然保留下来，而选军却从达尔马提亚调往潘诺尼亚去了。这些军事建筑无疑大大有助于该邦的罗马化。其中之一，即布尔努姆的城堡，占有周围大片的牧地。

当时文化逐渐深及达尔马提亚境内的内地。在伊利里亚部落中广泛招募新兵逐渐造成了一个多少有些罗马化的土著贵族阶级，这个阶级就是那些在辅军中服役期满之后回到本部落或本村落的退役军人组成的。韦斯帕西安委任这些贵族阶级分子在部落生活中负领导之责，而且，除了他们和一些意大利移民之外，他还在达尔马提亚的都会化市镇和城堡等处造成一个新兴的资产阶级。他在此地所推行的政策与在西班牙所推行的政策相同，也是从同一目的着眼的。部落组织不能保证安全。而另一方面，罗马又需要部落为辅军部队供应新兵。要解决这个困难，唯有分裂部落，并把控制权交给那些多少罗马化了的或至少驯服了的成员，他们都曾在罗马军队中服过役。为选军供应新兵的义务也委给了他们。自然而然——在这里我们又看到与西班牙相似的一点——许多新城市都从山顶上迁到了平原：对于罗马人而言，位于平原上的城市要比那位于崇山峻岭顶上的鹰巢安全得多。

新兴的自治市通常得到大片肥沃的土地，那是从部落领地里分割出来的。这些土地大多分给了新培养成的公民；而部落领地中余下的土地则仍保留在其原主手中，那些人组成乡村居民，不在公民户籍之列，仍然是商民。从经济方面来看，这种客户中有许多人逐渐变成了住在城里的富裕地主的佃户。除农业以外，省内以及与他省之间的商业活跃兴旺起来了，地方工业亦然。在富饶的德里努斯谷地的一个自治市市民的墓地祭坛上刻着死者的两个像：

图 44　达尔马提亚的生活和行业:达尔马提亚的一个船夫

图 44 说明

墓碑。发现于萨洛纳的拜占庭时代墙壁中，发现时已残缺。斯普利特博物馆。〔M. 阿布拉米奇：《萨洛纳古堡壁中出土之墓碑》（塞尔维亚文），载《达尔马提亚考古学与史学通讯》（塞尔维亚文）50，1928—1929 年（斯普利特，1929 年），第 56 页起；K. 普里亚特利撰文，载《达尔马提亚考古学与史学通讯》（塞尔维亚文），53，1950—1951 年（斯普利特，1952 年），第 142 页起，和图 VIII。〕属于公元一世纪。

碑的上部为死者的胸像。底端有一只帆船。铭文云：*C. Utius Sp(uri) f(ilius) testament(o) | fieri iussit sibi et | P. Utio fratri suo et Clodia(e) | F[au]stae concubinae suae. | Mult[a per]agratus ego terraque marique | debit[um re]ddidi in patria, nunc situs hic iaceo. | Stat l[apis e]t nomen, vestigia nulla.* 〈斯普里攸斯之子 C. 乌丘斯指定由本人与其兄弟 P. 乌丘斯及其妾克洛迪雅·法乌斯塔执行遗嘱。余曾远游海陆各方，终返故乡，而长眠于此土。树石勒名，免遭践履。〉〔=《一年来的碑铭学》（法文）1933 年，74。〕C. 乌丘斯无疑是一个商人或一个船长，最可能是前者，因为他在他的押韵铭文中谈到曾游历陆上和海上各处。他的出身微贱是值得注意的。我发表这张照片应感谢 M. 阿布拉米奇教授的惠赠。

在这石刻的一面上，他是一个地主，手中拿着一束谷穗；在另一面上，他是一个鞋匠。城市贵族阶级中的某些人大发其财，拥有大片耕地和牧场：因为他们是富人，所以充任帝国的官职，爬到骑士阶级，甚至能在罗马元老院中有一席位。

这些土著城市的一个很好的例子就是多克勒亚，它起先是多克勒亚特斯部的坞壁。它是被一位俄罗斯的考古学家发掘出来的，而发掘的结果则由的里雅斯特的一位意大利学者予以整理和发表。在韦斯帕西安统治时期，这个市镇变成了一个自治市。该市公民系由土著中的头人、退役军人以及从萨洛纳和纳罗纳迁来的移民组成的。这个城市不久就繁荣富庶起来了:我们发现本城阔绰的地主们修建了一个大广场,场内有一座美观的市政厅,还修建了许多神庙和一个很大的浴池。达尔马提亚内地许多城市(例如亚德尔后面的阿塞里亚)的情形,可以说与此相同。值得提到的是,这些城市中没有一个被赐予屯市地位。最后一个屯市还是克劳迪亚斯建立的(克劳迪亚—埃库姆屯市);虽然阿德里安曾经建立了一系列新的自治市,但即使在他统治时期,也没有一个达尔马提亚城市得到更高的法定地位。政府的政策与我们在西班牙所见者相同,并且对待这两地的政策显然是出于同一动机。建立自治市的目的在于破坏达尔马提亚的部落生活。但是,这并不等于说已经达到了罗马化:这是走向罗马化的一个步骤,而不是一个大功告成的庆典。而且,使城市和乡村彻底罗马化并非罗马政府兴趣所在,因为那样一来,国家就不能再为选军和辅军部队补充精良的新兵了。在这种情况下,无怪罗马化的工作在达尔马提亚始终没有完成。就是在城市中,居民也根本没有彻底罗马化,至于市辖区则更差了。再者,还有许多部落始终没有都会化,继续过着旧式生活。在达尔马提亚各个部落间划分畛域的界碑上所刻的许许多多铭文可以证明这一点。这里的特点就是从未采用过一种纯罗马式的"陌分制",即一种区划田地的方法,而这种方法至少在一定程度上曾在潘诺尼亚、达契亚和阿非利加推行过。很清楚,除了某些特殊情况外,老式耕种土地的方法仍然保留下来,因而不需要采用罗马土地分 *centuriae*〈陌〉之法。在这里,只需要在部落与新建的自治市之间公平划分土地就行了。

从经济方面看，达尔马提亚最吸引罗马人的条件之一乃是丰富的铁矿，土著们自远古以来即已开采这种矿产了。对罗马人说来，占有这些铁矿是极其重要的，因为多瑙河驻军的兵器武装就取给于此；其绝顶重要性相当于高卢铁矿之于来因河驻军。因此，自然皇家行政当局刻不容缓地攫取了这些铁矿，由皇家财务使负责监管，而由专门的承包商经营。矿上所用的劳动力是由土著部落供应的，这些部落成员几百年来已经习惯于这种工作。至于他们在什么样的情况下工作，我们却毫无所知，不过我们可以设想其情况当与西班牙矿场的情况相似（在西班牙，曾把一个一个矿坑发租给个别的开矿者）。

两个潘诺尼亚和上梅西亚这些住着克勒特—伊利里亚人或色雷斯—伊利里亚人的边省，其社会经济发展类似于达尔马提亚。这些地带是多瑙河边塞上帝国军事生活的主要中心。我们不打算叙述征服这些地方并实行军事占领的经过。蒙森及其合作者在拉丁碑铭《集录》第三卷中已经对这方面精述无遗了。蒙森还在他的《罗马史》第五卷中概括了这个过程的全貌。一些奥地利人和他们的后继者在若干最重要的军营地如佩托维约、劳里亚库姆、卡尔嫩土姆、阿昆库姆等处所进行的发掘补充了新的史料。本书的目的只要对这些行省的社会经济生活的主要现象略加叙述就够了。

多瑙河中游、萨夫河和德拉瓦河上的城市生活的发展过程是由罗马大军事中心决定的，这个大军事中心先在萨夫河，后来逐渐转移到德拉瓦河，最后转移到了多瑙河。萨夫河上的锡什亚和锡尔米攸姆，德拉瓦河上的佩托维约和木尔萨，多瑙河上的文多博纳、卡尔嫩土姆、布里杰戚约、阿昆库姆、辛季杜努姆、维米纳秋姆和腊戚亚里亚，以及倔强的达尔达尼亚人地区的斯库皮，全都是驻扎选军的大堡寨，其中有些一直到罗马统治结束时仍然如此。木尔萨就是多瑙河舰队的主要兵站。然而，罗马军队并非屯驻在一个荒无人烟的地区。占住这个地区的有克勒特人、伊利里亚人和色雷斯—伊利里亚人的部落，他们并没有被罗马人消灭干净。事实上，即使不是所有的堡寨、至少大多数堡寨都建筑在克勒特人、伊利里亚人和色雷斯人的大村落的紧邻地方。在卡尔嫩土姆附近肯定存在过一个这样的村落；锡什亚是伊利里亚人的一个重要的市镇，即科拉皮亚尼部的首府；斯库皮是达尔达尼亚人的城砦，而腊戚亚里亚是梅西亚人（色雷斯人）的城砦。为了满足军队的需要，从土著部落那里割取了大片肥沃的田地、草场和树林等等，拨归堡寨管辖。碑铭文中往往提到 *prata legionum*〈军田〉。在公元二、三世纪时，通常都把这种土地租佃给兵士们开垦；但是，选军管辖地区内的大部分土地并不直接由兵士们垦种，而交给村落居民，他们的义务大概就是把他们的田地、草场、森林、鱼池等处的部分出品缴纳给堡寨，并以人力支助士兵。一个属于卡尔嫩土姆堡寨的兵士的墓地 *cippus*〈界碑〉上有一幅很好的图画，描绘着兵士使用土著劳动力的情形。在那拱形碑额上刻着死者手执一根 *virga*〈棍棒〉，他领着一辆乡下的大车，大车由两头牛拉着，赶车的是一个伊利里亚农民，这个农民拿着一根鞭子和一把斧头。显然，这个兵士是奉命去替堡寨伐木材的，为此他雇用了附近村落里的一个农民（见图 74-2）。

由此可知，选军管辖地区和住在这个地区上的土著部落都是处在军事当局的管理和控制下的。我们不知道这些军田的范围有多大。难以设想凡是住在多瑙河附近的部落的土地严格地说都被当作各个选军军团的管辖地区。但不论 *prata*〈军田〉的大小如何，总之，堡寨的发展在多瑙河流域各行省中到处都是一致的。在堡寨附近逐渐兴起了平民住宅区，即所谓营市。另一方面，属于选军管辖的土著村落也逐渐有外人侵入了，这些外人大多数就是有关堡寨的原先的士兵，他们定居在土著村落里，组织成一个罗马公民团体，带来了罗马人的风俗习惯并使用拉丁语。例如，我们知道在阿昆库姆附近就有一个这类居民团体。它十分兴旺，名为 *vici Vindonianus*〈文多尼亚努斯村〉，其中有些成员甚至是罗马骑士。这些土著村落逐渐与军寨的营市合并成一个居住区，具有了一个真正城市的外貌。广场、市政厅、浴池、剧院和半圆形剧场修建起来了，街道铺平了，并且还建造了城市型的房屋。最后，这个营市和土著村落的混合体终于获得了自治市或屯市的权利。

多瑙河流域各省中那些严格说来不属军寨管辖、而仍保持其部落组织的地区，则归皇帝所委任的军事长官（*praefecti*〈都护〉）或本省总督统治，至少在公元一世纪时是这样的，其情况与达尔马提亚相同。著名的安东纽斯·纳索就曾任过科拉皮亚尼部的都护。但都会生活在这些地域内也逐渐发展起来了，有些主要的村落改为自治市，而另外一些则不由自主地接受了罗马退役军人屯市的头衔。如潘诺尼亚的萨瓦里亚、索耳瓦和斯卡尔班戚亚、上梅西亚的乌耳皮亚纳、马尔古姆和奈苏斯等城市就是这样兴起的。罗马退役军人屯市的头衔也授给了潘诺尼亚的佩托维约和上梅西亚的斯库皮，这两个城市原来都是重要的驻军堡寨。这类市镇和村落变为罗马城市当然意味着土地产业权自转变一开始就有所改换。膏腴之地授给了屯民或新城市的公民；贫瘠之地则留给了部落里的普通成员。拨给屯民的田地通常按罗马方式划分成陌。在这些屯市和自治市的辖区内，大片田地逐渐集中到了少数地主手中，有些是土著和退役军人，有些是外来人。例如，在乌耳皮亚纳的辖区内，一些大庄田在公元三世纪时归元老院议员阶级中某个名叫C. 富里攸斯·屋大维亚努斯的人所有。在辛季杜努姆附近，有一个土著 *princeps loci*〈头人〉为自己及其家属建造了一座美丽的坟墓，墓上辉煌夺目地画着图形，并装饰着墓主及其家属的雕像。毫无疑问，这些大庄田上的劳动力一部分由土著居民提供，一部分则由奴隶提供。奴隶是由多瑙河对岸买来的，那儿的奴隶买卖甚为活跃。

公元二、三世纪时，究竟有多少土地仍归土著部落所有，有多少村落没有归属存在于潘诺尼亚和上梅西亚的某个城市，我们不能断言。像达尔马提亚这样的地区无疑在很长时期内一直保持其古老的部落组织，也许始终如故。就是在属于城市和军寨的地区内，生活也仍然保持其乡村性，这个地方始终未曾彻底都会化和罗马化。我们只要看一看潘诺尼亚和梅西亚的墓碑，就可以看出土著们保持其原始的风俗习惯到何种程度。

达契亚省的面貌与此不同，那是罗马人在多瑙河沿岸最后获得的一个行省。在图拉真所进行的残酷战争(共两次战役)以后，在对土著中的优秀分子进行一连串的剿杀以后，达契亚变成了一个积极推行屯民运动的地方，只有某些个别地区还留给了土著部落。该省的金矿都由达尔马提亚人——皮鲁斯特人——采掘，他们从其故乡来到这里。可耕地经过大量，分配给屯民，屯民大多来自东方(例如来自加拉戚亚等处)。我们还必须记住,在这条新边塞上驻有强大的戍军。在许多繁华的城市里居住着一群包括退伍兵士以及希腊和东方的商人等等在内的闲杂人。土地是富饶的,新迁来的住户又得到各种各样的有利条件。各城市很快就兴起了一个殷富的资产阶级,这一点我们不需惊异。由此我们可以了解阿普卢姆的一个经商兼地主的家族在本省生活中所占的地位相当于巴尔比攸斯氏在阿魁累亚和在诺里库姆与潘诺尼亚等省中的地位。

达契亚的原始居民以色雷斯人为主,这个民族人数众多,力量雄厚,有着悠久而光辉的历史。色雷斯人与伊利里亚人一样,属于印欧人种,在文化上和宗教上同马其顿和希腊的居民有着密切的关系。色雷斯人的历史就是一部反抗从东南西北四方入侵的敌人的长期斗争史。斯基台人、伊利里亚人、克勒特人和马其顿人都曾打算征服色雷斯人的地方,但都失败了。罗马人成功了,这是在巴尔干和特兰西瓦尼亚山脉中、在匈牙利和罗马尼亚的平原上进行了长期的激烈斗争以后才获得成功的。

我们对色雷斯人的社会经济生活所知极少。他们只留下一件文字史料,而这件史料我们还不能理解。考古材料迄今仍感不足。关于他们的社会经济生活的唯一可以肯定的事实是,他们是一个以农为业的民族,生活集中在乡村里而不在城市里。他们的村落有些筑有城堡;其中之一可能是国王所住的地方,也就是一个或许多部落的首府。但它们并不是真正的都会生活中心:我们从未听说它们的工商业有多大的发展。村落里的居民始终是农民,是种地者、猎户、渔夫和牧牛人。他们的内部组织是部落式的。部落间的物物交换采取季节性集市的方式，这种方式迄今仍然是许多斯拉夫民族的商业生活的主要特色。

色雷斯人最早与罗马人接触是在下梅西亚的多瑙河下游。下梅西亚直到克劳迪亚斯兼并了巴尔干的色雷斯人以后才组成一个帝辖行省，直到图拉真进行达契亚战争以后才组成一个正规属于皇帝统辖的行省，但事实上，这个地区自奥古斯都和提贝里攸斯时起就已臣服于罗马了。最先承认罗马宗主权的是黑海西岸的希腊城市，那原先都是富强的希腊生活中心地——伊斯特利亚、托米、卡拉提斯、迪约尼索波利斯、鄂德索斯。这些城市想要在某些方面恢复其旧日的繁华，唯一的机会就是在多瑙河和黑海地区建立一个强大的政治力量。当罗马政府以一连串的堡寨（埃斯库斯、诺韦、腊戚亚里亚，以及图拉真时期始建立的杜罗斯托鲁姆和特雷斯米斯）保证了多瑙河下游的安全以后，多瑙河下游和黑海沿岸附近的色雷斯部落为环境所迫变成了罗马堡寨和旧希腊城市两者的腹地。如果在多瑙河与黑海之间的沃土地带不建立一种合理的社会经济组织，那么，无论堡寨也好，城市也好，粮食都得依赖遥远地区的供应，而那种粮食的进口是靠不住的。正是由于这个缘故，所以罗马人才如此积极关心建立下梅西亚行省，才对黑海沿岸罗马边塞内外的希腊城市——位于德涅斯特河口（提腊斯）、第聂伯河口（鄂耳比亚）和克里米亚半岛上的希腊城市——的事务表现出如此浓厚的兴趣。只要达契亚继续维持独立，即使极力垦殖多布鲁甲也仍不能使罗马军队和城市得到足量的粮食供应。因此，从俄罗斯南部输入进口物资大受欢迎；这就意味着罗马政府必须对黑海尽巡逻之责而对俄罗斯南部的希腊城市必须予以武力保护。

图 45 多瑙河边塞和达契亚塞内地方
（图拉真记功柱）

图 45 说 明

1—2. 罗马城图拉真记功柱的下部。罗马,图拉真广场。C.契科里攸斯:《图拉真记功柱上之浮雕》(德文),图 IV—XX,正文 ii,第 17 页起;K.累曼—哈尔特累本:《图拉真记功柱》(德文),1926 年,图 V—VI。

记功柱雕刻图的第一栏〈自下而上。——译者〉是为了让人一眼看到多瑙河下游的概貌。观者作为站在达契亚这边,即河的左岸;所描绘的是罗马那边,即河的右岸。第一部分(图 1,第一栏)画的是多瑙河下游低平的河岸上一路堡寨林立,这段河身流经现代的保加利亚和罗马尼亚之间。罗马那边岸上有高起的木楼(*burgi*)防守着,木楼四周环以栅栏。这些木楼的下层作为辅军屯戍兵士(包括骑兵与步兵)的住房,楼上有走廊以资了望,在走廊上可以守望敌情,并可举火为号。木楼旁可以见到木料和草料堆,那可能是修补木楼的材料和马匹的刍秣,但更可能是准备举烽火的火把(冯·多玛斯策夫斯基:《罗马圆柱广场上的马尔库斯记功柱》(德文),第 109 页(附注))。第二部分(图 2,第二栏,左段)画的是河上更加文明的生活。军士们正在用船装运军用品,或者是从多瑙河口的希腊城市以及南俄罗斯溯流而上,或者是从北意大利和阿魁累亚顺流而下;一只驳船上装载葡萄酒,另一只驳船装载兵士们的沉重的行囊。河岸上有两个村庄或罗马人的码头和堆栈——那就是后来城市的原点——两处都围着栅栏。远处有崖坡临河而起(图 2,第一栏,右段)。一个城市建筑在多瑙河的高岸之上,兵士们正把葡萄酒往城里送。在这个山城的后面,有一座坚固的碉堡俯临两条要道,其一通往内地,另一条沿着河岸。这幅浅浮雕很精彩地概括了罗马军士们在多瑙河上所完成的军事工程和开化工作。这些城市和码头都是象征性的,不可能与多瑙河上任何居民点符合。上一层(第 2 栏)开始是图拉真第一次出征达契亚地带的故事。皇帝渡河以后,在他的军营前面当众宰牲祭神,营中可以见到高大的御帐(图 1,第二栏)。往下的情节中有一幅是图拉真向他的军队致誓师词(图 2,第二栏)。其余的图大多画的是在罗马人占领的地方建筑碉堡的工作,这工作是为了巩固罗马军队的后方。图 1,第三栏是在一个河边筑堡,河面上可以见到一座新修的桥;图 2,第三栏是修一架木桥和一个石碉堡。因

为罗马人打算长期居留在这些地方，所以所有这类的建筑都绝不仅仅是为了军事上的目的。罗马人的贸易和文明随着军队前进，渡过这些桥梁而集中于这些新修筑起城堡的罗马生活中心。

下梅西亚的情形和达契亚、色雷斯相同，这儿的都会化运动是在征服达契亚以后由图拉真奠定基础的。当罗马军队从腊戚亚里亚和埃斯库斯的营地转移到辛季杜努姆和特雷斯米斯去以后，图拉真就把罗马屯市的资格赐给这两个旧营地附近兴起的居民点，他还建立了一些新城市，如特罗佩乌姆—图拉亚尼、尼科堡—阿德—伊斯特鲁姆、马尔契亚堡等。尽管如此，这个地区始终没有全面罗马化；它仍然是一个荒村旷野之乡。

对该省的社会经济进行组织工作，首先涉及地产所有权的改变。土地被分成属于堡寨、属于希腊城市和属于土著居民的领地。有些土著居民是罗马人移殖到那里去的，罗马人强迫他们从现代保加利亚的山地和多瑙河对岸迁过来。就军事管辖区而言，在下梅西亚所采取的措施与达尔马提亚、潘诺尼亚和上梅西亚的措施并无两样，其发展亦沿着同一道路进行。在古老的希腊城市中，罗马人首先致力于恢复正在衰落中的经济生活，吸引新移民以增加城市的新生力量。十分清楚，为了这个目的，他们扩大这些城市的辖区而把许多土著村落划归城市辖区之内。他们很轻易地把罗马公民权赐给新旧市民。那些改属于城市的村落居民当然没有参与城市的政府。从罗马人的观点来看，他们一直是裔民，而从城市的观点来看，他们是“近郊居民”(*incolae*，*πάροικοι*)。另一方面，城里人一旦在乡村里弄到田地，他们就变成乡村的成员了。由于他们是乡村里最富裕的成员，所以他们和乡村中的土著长老们一道被尊为乡村里的“元老院”，他们就以这个资格选举或指定“头目”，即 *magistri* 或 *magistratus*。某一个辖区内所有的村落轮流选定一个人来代表这个辖区。这个人的头衔是 *quinquennalis*〈五年任长官〉，他的职责大概是在各村落的地主中分派应缴给国家和城市的租税以及分派应出的力役。

在土著部落的辖区内发展着同一类型的体制。在这里，乡村生活中占重要地位的也是罗马公民，他们大多是退役军人和从多瑙河流域其他行省迁来的人。这些新侨迁户当然是推行罗马化的主要力量，但事实上他们始终未能将土著居民吸收进来而使之彻底罗马化。他们与少数比较有钱而已经受罗马文明同化的土著们一样，都是富裕的地主。但这些地主只占人口中的少数，而占绝大多数的乃是替他们耕种土地的农民和佃户。

下梅西亚以南，即现代保加利亚的山区和丘陵地带，这里的色雷斯人曾经是鄂德里斯王朝的臣民，但从克劳迪亚斯的时候起被并入罗马的**色雷斯**行省，他们保持自己古老的组织、自己的部落生活和乡村生活将近百年之久。成千上百的村落散布于丘陵、山岭、溪谷、平原之中。这些村落里的居民都是勤劳的农民、种地者、牧人、种园人、猎户，正与他们今天的情形一样。他们为罗马军队提供健勇的步兵和精良的骑兵。为了使这样的士兵能够源源不断地送到无数色雷斯步兵营里去服役，罗马政府让这个地区保持其原有的内部组织，一如过去在国王统治之时。主要的单位是村；若干村组成一个“乡”（κωμαρχία）；一个部落所有的村，换句话说，就是聚合一些“乡”，总起来代表这一个部（φυλή）的行政单位和领域单位。最后，一个部或一个以上的部形成一个州（στρατηγία），由一个渠帅统辖。

罗马人带来了和平，色雷斯农民有好机会把农产品卖给罗马军事基地的管理人员和卖给沿海各希腊城市（黑海沿岸的梅森布里亚、安基亚卢斯、阿波洛尼亚，爱琴海沿岸的埃努斯、马罗芮亚、阿布德腊）的商人，因此他们发财致富了。他们举行季节性集市（ἐμπόρια）的旧式部落市场逐渐发展成真正的市镇。罗马政府也建立了若干新市场，如皮祖斯的集市，这就是日后城市的胚胎。罗马公民来到这里，定居在最富饶的地区。在一段时期内，罗马政府仍然采取消极的态度，没有努力发展色雷斯的都市生活；对于内地少数旧希腊城市（菲利波波利斯）的生活也未加干预。克劳迪亚斯时期建立了一个罗马屯市（阿普里），弗拉维攸斯氏时建立了另一个屯市（窦耳土姆）。首先认真促进城市发展的是图拉真，这与他在多瑙河上和东方的军事行动有关，那就是建立新的达契亚行省和重新整顿梅西亚。为了加强对本省生活的控制，他需要更大的、组织得更完善的中心城市。新的城市建立起来了，这些城市几乎全都用的是希腊名字，并多少有些希腊居民和希腊习惯（奥古斯塔—图拉亚纳或贝雷亚、普洛提娜堡和图拉真堡），此外，还把自治市的组织和自治市的权利赐予了某些村落，如塞尔迪卡（索非亚）、鲍塔利亚、尼科堡—阿德—芮斯土姆、托皮鲁斯和安基亚卢斯，这些地方变成了庞大繁荣的居住区。这类新城市都是个别加以组织的。其中没有一个原先是罗马屯市。有些城市有自行造币之权，但在它们的钱币上，在城市名字之旁可以见到本省总督的姓名。在这里，和在达契亚与梅西亚一样，建立这些新城市大概吸引来了新居民，特别是来自东方的居民。阿德里安继承其前任的政策。

著名的美丽城市阿德里亚堡至今仍以旧名见存于世(爱德尔纳)。

这个政策真正使都市生活传播开了吗?它使这个地方希腊化了吗?我们说希腊化,是因为在巴尔干,希腊的影响太强烈,以致不容许有罗马化。我很难设想这个政策达到了这些目的。它的后果是:使一个包括移民和富裕土著的城市资产阶级同其他居民分开,使乡村增加了额外负担,取消了若干 *strategiai*〈军州〉而代之以城市辖区。但是,色雷斯尽管有了城市,它仍然是一个以乡村、以村民团体、以小自耕农为主的地方。对于这些农民说来,城市是祸害,不是幸福,我们从著名的斯卡普托帕雷的碑文中可以清楚地看出这一点,在第十一章里将谈到这件碑文。农民们也十分谨慎地固守他们生活和宗教中的一切特点。我们所发现的公元二、三世纪的许多遗迹证明:即使在罗马时期,色雷斯的某些富豪地主的墓葬仍然按照古老的斯基台—色雷斯的仪式(也有克勒特的成分),以马车盛尸,葬在砖石冢中。在保加利亚的山岭中,今天还可以见到有人穿着罗马时期的墓碑上所常见的那种古式的色雷斯服装。在该地的基督教教堂中,可以见到那无名大神的神像,我们发现罗马时期有无数献给这位大神的还愿碑,这位神是一个猎人和战士,骑着他的色雷斯马在奔驰,农民们把他当作基督教的大"英雄"圣乔治来供奉。

与色雷斯毗连的马其顿行省(包括佩奥尼亚以及有迪腊基攸姆和阿波洛尼亚在内的亚德里亚海沿岸之地)除了东面沿海一带以外,其余的地方始终没有积极推行过都会化运动。马其顿王国的实力系以马其顿的农民和乡村为基础。在马其顿战争时期,该邦损耗惨重。在罗马共和国统治之下,这里遭受蛮族多次的抄掠。

后来到了内战期间，它又同特萨利一起成了罗马将军们的战场。无怪这片沃土上的居民不如国王统治时候那样稠密了。一来此地户口凋残、二来又当军事要冲（从意大利经埃尼亚戚亚取道巴尔干半岛往东方的大路就从马其顿经过），因此奥古斯都打算在该省推行罗马化运动，至少要使其一部分地区罗马化；他把半由退役军人半由平民组成的屯民送往许多重要地点（迪腊基攸姆、菲利皮、丢姆、佩拉、卡散德雷亚、比布利斯），又把罗马自治市的权利赐给其他一些地方，如首府贝雷亚、主要港口特萨洛尼卡、培奥尼亚人地区的斯托比等地。迁去的罗马人是够多的，足可免被马其顿城市那些多少有点希腊化的居民所同化，并足可使皇帝在该省的罗马人中征募为数不少的禁卫军军士。如常见的那样，新迁居户大多变成了地主，他们不仅在城市生活中而且也在乡村生活中占重要地位。许多元老院议员家族都在马其顿有大田庄。然而，我们所得到的印象是，该邦的经济主流依然是土著部落和无数的村庄，特别是农民和牧民的山村。

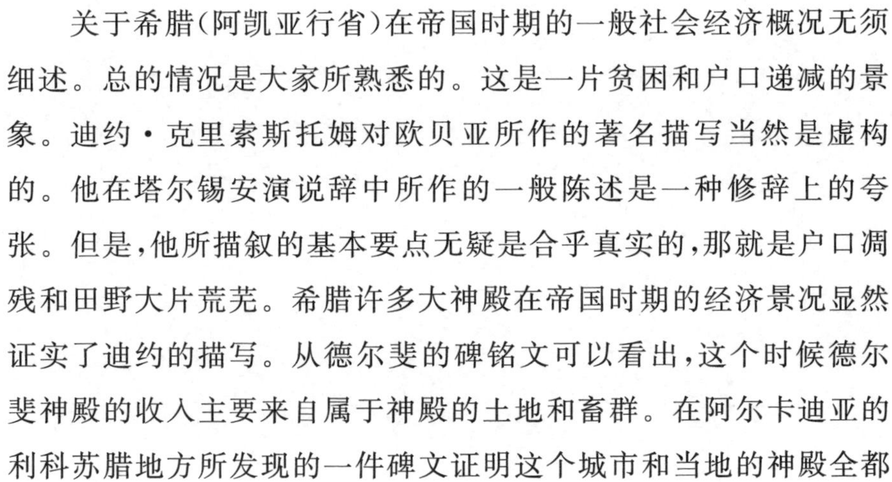

关于希腊（阿凯亚行省）在帝国时期的一般社会经济概况无须细述。总的情况是大家所熟悉的。这是一片贫困和户口递减的景象。迪约·克里索斯托姆对欧贝亚所作的著名描写当然是虚构的。他在塔尔锡安演说辞中所作的一般陈述是一种修辞上的夸张。但是，他所描叙的基本要点无疑是合乎真实的，那就是户口凋残和田野大片荒芜。希腊许多大神殿在帝国时期的经济景况显然证实了迪约的描写。从德尔斐的碑铭文可以看出，这个时候德尔斐神殿的收入主要来自属于神殿的土地和畜群。在阿尔卡迪亚的利科苏腊地方所发现的一件碑文证明这个城市和当地的神殿全都贫困之至，要是没有一个有钱的市民的帮助，它们就付不出应缴给罗马人的税款。造成这些情况的原因是很清楚的。希腊的工商业已经一蹶不振。就农业而言，希腊大概是地中海区域中最贫瘠之地了。无怪希腊人大量迁往有较多发展机会的地方去，其中大多数是有才智的、受过教育的人。但是，如果说这块地方几乎完全荒芜不堪，则亦未免过甚其词。各城市中仍然有一个富裕的资产阶级，这是由一些像克罗芮亚的普卢塔尔克之类的地主构成的。希腊比较肥沃的地方也仍然生产谷物、橄榄油、葡萄和葡萄酒。其中有些产品（阿提卡的橄榄油、某些岛上的葡萄酒）甚至还输往外省。与希腊化时代相同，地产集中在少数住在各城市里的家族手中。可想而知，这些城市资产阶级的田地上所需要的劳动力通常是由奴隶和佃户供应的。由此可见，我们不能不认为普卢塔尔克对希腊全貌所作的那段著名的描写乃是未可尽信之辞。普卢塔尔克心目中所想象者还是特米斯托克勒斯和佩里克勒斯的黄金时代的希腊。那样的希腊已经一去不复返了。

珍藏本
纪念版

汉译世界学术名著丛书

罗马帝国社会经济史

下册

〔美〕M.罗斯托夫采夫 著

马雍 厉以宁 译

2017年·北京

目　录

图版目录

第七章

弗拉维攸斯氏和安东尼努斯氏时期的罗马帝国

亚洲和非洲罗马诸行省中的城市与乡村

当我们从西方渡过爱琴海或海峡地带东去的时候，就来到了另外一个世界，这是一个历史悠久的东方文明世界，它有着自己独特的社会经济组织。希腊文化之立足于这片东方人的汪洋大海犹如一些孤岛，它不可能使这些地区的面貌全部改观。希腊化时代，这里很显著的一种现象就是城市中的希腊生活同乡村中的东方生活发生冲突，而到了罗马帝国时代，我们在这个地域看到与希腊化时代情况完全相同的冲突。但在阿非利加就不容易看到这种冲突，在那里，城市生活的发展不归功于希腊人而归功于腓尼基人，继腓尼基人之后则归功于罗马人。

小亚细亚的一些罗马行省都是富庶繁华之地。对于这些地方的社会经济情况无须详加讨论，因为我已经另有专著了。简要地复述我在那部专著中所得的结论和分析一下近二十年来所发现的新史料就够了。在小亚细亚各省中，存在着若干种土地租佃形式。首先是古老的同新兴的希腊城市辖区内所流行的占田面积不等的所有制，这种制度为罗马人所承认。在这种制度下，所占之田或由业主本人亲自垦种，或由业主的奴隶或佃户垦种。我们不知道城市辖区内的土地有多少是按这种方式垦种的。某些晚近发现的史料证明这种垦种方法在沿海的城市里推行甚广。除了这种由市民分占的田地（κλῆροι〈份田〉）外，许多古老的希腊城市还占有广阔的地区，那些地区居住着土著并由土著垦种。从罗马人的观点来看，这些村庄是“附属”或“直属”于城市的；从希腊人的观点来看，住在这些村庄里的人都是“近郊居民”（πάροικοι〈郊民〉或κάτοικοι〈客户〉），他们从来不曾享有、也永远不会享有自治市公民的全部权利。如何对待这群人数众多的农民，这是城市贵族阶级的一个严重问题，其严重性与城市无产者的问题相等。村民们坚决要求分享自治市公民的权利；居统治地位的贵族竭力拖延时间，迟迟不肯解决这个问题，因为要解决这个问题就可能牵涉某些不利于他们的财政后果。从普鲁萨的迪约论συνοικισμός〈合并运动〉那篇人所共知的演说词中可以略窥各城市由于这种城乡对立所产生的情况之一斑。他是一个自由主义者和哲学家，所以他极力主张推行一种能把城乡联合为一个社会经济整体的合并运动。这个问题对于小亚细亚许多城市而言都是一个关系重大的问题，例如弗里季亚的首府策勒芮的情形就是如此，附属于这个繁华城市的村落为数甚多。

虽然全境之内城市的数目不断增多，但仍有许多地区始终不属于任何城市辖区之内。这些地区的土地，或属于皇帝及其家属（他们承袭了赫梯、弗里季亚、吕底亚和波斯等国国王的遗产，承袭了罗马民族遗下的公产，承袭了反对恺撒及其嗣子的政敌们的遗产，至于承袭罗马贵族阶级其他成员的遗产更不在话下了），或属

1. 献给救世主兼财神明恩的许愿碑

2. 弗里季亚的一个地主及其妻子的墓碑

3. 小亚细亚的货运状况

图 46　小亚细亚的生活

图 46 说 明

1. 献给明恩神的许愿碑。据称发现于阿提卡,但确系自小亚细亚带来该地。现藏不列颠博物馆。Th. 贺莫耳撰文,载《希腊通讯公报》(法文)23,1899 年,第 389 页,图 1;A. 勒格兰德撰文,载达伦堡—萨格利约:《希腊罗马古物辞典》(法文)iii,第 1395 页,图 4671;S. 赖纳赫:《希腊罗马浮雕图谱》(法文)ii,第 483 页,1。

碑文为:Μηνὶ Σωτῆρι καὶ Πλουτοδώτηι〈献给救世主兼财神明恩〉(原文如此)。这块碑是一件难得的证据,它证实了以太阳神为主的万有神教当公元二、三世纪时在小亚细亚和叙利亚一带传布广远而迅速。在小亚细亚,这些信仰以奉明恩神为中心。崇奉那些光明之神,同时也就是崇奉那些创造文明和财富之神。我们这块碑上的碑文和浅浮雕全都表达了这一观念(参看 F. 曲蒙:《东方的宗教》(法文),第 4 版,(1929 年)第 58 页,参看第 66 页)。碑的上部是明恩神—太阳神的面具,装上一顶太阳冠,冠的顶中有一个太阳和半月形,面具下面托着一个大半月形。其左右共有三颗星。碑的中部是一幅离奇的组合图。这是一个天平似的东西,天平杆是一条两头蛇,每个蛇头上顶着一个半月形,天平一头悬的是命运神的随身法宝(*cornucopiae*〈富饶角〉),角上有一条月牙蛇,另一头悬的是埃尔库勒斯神的随身法宝(大头棒和弓)。天平由一个大牛头支着,这牛头就是明恩神的标识,两个牛角之间有两个半月形、两个太阳盘和一个富饶角,牛额上一只大眼,眼上架着一个半月形。牛头的左右两旁是奉祀明恩神所用的法器——*harpe*〈钩镰剑〉和一种管乐器,以及命运女神的两把舵(所有这些东西像碑上其他东西一样都加上一个半月形)。在它们的下面是武耳卡努斯神的随身法宝(火钳)和维纳斯女神的随身法宝(镜子)。天平一端所悬的富饶角垂在迪约斯库里兄弟的两顶帽子上,另一端所悬的埃尔库勒斯神的大头棒垂在芮梅西斯女神的轮子上。天平的两边夹着两对火把,一对火把支在一个牛头上,另一对火把支在一个山羊头上(这是德梅特尔女神和埃留西斯秘密祭的标识)。碑的下部填补四幅星宫的图形以象征四季——室女宫(秋)在中央,顶着一个盘子,盘内有树叶和一块印着一道半月形纹的糕点,室女宫下面承以摩羯宫(冬),左边是白羊宫(暮

春，五月），其后面有谷穗和水果，右边是狮子宫（夏），其后面有一条月牙蛇。白羊宫的尾端是梅尔库里攸斯神的 *caduceus*〈和平标〉，摩羯宫的下面是阿波洛神的 *omphalos*〈中心石〉、鹳鸟和大鸦。

2. 墓碑。大概发现于弗里季亚（小亚细亚），据推测当在多里累乌姆或科戚耶乌姆。伊斯坦布尔博物馆。〔门德耳，iii. 1077.〕P. 佩德里泽撰文，载《希腊通讯公报》（法文）20，1896 年，第 64 页，图 XVI；A. 勒格兰德撰文，载达伦堡—萨格利约：《希腊罗马古物辞典》（法文）iii，第 1395 页，图 4670；S. 赖纳赫：《希腊罗马浮雕图谱》（法文）ii，第 174 页，2；参考 W. H. 布克勒，W. M. 卡尔德，G. W. M. 科克斯等人撰文，载《罗马学杂志》（英文）15，1925 年，第 158 页。第（3）号。

阿菲雍和她的丈夫加攸斯的墓碑（科戚耶乌姆本地的一个雕匠 *Τειμέας Μουϱματεανός* 所刻），这座碑题献给救世主赫卡特，或置于赫卡特的庇护下。在拱形碑额中立着的是太阳神鹰。上一栏中是三位一体的赫卡特神像，像的上面有太阳神的胸像和半月形；左面为明恩神；右面为小亚细亚的兼司太阳与霹雳之神，亦即斧神，还有他的神犬。明恩神的顶上是那位丈夫记账的简板；斧神的顶上是那位主妇的标识——篮子和鸽子、镜子和篦子。下一栏中是阿菲雍和加攸斯的胸像，阿菲雍拿着一个纺线杆。碑的最下面是一把犁。这是一对朴实、富裕、勤俭的资产阶级夫妇的墓碑，丈夫是一个地主，妻子是一位可为闺范的主妇。

3. 一块雕图腰线板的片段。发现于以弗所。不列颠博物馆。J. T. 伍德：《以弗所出土古物》（英文）（1877 年），从第 213 页起；A. H. 史密斯：《不列颠博物馆雕刻品目录》（英文），ii，第 1285 号。

两辆沉重的大车，一辆由一联骡子拉着，另一辆由一联牛拉着，车上都装载着沉重的大包裹。本腰线板的另一部分雕的是角斗图。伍德认为两块这样的腰线板是以弗所的马涅锡安门上的配饰。但我却认为它们大概是这座门外的一座墓碑上的。所雕的图反映该墓死者生前所举办的一次角斗表演（参考意大利与此相类的墓碑，如蓬佩伊人乌姆布里秋斯·斯考鲁斯的墓碑，见马乌：《蓬佩伊的生活和艺术》（德文），第 2 版，第 438 页，图 258，又如里耶提的墓碑，见 S. 赖纳赫：《希腊罗马浮雕图谱》（法文）iii，第 334 页），以及大概反映他替本城市效劳的一件事，也许是饥荒时期为城市输进谷物，或者是为城市负担政府所课的 *prosecutio annonae*〈运公粮之差〉(παραπομπή);参看第八章和第九章。

于有钱的元老院议员家族中人,或属于供祀土著男神和女神的古老神殿,这种神殿遍布于该半岛。这些神殿中,有一些已为城市所并入或附属于城市,但仍有许多自成一特殊区,与皇家田庄和元老院议员的田庄同样地独立于城市之外,这种情况在亚美尼亚、卡帕多细亚和孔马杰芮等地尤为多见。在不属任何城市的土地上,生活是一种乡村性的生活。垦种土地的农民,有的是皇帝的佃农奴,有的是元老院议员的自由佃户,有的是属于阿纳托利亚神祇的奴隶或农奴,他们都住在远离城市的村落里,其生活和文明与城市大不相同。某些这样的村落范围扩大了,经济重要性加强了,有一些村民富足兴旺起来了;我们从这些村落之获得城市资格即可看出这种发展情况。但这只是一种例外情形。直到后罗马帝国时期和被突厥人征服的时候,小亚细亚的村落仍然保持其旧观,这种村落只是聚集了许多农民的茅屋,此外有一个市集场地、一座神庙、一个客店和地方当局及政府官员的一些公廨而已。我们最后看到,在契利契亚和伊骚里亚的荒山中,在托罗斯山和安提托罗斯山中,在卡帕多细亚和亚美尼亚的高原上,那些游牧部落过着半游荡的生活,对于他们所当纳以菲薄岁贡的人不大放在心上,只要有机可乘就不择对象而肆行抄劫。

很难说小亚细亚究竟有多少地方包括在城市辖区之内,有多少地方不属城市行政管辖之内。这种比例在小亚细亚各处并不相同。在沿海,城市当然占首要地位:赫尔木斯和门德尔两河河谷地带差不多完全分属各城市辖区。但是距海与大河愈远则城市愈少。在契利契亚的部分地区，在卡帕多细亚、亚美尼亚和孔马杰芮，城市则十分少见。卡帕多细亚依然被划分为若干军州，以一个土著族长或知州为其首长。但即使在城市辖区内，生活主要还是乡居式的。在城市城区以外，生活依然遵循古代东方的方式，农民们的茅舍村居星罗棋布，数以千百计。繁华的大城市尽管日见其发展，而小亚细亚仍不失为一个以农民和村落为主之邦。

黑海东岸、北岸和克里米亚的希腊城市以及半希腊的博斯普鲁斯国，自奥古斯都以来事实上已经成为罗马帝国的一部分。关于这个地区在帝国早期的政治文化史，我已另有专书论及。从社会经济观点来看，我们所要讨论的这个地区可分为三个部分：希腊城市（特别是鄂耳比亚和克尔索讷苏斯以及高加索沿海诸城市）的辖区，博斯普鲁斯王国，名义上臣属于博斯普鲁斯王国的色雷斯人和伊朗人部落和土邦。从考古遗存来看，克尔索讷苏斯的辖区大概分划为若干份田，分属市民所有，而且大多辟为葡萄园。在鄂耳比亚，以及在第聂伯河与布格河河口的许多半希腊式的城市里，情况有所不同。关于这些城市，我们虽无直接史料，但可以想象得到，这一片肥沃的土地是由土著们耕垦的，他们向他们的武装领主缴纳一笔实物租赋，而这些领主们于春夏两季离城下乡来监课农功。

关于博斯普鲁斯王国的社会经济组织，我们知之较悉。这个王国包括所谓刻赤半岛以及一部分属于塔曼半岛的地方——刻赤海峡靠克里米亚这边岸上的潘提卡佩乌姆、特奥多西亚和若干小城市的辖区，以及塔曼半岛上的法纳哥里亚等城市的辖区。这个面积不大而土壤肥沃的领域有土筑的长城防御克里米亚和塔曼半岛上那些半游牧居民的入侵，城垣上有望台和小 *castella*〈碉堡〉。在这些长城以内的土地，一部分归国王和希腊城市的市民所有，一部分归神庙和庙中祭司所有。土地由土著们耕垦，地主的畜群(大多为马)也由土著们看管，这些土著住在茅屋和山洞里，实际上纵然不是奴隶也是农奴。每逢春天来到，地主们就携带他们的家眷和家丁离开城市，有的坐在沉重的四轮大车中，有的骑在马背上，迁居到他们的田间庐帐里来，监督种田和牧放等农事。在晨间，他们全身披挂，带着家丁，骑马外出，到傍晚再回庐帐；如果有匪帮前来，城上就放起信号，于是所有的地主都带领他们的家丁和一队武装农民出发迎敌，毫无疑问，他们也掳掠邻居的田地牧群以示报复。到了秋天，他们带着收获好的谷物转回城市的住宅。牲畜大约仍留在草原上，予以特殊的保护。地主收来的谷物售给从希腊和小亚细亚来的商人。大部分谷物都属于国王，其中一部分是地主们所纳的租赋，另一部分是从王家领地上收来的仓储，国王实为全王国中最大的地主和最大的粮商。国王把他的一部分谷物用船运送给罗马军队，特别是本都、卡帕多细亚和亚美尼亚的驻军，他从比提尼亚的总督那里领到一笔年金作为报酬。

在克里米亚的草原上，斯基台国王住在半希腊式的市镇纳波利斯，其地在今辛菲罗波尔附近。他所过的生活大抵同于博斯普鲁斯国王。在这里，地主们都是统治部落的成员。这里的谷物由欧帕托里亚海港装船运往鄂耳比亚，再由彼处运往希腊和运给多瑙河上的驻军；一部分谷物则为克尔索讷苏斯的商人包购。塔曼半岛、库班河上、亚速海沿岸和顿河上的梅奥特人部落和萨尔马特

1. 一个地主在他的田庄上

2. 一个地主在和斯基台人作战

3. 一个地主在和一个陶里亚人作战

图 47　南俄罗斯的生活

图 47 说 明

1. 潘提卡佩乌姆一座坟墓上的壁画片段。前在刻赤，现已被毁。《俄罗斯考古委员会报告》，1878 年，图说，图 I-1；N. 孔达科夫，J. 托尔斯泰，和 S. 赖纳赫：《南俄罗斯的古迹》（法文）（1892 年），第 203 页，图 187；拙著：《南俄罗斯的古代装饰画》（1913 年，俄文版），图 LI；拙著：《南俄罗斯的伊朗人和希腊人》（英文）（1922 年），图 XXVIII-1。其铭文为 *'Ανθεστήριος 'Ηγησίππου ὁ καὶ Κτησαμενός*〔*IOSPE*，ii. 123.〕。

图所示为潘提卡佩乌姆的一个大地主的乡居生活。墓主披挂武装，后随一个家丁，骑着马向他的家庭寓所走去，那寓所是一座真正游牧式的庐帐。他的家人（妻室儿女和仆役）聚集在庐帐内，或在庐帐旁的一棵树的树荫下；树旁是他的长矛，他的箭袋则挂在一根树枝上。这当然是在夏天，地主通常都住在城里，到天气暖和时才出城到草原上来，披挂着武装并带着武装仆役。他来监督农功，同时也来保卫他的劳动者和收获者以免于受附近山地里的陶里亚人和附近平原上的斯基台人的侵袭。

2. 潘提卡佩乌姆一座坟墓上的壁画片段。刻赤。V. 斯塔索夫撰文，载《俄罗斯考古委员会报告》1872 年，图 X；孔达科夫、托尔斯泰和 S. 赖纳赫，同上书，第 209 页，图 192；拙著：《南俄罗斯的古代装饰画》（俄文），图 LXXIX，和《南俄罗斯的伊朗人和希腊人》（英文），图 XXIX-3；同前作者撰文，《希腊学杂志》（英文）39，1919 年，第 152 页，图 VIII；S. 赖纳赫：《希腊罗马古画图谱》（法文），271.2。

一个潘提卡佩乌姆的地主同一个来自克里米亚低地的斯基台封建领主作战。这个潘提卡佩乌姆人率领着一小支军队，这支军队由他的朋友、靠客和农奴组成。正在向他进攻的是一伙蓬头散发的斯基台人，他们都很勇悍，擅骑射，但已被潘提卡佩乌姆人所包围，其中有一个人连人带马被杀死在草原上。我们从碑文中得知，有许多潘提卡佩乌姆人在保卫他们的田地牲畜时也遭到同样的死亡。

3. 同图 2。斯塔索夫撰文，载《俄罗斯考古委员会报告》1872 年，图 VI；拙著：《南俄罗斯的古代装饰画》（俄文），图 LXXVIII；拙著：《南俄罗斯的伊朗人和希腊人》(英文),图 XXIX-1; S. 赖纳赫:《希腊罗马古画图谱》(法文),271.4。

一个潘提卡佩乌姆的骑士正在攻击一个陶里亚的步兵。

人部落的生活状况大概与此相差不大。例如,萨尔马特人肯定奴役库班河河谷的居民,强迫他们为自己干活。其产品则以船装载顺库班河而下运往塔曼半岛上的希腊城市,以及顺顿河而下运往塔奈斯,再由塔奈斯运往潘提卡佩乌姆。俄罗斯的一些大河河口、亚速海和刻赤海峡等处的渔场大约也酌情相应地采用与此相同的组织方式。渔场的产品最后落入来自希腊城市的商人之手,他们将大量的干咸鱼运销往希腊和罗马的市场,远及西方诸行省。

由此可见,这些希腊城市里的居民以地主和商人为主。在博斯普鲁斯王国中,国王本人就是市民的头领,而市民在他的领导下组成了一支组织完善的军队,与克尔索讷苏斯、提腊斯和鄂耳比亚的罗马戍军相互配合。在黑海水面上巡弋的罗马海军的部分船只由博斯普鲁斯的大商贾供给。在南俄罗斯各城市中,除了地主和大出口商(后者可能多数是外地人)之外,还住着一些经营企业的人,他们专制造商品以供萨尔马特人和斯基台人地区的需要,另有一些商人,他们派遣代理人到上述地区去做买卖,此外还住有大群无产者,其中多数是奴隶,他们在码头上、海港中和城内作坊中做工。无疑地,即使在这些城市辖区之内,城内居民也还是只占极少数,希腊化文明和希腊化运动在黑海海岸上并没有向前推进而是在退却,伊朗文明的因素却在逐渐侵入,甚至使城市居民也逐渐伊朗化起来。

要想对叙利亚地方的社会经济生活具有一个正确的观念并非易事。首先必须提醒大家，不可以把叙利亚地方视为一个单元而笼统地谈它。我们必须把邻接小亚细亚的叙利亚北部阿拉米人地方、腓尼基沿海、巴勒斯坦同邻接沙漠的地区、包括一些大绿洲、特别是大马士革和帕耳米腊绿洲在内的地区严格地区别开来。约旦河东岸之地、所谓德卡波利斯（即今之豪兰和勒札赫）以及阿拉伯的佩特雷亚则又自成一单元。近代的考古发掘工作，特别是在叙利亚北部、豪兰和阿拉伯的佩特雷亚等处的发掘工作，发现了新颖宝贵的史料，使我们对于这些地方的社会经济生活面貌具有一个概念。在这一带地方保存着许多古代生活的残迹，城市、乡村、庄院和农舍的遗址。但是，并不只是这些遗址使我们看出北叙利亚各地区的生活方式有所不同：直到今天，这个地带的生活情况和居住形式犹然与千百年前一样地各不相同。现代的旅行家路过这里，感到触目的就是幼发拉底河流域的砖石房屋同大草原上贝都因人的帐篷形成对比。在阿勒颇平原上，既看不见房屋，也看不见帐篷，而只看见农民和牧民的白色村庄，外貌美观，形式奇特：这种村庄包括一群泥筑的住所，形如蜂房，有大有小。在阿勒颇与安蒂奥克之间的石山中又是另一番景色，在这里所见到的不是泥筑的蜂房而是结构精美的石屋，其形式类似于后罗马帝国时期那些华丽的住宅，但规模较小而已。在这个地区，孤零的庄院、村落和寺院的遗址在在皆是。最后还有奥龙特斯河肥饶的河谷地带，此处土著的住所状似贝都因人的帐篷，但以芦苇搭成。无疑地，古代的旅行家，无论是罗马时代人或是先罗马时代人，其所见到的景象当与此相同或与此相似。

我们必须记住，在上述这些地区的生活中，罗马时期仅仅是一个短暂的插曲，无论在罗马统治以前或以后，它都自有其千百年的历史。罗马既无充裕的时间，也无足够的力量，从根本上改变这个地方的生活，就是想从根本上调整其生活亦所不能；它仅限于作一些轻微的表面改革而已。如果我们对于先罗马时期的情况缺乏足够的知识，就不可能全面地描述罗马的叙利亚（就其广义而言）的社会经济体制，而事实上除了巴勒斯坦以外，对其他地方在先罗马时期的情况所知极少。因此，下面的简述远远不够全面，但就我们目前所欲讨论者言，可能这样就够了。

叙利亚北部主要包括四个大城市的辖区，这四个城市都建立于希腊化时期——安蒂奥基亚和它的外港塞琉西亚、阿帕梅亚和劳迪策亚，又合称为叙利亚四市。没有对这四个城市中的任何一个进行过稍大规模的发掘（虽然美国人已经着手在安蒂奥克进行发掘、比利时人已经着手在阿帕梅亚进行发掘），其中任何一个城市都没有保存得较好的遗址可供参观。因此，我们在碑铭和考古方面所得的史料非常贫乏，只有安蒂奥克北部地区是例外，该处所保存的美丽遗迹很丰富，但大多属后罗马帝国时期。另一方面，我们在载籍中所见到的文字史料却异常珍贵，至少就安蒂奥克言是如此，特别是指公元四世纪时。该城的市民利巴纽斯、圣约翰·克里索斯托姆以及稍晚的马拉拉斯对这个大城市的生活留下了生动的描写；皇帝尤利安在他的 *Misopogon*〈《憎须者》〉一书及其他著作中也提供了一些精彩的简述。

安蒂奥克为叙利亚条支王国的京都，后为罗马叙利亚行省的首府，它是帝国中最大最美丽的城市之一。它的辖区幅员辽阔。

尤利安谈到它的份田有10 000区，这些田地当然由市议政会发租给市民。在四世纪时，市当局所有的土地大部分掌握在少数阔财主手中，圣约翰·克里索斯托姆所描写的那些华丽的庄院即属他们所有。这些庄院遗迹保存得较好者已为H. C. 巴特勒所发掘，我们可以看出它们都是一些规模庞大、建筑坚实的庄院，其下层为马厩、牛栏和奴隶的住房，上层则为庄主和管庄等人奢华的寓室。在四世纪时，这种有钱的财主约占全人口的十分之一。还有十分之一是无产者，而其余的人似乎都是小康的地主和店东。因此，我们在安蒂奥克所见到的演变过程与意大利及一般行省相同，那就是，地产逐渐集中于城市地主的手中。在四世纪期间，土地由小佃户垦种，至于葡萄园则由佣工垦种。圣约翰所作的精彩描写对他们的生活刻画得很详尽。我们想必希望找到常见的那种附着于土地的佃户、农奴和属于地主的半奴隶。但是从圣约翰的记载中却看不出地主同他的劳工之间存在着诸如此类的关系。他的描写倒像是暗示出这些劳动者都是自由的佃户和佣工，他们受主人的剥削，生活极其穷苦，但并不附着于土地，也没有沦为奴隶。不管怎样，四世纪作家们笔下的乡村农民总是一个贫困而受压迫的阶级，他们备受有钱的主人的虐待；这些主人就是城市里的地主，他们不容许农民状况有少许的改善。只要一有机会，农民就立刻表示出自己对压迫者的仇恨。这些情形绝不可能是到公元三、四世纪时才发展成的。我相信早在希腊化时代和罗马时代前期即已如此。

这些属于安蒂奥克市民的大田庄上的佃户和佣工大概都是小土地所有者，他们所居住的村落散布在市辖区内，附属于城市。这些村落的居民当然是从远古以来就住在这里的土著。他们于城市

1. 保护葡萄园之神杜萨雷斯

2. 载着驮篮的驴子

3. 载着筐子的骆驼

4.一匹骆驼和赶骆驼者把乡下土产送往城市

图 48　叙利亚的实业

图 48 说 明

1. 玄武岩雕杜萨雷斯神像。发现于嘎里耶—舒贝赫，在德鲁兹山以南之奥腊尼提斯山中。阿勒颇博物馆。R. 杜索撰文，载《碑铭与文艺学学院报告》(法文)1923 年，第 399 页，图片；Ch. 维罗洛撰文，载《叙利亚》，5，1924 年，第 51 页，图 XX-2。

这座杜萨雷斯神像是正面立身像，头上顶着一个 *kalathos*〈篮子〉，右手拿着一个 *patera*〈盘子〉，左手拿着一枝垂满葡萄的 *cornucopia*〈富饶角〉。他身穿一件袖短而宽的 *chiton*〈希腊式衬衫〉和一件 *chlamys*〈短氅〉。杜萨雷斯是奥腊尼提斯山中的阿拉伯人所信奉的一位大神。在罗马时期，他成了葡萄园及一般农业的保护神，与迪约尼索斯神合而为一。他以各种各样的名称受人们的崇奉，大概还与一些新兴城市的保护神合而为一——如 *Θεὸs Ἀδϱαηνῶν*〈阿德雷农城隍神〉和索阿达城的 *κτίστηs*〈建城神〉等；请看杜索和马克累所撰：《萨法之行——考古航行记》(法文)，自第 182 页起；同前作者：《沙漠地区考古调查记》(法文)，第 32 页，第 270 页起，第 309 页起，以及参看杜索：《有关叙利亚的神话札记》(法文)，第 168 页(《古钱学评论》(法文)，1904 年，第 161 页)。在索阿达附近的塞伊神庙中发现一座杜萨雷斯神半身像，现藏不列颠博物馆(德·沃居厄：《中央叙利亚》(法文)，i，第 34 页和图 III)。

2. 小型青铜驴。不列颠博物馆。H. B. 沃耳特兹：《不列颠博物馆所藏青铜器目录》(英文)1899 年，第 280 页，第 1790 号；《希腊罗马生活展览图片介绍》(英文)，第 2 版，1920 年，第 178 页(第 3 版，1929 年，第 170 页)；参考 S. 赖纳赫：《希腊罗马雕像图谱》(法文)ii，第 745 页，3。

驴子载着驮篮，昂首挺足，作嘶鸣状。佩特罗纽斯曾描写过一个“surtout de table〈食案上的糖果架〉”，形类与此相同，见 *Cen*.〈筵席〉31：“ceterum in promulsidari asellus erat Corinthius cum bisaccio positus, qui habebat olivas in altera parte albas, in altera nigras.〈在调味酱之外，有一个合金制的驴子，载着一对驮篮，篮里盛着橄榄果，其中一个驮篮是白色的，另一个驮篮是黑色的。〉”

3. 小型红陶骆驼。发现于叙利亚。不列颠博物馆。H. B. 沃耳特兹：

《不列颠博物馆所藏红陶目录》(英文)1903 年,第 247 页,C. 544;《希腊罗马生活展览图片介绍》(英文),第 178 页(第 3 版,1929 年,第 170 页)。

骆驼载着驮篮,跪在地上。右边的驮篮里有两个葡萄酒坛,外包柳条筐;左边的驮篮里有一个大柳条筐(*κόφινος*),筐内盛着一个野猪头和一只雄鸡;两个驮篮之间可以见到一个瓮的瓮口。

4. 小型红陶骆驼和赶骆驼者。发现于小亚细亚(阿弗罗迪锡亚斯)。巴黎,路夫勒。未曾发表过(?)。承 E. 波蒂安先生允许在此发表。

骆驼跪在地上,背上坐着赶骆驼者。它驮着一个大酒瓮和一匹羊(羊或羔的头部已毁)。

这些小型雕塑物的形象说明了叙利亚和整个东方城乡之间的交往。在帝国的这些地区内,主要的驮兽是驴子和骆驼;它们每天装载乡下的土产送到叙利亚各城市中的市场和商品陈列所去出售。载着驮篮和包裹的驴子每天都数以百计地装运谷物、乳酪、菜蔬等物送往安蒂奥克之类的城市里去,而据利巴纽斯诉述,长官们就指派这些牲畜把城里的垃圾废物载走,见利巴纽斯,*Περὶ τῶν ἀγγαρειῶν*(《论强征》)(福斯特尔编:《利巴纽斯演讲集》),第23 起。

生活是无分的,甚至不可能梦想有朝一日会成为市民,这一点丝毫毋庸置疑。就这方面而言,叙利亚甚至远不及小亚细亚。由于城市居民几乎不为罗马军队出一兵一卒,因而村落就经常成为向辅军和选军供应得力的士兵的主要来源。

我们可以肯定,北叙利亚其他城市辖区内的一般情况与此相同。除了城市辖区以外,北叙利亚境内还有若干半独立的神庙地区。拜托采策神庙可代表其中一个类型,这个神庙有一个大村落,它附属于阿帕梅亚市。有一件希腊—拉丁文对照的碑文使我们得以追溯此庙的命运,从希腊化时代到瓦勒里安之时。在这段漫长的时期内,情况几乎毫无变化。这个神庙享有全部免税权。它占

1. 沙漠之舟：沙漠商队的骆驼

2. 西顿的一艘商船

图 49　叙利亚的商业

图 49 说 明

1. 小型青铜骆驼。发现于叙利亚。牛津,阿什莫尔博物馆。未曾发表过。承监馆人允许复制。

一只装载货物的骆驼在横渡沙漠途中停下来作挺足状。这是叙利亚沙漠中常见的景物。

2. 一具石棺上的浅浮雕。发现于西顿。贝鲁特博物馆。G.孔特瑙撰文,载《叙利亚》,1,1920 年,自第 35 页起,图 VI 和图 10 f。

该石棺发现于西顿的一间 *hypogaea*〈地下室〉中,完好无损。石棺的两边和一头都雕镂着花圈的图形,花圈悬挂在狮子头所衔的环中——这一套装饰图形是叙利亚石棺上习见的,它是仿照木棺上的青铜把手和真正的花圈而摹制于石上的。另一头石面上刻着一只扬帆而行的商船,图形精致,刻纹很浅。这只船正在海涛中飘游,海里满是跳跃着的海豚,还有其他鱼类。雕图结构详见本页所附之绘图(根据孔特瑙所撰论文中的图 11 复制,该文中绘出

了图形的细部);关于腓尼基的船只可参考 A. 克斯特尔:《古代的海上事务》(德文)(1923 年),自第 45 页起,关于商船概况见同书第 151 页起。这件古物上的船形同整个罗马帝国中常见的商船看来并没有多大的差异。毫无疑问,这幅图标识着死者最后一次航行。

有土地,征收租税。庙中的"居士",*κάτοχοι*,监管该庙一年一度的庙会,并代表该庙与市政当局进行交涉。而市政当局方面则把该庙的呈状转递上级直达皇帝本人。我们可以推想而知,另外还有若干神殿也享有与此相似的特权,如北叙利亚另一个村落多利克地方著名的尤皮特尔—多利克努斯神庙或埃利约波利斯(巴勒贝克)地方的神庙当在此例。有些神庙领地的独立性较此更强。黎巴嫩境内阿比拉和卡尔契斯两个地区的伊土雷亚人先后晚到克劳迪亚斯朝和图拉真朝还自成一藩邦。我们可以揣想,这里的城市至多不过是广阔的农业地区中的首镇而已,它们的生活仍然是古老的乡居生活。

像大马士革、埃皮法尼亚(哈马特)、埃梅萨和帕耳米腊这类大商业城市的辖区,同以潘提卡佩乌姆为其首都之博斯普鲁斯王国相似处较多,而与罗马各行省中之城市辖区相似处较少——至于像鄂斯雷芮的埃德萨之类的城市的辖区更不在话下了,因为埃德萨还一直未曾完全并入罗马帝国之内而保持其土著王朝历数百年之久。我们早已提到过帕耳米腊。这个城市统辖所及,有一大片散布村落的地区以及若干游牧部落。著名的帕耳米腊税目表中曾提到过这些村落,它们有时候就等于本城富商们的田庄。村落和部落无疑地向帕耳米腊民兵部队和罗马军队供应精锐的弓箭手和骆驼骑兵(*dromedarii*)。某些像杜腊之类的地方,由于位于帕耳米腊辖区的边境上，并控制着通往安息的军事要道和商道，从而发展成为繁荣的城市，这些城市驻有防安息的戍军，筑有城堡以资防御——四周环以城垣，并有一坚固的卫城，城垣和卫城或为希腊化时代所筑，或为安息时代所筑。自从卢秋斯·韦鲁斯之时以来，杜腊始成为罗马边塞上的一个边城，大概是幼发拉底河中游最重要的罗马堡寨。再晚一些，到三世纪时，帕耳米腊始而半独立，继而完全独立，杜腊大约在一段极短期间也曾分享过帕耳米腊的好运。

关于杜腊的生活，我们现在了解得十分详悉。杜腊在公元165年以前一直是安息的一个要塞，此后即为罗马的一个要塞，地虽易主而生活并未因之有所大变。它依然是美索不达米亚平原上一座典型的希腊化城市，城内有一个贵族阶级，是由马其顿屯民的子孙和若干闪米特种的富商组成的；此外则有伊朗种人和许多地位卑贱的阿拉伯人。但是，杜腊繁荣之日已经一去不复返了。在安息政权统治下的那种和平时代不再重现了。杜腊愈来愈成为一个兵站而不再是一个沙漠商队的贸易中心。罗马军人现在形成了统治阶级。杜腊有一个富裕的市民名唤纳布克贝卢斯，从他的店房墙壁上的 *graffiti*〈粗纹壁刻〉中可以了解到公元三世纪时杜腊的一个闪米特—马其顿混血种富裕家庭的生活状况。这些壁刻文字不仅反映了一个闪米特族小商人（不是一个经营沙漠商队贸易的大商人）的营业活动，而且还反映了他的家庭生活、宗教兴趣和政治见解。这段时期所最恐惧者是害怕波斯萨珊王朝的进犯。大马士革的辖区与西顿的辖区毗连，它的情形大概也与上面所描写的情形相合，只要酌情改变一下就行了。大家都知道，埃梅萨在整个罗马统治期间是由当地祭司—国王所组成的贵族阶级统治着

1. 安息的骈架骆驼

2. 安息的耕种图，或牧牛图

图 50　安息的生活

图 50 说 明

1—2. 一个球形红釉陶钵。发现于波斯之德黑兰附近。纽约，纽约市艺术博物馆。G. J. 德莫特赠品。M. 珀扎尔：《伊斯兰古陶》(法文)(1920 年)，第 205 页，图 VI-6。

这个陶钵上的写实的浅浮雕表现了乡村生活中的各种景象。一对骆驼正在休息：其一卧在地上，另一拘其一足而立。后面是看管骆驼者或骆驼的主人，穿着标准的伊朗服装——一件“胡衫”和一顶“头巾”——手执一球形钵在做祈祷。这个陶钵的另一面有一个长须的波斯人，穿一领长“胡衫”，头戴一顶“头巾”，正在耕田或牧牛。他的身后有另一个波斯人，左手执杖，右手执一球形钵。我们所见到的这件陶钵似乎是一个盛供品的钵子，盛供牺牲以求保佑人畜平安、田垅丰沃。

珀扎尔认为这件陶钵以及一些与此相似的陶钵应属公元三至四世纪，我觉得他的看法是正确的。我想把它们归之于安息晚期的艺术，因为它们的风格十分近似于少数现存的安息雕刻和潘提卡佩乌姆某些墓中的壁画。可参照对比不列颠博物馆中的小型青铜雕像，H. B. 沃耳特兹：《不列颠博物馆所藏青铜器目录》(法文)，第 22 页，第 222 号和图 III(得自卡梅罗斯)，那是安息艺术的原范，另看 F. 萨尔：《古波斯的艺术》(德文)，自第 27 页起和第 59 页，图 LXIV、LXV 和 CXLVII。这件陶钵的图形描写了罗马帝国时期古代世界中伊朗人地区的生活状况。在帕耳米腊附近一带，生活状况大概与此大致相似。这一套器皿中其他瓶罐的图形描绘了安息生活的其他方面，特别是宗教信仰方面。参照 M. 珀扎尔：《反映人民生活的陶器》，载《国际论坛》(英文)，75，1922 年，第 225 页。(这件参考资料系纽约市艺术博物馆馆长助理 M. 迪曼德所荐。)

的。与帕耳米腊和大马士革的情形一样，这里的贵族阶级曾在一段短期间内加入了帝国贵族阶级的行列，并积极参与了帝国的行政组织，甚至早在这个贵族阶级的两个成员登上帝位以前就已经如此了。到了三世纪时，古老的散普锡杰腊木斯家族中的一个子孙又重新成为埃梅萨地区的统治者，他也像帕耳米腊的国王和埃德萨的阿布加里家族一样领导着他的臣民抵抗波斯人。在叙利亚，产生东方封建制度的条件始终没有完全消失，像埃梅萨、大马士革、帕耳米腊、埃德萨等城市都仍然与以往一样是祭司—国王驻跸之所：它们一直没有变成像安蒂奥克那种正规的希腊化城市。这些土邦的基础依然如故地建立在东方农民对于神在现世的代表——教长兼王侯——所感到的宗教敬畏心理之上。

关于帝国时期腓尼基城市的情形，我们知道得很少，我们只知道这些城市在帝国工商业生活中所起的作用，而这一点前文已经谈过了。至于谈到巴勒斯坦，我们必须把下列地区同其余地区截然分开，这些地区就是：沿海古老的希腊—非利士城市（加扎、安特顿、阿斯卡隆、约帕、托勒买斯—阿策）；埃罗德在沿海和内地所建立的新基地，特别是提贝里亚斯、塞巴斯特（撒马利亚）和海上的凯撒雷亚；还有就是后罗马帝国时期的城市纳波利斯。关于巴勒斯坦的“异教”（即希腊化的）城市的演变历史非本文范围所及。它们同叙利亚和腓尼基城市之间的差异大约很小。它们都有一个面积很大的辖区，辖区内住满着土著，它们在很大程度上要依靠这些土著的劳动力生活。但是，犹太、加利利和撒马利亚这三个地方的大部分地区却依然同以往一样是农村地带。我们从这个角度来阅读四福音书就足可理解巴勒斯坦这一地区的农业化有多大，也足可理解这里的百姓生活具有多么浓厚的乡村气息。犹太地方的所谓城市，包括耶路撒冷在内，都只是宗教和行政的中心，只是一个乡区的首镇而已，这些乡区完全相当于埃及和色雷斯两地与此相似

的区域。而取上一个希腊名称，名之为“土邦”。犹太的富人的类型总是有钱的地主，或者是大羊群主人，要么就是包税人（τελώνης）。一般平民的类型则或为耕作自己的田地或园圃与葡萄园的农民，或为村庄里的小手工业者、木匠、铁匠、鞋匠等等。

约塞富斯的著作，特别是他的《犹太战争史》和《自传》两书中的史料，可以与福音书的描写相互参证。犹太、撒马利亚，尤其是加利利，都布满着成百上千的村庄，其中住着农民。驾于农民之上的是一个由大地主组成的土著贵族阶级，他们就是这些村庄的靠主，像约塞富斯本人以及他的对手季斯卡拉的约翰、雅基木斯之子菲利普等等就是这种人。这些人不仅是地方上的统治者和当地宗教生活的领导人，而且还是资本家和做大买卖的商人，他们有时用冒险投机的方法来增加自己的财富（如季斯卡拉的约翰将橄榄油批发出售给凯撒雷亚市），并把他们的金钱储存在国家银行——耶路撒冷庙——中。更富的是国王和土司们手下的官吏、国王和土司本人及其家族。此外，我们知道这里还有罗马皇帝本人和皇族的田庄，甚至还有一个罗马军屯市，那是犹太战争以后韦斯帕西安在恩毛斯地方建置的。以上所述就是巴勒斯坦的生活状况，而在此后显然没有发生什么改变，只不过像利巴纽斯这类非犹太族的地主人数有所增多而已。

约旦河外的沃土地带，即现代的外约旦、毫兰和附近居住阿拉伯部落的一条狭长的半沙漠地带，呈现一种特殊的情景。在希腊化时代，这里是一块推行屯民运动的园地。当时曾在这里建立了许多希腊城市，它们全都是大农业区的半军事性市镇中心，其居民则为地主。其中大多数城市取旧日土著村庄的地位而代之。当条支帝国日趋衰落之时，它们或为犹太人所攻下和被破坏；或逐渐恢复了旧的生活方式，全市民众奉立一个半希腊化的土著国王为其首领。随着罗马统治的来临，在这些地区的生活里开辟了一个新纪元。与在小亚细亚的许多地方一样，在这里罗马皇帝也是把启迪文明的工作委托给已经受过希腊—罗马生活熏陶的人物——巴勒斯坦那些希腊化的伊杜梅亚人、埃罗德大帝及其继承者们。由于多次努力把农业居民移殖于特腊科尼提斯的沃土地带从事屯垦并迫使当地旧日成群放牧和以劫掠为生的土著(大多为阿拉伯人)屈服或溃散，终于使这个地带逐渐希腊化了，关于这方面的情形，斯特腊博和约塞富斯作了突出的描写。当罗马政府(特别是在兼并了阿拉伯的佩特雷亚以后)在豪兰和附近沙漠边缘狭长的可耕地带中建立了和平安定局面的时候，当完美的罗马大道代替了古老的沙漠商道和这些道路上最关紧要的水站被筑以城堡并驻守罗马兵士的时候，一种新的生活就在外约旦这个地区勃兴起来了。旧有的城市变成了商业茂盛的中心，日益繁华富庶。博斯特腊、杰腊萨、费拉德尔非亚、卡纳塔以及许多兴旺的村庄的遗址现在还可以证明那些新建筑物的辉煌壮丽，它们能与巴勒斯坦在埃罗德时代的一些最华美的大建筑媲美。这个地区的居民在罗马军队的保护下确实转入了定居的农业生活，许多阿拉伯部落都把他们的帐篷改变成石头房子，把他们的牧场改变成肥沃的谷田。当然，其中有些部落还沿袭旧日的游牧生活，但放弃了抄掠抢劫的习俗。杜索说道："定居的居民防御了意外的袭击，摆脱了邻近游牧部落强加在他们身上的苛重贡税，利用了一切可耕的土地因而缩小了沙漠的范围。现在剩下残迹的无数村庄曾经是一批叙利亚人和阿拉伯人混合居住地，这些居民同游牧人发展着频繁的贸易，他们种植橄榄树、葡萄和谷类作物，并致力于制造羊毛衣料。”

数以百计的碑铭和许多村落农庄蔚为壮观的遗址都证实了这种发展状况。萨法伊特人境内的碑铭大多是用萨法伊特语写的，这件事实证明那些古代的部落保守顽固，坚持他们的宗教、风俗和传统的职业。但是，这个地方的一般面貌是完全改观了。在比较大的村子里为当地土神修建了石头庙宇，并附设戏台；不再用老式的水井而代之以水管来保证水的供应了；用坚固的石头建筑的旅馆和市场开始成为了生意兴隆的商业中心；部落组织希腊化了，并正式取上了希腊名称。古老的部落改称为 *φυλῄ*〈部〉，古老的氏族改称为 *κοινόν*〈邦〉，古老的酋长改称为 *πρόεδρος*〈邦长〉或 *προνοητής*〈先知〉，有的改称为 *στρατηγός*〈执政〉或 *ἐθνάρχης*〈大人〉。较大的村落（*κῶμαι*）变成了 *μητροκωμίαι*〈村镇〉，即一个较大地区的中心，而其中少数村庄（例如以阿拉伯的菲利普得名的菲利波波利斯）则正式获得城市的称衔。每一个村庄都有属本村村民所有的土地，这些村民也就是时新化的部落的成员。改变环境的主流和主要支柱是那些退役的军人，他们就是本地的阿拉伯人，到远地服过军役以后再返回故乡的村庄，带回了新的习惯和生活方式。还有许多外地人随他们一道定居在这些新型的阿拉伯村庄里。

我们不知道究竟有多少新村庄附属于古老的城市。其中大多数村庄大概始终未被并入城市辖区之内而保持其部落组织。但是，有一点应当承认，这些新村庄像日耳曼尼亚的农庄和村落一样，其居民不是佃户和农奴而是小地主，他们是一个自由的村民团体中的自由成员。在这里也和在其他地方相同，成长了一个贵族阶级，但却没有任何一件碑铭证明在这个沙漠边缘地带也产生了类似于小亚细亚农奴制的制度。

如上所述，在罗马统治期间，叙利亚地方保持和平安定，因而很繁荣。但在这段期间内却没有什么剧烈的改变。叙利亚人的东方地区在罗马统治下一如往昔。都会化运动没有产生显著的进步，这个地方也没有希腊化。固然新兴起少数半希腊式的城市，乡村居民中有一些人迁居到城市里去了。但是，大多数居民仍按照旧方式生活，致力于他们自己的神祇和祠庙、自己的田地和畜群，而且他们一有机会就想把城里人杀掉，再恢复由土著祭司—国王和酋长统治的那种农民生活和牧民生活。

对于公元一世纪和二世纪时埃及的社会经济情况，我们不可能详加叙述。我们所见到的材料太丰富、太详细，由此而引起的问题太庞大、太复杂，以致我们即使只打算研讨公元后头两个世纪这样简短的期间内埃及社会经济演变的全貌，就得需要一部专门著作，也许需要若干卷才行。因此，我们只好满足于对主要现象作一简要的叙述，再向读者们推荐那些涉及该时期埃及生活有关方面种种问题的专门著作。

埃及是罗马人最后到达的一个东方地区。他们在这里发现一种特殊的社会经济生活组织，这是千百年来发展的结果。他们懂得要想改造这种生活方式是没有希望的：他们对于这种生活方式的主要特征予以承认，并作为基础建立了他们的行政制度来适应这些特征，实际上这与他们的前人托勒密王朝的办法并无多大不同。罗马行政制度和托勒密王朝的行政制度同样地以埃及自古相传的宗教、社会和经济生活环境为基础，这些环境是不可能随着新主人翁的心愿而改变的。罗马人发现埃及的居民分成某些阶级，这些阶级在当地生活中都各有职分。该邦的整个组织结构是建立在土著居民身上的。土著之中，大多数人是种地的农民；还有一些人在大小村庄作坊里做工，制造各种货物；另外一些人则为矿场、采石场、渔场和猎场供应劳动力；也还有些人的职业是在运输业中赶驮兽以及在船上充当水手、桨夫等。总之，一切下贱的工作都由他们来做，因为奴隶制在这个国度的经济生活中所起的作用极其有限。他们住在大小不等的村庄里，有些村庄在托勒密王朝时接受了 *metropolis*〈中心市〉的名称，正与叙利亚的某些村庄被称为村镇一样。就其实质而言，这些中心市在整个希腊时代和罗马时代都一直保持着它们以往的原状，它们仍然是埃及人那种肮脏不洁的大村庄，而有一个或多或少略具希腊化文明的市中心。关于这些，我们将在下文谈到。

在所有这些村庄（其名称各有不同，或称 ἐποίκια〈聚〉，或称村，或称 μητροπόλεις〈中心市〉）里，住着一群一群操同样职业的土著：农民、工匠、作坊工人、渔民、水手、赶牲口者等等。这些同业团体的统一协调以它们对国家所尽的专职为根据；很自然的，每一个团体的成员身分都是绝对不许自由改变的，从这一个团体转入另一个团体受到政府严格的限制。这些团体在国家所指定的头目以及一系列国家官吏的领导下必须完成国家交给它们的任务，这些任务就是耕种土地、制造橄榄油和衣料或其他工作。上述团体中任何一个团体的成员都不仅通过这种方式为自己谋生，而且也通过这种方式来出力支持国家机器。对于埃及的土著来说，从来不存在什么自治或参与任何国家事务（除非他们的本业)的观念。

对他们而言,以国王为化身的国家就是信条,就是宗教信仰。国王是神的子孙,他本身是神,人们必须崇拜他、服从他。国王和国家,就像诸神和整个宗教一样,是超乎批判与约束之上的。他们是至高无上的。土著们所关心的只是他们的家庭生活以及向神和国家效职。事实上,国家和神二者给予土著者甚少,而求于土著者甚多。当要求过分、无可容忍以致任何一个土著团体的生活都负担沉重不堪的时候,他们就诉诸消极的抵抗,那就是罢工。罢工是一种向神提诉以听候神的判决的解决办法,其具体行动就是离开他们平时的住所而躲避到一所神庙中去。罢工者在神庙里一直消闲度日,要等纠正了偏差或受强力压迫才肯恢复工作。在希腊术语中把这种罢工称为“亡命”(ἀναχωϱήσε)。埃及这个国家在托勒密时代以马其顿异族为代表,而后来又以另一支异族、即罗马皇帝为代表,这件事,对土著们说来没有多大关系,因为只要这些统治者对埃及的神表示崇敬,只要祭司们代表神意承认他们为埃及的合法统治者就行了。而祭司们是够机灵的,他们不会不懂得一种由专业军人组成的精良军队所支持而且能使用大笔金钱的力量是值得承认的,即使他们无所希求于这种力量也得承认它,他们之于罗马人就是这样。

土著中,有富人,有穷人;有聪明人,也有迟钝、愚笨的人。有优越条件的分子自然努力往社会上层爬以求改善他们的生活条件。向他们开放的唯一道路是去做祭司或国家官吏;但这都不是容易办到的事。虽然祭司并没有形成一个严密排外的阶层,但他

1

2

泛滥期间的尼罗河三角洲

图 51　埃及

图 51 说 明

1—2. 帕勒斯特里纳的镶嵌细工下部的两个片段。发现于帕勒斯特里纳(普雷讷斯特)。帕勒斯特里纳的巴尔贝里尼宫。S,赖纳赫:《希腊罗马古画图谱》(法文),第 374 页(有参考资料目录),参看我所写的论文,载《德意志考古研究所罗马学组报导》(德文)26,1911 年,第 60 页和 61 页(这两个片段较本图更完整)。

这幅镶嵌细工反映了托勒密和罗马时代埃及最有代表性的特色。图的上部为一幅埃及苏丹的动物分布图,有这个地区一切真实的和传奇性的动物的图形,并附有希腊文的名称(参看菲洛斯特腊土斯,*Vit. Apoll.*〈《提亚纳之阿波洛纽斯传》〉vi. 24)。图的下部(见图 1—2)描绘了埃及的一般景物,特别是泛滥期间三角洲上的景象。在右边的角上(图 1)可以见到一所农民的住宅,旁边有一个鸽棚。住宅的主人随着他妻子之后从门里跑出来,他的妻子站在园子里正望着一只载着兵士的小船。另一边(左边)的角上(图 2 未复制出来)为河马和鳄鱼。下部的中央部分为两座建筑物所占据。其一(见图 1)为一座美丽的天棚,上面搭着大帐幕,天棚后面可以看到一座碉楼式的庄院,附有一个用围墙绕住的大花园。天棚下面有一队罗马兵士正在准备举行一次庆祝宴会:有一个大的 *crater*〈容器〉和许多角状杯都是为宴会安排的。领队的是一个戴着桂冠的军官,他吹着号角;一个身带棕榈枝的妇人向他致敬,把一个花圈或一顶花冠献给他;这个军官显然是在向另一队乘坐军用桨船(*liburnica*)向岸边靠拢的兵士发出信号。在这军用天棚不远的地方,有一群平民,其中包括妇女在内,他们聚集在一座覆盖葡萄藤的凉棚荫下(见图 2),正在欣赏音乐:一个妇人在七弦琴的伴奏下唱着赞歌,看上去像是在向那位得胜凯旋的将军致敬。在这些建筑物的后面,还有两排图饰。在当中的一排,我们看到一座小小的神殿(图 1),一队进行宗教仪式的行列正从殿中通过:行列最前头的两个人抬着一副架子,抬架上放着一件代表神的标徽,他们的后面跟着旗手和一群拜神的人。在这座神庙旁有一座阿努比斯神(胡狼神)雕像安放在座子上。凉棚的后面(图 2),我们看到一块用围墙围住的圣地和一间用柳条编的仓房——一间 μοσχοτϱόφιον〈饲犊房〉,作牺牲用的犊子

就在这里饲养(?)。仓房门外有两个人在谈话，其中一人手中拿着一柄大叉，同时有一个第三者把两匹牛或犊子赶下水去；一些红鹤〈红鹤为埃及的一种神鸟。——译者〉绕着仓房飞翔。最后面一排全是一些大神庙。最大的一座位于小神殿(图 1)的背后，它有两座塔门，正门旁有高大的埃及式雕像；庙前有一个骑驴者，他的仆人背着他的行囊跟在后面。在凉棚和仓房的后面(图 2)另外有三座神庙：第一座是红鹤的神殿(ἰβιεῖον)；第二座是一所典型的埃及神殿，有两座塔楼；第三座是一所希腊—埃及混合型的神庙。在水面上可以见到各种动物、花草、土著的独木舟(其中一艘载着荷花)和两艘有舱房的游弋船(*dahabiahs*)。在现存的图画中，凡能使我们对托勒密时代和罗马时代的埃及的景象具有生动印象者，以这一整幅镶嵌细工为最精妙、最真实。根据埃及新的考古发现成果自会容易对本图详加说明，不过迄今尚无人这样做过。这幅图的原本大概属于托勒密王朝早期；据马里恩・布拉克的考释，现存之本则属希腊化时代晚期之作〔参考拙著：《希腊化列国社会经济史》(英文)，图 XXXVIII—I，正文〕。

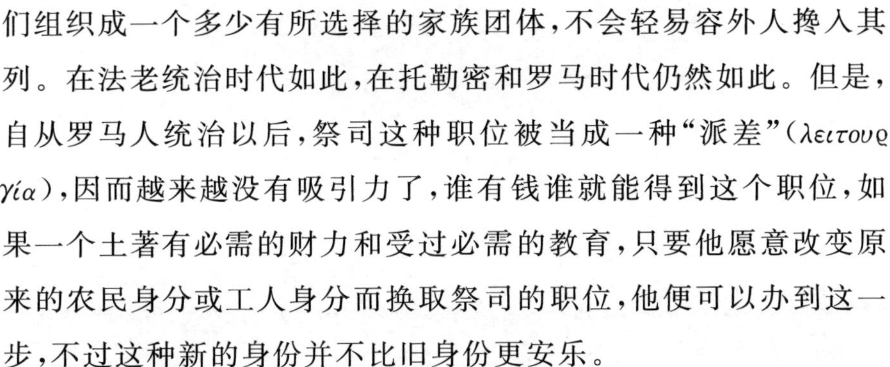

们组织成一个多少有所选择的家族团体，不会轻易容外人搀入其列。在法老统治时代如此，在托勒密和罗马时代仍然如此。但是，自从罗马人统治以后，祭司这种职位被当成一种“派差”(λειτουϱγία)，因而越来越没有吸引力了，谁有钱谁就能得到这个职位，如果一个土著有必需的财力和受过必需的教育，只要他愿意改变原来的农民身分或工人身分而换取祭司的职位，他便可以办到这一步，不过这种新的身份并不比旧身份更安乐。

想在辅助国王的官吏集团中占一席之地，那就比较困难了。在异族统治以前，这件事相对而言还较为容易：任何一个人只要受过良好的教育，能读会写，熟悉于公文中的语言和国家机器中的复杂制度，便可以有机会充任官吏并升任最高级的官员。但是，自从国王不再是埃及人而官话改用希腊语以后，情况就复杂多了。从

1. 亚历山大里亚

2. 埃及的一个村庄

图 52　埃及

图 52 说 明

1. 一个带嵌图的银盘。发现于博斯科雷阿勒附近的一所庄院中。巴黎，路夫勒博物馆。A. 埃隆·德·维厄福瑟撰文，载《皮奥氏文物图说》（法文），5，1899 年，从第 39 页起（说明），从第 177 页起（分析），和图 1。嗣后曾多次转载。参阅 S. 赖纳赫：《希腊罗马浮雕图谱》（法文），i，第 84 页，1。

这幅 *emblema*〈嵌图〉雕绘的是一个表情严肃的美妇人的胸像，她的头上披着一张大象的皮。她的右手拿着一个 *uraeus*〈蛇形权标〉，左手拿着一个 *cornucopiae*〈富饶角〉，角内满盛葡萄等水果，其上顶着一个新月形器，这个新月形器连在一个杉球果上，大家知道这是阿提斯神的徽志。在富饶角上绘有太阳神埃利约斯的半身像、太阳鹰以及迪约斯库里兄弟的双星。女神的怀里抱着各种水果（葡萄、石榴、无花果、杉球果等等）。水果中间站着赫腊女神的孔雀，另有一只大母豹跨在水果上面。富饶角是献给光明之神的，与此对应的一边，即女神的右肩上，堆满了赫腊克勒斯的标志——狮子、大头棒、弓和箭筒。这些标志和蛇形权标、母豹、富饶角一般大，都是这位女神主要的徽志。其它器物则小得多。左边有伊西斯的 *sistrum*〈法器〉，右手下面有海洋的化身（波涛和海豚），水果下面有火神赫发斯托斯的火钳和医神阿斯克勒皮约斯的蛇盘棍。富饶角的右边有阿波洛的七弦琴。这幅神像肯定不如埃隆·德·维厄福瑟所指是阿非利加的化身，而是亚历山大里亚的化身。P. 佩德里泽已经证明了这一点，见其所著《富凯藏品中之埃及的希腊青铜器》（法文）（1911 年），第 39 页。大象的头皮是亚历山大某些图像的特征，后来被托勒密王朝一些国王用作他们继承亚历山大王权的标志（例如，见 C. C. 埃德加所撰文，载《希腊学杂志》（英文），26，1906 年，第 281 页，图 XVIII）。这位女神的种种徽志是极有趣的。首先，她受到埃及诸神的保佑；她是埃及的女王：因此她才有象征埃及王权的蛇形权标。在其他保佑她的神中，为首的是迪约尼索斯（母豹），这是富饶繁荣之神。赐她以繁荣的还有光明之神——太阳神和月神（参看图 46）——和创造文明的大英雄赫腊克勒斯，他就是一切马其顿王朝的皇祖。其他标识着重显示亚历山大里亚海上贸易的发达、环境的整洁、工业的繁荣和艺术的卓越。这幅图像虽可能出自公元后一世纪亚

历山大里亚或康帕尼亚的银匠之手，但其整个气氛是希腊化的，是属于托勒密时代的。参阅 M.科利尼翁所撰文，载《皮奥氏文物图说》（法文），22，1918年，从第 163 页起；和载《碑铭与文艺学学院报告》（法文），1916 年，从第 337 页起（埃及的一座亚历山大里亚化身小雕像）。

2. 希尔姑兰城的壁画。发现于希尔姑兰城。《希尔姑兰图画集》（意大利文），i，图 L，第 257 页；W. 赫耳比希：《壁画……》（德文），第 1569 号；拙撰，载《德意志考古研究所罗马学组报导》（德文），26，1911 年，第 56 页，图 31。

这幅壁画属于所谓埃及风景画一类，罗马帝国各地经常见到这类画，公元一世纪时尤为流行。描摹这类画的人可能从未去过埃及，正如现代欧洲人画日本和中国的风景画一样，但其原本无疑是由熟悉埃及的人制作的。因此，这些摹本仍对埃及地方的一般风光作了真实的描绘。本幅壁画所画的是一条运河两岸的三所农庄。其一（图左）围着一道砖墙，内包括两座碉楼似的建筑。正中的一所包括一扇寨门、一座高碉楼以及主要建筑——一座庄屋和一座碉楼，其后有树。其左有一架“桔槔”和一口井（罗马时代的莎纸卷中经常提到井和桔槔——*φϱέατα* 和 *κηλώνεια* 或 *μηχαναί*；见《希腊化埃及的莎纸卷》16.10；《曼彻斯特市约翰·里伦兹图书馆所藏希腊莎纸卷目录》99.5；《尖蟹州莎纸卷集》2137.27）。参看 M. 施内贝尔：《希腊化埃及的农业》（德文）（1925 年），从第 71 页起。运河彼岸的第三所农庄与上述两所农庄虽不全同而大致相似。其正屋后面的园子围以木栅。关于埃及古代农庄中的碉楼，请看 F. 普赖济希克所撰文，载《赫尔梅斯》（英文），54，1919 年，第 423 页；拙撰，载《献给威廉·腊姆济爵士的阿纳托利亚学研究论文集》（英文）（1923 年），第 374 页，1。

马其顿来的国王不是单身来此的：他随身带着一支由希腊军人或希腊化军人组成的强大的异族军队，还有一大群希腊的或希腊化的猎取名利者，这些人有知识，有能力，他们把埃及视为最利于表现自己才能和猎取名利的园地。托勒密王家与这些希腊人之间有着不可分割的联系。希腊人对埃及人，对他们的生活方式、他们的宗教、他们的思想意识，都毫无所知，也毫无同情之心。从希腊人的眼光来看，一个埃及人就是我们现代所谓之野蛮人，完全与文明生活无涉的人。晚至公元三世纪时，有一个埃及的希腊人还给他的“同胞”这么写道：“你可以把我这个同胞看作一个野蛮人或一个没有人性的埃及人。”

埃及的希腊人感到他们自己是主子，是统治者，他们从来不会想到让受轻视的土著来分享靠征服获得和靠强力维持的特权。如果国王有任何打算想这样做，国民中的希腊人就会认为这是通敌卖友的行为，是犯罪，是侵犯他们在埃及的神圣权利。当然，托勒密王家和后来的罗马皇帝也与他们共同具有这种感情。托勒密王家把埃及视为他们征服得来的私产。他们认为埃及是他们的“家业”（οἶκος）或私有地产。土著是一群隶属于他们的臣民，其任务就是以赋役来维持国王这份“家业”。另一方面，希腊人则是国王的朋侣，他们与国王同种族、同文明。因此，很自然的，国王会把管理“家业”的任务委派给他们，而他们从来就不会允许埃及人厕身于较高的行政职位中来。固然，到了后期，由于统治者的力量衰微，埃及人曾发生过若干次暴动，经过这些事件以后，托勒密王家曾企图在一支埃及人组成的军队和埃及祭司们当中寻找一种力量，使它在政治上能与希腊军队和希腊人的力量抗衡。但是，他们始终没有达到使自己和埃及人融为一体、使自己成为像法老那样的真正的埃及国王的地步。

因此，埃及人要想爬上托勒密王朝行政机构中的重要职位是无门路可通的，除非他们彻头彻尾希腊化而变成了希腊居民中的一份子，这当然一直是少见的。所以，在埃及的行政机构中，除了书吏和警察这两种低级职位外，其他人员都是希腊人。希腊人包围了国王而组成了他的“宫廷”;希腊人统治着各省,即埃及的各行政区 χώρα 〈州〉;希腊人被指派为警察部队的头目、法官、技师长、各种督察官、国家工厂的经理、工商业的监察员等等。收税的特权也给予了希腊人,他们或以官吏的身份收税,或以包税人的身份收税;同时,在国王的支助下,他们把埃及正发展着的对外贸易也集中到自己手中来了。

国王委给希腊人的使命是一项重要的特权。埃及是一个富足的地方,替国王来经管这块地方是一件有利可图、具有吸引力的行业。我们必须记住,埃及的经济活动是高度集中化和国有化的,其一切部门都得受国家的监督,有些部门甚至为国家所垄断。从经济和法律的观点来看,国王是土地的所有主,耕种土地者是他的租地人。这样一来,不仅农民不得不出极重的租赋,而且他们的工作必然要受到严密的监督,他们的资财必然要受到严格的控制。埃及如果没有一套堤堰和运河系统就不可能存在。必需在尼罗河泛滥前和泛滥后严密地组织灌溉工作、均分水量、排干沼泽湿地等等,埃及才能繁荣富足。而诸如此类的工作只有在全民通力协作下才能完成;这些协作是采取强制劳动的形式(*corvée* 〈徭役〉),因此必需加以调整和组织。从远古以来,工业或集中在神庙中,或环绕在统治者的宫殿旁:国王和祭司们占有原料,他们又懂得技术中的秘密。这种情况一直保持未变。各行工业的工匠首先是为国王做工,有时专为国王做工。在这方面也需要组织和监督。商业和运输业亦按同样方式经营。国内所有的商人和营运输业者(可能亚历山大里亚不在此例)无论大小统统得到国家的特许营业状,而他们大多为希腊人。

1. 有车篷的大车

2. 采椰枣

3. 驮着葡萄的骆驼

4. 骆驼运瓮

5. 阿基米德水车

图 53　埃及的生活

图 53 说 明

1. 赤土陶像。发现于埃及。富凯藏品。P. 佩德里泽:《富凯藏品中之希腊赤土陶器》(法文)(1921 年),ii,图 CXXIII-2 和 i,第 150 页,第 411 号。

一对牡牛或牝牛拉着一辆大车(*carpentum*〈双轮篷车〉),赶车的是一个男孩,他穿着一件带兜帽的厚大衣。车轮笨重、简陋。车身盖着一个篷顶,用以蔽日。

2. 同图 1。P. 佩德里泽,引书同上,ii,图 XCIX-2 和 i,从第 129 页起,第 354 号。亚历山大里亚博物馆的一件复制品。

一个农民利用绳索爬上一棵椰枣树端,正在采摘椰枣;他头戴一顶形制奇特的圆锥形毡帽(参看图 51)。盛椰枣的筐子挂在他的肩上。可以参照另一件类似的赤土陶器,见 P. 佩德里泽,引书同上,ii,图 XCIX-4 和 i,从第 129 页起,第 355 号(其中附论埃及的椰枣,很有教益)。

3. 同图 1。P. 佩德里泽,引书同上,ii,图 CXXII-2 和 i,第 148 页,第 403 页。

一匹驮货的骆驼负着两满筐葡萄。其颈部束着一条皮带,形式与图 1 所见者相同,皮带上有一块金属圆牌。这种圆牌可能是用来书写主人姓名以及该骆驼所属的纳税级别的(请看拙著:《罗马佃农制度史研究》(德文),第 128 页,注 1)。

4. 同图 1。发现于埃及。不列颠博物馆,埃及馆第六室,第 277 架,64 (37628)。未发表过(?)。承保管人特许在此发表。

一匹骆驼背着一副沉重的驮鞍。驮鞍两侧各捆着三个瓦瓮(*dolia*〈坛〉),其中装油、葡萄酒、麦酒之类的东西。

以上这套陶器生动地描绘了苇纸卷中有关埃及运输业组织和农业生活的史料。在法老时代,埃及显然不知有骆驼。就我们的史料所及,骆驼始见于托勒密王朝初期,至罗马时代才成为最常见的驮兽。参阅 P. 佩德里泽,引书同上,i,从第 147 页起(写在蔡侬苇纸卷发表以前)。采椰枣描绘了罗马南方诸省中最有代表性的生产活动方式之一。C. C. 埃德加在《亚历山大里亚考古学会公报》(法文)7,1905 年,第 44 页上所发表的一件赤土陶器大概是摹制埃及另一个特有的东西——*saqiyeh*〈扬水车〉。

5. 蓬佩伊城"少年郎君宅"中的壁画片段。蓬佩伊，《少年郎君宅》（意大利文），登录1，铭文vii，第10—12号。A. 马攸里撰文，载《古物发掘简报》（意大利文），1927年，从第59页起，第IX号，图IX，参阅L. 雅科诺所撰文，出处同上，从第86页起。

这幅壁画是该宅园中一间石筑的*triclinium*〈餐室〉内环绕四壁的部分装饰，此处只刊载其片段。所有这些壁画都是按照所谓埃及化风格处理的，其所摹写的都是埃及的生活情景。本幅画的是农村的景色。在一连串放鸭池（νησσοτροφεῖα）旁有一座亭阁，那是一家农村客店。店内有二位旅客（一男一女），姿态清楚可辨；另外还有一个提着酒的仆人、女店东和一个吹笛子的人（*scabillaria*）。一个贫苦的*fellah*〈土著农民〉用脚踏动那阿基米德所发明的*cochlea*〈水车〉（苇纸卷中之κοχλίας，M. 施内贝耳：《希腊化埃及的农业》，（德文），第84页），靠这种费力的办法来保证池塘里的水源源不断。L. 雅科诺就技术方面对这幅壁画作了很好的解说。试看现在埃及仍然使用这种水车，不仅在三角洲上，而且在中埃及也还使用它；其设计与使用方法也正与我们在这幅壁画上所见者相同。苇纸卷中很少提到它，那是因为在法尤姆一带不使用它，正如今天也还是这样。在西班牙的矿井内外发现为数甚多的机械，与这幅壁画中的水车极为相似。那是用来抽矿井和坑道里的水的。请看T. A. 里卡德：《罗马人在西班牙的矿业》，载《罗马学杂志》（英文），18，1928年，从第130页起，和图XII。

如果我们理解到在这片集中化和国有化的土地上给希腊人所开辟的活动园地是这么广阔，理解到完全除开正当薪俸收入而外还有着不可胜计的发财机会，那么，我们对于全境各地逐渐成长起一个由希腊人构成的富裕的资产阶级——一个由官吏和包税人构成的资产阶级——这种现象，就不会感到奇怪了。至于零售商或工匠这类低贱的行业当然是让土著们去干的。在亚历山大里亚这个希腊化世界的首府，由于工商业的稳步发展，创造了另一个豪富的资产阶级。亚历山大里亚的商人和出口商,同国王本人、王家成员以及宫廷成员等一道,形成了埃及最富有的阶级。毫无疑问,那些地位最接近国王的王家经纪人中大多数同时经营埃及的对外贸易:他们掌握船只和货栈,他们都是亚历山大里亚有势力的 ναύκληροι〈船主〉协会和 ἐγδοχεῖς〈货栈主〉协会的会员。

人数不下于官吏和商人阶级并形成这个阶级后备军的是外族军人阶级,包括托勒密王朝雇佣军的军官和士卒。我们在这里不可能描叙这支力量是如何组织起来的。只要谈这一点就够了,当军人不在服现役而在服后备役期间应当怎样酬报他们呢,关于这个问题,托勒密王家通过各种不同的经验,最后选定了一种特殊的制度。他们把军人安置在乡下,分给一份土地让他们从事耕种。其中有些军人分得了上、中、下埃及的良好的可耕地,但大多数军人被分配以法尤姆和三角洲上的土地,这些地方原先都是沼泽或沙漠,而托勒密王家利用精巧的机械把这种土地大片地开垦出来,卓有成效。把这些新开垦的生地分配给军人具有双重目的。这种办法不致侵害王家的利益和减损王家的租赋。因为如果把已经垦殖的田地和便于垦殖的田地赐给军人,那就等于说,实际耕种土地的土著农民把他们应缴给国家的租税分出一部分改缴给新的占田者,这样当然就会侵害王家的利益和减损王家的租赋了。新开垦的地段没有耕种者,有赖于军人们自己去寻找耕种者,要么就亲自耕种。此外,这些土地在大多情况下不太适宜于种植谷物,而极宜于开成葡萄园或橄榄林。军人都是希腊人或小亚细亚的土著,他们在老家时正熟悉于种植葡萄或橄榄,无论如何他们是乐于把这些新颖而利润更大的农作方式带到埃及来的。现在国家就召他们

来这样做，并且，只要他们在这些地段上种植葡萄和橄榄树，就允许他们不再是这些地段的占有者而变成真正的所有主。对于平民也给予了同样的机会，这些平民或为亚历山大里亚的大资本家，国家把大片土地作为“赐田”（δωρεαί）赠给他们；或为富裕的退休官员和退业的包税人，他们的土地是向国家购买来的。

这样一来，住在埃及的希腊人就不再只是一群军人、官吏和商人了。希腊人既与土地发生了联系，就不再是暂时寄寓此邦的人而成为永久的定居户了。由于这个变化，在埃及的经济生活中开始出现了一个新纪元。在马其顿人统治以前，土地所有权这个观念在埃及几乎是陌生的。在赛特王朝时期[①]，可能有过建立私有财产的企图。但事实上，在埃及仅仅有过两种形式的土地所有者——国王和神。现在，希腊异族人也变成了地主（γεοῦχοι）而不是种地人（γεωργοί），与国王和神并列而三了。但是，托勒密王朝并没有把这种变革推进到理所必然的地步。地产仅限于房屋和园圃的土地，并且，就是对这种地产也还加以若干限制，那就是说，所有权只是一种暂时的特权，是可以被政府取消的。

埃及的希腊人的人口逐步增多，在埃及的生活中产生一种新的现象。托勒密王家的确从来不曾致力于使埃及彻底希腊化。在埃及人的土地上，希腊人总是居统治地位的少数，他们极力想保持这种情况。没有任何希腊人会像土著那样替国王勤劳服役。正由于此，所以希腊人虽然流入埃及，却并没有如理所当然的那样使这个地方产生都会化的后果。除了上埃及的托勒买斯以外，托勒密

① 即第二十六王朝，公元前663—525年，系古埃及最后一个王朝。——译者

王朝没有为希腊人建立过任何城市。亚历山大和托勒密王朝的创业者之所以建立亚历山大里亚、维持瑙克腊提斯或许还维持了帕雷托纽姆，以及后来之所以建立托勒买斯，其初衷未始不想逐渐使这个地方都会化和希腊化，如在小亚细亚和叙利亚所办到的那样。但是这种打算没有保持多久：托勒密·索特尔及其以后的历代嗣君没有建立过任何城市。就是亚历山大里亚和托勒买斯也还不算是正规的希腊城市。亚历山大里亚只算是希腊籍国王的一个希腊式的驻跸之所。即使说它一开始即具有一种正规城市的组织，但也很快就被取消了，它的自治组织被裁削的程度已经使它与埃及其他行政区域的中心毫无差异，只不过它在城市建设方面较为美丽壮观罢了。托勒买斯所享有的自治权稍为多一点，但这个城市始终没有在埃及的生活中起过任何重要作用。

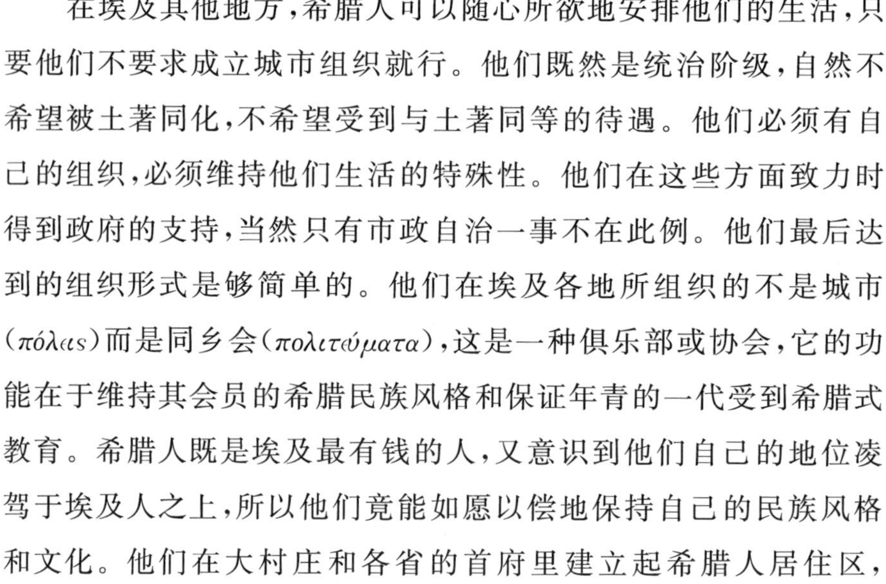

在埃及其他地方，希腊人可以随心所欲地安排他们的生活，只要他们不要求成立城市组织就行。他们既然是统治阶级，自然不希望被土著同化，不希望受到与土著同等的待遇。他们必须有自己的组织，必须维持他们生活的特殊性。他们在这些方面致力时得到政府的支持，当然只有市政自治一事不在此例。他们最后达到的组织形式是够简单的。他们在埃及各地所组织的不是城市（πόλεις）而是同乡会（πολιτεύματα），这是一种俱乐部或协会，它的功能在于维持其会员的希腊民族风格和保证年青的一代受到希腊式教育。希腊人既是埃及最有钱的人，又意识到他们自己的地位凌驾于埃及人之上，所以他们竟能如愿以偿地保持自己的民族风格和文化。他们在大村庄和各省的首府里建立起希腊人居住区，有着常见的希腊式建筑，这种居住区处在埃及人村庄的环抱中，好

图 54　法尤姆的一个村庄卡腊尼斯

图 54 说 明

卡腊尼斯的街道和房屋正面。请注意一所房屋墙上的木板断片和木制的门窗框架(参看图 55 说明)。承(美国)密执安大学克耳西考古博物馆惠许转载。

像是埃及海洋里的希腊岛屿。

托勒密王朝的创业者曾企图吸引一批勤俭的希腊人定居于埃及并与土地发生经济联系而成为土著之民,这种企图并未失败。在法尤姆和三角洲上开辟了大片的土地。新迁来的希腊住户数以千计,它们以灌园、种植葡萄和橄榄或以科学方法饲养家畜家禽为生,这些住户好像是在埃及国有化经济的沙漠中出现了一些私人资本主义经济的绿洲,其中有些家业日趋兴旺。用希腊语的人在埃及生活中比比皆是。但其结果却不如它们似乎应有的那么美满。因为新来的希腊侨民都是地主而不是种地者,劳动力是由土著们供应的。很快就暴露出来,这样的制度并不巩固,或久而久之即无利可图。再者,埃及的内部情况日益恶化。早期几代有能力的国王过去之后,嗣位的都是些 *epigonoi* 〈不肖子孙〉,他们既不努力,又无能力。埃及的国际威信一落千丈。战争消耗了大量的金钱。行政组织效力日低,贪污腐化。土著受尽虐待。希腊人的处境亦未见稍佳。亚历山大里亚的希腊人和乡间的土著纷纷暴动,使这个疲敝的国家陷于骚乱之中。一些祭司团体有见于国王之懦弱无能,有见于自身在居民中具有影响,愈来愈表现其僭妄骄

态，不断地要求得到新的特权，诸如成立避难所、接受土地等等，而这些要求大多能如愿以偿。在这些情况下，托勒密王朝早期君主所曾开辟的土地现在丧失了。那些土地大片大片地变成了庙产；或者变成荒地，荒废无主（ἀδέσποτα）而渐趋干涸（χέρσος）。

这就是埃及落入罗马第一任皇帝统治下的时候的情形。埃及在落入罗马统治以前拖过了公元前一世纪一段漫长的苦闷时期，在这段期间，它受尽了本国国王的剥削，而国王又受尽了自己所依靠的罗马政客们的劫掠。奥古斯都看出埃及这地方有一批富裕并强有力的异族分子，其中包括有钱的亚历山大里亚人；包括一大群希腊籍的官员，他们大多是有资产的人；包括境内各地成千上万的商人，他们当中有些人也像亚历山大里亚人和官员们一样地占有土地；此外还包括无数的乡里豪绅，他们名义上是军人而事实上是形形色色的地主（κάτοικοι〈客户〉和 κληροῦχοι〈分田户〉）。他还看出这里有许多富足兴旺的神庙，庙里有一大群教士，教士之下有着无数的土著群众，其中有些人在托勒密王朝时曾服过兵役（μάχιμοι〈军士〉），也像希腊籍军士一样地可以领到国家的田地。经济情况是很坏的。居民们呻吟于包税人和官吏们的勒索之下；教士们横行无忌而不事生业，依然如故地靠农民和受奴役的工匠劳动来维持生活；乡村居民凋零殆半，许多原先开垦的地段荒废无人过问了。总之，一切情况与希腊人征服埃及前夕此处的一般情况极其相似。

奥古斯都当然熟悉埃及的历史，也熟悉托勒密王朝早期所进行的组织工作，他对于恢复埃及经济繁荣所采取的措施与托勒密·菲拉德尔富斯所曾采取的措施几乎无一不同，这仅仅是由于

这两位伟大的政治家在方法上偶然相符呢，还是由于奥古斯都有意袭用前人的政策呢？奥古斯都并不致力于把埃及来一个全面彻底的改组；他的主要目的在于恢复这块土地的缴纳租赋的能力，如我们所知，这正是他这位罗马国家统治者的主要收入来源。要想达到这个目的，有三项基本措施必须实行：教士们的政治势力和经济势力必须取消；行政系统必须改组，尤其是要禁止行贿和非法的渔夺；以及必须重新着手开垦可耕地。关于奥古斯都对付神庙的政策，本书作者已另有专文论及，那是读者必须参考的。这个政策的主要之点就是把祭司的地产全部还俗，使教会国有化，这本是托勒密·菲拉德尔富斯所曾打算过的，而且差一点付诸实现，不过后代的嗣君却停顿下来了。奥古斯都改组的结果完全剥夺了神庙和祭司对居民的经济支配力，而对他们的宗教活动则不加干扰。他们的土地和全部收入都成为埃及财政中的一个项目，和其他项目同样地受国家的管理控制。而维持公众祭祀和教士生活所需要的费用现在如遇万不得已的情况就由国家来供给了。

在行政组织方面没有进行任何急剧的改变。托勒密时期的制度几乎原封不动地保留下来了。唯一的改变就是加强了政府代理人在办理分内工作时的实际责任，这样一来也就逐渐使（如我们在下章中所见的）管事人和包税人转变为国家的职员，向国家负责而不是取酬于国家（λειτουργοί〈干办〉）。但事实上，这个转变过程的决定性步骤却不是奥古斯都所施行的，而是他的继承者们在公元一世纪末所施行的。埃及的行政部门依然是希腊人的天下。只有最高级的官员，即代表新统治者——托勒密王朝的接替者——的总督、总督的主要参佐和各省的布政官〈epistrategi〉是从罗马人当中提拔出来的。所有其他的官职，自州官以下，都统统由住在埃及的希腊人充任。军队也是罗马人的，虽然选军军士主要是从东方征来的，而且毫无疑问他们都说希腊语，但是，选军军士和军官同样地都是罗马人。辅军则是从帝国各地征来的。埃及的官话也仍然是希腊语，只有在与居民中的罗马人交际时才用拉丁语。

但奥古斯都努力的主要方向是恢复埃及的经济力量。他在这方面所采用的方法也与托勒密·菲拉德尔富斯所首倡的方法几乎完全一致。税收制度、经济组织和财政组织都一仍其旧。埃及的经济主干依然是土著们在农业、工业和运输业方面所完成的工作。同以往一样，土著们并不能参与行政管理工作，仅仅被视为组织起来的劳动单位——农民、工匠、赶牲口者、水手等等。同以往一样，他们不是土地的主人而是国家的租佃人，他们就以这种身份来耕种皇家的土地或公地（γῆ βασιλική〈王田〉或 δημοσία〈公田〉）。他们照旧在他们的店铺里为政府效劳，受国家官吏的指挥和监督；照旧从政府那里领一张专业执照作为国家许可营业的凭据来从事贩卖食品和工业品。

对于居民中的外族人的经济力量，曾极力设法按新的方式使之复元，对希腊人和此时初来的罗马人都是这样。采取了一个新的决定性的步骤来培养一个富裕的乡村资产阶级。曾在托勒密时期的军队里服过军役的军人所占有的产业明确地被承认为实际占有人的私有财产，他们成了分田户和客户。成百上千的罗马退役军人壮大了这些地主的阵容，他们之中有些人是在奥古斯都征服埃及后立即领到一份土地的，有些人则得到优惠的条件，按每

1. 木椅

2. 花木柜

3. 梳羊毛的木梳

4. 筐子

5. 玻璃灯

6. 木槌

7. 棕叶扇

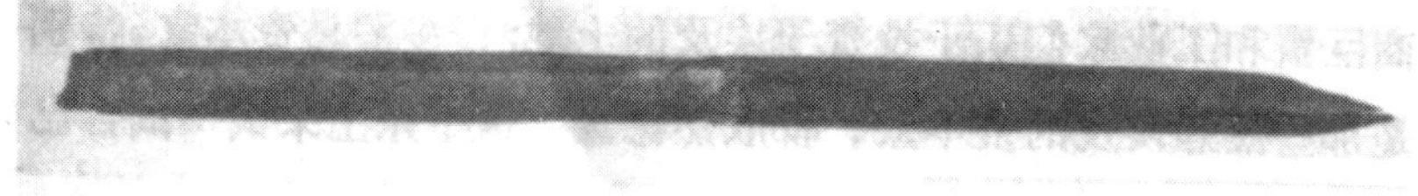

8. 笔

图 55　卡腊尼斯

图 55 说 明

1—8. 卡腊尼斯私人住宅废墟中所发现的有代表性的日常用具。

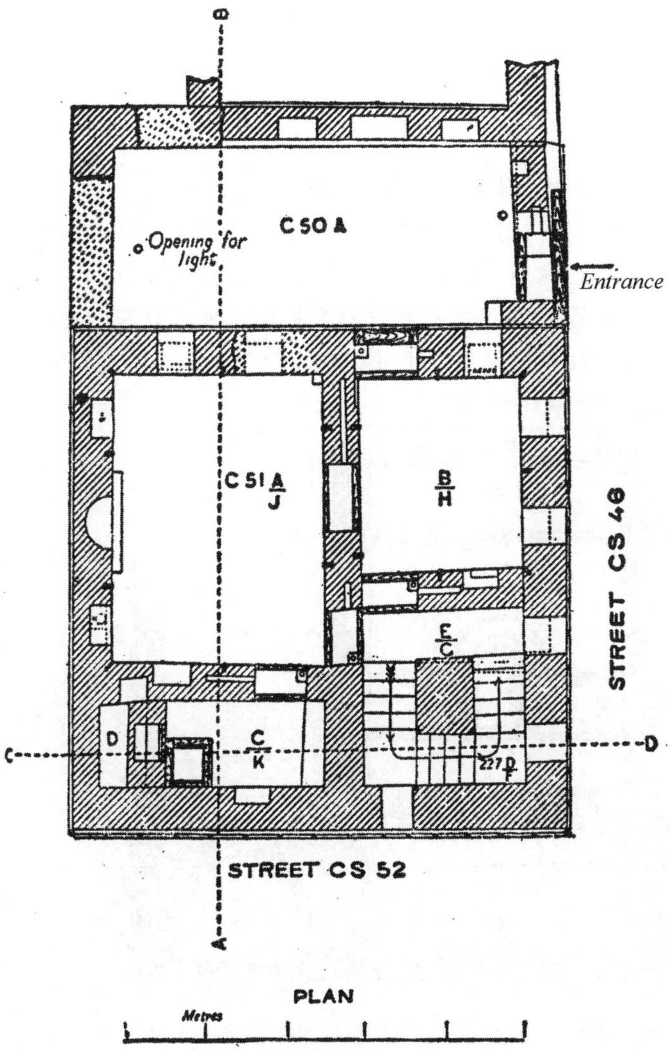

B
C 50 A
Opening for light
Entrance
C 51 A/J
B/H
E/C
C/K
D
C
D
227 D/F
STREET CS 46
STREET CS 52
A
PLAN
Metres

卡腊尼斯的住宅

OPENING FOR LIGHT: 天窗;
ENTRANCE: 入口;
STREET: 街道。

1. 木椅。

2. 花木柜,其一面画着女主人的像,另一面画着一只斑鸠。这是否便是一位妇女的嫁妆箱,内中装着她的嫁妆如珠玉等珍贵物品呢?

3. 梳羊毛的木梳。

4. 精致的小筐子,也许是装羊毛的。

5. 玻璃灯:支在一个木制三脚架上。

6. 木槌。

7. 棕叶扇。

8. 笔。

未发表过;承密执安大学克耳西考古博物馆惠许复制于此。

密执安大学于1924年首次对法尤姆的一个村庄进行了科学的发掘,结果惊人。由于密执安大学这次就卡腊尼斯废墟作了彻底的考查(由E. E. 佩特尔森先生领导,并由A. E. R. 博克教授担任科学指导),现在对法尤姆的一个有代表性的村庄的日常生活已经有了十分详细的说明。

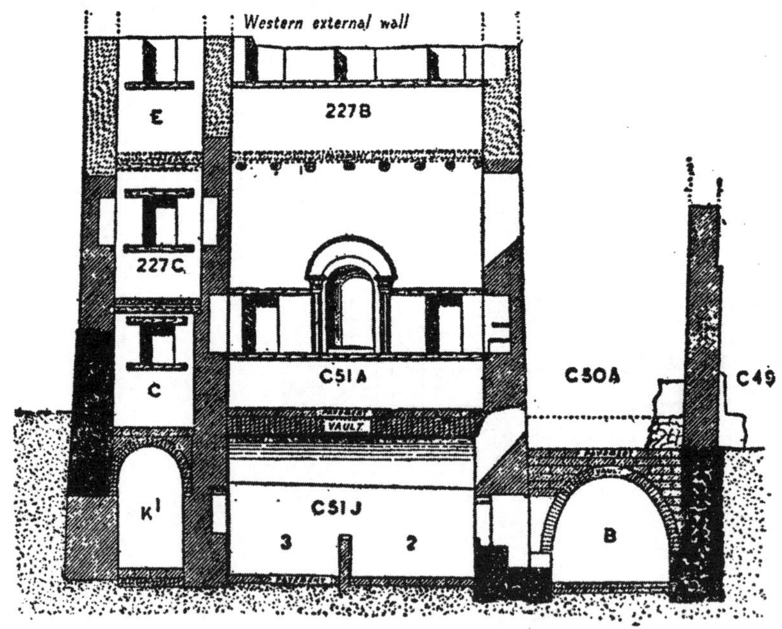

WESTERN EXTERNAL WALL:西边外墙;*PAVEMENT*:铺砖;*VAULT*:穹隆顶。

A－B部分,由南至北。自东观看

关于卡腊尼斯较早的几次发掘情况，请看格临费耳、杭特、霍格思合著之《法尤姆的村镇及其苇纸卷》（英文）（1900 年），从第 27 页起和图 II；参看图 XV—XVII。关于密执安大学考古队的工作，请看 A. E. R. 博克所撰文，载《埃及考古学杂志》（英文），13，1927 年，从第 171 页起；参阅《剑桥古代史》（英文）vii（1929 年），第 894 页，8，所列参考文献目录，并参阅 1932 年发表的第一次卡腊尼斯发掘报告。〔请看 A. E. R. 博克和 E. E. 佩特尔森合著之《卡腊尼斯，1924—1928 年间发掘工作有关地形和建筑物的报告》（英文），密执安（1931 年）；A. E. R. 博克：《卡腊尼斯，神庙、库藏钱币等，1924—1931 年间》（英文），密执安（1933 年）。〕

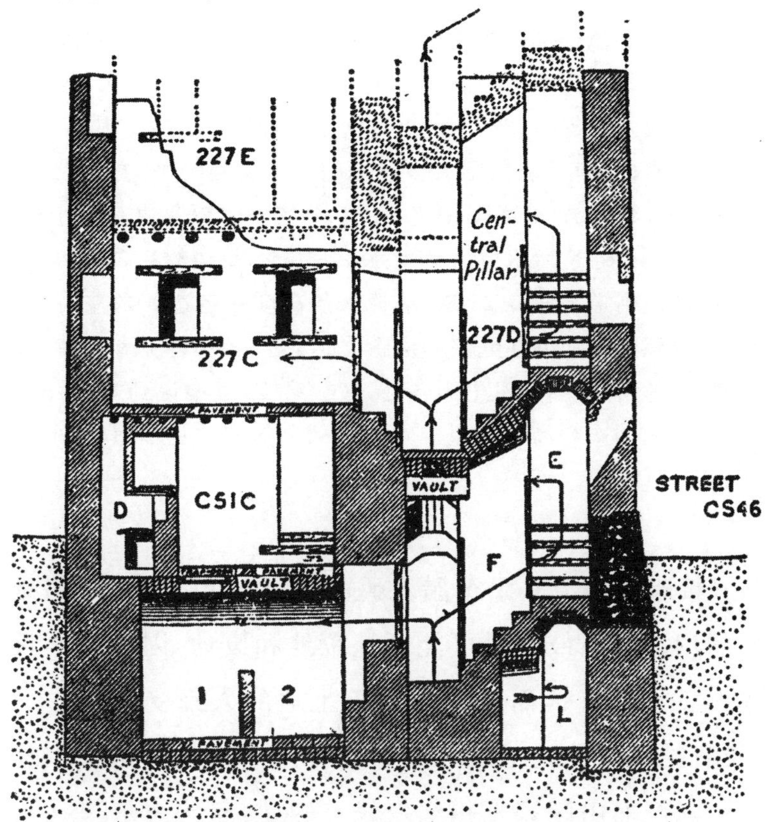

CENTRAL PILLAR：中央大柱；*STREET*：街道；*PAVEMENT*：铺砖；*VAULT*：穹隆顶；*TRAP-DOOR*：地板门。

C–D 部分，由西至东。自南观看

为了说明卡腊尼斯及法尤姆其他村庄的房屋的常见式样，我将发掘得较完整的房屋之一的平面图转载在这里。这幅平面图(未发表过)是特伦提耶夫先生绘制的，承发掘工作负责人许可转载。

A. E. R. 博克教授应我的请求对这所房屋(C. 51)作了如下的解说："这是公元二世纪或三世纪时卡腊尼斯的一所有代表性的较好的房屋。它包括一个酒窖或底层地下室，其上有三层或四层楼房。墙基和露出地面的墙脚部分系由当地的石头筑成的，没有用石灰；墙的其余部分则由晒干的砖块砌成。外墙的几处地方用木材加固并覆盖着木料，门窗的框架也是木制的。地下室各间的房顶都是穹隆式的，支撑着第一层楼板；这层楼板也是用砖块和泥土混合筑成的。楼梯顶板也弓成圆形，这样，每层楼梯上面弓起的拱形支撑着紧接的上一层楼梯。内墙上涂满了灰泥。上面几层以及用芦苇、编席和泥砖筑成的屋顶都由木梁支住。室内墙上有壁龛和碗柜。在某些例子中见到，这种壁龛用作家祭的神坛，碗柜则大多有木门。各层楼的平均高度约为 2.25 米，但有的高达 4 米，如平面图中之 C. 51 A 室。房屋旁边有一个庭院(C. 50)，院子通向街道。这所房屋的平面为一正方形，每边约 7.5 米。发掘出来的墙最高处超出街道平面 6.25 米，墙原来的高度一定达 8 米左右。屋的底层以及地下储藏室都伸展在庭院和房屋的底下。"〔前引博克和佩特尔森合著的报告中提到这所房屋，散见书中各处；又在第 57 页中说到"以后的报告将对此屋详加说明"，迄今尚未问世。本屋各部分的照片见该报告图 XXXVI、XXXVIII、XXXIX。〕

aroura〈希腊亩〉合 20 个德腊克码[①]的名义价格获得可耕地。这一措施的用意是想鼓励尽可能开垦荒地和废地，因而并不仅限于退役军人。凡是有钱而又想投资于土地的人都受欢迎。尽管如此，并没有把良好的已垦地和可耕地抛之于市场。这些土地仍然是国家的财产而由国家发租给农民。因此，从国家那里购买一块

① 古希腊银币。——译者

土地意味着购买一块虽然良好但却被国家放弃的土地，因为耕种那种土地既费钱又费力。此外，由于取消了那些不必要的妨碍私有土地自由买卖的手续，以及使大片属于神庙的土地还俗，这也造成了有利的机会。那些找寻有利可图的投资方式的人急切地抓住了奥古斯都所提供的机会，这种人为数甚夥，男人女人都有。和平安静的局面刺激了亚历山大里亚的商业活动。亚历山大里亚的富商巨贾和工业家们乐于投资于埃及的土地；许多罗马资本家，特别是那些熟悉埃及的资本家，都欣然愿意到这个乐土来试一试自己的好运；而尤其是，当生活条件安定、埃及产品出现了广阔市场的时候，那些曾经在托勒密时代充任过官吏和包税人的人们就都热衷于置办地产。

因此，土地所有者阶级的发展又重新开始了，这种发展在托勒密王朝晚年曾一度停顿过。这一发展中最突出有趣的新特色就是罗马资本家手中的大田庄迅速增加了，此与托勒密·菲拉德尔富斯时期 δωρεαί〈赐田〉大量增多的现象若合符节。奥古斯都对这点是加以鼓励的，其目的也与托勒密·菲拉德尔富斯相同，那就是为了吸引新的资本和新生力量到埃及来，以及为了把较近代化的资本主义经济方法介绍到这个古国停滞不前的农业生活中来。在公元一世纪时，特别是在奥古斯都和提贝里攸斯时期，埃及生活中的一个显目的现象就是新的赐田不断增多，赐田这时改称为 οὐσίαι〈名田〉。最先在埃及置办大田庄的都是皇族中人。奥古斯都的妻子的前夫之子德鲁苏斯大概就是此地最早的罗马籍大地主之一。继承他的田庄的是他的妻子安托尼雅和他的两个儿子，即日耳曼尼库斯和后来做了皇帝的克劳迪亚斯。奥古斯都的妻子莉维雅和她的孙子日耳曼尼库斯共同占有或相继占有另一份庄田，而日耳曼尼库斯此外还独自占有另一块非常大的庄田。据记载，大阿格里帕或者他最小的儿子阿格里帕·波斯土穆斯也是一位业主，我们还发现皇帝加攸斯和他的叔父克劳迪亚斯曾是一份产业的共同业主。此外，在当时和后来的档案材料中可以看到，莉维雅（提贝里攸斯的儿子德鲁苏斯之妻）及其子女、克劳迪亚斯第一次结婚所生子女和他第二次结婚所生的女儿安托尼雅，以及梅萨利娜和阿格里皮娜（前者或后者？）[①]，都是大庄田的所有者。值得注意的是，在这份业主名单里除了加攸斯以外没有一个在位皇帝的名字，加攸斯的田庄大概是从他父亲手中继承下来的。我们也偶尔听说某些在位的皇帝（如提贝里攸斯、克劳迪亚斯，尤其是芮罗）曾经占有过抄没的名田。然而，我相信在韦斯帕西安以前的皇帝们并未把这种地产留在手中，而是赐给了旁人，即赐给了上面所列的那一类占有者。另一个有趣的现象就是，在奥古斯都以后的时期内，业主之中以女人和未成年者居大多数。对第一种现象可能作这样的解释：埃及随便怎样处置，总之都是皇帝的财产，因为皇帝是前朝国王的接替人。对第二种现象可能的解释是：历任皇帝都有理由害怕让统治家族中的成员在埃及把持一份永久性产业。任意处置埃及地产乃是尤留斯—克劳迪亚斯王朝的皇家内务。可以肯定地说，无论皇族成员私自占用埃及的土地也好，或者间发性地抄没他们的私产也好，总之都足以显然证明尤留斯氏和克劳迪亚斯氏是

① 梅萨利娜系克劳迪亚斯第三次结婚之妻子，阿格里皮娜系他第四次（最后一次）结婚之妻子。——译者

把埃及纯粹作为私有财产来统治的。

皇帝以下的土地所有者则有元老院议员阶级和骑士阶级。其中某些人的田产(例如法耳契丢斯的田产)可能是在安东尼统治埃及时置下的,但大多数无疑是在奥古斯都时才开始置办的。最著名的业主就是奥古斯都的两个朋友 C. 梅策纳斯和 C. 佩特罗纽斯,他们都是骑士阶级中人。我们见到有许多著名的元老院议员家族与他们并肩齐列,如阿波纽斯氏、阿提纽斯氏、加留斯氏、卢里攸斯氏、诺尔巴努斯氏等。属于这个阶级的还有一个名叫塞韦鲁斯的人和一个名叫尤昆杜斯·格里皮亚努斯的人。值得注意的是,在这些业主当中也有许多人是妇女(如加莉雅·波拉和诺尔巴娜·克拉腊),大概是因为元老院议员阶级中的男子很难买到埃及的土地。这类人中最后一位就是哲学家而兼皇帝芮罗的导师、大名鼎鼎的 L. 安努斯·塞芮卡。

与元老院议员和骑士们抗衡的是在位皇帝所宠幸的免奴,据记载,其中如克劳迪亚斯手下著名的免奴纳尔契苏斯、芮罗朝权势煊赫的尚书郎〈secretary of petitions〉多里福鲁斯都在埃及占有土地。属于皇帝宠臣之列的还有犹太王家的成员 C. 尤留斯·亚历山大和尤莉雅·贝雷尼切。此外,还有亚历山大里亚名门望族中的一批阔人——C. 尤留斯·特翁、特翁之子特翁、M. 尤留斯·阿斯克勒皮亚德斯、托勒牟斯之子阿斯克勒皮亚德斯,我们从文学传说所描写的那些亚历山大里亚名人中可以遇到这些人。我相信档案文献(主要是一世纪时的文献)中所提到的那些埃及名田的业主,如里卡里雍及其女儿特尔木塔丽雍,如 C. 尤留斯·阿特诺多鲁斯、Ti. 卡耳普尔纽斯·特里丰、M. 提杰留斯·亚利苏斯、托勒牟斯之子欧安德尔、鄂芮西木斯、阿皮雍、迪约尼索多鲁斯、特鄂尼努斯、菲洛达木斯和安土斯等等也都是亚历山大里亚的显贵。

这些田产大多是由购买早先属于托勒密时期军屯户的土地而置办的。因此,从法律上讲,它们都属于 γῆ κληρουχική〈分地〉或 κατοικική〈客户田〉一类。其中有些可能享有免税或减低税率(ἀτέλεια〈免课〉或 κουφοτέλεια〈减课〉)的特权。但多数必须纳税,这种税就是奥古斯都所创设的那一类地产应缴的常税,这类土地称为“购买来的”田,即 γῆ ἐωνημένη。就史料所及者来看,大部分这类土地被开辟为葡萄园、菜圃和橄榄林;有丰富的资料足以证明许多新开辟的种植场是由新业主投资的。亚历山大里亚人在这种“购买来的”田地上投资非常多:只要阅读一下 Ti.尤留斯·亚历山大的敕令中有关这种田地的片段以及颁给亚历山大里亚人的敕令,就足可以理解,当皇家行政当局对这种田产施以打击使得它们消灭殆尽的时候,这些亚历山大里亚人是多么渴望保持他们的产业。

奥古斯都和紧接着他的几代嗣君所作的努力大获成功。开垦出来的土地极多,许多新庄田的业主得到了可靠的好收入。但是,这仅仅是故事的开端。到了芮罗朝,尤其是到了弗拉维攸斯氏时期,皇帝的政策急剧改变了。并非皇帝们不再支持人们置办新的私有田产了:和以往一样,他们对于购买废地或荒地仍然予以种种方便。他们希望买主是当地的住户而不是罗马城的权贵,既不是皇族中人,也不是元老院议员或骑士阶级中人,也不是皇帝所宠幸的免奴,甚至最好连亚历山大里亚的富人也不是。他们希望买主是住在当地的希腊籍或罗马籍的资产阶级,是那些全部生活都与土地相关联的人。这种改变政策的道理是很容易解释的。因为埃及的地方行政当局，甚至就是总督本人，也很难要求那些显贵的地主及其总管们严格遵守法律交纳租课以及派田庄上的雇工和佃户来为国家服应尽的劳役。所以，对于国家、对于行政当局来说，名田是一种亏损：它们使高租税土地的数量受到限制因而使皇家财政收入不能增加。这种情况在公元一世纪下半期引起了很大的不满情绪。这段期间的皇帝对谷物和金钱的需求不断增多：政府对于它能力所及之对象无一不使之感到它所施加的压力，而感到压力最甚者是农民和小地主，他们既是向国家缴税的人，又是替国家收税的人。这一切造成了混乱的后果。穷迫的负债者逃亡了，市镇和乡村的户口为之大减。到了这时，虽乞灵于联保联坐制，仍无助于防止纳税者所造成的损失，因为他们既不愿意也无能力缴付租税；把垦种废地的义务强加于较大较富的村庄，亦无济于事。

但是，弗拉维攸斯氏着意来应付这个尴尬局面的办法并不是减轻租税、徭役、征敛和派差，而是禁止那些不住在田庄上的人占有大田庄。他们借此将大片沃田据为己有，这些田地可以发佃也可以出卖给农民或者给任何想当本乡小地主的人。他们这个政策的目的在于增多地主的人数，使自己保证得到一批守法的缴税者和忠实可靠的收税人，这些人是不可能逃税和躲避派差的。弗拉维攸斯氏和继承他们的安东尼努斯氏这种做法，只不过是把他们在帝国其他地区所奉行的政策推行于埃及而已。另一方面，新的王朝也害怕觊觎帝位的人，弗拉维攸斯家族的创业者韦斯帕西安就是因为据有埃及而登上帝座的，因此这个家族深信尼罗河谷是最有利于篡夺最高权力的活动基地。所以他们用种种方法使大田庄解体而不再设置一个新的大田庄。一些少见的例外适足以证明这是一般常规。皇帝本身在埃及占有田地者的最后一位是提土斯。极少数几个古代业主的子孙因为对于皇帝和行政当局无所损犯所以还能保持其祖传产业。例如著名的帕拉斯的后代 M. 安东纽斯·帕拉斯就是这类人。新设置的田产为数极少。如尤莉雅·贝雷尼切的田庄和克劳迪雅·阿特赖斯的田庄大概是新置的,前者是提土斯的情妇,后者是雅典望族阿提库斯家的人,这个家族与二世纪时的皇帝们和尤莉雅·波拉交谊颇笃。但以上这些都是例外情形。

然而,地主阶级的壮大并未中止。照旧有人在买进土地,添置田产,开种新的葡萄园和橄榄林。买田地的人都是地方上的资产阶级,包括罗马军队的退役军人、皇家行政机构中的官员、包税人、船主和驮兽主人等等。二世纪时埃及地主中最多见的一种人是乡里的豪绅,他们或者是退役军人,或者是希腊人,或者是混血种的希腊人,他们都住在中心市里。一个退役军人 L. 贝勒努斯·杰梅卢斯的信札对这类财主作了动人的描写,此人住在法尤姆的欧赫梅里亚村,年纪已经很老了,但仍很精明地经管着他那可作为模范的田庄。另外一个例子是阿波洛纽斯,他是阿德里安时代赫普塔科米亚地方的 *strategus*〈州将〉,终身为皇家服务,但他的产业却在他的本乡大赫尔木波利斯城。在这种埃及资产阶级中,有些人发的家财非常可观。对于其中一个例子,有一段很有代表性的描写,可以引用于下。这段描写固然出自一个与业主有深仇的人之手,但我们即使认为其所述家产的来源未必可靠,至少其所述家产的规模大概是可以取信的。这个作者写道:“你会知道,他和他的全家最初所有的家产不超过 7 希腊亩。而现在呢，他本人就有了 7 000 希腊亩的地，另有 200 希腊亩的葡萄园，他还借给克劳迪亚斯·欧提基德斯一笔 72 塔伦特〈talent，希腊货币单位〉的债。所有这些财产都是从公共仓库里偷盗出来的和欺瞒财政部门偷税漏税得来的。”

在二世纪中，至少在一段短时期内，乡里豪绅们另一个发财致富的来源就是利用一世纪时被抄没的名田，这种田地现在已经变成国家的财产而形成一项专门的业务(即管理 γῆ οὐσιακή〈名田地产〉的部门)，由掌管抄没财物和一切罚金(即ἴδιος λόγος〈特别财务司〉)的高级官员负责监理。这种土地通常大片发租给富有的资本家——我们在下文将会知道在阿非利加其他地区同一时期也有这种制度。

由此，在埃及也和在罗马帝国其他行省一样，公元二世纪时有一个阶级最兴旺，这个阶级与其他行省的自治市资产阶级正好相当。埃及的确也有一个彻头彻尾的自治市资产阶级，不过没有这么一个名义而已。二世纪时埃及全境都能见到城市的发展辉煌可观。就合法组织言，这些城市不算是城市，因为二世纪时的皇帝继承托勒密王家和奥古斯都的旧制，不肯把自治市的权利许赐给埃及的市镇。甚至就连亚历山大里亚这个城市，屡经努力，也未能从皇帝那里取得成立议会之权。埃及的“城市”在法律上仍然是中心市，是行政区的首镇，但从社会经济观点来看，它们却是城市。新获得土地的豪绅一般都不住在他们产业所在的村庄里。事实上，他们的田产也像一世纪时的名田一样分散于一州之中或甚至分散在许多州。他们之中大多数人都在中心市里有一所住宅，他们从这里便于监管分散的地段。因此，地方上一个市镇的居民集体就不再只是一些官吏、包税人、店主、工匠和零售商人而已。其居民中的大多数都是地主，即 γεοῦχοι。他们都是希腊人，其中有些是罗马公民；当然有若干人是希腊化的罗马人，还有许多希腊化的埃及人，他们是土著中最勤奋的人，所以能够积累一笔家产，并仗着买进田地、与希腊人通婚等等方式厕身于那些埃及的希腊人之列。二世纪正是埃及进行希腊化的高潮。不久我们就会见到它的衰退。毫无疑问，这些富裕的希腊人所向往的生活绝不是埃及土著那种穷苦的生活，而是他们的同乡人在小亚细亚、叙利亚和希腊等地所过的那种舒适的生活。他们需要城市生活，他们创造了这种生活。政府并未加以干涉；相反地，从奥古斯都以来，政府是鼓励这个运动的，其理由下文即将予以说明。由此，那些中心市的外貌居然像是真正的希腊化城市了，至少就其中希腊人居住区来说是如此；某些大村庄也是如此。在这些地方进行了市政改革，使合于整个希腊—罗马世界习见的形式：现有的竞技所扩大了，浴场修建起来了，街道在夜间也有了灯亮。与这种物质改善同时，稳步地发展起一种自治政府，这种自治政府的长官半由选举半由指定产生，他们组成议政院，举行会议，甚至还有约略类似于民众大会性质的组织。就像安提诺堡这个城市，虽是阿德里安所建，被认为是一个新建的希腊城市，若从社会经济观点来看则与那些埃及市镇相去亦不远；如大家所知，它的居民都是埃及的希腊人。

埃及就是这样逐渐摆脱了它的孤立状态，并按照其他行省的方式改造了它的生活。当然，这个变化只是一个仅仅触及表面的变化，为时也很短暂。城市只是一种表面建筑，这个情形在埃及比之在他省更甚。这些城市的兴起和发展以埃及人民大众的辛勤劳苦为基础。这些人民大众的生活并没有改变。在下一章里，我们就要谈到皇帝阿德里安打算促使农民转变为有土地的资产阶级，还打算融合埃及人和希腊人。这些打算结果徒劳无益，不久就取消了。实际上，埃及的农民和工匠这些人民大众的生活依然与埃及有史以来他们这类人的生活完全相同，没有人想去改变这种生活。对于他们来说，建立一个城市资产阶级并没有什么意义，这对他们也毫无影响。和往古一样，他们辛勤劳动，对着原始的犁和改良的织机呻吟叹息；也和以往一样，他们辛勤、痛苦，并不是为了他们自身，人家告诉他们说这是为了罗马帝国，帝国的化身就是遥远而神圣的罗马皇帝那个偶像。他们甚至不能再躲到神庙里去求得安慰了，因为皇帝们逐渐取消了避难所的特权。想要在以整个帝国为靠山的罗马军队面前造反简直是发疯，也不会有人来领导他们策划这种活动。他们剩下的唯一手段就是逃亡，逃到三角洲上的薮泽里去过野兽和强盗的生活，而这是一条绝路。

埃及南连努比亚，其地在托勒密和罗马时期为梅雷王国。尼罗河第一滩至第五滩之间，两岸的土地天生是一片贫瘠之地。这些险滩使这段河身毫无正常通航之可能；农业和饲养家畜业仅限于某些急流注入尼罗河的溪口冲积地带。第五滩以南的情形就大不相同了。尼罗河、阿特巴拉河与青尼罗河所形成的三角形地带已经属于赤道降雨带，适应农业和畜牧业的条件不仅存在于各河河谷，而且还存在于一块比埃及本身还大的腹地。这个地区的一部分地方每当赤道雨降过之后能收到丰盛的谷物，而其他地方则极宜于大规模饲养牲畜。此外，这个国度的矿产也很丰富，有铁、

1. 努比亚女王在她的田庄上

2. 在努比亚打猎

图 56　梅雷王国的生活情景

图 56 说 明

1. 镂图青铜碗。发现于下努比亚卡腊诺格的 G 187 大墓内。开罗博物馆。C. L. 伍利和 D. 兰德尔—默基佛:《卡腊诺格。罗马—努比亚的墓地》(英文)(宾夕法尼亚大学,大学博物馆埃及部,《小科克西查勘努比亚记》(英文),iii,1910 年),正文,从第 59 页起;参看从第 37 页起和图 26—27;G. 马司帛洛:《开罗博物馆便览》(英文),第 4 版,第 262 页。大概属公元一世纪或二世纪。

努比亚女王在她的田庄上

碗上所镂的图形正中描绘的是一所用树枝编成的小圆屋,树枝插入地中,顶端束在一起;屋顶上为一日轮。屋后有一株含羞草属的树;屋前坐着一位贵妇,显然是位女王,这从她的装饰和屋顶上的日轮可以看出。她的上身裸露,下身穿着轻软的服装。她的脖子上紧紧地束着一条护领,还戴着两副项链,其中一副有很大的垂饰。她的两臂各戴一只手镯和一只臂钏,右手握着的大概是一柄短剑。她的身后站着一个裸体女仆。图的右边是一位家宰在向一个老牧人发号施令。老牧人向女王奉献一个容器,那显然是一个用柳条织物包着的奶罐。牧人脚下有五只杯子;他也许正在把他罐中的奶倒入其中一只杯子里去。牧人身后有两行母牛,共五对。有一头牛正在给一头幼犊哺乳,另一头被人在挤奶。第四对牛的后面,另有一个牧人拿着一个奶罐。最末一对牛面朝着相反的方向,也就是朝着那所小屋和另一株拴着五头牛犊的树。从同墓中出土的还有另一个式样相同、镂图类似的碗(现存宾夕法尼亚大学);在克尔玛发现许多这类的东西(G. 赖斯纳尔撰文,载《哈佛非洲研究》(英文),5,1923,"克尔玛发掘记",第 i—iii 部分,第 47 页和同杂志,6,1923 年,第 iv—v 部分,从第 203 页起)。这位刻匠的艺术别致地把新埃及风格和希腊化风格杂糅在一起,图景刻画优美,十分生动。这些画所表现的那种生活是梅雷王国常见的生活:农人和牧人的生活。畜牧业供给王家以丰裕的岁入。参照巴尔卡耳山的安蒙神庙中塔纳塔蒙碑文:"他又在后面建了一座大房子,为(他那)积十累百、成千上万的牛群挤奶之用。随着母牛一起的幼犊更是不计其数"(G. 赖斯纳尔撰文,载《苏丹杂志》(英文),2,1919 年,第 54 页)。

2. 努比亚陶杯,画着一个猎人。发现于卡腊诺格 G 189 墓外。开罗博物馆。G. L. 伍利和 D. 兰德尔—默基佛,引文同上,第 55 页和图 43。底色淡黄,画用深灰色。

图中画着一个黑人在打猎,手执双矛。身前有一条套着颈圈的猎犬。再往前是树林(用一株树表示),林中有两只野兽。

铜、金矿,还有宝石。

这些地方的历史与埃及的历史密切相关。我们今天之所以能够将这个地区从史前时期下迄阿拉伯人入主以后的历史重新整理出来,完全要感谢考古工作,感谢对南努比亚和苏丹的遗址与坟墓所进行的有系统的科学发掘工作。发掘工作不仅使我们重整这个地区的政治史,而且还使我们看出这个地区历史上不同时期在埃及影响下发展起来的独特的文明的全貌。这是考古学的一个新的胜利,主要归功于英国和美国的发掘工作者,不过德国和奥国的学者也曾参与过他们的工作。随着史料的积累,对这个地区的历史研究工作也有了进展。我们要感谢赖斯讷尔和格里菲思，这两位学者对努比亚早期的历史作了有价值的概述，并且还同梅雷城的发掘者赛斯和加尔斯唐一道对努比亚后期的历史打下了基础和作了重整工作，努比亚后期正与埃及的托勒密时期和罗马时期同时：我在本文中引用梅雷国的碑铭文的部分考释，包括象形字和行书，都仰仗格里菲思的伟大成就；而对于梅雷国的历代国王，我们早先只知道两三位，现在却能够详细地重谱其世系年代，这就要归功于赖斯讷尔对纳帕塔和梅雷的皇陵（金字塔）所进行的熟练的发掘工作了。

在这里，我既不能涉及努比亚地区悠久历史的每一个时期，也不敢详论托勒密和罗马时期有关梅雷王国的细节。但是，梅雷王国在政治、经济、文化诸方面都只是埃及的一个附庸，所以我感到如果不附带地对梅雷王国的社会经济生活作一简短叙述的话，那么对罗马统治下的埃及的社会经济生活所作的描写将会是不全面的。

如大家所知，埃及与努比亚在王朝前时期和最早的几代王朝期间曾有过长时期的贸易关系，不过时有间断而已。从第四王朝至第六王朝之间，这种关系变为经常性的了。由于埃及的混乱，关系曾暂时中断，但当埃及历史进入其光辉鼎盛时期、即第十二王朝时，这种关系又以半军事性半商业性的远征的方式重新恢复了。到第十八王朝时，南努比亚被埃及以强力合并，这个地方的生活方式差不多完全埃及化了。努比亚于是只算是埃及许多行省中的一省。事实上它与埃及关系之密切远过于其他行省，可以认为它就是埃及本土的一部分，在第十九王朝和进入第二十王朝时，它一直是处于这种地位。既经这样的埃及化以后，努比亚的政治力量达到了最高峰，当时纳帕塔的一个利比亚—埃塞俄比亚王朝曾一度长期统治整个埃及，并领导埃及人进行反亚述人的斗争。被亚述人击败后，利比亚—埃塞俄比亚王朝又退回到纳帕塔，其后不再见于史书。

对法老们说来，努比亚本身是无足轻重的。这个国度如前所述是很贫穷的，又难于防御沙漠部落布勒米耶斯人和诺巴德斯人的侵袭。而他们要是为了梅雷的物产而单单把这个孤岛占据也是不值当的；谷物、牲畜、椰枣和金属这样一笔土贡对埃及的财富不会有多大的增益，而运输这些产品倒得花费相当的财力和遭到相当的困难。然而，尽管如此，法老们却竭力设法控制这个国度，在这里修建碉堡，向这里移民。他们之所以这样做，是因为从中非洲、从阿比西尼亚、从努比亚与红海之间的东沙漠来到埃及的沙漠商队的大道经过这个地区。这种贸易中当然包括象牙、乌木、矿石、油料、皮革——特别是豹皮——那是法老们的礼服中所不可少的，还有捕来的野兽和黑奴等等，但主要的项目是阿比西尼亚边缘地区的黄金，这是通过梅雷岛运往埃及来的。事实上，法老所能唯一稳靠指望得到的黄金就是努比亚上贡的黄金；而新王国也就是仗着努比亚的黄金才在叙利亚、小亚细亚和幼发拉底河流域保持其煊赫的声威。我们从纳帕塔附近所进行的发掘和在巴尔卡耳山上的安蒙神大殿里所进行的发掘可以看到，利比亚—埃塞俄比亚王朝自从在埃及的统治崩溃以后，屹然无恙地在纳帕塔维持其政权将近 350 年之久。它与埃及仍维持着某些商业上的接触，不过相对而言已经无关重要了。这个纳帕塔王国的第二都城为梅雷，

从公元前七世纪以后这个城市日益重要起来了。同时南努比亚大为衰落。我们从这一点可以推想埃塞俄比亚或努比亚王国这时候主要以农业和牧羊业为生，而商业所占地位极为次要。

随着托勒密王朝的开创，情况起了变化。大约在公元前300年左右，埃塞俄比亚王国的中心迁到了梅雷。事实上，在某段时期内存在着两个王国和两个都城，一个王国以纳帕塔为都城，一个王国以梅雷为都城（从公元前300年至220年左右）。这两个王国为著名的埃尔加梅讷斯所统一，迪约多鲁斯曾提到过此人，他与菲拉德尔富斯或菲洛帕托尔同时，或者与他们两人同时，果真的话，那么他在位的时间是很长的。这种情况延续到公元前100年前后，据赖斯讷尔说，到这时候又兴起了一个新王朝，建都于纳帕塔，维持了八十年左右。这个变化是否由于托勒密王朝的外交行动或军事行动造成的呢？我们不要忘记，菲拉德尔富斯曾一度远征努比亚去占据该地的金矿。无疑地，当时不论是谁统治着埃及，瓜分埃塞俄比亚王国总是于己有利的。

不管怎样，可以肯定的是，在托勒密王朝期间，纳帕塔和梅雷方面与埃及方面之间的关系是非常密切的。在公元三世纪后半期和整个二世纪中，纳帕塔和梅雷的独特的文明里显然出现了强烈的希腊化影响，由此可以证明上面所说的一点。当埃尔加梅讷斯统治时期，都城梅雷，特别是该城中的台城及其希腊化的王宫、希腊化的浴场、埃塞俄比亚—希腊化混合式的雕像和装饰壁画等等，简直就成了努比亚的一个小亚历山大里亚。同时，梅雷国人开始在公私文件中使用他们自己的语言，在埃塞俄比亚的陶器和金属器皿方面开始发展起一种新颖有趣的风格，当地的工匠用一种特殊的希腊—努比亚混合型的手法来装饰这些制造品。极力推行这种希腊化运动而同时又倡导民族主义的人就是埃尔加梅讷斯和阿扎·克赫拉曼，他们认为自己有足够的武力和财力来与强大的埃及较量高低。他们顺利地占领了埃及的努比亚地区（多德卡舍努斯），又在特拜德煽动起一次叛乱，这次叛乱使特拜德地方脱离托勒密王朝达二十年之久（从菲洛帕托尔第十六年到埃皮凡讷斯第十九年，公元前206—186年）。到了菲洛梅托尔和欧尔杰特斯二世时候，托勒密王朝与努比亚之间的斗争才告一结束。托勒密王朝重新恢复了在特拜德和多德卡舍努斯（大抵在公元前二世纪时）两地的主权；这约略与上文所提到的埃塞俄比亚王国的重新分裂同时发生。在公元前87—前84年间，特拜德又发生了一次叛乱，结果失败，虽然托勒密王朝力量薄弱，但仍然轻而易举地镇压了这次叛乱。

当埃及转入罗马统治下的时候，发生了进一步的变化。这时梅雷的统治者为一位太后——其尊号为坎达策——和她的儿子，他们一定是对于埃及的新统治者得到不正确的消息，才重新燃起希望，打算占领特拜德。大家知道，科尔芮留斯·加卢斯平定了特拜德的叛乱，而佩特罗纽斯两度进兵，深入纳帕塔之境，把埃塞俄比亚人神圣的城市纳帕塔也摧毁了。加尔斯唐提出，佩特罗纽斯曾抵达梅雷，我们不知道是否果真这样：看来不像如此。罗马政府并没有准备占领埃塞俄比亚的土地，这次胜利显然不如斯特腊博所要使我们相信的那样大获全功。奥古斯都在与梅雷太后的使臣进行交涉时亲自承认这个事实；他拒绝了佩特罗纽斯要强迫梅雷国王纳贡的建议，并且把埃及的边境划在希耶腊—锡卡米诺斯（马哈腊加）而不划在稍南一些（向南约70公里）的普里米斯（喀什尔

1. 象征一位努比亚国王的鸟魄的小雕像

2. 努比亚的长颈鹿

图 57　梅雷王国

图 57 说 明

1. 象征一位努比亚国王的鸟魄的小雕像。发现于卡腊诺格 G 187 墓。费拉德尔非亚，宾夕法尼亚大学博物馆。C. L. 伍利和 D. 兰德尔—默基佛：《卡腊诺格。罗马—努比亚的墓地》(英文)，第 47 页和图 1—2。

这具小雕像是在卡腊诺格发现的同样的 120 具雕像中最精致的一具。它是用沙岩雕成的，原着过色。按照努比亚的习俗，这具雕像人身鸟翼，象征国王的灵魂(Ba〈魄〉)。这种习俗是埃及所没有的。这位国王穿着传统的服装：一件带袖的祭司袍，袍下露出红色的内衣。他左手拿着一根杖，杖端可能有一个圆头。右手已失去。头部显出黑种人的特征。

2. 努比亚的圆瓮或缶。发现于卡腊诺格 G 566 墓。费拉德尔非亚，宾夕法尼亚大学博物馆。C. L. 伍利和 D. 兰德尔—默基佛，引文同前，第 56 页和 262 页和图 41。底色红，图饰为黑、白二色。

长颈鹿向树梢伸长着脖子。

其上一栏画着一条巨蛇。关于长颈鹿在古代和近代艺术中的象征意义，请看 B. 劳弗尔：《历史和艺术中的长颈鹿》(英文)，芝加哥，自然史田野博物馆，人类学，活页论文 27，1928 年(作者未谈到努比亚陶器)。

该两图均承宾夕法尼亚大学博物馆惠许复制。

—伊布里姆)。这次协定持续了两个世纪。芮罗计划取道梅雷从事远征，其目的无疑是想找寻新的商道而不是打算吞并这个国家。

在公元一世纪后半期和二世纪期间，梅雷的物质生活较前大为繁荣，文明较前大有进步。不仅梅雷再度成了一个繁华的大城市——虽然也许还比不上埃尔加梅讷斯时的盛况，而且，在梅雷岛和格齐雷赫那些多雨地区还出现了许多城市生活中心和宗教生活中心。此外，在南努比亚靠近尼罗河的沃土地带兴起了一些富庶的城市，那些城市有神庙、台城和皇宫，还有奢侈的坟墓，其中以最有代表性的金字塔皇陵为冠。梅雷附近的巴萨、索达、马腊巴阿、格伊利山、梅骚瓦腊特、纳加和索巴等遗址，以及下努比亚的克尔玛、卡腊诺格和法腊斯等遗址，正显示出埃塞俄比亚这种前所未闻的繁荣景象与同一时期生活在埃及的下层社会那种贫穷景象成为鲜明的对比。我们对这个国家在这个时期的组织情况几乎一无所知。但似乎可以肯定的是，梅雷为其国君驻跸之地，而下努比亚的那些台城、皇宫和金字塔则属于相当于国王的统治者（其尊号为 *peshate*〈佩沙特〉或 *psentes*〈普森特斯〉），他以梅雷最高统治者的名义君临此地，或者那些建筑属于封建诸侯、各部落的渠长和梅雷天王的藩臣。

埃塞俄比亚繁荣局面维持之久与埃及相等。公元二世纪后半期开始有所改变；到了三世纪末，埃塞俄比亚又衰落下来了。当罗马人还有足够力量在埃及截阻布勒米耶斯人和诺巴德斯人的时候，梅雷王国也就安然无恙；但一当三世纪时的混乱局面使罗马帝国衰弱以后，梅雷人就无力抵御四邻的侵掠了。我们都知道，迪约克勒戚安将多德卡舍努斯割给了诺巴德斯人，又向布勒米耶斯人承担岁币。这时候，梅雷的情形就很危急了，但是，如赖斯讷尔所考证，其王朝仍延续了六十年，直到阿克苏姆人强大的文明兴起，才挽救了它使免于黑人的威胁。我们也都知道，阿克苏姆的艾扎纳斯远征梅雷，惩戒了黑色的诺巴德斯人，诺巴德斯人曾经把"红色"的库什人或埃塞俄比亚人（卡苏人）从他们自己的城市里赶出去，赶出了梅雷岛的地界。

在希腊化—罗马期间，埃塞俄比亚诸国的社会经济生活无疑地呈现出贫富悬殊的对比现象，甚至比之埃及还要强烈。一方面是那些国王们的宫殿和城堡，另一方面是农民和牧民们所住的草盖藤编的茅屋，住这种茅屋的大概还有采矿者以及矿场和作坊里的雇佣工。我们在梅雷的坟墓里发现各种铁制的兵器和工具，在梅雷城和若干梅雷神庙的遗址周围见到铁渣堆积成山，还有那熔铁炉的残骸，这些都表明梅雷王国的铁是很丰富的。我们不知道这里的铁和铜是否输往埃及。此外，下层社会的人经常是靠畜牧为生的。从当地陶器上的图画可以看出打猎是一项主要的职业；在希腊化—罗马时期梅雷本地所制造的陶器和金属器皿上那些自然主义的图饰中，牝牛和牡牛也占着重要地位。卡腊诺格的两个青铜容器(见图 56 和说明)就是这类物品中最典型的代表；从这两个容器上的图画可以看出那些地方上的公侯，那些尼罗河上的城堡主人，到他们自己的田庄上来游玩观光，从他们的牧人和管庄手上接过新鲜的牛乳。自远古以来就是这样的情况。当埃及中王国和新王国的国王和大将们详谈他们在这个库什人的国度里获得胜利的时候，曾提到成千上万头家畜和俘虏，如此而已。巴尔卡耳山的神庙有一个大围场，那是一所堂堂皇皇的牛栏(见图 56 说明)。

除了饲养牛、羊和驴以外，在努比亚一些小块的肥沃地带也进行少许农业生产，如梅雷岛上各河流两岸以及内地多雨地区都有农业。从梅雷岛上所发现的大蓄水池的遗址可以看出当时居民充分懂得怎样为自己保证水的供应。他们对这种工作的重视见之于他们的雕塑图像，其中有圈井上的狮形和异常庞大的水中蛙像等。但谷物和所饲养的牲畜是否输出则尚属疑问。肯定有些谷物贩卖给沙漠游牧部落，但运往中非者甚少或没有，就是运往埃及的也极少，大概只有饥荒时候才多运些去。

梅雷王国的繁荣，它那独特的文明的灿烂光辉，并非仅仅以农业和养畜业为基础。在罗马时期，完全与以往一样，是靠商业才使这里的王侯们发财致富，也是靠商业才使平民们把珍贵的陶器和金属器皿放到他们的墓穴里置于尸体旁边。我们所见到的文献资料、苇纸卷和贝壳以及考古发现都明显地证实存在这种商业。取道努比亚输往埃及的货物仍与过去相同：乌木、象牙、金属、黄金、野兽、奴隶和宝石。而且我们知道这个时期的商品也与过去一样以黄金为最重要的项目。除了文献资料有明显的证据以外，加尔斯唐还在皇宫里发现两个陶容器，器内盛满了金块和金屑，这也足资证明。

不过，绝不可以过分夸大这种贸易的范围。在努比亚和梅雷的坟墓中很少见到进口货物，这就表明实际情况是：本地工业满足本地的需要。更重要的是，如我们所见的某些材料所示，梅雷与埃及之间的商业是按照原始的“哑贸易”方式进行的。在努比亚和梅雷的城市遗址和坟墓里几乎完全见不到本地和外来的钱币，就可以证明这一点。尽管这个国度的金属矿产丰富，但梅雷国王却不铸钱，他们所进行的贸易完全是物物交易，不是如我们所理解的那种正规的商业交易。如果说梅雷王国与罗马帝国之间有商业关系的话，我们所观察到的必定是非常原始而无关紧要的交易。埃及人始终没有能在梅雷王国弄到永久性的口岸，但是他们在尼罗河沿岸希耶腊—锡卡米诺斯或普雷姆尼斯[①]上头建立了商站。因

① Premnis一地又可拼作Primis，前文已见，译作“普里米斯”。此处原文拼作Premis，漏掉n，今改正。——译者

此，那些乖巧的阿克苏姆人既然比梅雷人更开化、更加希腊化，自然就能把中非贸易中的大宗船货转引到阿杜利斯去；埃及商人们自然也就宁愿沿着红海岸航行直达阿杜利斯，而不再愿意上溯尼罗河去作长途跋涉而无利可图的商业旅行了。也很可能是梅雷国王设法垄断了贸易；他们不希望把罗马人吸引到他们的国家里来，怕因此引起罗马人出兵远征终于会占领他们的国家。

公元三世纪时的灾难使尼罗河贸易的全部重要性都丧失了。努比亚之地复归于贫困，至于诺巴德斯人和布勒米耶斯人是否还能有什么货物输出，那就大成疑问了。如前所述，梅雷终于不可避免地成为那日益强大的阿克苏姆王国的一个行省，中非洲与罗马帝国之间的商业现在为阿克苏姆王国所垄断了。

我们现在接着谈帝国时期的昔兰尼与克里特行省。关于这个行省的生活状况我们知道得很少。这两个地方之所以合并为一个行省可能是由于它们都曾长期臣属于托勒密王家，还由于希腊城市在这两地的政治、经济和社会生活中占主导地位。

我们对于罗马时期的克里特的情况所知者极为贫乏。近年来意大利的考察团发掘出了帝国时期克里特的首府哥尔廷。这个市镇最引人注目的遗迹是那座庞大的总督府或市政厅。可惜的是，它是属于公元四世纪时候的，其中所发现的大量碑铭文没有向我们报道帝国早期的克里特的社会经济生活情况。帝国时期的哥尔廷的遗迹甚为华丽，它使我们具有这样一种印象，那就是，该岛在罗马帝国时期既不贫困也不衰微。继续进行考古发掘大概会给我们提供更宝贵的报道。

意大利人在昔兰尼进行发掘所提供的资料使我们现在对文献

资料中有关的零星记载了解得更好一些。在托勒密王朝宗主权的统辖下，昔兰尼加的城市非常繁荣。公元前 96 年，昔兰尼加最后的一位主君托勒密·阿皮雍遵守欧尔杰特斯二世的训旨于自己临死时将这块土地遗赠给罗马人，当时元老院承认这里的希腊城市为自由的盟友。其后果是兵连祸接：内战、暴君，诸如此类，层出不穷。公元 86 年，卢库卢斯想恢复和平秩序，未见成功。至公元前 74 年，昔兰尼加变为罗马一个正式的行省，而到公元 67 年，于合并克里特之后，始接受法令明确定为行省。

根据在昔兰尼所发现的奥古斯都的敕令中提供的材料来判断，以及从大家熟知的斯特腊博所描写的情况来看，昔兰尼这个城市事实上并不繁华富足。这是容易理解的，因为在共和国末期，一般情况均混乱不堪。发现于昔兰尼的一件碑铭文* 提到结束于公元 2 年的利比亚大战（*bellum Marmaricum*）可能就是造成这种情况的原因。这次战争无疑地与帝国早期非洲民族的大迁徙有关。

然而，有一些古代作家把昔兰尼的经济衰落主要归咎于昔兰尼加的土地之不再见到 *silphium* 〈香脂草〉[①]，近代不少史学者也相信此说，这是一个很大的错误。事实上，从希腊化时期以后，昔兰尼就不再生产香脂草，这是肯定的。自古以来，对香脂草突然绝迹的现象产生种种的解释。斯特腊博（835 C）归因于利比亚人民族主义的策略，普利尼（《博物志》xix. 15. 38 以下）归因于罗马的 *Publicani*〈包税人〉明知牲畜糟蹋香脂草，却用土地来放牧。索利

* 《希腊文金石录补编》，ix. 63。

① Silphium 系一种草本植物，其汁可作调味品，亦可入药，现已稀有。这种植物，中国旧无译名，今请教于胡先骕先生，定名为“香脂草”。——译者

努斯(xxvii. 48)归因于某些罗马总督对香脂草的输出课以高额关税。这些原因可能都是事实，但是，基本的原因却在于昔兰尼加的土地不断地被开垦出来了。如果再保留大片土地来生产香脂草就不合算了。还有一个原因可能就是亚洲香脂草的竞争。不管怎样，香脂草的绝迹对全体居民的经济繁荣是无关紧要的。香脂草之收集和出口无疑由国家垄断；最早由国王，后来由城市，然后又由国王，最后由罗马政府。自从香脂草变成野生以后，居民种植这种植物也毫无利润可图。所以说香脂草之绝迹对这整个地区而言是无关紧要的。

那么现在让我们接着谈谈奥古斯都时期的昔兰尼。根据上面所提及的奥古斯都的敕令和斯特腊博的描写来看，昔兰尼城的居民包括一些不太富裕的罗马公民，其中一部分是移民，一部分是昔兰尼的希腊人而得到罗马公民资格者，还包括昔兰尼及彭塔波利斯地方其他城市的市民。整个昔兰尼加的居民情况大概也是这样。昔兰尼及彭塔波利斯地方其他城市的市民——加上城市乡村里其他居民中受过希腊教育、说希腊话的人——都称为希腊人，这正和其他罗马行省的情况一样，他们享受某些特权，那是“非希腊人”所没有的。犹太人无疑地有着他们本民族的组织，他们与所谓 γεωργοί 〈庄稼人〉都是另外的特殊团体。很难说究竟谁是庄稼人。他们既不是昔兰尼的市民，又不是外来人；推测他们可能是当地的利比亚人。自很古以来，希腊人就以一种很开明的态度对待昔兰尼的利比亚人(例如，希腊人与利比亚妇女通婚的习惯一直是当地风俗中最有代表性的一种)，因此，没有理由设想利比亚农民是农奴。然则，斯特腊博所谓的庄稼人乃是住在昔兰尼及其他城市辖区内的自由农民，他们的法律身份若与市民相比，相当于小亚细亚那些希腊城市的郊民和客户与市民团体的关系。可以推想，他们之中有些人自己有一块土地，有些人则从城市、从私人或者从国王那里租得土地——国王是昔兰尼加最大的地主之一。我们不知道他们在罗马时代地位如何。大概同于阿非利加的 *stipendiarii*〈纳贡户〉与小亚细亚的郊民和客户。在这些农民中可能有些人是托勒密王朝迁来的雇佣军人的后裔，即分田户和客户。从奥古斯都的敕令可以看出，帝国早期的昔兰尼是不大繁荣的，其居民心怀不满，情绪不安。

罗马民族继承了最后一位托勒密的地产（*agri regii*，*χώρα βασιλική*〈王田〉），这些地产被划分为若干地段，每段合 1 250 罗马亩。在被罗马兼并以后的一段情况不明的时期中，这些已经成为 *ager publicus*〈公地〉的地产，有一部分被某些昔兰尼加人占有，其中有罗马人，也有希腊人。克劳迪亚斯急于想增加国家的财政收入，派遣他私人的使臣阿契留斯·斯特腊博以 *disceptator agrorum*〈田地裁判使〉的身份负着特殊使命来到昔兰尼加，事先并未与元老院商量。斯特腊博的活动激起了当地普遍的愤怒，于公元 59 年，递了一个呈状到罗马向元老院和新登基的芮罗提出控诉。元老院拒绝负任何责任，把一切事情都推在皇帝身上。这时芮罗初即位的愉快的 *quinquennium*〈五年〉还没有过去，他乘机表现一下自己是守宪的君主，于是取消了克劳迪亚斯所采取的措施以满足昔兰尼加行省居民的要求。但是，如我们从文献资料和碑铭资料中所知，韦斯帕西安忠实地追随克劳迪亚斯的政策，他终于彻底追查了这件事。

1. 阿非利加的富饶

2. 神谷

3. 阿非利加的一所庄院

图 58　阿非利加

图 58 说 明

1. 地板上的镶嵌细工。发现于突尼西亚(阿非利加院辖省)海滨一所庄院的 *atrium*〈正厅〉的废墟中,这所庄院位于苏斯(阿德鲁梅土姆)与斯法克斯(塔帕鲁腊)之间。突尼斯,巴尔多博物馆。P. 高克勒尔:《高卢与阿非利加镶嵌细工图谱》(法文)ii. 1,突尼西亚,第 86 号(及彩图);S. 赖纳赫:《希腊罗马古画图谱》(法文),第 36 页,2(以上二书均有参考文献目录)〔A. 梅尔兰和 L. 普安索:《阿拉乌伊博物馆便览》(法文)(1950 年),图 VIII〕。

一幅很雅致的镶嵌细工,四周框以精美的几何图案。中央圆图中是水神芮普土努斯乘着四只马头鱼尾兽所拉的凯旋车在海上驰骋之像。他右手执一海豚,左手执一三尖叉;头上环绕一光轮。他的左右两旁为海神侍者特里通和海神之女芮蕾伊德。该图的四角绘着四季的元神。冬神(一位稍老的妇人)身穿一件温暖的深蓝色衣服,头戴芦苇冠;她用一根芦苇秆挑着两只野鸭。她的像被两根橄榄树枝框了起来。她的右边有芦苇和她的象征动物——野猪。她的左边有一个人在种豆(或捡橄榄果?)。春神是一位裸体少女,头戴花冠,颈带金项链,臂上挂着一件桃红色的 *pallium*〈罩衫〉;她的右手拿着一朵玫瑰花,左手捧着一篮子玫瑰花。她的相框在两条玫瑰树枝中。她的右边,玫瑰花丛中有一只狗缚在一枝玫瑰枝上。她的左边是一个花朵盛开的玫瑰圃,一个男孩拿着一满篮的玫瑰花。夏神是一位全身赤裸的妇人,头戴谷穗冠,颈戴项链,右手拿着镰刀,左手拿一满篮谷穗和她那件紫色的罩衫。她的相框在垂着谷穗的禾茎中。她的右边,谷田里有一头狮子。她的左边,一个男人在割谷,并把谷穗放到篮子里去。秋神是一位半裸体的妇人,腿上裹着浅绿色的罩衫,戴一副常见的项链和一顶葡萄藤编成的花环。她右手提着一个 *kantharos*〈带耳酒尊〉,向外倒酒;左手拿着一根 *thyrsos*〈酒神缠藤枝〉。她被环绕在结着葡萄的葡萄藤中。她的右边是葡萄藤和一只豹。她的左边,一个长着胡须的人挑着两篮葡萄。这幅镶嵌细工的主旨在于颂扬大自然的创造力,那就是仁慈的水(水对于阿非利加的干旱土地来说太重要了)和四季之中生产力丰富多彩的表现(四季被比作人生四个时期)(参看 F. 博耳:《人生分期》(德文)(1913 年))。这种主题在阿非利加极为常见(请看《高

卢与阿非利加镶嵌细工图谱》(法文)中有关阿非利加的三卷的引得)。摹写四季的镶嵌细工有好几十幅;其中有些把四季和十二个月联系起来(特别请看《高卢与阿非利加镶嵌细工图谱》ii. 1,第594、666和752号,并与本书图36对比),有些把四季和黄道十二宫联系起来。四季往往用四风来代表。要着重提出的是:这种镶嵌细工最常见的地区恰好是罗马帝国内经营农业的行省——阿非利加、高卢、西班牙和不列颠;它们与农村生活和农历上的图说有密切的关系。要说明古代一般生活基本上是农村性的,没有比这种镶嵌细工更为有力的证据了。

2. 还愿(?)碑。发现于突尼西亚,现存苏斯(阿德鲁梅土姆)博物馆。未发表过。

碑上刻的是阿非利加的闪米特人和柏柏尔人所奉的大女神的圣球(*baetylos*),四周环以成熟了的谷穗。这是阿非利加农业生活的显著象征。

3. 泥灯。发现于突尼西亚南部。苏斯博物馆。Ch. 古韦撰文,载《史学著作委员会考古学公报》(法文),1905年,从第115页起。

一所典型的阿非利加庄院。屋前是一长排拱形门廊,其后为一宽敞的*atrium*〈正厅〉,两旁矗立两层楼的厢房;厢房向前凸出,使整个庄院平面形式有似于希腊字母Π。庄院前的路上有一辆双轮大车(*cisium*),由两匹骡子拉着;车上坐一人,车前有一个奴隶背着主人的行囊。车后有一棵老树。此图可与另一些塑着海港城市图的相似的灯盏作对比,见H. B. 沃耳特兹:《不列颠博物馆所藏希腊罗马灯盏目录》(英文)(1914年),第527号,图XVI和第758号,图XXV,另见拙撰,载《德意志考古研究所罗马学组报导》(德文)26,1911年,从第153页起,图66。

意大利人的发掘显示出在罗马政权建立的和平局面下昔兰尼重新繁荣起来了。甚至就连图拉真时期犹太人发生叛乱所造成的可怕的灾殃——在此以前当韦斯帕西安时期已经发生过一次类似的叛乱——也没有阻碍昔兰尼的发展,它发展成为最美丽、最高级的外省城市之一。这大部分要归功于阿德里安的劳心关怀。为了弥补户口大量损耗的缺空,阿德里安移了一些侨迁户到昔兰尼来,

1.打谷场

2.制酪场

3.农作

图 59　阿非利加:的黎波里

图 59 说 明

1. 镶嵌细工。发现于达尔—布克—安梅腊(在的黎波里的兹利滕附近)海滨一座古代庄院的废墟中。的黎波里博物馆。L. 马里雅尼撰文,载《王家山猫学院报告》(意大利文),1915 年,从第 410 页起;R. 巴尔托契尼撰文,载《埃及》(意大利文),3,1922 年,第 161 页,图 8;同上作者:《的黎波里博物馆便览》(意大利文),第 20 页,第 19 号;S. 阿乌里詹玛:"兹利滕的镶嵌细工,"载《意大利的非洲》(意大利文),2,1926 年,从第 93 页起,和第 91 页,图 57。本图系根据阿乌里詹玛教授惠供照片复制。

兹利滕的这所庄院里装饰着极多的镶嵌细工,其中有一些可列入公元一世纪的精品之列。它们一部分是地板上的镶嵌细工,一部分是墙壁上的装饰。本图所画的是离庄院不太远的打谷场(ἅλως),从背景上可以见到庄院。打谷场上铺满了谷子。有一个男人(*vilicus* 〈管庄〉)在监工。另一个人拿着棍子赶着两头牛,那牛懒洋洋、慢吞吞地在打谷场上挪动着。另一边,有两个人拉住两匹腾跳踢蹄的马,把它们赶过场地。没精打采的牛和生气蓬勃的马相互对映,表现得很精彩。第五个男人用一柄叉子在簸谷粒。场地旁边有一株很好看的老橄榄树,树荫下的妇人可能是这所庄院的女主人,她正在指挥那两个照料马的人。

2. 同图 1。R. 巴尔托契尼:《的黎波里博物馆便览》(意大利文),第 20 号;阿乌里詹玛,引文同上,第 92 页和第 88 页,图 54。

这是庄上的制酪场。在羊圈的门口搭着一个偏檐,偏檐顶上放着奶罐。一个牧人坐在羊圈门口正在挤一头山羊的奶。图的中央有山羊和绵羊在吃草。背景是制酪场的主要建筑。挤奶人的后面放着一张桌子,桌上可以见到制酪用的圆筒形篮子。本图可与 1729 年发现于(英国)德比郡的 *lanx quadrata* 〈方盘〉上的图景对比,那个盘子虽发现于英国,但系高卢的出品(诺曼底,贝叶),请看 A. 德·龙佩里耶尔撰文,载《考古学报》(法文)1883 年,从第 78 页起;A. 奥多贝斯科:《佩特罗沙的宝藏》(法文)(1889—1900 年),i,第 109 页,图 41。英斯—布朗德耳府藏品中那幅发现于提沃利(?)的镶嵌细工与本图非常相似:B. 阿什莫尔:《英斯—布朗德耳府所藏古代大理石目录》

(英文)(1929 年),第 123 页,第 412 号,图 51。

3. 同图 1。R. 巴尔托契尼:《的黎波里博物馆便览》(意大利文),第 21 号;阿乌里詹玛,引文同上,从第 85 页起和第 84 页,图 50。

本图以庄院作背景。图右角是一所房子和一个园子的围墙,围墙上开着大门——这可能是庄上某一个佃户(*coloni*)的住宅。门前草地上有儿童在玩耍。儿童的后面有几个妇女在一个较老的妇人(*vilica*〈女管庄〉?)的监督下锄地。

兹利滕的这些镶嵌细工是阿非利加那个特有的阶级最早的例证,关于那个阶级,见本书第 473 页。它们描绘了散布于整个阿非利加的各种类型的农家和庄院,并企图说明庄院附近所进行的农事的性质。兹利滕的这所庄院显然是一个大田庄的中心,这种大田庄专门从事于大规模的谷物种植和制酪业,它是使用奴隶和佃户来经营的。其他类型的庄院,以后将在本章和下章里加以叙述。像本图这种类型的图画,我们在罗马帝国其他地方未曾见过。至于蓬佩伊的住宅里的壁画及其埃及化的图画和镶嵌细工,目的性与此不同。指使画那些图饰的人并不打算用它们来描绘自己所有的某个庄院的特色。参阅拙撰:"希腊化—罗马时代的建筑景色",载《德意志考古研究所罗马学组报导》(德文)26,1911 年。

我们不知道这些侨户使该城市的社会性质有多少改变。但是我们知道,公元 228 年昔兰尼的丁册里占有相当比例的罗马人——60 人中占 28——中,却没有奥雷留斯这个 *gentilicum*〈姓氏〉,这个事实大概表示出阿德里安从意大利和外省迁来了相当数量的罗马公民来重振昔兰尼旧有的罗马世家的声势,这些新来的人中间有一部分是退役军人。阿德里安使昔兰尼的户口重增,这大概引起一次新的土地分配,因为许多旧业主都死于犹太人之乱了。在罗马政权下,昔兰尼并没有迅速凋零的征兆。这里也和其它行省一样,进展期和退化期交替出现。不管怎样,犹太战争对昔兰尼本城或对它那肥沃的辖区都不算是一次致命的打击;昔兰尼与其他地方相同,到公元三世纪时才开始凋零下来。

罗马在非洲北部沿海建置了四个行省:阿非利加院辖省、努米底亚和两个毛里塔尼亚,这就是阿非利加地区,这个地区的变化所呈现的特殊现象是罗马世界中除了撒丁、科西嘉和西西里某些地区以外其他地方所见不到的。这个地区早先是迦太基的领域以及努米底亚王国和毛里塔尼亚王国,我们对它的社会经济发展情况知道得比较详悉,这是由于这个地区政治命运特殊之故。阿非利加在经历了罗马、汪达尔和拜占庭的统治以后,落入了阿拉伯人的势力之下,它像叙利亚地区一样,倒向非常原始的生活,那种生活情况类似于该地在迦太基人殖民以前的一般情况。除了沿海极少数城市以外,大多数城市都衰落和消失了,只剩下一堆一堆的废墟残址。居民又再变成游荡的牧人,他们对于这些废墟残址很少加以破坏。当法国人出现于这个舞台时,他们发现有一大片园地可供农业殖民事业和考古工作施展身手。若干年中由于政策混乱,遗址遭到部分破坏。其后他们按正规方式予以保护,并进行了科学的发掘。阿非利加现在可与来因河地区并列为罗马行省中查勘研究得最好的两个地方了。无数遗址,特别是罗马城市的遗址,均已全部发掘出来,保存得较好的遗迹都已公开地供所有的学者从事研究;建立了许多博物馆,凡是铲子发掘出土的东西几乎件件都收藏在这些博物馆内;所发现的资料,无论是文字书写的史料或是残存的工艺品,都已被迅速而审慎地刊行出来。

在罗马人插足于阿非利加以前,腓尼基人在迦太基这个大城市的领导下已经进行了一次又广又深的殖民运动。迦太基、乌提

卡、阿德鲁梅土姆及其他市镇不仅是大商业中心，而且每一个城市都善于利用它所逐渐占有的大片肥沃的辖区。对于这种土地的农业开发工作尤其注意，特别是自从第二次布匿战争以后，腓尼基人已经不能使自己的对外贸易保持过去那样的规模和繁荣，于是集中力量来发展自己领土内的天然富源。我们在第一章中已经描写过迦太基及其他腓尼基城市的积极活动，在那一章里我们强调指出过罗马地主们的嫉妒心理，并认为阿非利加的农业发展正是加图那一派人坚持要毁灭这个繁荣之邦的主要原因。这些城市的主要产品为橄榄油和水果，在一定程度上也包括葡萄酒。在腓尼基人时代，阿非利加沿海是一片广阔美丽的园林。不仅有许多直接的证据可以证明这一事实，而且还有一些间接的旁证。我们知道，有关农业的一部最有名的著作就是迦太基人马果的著作。他的书很可能是把公元前四世纪和前三世纪的希腊或希腊—东方的一些科学论著应用于阿非利加的情况。我们也知道，罗马人论农业的论著，一部分取材于马果的作品，一部分取材于希腊化国家的资料。因此，我们可以设想，马果的作品的主要论点与希腊和罗马的论著的主要论点是相同的。换句话说，马果所研究的主题乃是资本主义的、科学化的农业，其心力之所专大多不在于殖谷而在于葡萄与园艺，尤在于橄榄种植业。腓尼基地主在他们的农庄上所使用的劳动力很可能主要是由奴隶供应的。

一般都认为迦太基境内普遍流行的是种植场制度，成群的奴隶和农奴在大块土地上从事耕种，主要是生产谷物。我却找不到任何有利于这种看法的证据。布匿国家的领土除了沿海的腓尼基城市以外还包括几百个柏柏尔—腓尼基城市（据我们所见到的资料而言有 300 个)，这个事实就不支持上面那种观点。这些柏柏尔—腓尼基城市看来很像晚期的罗马城市，都是地主和商人们的住所，居民中一部分是腓尼基人，一部分是受同化的柏柏尔人，他们形成一个富裕的城市权贵阶级，大多是有土地的财主，这情形与腓尼基本土相同。可以这么假定，当他们的田庄以生产谷物为主时，其所使用的劳动力是由土著供应的，这些劳动者的身份是小佃农或农奴。

在国王和小诸侯统治下的努米底亚，受到布匿人的影响，特别是从第二次布匿战争以后，农业开始发达兴旺，城市生活大概也开始欣欣向荣。可资证明的是，努米底亚在公元前二世纪时也以出售谷物者的身份出现于雅典以及罗得和提洛斯的国际市场，还有，努米底亚的首都契尔塔及其他城市，尤其是沿海的城市(如伊波—雷纠斯、鲁西卡德、库卢)，都逐渐成为繁华生活的中心了。稍后在毛里塔尼亚王国及其首都约耳——即罗马时代之凯撒雷亚——也有着同样的发展。

第三次布匿战争以征服迦太基告终，战后罗马人继承了腓尼基政权几百年来所创造的局面。他们第一件事就是破坏迦太基的一切建设成果。把迦太基本身和其他许多繁荣的城市都摧为废墟，而且，我们推测这些征服者很可能以同样残酷的方法把腓尼基地主们那些兴旺的葡萄园、橄榄林和园圃摧毁得一干二净，只放过了沿海少数几个在第三次布匿战争中曾与他们结成盟友的城市(乌提卡、阿德鲁梅土姆、小勒普契斯、塔普苏斯、阿库拉、乌扎利斯和内地城市透达利斯)的地域。可以顺便提一下，正因为如此，所以时代较早的罗马遗址和共和国晚期一些最讲究的墓葬遗迹都仅属于上述这几个沿海城市，尤其多属于阿德鲁梅土姆；也因为如此，所以当时目击者才会把迦太基附近一带地方描写成荒丘废土。

罗马对于它的新行省的组织方法如下所述。土地现在归罗马国有，即归罗马民族与元老院所有。除了上面列举的那七个城市的辖区以及另外一些赐予迦太基军队的 *perfugae*〈投诚分子〉的土地以外，阿非利加的土地全都成为 *ager publicus P.R.*〈罗马民族的公地〉。其一部分土地被划归早先的布匿城市和半布匿城市，这些城市现已丧失市政自治之权，被视为纳贡户的聚落而已。例如木克锡、古苏锡、宙杰伊（该村曾为度支官 Q.努梅里攸斯·鲁夫斯建立雕像表示敬意，此人与西塞罗同时）这些村子或村社里的纳贡户，或者还有古尔曾锡斯这个村子的镇上的纳贡户，都属于这种情形。这些纳贡户之保持他们的土地当然是毫无保障的，那就是说，罗马国家丝毫没有向这些土地占有者和耕种者保证不会把他们的土地收去转赐、转卖或转租给别人。余下的公地都是 *ager censorius*〈户部田〉，那就是说，这种田地由罗马户籍官掌管，其收入的绝大部分是供罗马城使用的。它大多根据情况分租给罗马公民或土著。

加攸斯·格拉古在罗马的短期执政给阿非利加开创了一个新纪元。大家知道，他极力想重建迦太基城并迁一批罗马屯民去定居于新城及其辖区内。在该城被毁以后，曾立刻在它原有的辖区内进行了一次普遍的“分陌”或定界。在这次进行分陌的土地上划出许多地段分配给 6000 户罗马屯民，每户所得地段在 200 至 300 罗马亩之间。格拉古重新恢复该城的计划并未施行，但是那些屯民（或至少是其中的部分人）却是去了，而且定居在他们从国家手中领得的地段上了。元老院取缔了格拉古的改革方案，从而产生了公元前111年的全国土地法，根据这项法令，无论是在意大利或某些外省（尤其是阿非利加），土地占有条件之发生改变者都合法化了。这项法令至今还有片段残存着，因而给予我们以有价值的报道，使我们了解罗马在阿非利加的土地政策。其中最有用的几节就是那些涉及 *ager privatus vectigalisque*〈课税私田〉的条文。这就是卖给罗马大资本家的土地，其条件是向国家缴纳定额的正规税或租（*vectigal*）。大块土地大概由此转入了罗马资本家之手，而后来阿非利加的大地产大概就由此奠定了基础。

就当这个时候，阿非利加成为了罗马移民运动的园地，这个运动不是由国家推行的，是意大利人为了他们自己的利益而进行的。意大利人来到这里，定居在阿非利加的纳贡户中间或住在布匿城市里，他们大多是商人和放债人。努米底亚国王的都城契尔塔和瓦加成了罗马买卖人云集之地。他们成百上千地在这两个繁荣的城市里安家立业，正如这类人在高卢、达尔马提亚和东方那样。也有许多人到努米底亚和阿非利加院辖省的其他各个城市里去，但为数较少而已。他们或者投资于阿非利加肥沃的土地，或以其他方法置办地产，大多都在新建的罗马行省内。在内战期间，移民运动加速进行。我们在无意中得知马里攸斯曾经把他部下的退役军人迁移到阿非利加来，至少安插在两个城市里；另外大家都知道，无论恺撒，或庞培一党，在阿非利加都得到大群罗马公民的支持。支持恺撒的党羽是由一个机警精悍的冒险之徒 P. 西丘斯领头的，这个人“早在卡提利纳时候就率领着他自己在西班牙招集的一帮散兵游勇到阿非利加来找寻投机军人的出路”。他怎样攻下了契尔塔并将这个城市献给恺撒，这是大家熟悉的故事。

阿非利加的历史因恺撒而展开了新的一页。自从他出征此地以后，迦太基和契尔塔这两个城市就占了领导地位。恺撒把罗马屯市的法权地位赐给了迦太基，而且他还有一个重建该城的计划，这个计划在他死后于公元前44年付诸实行。在契尔塔，把大片的土地赐给了西丘斯的党羽，这个城市也接受了罗马屯市的特权。这两个城市都接受了面积非常辽阔而又极肥沃的辖区。早先阿非利加和努米底亚的城市与乡村都附属于这两个城市，由罗马屯民委派长吏治理之。它们辽阔的市辖区内每一个分区都有一个筑着城堡的公所，因为这些地方的生活还不大安全。其中有些称为堡，似乎曾经是乡村居民避难的坞壁；另外一些则恢复它们旧日的布匿半自治市的组织，重新修整起正规城市的外貌（它们在迦太基统治时期曾经有过那样的外貌，有些则是在努米底亚国王统治期间有过那样的外貌，如土加就是这种情形）。如果说真有一些这类的自治中心一方面依然附属于迦太基城或契尔塔城而同时又从恺撒那里接受屯市的特权，那么，究竟有多少这样的自治中心呢，我们却很难说了。我怀疑，这种附属的“屯市”乃是近代学者杜撰出来的，至少就迦太基而言是如此。但迦太基肯定在这些重兴的城市的生活中起过非常重要的作用，有一件事实可资证明，那就是，院辖省里的许多城市直到很晚以后还坚奉迦太基城市的宗教信仰不改。除了迦太基和契尔塔的屯民以外，也还可能有许多恺撒部下的退役军人私人领到阿非利加的土地，并且有许多侨民可能是为着自己的个人打算而迁居到这儿来的。

然而，阿非利加真正推行都会化运动是到奥古斯都时候才开

始的。据普利尼说，当奥古斯都执政之初，阿非利加连带的黎波里斯和努米底亚在内总共包括516个 *populi*〈政区〉，其中有51个是城市(6个屯市、15个自治市和30个 *oppida libera*〈自由邑〉)，有463个是没有市镇的地区，大多住着半游牧部落(*gentes*〈氏族〉或 *nationes*〈邦〉)。关于普利尼的说法(《博物志》v，1—30)，其有关院辖省部分是以大家所知道的阿格里帕的统计数字为根据的，而有关毛里塔尼亚和努米底亚部分(但有关院辖省部分不在内)则又借助于克劳迪亚斯氏和弗拉维攸斯氏时期以后的新资料加以修订。碑铭文的材料却没有完全支持他的说法，至少就阿非利加和努米底亚而言是这样。碑铭文除了迦太基和契尔塔以外，至少还提到10个屯市；此外大概还有一些(一共有19个)。因此，如果我们不承认尤留斯·恺撒时候有附属于迦太基而名义上称为屯市的城市，那么就不能不假定，在阿格里帕的统计结束以后曾推行了都会化的工作，不能不假定奥古斯都曾建立了新的屯市及其他城市生活中心。他的主要动机，一半是为了军事目的，例如他在毛里塔尼亚起码建立了11个真正军事堡垒性的屯市；另一半则不仅为了安插他部下的退役军人，还为了安插许多原本住在意大利的人，因为那些人由于他的没收和征购而丧失了自己的土地。

本文不能对普利尼的说法与碑铭文资料之间的不符之处详加考核。要想使奥古斯都新的建置配合以往法定的罗马公民资格的各种范畴是件很不容易的事。他的新建置有三种类型。(1)某些屯市的情形是这样的，除了罗马籍住户以外，还住着大批的土著，他们按镇组织，有着自己的长官。例如迦太基、土布尔博—马攸斯就属于这一类，阿德鲁梅土姆和伊波—迪亚里土斯大概也属于这一类。(2)另一种是混合性的居民团体,在那里,除了土著的镇以外,同时罗马籍居民也有着自己的辖区,他们按村子自行组织。乌基—马攸斯和提巴里斯就是这样,在这两处,恺撒和奥古斯都时代迁来的住户与早先马里攸斯时的屯民会合在一起了。土加、努姆卢利斯、阿文森西斯镇、马斯库卢拉、苏瓦、提尼卡、提帕萨、苏土努尔卡、梅德利等等也都属于这一类。我们知道至少有一处的村子并非纯粹由退役军人组成的。这些村子的名字有时很有代表性,如 *pagus Fortunalis*〈命运女神村〉和 *pagus Mercurialis*〈梅尔库里攸斯村〉:这里的新侨民分明是想纪念伟大的命运女神福尔土娜·蕾杜克斯和那位从天上降到奥古斯都身上的财神爷梅尔库里攸斯。(3)最后一种就是像锡卡(或"新契尔塔")这类的大屯市,它所接受的辖区与迦太基和旧契尔塔的辖区一般地大,其间满布着村庄和堡。可想而知,我们在某些地方见不到罗马人的痕迹:在这种地方,原先的布匿城市往往按照古老的布匿方式发展着自己的生活,它们的长官仍然用着古代的布匿称号。这样的城市是很多的,我们用不着一一列举其名:最好的例子就是院辖省的加勒斯城(《拉丁文碑铭集录》viii. 23833,23834)。

奥古斯都和提贝里攸斯两朝对土地的需要似乎很紧要。为了满足这种需要,这两位皇帝担负起向南方扩张罗马领土的艰巨任务,由此与土著部落及其酋帅塔克法里纳斯发生长期战争。罗马军队向前推进,接踵而来的就是土地丈量人员,*agrimensores*,他们把新占领的领土划分成罗马的陌。我们只有认为奥古斯都和提贝里攸斯之所以如此,其动机是为了安插许多从意大利来参加"大规模农业移民运动"的人,否则他们的努力就无从理解了。

1. 土著

2. 地主

3. 农民

图 60　阿非利加的赤土陶器

图 60 说 明

1. 三个红釉泥杯。据 A. 梅尔兰称，大概发现于凯鲁昂以南约 30 公里处的埃耳—奥亚。巴黎，路夫勒。未发表过。在同一地点发现一些与此相似（几乎全同）的酒杯，归突尼斯的巴尔多博物馆所有，曾被 A. 梅尔兰发表过并进行过研究，见《史学著作委员会考古学公报》（法文）1917 年，从第 ccxi 页起，图 XXXVI，参阅同杂志，1920 年，从第 21 页起。公元二至三世纪之物。

所有这些酒杯都作人头形，无疑是为了表现罗马统治下的阿非利加的各种土著居民的形象。请注意这三种不同的发型：那个女人的发型很像托勒密王朝晚期的发型。中间的人头是女性，左右两边大概是男性。酒杯颈部刻有名字，或许是制杯的陶匠的名字，或许是所出工厂厂主的名字：其一刻着 NABIG | PINGI，即 *Na*(*v*)*ig*(*ius*)|*pingi*(*t*)或(*f*)*in*(*x*)*i*(*t*)或(*f*)*in*(*x*)*i*〈纳维纠斯|涂色或塑造〉；另一个杯上刻着 EX OFICI | NAVIGI，即 *ex offici*(*na*)*Navigi*〈纳维纠斯工厂出品〉。这些名字表示出这些杯子都是当地制造的。埃耳—奥亚是出产红釉陶器的一个重要的中心地。A. 梅尔兰曾研究过这些阿非利加产品的技术和图饰，见上引文。

2. 陶像。格契将军发现于苏斯的罗马墓地中。巴黎，路夫勒。格契将军曾提到过它，但未刊印其图，见《史学著作委员会考古学公报》（法文）1903 年，“苏斯基地的新发掘工作”，第 170 页，第 4 号。（本条参考文献系 A. 梅尔兰告诉我的。）当地出品。公元二世纪或三世纪。

一个年轻人穿着罗马服装坐在马上。从体型特征和服装式样可以看出他是阿非利加的资产阶级人士，大概是一个地主。

3. 陶像。大概也发现于苏斯的罗马墓地中。巴黎，路夫勒。未发表过。当地出品。公元二世纪或三世纪。

这是一位年纪稍老的农民，他穿着紧身内衣和一件克勒特式的厚外套，外套上带有 *cucullus*〈兜帽〉；他向左边走去。他的手中大概拿着点什么东西。这是一件著名的现实主义的陶制艺术品。

从意大利来的屯民,有的是受奥古斯都的赏赐而得到土地的,有的是从国家方面买得或租得一块中等面积的土地的,除了这些人以外,无疑地还有一群大资本家也汲汲于把他们的金钱投之于阿非利加肥沃的处女地。国家愿意满足他们的要求,因为投资于阿非利加的土地可以有希望增加生产从而使谷价保持低廉,有希望使意大利保证得到充裕的谷物供应,而且有希望增加财政收入。于是,在奥古斯都所未曾没收的共和国贵族阶级的大田庄之外,又添上了属于罗马财阀们的新的大地产。佩特罗纽斯笔下的特里马耳基约正好足以代表这种渴望在自己的意大利地产和西西里地产之外再到阿非利加来添置大块田产的人物形象。

考虑到这些问题,我们才会懂得为什么先要吞并努米底亚、然后又要吞并毛里塔尼亚的道理,因为这两次行动都需要在军事上大费心力,而从政治、军事角度来看是根本无此必要的。阿非利加的土地必须开辟为罗马屯民运动的园地,政府的第一个任务就是使这里能安全地推行这个运动。在奥古斯都以后几代继承者时期,屯民运动按照原来的路线继续推行。其领先者看来就是资本家。全境之内到处都建立了大的田庄。据普利尼之见,大地产成了阿非利加农业生活中的突出特征。他说有六个地主占有了全境一半面积的土地,这个说法当然是把事实简单化的一个概述,但基本上可能是真实的。

我们研究一下图拉真和阿德里安时代屯民运动发展的道路,特别是在努米底亚以及毗连院辖省的地区的情况,就可以充分理解阿非利加屯民运动的进度和方式。图拉真的主要问题是如何对待那些被征服的部落,他们并不是十足的野蛮人,其中有些还习惯于农业耕作和有城郭的城市生活。他们占有很大的领地，但有一部分领地早已被异族以种种方式占去。结束这种混乱局面的时代来到了。对于图拉真所采取的方法，我们可以用三个有代表性的例子加以说明。第一个例子是人口众多、力量雄厚的木苏拉米部，这个部落就是普利尼所说的“其中大多数可以有理由不叫做镇而叫做邦”* 的那类部落中的一个。木苏拉米部也和其他部落一样，当他们没有完全平定以前是由所谓 *praefecti gentium*〈氏族都护〉这种军官统治着的。到了图拉真时候才开始把他们组织起来。在他们所占据的地区内有两个军屯市，即安梅达腊和马道鲁斯，它们建立时都有着广阔的辖区；这个部落的土地有一大片为皇帝所据有，另有一部分归了私人地主，其余的土地则留给部落的成员而视为他们的私有地。土地经过了丈量，竖立了界石。大概就在这个时候把该部落里的一部分人迁到比扎策纳地区去为许多大田庄供应劳动力。

在马道鲁斯和安梅达腊邻近的地方住着另一个大部落努米达。这个部落还出现在另外三个遥远的地方：在策累(艾恩—祖瓦临)，在马斯库卢拉(靠近克夫)和在毛里塔尼亚—凯撒连西斯，我们发现在最后这个行省里，皇帝阿德里安曾划出一个地区拨归努米达部。十分明白，这个例子就是一个人多强大的部落被拆散分在好几处了。虽然我们只能证明这个部落的分离是帝国时期的情况，在这个期间迫切地需要农业人口，但是，他们之被拆散却可能是早在帝国时期以前的事。这个部落的大本营土布尔西库—努米

* 《博物志》v. 30。

达鲁姆是一个古老的土著市镇，先成为一个镇而后来改为一个自治市；归这个部落所辖的土地便成为这个新城市的市辖区，而部落的代表者（即称为头人的土酋们）和城市的长官们共同在该地的地方政府中分担职务。

我们的第三个例子是在阿非利加院辖省南部的尼布杰尼部。图拉真把这个部落的一部分领土划归两个罗马—布匿的镇，即卡普萨和塔卡佩，它们后来改为自治市，最后又改为 *coloniae*〈屯市〉了；余下的土地留给了本部落，其中心市镇土里斯—塔纳勒尼后来取得了自治市的资格。这个部落中附属于卡普萨的那一部分人似乎还保持他们自己的头人，与土布尔西库的努米达人相似。无论在院辖省或在努米底亚和毛里塔尼亚，在许多部落的例子中都可能遇到与此相同的发展情况，例如木苏尼—雷甲尼部（在契留姆与特勒普特之间）、苏布尔布雷斯部（在契尔塔附近）、纳塔布特斯部、尼契维布斯部（今之牙欧斯）和毛里塔尼亚之齐米曾塞斯部（在库卢与伊季耳季利之间）等。某些部落则附属于较大的城市，以后一直如此，如萨博伊德斯部属于契尔塔，基尼提部属于季格提斯。

像塔木加迪（提姆加德）这类罗马退役军人的屯市，以及在阿非利加选军接连不断的营寨附近兴起的那些城市（特韦斯特和兰贝西斯），它们的早期历史与那些被新住户剥夺了自己的土地而不得不替他们充当雇佣或佃户的阿非利加部落的命运密切相关，这一点也是毫无疑问的。另外还有许多阿非利加城市发展成繁荣的罗马化居民点，特别是在公元二世纪时。如果我们对这些城市的历史掌握充足的材料，一定能看出它们与土著部落之间的关系同上面所述者类似。每一个地方的发展过程都是一样的。这些部落

沙漠边缘地带的农作和乡村生活

图 61　阿非利加

图 61 说 明

吉尔扎的墓碑和碑上雕刻的图饰。这座碑是 H. 梅耶尔·德·马提西厄发现的，并由他摄影；他还作了说明，见《科学考察团新文汇》(法文)，12，1904 年，从第 24 页起，图 VI-2；图 VIII；图 IX-2；图 X 和 XI-1。P. 罗玛芮利最先将吉尔扎的墓碑上的雕刻全部刊印，见“从图像中看的黎波里塔尼亚的农业生活”，载《意大利的非洲》(意大利文)，3(8)，1930 年，从第 53 页起，第 60 页起。他所刊印的图片中包括一些很好的浮雕照片。〔此处所刊登的照片系由 O. L. 布罗甘夫人供给的，并承利比亚的黎波里塔尼亚文物局许可发表。〕

这座墓祠上雕刻着丰富的图饰，其大部分均散落在该建筑物废墟的四周，没有得到好好的保护。大多数浅浮雕所刻画的都是一个地主家庭的日常生活，墓主即系此家中人。一篇很长的墓志铭尚保存无恙，文中列了许多人名(皆本地人)。本图所刊载的四块断片刻画的都是田庄上的田野生活。这些浮雕表现出沙漠边缘地带的生活是多么不安全。请与本书图 47 上描写克里米亚草原生活的图画作一比较。第一块断片〔现存的黎波里博物馆〕刻的是用骆驼和公牛耕地的图；第二块是与土著的一场搏斗；第三块是和野兽作战；第四块是收刈谷物和用箩筐运谷。这座碑的时代不可能早于公元后四世纪。

既没有被歼灭，也没有被逐出境。他们也像叙利亚和阿拉伯两地的阿拉伯人一样，主要被固定在他们的老家，间或被迁往他处。分给他们一定面积的土地，其余的土地则授予一个罗马移民(退役军人和老百姓)和土著贵族所居住的城市，或者变成地产，这种地产或卖给帝国贵族阶级中的阔人，或只有皇帝和皇族中人才能占有(名之为 *definitio* 或 *defensio* 〈禁田〉)。由于分给部落的那一部分土地太少，不足以维持日益繁殖的人口，若干部落成员就不得不向外来的和土著的地主租佃田地，或者到他们的田庄上去当佣工。

在奥古斯都的三个最大的屯市——迦太基、契尔塔和锡卡——的辽阔的辖区内，经历了一个类似的都会化和分化的过程。我们往往能从一些材料中看出堡发展为真正的城市的线索。只要谈谈最近发掘出来的提比利斯（安努纳）和奎库耳（杰米拉）就够了。提比利斯是一个兴旺的农村，面积大小不详，它属于契尔塔市辖区。甚至当提比利斯成了一个繁华的大城市以后，这种隶属关系依然如故。奎库耳也是契尔塔的属地。芮尔瓦把它改为一个退役军人的屯市。然而这个城市与它旧日的母城仍保持着密切的联系。鲁西卡德、库卢、米娄，这三个属于契尔塔的城市原先是屯市，它们的情形和上述的大同小异。从亚历山大·塞韦鲁斯以后，这三个 *coloniae contributae*〈寄籍屯市〉脱离了母屯市而成为独立的城市。锡卡的辖区内有着各种堡，大多住着罗马公民，这里也存在着类似的情况。恺撒—奥古斯都时期所建立的一些大屯市的辖区的一般外貌则极不相同。在这种地方，主城的居民为大地主、商人、各种政府官吏、工匠、执贱役者等等；有许多繁荣的大城市隶属于主城，它们自有其辖区，过着自己的生活；还有一些较小的堡，也自有其辖区，其居民为地主，有些是罗马公民；此外，在整个市辖区内到处都住着部落，其中某些部落自有其领地及其部落组织。

皇家的和私人的大田庄的发展，可以说是在某些乡村地区内逐渐进行的另一种形式的都会化运动（假使这个名词能够适用于此的话）。田庄上的居民就是那些大大小小的佃户，他们都住在庄子（*vici*）里。他们在田主的协助下，形成一个自治团体，那是一种宗教社团,有着由选举产生的头目(*magistri*)。田主得到地方当局的准许,有时甚至得到罗马元老院的准许,在村庄里组织季节性的集市(*nundinae*)。这些村庄渐渐变得重要了。有一些佃户变成了地主,有一些庄子的外貌像一个城市了。许多庄子享有了法人的权利,而且接受赏赐、遗赠等等。值得提及的是,庄子里有许多住户是罗马公民,例如,一个私人田庄的中心塞姆塔附近的庄子安努斯的庄户,靠近今凯鲁昂的比扎策纳地区内的庄子阿特里亚努斯、靠近兰比里迪的一个庄子和兰贝西斯辖区内的庄子韦雷昆登西斯等村庄里的住户都是罗马公民。像城市一样,这些庄子的住户也分为两个阶级,即正式的庄户和客户。这些庄子是否最后被承认为城市,这一点尚不能确定;没有保存一个可以肯定的例子。

从奥古斯都时期以后,在阿非利加,城市生活的发展和罗马文明的传播曾有显著的进步。一世纪时的克劳迪亚斯和弗拉维攸斯氏尤其是二世纪时的图拉真和阿德里安这些皇帝全都赞助这个运动。图拉真和阿德里安多半把自治市或屯市的权利补授给那些事实上已经很兴旺的城市,由此使这个业已完成的过程合法了。这些市镇的发展在很大程度上得归功于自然原因。内战期间,其后紧接着在最初几代皇帝时期,意大利人大批向这里迁移,造成了市镇发展的开端。意大利人自然而然会尽力按照意大利的方式来安排他们的生活。在以后几代皇帝统治期间,建立了许多退役军人的屯市。富裕的资产阶级正在成长,他们尽其所能来改善自身的生活条件,采用与城市有关的一切享受方式。皇帝们同情并赞助这个运动。他们感兴趣的是,出现新的城市生活中心,有更多的罗马化居民的中心。当意大利不能再为军队出兵士和军官以后,帝国就愈来愈迫切需要罗马化的民众团体经常地补充兵士和军官，他们必须替选军和辅军部队教育和训练大批土著军队。我们在阿非利加所接触到的现象与在帝国所有行省里所观察到的现象相同，这就是都会化运动都受到了鼓励，特别是当罗马由于对外进行战争而尽量需要征募新兵的期间鼓励尤甚。值得提到的是，阿非利加的情形与多瑙、来因二河流域的情形相似，此地罗马化城市里的青年公民也组成协会，由 *praefecti iuvenum*〈青年会都监〉这个长官专门负责指挥，这种组织使皇帝们上述的意图更加明显了。许多城市里的这种组织就是根据公民团体一般分为若干 *curiae*〈里社〉而组成的。其 *curiae iuniorum*〈青年里社〉就是帝国军队预备役军人的培养所。

每一个游历北非古迹的人都深深感到城市生活传布之广阔，但是，尽管如此，城市仍然只是建筑在发达的农村生活基础之上的上层结构，城市里的住户比起大群实际耕种土地的农民仅居少数，而农民大多是土著，很少是移民的子孙。这个提法是经过如下的分析研究才产生的。我们发现二世纪时在阿非利加有五种土地占有形态：(1)为皇帝所占有而不属于任何城市辖区的土地，即所谓皇家的苑囿，例如，以前属于共和国时期元老院议员阶级中人的田产，以及皇帝从部落的土地中分出一部分留归私用的田地，都属于这一种形态；(2)为元老院议员家族所占有而不隶属任何城市辖区的土地（即所谓 *saltus privati*〈私苑〉）——芮罗和弗拉维攸斯氏时代曾将这种土地大片没收，但仍有许多这种田产保留未动，而且以后还有若干新置的；(3)构成一个城市辖区的土地，这个城市或为屯市，或为自治市，或为享有半自治权的普通的镇；(4)部落

1.向客人进酒

2.一艘船在卸货

3.航海快船

图 62　阿非利加

图 62 说 明

1. 地板上的镶嵌细工。发现于杜加。突尼斯，巴尔多博物馆。A. 梅尔兰撰文，载《史学著作委员会考古学公报》(法文)1919 年，图 1；S. 赖纳赫：《希腊罗马古画图谱》(法文)，第 256 页，1。〔A. 梅尔兰和 L. 普安索：《阿拉乌伊博物馆便览》(法文)，i(1950 年)，图 XX-3。〕

两个奴隶，肩上各背一大瓮葡萄酒。他们身穿典型的奴隶服装，脖子上戴着一副长项链，链上带有防恶眼的辟邪符。一个酒瓮上写着 *ΠΙΕ*(即 *πίε*)，“饮”；另一个酒瓮上写着 *ZHCHC*(*ζήσῃς*)，“长命”；这都是饮器和酒瓮上最常写的字样。有一个酒瓮上还画着防恶眼的符咒，在罗马时代和近代的阿非利加的建筑物和器皿上经常遇见这种符咒，不过尚无人搜集加以研究。左边的奴隶手执一枝绿树枝；右边的奴隶手提一小水壶。前者的身后有一个童奴拿着水和手巾；后者的身后另一个小孩，一手拿着绿树枝，一手抱着一篮花。两个大奴隶都在把他们酒瓮中的酒倒给另外两个人，那两人中有一人穿着得像一个竞技场中的驭者。这幅壁画所表现的是某家私宅或某个酒馆在安排筵席时的情景。在豪华府邸的餐室里和雅洁的酒馆中时常画着这一类的图画。S. 赖纳赫：《希腊罗马古画图谱》(法文)，第 249 页，8，和第 250 页，4—9；参看 1—3 和 10，以及蓬佩伊的一些酒馆壁上的图画，见赖纳赫，同上书，第 254 页，5—6。M. 德拉·科尔特在《蓬佩伊的住宅及其居住者》(意大利文)(1929 年，1954 年第 2 版)一书中对蓬佩伊的壁画作了一番新的解释，散见该书各处。

2. 门槛上的镶嵌细工。发现于苏斯(阿德鲁梅土姆)的一座墓的 *hypogaeum*〈地下室〉中。突尼斯，巴尔多博物馆。P. 高克勒尔：《高卢与阿非利加镶嵌细工图谱》(法文)ii. 1(突尼西亚)，第 189 号和图；S. 赖纳赫：《希腊罗马古画图谱》，第 273 页，3。〔梅尔兰和普安索，引书同上，图 XX-2。〕

一艘商船在一个浅港里卸货上岸，船上的货大概是金属条。两个工人各背着一根金属条涉过浅水。岸上，另外两个人用一杆大秤在称那些金属条。这幅镶嵌细工对锡尔特斯浅港里的航行情况作了很好的描写。

3. 一幅镶嵌细工的残片。发现于苏斯(阿德鲁梅土姆)一所房屋的废墟中。苏斯博物馆。P. 高克勒尔:《高卢与阿非利加镶嵌细工图谱》ii. 1(突尼西亚),第166号。

两艘快船。每艘船有九对桨和一套制作精致的风帆,船尾上均有一间舱房。它们大概是阿非利加舰队里的传令哨船(*naves tesserariae*)。

(*gens*〈氏族〉)领地的土地,这种土地或由皇家政府丈量后加以安排,或未经丈量而大多由半游牧的土著用作牧场(特别是在毛里塔尼亚);(5)一些矿场和林区,部分为皇帝占有,部分租给商人们的公司,如塔拉地方的"公司"*socii Talenses*〈塔拉公司〉之类,塔拉是兰贝西斯附近的一个重要的林区兼矿区。

关于这些土地中的某一部分(即属皇家和私人所有的大田庄那一部分)的耕作方式,我们知道得很清楚。在我们所见到的公元二世纪的史料中,没有任何记载说到这种田地是使用奴隶劳动力来垦种的。我们可以假定这种剥削方式存在于共和国时期和帝国早期。但到了二世纪时,一般流行的垦种方法是使用佃户(*coloni*),佃户把土地的部分产品缴给田主,还要以本身的劳动力和自己的牲畜为田主服若干日的劳役。这种佃户中有一些人是罗马公民,但大多数是本地的土著。他们住在村庄里,这些村庄或位于田庄之内,靠近中央的大庄屋,或位于田庄附近而不在田庄之内。他们所缴纳的田租由田庄上的"承佃人"(*conductores*)征收,承佃人同时还向田主承佃那些未租给佃户的土地。承佃人为了耕种他们的土地也可能使用奴隶,但肯定的是使用雇佣劳动和田庄上的佃户的义务劳役(*opera*)。这些承佃人都是神气十足的人。他们在位于大皇庄附近的城市的居民中形成一个有势力的阶级,他们大概同时又是本城或其他城市辖区内的地主。他们从振兴共同利益着

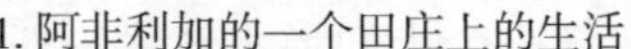
1. 阿非利加的一个田庄上的生活

2. 阿非利加的一个田庄上的畜栏和其他庄屋

图 63　阿非利加

图 63 说 明

1. 镶嵌细工。发现于突尼西亚(阿非利加院辖省)乌提纳(欧德纳)附近一座大庄院的废墟中。这座豪华的庄院大概属于拉贝里攸斯家,这幅镶嵌细工即为该宅的某间 *atria*〈正厅〉的地板上的装饰。P. 高克勒尔撰文,载《皮奥氏文物图说》(法文),3,1897 年,从第 185 页起。关于这幅镶嵌细工的说明见该文第 200 页,第 21,图见图 XXII;参看这座建筑物的平面图,见图 XX;同作者:《高卢与阿非利加镶嵌细工图谱》(法文)ii. 1(突尼西亚),第 362 号和图(有参考文献目录);S. 赖纳赫:《希腊罗马古画图谱》(法文),第 390 页,1。这幅镶嵌细工属于公元后二世纪早期。〔A. 梅尔兰和普安索:《阿拉乌伊博物馆便览》(法文),i(1950 年),图 XI。〕

图的中央可以见到一所农民住宅或一间仓库。它的门间站着一个男人,大概是一个牧人,他倚着一根长棍,望着那正向门口走近的畜群。屋子一边的墙上开着三个窗口和一个矮门;靠墙放着一张犁。一群山羊、绵羊和母牛正朝这屋子走来,另外两只狗朝着相反的方向奔过田间。畜群的上方有一个人赶着一轭公牛在犁田。屋旁有一个棚(“*gourbi*〈茅棚〉”)和一口古老简陋的井,有人正从井里取水注满一个半圆形水钵供一匹马饮用。另一匹马拴在井与房屋之间的桩子上。靠右边有一个穿着厚外套的人赶着一头驴子。这幅镶嵌细工中央部分所表现的无疑是一个大田庄的一部分——很可能是庄上的畜厩和谷仓而不大可能是某个 *coloni*〈佃户〉的住宅。中央部分的三面都为另一些图画所环绕,那些图画描绘的是田庄主人及其工人们的各种事艺。其左面有三个衣装讲究的人骑在马上,正在击杀一头母狮。其下面画着另一幅打猎场面。以山岩为景,一个人假扮山羊,用手和膝盖缓缓爬行,正在把他面前的四只鹧鸪赶进一个网罗里去。另一个人,赤身披着一件外套,外套从他肩上飘扬起来;他正在沼泽地里的山岩间打一头野猪。他的伙伴正想拉住一头向野猪扑去的巨獒。中央部分的右面,见到的是农业生活的情景。田间有一个牧人在橄榄树下吹着笛管;身旁是他的山羊群,其中有一头山羊正在被另一个牧人挤奶。其右有一个黑奴从一株高树上采摘橄榄果。

2. 镶嵌细工。发现于一间 *trifolium*〈三扇间〉(大概是一间大餐室)的废墟中，这间房是一座壮丽的庄院的一部分，地址在塔巴尔卡（塔布腊卡）附近。P. 高克勒尔：《高卢与阿非利加镶嵌细工图谱》（法文）ii. 1（突尼西亚），第940号和两幅图，其一系彩色图（有参考文献目录）；拙撰，载《德意志考古研究所年报》（德文）19，1904年，第125页，图；S. 赖纳赫：《希腊罗马古画图谱》（法文），第392页，3，4。公元三或四世纪。

这间三扇间装了四幅镶嵌细工，此处刊登其中两幅。屋中间的一幅（仅保存残片）画的是阿非利加草原上打猎的景象。中央那“扇”上的镶嵌细工画的是庄院中的住宅部分，四周环以华丽的园林和花圃（παράδεισος），野鸟家禽充满其中（S. 赖纳赫，上引书，第391页，5；拙撰，第125页）。此处所刊登的为两侧的镶嵌细工，所画的是农场上的建筑物。左边的一幅图中是一所堂皇的厩房，位于橄榄树与葡萄藤之间；背景是丘陵和鹧鸪，前面场地上有一个女牧人坐在一棵白杨树下，一面在纺织，一面看守那只在树林里吃草的绵羊；厩房旁边有一匹骏马，昂首阔步而行。右边的一幅镶嵌细工图中是一座大仓房和堆栈，有些房间大概是榨橄榄油和葡萄汁的榨房，四周环以橄榄树和葡萄藤。仓前是一个饲禽场，场上有几株树和两所房子，那大概是饲养房；其附近有一个放养鱼、鸭、鹅等的池塘。塔布腊卡的这些镶嵌细工使我们很具体地了解一个专门从事生产葡萄酒和橄榄油、畜养牛马等牲畜以及饲养家禽的大田庄的情景，这种大田庄是按科学方法经营的巨型农业企业。参看图79所载尤留斯的镶嵌细工和第十二章。此处之所以刊载这些时代较晚的文物，是因为阿非利加的庄院形式在公元二世纪与三、四世纪之间大概并没有发生很大的变化。

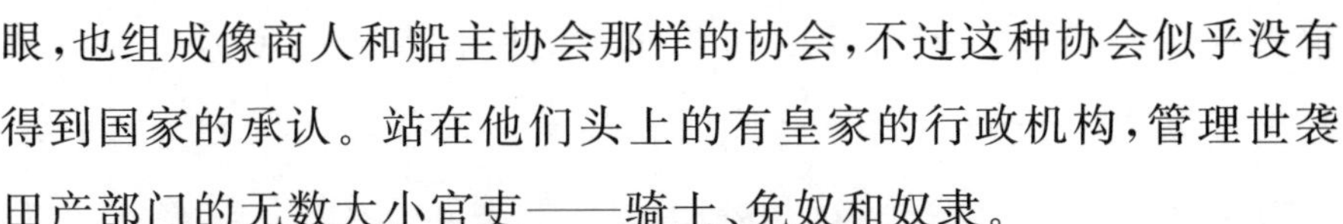

眼，也组成像商人和船主协会那样的协会，不过这种协会似乎没有得到国家的承认。站在他们头上的有皇家的行政机构，管理世袭田产部门的无数大小官吏——骑士、免奴和奴隶。

在城市辖区内，土地大多属于富有的市民，他们都是最早被皇帝派来的佃户的子孙，或者是最早的罗马侨迁户的子孙，或甚至是那些曾经在柏柏尔一布匿居民团体中形成贵族阶级的势力较大的一批人的子孙。早期的军屯户和民屯户人人都领到一大块土地，其面积之大非一个屯民及其家属所能胜任耕种。前后从意大利迁来的人在阿非利加的城市中形成统治阶级，他们当然不是农民（农民是小户人家，像大田庄上的佃户一样住在乡下）而是相当大的地主。住在城市中的土著们当然也不与那些住在 *mapalia*〈村屋〉的人们同属一个阶级，而属于富裕的柏柏尔和布匿贵族阶级。因此，自治市辖区内的田庄主人都是自治市资产阶级的成员，他们都住在城市里。他们或者亲自管理他们的田庄，或者交给专门的代理人去管理，但是他们从不亲自下田耕作。劳动力由土著供应，有的是雇工，有的是佃户。在自治市辖区、土著的镇和部落领地内可能有自耕农一类的小地主，但总的趋势是土地集中于少数大财主之手。

我们从许多事例中可以看出自治市的一些家族从寒微的门第发家而成长为城中的名门望族。这些家族里的许多成员都厕身于国家机关，升上骑士阶级，或在罗马元老院里占了一席之地。在阿非利加各省，凡是已经完全发掘出来的城市，几乎在每一个城里都遇得到这种家族的例子。我们可以略举数例。第一个阿非利加籍的执政官 Q. 奥雷留斯·帕克土梅攸斯·弗龙托（公元 80 年）是契尔塔的一个市民。来自提比利斯的安提斯丘斯氏一家最后和皇族发生了联系。土布尔博—马攸斯和乌基—马攸斯的阿丘斯氏一家为帝国出了两个 *praefecti praetorio*〈禁卫军统领〉。季格提斯城的市民中至少有五个元老院议员家族。一个著名的例子就是奎林藩部的门米攸斯。阿德里安曾授给他以骑士爵位，大概任何人也不会怀疑他不是一个意大利籍的罗马人吧，然而基尼提部落却骄傲地谈到他:"L. Memmio L. f. Quir. Pacato flam(ini) perpetuo divi Traiani, *Chinithio*, in quinque decurias a divo Hadrjano adlecto, Chinithi ob merita eius et singularem pietatem qua *nationi suae* praestat sua pecunia posuerunt.〈基尼提部崇祀先帝图拉真的终身主祭,卢秋斯之子卢秋斯·门米攸斯·奎里努斯·帕卡士斯,受先帝阿德里安擢拔,入五人法官团,由于他的才干和他对本部族突出的忠诚,基尼提部才得以保持自己的财产。〉"此外,还可以举出其他例子。

对于自治市有钱的贵族的大笔财产,只要是我们能够追究其来源的每一个例子,都可以使我们看出他们的财产是从占有土地得来的,这是一个突出的事实。在他们的墓志铭中有许多铭文都夸耀他们能精心经营自己的田产因而致富。我们已经引用过马道鲁斯地方的L.埃留斯·廷米努斯的例子。另一个值得一提的例子就是土布尔西库—努米达鲁姆地方的Q.韦提丢斯·尤韦纳利斯,他在自己的墓志铭里自称:"omnibus honorib(us) functus, pater III equitum Romanorum, in foro iuris peritus, agricola bonus.〈受到公众的尊敬,身为三位罗马骑士的父亲,精通法律,并且是一个好农夫。〉"另一位这样的"好农夫"就是马克塔尔有名的地主。他出生在一个贫苦的家庭,父母都很微贱。他自幼靠田地为生,也为了田地而生活,从不让田地和自己得到一点儿休息。每逢收获的时候,他就当收割队(*turmae messorum*)的领队。他就靠这样过日子而发了大财,在本地的议政院中荣获一席之地,他骄傲地说:"我被议员们选举出来,坐上了议政院的宝座,我从一个农民变成了一个户籍官。"我们从阿非利加贵族们在城市或乡间的房屋里所

图 64　大勒普契斯港。尤皮特尔—多利克努斯神庙

图 64 说 明

大勒普契斯港。尤皮特尔—多利克努斯神庙。沿着西南码头高起来的台基和引向一座大罗马神庙的一段台阶已经被发现。神庙前的两座祭坛显然是用以承托尤皮特尔—多利克努斯神崇拜仪式的标帜，其中之一上面还刻着题词，开头几个字是 I. O. M. DOLICHENO。神庙山字墙的顶端可能被进港船只用作指示方向的标志。

装饰的许多镶嵌细工也可以得到同样的结论。从一世纪以来，这些房屋的主人就喜欢在他们的餐室和起坐间的地板上详详细细地刻画他们的生活情况。与来因河上的坟墓不同，这些地板上的镶嵌细工没有一幅把它的主人画作一个商人或工厂主人。我们所见到的完全是一片乡居生活的景象：在鄂亚所见到的是打谷，在乌提纳所见到的是收橄榄、耕地等，在塔布腊卡所见到的是饲养羊和家禽、种植葡萄等，在阿德鲁梅土姆附近所见到的是养马，在迦太基所见到的是谷田、家禽、羊群、葡萄和橄榄。每一个地方所见到的画中的主人公不是专心忙于经营他们的田庄，而大多是在他们的林子里或草地上猎取兔子、鹿和鹳鸟之类。有的土地由佃户耕种，他们所住的房子正像阿非利加的一具石棺上所刻的那样，这些人中某些肯定是土著(如鄂亚的镶嵌细工中的打谷者)，有的土地则由黑奴耕种(如乌提纳的一幅镶嵌细工中所见)。在迦太基的镶嵌细工上似乎也曾见到过朴实的农民的形象。

因此，毫无疑问，阿非利加农业耕作的主要形式是土地由农民耕种，这些农民或者自己是一小块土地的主人，或者是皇帝和帝国

1. 大勒普契斯的罗马市场

2. 有着东方式柱头的柱子

图 65　阿非利加:大勒普契斯

图 65 说 明

1. 大勒普契斯的罗马市场。经过多次改建和重修。最后形式为一个带柱廊的长方形建筑，柱廊支以黑花岗石柱。中央为两座八角形建筑，其一座是石建的，另一座有柱子和大理石障壁。在长方形建筑的走廊里和八角形建筑的柱与柱之间排列着许多 *mensae*〈桌案〉。〔N. 戴格腊西，“大勒普契斯的罗马市场”，载《利比亚考古简报》（意大利文），2，1951 年，自第 27 页起。〕

2. 有着东方式柱头的柱子。就大勒普契斯发掘工作中所发现的全部东西而言，这是唯一的腓尼基式或迦太基式的建筑残迹。它可能属于早期 *emporium*〈市镇〉的市场的一部分，在罗马时期把它当作原始建筑的纪念物而被保留下来，屡次重加修建。

及自治市贵族阶级的大田庄上的佃户和佣工。农民大多是土著，他们占人口中的绝大多数，是当地经济的骨干。地主们住在城市里，他们形成居统治地位的贵族阶级。城市里只有地主才是得到法律承认的市民，不论其为退役军人或为其他的乔迁户或土著。其余的人——小商贩、工匠和佣工——统统是客户而不算市民。属于客户一类者还有市辖区的农民，并且需要注意的是，他们是客户中的下层，就是说，他们的地位比那些住在城里的 *incolae intramurani*〈市内客户〉还要低贱一些。无可置疑的是，这些农民大众罗马化的程度极浅，他们的生活条件没有多大的改善。城市生活没有接触到他们：他们依然信奉他们的土神，依然住在他们的村屋里，依然说着他们的土语。

我们称为的黎波里塔尼亚这个地区是阿非利加院辖省中一个情况特殊的地区，它在某些方面不同于其他的阿非利加行省。在意大利人占领这个地区以前，我们对于非洲的的黎波里斯地方的三个城市——即大勒普契斯（或大勒普提斯）、鄂亚、萨布腊塔——的情况知道得极少。意大利人在这些地区进行了卓越的考古工作。在鄂亚（今之的黎波里），马尔库斯·奥雷留斯的拱门（四牌楼）已经从它周围的现代建筑物中清理出来，并加以复原；在该市风景如画的城堡里设立了辉煌的考古博物馆。有系统的发掘正在萨布腊塔进行，该市的一部分已经清理出来了，若干建筑物已经复原。最后还有勒普契斯，关于它的生活和华丽的景象，每年都有新的发现，这个城市是"一个皇帝的理想城市"。此外，这三个城市彼此之间以及与外界联系的罗马道路网也被发现探索出来了，同时还查勘了与沙漠地区之间的边界线和发掘出一些兵站。

感谢这些卓越的工作，使我们现在对的黎波里塔尼亚的发展情况具有相当的了解，居然能够在本书中用几页的篇幅来专述这个地区的历史了。上述三个城市辖区所占之地面形成一种沿海的沃洲，成为从海面上升到撒哈拉沙漠高原地带的三个台地，它招来了极大的降雨量。的黎波里塔尼亚所在之沙漠区的其他地方降雨量都是极少的。的黎波里塔尼亚的肥沃台地完全不同于昔兰尼加大高原，却非常近似于古代迦太基领地而后来成为罗马的阿非利加院辖省的那块地方的邻近地带。

昔兰尼加的历史总是和埃及的历史密切相关，的黎波里塔尼亚诸城市则完全依属于迦太基而与之同其休戚。的黎波里斯曾经一度是迦太基的一个行省，以勒普契斯为其首府；后来它被并入努米底亚王国，更后一些，这些城市变成了罗马共和国的自由盟邦，最后则被并入阿非利加院辖省。从帝国早期以后，它们都被赐给

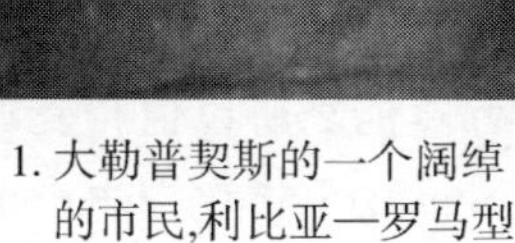

1. 大勒普契斯的一个阔绰的市民,利比亚—罗马型

2. 大勒普契斯的一个阔绰市民的雕像的像座，这人无疑是一个有钱的出口商

图 66　阿非利加:大勒普契斯

图 67　大勒普契斯大街上的大象

图 66 说 明

1. 胸像。在大勒普契斯的罗马市场中发现五座胸像，所雕的人像都是罗马化的土著。这些胸像在古代原安置在墙壁的横支柱上，其中一个横支柱还保存着：它刻着新布匿语和拉丁语两种文字对照的铭文，铭文记载这座胸像是一个地方长官的像，此人名崩卡尔特，它是奉献给 *Liber Pater*〈利贝尔大神〉的。〔《的黎波里塔尼亚碑铭文辑》294。〕

2. 大勒普契斯市场中一座表示敬意的纪念物的底座。这个座子托住一辆 *biga*〈双马车〉，为本地议政员这个“*splendidissimus ordo*〈最光荣的阶级〉”所赠，用以表示对一个名叫波尔菲里攸斯的人致敬，这个人是 *amator patriae et civium suorum*〈本市市民之爱护乡土者〉，他之所以值得受尊敬是因为他曾赠给 *civibus suis quattuor feras dentatas vivas*〈市民以自己的四只活的用牙齿的兽〉〔《的黎波里塔尼亚碑铭文辑》603〕。所谓 *ferae dentatae*〈用牙齿的兽〉大概即指大象。波尔菲里攸斯当然是一个从中非运出野兽的出口商；他所赠的礼物以及刻在这座表示敬意的小纪念物的方柱上作为标帜的船形都可显然证明这一点。

图 67 说 明

大象。发现于大勒普契斯的 *decumanus*〈前门大道〉中的大理石大象。从中非输入大象和象牙贸易是的黎波里塔尼亚的 *emporia*〈市镇〉上的商人致富之源。在奥斯蒂亚“公司广场”的嵌着图形的人行道上保留了一所 *statio Sabratensium*〈萨布腊塔庄号〉，它的招牌也是一头大象〔《古物发掘简报》(意大利文)1912 年，第 435 页＝《一年来的碑铭学》(法文)1913 年，203〕。的黎波里博物馆里有一块 *cippus*〈界碑〉，发现于附近的绿洲，这块界碑在古时候是用来支持献给利贝尔大神的两根象牙的。〔《的黎波里塔尼亚碑铭文辑》231。〕

了罗马屯市的头衔和特权。

这三个城市之所以存在，原因有二。第一，它们都是从苏丹和中非（刚果地区）取道撒哈拉沙漠通向地中海的那条商道的天然港口。的黎波里塔尼亚的三个城市，也像季格提斯和塔帕斯（加贝斯）一样，位于海洋深深切入沙漠地带的海湾的岸边，它们缩短了地中海与中非之间的距离。另一个原因，土壤之肥与雨量之丰使腓尼基人和后来的罗马人尽心尽力把这三个城市的辽阔的辖区转变成美好的果园，特别是变成橄榄林。的黎波里塔尼亚就是靠通过沙漠与中非进行贸易以及靠出产大量橄榄油而繁荣富庶起来的；也是靠这两项才能向迦太基缴纳沉重的现金贡税，才能以大量橄榄油（3 000 000 *librae*〈罗马磅〉）捐献给恺撒而其后又自愿以油捐赠给塞普提米攸斯·塞韦鲁斯（他就是因为有了这批油，才能随意地把油分给罗马城的人民）。

通过撒哈拉的贸易和这几个城市本身同样地历史悠久。这种贸易在沙漠地区的集中地就是加腊曼特斯人那繁荣的大绿洲（今之费赞），这个中心与的黎波里塔尼亚诸城市之间有好几条道路相通。这种贸易是在困难的环境里发展起来的，但利润却极大。中非运往沿海的主要产品是象牙。在罗马时期，这种情况长久地继续不变。勒普契斯和萨布腊塔的城徽都是大象；我们在勒普契斯的中心大街上发现一座大象的大理石雕像（图 67）；奥斯蒂亚地方的萨布腊塔粮栈〈*annona*—office〉（*statio Sabratensium*〈萨布腊塔庄号〉）的大门上所装饰的镶嵌细工中也有一头大象；的黎波里塔尼亚诸城市的富裕市民经常把象牙供奉他们的神。

此外，运往沿海的产品还有鸵鸟的羽毛、野兽的皮，或许也有些黄金和珍贵的木料。如果再加上罗马时期帝国各地表演杂技所用的稀有的非洲野兽，那么我们就有了一张从费赞运往的黎波里塔尼亚诸港的货物清单了，这些货物再从的黎波里塔尼亚诸港运往意大利及帝国其他行省。的黎波里塔尼亚的商人一方面像帕耳米腊和佩特腊的商人一样是沙漠商队的组织者，这些沙漠商队从沿海前往费赞；另一方面，他们又是船主（*navicularii*），这些船主把沙漠商队带来的货物出口运往罗马世界其他地方去（见图66-2，为了尊敬一个船主而建立的雕像的像座，这个船主可能是运野兽出口的）。

当保护的黎波里塔尼亚的力量相当强大而足以保卫费赞沙漠商道安全的时候，通过沙漠的贸易一直是繁荣的。鼎盛时期的迦太基和后来的努比底亚国王们都能办到这一点。此后一段长时期中比较衰落。首先是罗马发生内战，带来了一切伴随的灾难；接着，在罗马的阿非利加以及的黎波里塔尼亚和昔兰尼这些地区边境上的部落中发生了严重的内哄，这与这种贸易和阿非利加院辖省的屯民运动不无关系。我们见到公元前20年远征加腊曼特斯人的一次进军的记载，勒普契斯的一件碑铭文*中提到*bellum Gaetulicum*〈杰土利人之役〉可能与此有关。这次战争之蹂躏的黎波里塔尼亚，其时间与马尔马里德斯人和加腊曼特斯人进犯昔兰尼而为著名的奎里纽斯所击败（弗洛鲁斯书ii，31，以及昔兰尼的一篇韵体铭文**）大约相当。这次动乱的最后一个节目就是所

* 《的黎波里塔尼亚碑铭文辑》301。

** 《希腊文金石录补编》ix. 63。

谓塔克法里纳斯之乱。在兹利滕的一幅镶嵌细工中可以看到这次战役中所捉到的俘虏被残酷地杀死在圆形剧场上。

直到公元一世纪下半期,的黎波里塔尼亚的情况才恢复正常状态。从此以后,到三世纪下半期,该处一直太平无事,极为安宁。而且,正是在这段期间,对的黎波里塔尼亚贸易品的需求达到最高峰,特别是在野兽方面。同时,骆驼也第一次出现于的黎波里塔尼亚了。这种动物是沙漠贸易最理想的工具,它能保证沙漠贸易安全正规地进行,于是在商业和农业两方面都大规模使用骆驼了(图61-1)。

自然,从这个时候起,的黎波里塔尼亚诸城市勃然兴旺起来了。新建筑物(神庙、市政厅、浴场等等)修建起来了,港口改善了,道路修筑了。乡间出现了富丽的庄院,庄院主人采用改良的农业经营方法。像阿非利加其他地方一样,的黎波里塔尼亚也是一个大田庄密集之地。首先是皇帝们的大田庄:奥古斯都占有萨布腊塔附近一大块土地,在塞普提米攸斯·塞韦鲁斯和卡腊卡拉时期,专设一个管理 *res privata*〈私产事务〉的 *regio Tripolitania*〈的黎波里塔尼亚司〉。其次就是罗马贵族阶级和地方显要人士的田庄。像兹利滕的庄院那样装饰着精美的镶嵌细工(图 59)的庄院,有力地证实了公元一世纪下半期的大田庄上是一片繁荣的景象。

这三个城市之一的大勒普契斯的历史中有一段奇异的插曲,那就是它在塞普提米攸斯·塞韦鲁斯时期曾迅速地发展。这位皇帝就是这个城市的人,他希望把它变成阿非利加第一大城市。于是勒普契斯成了他的理想城市。他于公元 204 年登位以后来访问该城,就在这一次为了向他致敬而建立了那座装着雕像的有趣的四牌楼*。无疑地,他乘这次机会前来视察一下重建该城的浩大工程,这个大工程按照皇帝本人的设计理想建立了一座崭新的塞韦鲁斯城,虽无此名,实际就是这样。他一心要为这座城市修筑一个宏丽的港口,要与图拉真在罗马所筑的港口比美(图 64),再修一条漂亮的中心大街把这个港口和他自己的塞韦鲁斯新广场连接起来,他和他的皇后就在这个广场上举行仪式就尤皮特尔和尤诺之位。这个海港和广场现在都已经被发掘出来了。我们的史料中提到一座宫殿,尚未发现。

这些事虽然很有趣,但不过是一段插曲而已。这个港口对于该城来说嫌太大了,维持这个港口的负担对该城来说也嫌太重了。然而,只要这座城市犹然繁荣,塞普提米攸斯·塞韦鲁斯的这番贡献就还不算是一种灾难。此地的衰落较帝国其他地方为晚。我们在这里不能详述它的衰落史:那是罗马帝国国力全面衰落的一个部分。

我们在上文中已经对于各个行省作了一番概述。此外,我们曾经在个别地方提到过一些矿场和采石场、森林和渔场,这些场所占有很大的面积。如果不对这些地方的一般情况作一简述,那么,上面的关于各省的概述犹有欠缺不周之处。这些地方对于罗马帝国显然极为重要。帝国政府对于国民经济中的这一个方面当然不曾忽视。欧洲、亚洲和非洲今天正在进行开采的矿场和采石场,只要是曾经属于罗马帝国版图之内的,即使不是全部,也是大多数,都曾被罗马人开采过——煤矿以及古代世界所不知道或很少使用

* R.巴尔托契尼撰文,载《意大利的非洲》(意大利文)4,1931 年,第 32—152 页。

的某些其他矿产不在此例，我们这种说法毫不夸大。至于罗马人，又是从他们以前的产业主那里继承过来的。我们不知道在帝国时期发现过多少新的矿源。看来罗马人在这件事情上沿袭前人的工作而很少有所增进。

在帝国天然富源的利用方面，除了农业而外，我们所知道的实在非常贫乏。我们所知者主要是有关矿场和采石场的情况。森林的采伐以及与林木有关的工业、盐的熬制方法，在我们的知识中几乎还是一个空白点。我们只有普利尼的少许笔记和散见于碑铭文中的若干材料，因此我们就是想对国民经济中这几个部门作一综合的概述亦难如愿以偿。就矿场和采石场而言，我们知道大多位于外省。意大利的矿源颇为贫乏，国家也没有致力用以往确曾有过的那种集约方式来进行开采。显著的例子就是卢纳的大理石矿业。这个藏量丰富的石场出产美丽的卡腊腊白大理石[①]，却从未进行过大规模的开采，而且在共和国时期告终以前一直未开采。罗马人情愿从遥远的希腊、小亚细亚、埃及、努米底亚等地运进各种大理石。这个奇怪现象的缘由可能是因为整个意大利社会经济情况特殊。在共和国晚期，国家极力阻止意大利矿业的发展，办法是减少矿区工人法定人数。其缘故似乎是害怕在矿区集中大批奴隶，以免有可能成为酝酿叛乱的危险的温床，而雇用自由人又会使罗马贵族阶级和城市资产阶级的田庄上所迫切需要的农民和长工的数量为之减少，自从西西里和意大利发生奴隶战争以后，这些情形尤为突出。此外，也没有必要加紧开采意大利的矿藏和石矿，因

① 卡腊腊即石矿所在地之名，距卢纳很近。——译者

为国家已经占有了西班牙、马其顿和小亚细亚藏量丰富的矿场，后来又逐渐添上达尔马提亚、诺里库姆和高卢的矿场。不论在共和国或在帝国时期，都没有国家垄断矿场之事。国家当然是最大的矿场主，因为在希腊化国家和西部各省中它都是原产主的继承人，这些地方的矿场原来就是国有产业。但是在高卢，罗马显然并没有把所有的矿场集中在自己手中，也不反对在高卢贵族的大田庄上发现和开采新的矿场。在共和国时期，国家所占有的矿场大多发租给私人资本家，他们组成力量雄厚的联合组织或公司。至少西班牙和撒丁的情况是这样，而我们可以推想，在东方，无论是小亚细亚和马其顿，制度也与此相同。在西班牙和撒丁，这类公司所使用的劳动力虽未必全是奴隶，但大多是奴隶，他们成群地被带到矿场和采石场里去做工。在马其顿，与此相反，做工的大多是自由人，他们或者直接从国家那里或者从矿业公司那里租下单个的矿坑。

当新行省（西方的高卢、不列颠、诺里库姆、达尔马提亚、潘诺尼亚和达契亚，东方的埃及和亚洲几个新行省）里的大矿区转归国家和皇帝所有的时候，为了适应于每个地区的特殊情况，因而开采制度更加各不相同了。我们在这里不可能详加叙述，但总起来可以这么说，我们所见到的贫乏的史料证明在帝国各处的矿场里，所有可能采用的开采方式样样俱有：发租给大资本家（如诺里库姆、达尔马提亚、高卢）；把单个的矿坑租给小 *entrepreneurs*〈包工人〉，他们的租金或由包税人收集或由国家官吏收集；采石场由承租人（*redemptores*）开采，他们根据实际开采物资总数按比例领取酬金，其工作由文官或武官监督；由囚犯（*damnati in metallum*

〈矿场役徒〉）或奴隶在兵士监督下开掘矿产和石料；实行强制劳役，特别是在埃及。在公共的和皇家的矿场和采石场采用以上种种制度以外，帝国各地都有一些属私人所有的矿场和采石场，这些产主向国家缴纳一定数量的产品。至于缴纳多少，所缴纳的产品如何收集，那我们就说不清楚了。

帝国对于矿场和采石场方面的政策的总倾向是逐渐排除大资本家和把开采权集中到国家官吏手中来。而优先采取的方式是把单个矿坑租给小承租者，特别在阿德里安及其后几代皇帝的时候是如此。例如，在西班牙的维帕斯卡矿区就采用这种办法，在该地所发现的碑铭残片证实了这一点，碑铭文中引用了一项专门调整开矿事宜的法律。中间人的作用实际仅限于收集这些小承租者所应缴纳的租金及其他捐税。维帕斯卡的规章是以这样的原则作根据的：凡愿投资开矿者，个人应得每条坑道出品之半，其另一半应归国家所有。这个原则究竟出自适用于发现地下宝藏的章程，抑或出自远古那种使用 *coloni partiarii* 〈对分佃农制〉经营地产的制度，这是一个有争端的问题，我们在这里不去谈它。但重要的是要强调指出，皇帝在经营矿区方面同在经营公地和皇家土地方面采取相同的制度，其目的在于鼓励小承租者的积极性。到了后来，这种制度似乎不流行了，代之而起的是使用囚犯和利用强制劳役来直接进行开采。

在最重要的矿区的发展过程中，特别是在有关金属的开采方面，我们可以看到一种有趣的现象。由于货币经济最后终于通行于全帝国，甚至在那些以前从未用过货币的地区也以货币作为交换手段，因而增加了对珍贵金属的需求，尤其需要银子。于是罗马政府努力接二连三地把矿区并入帝国之内，并以较前更为有效的方式予以组织。需求的进一步增加，特别是对银矿的需求增加，以及某些银矿（如西班牙银矿）的逐渐匮竭，给政府造成了虽然并非不能克服但却甚为严重的困难。政府极力用赐予某些特权的办法吸引开矿者到银矿方面来，又设法调整货币的币值使适应于已改变的情况。但是，我们不可以过分夸大这个困难；并没有银矿完全匮竭的问题。如果说公元三世纪时缺银的危机趋于尖锐的话，那并不是由于矿产匮竭，而是由于当时局势混乱使然。主要问题不在于缺乏物资而在于缺乏劳动者，这在矿业方面亦与农业方面不相上下；所少者不是 *metalla*〈矿〉而是 *metallarii*〈矿工〉。等到四世纪时，帝国已经克服了这个危机，主要的任务不是发现新矿而是找寻新劳动力去开采旧矿。

读者从上面所作的概述中可以理解和体会到罗马帝国各行省社会经济生活里许多显著的特征。其中最显著的特征就是农业占绝对重要的地位。如果我们说，大多数行省差不多都是专务农业之邦，这一点也不夸大。当然，在某些地方也见到大规模的矿业活动，如在西班牙、不列颠、高卢、达尔马提亚、诺里库姆、达契亚和小亚细亚。某些地方也以其采石场著称，尤其是以产各种大理石著称，如小亚细亚、埃及、阿非利加、希腊本土和希腊群岛。但是，这些矿场和采石场若与田地和草场相比，则不啻汪洋中之小岛。虽然我们没有统计数字，但敢于肯定帝国国民中的最大多数人是务农为业的，或者亲自耕种土地，或者依靠土地的收入为生。

第二个重要的特征就是农业、葡萄种植业和园艺推广普及于那些原先专以畜牧游猎为生或按照非常原始的方法耕种土地的地区。凡是以前没有农业的地方，新传入的农业都是高度发展形式的农业，主要是资本主义的和采用多少合乎科学的土地耕种方法的农业。显著的例子如南日耳曼尼亚的什一税地、不列颠和比利时的田野、诺里库姆和达尔马提亚的溪谷、多布鲁甲的干草原，以及东方的叙利亚半沙漠地带和特腊科尼提斯高原等地区。阿非利加的发展也是相当重要的，在这里，科学灌溉方法把草原和高原变成了肥沃的谷田，后来又变成了橄榄林。这些橄榄林一英里又一英里地连绵不断，在它所覆盖的地面上我们今天却只见到稀疏的羊群和骆驼在那干草原上过着半饥饿的生活了。葡萄和橄榄的种植业几乎推广到罗马所有的行省，所向风靡，这一点前文已经叙述过了。

从我们的概述中可以得出第三个特征，那就是，整个帝国有一个土地集中于少数业主手中的总趋势，这些业主都住在城市里，或属于以皇帝本人为首的帝国权贵阶级最高一层。占有土地的人本身并不熟悉农业而是一些城里人，他们只把土地当作一种投资方式。这种现象过去仅仅是意大利和希腊的一个特征，而现在却见之于每一个行省了。另一方面，为事势所迫，土地日益成为国家的财产，退出市场而集中于皇帝之手。这个发展过程逐渐使过去曾流行于某些希腊化时期的君主国和某些东方君主国中的土地占有形式重新恢复。

当土地集中于城市资产阶级、集中于帝国权贵阶级、集中于国家的同时，我们看到那些在自己的部落、乡村或城市的居民集体中过着自由生活而不依靠旁人的小地主在整个罗马帝国中逐渐消失了。在意大利和希腊，旧日的业主降为佃户，成为一个社会地位较低的阶级。在意大利，他们都是罗马公民，但经济地位和社会地位都很卑下。在高卢，那些曾经投靠于富裕权贵阶级的靠客被视为低贱阶级，受到低贱阶级的待遇，没有权利参加居民集体的公共生活；无论在城市或在乡村，这种权利都为有钱的地主们所独占。在多瑙河地区，虽然我们见到相当多的繁荣的村社，村社里的农民耕种着自己所占有的土地而不是从城市富裕地主那里租来的土地，但其实际情形仍然和上面所说的相同。在小亚细亚，绝大多数种地者或为希腊城市的二等市民，他们多半从住在城里的业主那里或从城市本身那里（指有公地的城市而言）租典一块土地；否则即为皇庄和庙田里的半农奴。某些山区的部落以及叙利亚和巴勒斯坦多数村庄里的居民情况比较好一些。在埃及，虽则私有地产显然有所发展，但这个发展差不多仅限于居民中的希腊籍和罗马籍人，至于土著农民则依然与托勒密时期一样，半为农奴，半为佃户，后一种身份尤为常见。最后我们来看阿非利加，这里的居民大多数不是依靠自己的土地为生，而是替皇帝及其包租人，或替城市资产阶级的成员去耕种土地，辛勤劳动。

不居乡的地主人数增多和小地主变成了佃户，这种情况丝毫无益于农业技术的改进，甚至不能维持希腊化时期和罗马早期那些使用奴隶劳动来耕种的资本主义田庄所曾达到的高度技术水平。在意大利，一当土地脱离本乡本土的城市资产阶级之手而被并入帝国权贵阶级的大地产以后，科学的农业立刻就日趋衰落。但是，在外省（在埃及、阿非利加、叙利亚、克勒特人和色雷斯—伊利里亚人地区），那种勤俭的务农者，即所谓“agricola bonus〈好农夫〉”，却仍然很常见，或甚至可以说正在产生，尤其是在多瑙河流域、埃及和阿非利加。这些地方，在一段时期内，最常见的业主就是以公元一世纪蓬佩伊的山庄的庄主为代表的那种人，关于这种类型的业主我们已经引证了许多例子。但是，由于皇庄的拓增，由于帝国各地形成一个富裕的城市资产阶级，而且这些占有土地的大企业家的野心又比那些“好农夫”要大得多，因此，科学性农业的衰退现象本是意大利的特征，但也终于流行到外省来了。

最后一点，我们的概述揭示了乡村居民在整个帝国中占极端重要的地位。佃户和庄稼人是帝国的骨干。他们同城市里的奴隶和工匠一道组成罗马帝国的劳动阶级，这个阶级在城市资产阶级的指使下生产城市和帝国军队所需要的产品，城市和军队是主要的消费者。就数量而言，他们无疑地大大超过了包括资产阶级和工人在内的城市居民的数目。我们没有统计数字，但是，只要我们看一看罗马帝国的地图，只要我们约略估计一下供应城乡居民食用粮食、甚至还要向国外输出粮食所需要的人手数量，那么，每一人都会相信种地的乡下人在帝国人口中占绝大多数了。罗马帝国已经进行了很高程度的都会化，这是事实。而且，如果我们从它的经济生活方式以及国民的购买力着眼，我们的确可以说罗马帝国的都会化已经过分了一些。然而，乡村居民却并没有被吸引到城市中来，即使从推广城市文明这个观点来看，乡村居民也丝毫没有沾光。文明的生活只为城市所独享。乡村居民集体生活在非常原始的情况下。他们没有自己的学校，没有自己的竞技场，没有自己的角斗演习所，没有自己的图书馆；而城市里的这些设备又发展得太过分了。他们所有的一切只不过是一两座祭祀当地神祇的土庙，偶尔有一个浴场或一个圆形剧场而已。当然，他们也学会说几句拉丁话或希腊话，或许还略能读写。我们阅读几篇多瑙河流域

诸省或小亚细亚那些使乡下人永垂不朽的碑铭文,就可以推测出他们所说的是一种什么样的拉丁语或希腊语。然而,他们的进步是迟缓的,非常之迟缓。国家从不关心乡村的需要;城市专心于使自己的生活尽量舒适而没有钱来花在乡村上;而村民们本身又太穷,所以无力改善自己的生活条件,他们的生活条件大多安排得很坏。正因为如此,所以城市的人几乎一律都说希腊语和拉丁语、都写希腊文和拉丁文,而在乡村里,人们却仍然说着伊伯利安语、克勒特语、伊利里亚语、色雷斯语、弗里季亚语、吕底亚语、叙利亚语、埃及语、腓尼基语或柏柏尔语。

从政治观点来看,乡村居民在任何方面都不与城市的市民同等——不论这个城市的法律地位如何,不论它是罗马屯市、是自治市还是纳贡市镇。应当注意的是,最后提到的这种法律地位的城市后来渐渐不见了。在所有的纳贡市镇中,其居统治地位的权贵阶级至少或具有拉丁公民资格或具有罗马公民资格。外省的乡下人都属于裔民阶级,只有极少数偶尔住在乡村里而形成乡村权贵阶级的罗马公民以及一些不幸而沦落为佃户的人不在此例。关于这个阶级的法律地位,我们知道得很少。看来它似乎包括好几类人。埃及的情况是大家都知道的,在那里,裔民阶级中以亚历山大里亚人为其最高一层,其次是乡下的希腊人,最低一层是土著农民,即 *fellahîn*。究竟这种区别是埃及所特有的,还是也存在于罗马帝国其他地区、特别是存在于东方地区呢?在这里不可能讨论这个问题。因为大家知道,这个题目目前正争论得很激烈,它牵涉到一项卡腊卡拉的敕令的复原和解释,这项敕令的残卷是在埃及发现的(《吉森市上黑森史学会博物馆所藏苇纸卷》40 号)。这个问题要想得到圆满解决还差得远。这个文件中提到 *dediticii*〈降虏〉，无疑地它与卡腊卡拉把罗马公民资格赐给罗马帝国全体居民的那项著名的敕令多少总有某种关系，但这个名词指的是什么尚未得到解释。最新的解释认为《吉森市上黑森史学会博物馆所藏苇纸卷》40 号之所谓降虏可能指埃及的乡村居民，而这个假说的论据尚不充分。不管怎样，总之可以肯定的是：在公元一和二世纪，裔民中各个不同阶级在人数上大大超过了拉丁公民和罗马公民；他们之中大多数人不住在城市里而住在乡下；他们形成异族人中最低贱的一个阶级（至少在东方是如此）。

有关乡村居民的最后一个问题是村民们的物质生活福利的问题。对于这个问题，我们几乎不可能作出适当的总答案。关于乡村居民日常生活情形我们知道得相当详细的只有埃及一省。研究了许多埃及村庄的遗址和在这些遗址发现的千百件史料，所得到的印象是这样：我们几乎可以说在罗马统治期间埃及土著农民的经济情况毫无改善之处。在罗马人统治的最初几十年中，埃及曾一度短期恢复繁荣，但这只是昙花一现。这次恢复繁荣，对于占有土地的埃及新兴资产阶级而言比对于皇庄上的农民和地主们的佃户而言要维持得长久一些。农民和佃户的情况越来越坏。埃及人民群众的生活状况极不正常。赋税苛重，收税的方法野蛮而不公平，强制劳役沉重地压在农民身上，国家官吏的诚实只是一个虔诚的愿望而很少是事实。无怪乎不满情绪日益增长和土地荒芜。早在二世纪之初，甚至早在一世纪时，我们就不断听说村民抗拒纳税或抗拒服强制劳役而恢复古代埃及人的罢工方式，那就是离开村庄亡命到三角洲上的薮泽中去。当然，一旦有机可乘，这些逋逃者

就会随时揭竿而起；他们自然会在那些留在村庄里的居民中间遇到许多同情者。我们对于图拉真时期埃及和昔兰尼加的犹太人之乱知道得很少。官方的说法说是埃及人站在政府一边向叛乱者作战。我却推想协助政府的是资产阶级，是希腊人和希腊化的土著，而那些薮泽之盗和若干土著农民是支持犹太人的。这个看法可用下述事实为证：阿德里安和安东尼努斯·皮攸斯两朝每当犹太人发生叛乱之后就立刻要对付埃及的新叛乱，而这些新起的叛乱不是犹太人的。对于一个强大的罗马帝国而言，这只是一些小事，但这些小事很可以表现埃及土著农民特有的心情。大家知道，在M.奥雷留斯时期爆发了一次更严重的叛乱，这次牧牛人（Βουκόλοι）的起义好容易才被镇压下去。

埃及的情形是特殊的吗？罗马帝国其他乡村地区的劳动阶级的情况比在埃及好一些吗？对这个问题不可能作出适当的答复。迪约·克里索斯托姆的演说词和前文所引的史料证明小亚细亚许多城市郊区的郊民与城里的地主对抗；福音书及其他当时材料所描写的情形显示出巴勒斯坦的农民生活绝无佳况而到处都是极端贫困和受虐待的现象；一世纪时在高卢发生了马里库斯领导下的农民起义；达契亚和达尔马提亚的土著农民在M.奥雷留斯远征时也发生了类似的起义——所有这些事实说明，无论是在那些农民生活在半农奴状态下的地区或是在那些自由农民占多数的地区，情况都同样地不比埃及好多少。但是，这些记载所报道的都是特殊情形。我们在一些乡村里所见到的少许碑铭文给我们的印象却证明农民们逐渐趋于兴旺，或至少处于安居乐业的景况下。一般而言，在一世纪和二世纪时，乡村仍然是沉默无言的。如果它发言，它说的也是替帝国增光彩的话。但是我们不可忘记这一点，那些说话的人都是乡村权贵阶级，并不是农民大众。

上面我们已经综述了罗马各行省的概况，现在可以转而谈谈罗马工业与农业、商业比较之下相形见绌这个争论纷纭的问题了。为什么古代工业没有达到近代世界所达到的高度发展水平？为什么古代世界的工业化运动停顿下来了？为什么罗马帝国未能发展我们今天所特有的资本主义式的工业？

近代经济学大师 K. 比歇尔、G. 萨尔维约利和 M. 韦伯尔对这个问题所作的解答是这样的：古代工业不可能发展，因为古代世界始终没有摆脱原始的家庭经济（*Oikenwirtschaft*）形态：它始终没有达到近代经济发展所到达的较高阶段——城市经济和国家经济阶段。比歇尔对经济进化所区分的几个形态（即家庭经济、城市经济、国家经济和世界经济）是否正确大成问题，姑且假定他的说法正确，我仍然认为经济学家按特征区分形态的说法如应用于古代世界是错误的。固然，我们在古代世界、特别是在罗马帝国所见到的家庭经济残余比我们在十九、二十世纪某些近代国家里所见到的家庭经济残余要多一些，无论从不住在乡下的地主经营其大田庄或从农民之耕作来看都是如此。但很明显的是，这些家庭经济现象仅只是残余而已。在意大利也好，在外省也好，家庭生产都只限于一定数量的纺织业。此外一切物品均须求之于市场；农具和家具、陶器、灯盏、化妆品、首饰珠玉、衣服等等都不是在家庭里制造的，甚至不是在乡村里制造的。我们对乡村穷人的坟墓所进行的发掘充分证实了这一点。因此，认为整个古代世界无论在哪个发展阶段中都普遍存在家庭经济，这是不合事实的。即使在更早

一些时候的东方君主国中也根本不存在纯粹的家庭经济；而随着东方文明和希腊—罗马文明的推进，家庭经济在欧、亚、非三洲大部分地区内逐渐消逝了。问题在于：为什么家庭经济残余得以维持很久，乃至在罗马帝国经济蓬勃发展之后仍然能维持下来？资本主义的工业随着希腊—东方文明的推进而逐渐扩大其地盘，首先征服了东方，次及于希腊，最后及于罗马帝国，为什么它不能掌握住它所着手征服的地盘？工业为什么没有力量消灭家庭经济的残余？而这些残余现象为什么逐渐成为古代世界中突出的经济特征？某些近代学者认为古代工业萎弱的原因在于存在奴隶劳动。他们解释说，由于奴隶劳动低廉、奴隶的驯服性以及奴隶的供应来源无限使工人数量得以不断增加，这些因素妨碍人们去发明节省人力的机械，从而不可能兴办工厂。我不同意这种理论。我要指出，古代工业达到其最高水平时是在希腊化时代，而这个时期的工业正是完全以奴隶劳动为基础。古代工业之衰落是在罗马帝国时期，而这时候，奴隶却逐渐为人数不断增多的自由工人所代替，即使就工业界而言也是这样。再者，所谓劳动力供应来源无限的论点和有关奴隶劳动特点的说法都夸张得不像话。奴隶劳动显然根本不低廉，奴隶也毫不驯服（如奴隶起义所示），而购买奴隶所付的代价一般很昂贵。如果说罢工之事不常见，那是由于工业水平之低，而不是由于工人秉性驯良和使用奴隶。既然如此，那么，使用奴隶又何妨于一个精明强干的店东去利用新的技术发明呢？难道那不是能使他的产品价廉物美的一个好办法吗？正当技术停止进步（与纯科学研究停止进步同时）的时候，工业开始衰落，这是一个显著的事实，但这个事实不能用使用奴隶来解释。因此，我们对罗

马帝国工业的衰落必须另求其他解释。

据我看来，这个解释必须到帝国整个社会状况和政治状况中去找寻。帝国时期工业发展的弱点似在于缺乏真正的竞争，竞争之缺乏是由于消费者的性质、人数和购买力造成的。希腊时代和希腊化时代，在工业界，无论在技术方面，在劳动分工方面，在为一个不定市场进行大规模生产方面，都大有进展，这是由于对制造品的需求在不断增加。希腊少数工业生产中心在公元前五、四世纪时不仅要满足希腊城市本身的需要，还要去满足意大利、高卢、西班牙、黑海沿岸及其他地区那些日益扩大的希腊市场和非希腊人的市场的需要。除了希腊侨民以外，其余的顾客就是上述各地无数半野蛮的居民，他们的好尚和生活习惯已逐渐愈来愈希腊化了：意大利和俄罗斯南部的土著的坟墓里满是雅典工业制造品和希腊化时代的工业制造品。在希腊化时代，工业中心的数目和消费者的数量都迅速增多了。东方是向希腊工商业开门的，而希腊工业中心又通过迦太基而与阿非利加、西班牙、不列颠和整个北方地带发生了联系。希腊的制造商懂得怎样去适应他们的新顾客的需要和怎样去招徕顾客。在各个工业中心之间产生了激烈的竞争。当罗马开始接触希腊化世界的时候，购买力强的消费者的数量正在飞速增加。罗马人在东方所干的破坏工作固然曾经一度使大批富裕居民的购买力日益削减，从而带来了极为有害的后果，但这还不是至关重要之点。更为重要的是，罗马终于把整个古代世界统一成一个帝国，几乎把地中海四周一切繁盛的和多少有些进步的民族完全并入一个国家之内了。在从事征服和进行内战的短短期间内，破坏是多于建设的，此后，奥古斯都的胜利恢复了和平和正常状

态。经济随之复兴。工业中心重新活跃起来，消费者的数量增多了。但是，问题在于，这一切恢复到了什么程度和维持了多久呢？

希腊—罗马工业市场现在差不多仅限于帝国本国居民了。我们在第五章中曾强调指出罗马的对外贸易的分量不容低估。但是，必须考虑这种贸易的性质。蛮族和北欧的穷民不可能消受大量工业制造品，政治情况又使得这种贸易始终没有正规化，而一直或多或少带有投机冒险性。远东固然安全一些，但那儿自有其高度发展的工业，它对于罗马帝国工业制造品的需要始终只限于某几种货品，而且当它学会仿造这几种货品以后就立刻不再需要了。剩下唯一的顾主只有帝国本国的居民。当罗马文明正在进行扩张的时候，工业是兴旺发达的。我们已经谈过各行省逐步工业化的运动。但是，到了阿德里安时代，扩张运动停止了。版图不再有所增加。外省的罗马化运动或部分都会化运动在阿德里安之时达到了最高峰。这时候，工业市场仅限于帝国的城市和乡村地区。古代工业的前途取决于它的购买力，城市资产阶级的购买力虽强而人数却有限，同时城市无产者却愈来愈贫困。我们已经看到，乡村居民的物质福利纵说不是毫无改善，其改善也是非常缓慢的。由此可见，罗马工业的结构建筑在非常脆弱的基础上，在这样的基础上根本不可能建立开支浩大的资本主义工业。

第八章

弗拉维攸斯氏和安东尼努斯氏的社会经济政策

在奥古斯都结束了来因河地区和多瑙河地区的大战并完成了对西班牙和阿非利加的绥靖工作以后，罗马帝国大约有一世纪之久不曾遭到重要的对外战争的干扰。克劳迪亚斯之兼并不列颠、毛里塔尼亚和色雷斯，芮罗在东方的野心勃勃的计划，以及韦斯帕西安时期的犹太战争，都是一些不曾影响到整个帝国的地方性“殖民”战争。帝国的危险的邻居和敌人，即北方和东北方的日耳曼人和萨尔马特人、东南方的安息人，多多少少一直保持着平静。唯一严重的震荡是公元 69 年意大利的内战，内战之后来因河边境上接着发生了一些纠纷。无怪乎在这样一些形势下罗马帝国的组织看起来是稳如泰山，万世不易；也无怪乎尽管某几位皇帝私下挥霍无度，行为放荡不羁，而经济生活仍然继续不断地向前发展。我们必须记住，刚才提到的那几次殖民战争既然结果都使一些比较富裕和文明的地区并入帝国，当然就为罗马工商业开辟了新市场，为罗马的兵源提供了新的、最理想的补给地区，从而增加了帝国的繁荣。

但与此同时，情况逐渐发生了变化。同帝国有密切接触的日

耳曼人学会了怎样改进他们自己的军事装备和技术，他们发现罗马的边塞并非是一道不可逾越的长城，他们懂得需要更好地组织自己的内部生活。此外，那些同罗马毗邻而居的人亲眼看到了各省城市的富庶繁华，渴望分享帝国的文明生活。日耳曼部落数目的不断增多又从另一方面刺激它们向前推进去尽力获取新土地。固然某些日耳曼部落因受阻于罗马壁垒而已折向东南，进入第聂伯河地区；但是，有鉴于称雄于俄罗斯草原的萨尔马特人力量强大，这条出路并不够宽阔，或者说不够安全，因之它们不可能以此为满足。萨尔马特部落也有一个明显趋势，那就是与此相似的向西迁徙的运动。西部的萨尔马特人，即亚齐杰斯人和罗克索拉尼人，装备精良，组织完善，但同从背后逼迫他们的邻人（北方的日耳曼人和东方的其他萨尔马特部落）不断发生争执，因而迫切地希望定居于紧挨着罗马边塞的多瑙河地区。亚齐杰斯人确实已经如愿以偿，在达契亚王国以西的多瑙河北岸地区安下身来。晚来的罗克索拉尼人未能达到这一目的，因为他们被罗马军队挡住了，但他们长时期内一直威胁着多瑙河南岸地区。此外，安息人从来不曾放弃对叙利亚地区和亚美尼亚的要求，也从来没有遭到一次足以使自己一蹶不振的沉重打击。反之，他们清楚地知道，罗马驻叙利亚的选军并不是能够阻止他们再次力图侵入波斯帝国古代领土的障碍。

要在这里讨论罗马帝国的对外政策，看来是不相宜的。只要说明下面这一点就够了：在多米戚安和图拉真时期，罗马那些熟悉边境情况的有远见的政客和将军们感到有必要恢复奥古斯都的政策，即必须再一次向敌境发动胜利的进军，否则罗马就会被迫保卫帝国以防御来自北、东、南三方面的严重攻击。多米戚安充分了解这种必要性，不过他的远征并不十分顺利，而且还引起了一些重大灾难。图拉真继续执行多米戚安所努力推行的事业，他做得比较彻底，也比较成功。大家知道，图拉真的两次远征吞并了多瑙河上最后一个有完善组织的半文明国家，即罗马帝国同日耳曼人和伊朗人各部落之间的缓冲国——德策巴卢斯的达契亚王国（或称色雷斯王国）。现在罗马帝国直接遭遇两股入侵者的浪潮了，它们是来自北方的日耳曼人和来自东方的伊朗人。关于多瑙河下游的情况以及达契亚国家同罗马之间的关系，我们知道得太少了，因此无从判断图拉真的进攻是否曾以德策巴卢斯的政策作为借口，也无从判断同日耳曼人和萨尔马特人直接打交道是否真的比较轻松。但有一点是清楚的，即吞并达契亚以后，就需要对多瑙河地区实行更加强有力的军事占领，因为罗马边境这时比以前要复杂得多。而且，帝国还必须向新征服的地区移民，这些移民的特殊任务就是使达契亚都会化。对达契亚腹地需要采取同在下梅西亚和色雷契亚一样的都会化政策和屯垦政策。图拉真在南方和东南方，即在安息、阿拉伯和阿非利加方面也采取了兼并政策。在阿非利加和叙利亚得到很大的好处。肥沃的土地上新开展了屯垦运动，以前荒废的大片地区新建立了城市生活。至于兼并美索不达米亚之举则激起东方各族人民产生强烈敌对的民族情绪，因此从军事和政治角度来看，这次兼并的实际好处究竟有多么大，仍是一个可以讨论的题目。

图拉真虽然赢得了胜利，整个帝国却因此疲惫已极。军事行动需要一再征集兵员，其重负几乎完全由罗马人地区和罗马化地区承担，其中也包括供应禁卫军和军官的意大利城市。开往东方和南方新地区的人很少返回乡土:许多人战死沙场,另外一大批人被用来在新获得的各省从事屯垦事业和推行都会化运动。我们已经提到图拉真曾不折不挠地发展多瑙河地区的城镇生活,以求在多瑙河边塞的后面建立另一个高卢。我们也知道:他在阿非利加设置了许多屯市;叙利亚某些地区的都会化运动在他统治期间推行得很迅速,并卓具成效。而这一切工作都是靠牺牲西班牙、高卢、达尔马提亚和小亚细亚这样一些罗马化(或希腊化)程度较高的旧罗马行省的利益来完成的。无怪乎西班牙各城市感到惊慌不安,并抗议不断的征敛。

罗马以战养战的时刻,胜利使征服者发财致富的时刻,一去不复返了。在达契亚和美索不达米亚所虏获的战利品不足以抵偿大批军队在远方年年征战所消耗的浩大费用。由于部队络绎不绝地调往战场(在图拉真圆柱上以艺术的手法描绘了这些情况),这就需要修补旧路和建造新路,建筑用费繁浩的桥梁(使人想起多瑙河上的著名桥梁),建造新船只,征调大量驮畜和驿伕,在城市中安排兵士行军途中所需要的营舍,把大量食物集中到一定的地点(这也需要有良好的道路和充足的运输工具),源源不断地供应无数的军械装备、衣服靴鞋。即使在现代,尽管有了铁路、汽车和大工厂,这些问题仍然是很困难的,只有那些凭经验深知这些问题在现代是多么困难的人才能够理解到连年不断地进行一场真正的战争(不是“殖民”战争)对罗马帝国说来意味着什么。此外,达契亚战争结束后,图拉真曾支出大量金钱作为给人民的 *congiaria* 〈赐钱〉和给兵士的 *donativa* 〈犒赏〉,并用以举办各种赛会和其他典礼。更浩大的开销是用来偿付他在罗马城、意大利和各省的奢侈浪费的

1. 图拉真和退役军人

2. 图拉真和商人

3. 给意大利城市的贫儿补助金

4. 图拉真和外省

图 68　图拉真和阿德里安

图 68 说 明

1. 贝芮文土姆地方图拉真拱门上的一块浅浮雕。贝芮文托。此处只需提及 S. 赖纳赫的《希腊罗马浮雕图谱》(法文)i(本幅浮雕见该书第 65 页,1)。

一群神引着两个退役军人谒见图拉真和他的幕僚(他们全都穿着常服)。诸神中为首的是高贵女神维尔土斯,她的手中拿着一面 *vexillum*〈军旗〉,其上有五个 *aquilae*〈鹰〉,那是五个军团的标帜。陪伴维尔土斯的有迪亚娜和西耳瓦努斯·多梅斯提库斯,这两位是森林田野之神和乡间定居生活的保护者。这幅浅浮雕很容易解释,它所纪念的是图拉真某次把土地赐给五个军团的军士的事情;所赐的土地大概不在外省而在意大利,因为这幅浮雕所处的位置在这座拱门朝着罗马的一面,而且,*Liber Coloniarum*〈《屯市志》〉中的材料也可资证明。

2. 同图 1。S. 赖纳赫,上引书,第 65 页,2。

皇帝穿着常服与三个穿常服的罗马公民相互致礼。这三个人代表一个地方,这个地方受三位神的保护:其一为阿波洛(左),第二位为埃尔库勒斯,第三位被大家认作波尔土努斯;由此可知,这三位神所保护的城市是一个海港城市。冯·多玛斯策夫斯基认为,向皇帝致礼的是罗马城的商人——首都最大商业中心博阿里攸姆广场上的商人。因为保护罗马城的 *navale*〈港口〉之神恰好正是波尔土努斯、埃尔库勒斯和阿波洛,所以我们可以承认冯·多玛斯策夫斯基的解释。

3. 同图 1。S. 赖纳赫,上引书,第 66 页,4。

由四个妇人和两个男人组成的一群人庄严地欢迎皇帝。这些妇人都是象征人物;她们都戴着有角楼的冠,无疑是意大利四个城市的化身;其中之一臂中抱着一个婴孩。两个男人都是罗马公民;每人肩上负着一个小男孩,身边另带着一个大男孩。图右角上是一些树木。由于这幅浅浮雕刻在拱道里边,而拱道里边的另一幅浅浮雕是与贝芮文土姆城有关的,所以我们自然把这幅图形解释为贝芮文土姆等四个意大利南部城市感谢图拉真创设 *alimenta*〈贫儿补助金〉的象征。意大利的人口日见繁衍,而贫儿补助金促成了这个现象。这幅浮雕的主题思想就是如此。

4. 同图1。S. 赖纳赫，上引书，第61页，2。

一个尊严的妇人戴着一顶有角楼的冠，扶着一张犁（其右手所执之徽帜已失去），面向皇帝图拉真。图拉真引导两个小孩——一个小男孩和一个较大的女孩——向她行礼膜拜。这个妇人受到战神马尔斯的保护。皇帝身后站着两个戴王冠的妇人，神情庄严，其中之一手执 *cornucopiae*〈富饶角〉。佩特尔森解说这幅图形，认为这是图拉真教导儿童崇拜 *Italia agricola*（农业的意大利）。他以为它象征意大利的农业在图拉真的胜利武功（马尔斯）的保障下得到复兴，象征意大利的繁荣，象征意大利的人口因创设贫儿补助金而重新繁殖起来。但由于这幅浅浮雕不是朝着意大利和罗马城的方向而是朝着外省的方向，同时由于在图3已经颂扬了贫儿补助金，因此冯·多玛斯策夫斯基另作解释；他认为这幅图形象征图拉真建置新的罗马屯市从而使罗马公民遍及各省的情形。我的理解却是这样：它象征由于推行一种明智的军事政策因而使罗马帝国日益富裕和人口滋殖。战神马尔斯保护着罗马帝国，恢复它的富饶，使它的人口不再损耗，并使处处享受丰年。站在代表丰年的女神之旁的另一位戴王冠的神像可能是公平之神或仁慈之神，她象征图拉真和阿德里安（或更着重地指阿德里安继图拉真之后）对外省施行正直公平而仁慈的政教。

建筑活动的费用。我们千万不可忘记，图拉真是奥古斯都和芮罗之后最积极地从事建筑活动的皇帝。但无论如何，他仍谨慎地避免增加赋税，避免对罗马公民采取竭泽而渔的办法。

怎样来满足军队的需要，关于这个问题我们只掌握很少的史料。但只要指出一点就够了：当时所采用的办法主要是征发，这就是说无论在意大利或在各省都施行强制力役。即使史料不足，仍可看出多瑙河各省以及色雷斯、马其顿和比提尼亚（它们是意大利通往多瑙河和从多瑙河通往安息战场的主要道路的必经之地）所担负的修建道路和供应部队食宿的任务是何等沉重。从碑铭中反映出一些明显的事实。我们看到,图拉真坚持要修复赫腊克勒阿—林策斯提斯市辖区内的一条道路,责成该城市及其附属部落担任修路的任务;我们看到,马其顿的贝雷亚市的富裕公民为了拯救自己的市镇而帮助它承担沉重的负担;我们看到,在马其顿这样一个产粮相当丰富的行省里,缴纳赋税和设法使居民获得足够的粮食竟而成为各城市的艰巨任务。无怪乎在阿德里安朝初年形势变得特别尖锐,这时该省的财力已经枯竭了。我们在比提尼亚也遇到类似的情况。公元 111 年,即安息战争之前几年,图拉真曾派遣他最得力的一个助手小普利尼到比提尼亚去整顿各城市的财政,视察该省的一般政务及其与博斯普鲁斯藩属王国(东方驻军的最重要的补给地之一)的关系,这件事并不是偶然的。通往东方的主要道路上的城市(拜占庭和尤留堡)激烈地抱怨它们因部队调动而不断耗费钱财,这件事也不是偶然的。同马其顿的情形一样,富人也来设法支援本省:加拉戚亚旧王室成员和吕西亚富豪鄂普腊莫阿斯都曾提到当图拉真去世前后不久他们在供应图拉真、阿德里安及其军队方面所尽的力。普利尼曾经指出皇帝的一次出巡对行省说来意味着什么,只要读一读他这段脍炙人口的描述,就可以了解即使在图拉真的开明统治之下负担仍然是多么沉重,尤其在战争期间,负担之重更是不在话下,因为这时由于迫不及待的需要,皇帝往往迫不得已地采取紧急措施。关于这个问题,以帝国晚期的史料较为详细(见下文,从第 592 页起),但毫无疑问,那时候所采取的办法并不是没有前例的。

但是,如果我们发现图拉真的战争使整个罗马帝国遭到了什么样的严重灾难,那就会多少有些惊讶。图拉真本人过于专心致志地忙于自己的军事冒险活动，以致不能充分了解他的远征正在毁灭帝国的生命力。固然，他看出意大利在迅速衰落而力图遵循弗拉维攸斯氏和芮尔瓦所曾走过的道路予以挽救。这种衰落的可怕征兆就是：半岛上的人口减少了，意大利农业也随之而衰退了。我们已经看到多米戚安曾如何设法禁止外省栽种葡萄以挽救意大利的地位。芮尔瓦曾设法使乡村人口重新稠密，为此他又旧话重提，再拿出把土地分配给较贫穷的公民的计划；他也是最早想创设贫儿补助金制度来达到自己目的的人。图拉真禁止意大利人口外移，并把罗马退役军人安插在紧靠着罗马城的地方；他强迫元老院议员必须在本乡得到一块土地；他向意大利所有的地主（既有大地主，也有小地主）发放低利息的贷款，以帮助他们改善境况。显然，最后这一项措施同前面三项措施密切有关，并且是达到芮尔瓦所追求的同一目的的另一种办法。制止意大利人口外移就会人为地造成一大群没有工作的无产者，所以，单单这样做是不够的。还必须使他们有工作和有家业。芮尔瓦打算把土地分给他们作为私产，这种做法花费太大，不能大规模实行。图拉真试行另一种计划。他把资本吸引到意大利来，其办法一方面是强迫元老院议员投资于意大利的土地，同时让现有的地主得到低利息的贷款。这样一来，本来逐渐荒废的土地又被开垦出来了。由于一世纪时的奴隶经济不再有利可图（第六章已说明这一点），再则由于这时所流行的耕作制度是佃户耕种土地，所以开垦土地意味着对自由佃户的需要不断增加，从而使没有土地的无产者得到更多的机会来成家立业、弄到耕具和家畜并在地主的田庄上占得一小块土地。普利尼投资于意大利的土地并把这块土地发租给佃户，他这样做

1. 图拉真的军队在敌境劫粮

2. M.奥雷留斯军队的辎重车队

3. 战利品和战俘

图 69　战争的负担

图 69 说 明

1. 图拉真圆柱上的一块浅浮雕。罗马，图拉真广场。C. 契科里攸斯：《图拉真记功柱上之浮雕》(德文)，iii，第 203 页，图 LXXXI。

背景是罗马军营，军营与主平面的景物之间隔着一条山岭(图的左部属于前一场面，在那里可以看见军士们正进入一个新建成的军营)。主平面是一片肥饶的谷田；小麦已经熟了，收成极好；罗马军士越过山岭来收获敌人的麦田，把谷子装在骡背上运往军营去。毫无疑问，在必要的时候，特别是在发生内战的时候，他们对待本国的行省也采用同样的手段。

2. 奥雷留斯圆柱上的一块浅浮雕。罗马，圆柱广场。E. 佩特尔森，A. 冯・多玛斯策夫斯基，G. 卡尔德里尼：《罗马圆柱广场上的马尔库斯记功柱》(德文)，图 CI 和 CII，第 xciii 号；S. 赖纳赫：《希腊罗马浮雕图谱》(法文)i，第 323 页，第 115 号。

M. 奥雷留斯军队的车队。牛和马拉着沉重的大车，车上装载军队的 *impedimenta*〈辎重〉，车辆在军士的护卫下缓缓进行。运输军士的行囊、战争物资和粮食所需要的牲口为数之多是可想而知的。这些牲畜当然大多征调自罗马各省，征自敌人领土的只占一小部分。

3. 同图 2。E. 佩特尔森等，引书同上，图 LXXXII，第 lxxiii；S. 赖纳赫，引书同上，第 317 页，第 91 号。

罗马军士护送战利品，其中有成群的牛、山羊和掳来的妇女。这种场面具有代表性，在圆柱上一再重复出现；例如，对照上引书图 XXXIII，第 xxv 号和 xxvi；图 CXIXa，第 cx—cxi 号等。俘虏中未见到男人；所有的战利品只包括牲畜、妇女和儿童。

图拉真圆柱和 M. 奥雷留斯圆柱上的浮雕与贝芮文土姆拱门上那些表现安东尼努斯氏纲领的浮雕形成对比；它们描绘了生活的实况，充分说明了艰苦的战争加在罗马帝国身上的沉重负担，而为了保证意大利和外省的安全又不得不从事这些战争。

是为了配合图拉真的想法，帮助图拉真完成使意大利人口增加的任务。同一个政策的另一面是这个时期内大批奴隶获得释放，帝国制定的法律简化了释放奴隶的手续。再一个方面就是：为了养育意大利无产者的儿童，利用国家借给意大利地主的钱的利息建立贫儿补助金制度，这种制度也为普利尼这类大财主所模仿，并逐渐推行于外省。

由此可见，图拉真的社会经济政策的目的和他以前各个皇帝的目的一样，都是要挽救意大利的领导地位，使它恢复往昔在帝国中的经济优势。他设置了元老院议员级的专门官职来协助进行此项工作，这种官职的职能是指导意大利城市，使它们为共同目标而努力。他的努力并未完全获得成功。意大利的衰落也许暂时延缓了一步，但不可能被遏制住。普利尼和他的佃户之间的经验就是意大利情况中的典型例子。意大利不再是、也不可能再是帝国的经济中心了。

与此同时，外省的情况变得愈来愈坏。说图拉真对外省的需要漠不关心，那是不公平的。我们已经一再提到他在鼓励某些行省的城市生活发展方面的一系列活动，这种活动和韦斯帕西安的活动一样具有深远的影响。他极力要革除那些奸诈的总督肆无忌惮的劣迹弊政：普利尼所曾积极参与的多次检举案件可以证明这一点。他指定专门的督察官来协助外省各城市更有效地管理自己的财产，削减使城市生活更为舒适安逸的费用；试图通过这样一些办法来整顿外省城市的财务。城市的凋敝意味着国家的凋敝，因为城市要负责缴纳其住户及其辖区内的居民所应缴的赋税。但这些权宜之计终无补于大局。当图拉真在从美索不达米亚返回罗马

1. 贫儿补助金

2. 焚毁欠负国家债款的文簿

图 70　图拉真和阿德里安

图 70 说 明

1. 广场两条栏杆中的一条栏杆上的浅浮雕。发现于罗马城的广场中，现存于罗马教廷。A. 斯特朗夫人:《罗马雕刻》(英文)，从第 150 页起，图 XLV(参阅《奥古斯都至君士坦丁期间的罗马雕刻》(意大利文)，从第 138 页起)；S. 赖纳赫:《希腊罗马浮雕图谱》(法文)i，第 278 页(以上均附有参考文献目录)。经常被刊载在各处。

皇帝(大概是图拉真)站在罗马广场的 *Rostra*〈船嘴台〉上(背景中见到广场的建筑物，其右角上有罗马城的标识——马尔锡亚斯神像和神圣的无花果树)，向罗马公民宣布什么好消息。听众欢欣鼓舞。这个场面的情节由第二个场面作了解释。在那个场面中，皇帝坐在一个公堂上，四周环绕着罗马公民。有一个象征人物(大概象征意大利)向他献上一个儿童。据佩特尔森看来，皇帝和意大利的像代表一个雕像群。这幅浮雕显然旨在颂扬 *alimenta*〈贫儿补助金〉的创设，这一措施是指望遏止意大利的人口继续凋零。

2. 广场第二条栏杆上的浅浮雕。发现于罗马城的广场中，现存于罗马教廷。A. 斯特朗夫人，引书同上；S. 赖纳赫，引书同上，第 279 页。

皇帝(图拉真或阿德里安?)坐在船嘴台上，向一个高级官员发布命令，命令是要立即执行的。这个官员大概是罗马城尹或禁卫军统领。一些禁卫军穿着半军服(穿着铠套和戴着佩剑带)，捧着档案文册堆在皇帝面前。人物的后面可以见到广场上的建筑物，在另一端可以见到马尔锡亚斯神像和神圣的无花果树。通常解释这个场面描绘图拉真焚毁外省人欠负赋税的文簿。它也可能描绘阿德里安取消罗马城和意大利私人所欠 *fiscus*〈国库〉的债务。像许多出现图拉真形象的纪念物(例如贝芮文土姆的拱门)一样，这两条栏杆也可能是阿德里安指令雕刻来颂扬他的前任和他本人的成就的。这两幅雕刻再一次说明了安东尼努斯氏的主要心事——意大利的人口凋零和国家赋税的沉重负担，这两者使帝国衰颓。参阅 W. 塞斯通:《罗马城广场上的“图拉真浮雕像”和阿德里安 118 年的政策》，载《罗马法文学校杂志》(法文)，44，1927 年，第 154—183 页。

途中去世时，帝国形势岌岌可危。他虽赢得胜利，但未能遏止帝国最危险的邻邦的进攻；对达契亚的征服虽曾暂时阻止了蒂萨河上的亚齐杰斯人和多瑙河下游的罗克索拉尼人向外省迁移的威胁，但现在，亚齐杰斯人和罗克索拉尼人又再度开始犯境了。不列颠爆发了另一次战争，在毛里塔尼亚也爆发了一次。美索不达米亚、巴勒斯坦、埃及和昔兰尼加的犹太人开始发生了危险的、流血的暴动，昔兰尼加的犹太人暴动使该地惨遭蹂躏。一连串新的战争看来已不可避免，但意大利和外省的城市却承担不起这些战争的费用了。

帝国的危险局势说明了图拉真的继承人阿德里安的政策。阿德里安放弃了先皇在美索不达米亚所征服的土地，并在几次军事行动获胜以后向萨尔马特人作了某些让步，如果认为阿里德安的这些做法是他无知和无能的表现，那才是胡说。阿德里安在才与智两方面都是非凡的，他的所作所为可以作为这两者的证明。虽然他维持了极为严格的军纪，但没有一个皇帝像他那样深得军心。正如我们将会看到的，没有一个皇帝像他那样洞悉帝国的需要。如果说他停止了图拉真的侵略政策，这是因为他懂得不可能再奉行这种政策了，罗马帝国的财力已经不足以支持继续进行征服政策了。一个深谋远虑的帝国统治者的第一项任务就是要在进行远征以前先建立坚实的基础，这正是阿德里安的政策。他并未退缩到不再使萨尔马特人臣服的地步，必须使萨尔马特人臣服，这是很明显的；但他避免吞并新的领土，而满足于赐给萨尔马特人一笔年金使他们自愿保障罗马帝国边境的安宁，就这一点而言，他继承了图拉真在与博斯普鲁斯王国的关系中所奉行的政策。他镇压了东

方的犹太人暴动，并以新建屯市的方式来重新充实昔兰尼加的人口。他在毛里塔尼亚和不列颠两处都获得成功，并且他在这两个地方的军事防务方面实行了一些重要的改进措施。他在美索不达米亚树立了一些缓冲国，作为防备安息人进攻的屏藩；他保留了阿拉伯的佩特雷亚及其邻近地区，并加以组织。通过逐步推行地方征兵制度，他使军队注入了新力量，军队现在熟悉其所驻防的行省的需要了。他加强了罗马边塞上的堡垒，以便于捍卫各个行省，但这绝不是像中国那样仅仅倚靠长城以为防守。行省的主要保障仍然是罗马兵士的精神和纪律，而这些品质从来不曾达到过阿德里安时期所具有的高度水平。

然而，阿德里安的主要任务是要巩固罗马帝国的基础。他一践阼就取消了意大利一贯缴纳的登基税（*aurum coronarium*，*στέφανος*，〈王冠金〉），并减少了外省的登基税；在实行这第一项宽免措施以后，接着又在意大利普遍取消人民欠国库的债款，并部分取消外省城市的欠款余额；此外（这一件事也相当重要），他还给予帝国的城市以慷慨的援助；——所有这些事实都表明整个情况是非常危急的，需要立刻予以缓和。这种困难局面在某种程度上要归因于帝国官吏的目无法纪和腐化堕落，而图拉真时代几乎连绵不断的战争状态又助长了这种情况。我们已经了解到，图拉真是知道这种弊端的，他曾反对过它。阿德里安矫正这种弊端的办法是调整和改进国家的官僚机构，为了达到这个目的，他起用了帝国内最能干最明智的阶级，即骑士阶级。一旦不由城市征税以后，征税一事就几乎完全集中在骑士阶级手中，他们半作为国家的直接代理人，半作为特许收税人（承包人），而受帝国官吏的严密监视和

1. 阿德里安

2. 镌有阿德里安像的钱币

图 71 阿德里安

图 71 说 明

阿德里安半身像，头部半转向左肩。不列颠博物馆。A. H. 史密斯：《不列颠博物馆雕刻品目录》(英文)，iii(1904 年)，第 158 页，第 1897 号。

a. 镌有图拉真像的金元。正面：文为 IMP. TRAIANO AVG. GER. DAC. P. M. TR. P.〈元戎·图拉真·奥古斯都·日耳曼尼库斯·达契库斯·大司祭长·执掌保民权〉；图拉真戴桂冠的半身像，面向右方。反面：文为 ALIM(enta)ITAL(iae). COS. V. P. P. S. P. Q. R. OPTIMO PRINCIPI.〈意大利的贫儿补助金。五任执政官·国父·罗马民族与元老院最高贵的元首〉；图拉真立像，面向左方，着常服，正在分钱给两个小孩。此币大约系公元 107 年所造。参看科昂所著书，ii，第 19 页，第 15 号。

b. 镌有阿德里安像的银元。正面：文为 IMP. CAES. TRAIANVS HADRIANVS AVG.〈元戎·恺撒·图拉亚努斯·阿德里安·奥古斯都〉；阿德里安戴桂冠的半身像，面向右方。反面：文为 LIB(ertas)PVB(1ica). P. M. TR. P. COS. III.〈公众自由。大司祭长·执掌保民权·三任执政官〉；自由女神坐着，面向左方。此币大约系公元 120 年所造。参看科昂所著书，ii，第 184 页，第 948 号。

c. 镌有阿德里安像的金元。正面：文为 IMP. CAESAR TRAIAN. HADRIANVS AVG.〈元戎·恺撒·图拉亚努斯·阿德里安·奥古斯都〉；阿德里安戴桂冠的半身像，面向右方。反面：文为 SAEC(ulum) AVR(eum) P. M. TR. P. COS. III.〈黄金时代。大司祭长·执掌保民权·三任执政官〉；黄金时代的化身被围在一个扁桃形椭圆圈(光轮)中，她的右手执一个球，球上停着长生鸟。此币大约系公元 120 年所造。科昂所著书，ii，第 216 页，第 1321 号。

d. 镌有阿德里安像的银元。正面：文为 HADRIANVS AVGVSTVS〈阿德里安·奥古斯都〉；阿德里安戴桂冠的头像，面向右方。反面：文为 COS. III.〈三任执政官〉；丰收之神拿着 *cornucopiae*〈富饶角〉和 *patera*〈盘〉，面向左方，坐在一个 *modius*〈量器〉面前；她的身旁有一个球。此币大约系公元 127 年所造。科昂所著书，ii，第 138 页，第 379 号。

e. 同上。正面：文为 HADRIANVS AVGVSTVS〈阿德里安·奥古斯都〉；阿德里安戴桂冠的半身像，面向右方。反面：文为 CLEMENTIA AVG. P. P. COS. III.〈仁慈。奥古斯都·国父·三任执政官〉；女神面向左方站着，拿着盘和王杖。此币大约系公元 133 年所造。科昂所著书，ii，第 122 页，第 233 号。

f. 同上。正面：文为 HADRIANVS AVGVSTVS〈阿德里安·奥古斯都〉。阿德里安的头像，面向左方。反面：文为 INDVLGENTIA AVG. P. P. COS. III.〈宽惠。奥古斯都·国父·三任执政官〉；女神面向左方坐着，手执王杖。此币大约系公元 133 年所造。科昂所著书，ii，第 177 页，第 857 号。

g. 同上（仅刊印其反面）。文为 IVSTITIA AVG. P. P. COS. III.〈公平。奥古斯都·国父·三任执政官〉；公平之神面向左方坐着，拿着盘和王杖。此币大约系公元 133 年所造。参看科昂所著书，ii，第 180 页，从第 884 号起。

h. 同上（仅刊印其反面）。文为 SECVR(itas) PVB(lica) COS. III. P. P.〈公众安全。三任执政官·国父〉；女神面向左方坐着。此币大约系公元 133 年所造。科昂所著书，ii，第 222 页，从第 1399 号起。

i. 同上。正面：文为 HADRIANVS AVGVSTVS〈阿德里安·奥古斯都〉；阿德里安头像，面向右方。反面：文为 TRANQVILLITAS AVG. COS. III. P. P.〈平安。奥古斯都·三任执政官·国父〉；女神面向左方站着。此币大约系公元 133 年所造。参看科昂所著书，ii，第 225 页，第 1440 号。

j. 同上。正面：文为 HADRIANVS AVG. COS. III. P. P.〈阿德里安·奥古斯都·三任执政官·国父〉；阿德里安戴桂冠的头像，面向右方。反面：文为 ANNONA AVG.〈粮食。奥古斯都〉；一个量器里插着四枝谷穗和两枝罂粟。此币大约系公元 135 年所造。科昂所著书，ii，第 118 页，第 170 号。

k. 同上。正面：文为 HADRIANVS AVG. COS. III.〈阿德里安·奥古斯都·三任执政官〉；阿德里安头像，面向左方。反面：文为 FIDES PVB-LICA〈公众信任〉；女神向左站着，头转向右，拿着谷穗和水果篮。此币大约系公元 136 年所造。科昂所著书，ii，第 168 页，第 218 号。

l. 镌有阿德里安像的金元。正面：文为 HADRIANVS AVG. COS. III. P. P.〈阿德里安·奥古斯都·三任执政官·国父〉；阿德里安头像，面向右方。反面：文为 SECVRITAS AVG.〈安全·奥古斯都〉；女神面向右方坐着。

此币大约系公元136年所造。科昂所著书,ii,第222页,第1402号。

m. 镌有阿德里安像的银元。正面:文为HADRIANVS AVG. COS. III. P. P.〈阿德里安·奥古斯都·三任执政官·国父〉;阿德里安头像,面向右方。反面:文为TELLVS STABIL(ita)〈坚实的土地〉;女神面向左方站着,拿着一张犁;其右边有两枝谷穗。此币大约系公元135年所造。科昂所著书,ii,第224页,第1425号。

以上这些钱币均藏不列颠博物馆。承H.马丁利先生惠助,代我选录,并对各币的文字图像以及年代作了说明。

管辖。城市督察官制度仍然保持下来,并有所发展。皇帝凭自己的丰富经验知道除此以外别无他法可以保持城市财政平衡。所有这些改革无疑加重了纳税人的负担。但阿德里安相信,这种灾祸要比无休无止的战争所造成的灾祸小一些;他的这种信念是十分正确的。

而且,阿德里安最先了解到,所有这些措施只能起缓和的作用,它们本身不可能挽救帝国。帝国最大的弱点既不在于行政组织的败坏,又不在于城市浪费金钱,甚至也不在于急需保卫边境以防御侵略战争;最大的弱点乃在于帝国整个组织的基础(特别是经济基础)脆弱不堪。帝国的开化程度,也就是说它的经济生活发展程度,还不足以承担维持它本身作为一个政治单元的沉重负担。正因为这样,所以阿德里安虽然一方面帮助和保护意大利,但终于放弃了恢复意大利对于帝国其他地方的统治地位的想法,而致全力于外省的事务。他之所以一再巡行于帝国最边远的角落,其动机并不仅仅是好奇心。他那种求知的雅趣使他能够忍受长年旅行的生活,甚至以此为乐。但促使他巡游各地的,并不是游览风光的心情。他希望了解他所治理的帝国，希望亲身仔仔细细地了解它。他也完全理解到他是一个希腊—罗马帝国的统治者，因此，如果打算偏爱其中某一部分而不爱另外一部分，那是没有道理的。他的倾向于希腊化的政策即由此而来，而他对知识和艺术的爱好又促进了这种政策。

至少从古代思想家的观点看来，有一个方法并且仅仅只有一个方法可以改进外省生活和提高它的水平，这个方法就是：进一步推行都会化运动，不断建立文明进步的生活的新中心。这种信念，以及想把军队建立于那些文明分子的基础上的愿望，使得阿德里安一贯奉行在帝国所有各个行省发展城市生活的政策。他在巡行旅程中究竟建立了多少城市，这个问题无法回答。我们的资料甚为贫乏。但可以肯定的是，在奥古斯都、克劳迪亚斯、韦斯帕西安和图拉真以后，他是在帝国都会化方面建树最多的一个皇帝。他的活动所着重的地区，其地理位置都势必要成为最重要的军事边境所依靠的基地。来因河边境当然是安稳的，因为它以高卢和西班牙作为基地。但多瑙河、幼发拉底河和阿非利加边塞的后方，却没有一个高卢和西班牙作为腹地。尽管克劳迪亚斯、弗拉维攸斯氏和图拉真作了努力，多瑙河流域各省的大多数地方、特别是色雷斯地区的都市生活仍然处于幼稚状态；小亚细亚和叙利亚的大片地区依旧过着它们古老的原始乡村生活；阿非利加大部分地区的情况亦复如是。在前面两章中，我们已经叙述了阿德里安在这些行省的活动。*Municipia Aelia*〈以埃留斯命名的自治市〉在多瑙河流域是很常见的，而在巴尔干半岛和小亚细亚那些用希腊语的地区则常常可以遇到以阿德里亚堡为名的城市或命名与此相似的

城市。大家知道，阿德里安曾在埃及建立了安提诺堡，除此而外，阿德里安努力活动的著名例子就是小亚细亚的阿德里亚努特腊和斯特腊托尼策亚，这两个城市原来都是村庄；在阿非利加，有许多地方都是由他最先改建为城市的。对于那些还没有条件发展城镇生活的乡村，阿德里安赐给了一些难得的特权，使当地的生活能够十分类似真正城市的生活。

然而，毕竟还有大片地区没有受到城市生活的影响。埃及的乡村、阿非利加和亚细亚的大皇庄就是如此。阿德里安非常了解这些田庄上的生活情况。他知道帝国在很大程度上仰赖于来自这些田庄的收入；他也知道，如果把它们变为城市辖区是很危险的，因为这样一来就会使它们的大量产品转而用于维持一个城市。同样毫无疑问的是，他清楚地知道这些皇庄上的一般经济情况是很不正常的。埃及的农民激烈地抱怨赋税太重，犹太战争之后尤其如此；在阿非利加的皇庄上，承佃人（*conductores*）主要关心的是牧场，而不是谷田和果园，他们听任谷田和葡萄园日趋衰落，沦于荒废，由此缩减了可以用来维持务农之家的土地。就我们根据阿德里安某些保存下来的法令所能判断者而言，他的理想是要使他的田庄上固定地拥有一批兴旺的地主，他们会采取较高级的耕作方式，会向军队提供健壮的兵士，会定期向政府缴纳自己的赋税。他不希望要那些地位低贱的佃户，那些人耕种自己的地段时很懒惰，他们总是抱怨承佃人和皇家官吏胡作非为，抱怨地租和力役负担沉重。他所需要的是善于经营果园和葡萄园的土地所有者（业主）而不是佃户，他就按照他的理想采取行动。

在埃及发现的某些史料表明，阿德里安曾把一些皇家土地转

变为类似私有地产性质的产业。这种新型地产的名称叫做 *βασιλικὴ γῆ ἰδιωτικῷ δικαίῳ ἐπικρατουμένη* 〈法定私占的王田〉或 *βασιλικὴ γῆ ἐν τάξει ἰδιοκτήτου ἀναγραφομένη* 〈按文契规定私占的王田〉。这一改革早在公元 117 年即已实施，后来，部分由于犹太战争的影响，使埃及某些地区的农业出现严重的衰落现象，因而更促进了这种改革；改革的目的在于：通过减少租赋以及保证租地人得到近似于私有财产的长期租佃权的方式，来刺激皇家佃户的积极性，促使他们以更大的技巧来专心从事农务。至于阿德里安所进行的改革的规模究竟有多大，并无史料可以说明。但我们知道，只有在阿德里安在位期间，才见到申请减租的事，申请减租大概意味着皇家土地中的某些不受重视的地段转变为那种新型的属于皇家名下而归私人占有的地产，自从阿德里安以后，在土地丈量册上就很少再出现这种新型地产：由此可见，阿德里安在埃及这个自有其古老传统的国度里所施行的改革只不过是昙花一现，并没有什么深远的影响。在这方面值得一提的是，另外一件档案表明阿德里安关心埃及土地持有者的需要，并说明了他在埃及的救济办法。有两分苇纸卷包括了同一件档案的抄本，我们在其中看到一项诏令，其时间比他最早试图改善埃及农业状况之时要晚得多（公元 135—136 年）。这时他年岁已大，也许较保守一些。他曾于 130 年去埃及，此后才洞悉埃及生活的特色。他不再准备从事急进的改革。连年歉收使埃及农民（*γεωργοί* 〈庄稼人〉）请求减少应缴的租赋。恰好在荒年之后接着一年丰收，阿德里安受到这种鼓舞，于是以他那古怪的又虔诚又挖苦的口吻回答了那种请求。他断然拒绝普遍减轻租赋，说道：神明的尼罗河和自然规律会帮助种地人

的。但他还是作了一点让步，允许应缴的款项余额可以缓缴，按土地情况分五年、四年或三年偿清。在这件诏令里提到货币租税，同时还用一个不常见的词汇 *προσοδικά*〈进款〉来表示租税的总称，因此，我想那些要求减租的种地人不是农民而是地主，也许就是由阿德里安早年的措施所产生的半佃户、半业主身份的那样一批人。

某些阿非利加的档案文献提到皇家土地的经营管理，更可以说明阿德里安的政策。弗拉维攸斯氏和图拉真在重新组织芮罗大抄没之后的皇家苑囿时，企图使可靠的长期佃户在经济利益上与土地发生紧密的联系，从而把他们固定在土地上。为了这个目的，有一个名叫曼契亚的人（他大概是弗拉维攸斯朝某个皇帝的特使，但不是元老院议员阶级的大地主）曾颁布了一项章程，后来称为曼契亚法；根据该章程的规定，凡是自愿在皇庄和公有田庄的处女地上播种或种植者皆可自由行事。只要占有者仍耕种土地，他们就一直是这块土地的持有者：他们按法律规定的条件享有 *ius colendi*〈宅地权〉，而不需要有任何专门的契约。如果他们在这种土地上种植了果树（或橄榄树），他们甚至有权抵押它和把它遗赠继嗣人。如果他们有一段时间未耕种它，则土地仍还归原主，大概就由这个田庄的包租人或承佃人来垦种了。他们还必须居住于田庄上，从而变为田庄上的长久住户，他们在这方面既不同于租赁田庄一小块土地而居住在土著村庄中的居民，也不同于住在主人为他们盖造的房屋内并且也许只按短期租约耕种土地的佃户。

阿德里安一方面使曼契亚法的主要条款继续生效，同时他在有关阿非利加皇庄的处女地和荒地的一两项法律上更推进了一步。他希望有更具永久性的佃户定居在皇家土地上，并希望他们

带来较高级的耕作方式，通过种植橄榄树或无花果树而变成安心踏实的庄稼人，同亲自努力使之变成果园或橄榄林的产业发生密切的联系。于是他不仅允许占有者在处女地上播种耕作，还允许他们耕种承租人十年不曾耕种的土地，并且，他允许他们在荒地上种植橄榄树和果树。此外，他赐给占有者以业主的权利，也就是准土地所有主的权利。他们现在不仅得到了宅地权，而且还得到可耕地和果园的 *usus proprius*〈专用权〉以及把它传留给他们的继嗣人的权利，其条件只要他们耕种它并向主人和田庄承佃人履行自己的义务。阿德里安的主导思想毫无疑问是要在皇庄上造成一个自由地主阶级，从而改进土地的耕作。阿德里安和二世纪其他皇帝们的努力多半获得很大成功。橄榄种植业之迅速推广于阿非利加，我相信在很大程度上要归功于阿德里安赐给那些准备种植橄榄的人的特权。

这位皇帝在其他各省、特别是在希腊和小亚细亚也推行同样的政策。在第六章中已经提到过他在马其顿行省划分田地经界的大量工作。阿德里安很可能用这种方法以求在巩固的基础上组织该省原始的农业生活。在阿提卡，原先属于著名人士伊帕尔库斯（多米戚安所残杀的一个人）的土地卖给了小佃户。在小亚细亚，阿德里安增进了埃札尼地方原先属宙斯神庙的田庄上的小土地持有者的利益。还有一件尚未发表过的碑文证实他曾开发过贝约戚亚地方科派斯湖附近的土地。此外，如前一章中已经指出的，正是阿德里安在皇家矿场和公共矿场创立把单个矿坑发租给小雇主或占有者的制度，以代替用奴隶或罪犯来开矿。他在这里所推行的政策也是想培养一批工作勤劳的人，把他们紧密地团聚在一起，他们可能为未来的自治单元(起先是一个村庄,而后成为一个城市)预先形成一个核心。

他所致力做的这些事情并非什么创举。我们已经看到,使小土地所有者复兴乃是开明君主的政治纲领中的主要项目之一,迪约·克里索斯托姆在他的 *Εὐβοικός*(《欧贝亚人》)中曾以极其生动的文笔提倡过它。但没有人会否认阿德里安的不折不挠的努力以及他在整个帝国推行这一政策而毫不偏袒意大利时所表现的大公无私的精神。

阿德里安在经济生活的其他领域内也采取同样坚决的行动。他是抑强扶弱、抑富济贫、抑 *honestiores*〈豪族〉而进 *humiliores*〈寒门〉这种政策的真正奠基人,这一政策系由芮尔瓦和图拉真开其端,而为二世纪甚至三世纪,或许特别是三世纪的所有各个皇帝所继承。在二世纪和三世纪的许多立法措施中都反映了这一政策,这些立法措施有:表现爱护免奴和奴隶的措施,保护贫民社的措施,实行内廷改革的措施,扶助 *tenuiores*〈佃民〉反对 *potentiores*〈豪强〉的措施,以及表现出同一倾向的对义务方面的一些修改。在帝国东部发现的一些档案材料说明了阿德里安在这个运动中所起的积极作用,虽然这些材料所涉及的只是一些无关宏旨的详情琐节,但仍足以由此看出他的经济思想的一般倾向。像梭伦一样,阿德里安亲自着手调整雅典城的橄榄油贸易,以严格的条例禁止橄榄油无限制地出口而只许将它在雅典出售。另外还有一道诏令,性质与此相同,而更受到古代经验的影响。这道诏令痛斥那些抬高鱼价使穷人不敢问津的零售商。诏令上说:“所有的鱼必须由渔民自己出卖,或者由那些从渔民那里第一手买得鱼的人出

卖。第三者购买该种货物再转卖出去，则会使价格提高。"他或他的总督们本着同样的精神干预佩尔加蒙的银行家和零售商之间的争执，保护弱者一方的利益。

在这里，我们不可能详细讨论阿德里安的统治以及他的统治对于罗马帝国历史的重要性。这个题目值得另写专著。阿德里安尽力扩大和巩固帝国的基础，这一点是很清楚的。他抓住了主要的问题，艰苦工作，以求这些问题获得满意的解决。帝国能在图拉真的艰难年代之后享有短暂的安宁和繁荣，这应当归功于他。但我们必须记住，和平之所以得到保证，不仅由于阿德里安在外交上获得成功，而首先是由于图拉真所取得的辉煌胜利，正是这些辉煌的胜利才使得他的继任者得以施展其外交活动和得以依靠罗马军队的忠诚和纪律。

安东尼努斯·皮攸斯朝的太平时期使阿德里安播下的种子发芽成长，这一朝表明了一些值得注意的现象。阿德里安竭力恢复帝国繁荣的事业看来并未完全获得成功。外省恢复得很慢：皇帝的多次巡行，他对于官僚机构的进一步发展，以及他在帝国各地大兴建筑的活动，这一切都需要大量金钱，因而妨碍了行省的恢复。安东尼努斯则努力裁减费用，就连上述费用亦无不尽量节省。阿德里安无论在外省或在罗马城都曾大兴建筑，而安东尼努斯在这方面最为节约。他审慎地避免增添外省城市的预算与皇帝巡幸外省所课加的沉重负担。他不曾增加政府官吏人数：同元老院的愿望一致，他宁愿把意大利交给元老院来管理，借此减少政府官吏。他甚至还出卖属于皇家产业的多余财产和若干皇庄。所有这些都证明，我们千万不可夸大帝国的富裕：即使在完全太平的时期也有

图 72 描写芮罗、芮尔瓦和阿德里安的改革的钱币

图 72 说 明

a. 镌有芮罗像的塞斯透银币。H. 马丁利:《罗马帝国的钱币》(英文),i,第 220 页,第 127 至 130 号,图 XLI-6(约为公元 65 年所造)。

文为 ANNONA AVGVSTI CERES S. C.〈收成·奥古斯都·策蕾斯·元老院谕〉。收成女神向右方站着,左手拿着一个 *cornucopiae*〈富饶角〉;她的对面,稷神策蕾斯向左方坐着,右手拿着谷穗,左手拿着一个火把;她们之间有一个祭坛,坛上放着一个 *modius*〈量器〉,内盛谷穗;背景为一艘船的船尾。

b. 镌有芮罗像的塞斯透银币。科昂所著书,ii,第 13 页,第 143 号(公元 97 年)。

文为 VEHICVLATIONE ITALIAE REMISSA S. C.〈减轻意大利的驿运负担。元老院谕〉。两匹马脱了羁络在吃草。这个图形着重表示供应驿运所需的马匹是一项沉重的负担。

c. 镌有阿德里安像的塞斯透银币。科昂所著书,ii,第 185 页,第 950 号(约为公元 120 年所造)。

文为 LOCVPLETATIORI ORBIS TERRARVM S. C.〈使大地富饶者·元老院谕〉。皇帝坐在一个公堂上;他的身旁是丰收之神,拿着富饶角,另外有两个公民在接受皇帝的赏赐。

d. 同上。科昂所著书,ii,第 209 页,第 1213 号(约为公元 120 年所造)。

文为 RELIQVA VETERA HS NOVIES MILL. ABOLITA S. C.〈取消旧债余款九千塞斯透·元老院谕〉。公吏当着一群罗马公民的面焚毁债簿。参看图 70-2。

e. 同上。科昂所著书,ii,从第 213 页起,第 1285 号(约为公元 120 年所造)。

文为 RESTITVTORI ORBIS TERRARVM S. C.〈使大地复元者·元老院谕〉。皇帝拉起一个正跪着的人物,那个人物象征 *Orbis Terrarum*〈地球〉。对罗马帝国各个行省(见 h)和城市也使用与此类似的图形。

f. 同上。科昂所著书,ii,第 162 页,第 657 号(约为公元 133 年所造)。

文为 FELICITATI AVG. COS. III. P. P. S. C.〈幸福·奥古斯都·三任执政官·国父·元老院谕〉。图形为一艘帆桨船载着皇帝渡海到外省去，以此表明时代的幸福。

g. 同上。科昂所著书，ii，第 175 页，第 823 号(约为公元 135 年所造)。

文为 HISPANIA S. C.〈西班牙·元老院谕〉。西班牙行省的化身躺在一块岩石上，她的手中拿着一枝橄榄枝；身旁有一只兔子。有一些与此相似的钱币记载帝国其他行省，用以纪念皇帝对那些地方的巡幸。

h. 同上。科昂所著书，ii，第 209 页，第 1216 号(约为公元 135 年所造)。

文为 RESTITVTORI ACHAIAE S. C.〈阿凯亚的复元者。元老院谕〉。阿凯亚行省的化身被皇帝从地上拉起来。她的面前有一个瓶子，内插一枝棕榈(希腊著名的 *agones*〈竞技〉的象征)。参看 e 和 g。

i. 同上。科昂所著书，ii，第 217 页，第 1340 号(约为公元 138 年所造)。

文为 SALVS AVG. S. C.〈吉祥·奥古斯都·元老院谕〉。罗马帝国吉祥的化身在一个祭坛上供奉牺牲，祭坛四周缠着一条蛇；她的左手支着一把舵，舵搁在一个球上。

j. 同上。科昂所著书，ii，第 225 页，第 1433 号(约为公元 135 年所造)。

文为 TELLVS STABIL(ita) S. C.〈坚实的土地·元老院谕〉。地母神斜卧在地上，她的右手搁在一个球上，左手拿着一枝葡萄，臂肘靠在一个满盛水果的筐子上。由于皇帝的努力，土地得以长保丰产。

k. 同上。(阿德里安死后始造成)科昂所著书，ii，第 175 页，第 817 号(约为公元 138—139 年所造)。

文为 HILARITAS P. R. COS. III. S. C.〈欢喜·罗马人民·三任执政官·元老院谕〉。*Hilaritas*〈欢喜之神〉拿着富饶角，又从一个裸体男孩手中接过一枝棕榈；她的身后站着一个女孩。由于帝国人口重新繁衍，才带来了欢喜。

以上钱币均藏不列颠博物馆。

这类钱币是罗马皇帝们用来着重说明他们所筹划和达成的改革措施的，本图和图 71 所刊印的钱币即从这类钱币中选出来的一小部分。镌有阿德里安像的这套钱币是其中表现得最明显的。各种式样本身说明了它们所要表现的宗旨。参阅图 68 和 70。承不列颠博物馆 H. 马丁利先生惠助，代我选录，并对各币的文字图像以及年代作了说明。

一些无形之中损害它的因素。

从马尔库斯·奥雷留斯朝起，帝国又开始出现另一个危急时期。在这里，我们用不着复述那些事实。安息人和罗马之间的紧张状态变得如此尖锐，乃至尽管这位伟大的皇帝天性爱好和平，也不得不因帝国利益的需要而远征东方强敌，这次进军规模之大竟与图拉真的远征一样。远征刚刚结束，在东方部队的兵士当中又流行起瘟疫来了，并且还蔓延到意大利和帝国的其他一些地区。日耳曼人和萨尔马特人趁着精兵调离多瑙河边境的机会入侵多瑙河流域各省，一直进逼阿魁累亚，由此又引起一场战争。这场战争一度中断，因为在安息战争中立下武功的阿维丢斯·卡休斯图谋夺取皇位；夺位的计划虽告失败，但一当叛乱被镇压下去，战争又再度爆发。无论马尔库斯本人或当时的一切领导人物都很清楚地知道，需要再一次坚持不懈地通过军事上的努力来确保帝国得到一个新的和平时期，这样一种努力将会告诉罗马的邻人们：罗马仍然是那个曾经举行过多次战胜对手和敌人的凯旋仪式的强国。帝国在这一朝出色地经受了危险的流血战争的军事考验。兵士们所表现的训练之精、纪律之严，同图拉真和阿德里安时期一样；良将也不缺少，因此，如果不是马尔库斯死得太早的话，尽管有瘟疫和叛乱，他还是会以吞并日耳曼尼亚的一大块地方来结束这场战争的。

但是，如果说军队经受住考验，那么帝国的财政却不然。国库是空虚的。马尔库斯拒绝增设任何新税：他宁愿把自己的贵重物

品陈列出去拍卖,拍卖持续了两个月。但他还是不得不设立新税。我们从一个偶然机会中得知,有一次,某些日耳曼部落和克勒特部落从海上入侵,局势很紧张,他不得不仿照希腊化时代的先例而在小亚细亚征收了一种特别税。他从他的继父手中继承下来的帝国,显然不是处于人们所料想的那种兴旺状态之中。否则马尔库斯就不会在即位之初恢复阿德里安的措施:即废除人民欠国库和*aerarium*〈公库〉的债务(也许包括欠款余额在内);也就不会在他整个一朝总是碰到城市一再请求恩赐和免税了。当兵士们在马科曼尼人之战获得大捷以后要求他增加军饷时,他的答复很辛酸,但却很坚决。他说:"除了你们的正规报酬以外,如果你们再得到任何更多的东西,那就只有去榨取你们父母亲戚的血汗。至于皇帝的权位,只有上天才能做主。"看来,拒绝这些兵士甚至可能危及这位勇敢的皇帝的地位,危及这位无限忠于职守并为上天委给他的帝国的幸福而尽力的统治者的地位。一个人,如果不曾充分理解整个帝国的纳税人的窘迫状况,就不可能作出这样一种回答。

在国家对人力和金钱的需要不断增长的同时,外省中的不满情绪普遍滋长,并且采取了非常危险的形式。西班牙再度拒绝向军队输送兵员,而皇帝不得不表示允诺。高卢和西班牙充斥着亡命之徒,他们打家劫舍,肆行掳掠,其人数愈来愈多,乃至在康莫杜斯时有一个名叫马特尔努斯的人居然能同政府展开一场正规的战争。从埃及村庄中逃到尼罗河三角洲的沼泽中去躲避兵役、力役和租税的人越来越多,这些逃亡者(他们被称为 βουκόλοι〈牧牛人〉)竟然在一个祭司的领导下向帝国政府挑战。M.奥雷留斯的儿子康莫杜斯继承了他父亲的权力,但却没有继承他父亲的干才、毅力、责任感和在兵士中的威信。他正是因为在上述这些情况的压力下，所以才不顾元老院的缄默抗议和强烈愤怒，而决定放弃对日耳曼人的军事行动，以一个条约结束了战争；因此，我们对于这一行动无需感到奇怪。元老院理解到这一步骤会带来致命性的后果，元老院反对派给这个条约加上了"耻辱的"条约这一外号。而康莫杜斯则回报以一次新的恐怖，于是，多米威安朝的情况又重演了。我们将在下一章内谈到这一点。

尽管有战争、瘟疫、贫困和叛乱等种种压力，M. 奥雷留斯的统治仍表现出与前朝几个皇帝统治的特色相同的那些现象。他在危急之时被迫采取强硬手段，这些手段激起了日益增长的不满，但他尽其所能来减轻它们的影响，并着手救助被压迫者。在他的统治中，最值得注意的现象之一就是他关心奴隶和免奴的地位，并采取措施来改善他们的生活，使他们过得更像人的生活一些。关于这些，读者应参考有关这个问题的专门著述。

从我们对于二世纪时各个皇帝的社会经济政策和帝国经济情况的概述中可以看出，国家的表面繁荣所依靠的基础是多么薄弱，多么不巩固；每一次重大的战争都把整个帝国结构引向覆灭的边缘，这一事实证明了这些皇帝所采取的加强帝国基础的措施都是无效的，或者说，至少都不可能抵消另一些继续不断在暗中损毁帝国的因素。近代某些学者认为有一个基本原因使帝国经济逐渐衰落，而这个基本原因是人们无论多么努力也无法克服的。鄂托·西克认为这个基本原因就是帝国人口的不断减少，J. 李比希及其追随者则认为是地力的逐渐耗竭。我认为没有任何理由可以接受这些解释。

关于第一种看法，西克曾援引了一些有力的论据，证明无论在希腊或在意大利人口减少的情况都不断加剧。固然，这两处的人口的确都在逐渐减少；但我们有理由把这种情况说成是普遍现象并断定帝国其他部分的情况也是这样吗？关于这一点，我们当然没有直接的证据，没有统计数字来表明外省的人口确实不曾减少。但有些事实使得西克的理论极难成立。希腊的情形是例外的。希腊本是整个古代世界中最贫瘠的地区之一，当它不再为世界其他地区承办橄榄油、葡萄酒和工业品的供应以后，它就必然马上衰落下去。意大利的情况多少有些相似。由于每一个罗马公民都有很好的机会到外省去谋生，所以意大利的最优秀的分子纷纷外流，而以奴隶来填补这个空缺。当不再能源源不断地得到奴隶时，意大利也就开始衰落了，因为一个又一个地区向移民敞开着大门，移民外流的过程一直没有停顿。

帝国其他地区的情况是不同的。在整个一世纪和二世纪内，在东方和西方的新土地上，希腊—罗马文明风靡一时；原先是草原、林地、沼泽和牧场的土地都变成了田地和果园；新城市接二连三地兴起了，并享有暂时的繁荣。根据这些事实，我们很难以确信所谓南方和东南方的埃及、小亚细亚、叙利亚，南方和西方的阿非利加、西班牙、不列颠、日耳曼尼亚、高卢，东北方的多瑙河地区的人口都在减少的说法。正如我们根据对塔木加迪（提姆加德）的废墟的研究所能推断的，这个阿非利加的城市从一个包括少数房屋和至多两千居民的小军屯市迅速发展为一个相当大的城市，其居民至少三倍于原来的数目，它的这种发展显然是由于这个地区的人口普遍增加。如果不假定这一点，那么就无法解释城镇中的商店和商场是为谁服务的，许多浴场与大型剧场是为谁修建的。最近的发掘已经发现其工业区，这些工业区的时代都比较晚。它们包括一些大的店坊，其中有的是真正的小规模工厂。它们位于该城周围；在它们所属的时期内，城市和近郊的人口都在稳步增长。既然塔木加迪是图拉真建立的，可见在整个二世纪、三世纪甚至更晚一些时候，该城人口一直有增无已。阿非利加和另一些行省的其他许多城市有着相似的历史。叙利亚、外约旦和阿拉伯的一些沙漠商队城市，如佩特腊、杰腊萨、费拉德尔非亚（安曼）和帕耳米腊等都是很好的例子。所有这些城市在图拉真以后的时代里仍然很繁荣，并且直到公元三世纪为止还在继续发展。

地力耗竭之说亦复不足凭信。同样地，这种说法可能符合希腊和意大利某些地区的情况。意大利某些地区贫穷的原因在于愚蠢地砍伐树林和对于排水工程的忽视（在意大利许多地方，当稠密的人口局限于一个非常有限的区域内时，都曾经施行过这种排水工作）。这一类的地方包括拉丁姆、埃特鲁里亚的一部分以及南意大利各希腊城市的某些市辖区。所有这些地区内，土地都不肥沃，需要精耕细作，需要注意争取好收成。自然，一旦发现条件较好的新土地，首先被放弃的必定是这些地区：如果说罗马的康帕尼亚很快就被弃为牧场和庄院，并沦为瘴疠蔓延之土，这是不足奇怪的。但埃特鲁里亚有一部分地区情况较好，其土地还很富饶，相当能吸引人，乃至罗马城的地主们出很高的价格来购买它们。大家知道，普利尼经常抱怨收成欠佳，却从来不曾谈到地力耗竭是一种普遍情况。当芮尔瓦打算把土地给予没有土地的无产者的时候，不得不去购买土地，这个事实表明在二世纪初期，除了上面提到的区域的某些地方而外，意大利没有荒废的土地，因而也没有耗尽了地力的土地，——贫儿补助金碑牌证实了这种推断。至于像康帕尼亚或波河流域那样的地区，根本不可能有疑问。一个人只要读一读埃罗甸有关阿魁累亚地区的描写，并把它同实际情况比较一下，就会了解所谓二世纪和三世纪内意大利"地力耗竭"之说乃是一种不可能被接受的推论。

要说外省的土地的地力已经耗尽就更不可能了。被用来证明这种理论适用于阿非利加的唯一证据（一些时间较晚的证据除外）就是这样一个事实：在阿德里安的法令中曾提到皇庄的某些部分被承佃的庄稼人置之不问，任其荒废。但是，我们不要忘了，皇帝们在阿非利加的主要目的是开垦新土地，减少牧场的面积，增加田地和果园。承佃者弃而不耕的土地是次要的土地。很可能承佃者宁愿把它当作牧场和猎场，而皇帝却不赞成这种做法。无论如何，这里丝毫也看不出地力已普遍耗竭的征兆。在阿非利加，我们没有发现任何人诉述地力耗竭的情形；皇帝感到头痛的却是存在着太多的处女地和缺乏人手和雨水，雨水不足至多只是需要大规模的灌溉工程。正如官方统计数字所表明的，一直晓至四世纪，阿非利加院辖省的垦地面积仍是非常大的。

如果我们摒弃人口减少和地力耗竭之说，那么这个拥有如此多种多样的自然资源和这样多的居民的文明大帝国的经济不稳定的原因究竟何在呢？我认为帝国生命力的逐渐衰退可以用两类现象来解释，这两类现象都与这整个古老帝国的生活中的一个显著特征有关，这个特征就是国家利益凌驾于人民利益之上；这是一个由来已久的观念和习惯，它曾经在很大程度上暗中损坏了东方君

主国和希腊城邦的繁荣，它曾经是使罗马帝国的直接前身、即各个希腊化君主国衰弱的主要原因。当国家利益一旦肯定地凌驾于人民利益之上并终于使个人利益和社会团体利益为之屈服以后，它就必然会成为一种压抑群众的因素，必然会使他们对自己的工作丧失一切兴趣。但国家对人民的压迫从来不曾像罗马帝国时代那样使人感到如此沉重。早在二世纪时，对这种压迫的敏锐感即已成为社会经济生活中最显著的现象了，此后它更是有增无减。在东方君主国家中，国家至上是以宗教为基础的，国家至上被认为理所当然，被视若神圣。在希腊城邦中，这种精神一直没有得到过充分的发展，而且还时常遭到居民中最有势力的集团的强烈反对。在希腊化的君主国家中，对它的感觉不敏锐，因为主要只是下层阶级才感觉到，而下层阶级自远古以来即已习惯于此，他们视为必然之道，视为他们的生活的基本条件之一。到罗马帝国时代，发展到了关键性的阶段。现在让我们扼要地追溯一下这些发展经过。

如前所述，有两类现象是从国家至上的原则产生出来的，而它们又反映了这一原则的发展。第一类现象同帝国的逐步都会化过程密切有关。我们在第一章中已经指出希腊化时期叙利亚和小亚细亚的希腊人城邦采取了这样一种结构形式，其上层建筑所凭借的基础乃是在乡间耕种土地和在城市中充当工人（既有奴隶也有自由民）的劳动群众；后来我们在讨论东方各省时再次指出了这一点。希腊城市，或说得更确切些，希腊城市中由希腊人和希腊化的东方人所形成的上层阶级，逐渐变成了半受奴役的土著居民的统治者和主子。同一种现象以适当变更的形式再出现于埃及。埃及的希腊人和希腊化居民虽然没有组织成城邦，但仍然成为其他居民的主子。罗马的征服暂时中止了这个过程的自然发展。罗马人在其统治初期并没有继续推进小亚细亚和叙利亚的都会化运动，他们只是默认现状而已。但是，到了内战期间和奥古斯都及其嗣君们的时代，意大利城市的罗马联盟在意大利以外占取了若干领土，逐步联合成一个国家，内战中的首领和罗马皇帝们都自然而然地恢复了希腊化时期的都会化运动，而在整个帝国造成了两种类型的人——文明人从而也是统治人的人，野蛮人从而也是受制于人的人。暂时，统治阶级是罗马公民；其他的人则是被统治者，即裔民。但事实上，这种区分始终是纯理论上的，东方尤其如此。从法律上说，希腊城市的居民只能是希腊人和希腊化的裔民，但从社会上和经济上来看，这些裔民仍然是东方各行省中的统治阶级。

后来渐渐理解到，由意大利的罗马公民以及行省中少数罗马屯市和拉丁屯市的罗马公民所构成的基础太薄弱了，不足以支持帝国的政治结构，特别是不足以支持皇权；于是皇帝们就实行了一种发展城市生活的政策，他们在东方和西方都孜孜不倦地推行这样一种政策。从社会经济的角度看来，这个政策意味着逐步建立一些新的城市中心，其居民系由最富裕、最文明的人所组成的特权者，包括地主和店东，而其他的居民则必须为他们劳动。这个新阶级不仅是支持皇权的新后备力量，而且还为帝国提供了一批良好的行政官吏。新城市中的每一个新市民都是一个不领薪俸的国家官员。

我们在前几章已经描述过都会化运动的过程，我们在那里曾指出：这个过程使得帝国的国民划分为两大阶级——统治者和被统治者，有特权的资产阶级和劳动阶级，地主和农民，店主和奴隶。

所建立的城市数目越多，这两个阶级之间的鸿沟越深。每一次增加特权阶级的人数，就意味着无特权者的工作更为沉重。城市居民中的一部分人，即买卖人，当然不是懒惰的人；他们用自己的精力和技能来为帝国的繁荣出力。但城市居民中主要的一类人却越来越成为那些依靠自己的田产或店铺的收入为生的人了。经济生活的推动力如今是中介人了，其中大多数是奴隶和免奴，他们站在所有主和劳动者的中间。

只要帝国仍在进行扩张，只要不断增加领土可以让都会生活得到发展并让居民中最奋发有为的分子取得统治地位，那么，虽然国民划分为两个阶级，虽然这两个阶级迟早会凝固而有似于两种等第，这也还不至于被感到是一种严重的祸患。但久而久之，扩张过程告一结束：阿德里安是最后一个因前任的历代皇帝坚持不懈的军事活动而受惠的人。城市继续在建立，但在阿德里安之后，速度已十分缓慢了。结果，那些过去有特权的人仍然享有特权，那些过去没有特权的人就很少有希望能在社会阶梯上爬得较高一些。这样就出现了两个等第，有一个等第比以前更受压迫，另一个等第则比以前更加懒惰，更加沉溺于财主们的舒适生活；这两个等第的存在就像一个梦魇似地压在帝国身上，阻碍了经济的进步。皇帝们想要把下层阶级擢升为一个劳动的和起积极作用的中等阶级，但他们的一切努力都徒劳无功。皇权依靠着特权阶级，而特权阶级必然在很短的时间内就沉溺于怠惰之中。建立新城市实际上意味着建立一些新的雄蜂之窠。但是，一个庞大帝国生死攸关的问题却出现在面前，必须应付。只要罗马国家停止了侵略活动和不再进行扩张，它就受到攻击，从而不得不重新采取侵略政策或者集

中自己的力量来实行有效的防御。大帝国的行政管理越来越需要加以注意,唯有不断地发展皇家官僚机构才是对付统治阶级自私自利政策的唯一方法,这个官僚机构吞噬了城市统治阶级所吞并的国家资财以外的更大一部分国家资财。在危急之时,当正规的税收不足以弥补必要支出的时候,国家除了搬用国家利益超过个人利益的理论并把这种理论付诸实践而外,别无其他办法。在古代国家以往的历史上,早已制定了实现这一理论的种种形式。古代社会——不管是一个君主国家还是一个城邦——的每一个成员,都得要牺牲自己的私人利益,以谋求共同的利益:"派差"或公共负担的制度(λειτουργίαι)就是这样兴起的,它包括了义务性的工作,把赈济贫穷者的责任加在有特权的和较富裕的阶级身上。

古代世界的派差制度和国家一样地历史悠久。每一个臣民都有义务用自己的劳动和自己的资财来帮助国家,政府的代理人必须严格履行自己的职守,这些都是东方君主制度的基本原则,希腊化国家因此也就照旧承袭了这些基本原则。政府代理人的责任不仅是人身的(官吏受到肉刑的制裁),而且也是物质的(官吏如果进行欺诈或由于无能而使国家遭到损失时,他们必须自己掏钱来赔偿损失)。罗马人不仅在这些原则以最纯粹的形式存在着的埃及而且也在其他各个东方行省承袭了这些原则。在埃及,对于那些一贯加在人民身上的义务,他们连一项也不曾取消。义务性的工作仍然是经济制度的主要动力,至于在紧急状态下、特别是在战争期间政府向人民要求在缴纳正常赋税之外再供给其官兵以粮秣的权利,也始终未被放弃。一个很好的和有充分证据的例子就是*angareiae*〈舟车畜力之征〉。这个名词来自波斯语或亚美尼亚语,它所指的就是：强迫居民供应船只以及牲畜和驿伕，以运送因国家需要而转移的人员和货物。罗马人一直不曾废除这一制度。他们试图调整它并使之定为制度，但没有得到成效，因为只要这种办法继续存在，它就必然会产生有害的后果。有一些地方行政长官真心打算制止这种制度中固有的专横和压迫，曾颁布了一道又一道的命令；值得一提的是：日耳曼尼库斯在埃及最先采取的措施之一就是颁布一道与此有关的条例。但这种制度仍然在压迫人民。应当说，国家所需要的粮食和其他物资的缴纳也是这种情况，即靠简单的征发。它们可能采取强购方式，可能由高级官吏监办，但它们的性质使得它们成为一种难以忍受的负担。

在罗马统治下的埃及，官吏负物质责任的原则也并未取消。托勒密王朝的官吏主要是领薪俸的王家办事人员。如果他们不诚实，他们可能被控告，其财产可能被抄没，但他们的供职在原则上是一种私人领薪俸的职务。然而，有一个观念在埃及始终存在，那就是：每一个人都有为国家服役的义务，在必要时甚至不取任何报酬。从土著中擢拔的下级官吏可能从来没有领过薪俸，甚至在托勒密时期也是如此。但不管怎样，罗马人虽然起先沿用托勒密王家所实施的办法，他们以后却逐渐发现，如果裁减领薪俸的官员人数，增加不取酬报而为国家义务效劳的官员人数，那就更合算、更方便，于是，他们就对比较富裕的上层阶级课以一种义务性的工作，而上层阶级本是豁免下层阶级卑贱的强迫劳动的。鄂伊尔特耳的精密研究，说明了在埃及中产阶级成长（关于这一点，我们已经在前一章谈过）的同时，这个制度的发展是多么迅速。这个制度在公元二世纪上半期已经得到充分的发展，几乎埃及所有的官职都是“派差”，那就是说，担任这些官职的人不仅没有报酬，而且要对他们供职的效率负责。在经管财政的部门，这就等于要对国家所遭受的损失负责。如果有一项赋税未被缴纳，如果不能从纳税户那里索到税金，那么官吏就不得不偿付它们。如果他没有力量偿付，他的财产就被抄没和卖掉。这种制度可能和包税制的发展有关，现在包税人已逐渐被国家官吏所代替，所以国家官吏也就继承了包税人对人民缴纳的全部税款应负的责任。

与此同时，对于国家的贡献——赋税、征发、强购和出售、强迫劳动——不论其性质如何，一律强迫执行，十分严厉。在古代，清偿一切公私债务的办法一直是非常苛刻无情的。债务人不仅用自己的田产来还债，而且也用自己的人身肉体来还债（πρᾶξις ἐκ τῶν σωμάτων〈人身占有〉），往往连亲戚也不能免。无论在古代的君主国家或在希腊人的城邦，总之，在古代世界的所有各个地方，监禁、肉刑和拷打都是通常用来制服债务人倒账不还的手段。与私人收回债款时所使用的方法比起来，政府用来收回公家债款的方法甚至更为严厉。国家被视为最高权力，根据这种理论，亏空公款者被当作罪犯来处理。在埃及，早在托勒密王家统治时期，即已经常利用人身占有作为收回拖欠的公款的办法了；但这种做法在罗马时期达到了顶点，这时，清偿欠税以及亏欠应付给国家的其他缴纳的责任包括在派差制度之中。政府的需求越大，纳税人的经济状况越坏，那么受国家委托来索清欠款的代理人就越发残酷无情。正如我们已经看到的，这个制度在公元二世纪后半期就已有力地发挥作用。不仅普遍采用了向全体纳税人的“本人”强行索取税款的办法，而且还采取了一种集体联保制，把家庭成员、邻里、乡党和同

业公会统统包括在内。这只不过是国家利益至上观念的合乎逻辑的发展。奥古斯都试图改善这种情况，其措施就是赐给无力偿债的债务人以一种权利，即准许他把自己的祖传财产割让给债权人，从而可以避免扣押他本人（*cessio bonorum*〈弃产〉）；这种特权起初仅限于罗马公民，后来也逐渐推及于外省人。不过这个措施并未达到什么目的。这种古老的人身占有方式在古代世界的传统中已经如此根深蒂固，以至于它从来不曾被放弃过，即使是暂时放弃也做不到。我们将会看到，它在二世纪晚期和三世纪的艰难时期内扩大得多么迅速。

不管这种制度是否起源于埃及，或者说，不管它是否同时也被使用于帝国的其他地区（看来这更是可能），可以肯定的是：随着派差制度推广到帝国全境，这种制度也就日益大规模地被采用了。这方面的档案史料不多，但似乎可以作出这样的推论：其他各省所存在的情况和埃及的情况是相同的；事实上，与东方的君主国家比起来，在城邦的司法概念和制度中，人身占有（甚至可能）有更深厚的根源。这种制度的后果为害匪浅。收回欠负国家债款的责任交给了特权阶级；无论是为了个别团体的权利打算还是为了国家打算，他们在执行自己的任务时都是残酷无情、毫不通融的，这样就进一步扩大了豪族和寒门之间的鸿沟。当然，这种制度并无限界；从逻辑上说，即使是豪族中人，如果不曾偿清他们的债务，而又没有弃产能使他们免于被监禁和受拷打的时候，也应当受到相同的待遇。至于说到义务性的工作，那么这种做法是罗马人从所有东方各地的前朝统治者那里继承过来的，他们从来没有想到要取消它。反之，他们甚至还把这种制度搬用于希腊人的地区和西方。

例如，四福音书中说到昔兰尼加人西蒙被迫服役，把基督的十字架背到哥耳哥塔去的故事[①]，这个出名的故事说明了东方的实际情况。四福音书对这件强迫服役的行动所使用的名词是 ἀγγαρεύειν〈舟车畜力之征〉：西蒙是在服一次舟车畜力之征。当我们发现在整个罗马帝国晚期的司法材料中都用舟车畜力之征这个术语以表示义务供应牛和赶车者来替国家运送货物时，就可以十分清楚地知道，不仅这个名词而且连它所指的那种制度都是罗马人由前人那里继承下来的，它们并非罗马人的发明。

由此可见，在整个小亚细亚和叙利亚，为国家义务效劳的制度早在罗马人以前即已流行，这是没有疑问的。在罗马人统治的初期，除了内战时期以外，我们不大听说他们应用过这种制度。但完全可以肯定的是，这种制度仍继续存在，特别是在运输方面，每逢罗马政府有必要运送大批人员和大量货物通行于意大利和外省的时候，它就依靠这种制度。克劳迪亚斯曾有一道敕令提到对意大利和外省所课加的沉重的运输负担，它力求采取和埃及总督的类似命令中相同的办法来调整这种负担，减轻这种负担对于帝国繁荣的有害影响，这一点不是偶然的。这道敕令表明，可能早自内战时期起，这种东方的制度就被移植到希腊和帝国西部，包括意大利在内。普利尼对于多米戚安巡行各地的描述，很清楚地说明了这种制度对帝国的和平居民究竟意味着什么；而本章中已引用的有关图拉真和阿德里安的战争与旅行的零散评述，表明连这两位皇

① 见马太福音第二十七章，32—33；马可福音第十五章，21—22；路加福音第二十三章，26。圣经上，昔兰尼加原译作古利奈，西蒙作西门，哥耳哥塔作各各他，今均按本书译例改译。——译者

帝在紧急的时候也曾依赖这样一种制度。另外有一些偶然的材料也证实曾经采用过强迫手段和征调来筹集军队的食物，供给官兵以宿营地和各种给养。

小亚细亚和叙利亚的情形正如希腊和西方的情形一样，当这些地区的大多数地方已被皇帝们进行都会化以后，义务性工作和征发的负担就不是像埃及那样加给个人或同业公会之类的个人团体，而是加给帝国的行政单位——城市。自治市长官和市议政会成为负责当局，它们必须把负担分配给市辖区的居民。那就是说，实际承担这些负担的人不是统治阶级，而是乡村地区的耕地者和城市中的工人，尤其是前者：地主和店东是从来不应承 *sordida munera*〈卑贱差务〉的。这种情形正如旧制度下的俄国一样：旧制度下的俄国是在这一方面最相当于古代生活的一个近代例子了，在那里，特权阶级懂得如何逃避这类负担，如何把这类负担转嫁到农民肩上；即使当这类负担并非落在他们个人身上，而是落在他们的地产上时，他们也这样做，譬如筑路的负担就是一例。当然，慷慨的人有时自己出这笔费用，但这种情形只是例外，由于很少见，所以碑铭中偶尔提到这种事。这些额外的负担对居民说来究竟意味着什么，这是很容易理解的。说到赋税，不管它可能有多么沉重，总是可以预料和计算出来定期的要求。但人民从来不知道一个罗马长官或一个城市官吏什么时候会下到村庄里来索取人力和牲畜，或投宿于他们的家中；至于大军的调动或皇帝带着大队扈从僚属的巡行，都是真正的灾难。牲畜是农民的主要财产，他们多年劳动积省下来的钱几乎全部投于牲畜之上，而牲畜却被带走，被虐待，不喂足草料；就算牲畜连同赶牲口的人还能回来，那么这

时候,主人可能再也用不着它们了。

当然,调度运输的问题是政府必须加以解决的最迫切的问题。我们不要忘记了勒弗布符雷·戴·讷太最近提出的一个基本论点。如果我们把一头牲口所能承担的最大负载量作为标准来看,就不得不承认古代的大车构造型式,驴、牛和马,骡等(配对上轭的)牲畜那种驾挽具的方法,以及道路分布网同近代的方法比起来,全都是有缺陷的。在《狄奥多西法典》中*有关驿传事务的部分规定轻型大车的最大装载量为200至600磅,重型大车为1000至1500磅,——这就是说,至多只相当于现代西欧大车平均装载重量的五分之一。由此可以看出:有多少劳动力被浪费掉,运输是何等缓慢,以及繁重的运输需要多大数量的牲畜和赶车人。在这样一些情况之下,国家不可能组成自己的运输系统,而不得不运用东方那种给人民带来灾难的征发和强迫劳动制度,这种制度必然会变成帝国经济生活中的一个毒瘤。毫无疑问,同东方各君主国家和希腊的运输制度比起来,波斯时期、希腊化时期和罗马时期所采取的方法有很大的进步,道路建造方面尤其如此。但修建道路的主要目的不是为了促进商业和私人交易的发展,而完全只是为了满足军事方面的需要。这就是为什么没有认真注意改进运输和尽可能地爱惜人力畜力的原因。

在这些情况下,罗马皇帝们之所以从来不曾严肃地考虑废除这种靠强迫劳动和征发来进行运输的制度(虽然他们已意识到这

* 《狄奥多西法典》viii. 5. 8(公元357年);17(公元364年);28(公元368年(?),370年(?),373年(?));30(公元368年);47(公元385年)。

种制度的有害的后果)，这就不足为奇了。前面已经引用过克劳迪亚斯的敕令和埃及的相应的档案文件。在海运方面，他们依靠现有的商船队，他们在这方面采取的是商业性的方式。商人和船主的协会或这些协会中的个别成员根据专门的合同来为国家工作，就好像替其他任何雇主工作时一样。但是，每当更加大规模地需要船主服务时(譬如说在战时)，那么和陆运一样，也同样无情地采用征发和强迫服务的制度。从阿德里安起，皇帝们曾一再把重要的特权赐给商人和船主的协会，这一事实说明了这类特权被当作这些协会奉命为国家履行义务性工作的报酬。然而，在陆运方面不存在这种性质的协会。固然，在埃及有挽畜主人的专业行会，据一般推测，这种行会是兼为国家及其他顾客服务的。罗马帝国的某些城市中也存在同类性质的组织。但这些组织甚至从来不曾发展成为相当于海上商人和船主协会那样的组织，更谈不上发展成为近代的运输公司了。因此，不仅在其他各省，就连在埃及，陆运也总是建立在强迫服务的基础之上的。芮尔瓦和阿德里安、后来的安东尼努斯·皮攸斯和塞普提米攸斯·塞韦鲁斯解决了这个问题的一部分，即解决了传递公文和运送国家官吏驿传事务的问题。他们的理想是：接管这个制度，把它组织成一种由国家管理的事务。就这一行政部门循着官僚体系的道路向前推进来说，可能取得了一些成就。但是否曾经组织成拥有大批专门为此服务的人力畜力那种真正的国家事务，看来就非常可疑了。正如俄国几百年来的情形一样，这个制度的基础仍然是强迫沿途居民服役的办法；同时，即使驿传事务由国家管理了，货运和向军队供应运输工具则肯定是完全依靠征发和强迫服务的。

但是，这仅仅是一部分情况。派差的观念对城邦组织而言并不是陌生的。大家知道，每当紧急时期，城邦中的公民就要用自己的物力和劳动来帮助本邦。不过，在城市居民团体的生活中，义务性的劳动总是例外之事，只是在紧急时期才被采用。以派差为名要求富裕公民增加捐献以应付居民集体的迫切需要（例如饥荒时赈济居民，义务借款以偿付战争债等费用，出钱建造船只和训练竞技会上的合唱团，以及诸如此类的需要），这种惯例更是根深蒂固。在希腊化时期和罗马时期，城市自治生活有很大发展，公民生活中的领导作用越是成为有产阶级的特权，就越发指望他们解囊捐助以应城市的需要。ἀϱχαί〈荣誉〉和 λειτουϱγίαι〈派差〉之间的区别（与西方的 *honores* 和 *munera* 之间的区别相对应）渐渐消失了，城市的每一个长官都要为授给他的荣誉而捐输，这还完全不谈应承正式派差的事，那些正式派差逐渐采取了正规官职的形式。负担是沉重的，但只要它不过分沉重，富有阶级还是乐意地、并以一种罕见的公益心来承担它。然而，早在公元一世纪末期，甚至在东方的富庶的行省里，已经越来越难找到情愿不取报酬而肯自己赔钱来为城市服务的人了。在西方，以西班牙为例，自从那里较贫瘠的地区一建立自治市生活的时候起，在必要时就得采取强制手段来补足长官人数和市议政会议员人数的缺额。

城市在帝国财政组织中应起的作用使这种情况更加恶化了。共和时代把直接税——田赋和丁税——包给包税人（*publicani*）公司的制度，很快就被皇帝们取消了。最先给这个制度以严重打击的是尤留斯·恺撒。奥古斯都和提贝里攸斯奉行同一方针。就直接税而言，外省的大包税公司已逐渐绝迹。它们的地位被城市的长官和市议政会所代替。城市是乐于摆脱包税人的勒索的。它们在同那些贪得无厌的人打交道时已经受尽了苦难，因而愿意帮助国家来收集自己辖区内的税款。我们不知道它们协助国家的工作是否从一开始就承担上缴国库的全部税款的责任，但这是非常可能的，因为国家对自己的收入必须有某种保证，并且它一向从包税公司那里得到过这种保证。由于直接税是合乎情理的，征集直接税的责任并不是压在城市资产阶级身上的重荷。反之，他们还可能从中略获小利。估定总税额的工作通常是由中央政府来执行的，但如果没有城市的帮助就不可能进行，在这中间，大人物可以有机会使自己的财产估价额降低一些。

但自治市资本家们的责任久而久之就扩大到其他领域里来了。间接税的征收暂时还留在包税公司手里。不过皇帝们对它们严加注意。皇家财务使既要保护国库的利益，又要保护纳税人的利益。他们在这方面的权限（甚至包括一定程度的司法权）不断增大，尤其是在克劳迪亚斯时期。但无论如何，间接税的征收仍是帝国财政管理中的薄弱环节。芮罗为什么会异乎寻常地一时大发慈悲，打算取消间接税，其原因似乎就在于公众的不断诉苦；但间接税仍被保留下来，连发包间接税的制度也依然如故。唯一的改变就是排斥了那些包税公司（无论如何，这种公司正在削减之中），而代之以处于包税人和皇家财务使之间的某种中介地位的富人；这种改变可能开始于韦斯帕西安（他的父亲曾亲身做过包税人），而后来由阿德里安予以充分发展。这些新包税人，即承佃人的地位的最重要的特征就是他们对于所承包的那一项赋税负有全部征齐的责任。由于这个职务本身并没有很多报酬，而责任却非常重，所以国家越来越难以找到愿意担任这种职务的人，于是国家逐渐开始采取强制手段，把收税当作一种负担、一种派差、一种 *munus*〈差务〉。这并不完全是新办法，因为托勒密王家早已采用过，但以前从来没有像这样一贯地施行而已。我认为，正是在这个时候，也就是说在韦斯帕西安以后，特别是在阿德里安时期，把大的皇庄租给包租人（承佃人）的制度固定地建立下来了，因为这些包租人主要被视为替皇帝向小佃户征收租赋（包括地税）的办事人员。

由个别人负责收税，以及像皇庄承佃人那样负责使小佃户履行强制劳役，这是国家同资产阶级之间的关系中的一种新现象。可能是由于皇帝们在埃及的经验而联想到采用这种办法的，因为在埃及，从远古起就盛行由富户私人对贫穷户负责的原则，并且从皇帝们开始统治埃及时起就已经在某种程度上袭用了这一原则。这种做法逐渐被推广到国家同城市的关系方面。关于这种新型关系的发展情况，我们知道得很少。在三世纪和稍后一些时候，这个新原则是极为盛行的。对于征收赋税、附加输纳、使居民履行强制劳役等工作，都不再由城市长官和市议政会来集体负责了。现在，这些责任都由个别的富户或被假定为富户的人来承担了，他们负责偿清拖欠的税款，否则就要丧失自己的财产：财产的全部或一部分或者被国家抄没，或者自动交出去。在西方的城市里，可以清楚地看出正规税的征收由一批元老院议员（即“十首户”，*decemprimi*）负主要之责而附加的赋课（公粮）和强制劳役的责任则归专门指定负责的人来承担。在整个东方，司法案卷和许多碑铭都有大量材料证明征收正规赋税由一批富裕市民专门负责，这些人就是“十首户”（δεκάπρωτοι）有些地方改称“二十首户”（εἰκοσάπρωτοι）。

这一批人和城市的督察官（或按东方的名称称作 *λογισταί*，这种职位逐渐成为自治市的一项正规负担）都是整个东方社会（包括新设置自治市的埃及）中的头面人物和最大的受难者。（见第九章）

这种制度的起源还不清楚。就贫乏的早期史料可以看出，在西方或东方的某些地方都向来把“十首户”的头衔授予市议政会或整个市民团体中的最显要的成员。关于这种制度在西方的发展情况，我们一无所知。而在东方，尤其是在小亚细亚，十首户的头衔始见于公元二世纪初期的碑铭中，这个名词最初用以指一种要求不太严的派差，它往往与 *κυριακαὶ ὑπηρεσίαι*〈皇差〉相提并论，所谓皇差不是指为国家所服的役，而是指为皇家所服的役，这种差役是在市区内办的，由一个城市长官或由可能同十首户之职有关的 *λειτουργός*〈干办〉应承。在某些碑铭中，这种派差似乎不是一年一次的，而是五年一次的义务。在 M. 奥雷留斯时期的一件碑铭中提到这种义务，它专指征收皇帝强课的一项特别税的工作而言，这项特别税与同巴斯塔奈人入侵小亚细亚有关。看来，“十首户”似乎就是自治市中有义务承办政府所需要的供应的 *leitourgoi*〈干办〉，他们起初还有义务对课给城市的临时负担进行监督和承担责任。这个制度也可能是同城市督察官一职同时设置的，并与图拉真战争期间和战后的困难时期有关。它后来变得重要起来，被推广到东方其他地区；带有这种头衔的人变成了城市中为首的干办，负有为政府收集各种正规赋税的义务和责任。

由此看来，集体责任制之过渡为个人负责制似乎是在二世纪时实现的，这一过渡似与皇帝们对城市的政策的全面改变有关，这表现在设立专职的城市督察官（*curatores*）和专门监督城市投资

的比期督察官（*curatores kalendarii*）等事例方面。我们已经指出，在图拉真的紧急时刻，后来又在 M. 奥雷留斯时期，城市都没有能力完成它们对国家的义务。它们一再请求免除欠缴的税款和减轻税额。阿德里安和 M. 奥雷留斯二人一方面答应宽免欠额和减轻税收，同时都试图对城市状况实行一劳永逸的改善工作。他们所采取的具体方法就是对财务管理严加监督，以及逐步推行个人负责的原则。这些革新措施在三世纪时以法律形式固定下来，成为帝国经济政策在财政方面的基础。

事实证明帝国统治者们在改进帝国财政管理上所采取的方法是一种致命的方法。他们一方面致力于培养一个健全的中产阶级和建立新的文明生活中心，而另一方面，由于他们继续保留强迫劳动、征发、附加征课等有害的制度，由于他们把无形中损害意大利和外省城市中最奋发有为的分子的精神和物质福利的那种富户对贫户负责的原则付诸实践，从而自己破坏了自己的事业。每当国家的正常收入不敷紧急需要之时，皇帝们不愿意深思熟虑地增加赋税，而宁愿采用远为恶劣的权宜之计，不像以前那样损害收入，而是损害资本。其结果是毁灭性的。早在图拉真时期，在比提尼亚几乎就没有人愿意承担自治市职役的沉重负担了，意大利的情况亦复如是。当图拉真允许阿魁累亚议政会把该城市的客户包括到派差制度之内的时候，阿魁累亚议政会是很乐意的。这可能从意大利（特别是阿魁累亚）和比提尼亚两地在图拉真战争时期所占的特殊地位来加以解释。但不久以后，在安东尼努斯时期，特尔杰斯特城苦于派差的负担，曾央求皇帝把 *ius honorum*〈荣誉享有权〉推广到附属的卡尔尼部落和卡塔利部落成员身上，并且卑躬屈

膝地感谢皇帝答应了这个请求。似乎也正是在二世纪时为了使公职具有较大的吸引力而采取了某些一般性措施，建立 *Latium maius*〈大拉丁〉制就是一个例子。这种弊害在 M. 奥雷留斯时期已经如此根深蒂固，以至于当皇帝们允许对西方一些自治市在角斗赛会方面略赐补助时，竟引起了一个外省籍的罗马元老院议员几乎歇斯底里地表示感激不已。他在元老院演说时这样说道："因此我提议我们向两位皇帝表示特别的感谢，他们不顾国库的利益，而以有益的救济使城市从残破不堪的状态中恢复过来，使那些战栗在倾家荡产的边缘上的大人先生们重交新运。"

下层阶级的感觉如何，我们不得而知。我在这里重提一下前文已经谈到（从第 537 页起）的关于税收制度（这种制度不仅牵累债务人的祖产，而且还使他自己的人身受损）和整个团体对个人税款负责的情况。这样一些办法势必使下层阶级的日常生活变得无法维持。因此，无怪乎不满情绪日益增长起来：前文对于 M. 奥雷留斯时期爆发的暴动的评述可以为证。稍后，在三世纪的特殊气氛之下，请愿者竟深信他们的请愿会直接上达天听，而不必靠城市和国家官吏居间传达，于是他们开始向罗马城投递大量请愿书，申诉他们所遭受的空前的虐待。关于他们这些诉苦的情形，我们将在以下几章谈到。

第九章

武力专制时期

我们已经看到，安东尼努斯氏的开明统治是以整个罗马帝国一些有教养的上层阶级的支持为基础的，这种统治的目的就是希望加强这些阶级的力量，提高各个下层阶级的生活水平以及把城市文明推广到所有的行省，用这些办法以便尽可能地扩大这个基础。其结果是非常重要的。罗马元老院就其组织而言，代表了帝国各个有教养阶级的精华部分，从而掌握了极大的权力。这不是政治权力：行政和立法机能是集中在皇帝们手里的，他们从来不曾想过让元老院来分享政治权力。这里指的是精神权力，元老院的威望在每一个地方的有教养阶级的心目中都不断地增长；这种威望是建立在这样一个事实之上的：元老院是他们的愿望的真正代表，元老院的所作所为是同他们的愿望一致的。任何人读到普利尼的信札就会了解到，为了维持元老院这个团体的威信，元老院议员所必须遵守的条件有着多么高的标准。我们也不能否认，大部分元老院议员都够得上这些条件，元老院基本上是一个既意识到自己的尊严、又意识到它对于帝国的职责的团体。

M. 奥雷留斯死后，当康莫杜斯据居帝位之时，元老院的态度远远不是从内心拥戴这个新皇帝。马尔库斯使他的儿子同他共掌

大权，并以他作为自己的继承人，这样一来，就打破了经过将近一百年的惯例而固定下来的传统。谁都知道，康莫杜斯成为马尔库斯的继承人，并非因为他是元老院议员阶级的成员中最适合的人选，而因为他是马尔库斯的儿子。这就说明了为什么阿维丢斯·卡休斯一听到马尔库斯去世的传闻(后来才弄清楚这是谣言)就急急忙忙去抢夺皇位。不过，只要马尔库斯在世一天，他个人威信之高使任何人都无法反对他。康莫杜斯没有他父亲的威信，他开始登基所作的事就引起了元老院的愤慨。他不顾当时最优秀的将领们的意见和乃父的既定计划，在尚未获得持久性结果的军事行动的半途就匆匆媾和——他准备在必要时购买一种不体面的和平，他在取得这样一种和平之后举行盛大的凯旋仪式，他在帝国财政拮据时对兵士滥加赏赐，他在凯旋之前、凯旋之时和凯旋之后过着嬉游逸乐的生活：这些行动都是不打算在皇帝和元老院之间建立良好的关系。

我们不再谈论康莫杜斯朝的种种事件。他丝毫不想同元老院和平相处，这是事实。不久以后，他就变得暴戾起来，并且建立了一种宠用幸臣的制度。元老院则以阴谋暗杀他作为回敬。阴谋的失败造成了一段恐怖时期，此后他的统治就一直以恐怖为特征。康莫杜斯和多米威安一样，开始了一场反对元老院的决战。他在进行这场斗争时，不得不向其他各个方面去找寻支持，他自然而然地转求于禁卫军和外省驻军的兵士。禁卫军的统帅一再被处死，被罢黜，久而久之，担任这位职务就真像进了鬼门关一般：这一点最清楚地说明了争取禁卫军支持的斗争。这些被处死和被罢黜的指挥官中，有帕特尔努斯、佩伦尼斯、佩伦尼斯至克勒安德尔之间的历任统领多人、克勒安德尔本人、尤利亚努斯、雷季卢斯和累土斯，其中除了最后一位以外，全都遭到这位皇帝的猜忌而成为牺牲者。为了确保禁卫军和外省驻军忠心不贰，他一再颁赏赐钱；并且在他临朝的末年提高军饷，而我们看不出这样做有什么必要。恐怖的必然后果就是一系列的阴谋活动，阴谋活动又使形势进一步恶化。西班牙、高卢和阿非利加的严重骚乱究竟有多少成分是由于政治宣传鼓动起来的，我们无法断定。比较可能的是：它们是由于外省普遍的凋敝、赋税和征募的压迫、兵士和皇家官吏一道违法乱纪所引起的。根据某些理由，可以推测阿非利加的骚乱是同埃及不正常的情况有关的，由于埃及的情况不正常，给罗马城造成得不到定期粮食供应的威胁，从而相应地加重了对阿非利加的榨取，以弥补粮食供应之不足；克勒安德尔和 *praefectus annonae*〈粮尹〉帕皮里攸斯·迪约尼休斯的故事很好地说明了粮食供应之无保障。必须提醒的是，康莫杜斯在他临朝的末年曾仿照亚历山大里亚粮船队的形式组织了阿非利加粮船队，这种粮船队中有相当大的一部分是由国家控制的。

但毫无疑问，不仅在京城，而且在外省的大城市里掀起了一阵反对皇帝的激烈宣传。口号和弗拉维攸斯氏时的口号一样。康莫杜斯的“暴政”被拿来同他父亲的“王政”对比，而康莫杜斯则被标为典型的暴君，被标为圣祖神宗的不肖子孙。从某些迹象可以看出，哲学家们再一次在这种宣传鼓动中起了积极作用；其中有一个哲学家在康莫杜斯死后被禁卫军残酷地杀死。在亚历山大里亚，康莫杜斯的反对者再度利用我们在前面的一章谈到过的那种政治小册子。亚历山大里亚可能发生过一些骚乱，某些亚历山大里亚的显贵又一次在罗马城当着皇帝的面受审问。这些骚乱可能同笼罩着京城和外省的恐怖有关，也许还同阿维丢斯·卡休斯后人之遭杀戮有关。这次审讯时的答辩词比任何一次答辩更加充满了常见的犬儒派的论题。最主要的标识是“暴君康莫杜斯”和“哲学家君王马尔库斯”。在这些刑事案件中，元老院以合法的审判者出现，它的公正无私同康莫杜斯的专横暴戾适成对比。

如前所述，康莫杜斯在对付反对派时依靠了军人，特别是依靠了禁卫军。另一方面，他竭力强调他的权力的神圣性。他所偏爱的神是埃尔库勒斯，这位神是一个为人类而历尽艰辛痛苦的伟大典范，是斯多葛派和犬儒派的伟大战士和伟大受难者。对埃尔库勒斯的崇拜与开明君主政治的结合并不是新鲜的事：安东尼努斯氏所有的皇帝都特别崇敬这位天神。康莫杜斯选择埃尔库勒斯作为自己的保护神，这是毫无疑问的；这并非因为他偏好角斗士的行业，而是因为这个天神同他的先人有关，因为埃尔库勒斯是开明君主政治主要思想的神化象征。只要这个皇帝不曾因反对自己敌人的激烈斗争而陷于神志不清，埃尔库勒斯就一直占着突出的地位，并逐渐成为他的主要的崇拜对象、他的保护者、伴侣和指导人。但是，一旦他的神智紊乱不清，他就硬说自己就是这位天神的化身，因此任何反对他的行为就是亵渎神明。关于他这种态度的种种事实为人所共知，毋庸赘述，但有一点必须着重指出——这些事情全都是他在最后几年所为；而他把自己和埃尔库勒斯视为一体，主要是表现了使皇权神圣化的倾向，这一点与卡利古拉、芮罗和多米戚安相同。还值得提到的是，对埃尔库勒斯的崇拜在罗马军队的宗教信仰中变得突出起来，并且同各部队所在省份的土著神崇拜结合在一起，这可能是康莫杜斯最先对外省军队所作的一次让步。

1. 塞普提米攸斯·塞韦鲁斯的青铜雕像的头部

2. 镌有塞韦鲁斯皇族人头像的钱币

图 73 塞韦鲁斯氏

图 73 说 明

1. 一座塞普提米攸斯·塞韦鲁斯的青铜像的头部。发现于塞浦路斯。尼科西亚，塞浦路斯古物陈列馆。承主管允许在此发表。

这座像非常近似于布鲁塞尔散康太讷尔博物馆所藏的同一位皇帝的另一座青铜像。我并不相信我们这座像是塞浦路斯本地所制之物。这座像大概制于罗马而后运到塞浦路斯来的。

2. 塞韦鲁斯氏朝诸帝后外戚贵妇之像。

a. 镌有塞普提米攸斯·塞韦鲁斯像的金元。正面：文为 SEVERVS PIVS AVG(ustus)〈塞韦鲁斯·皮攸斯·奥古斯都〉；塞韦鲁斯戴桂冠的半身像，面向右方。反面：文为 RESTITVTOR VRBIS〈罗马城的重建者〉。罗马女神，面向左方。科昂所著书，iv，第 63 页，第 605 号。

b. 镌有卡腊卡拉像的当倍金元。正面：文为 ANTONINVS PIVS AVG. GERM.〈安东尼努斯·皮攸斯·奥古斯都·日耳曼尼库司〉；卡腊卡拉戴着辐射冠的半身像，面向右方。反面：文为 P. M. TR. P. XVIIII COS. IIII P. P.〈大司祭长·执掌保民权第十九年·四任执政官·国父〉；尤皮特尔朝左方坐着，执着王杖和胜利之神，身旁还有鹰。科昂所著书，iv，第 180 页，第 341 号。

c. 镌有埃拉加巴卢斯像的金元。正文：文为 IMP. ANTONINVS PIVS AVG.〈元戎·安东尼努斯·皮攸斯·奥古斯都〉；埃拉加巴卢斯戴桂冠的像，面向右方。反面：文为 P. M. TR. P. V. COS. IIII P. P.〈大司祭长·执掌保民权第五年·四任执政官·国父〉；埃拉加巴卢斯乘着一辆 *quadriga*〈驷马车〉，面向左方。科昂所著书，iv，第 344 页，第 217 号。

d. 镌有亚历山大·塞韦鲁斯像的金元。正面：文为 IMP. C(aesar) M(arcus) AVR(elius) SEV(erus) ALEXAND(er) AVG(ustus)〈元戎·恺撒·马尔库斯·奥雷留斯·塞韦鲁斯·亚历山大·奥古斯都〉；亚历山大·塞韦鲁斯戴桂冠的半身像，面向右方。反面：文为 P. M. TR. P. VI COS. II P. P.〈大司祭长·执掌保民权第六年·两任执政官·国父〉；战神马尔斯头戴盔，拿着战利品和矛，面向右方。参阅科昂所著书，iv，第 434 页，第 331 号。

e. 镌有尤莉雅·多姆娜像的金元。正面:文为 IVLIA AVGVSTA〈尤莉雅·奥古斯妲〉;尤莉雅·多姆娜的半身像,着衣饰,面向右方。反面:文为 HILARITAS〈欢喜〉;女神拿着 *cornucopiae*〈富饶角〉,面向左方,身旁有一枝很长的棕榈。参阅科昂所著书,iv,第 112 页,第 71 号。

f. 镌有尤莉雅·梅萨像的金元。正面:文为 IVLIA MAESA AVG.〈尤莉雅·梅萨·奥古斯妲〉;尤莉雅·梅萨的半身像,着衣饰,面向右方。反面:文为 IVNO〈尤诺〉;天后尤诺拿着王杖和 *patera*〈盘〉,面向左方。参阅科昂所著书,iv,第 393 页,第 15 号。

g. 镌有尤莉雅·曼梅雅像的金元。正面:文为 IVLIA MAMAEA AVG.〈尤莉雅·曼梅雅·奥古斯妲〉;尤莉雅·曼梅雅的半身像,戴王冠,着衣饰,面向右方。反面:文为 VESTA〈维斯妲〉;维斯妲女神面向左方,拿着 *palladium*〈帕拉斯神偶像〉和王杖。参阅科昂所著书,iv,第 497 页,第 80 号。

以上钱币均藏不列颠博物馆。承不列颠博物馆 H. 马丁利先生惠助,代我选录,并对各币的文字图形作了说明。

我们必须记住,外省的军队现在几乎完全在该部队所驻行省之内征募当地的人组成,所征之兵多半属于农民阶级,他们往往是固守本乡本土的宗教信仰的。

关于康莫杜斯的政策,除了同元老院的斗争以及在这场斗争中找寻军人支持这种非常明显的倾向而外,我们所知道的很少。就外省而言,虽说有些地方性的叛乱造成骚动,当然总还能享受和平之福;不过,他为外省究竟做了多少事,我们不得而知。值得一提的是,他在对待下层阶级方面奉行着阿德里安的政策,而这些阶级把他看作自己的保护人和赐恩者。至少,阿非利加皇庄上那些受强制劳役过分压迫而长期坚持向包租人进行斗争的农民们,在其斗争中向皇帝本人呈递措辞激烈的诉状时,是抱有这种看法的。

其中有一份诉状大部分保存下来了，另一份诉状只剩下了片段。在前一份诉状里，从头叙述了斗争的过程。*Saltus Burunitanus*〈布鲁尼塔努斯苑〉的佃户们起初想得到皇帝垂听的企图失败了；他们向皇帝所上的第一封书中充满了激烈的指斥之词，这封书可能是在M.奥雷留斯时期呈递上去的。在作了这次最早的尝试之后，大概接着发生了一次罢耕，结果遭到兴师讨伐这种残酷的报复；而隐藏在这样一种罢耕中的危险并不会轻易地消失。许多次这样的地方性罢耕就会构成一次真正的暴动，他们就会对镇压行动进行真正的战斗。据我推测，高卢和西班牙的马特尔努斯之乱的性质是与此相近的，并且我还认为，佩尔提纳克斯在阿非利加所镇压的那几次 *seditiones*〈叛变〉同布鲁尼塔努斯苑的碑铭所证实的那类的民愤激变有关。第二次企图幸运多了。这次佃户们之所以得到成功，大概要归功于被他们选为全权代表的卢里攸斯·卢库卢斯其人。从他的名字可以看出他是一个罗马公民；他对该苑的佃户们的关心，表明他本人是他们当中的一员。卢库卢斯接到了皇帝回答他的请愿书的一道敕谕，这个事实证明他这个人对皇帝有所影响。我完全相信卢里攸斯·卢库卢斯是一个军人，可能是一个驻扎在罗马的军人，但不是禁卫军(因为他是外省籍)，而是一个 *eques singularis*〈武卫骑兵〉，或许是一个 *frumentarius*〈稽查兵〉。我们知道稽查兵这种秘密军事警察在康莫杜斯时是多么重要，多么有势力。这份请愿书的语调很可说明下层阶级的心情。他们信任皇帝，而对压迫他们的人，即包租人和财务使，却充满了仇恨。他们说道："帮助我们吧，我们都是些乡下老百姓，都是些辛苦劳累而难以养家糊口的穷人，所以在您的那些财务使面前不可

能同包租人对抗，包租人靠着大笔大笔的送礼行贿，总得到他们的袒护，并且由于长年包租，由于地位关系，总是同他们熟识；请您可怜可怜我们吧，求您发一道圣旨指定怎么办吧”云云。他们诉诸*Lex Hadriana*〈阿德里安法〉的保护，坚持自己的权利。那些权利大概由于政府的苛刻勒索而遭到了破坏。康莫杜斯的态度也是同样值得注意的。他直接答复了这份请愿书。他并未要求补充证据，他并没有把这个案件咨询地方当局。他亲自决断了这件小事，并且以照顾原告的方式来决断它。在上述这份残破的卷宗里，一个显著的特征就是斗争。另外一辑档案材料也具有这种特征。佃户们以罢耕、以埃及那种真正的 ἀναχώρησις〈亡命行动〉为要挟。他们说道：“我们情愿逃亡到某个可以让我们像自由民一样生活的地方去。”

康莫杜斯之死并不是偶然的。层出不穷的阴谋表明领导阶级已下定决心要除掉他。他们的这番努力，得到外省军队的支持。康莫杜斯犯了芮罗曾经犯过的同样错误。他过分依赖禁卫军和京城里的公安部队，而忽略了同外省驻军之间的个人联系，外省军队交给它们的将领掌握，其中大多数将领是曾经战胜过萨尔马特人、不列颠人和摩尔人等帝国敌人的优秀将领。由于一再赐给京城驻防军以馈赏及其他优惠，这就无意中得罪了外省军队，使它们心怀嫉妒；正如芮罗时候的情形一样，外省驻军愿意听从其实际指挥官的命令和接受反对康莫杜斯的宣传。第一次兵变发生于不列颠，关于这次兵变，我们了解得很少。皇帝好不容易才把它镇压下去。康莫杜斯发觉了他所面临的威胁；但不知道究竟是因为他对京城放纵逸乐生活的贪恋还是由于他害怕离开罗马城，总之，他并未到前线驻军中去亲自进行视察以图恢复自己的威信。他倒宁愿许给兵士们一些特权，甚至最后采取了普遍增加军饷的做法。这些做法都毫无作用。军官们竭力散布谣言，宣扬他的放荡生活、他的可耻行为以及他之宠爱驭者和角斗士等等，使那些最重要的部队（即不列颠、潘诺尼亚和叙利亚的部队）的指挥官们能够策动军队一道发表军事宣言。各个高级将领及其在罗马城的支持者和手下的军官僚属等人之间究竟是否互通声气真正组织了一次阴谋，我们不得而知。但可以肯定的是，军队准备发动一次军事革命。罗马城的事变加速了它的爆发。只是由于偶然的机会，许多次宫廷阴谋中有一次获得了成功，阴谋分子终于杀死了皇帝，但京城里的军人并未参加这次阴谋。为了抚慰禁卫军，所以不在各省，而在罗马城内推定康莫杜斯的继承者，所推出的就是冷酷的将军和有势力的元老院议员 P. 埃耳维攸斯・佩尔提纳克斯。他的统治时期是短暂的。他不是禁卫军心目中的候补人，他们尽可能快地除掉了他。由于禁卫军没有自己的可以提名的人，他们只得退而求其次，此人就是对他们的拥戴出价最高的迪丢斯・尤利亚努斯。这桩可耻的拍卖在外省驻军之中激起了很大愤慨，于是他们接二连三地拥立自己的统帅为皇帝：在潘诺尼亚有 L. 塞普提米攸斯・塞韦鲁斯，在叙利亚有 C. 佩申纽斯・尼杰尔，在不列颠有 D. 克洛丢斯・阿耳比努斯。

如果在这里叙述佩尔提纳克斯被谋杀和迪丢斯・尤利亚努斯继位以后争夺皇权的全部过程，那是不恰当的，但我们可以强调这样一个事实，即这是一次比芮罗死后争夺皇权的斗争更长久和更剧烈的斗争。这场斗争具有这样一种政治色彩，每一支军队都力

图推戴自己的统帅登上皇位。并没有明显的地方分离主义倾向。但事实上,这三支军队是在帝国的三个主要地区招募成的:阿耳比努斯的克勒特—罗马人军队,塞韦鲁斯的伊利里亚人和色雷斯人军队,尼杰尔的亚细亚人(叙利亚人和阿拉伯人)和埃及人军队;这三支军队各有其特殊的性质和特殊的愿望,斗争的剧烈性反映了这种分歧,并预示出帝国以后将分裂为克勒特—日耳曼人地区、斯拉夫人地区和东方地区这三大部分。皇位继承战争的另一个重要特征,就是意大利的积弱不振。曾经那么勇敢地为鄂托作过战的禁卫军,不再能够或不再愿意为他们自己的候选人——不管这候选人是谁——作战了。他们向外省的军人让步,请求宽恕。此外,康莫杜斯死后的战争的一个值得注意的特点就是:这些战争不仅影响了意大利,而且也影响到整个帝国,它们蹂躏了帝国最富庶的地区,即经济上最繁荣和最先进的行省高卢和小亚细亚。最后一点,胜利者之所以是日耳曼尼亚、色雷斯和伊利里亚的自由农民,之所以是那些最新设置的罗马行省的居民,这并不是偶然的。同高卢的佃户或亚细亚和埃及的农奴和农民比起来,他们对自己的将领的支持表现得更为坚强有力。

塞普提米攸斯·塞韦鲁斯、他的东方妻子以及他那些半东方血统的孩子的统治,在罗马帝国史上占着非常重要的地位。关于这一朝统治的性质和历史意义,存在着两种分歧的意见。一些最著名的学者认定塞普提米攸斯·塞韦鲁斯是第一个打破传统、抛弃安东尼努斯氏的政策的人,是最先走上使罗马帝国彻底蛮族化的道路的人。另外一些人则认为塞普提米攸斯·塞韦鲁斯是“一个爱国的、但胸襟开朗的统治者,他一心一意想把意大利和设置较早的行省的文化和物质利益扩大到帝国边境各省”。看来，这两种看法都含有正确的成分。塞普提米攸斯·塞韦鲁斯以及紧接着他的几个继承者的统治，既是安东尼奴斯氏所开端的那一系列发展的最后一环，同时又是在经历了二世纪后半期的恐怖时代之后终于按照东方形式完全改造罗马国家的那一系列新发展的最初一环。现在让我们来考察一下这些事实。

塞普提米攸斯·塞韦鲁斯是一个靠武力起家的僭主。他从兵士那里获得他的权力，只要兵士们愿意支持他，他就保持着这种权力。他极力使自己凌驾于元老院之上，元老院在军人压力之下才投票承认他的权力并使之合法化。就这一点而言，他的地位比M.奥雷留斯的儿子兼合法继承人康莫杜斯的地位还要不稳固得多。因此，他竭力收买元老院，使它效忠于自己，而在他渐渐感觉到他远不如他的对手佩申纽斯和阿耳比努斯受元老院欢迎而顺利地把这些对手一一扑灭之后，他就乘胜利之威实行了野蛮的恐怖统治，终至杀尽了那些最有名望的元老院议员。他一开始就发觉他的家天下政策、他要把自己的权力给子孙的那种坚定的决心不可能不引起元老院的抗议和反对，因为这是公开抛弃安东尼努斯氏的传统，而元老院正是为了这同样的原因曾使用一切手段来反对安东尼努斯氏的末代皇帝康莫杜斯。只要塞普提米攸斯佯装意欲维持立外姓为嗣的制度，也就是说，只要他还承认阿耳比努斯为他的合作者，元老院就不至于摊牌。但是，塞普提米攸斯在击败佩申纽斯之后，同阿耳比努斯之间的关系破裂了，他宣布自己的儿子卡腊卡拉为贰君，这时，元老院同他之间的公开斗争便马上开始，这场斗争一直进行到元老院反对派被彻底粉碎为止。这位胜利者

的恐怖统治不限于罗马城和意大利，而且还大规模地扩展到外省，特别是扩展到东方和高卢，因为这些外省的贵族阶级曾支持过他的敌手；这一人尽皆知的事实不能仅仅用他的财政困难来解释。他知道那些居住在帝国最富庶的大城市中的外省贵族阶级也效忠于安东尼努斯氏，他们不会心甘情愿地接受一个以否定开明君主的政策所遵奉的原则为基础的新政权，因此，正如他在罗马城和意大利对反对派的压制一样，对于这些反对派他也竭力加以压制。

鉴于元老院和大部分外省贵族阶级的反对，塞普提米攸斯不得不一而再、再而三地对军队作出让步。我不是指他在反对敌手的斗争中对外省驻军兵士赐以馈赏和行贿，也不是指他遣散禁卫军而创立一种征募禁卫军的新制度以及在罗马城附近驻扎一个选军军团。这都是一些安全措施，它们并非从军事方面的考虑出发，也就是说，并非希望手边有一支军队以便用来对付帝国边境上的敌人；采取这些安全措施的用意乃在于：必须使驻在意大利而可恃以维持自己权力的军队不止一个部队，万一必要的时候甚至可以使它们彼此打仗。'Αλβάνιοι〈阿尔巴诺军团〉就是用来牵制禁卫军的；稽查队、武卫骑兵和京营就是许多彼此不相关联的强大的军事单位，如果禁卫军或阿尔巴诺军团再想挟持皇帝或废黜皇帝，这时就用得着它们了。塞普提米攸斯对军队的重要让步就是由他创行而维持较久的军事改革。假如我们说他已经把军官团体彻底蛮族化了，这是夸大之词：军官大体上仍然是帝国的元老院议员阶级和自治市贵族阶级出身的人。但明显的是，普通兵士中的中坚分子（即军吏）愈来愈多地补充到贵族阶级的行列中来了，他们（以及他们的子孙）现在完全成了骑士阶级的成员。塞普提米攸斯通过把

金指环的特权赐给普通兵士的办法而强调了这样一点：每一个兵士，只要他勇敢作战，效忠皇上，就可能被擢升为百夫长而成为特权阶级的一员。当然，上层阶级的军人化并不意味着它们立即蛮族化。由于百夫长在军中服役的结果，他们多少有些罗马化了——虽然我们如果考虑到二世纪末期军队的编制情况（关于这一点，我们在第四章中已叙述过），我们可以有把握地说：他们之中大多数人的罗马化程度是非常浅的。另一个性质相同的措施就是扩大骑士的供职范围和扩大骑士级官吏的活动领域从而使行政组织军人化了。诸如：任命一个骑士为美索不达米亚总督，任命一些骑士为驻阿尔巴诺和美索不达米亚的安息军团的统帅，加强禁卫军统领的重要性，使财务使暂时摄理院辖行省执政官的策略，以及骑士这时候在 *comites Augusti* 〈奥古斯都会〉中所起的作用，这样一些事实，全都表明塞普提米攸斯想要逐渐让普通的兵士可以有很多机会膺任帝国行政组织的高官要职。

另一方面，军饷的增加，赐给退役军人的特权（豁免自治市的派差），保护要塞内的俱乐部生活，以及（这一点也相当重要）使兵士结婚得到法律承认（结果使已婚兵士逐渐从兵营迁移到营市），——这些都是重大的让步，它们必然在无形之中有损于军人的尚武精神，而在帝国之内造成一个有势力的军人门第。这些特许权显然是出于不得已而赐予的。我们只要记住许多次兵变（特别是在他统治的最初几年内），就可以了解塞普提米攸斯要加强他在军人中的影响是多么困难了。在第二次远征安息的战争中，曾多次想法攻取阿特腊，而结果全都遭到惨败，其原因乃在于欧洲军团兵士之缺乏军纪，像这类的事实证明了塞普提米攸斯的政策确确实实无形之中破坏了军纪，证明他之所以采取这种政策不是出于选择，而是出于无奈。他给儿子们的遗嘱是："团结一致，让兵士们富足，对其余的人不用放在眼里。"这些话即使说不是出于本心的话——虽然似乎毫无理由认为它们不是真心话——也是完全符合他的整个政策的。毫无疑问，塞普提米攸斯是第一个把自己的权力坚定地和永久地建立在军队基础之上的人。虽然在一世纪的前朝皇帝中，有许多人（特别是多米戚安）也有过同样的做法，然而，在安东尼努斯氏统治之后，在实际上排除了元老院对帝国行政管理的一切影响之后，塞普提米攸斯的军事化政策乃是一个新的现象。他所要达到的目的不是一种军事僭主制，而是一种世袭的军事君主制。

但是，如果说塞普提米攸斯在建立一种东方式的军事独裁制度，那是没有根据的。他的军事君主政治不是东方式的，就其根本性质而言，乃是罗马式的。塞普提米攸斯把奥古斯都的元首制完全军事化了，他着重强调了罗马军队的最高统帅 *imperator*〈元戎〉这个头衔，但皇帝仍然是罗马帝国的最高长官，而军队仍然是一支罗马公民的军队。虽然现在的帝国是一个包括所有罗马行省在内的帝国，虽然意大利籍人士的优越地位在图拉真时依然受到维护，在阿德里安时也不曾遭到公开否认，而现在却一去不返，但是这其间并没有什么突如其来的新变化。这是一种正常的发展，由内战开其端，而由历代罗马皇帝一一相继地逐渐予以完成。塞普提米攸斯在使军队外省化和使更多的外省人有机会担任行政职务方面采取了决定性的步骤，但他在原则上所奉行的乃是帝国历朝统治者久已确立的政策。在这个政策中并没有任何革命性的变化。它的有害的方面不在于他使军队民主化而在于他使元首制军事化了；这实际上乃是他僭取政权和建立一种世袭君主制度的必然后果。

因此，塞普提米攸斯始终如一地强调他对安东尼努斯氏的开明君主制度的尊敬。他希望被承认为康莫杜斯的合法继承人，他很快就不再把自己装成元老院所推举的佩尔提纳克斯的复仇者了。当他宣布他自己是康莫杜斯的兄弟时，当他举行纪念仪式时，当他伪称自己曾被 M. 奥雷留斯收为义子时，他十分清楚地知道这些荒唐透顶的言行不可能骗过任何人。他的目的在于强调他对最后一位伟大的皇帝的忠心，强调他愿意奉行后者的政策。当然，另一个理由就是迫切需要使他僭取的地位合法化。尽管他以强硬的手段逼使元老院从法律上予以承认，但皇权并不仅仅依靠 *senatus consultum*〈元老院决议〉；它主要凭借对皇帝的崇拜，而现在，经过一个世纪的和平演变之后，这种崇拜已同安东尼努斯氏这个姓氏及其传统密切地联系在一起了。塞普提米攸斯之所以希望自充为那已被奉为圣者的马尔库斯的儿子，并为了这个目的而把自己的肖像放进自治市的庙堂和各军团的礼拜堂中去，这一点是不足为奇的；他之所以让自己的儿子们取安东尼努斯氏的姓氏，以便他们不仅成为这一姓的继承人，而且还可以继续承受人们对于这个姓氏的崇敬，这一点也是不足为奇的。除了卡利古拉和多米戚安时期而外，对皇帝的崇拜以前从来没有像现在这样具有个人崇拜和王朝崇拜的性质了。自治市的 *flamines*〈主祭〉的冠上的卡皮托耳山三神半身像改为塞普提米攸斯及其两个儿子(两个新命名的安东尼努斯)的半身像，这就是征兆。

必须承认，塞普提米攸斯的政策在某些方面实际上是阿德里安和安东尼努斯氏的政策的真正继续。大家知道，帝国的立法从来没有任何时候比塞韦鲁斯朝更为合乎人情。这个时期的大法学家，如帕皮尼安、乌耳皮安和鲍卢斯等人，都能自由发挥他们所赞成的人道主义思想，即法律对于人人平等并有责任保护一切人的生命、特别是保护弱者和贫者这种思想。帝国的军事化为社会大革命开辟了道路，而罗马法律则在这场社会大革命的前夕最后一次显示了自己的最崇高和最光辉的一面。关于这个大家所熟悉的问题，在这里无须乎细述。但显然可见，塞普提米攸斯的宽厚的社会政策首先旨在巩固他自己的权力和他的王朝的权力。正如康莫杜斯一样，他决心把自己的权力建立在他的兵士所出身的那些阶级的基础上：他那宽厚的法律，他为了保护农民和城市无产者以对付统治阶级和帝国行政当局而采取的措施，就是由此出发的。应当注意到，他恢复了康莫杜斯已经废除的贫儿补助金。在阿非利加，他继续推行弗拉维攸斯氏、图拉真和阿德里安的政策。我们所得到的曼契亚法的抄本大概就出自塞普提米攸斯·塞韦鲁斯时期，*ara legis Hadrianae*〈阿德里安法刻石〉也属于同一时期，这种推测并非偶然的臆想。塞普提米攸斯显然希望在他的庄田上增多自由的地主，他坚持要承佃人和财务使严格遵守前朝皇帝们规定的条款。他对埃及的佩申纽斯党徒的迫害破坏了该地的经济繁荣，引起越来越多的人从自己的村庄里逃亡出去；但在这一事件以后，他在进行例常的户籍调查时颁布了一道专门的告示，号召农民返回自己的田地和村庄。总督苏巴戚亚努斯·阿魁拉的布告就是以这一告示为依据的。这些文件曾被农民所援引，例如，法尤姆的索克诺帕尤—芮索斯村的农民曾经控告某些富户乘他们逃亡在外而霸占了他们一向耕种的土地，他们在自己的请愿书里就援引过这些文件："我们的主上、最神圣的和无敌的皇上塞韦鲁斯和安东尼努斯当驻跸于他们自己的埃及土地上时，除了颁赐许多其他恩典而外，还想要那些未住在自己家中的人们返回家园并根除强迫和非法行为。"

小亚细亚的皇庄上的农民也表现了同样的信任皇帝的心情和对于皇帝个人的忠贞不贰，这与他们对皇帝的代理人和官吏们的敌对态度恰恰相反。我们得到三四份属于塞普提米攸斯时期的请愿书，全是近来发现于吕底亚的。农民们向高级官员申诉，后来发觉这是一种徒劳无益的做法，于是他们就用最诚恳和最忠心的语句直接向皇帝呼吁。在一份请愿书里，他们的代表说道："所有皇帝之中最伟大和最神圣的皇帝，我们向你恳求，由于关系到你的法律和你的前人的法律，关系到你使所有的人平息纷争的裁断，由于对你和你以前所有践阼的皇上所经常憎恶的人表示憎恶，你会下令云云。"在另一份请愿书中，另一群农民强调他们祖祖辈辈对于自己的皇上的忠心，他们说道："我们出生在皇庄上，我们在那里长大成人，从我们的祖先起一直是那块土地的耕种者，我们对皇家的国库遵守自己的誓约，而我们这些人将要被迫……成为从皇庄逃亡出去的亡命者了。"同布鲁尼塔努斯苑的佃户们一样，门德科腊的农民也通过他们的一位代表向皇帝呈递了请愿书。可惜我们不知道这个代表的姓名，但是，后来诸如此类的请愿书往往是由兵士送到皇帝面前的，根据这一事实，所以门德科腊的农民可能也是通过他们之中某一个碰巧在帝国军队里当兵或做军官的人来呈递请

愿书的。

由此可见，塞普提米攸斯对待下层人民的政策是一种保护和让步的政策。对待城市，他的态度就不同了。当然，塞普提米攸斯并不是凡对城市就怀敌对态度。对于那些坚定不移地支持他的城市，他既表示关切，又表示了解它们的需要；对于他的故乡阿非利加的城市、他妻子的故乡叙利亚的城市，以及他的兵士的家乡多瑙河流域各省的城市，尤其如此。在他统治时期，所有这些地方的城市都是繁荣昌盛的。其中许多城市都被提升到较高的自治市一级，有一大部分城市获得了受赏赐和增添新建筑物的光荣，有些城市则被承认为罗马退役军人的屯市（如腓尼基的提尔和巴勒斯坦的撒马利亚）。这些城市自然也就赞美皇帝的德政，并相继为他和他的妻子与儿子树立雕像和凯旋门。但不能把这说成是普遍的情形，不能认为塞普提米攸斯对待城市完全奉行他的前人的政策。我们不可能忘记高卢的里昂的命运和拜占庭的命运。里昂自从遭到残酷的惩罚以后一直未能复元。安蒂奥克也受到严厉的惩罚。几十个城市因为被迫接济过佩申纽斯·尼杰尔，而被责成缴纳大量贡赋；而在安息战争期间，无疑地曾招邀帝国所有的城市向皇帝捐输大量钱币作为贡礼。关于抄没许多外省贵族的财产一事，我们已经叙述过了。

比这些临时性的压迫措施更为重要的是，塞普提米攸斯对待城市居民上层阶级的总政策。前一章在谈到派差时，我强调过这一事实，即塞普提米攸斯是第一个坚持实行自治市长官个人负责制的皇帝。他也是第一个借助于御用法学家而把暴虐的派差制度发展为一种合法的、正规的、由国家强制推行的永久性法制的皇帝。最尽力于精心制定这种制度和差务论的法学家，就是同塞普提米攸斯同时代的帕皮尼安和卡利斯特腊土斯以及亚历山大·塞韦鲁斯的顾问乌耳皮安。就*decaprotia*〈十首户会籍〉和*eikosaprotia*〈二十首户会籍〉这个例子来看，这种发展是特别明显的。在《律令大全》中最先提到这种负担，是从三世纪开始的。埃兰纽斯·莫德斯提努斯和乌耳皮安，以及稍后的阿尔卡丢斯·卡里休斯和埃尔莫杰尼安，都是最先记载这种负担转变为自治市的差务中最重要的项目之一的人，而在卡腊卡拉朝以前，小亚细亚的碑铭也一直没有反映过这一点。也正是在三世纪的某个时候，在埃及新出现的自治市生活中才开始建立十首户会籍制；大约到了这个世纪的中叶，它已经变成该地财政事务中最重要的制度之一了。

同样可以肯定的是，塞普提米攸斯及其继承者对那些为国家服务的协会和同业公会实施了更加有系统的压制。卡利斯特腊土斯在谈论自治市生活中的差务的组织情况时非常着重注意那些同业公会，这件事表明塞普提米攸斯效法他的前人，尤其是效法阿德里安、M. 奥雷留斯和康莫杜斯，他周密地规定了同业公会和城市之间的关系。特别重要的是船主和商人，《律令大全》中所摘引的卡利斯特腊土斯的著作绝大部分是谈到他们的。卡利斯特腊土斯强调商人的协助和船主的服务，他坚决主张商人和船主二者都要履行一种 *munus publicum*〈公共差务〉，这些都清楚说明了这些同业公会的地位的重要性。他之所以搜集早先规定这些同业公会活动的一切规章条例，他之所以进一步发展这些规章条例，其原因就在于此。我们在前一章业已指出，塞普提米攸斯对于商人和船主同业公会的特别关切可能由于这两种同业公会不断诉苦，并且也可能因为他在内战期间和东方战争期间曾一贯利用这些同业公会。阿雷拉特的船主在第二次远征安息期间以及在塞普提米攸斯和卡腊卡拉驻留东方期间，大概曾把人员和物资从高卢运送到东方，他们在公元201年的一份请愿书里激烈地申诉他们为国家效劳时所遭受的迫害和勒索。这份请愿书的一个抄本发现于贝里土斯(戴索:《拉丁文碑铭选录》6987)。似乎由于他们坚决申诉并以罢工作为要挟，才促使塞普提米攸斯修改、补足，甚至扩大了某些曾经赐给他们的特权。其中最重要的特权之一，就是豁免他们的市政负担。

对于帝国都市居民中的另一些团体，也赐给了类似的特权，特别是赐以豁免自治市派差的特权。最重要的团体就是包税人的团体和皇庄、公共庄田包租人的团体，在帝国的立法中以对待前一种团体的同样原则来对待后一种团体。从国家的立场来看，这两类团体之间并无很大的差别，因为二者都以国家的名义来征收应当缴纳给国家的租税，所以它们实际上履行着同样的公务。我们在前一章已经叙述过包税人在二世纪和三世纪初期的外省生活中所起的重要作用。多瑙河流域各省和阿非利加的包税人都是一些显要的、有势力的人物。皇庄的包租人，特别是像阿非利加和亚细亚这些省份的皇庄的包租人更加有势力，这在塞普提米攸斯临朝时期尤其如此，塞普提米攸斯曾抄没了他所设想的敌人的大片土地。关于这些承佃人，我们在第七章中已经叙述过了。最早提到他们的公会组织的，是弗拉维攸斯氏和图拉真时期的史料。阿德里安保护他们，M.奥雷留斯则把豁免自治市派差的特权推广到他们身上。卡利斯特腊土斯对这些特权统统有详细的记录，从这一点可以看出，塞普提米攸斯·塞韦鲁斯把它们全部保存下来了。

但是，尽管塞普提米攸斯用这种方法对国家需要它们服务的那些特权阶级的某些成员予以援助，或者说得更确切些，尽管他设法使日益加重在那些人身上的负担有所减轻，他却从未忘记贫贱阶级的利益。大概也正是塞普提米攸斯，他把豁免自治市派差的特权推及于皇庄上的佃户。这些佃户虽然不住在城市里，自治市的长官和皇家官吏却强迫他们分担自治市的负担，看来很可能是由于他们一再申诉这种武断的做法，才使得塞普提米攸斯采取了上述措施。在利迪亚的阿加—贝伊的请愿书中，农民着重强调了这一点，并以亡命行动这种群众罢工方式来要挟皇帝。同塞普提米攸斯总的政策相符，他对这些要求作了让步，并免除佃户们的自治市派差的负担，同时，他仍保留了国家要求履行义务性工作和其他差务的权利。

自治市居民中另一个重要集团也借口以别的资格为国家服务而免除了自治市负担，这个集团包括一些“承担公益事业所必需的手工劳动”*的同业公会。其中特别有 *fabri*〈工匠〉和在城市中负责防火的 *centonarii*〈消防队员〉的同业公会。现在我们已经很清楚地知道，卡利斯特腊土斯在一段众所周知的文字中对这些帮会所表示的观点反映了塞普提米攸斯的理想，因为在潘诺尼亚的索耳瓦发现了塞普提米攸斯和卡腊卡拉的一项敕令，其中包括的条例与卡利斯特腊土斯的提法相同，连语句也几乎一模一样。塞普提米攸斯对待消防队员和工匠的政策的基本原则，与他在同商人

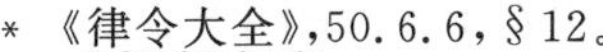

* 《律令大全》，50.6.6，§12。

和船主打交道时所遵循的基本原则相同。他赐给这些同业公会会员以豁免自治市负担的权利，但他强烈希望，凡是不实际履行与会员身份有关的义务的人都一概不得享受这一特权。这就是那些比较富裕的会员，他们是不在豁免之列的。但地位低贱的会员，即真正帮助灭火的佃民，则全部能保持这种特权，而且对这种会员的人数并无限制。

显而易见，所有这些复除一方面既使某些人的负担略有减轻，而在一定程度上帮助了较贫穷的阶级，但同时却增加了那些如今留下来独立承担自治市派差的人的负担。某些最有钱的人就这样免除了派差，而主要属于中等阶级的地主和店东却成了派差的唯一承担者。无怪乎他们千方百计地设法逃避这些无形中破坏他们经济繁荣的负担。对于埃及之新建立自治市生活，也必须从这一点着眼来看。我们知道，亚历山大里亚于公元 199 年获得成立自治市议政会的权利；我们也有理由推测这种恩赐逐渐推广到埃及的各个中心市。这意味着这一制度的发源地埃及正如帝国其他地方的情形一样，也遭到了同样一系列派差的损害。对埃及来说，发生了这样一个变化并没有得到任何特权，或许，甚至还可以说也并没有增加任何新负担：因为埃及的资产阶级不管怎样都习惯于为居民中其他的人负担责任。但是，这就等于重新作了一番安排并使之成为制度了。在这以前加在资产阶级身上的派差经过若干修改以后，如今已逐渐分门别类，并且整个地压在新的自治市议政会的不幸的议员肩上。塞普提米攸斯之所以竭力把普鲁西亚斯之类的某些小亚细亚城市的城乡居民（即正式公民和第二等公民）肩上的负担平均化，其动机也在于此。自此以后，乡村居民不仅必须分

担义务性劳动、赋税和临时征课，而且还必须承担以前只加在正式公民身上的责任。

塞普提米攸斯的激进而苛暴的措施可以归因于帝国财政的窘困，而财政的窘困又是由于康莫杜斯的挥霍无度和他本人初即位时的内战，以及在内战之后接着发生的严重的、军费浩大的对外战争所造成的。塞普提米攸斯朝不是太平时期：十八年之中，没有战争的时候不出六年。通过他的残酷无情的措施，毫无疑问，他自己手中积累了一大笔财产，特别是地产，这笔地产形成行政组织中的一个新部门，即 *ratio privata* 〈皇产司〉，同时，他也填满了罗马国家的空虚的府库。但很明显，他所以这样做，主要为了增加他自己的利益和满足他的个人野心。通过没收和捐献得到的钱，被用来慷慨地赏赐给军人和罗马城的暴民。国家的财政复元了，但这是靠牺牲人民的幸福来恢复的。我们没有丝毫根据能断言塞普提米攸斯统治时期的帝国是幸福和昌盛的。无论意大利或外省都远远谈不上繁荣，只有以下几省算是例外，即受内战的影响程度不如帝国其他地方那么严重的阿非利加、塞普提米攸斯的主要支持力量来源地多瑙河流域各省，以及处于尤莉雅·多姆娜特别保护之下的叙利亚。在内战期间和内战结束以后，帝国充斥着无家可归的人，他们遭到稽查兵和 *stationarii* 〈巡哨兵〉这些皇家的警察特务的追踪和迫害。他们在绝望中到处流浪，形成了成群结伙的盗贼，使地方遭受蹂躏。我们听说，有一支由布拉率领的土匪军队连年以来使意大利感到恐怖，因此不得不派遣一支官军去剿灭他和他的党羽，而另外一些散见的记载似乎证明日耳曼尼亚、高卢和其他某些省内也有类似的情形。

盗匪之增多，尤其是曾受内战影响和位于对外战争战场附近的省内盗匪之增多，其原因不必求诸很远。抄没全部地产对经济生活震动之大绝不可低估。繁荣的大企业中从此失去了私人资本和私人积极性，而代之以一种新的管理制度，这种管理制度充满了官僚主义，一点生气也没有。大规模的政治迫害吓坏了成千上万的人，无论其有无罪过，都迫使他们弃家逃亡。但主要的祸患乃是大量的政府办事人，多半是执行警察职务的兵士——稽查队、巡哨队和 *colletiones*〈纠察队〉，他们在搜捕政治"犯"时，进入所有的城市和村庄，搜查私人住宅，当然，他们是容易受贿的。更为严重的是，这样一些特务人员借皇帝经常远征的机会大肆敲诈勒索。在内战时期，没有一个人对人民稍加关怀。大规模地强行征补新兵；在行军途中征发运输工具和拉夫；粮食和军用物资也强迫由人民供应，人民还必须把自己的住宅腾出来供官兵驻扎。据一些碑铭的记载，许多著名人士受命管理战时金库，这就是说，派他们负责向城市和个人征集捐款和军用物资。这些人如果不借助于一批下级官吏和兵士，当然无法执行自己的职务，而这批下级官吏和兵士就像一大群蝗虫一样，对城市和村庄进行了突然的袭击，吞噬了它们的财产，威吓和触怒了所有各个阶级的居民。

这个时期的另一个值得注意的特征就是大量的逃兵。我们已经提到康莫杜斯时期的相同的现象，当时曾派塞普提米攸斯·塞韦鲁斯往高卢去镇压这类亡命者的帮伙。显然，在内战期间这种情况并未改善。从《律令大全》中所包括的有关这一项目的种种条例可以清楚地看出这一点。其中大多数条例是由塞韦鲁斯朝的法学家，特别是塞普提米攸斯和卡腊卡拉的议政会议员阿里攸斯·

梅南德尔搜集起来并加以解说的，——这个事实证实这种灾祸蔓延甚广，这是从二世纪末年直到三世纪末年这一段时间内帝国的严重祸害。显然（正如第四章中已经指出的），征补新兵、特别是在战争期间征补新兵，现在几乎完全是强迫性的，而这种强迫征兵在内战情况下被城市和乡村的居民全都看成是一种沉重的负担。吕底亚的一件碑铭是证明强迫征兵的最早的史料，其年代极大可能是塞韦鲁斯朝某个皇帝（可能是卡腊卡拉或埃拉加巴卢斯或亚历山大）在位时期。

前文提到的吕底亚农民呈递给皇帝本人的几份请愿书，已经说明了塞普提米攸斯同帝国各个下层阶级的关系。这些人相信皇帝的好心好意和同情心，但他们对于皇权的下级代理人纠察队、稽查队和巡哨队则充满了憎恨。在所有的四份文件中，所申诉的负担和申诉的语气都是相同的。在一份请愿书中，他们说道："〔这些人出现在村庄里〕……什么好事也不干，只管征取我们负担不起的物资和罚金来压榨村庄，这样一来，村庄因为为这些来客以及大批的纠察兵花费了浩大的费用而弄得疲惫不堪，于是连自己的公共浴堂也不得不停业了，而且必要的生活资料也被剥夺了。"另外几份请愿书也谈到这些办事人无法无天的行为和残暴蛮横的作风，村庄里那些头面人物谁要是不能或不愿意向他们行贿就被他们拘捕，监禁，甚至杀害。法律曾规定处人死刑事关重大，这种规定适用范围很宽，而在涉及寒门或无财产的人的时候尤其如此，如果我们考虑到这一点，我们就可以了解农民所遭受的苦难和他们的感情了。在保存得最好的一份请愿书里，那个村庄（现在的阿加—贝伊）的农民说道："神圣的至高无上的君王，所有皇帝中最圣明的皇

帝，我们之所以向你恳求就是因为我们受到纠察队及其代表们的威胁，他们说，要把我们这些尚未套上脚镣的人置于死地，所以我们无法再注意自己的农务了，既然农事受到妨碍，我们将来也就无法尽职向皇家缴粮纳税和履行其他义务，所以我们向你恳求”，云云。

通货成色之日趋低劣是帝国财政危急的不祥之兆。从芮罗时期以来，最常用的钱币 *denarius*〈银元〉及其分币所用以铸造的金属——白银，已经缓慢地但却与日俱增地由铜来补充了。造成这种情况的原因很多：由于对外贸易的结果而引起银币出口（使人想起在印度、日耳曼尼亚和南俄罗斯发现的银币），一系列银矿矿源枯竭而又没有发现新的银矿，某些皇帝大量挥霍钱财而国家的正常收入无法予以弥补。但是，只要国家还有信用，只要商业仍然繁荣，这一点绝不会造成危险。不过就在塞普提米攸斯·塞韦鲁斯统治时期，含有一半白银成分的银元已经不是从前那样的钱币了。成色低劣的道理是很简单的：马尔库斯·奥雷留斯的艰苦战争和塞韦鲁斯氏初年的内战，以及随之而发生的经济不稳定就说明了问题。黄金和白银都被人们收藏起来，不再用以流通——我们从这个事实可以解释到我们之所以会发现一些二世纪晚期的钱窖。矿山的生产不足以使钱币不足的情形有所好转。于是开始向国民施压力，强迫他们缴纳实物。这也是由于物价上升和其他一些类似的因素所引起的。

因此，我们不能说塞普提米攸斯时期是一个太平繁荣的盛世。那时既不太平，所以也就没有繁荣。在他临朝的最后六年，情况稍有好转，不列颠的殖民战争也没有阻碍这种好转的趋势。渐渐上了年纪的皇帝性情不再凶暴了，他同被他早年的野蛮屠杀所吓怕了的元老院和平相处了。经济情况略见改善，国民终于欣然感到获得一点喘息之机。这种感觉以及塞普提米攸斯对兵士和下层社会所表示的同情心，使他和他的儿子们得到群众的拥护，这些群众已被连绵不断的内战和对外战争弄得精疲力尽了。但领导阶级、即意大利和外省的城市贵族阶级却都不同这个新的武力独裁制度妥协，让他们少许有几年太平日子过，而他们的反对活动反而逐步加强起来。人人都感觉到军事君主制度同安东尼努斯氏开明统治之间的斗争仍未终止。城市资产阶级的力量太强了，如果不进一步努力，就不能使它失去原有的地位和势力。塞普提米攸斯的长子卡腊卡拉渐渐成了他父亲的同僚和共事者，他受父亲和母亲的教育，因而与他们有着共同的看法和愿望，他从孩童之时起，就在罗马城最上层的贵族中间消磨时光，他完全理解他父亲的想法和计划如何不受帝国有教养阶级的欢迎。从他一即位开始，他就表明他已完全决定奉行他父亲的政策，不向上层阶级让步。在他和他的兄弟杰塔二人共同执政的最初几个月内，他们二人之间的斗争正好足以考验元老院及其支持者的忠心。虽然元老院很清楚地知道杰塔和他的哥哥是同类货色，但大多数领导人物却在斗争中站在他一边，而向卡腊卡拉表示毫不掩饰的敌意。结果，他背信弃义地杀害了杰塔，并在罗马城和外省都采取了恐怖政策，又恢复了塞普提米攸斯朝的最黑暗的时代。

我们拥有足够的资料，可以对卡腊卡拉的总政策作出准确的判断。对他的事迹作出详细记载的有当时元老院议员阶级中的一个有影响的议员迪约·卡休斯；有另一个同时代人埃罗甸，此人属

于希腊籍知识分子集团，可能是皇家的一个官员；还有一个罗马籍的史学家，所谓 *Scriptores Historiae Augustae*〈《历朝皇帝传集》〉这部拉丁文传集中的卡腊卡拉传主要就取材于他的著作。当然，这些人的记载并不是没有偏见的，它们主要代表帝国有教养的上层阶级的观点，而这些人是彻头彻尾敌视皇帝的，他们把他看作罗马历史上最坏的暴君。但毫无疑问，无论迪约、埃罗甸或那个不知名的罗马元老院议员，都不曾捏造事实，他们都很好地表达了帝国最精明和最有文化的国民中所流行的一般意见。这些人对卡腊卡拉抱敌对态度这个现象本身就是一个非常重要的事实，我们绝不能低估它。我们所拥有的史料充分说明了这种敌对态度的原因。

卡腊卡拉在他的政策中公开地、坦白地——比他的父亲更为坦白——宣布，他决定不把自己的权力建立于上层阶级、即城市资产阶级和意大利贵族阶级之上，而是要把它建立于下层阶级及其代表者，即兵士之上。大家知道，他宠爱兵士，尽力要表现自己好像是兵士中的一个，至于他增加兵士的粮饷和恩俸，他对兵士的大加犒赏，那就更不在话下了。可以把这一点解释为他在谋杀杰塔之后收买兵士效忠支持的一种手段。另一方面，他公开表示他对于有产的和有知识的阶级的蔑视和敌意。在这一方面，迪约的记载确凿可靠，完全符合于大家所知道的卡腊卡拉把自己同最卑下的兵士视为一体的倾向。迪约还记述了卡腊卡拉最爱说的这么一句话："除我以外，谁都不应当有钱，我是为了把钱给兵士。"我们也不能不相信这句话真正是他的口头禅。他的行为和他的政策也都完全符合这句话所表明的态度。

卡腊卡拉需要大笔的钱来收买兵士。塞普提米攸斯所积累的

1. 一个军侯因公出外视察

2. 兵士和农民

3. 兵士赶着一辆装载食物的大车

图 74　外省生活

图 74 说 明

1. 墓碑断片。发现于科斯托拉茨（上梅西亚）。贝尔格莱德博物馆。墓文为："D(is) M(anibus) L. Blassius Nigellio specul(ator) leg (ionis) VII Cl(audiae) vixit ann(os) XXXV.〈克劳迪亚第七军团军侯 L. 布拉休斯·尼杰利约命归泉府，享年三十有五。〉"——《拉丁文碑铭集录》iii. 1650，参看第 1021 页＝戴索：《拉丁文碑铭选录》2378。关于碑上的浅浮雕：见拙撰论文，载《德意志考古研究所罗马学组报导》（德文）26，1911 年，从第 268 页起。此处仅刊印碑的上半部。

碑的雕刻面刻作一座两层楼的 *aedicula*〈神龛〉。山字墙部分饰以一个蛇发女怪梅杜萨的头和两个拿着火把的 *Genii*〈守护神〉。山字墙由两根柱子顶住，这两根柱子构成了神龛的上层。上层和刻有铭文的下层之间隔着一道腰线，腰线上刻着两条狗猎逐一只野兔和一只熊。在神龛之内，可以见到一辆由三匹马拉着的四轮车。驾车者坐在他的座位上；乘车出行者则坐在一条长凳上，右手拿着一根短棒或一个卷子；其身后有一个仆役坐在行囊上，拿着一根长矛，有一个形式特别的矛头——*speculator*〈军侯〉的 *insigne*〈标帜〉。毫无疑问，这里所画的是死者在生时出外服公务的像，他所用的车马是政府征调来供驿运之役的（*cursus publicus*〈驿传事务〉）。关于雕刻行旅图的这类墓碑浮雕，见图 33-3。

2. 一座墓碑。发现于卡尔嫩土姆。德意志阿尔滕堡博物馆。碑文为："C. Attius C. f. Voturia Exoratus miles leg(ionis) XV Apo(llinaris) anno(rum) XXXXIV stipend(iorum) XXIIII h(ic) s(itus) e(st). M. Minicius et Sucesus l(iberti) posierunt.〈卡攸斯之子 C. 阿丘斯·沃土里亚·埃克索腊土斯，阿波利纳里斯第十五军团步兵，享年四十有四，服兵役二十四年，长眠于此。免奴 M. 米尼秋斯与苏策苏斯共为立碑。〉"E. 博尔曼撰文，载《奥地利边塞》（德文），xii，从第 318 页起，图 37、38；A. 朔贝尔：《诺里库姆和潘诺尼亚的罗马墓碑》（德文）（1923 年），第 50 页，第 105 号，图 45。参阅前文第 350 页。

一个兵士穿着一件没有袖子的军服，右手拿一根短棒，领着一辆乡下的大车。大车由一轭牛拉着，赶车的是一个农民，他拿着一柄斧子。车后跟随一条狗。如正文所述，这幅图形所画的是一个农民用他的大车履行 *angareia*〈舟车畜力之征〉，大概是到树林里去砍伐木材。参阅英特尔契萨的一个 *beneficiarius*〈亲兵〉的浅浮雕，载《考古学报导》(匈牙利文)，1905 年，第 230 页，第 11 号。

3. 一座墓碑的断片。发现于斯特拉斯堡(阿尔展托腊特)。斯特拉斯堡博物馆。R. 亨宁：《在阿尔萨斯考古所搜寻到的碑碣》(德文)，图 L-3，第 53 页；《罗马境内之日耳曼尼亚》(地图)，第 1 版，图 XXXIV－6；E. 埃斯佩朗迪厄：《罗马高卢浅浮雕图录》(法文) vii，第 5499 号。断碑残文著录在《拉丁文碑铭集录》xiii. 11630。

在一条种着树木的道路上，一个兵士腋下夹着他的剑，赶着一辆由两匹骡子拉着的四轮车。车上显然装载着粮食。这幅浮雕表现的是一个兵士从一座营寨附近的乡村里为兵营弄来粮食的情景。

大笔金钱很快就被耗尽了。为了充实自己的府库，他不得不依靠紧急措施。迪约一一列举了他的收入来源。这些收入主要来自对有产阶级财富的有系统的榨取。劳动阶级所缴付的主要赋税、即田赋和丁税，并未增加，而一再索取的是一种临时附加的所得税，即所谓王冠金(*aurum coronarium*)，这种税主要影响到富有阶级。实物献纳是一种沉重负担。虽然人人必须承担这种用以供养兵士的捐献，但主要的献纳者乃是那些大地主，他们每当农民几乎毫无剩余的时候却往往储存着大量粮食。迪约强调了这样一个事实：这些捐献都不按货币缴纳，因而富有阶级经常要购买他们所不得不供应的粮食。此外，一项丰裕的收入来源是强制性的贡礼，这项贡礼既勒索之于富有的个人，又勒索之于城市，这是一种沉重的和任意规定的财产税，简直就和抢劫一样。唯一增加了的正规税(加了一倍)是继承税和释免奴隶税，这两种税总是密切联系在一起的。这些税显然主要由富裕阶级来缴纳。

卡腊卡拉在远征安息之前曾在亚历山大里亚进行了一些屠杀，这些事件虽然内幕不明，但总之是恐怖事件，从这些事件可以十分清楚地看出这个皇帝同城市上层阶级之间相互敌对的情况。卡腊卡拉没有任何口实就背信弃义地秘密杀尽了亚历山大里亚市民的年青一代，这是在他的官兵所驻扎的营房里进行的集体屠杀。我们拥有的史料没有解释这次残暴行为的原因。当然，谁都不会相信他之所以干出这次暴行是因为这样一个原因：即亚历山大里亚人由于强迫性的财产税和自治市派差这类负担日益加重而必然心怀不满，他们嘲骂了他因而使他大为激怒。但我不得不认为，他远征安息之役的军需供应主要依靠埃及来筹措。譬如说，对于安蒂奥克这个城市，卡腊卡拉就充当一个保护者和赐恩者，而不是一个屠杀者。他母亲的家乡叙利亚则被豁免了这种负担，而全部负担都加在埃及身上。这就难怪埃及、特别是亚历山大里亚激烈地怨恨这样的待遇了。因此，看来亚历山大里亚很可能对卡腊卡拉极不友好；也就是在这个时候，所谓“异教殉道者行传”被收集成一本小册子，流传于整个埃及。卡腊卡拉发觉了这种情况，为之震惊。他害怕在他离国赴安息之时埃及会起来叛乱而切断他的供应；他可能已经相信在亚历山大里亚酝酿着一次阴谋；于是他就相应地采取了行动，赤裸裸地暴露了他的怯懦和卑鄙。果真是这样的话，这段插曲就清楚地反映了卡腊卡拉对待城市资产阶级的真正态度，也反映了军队欣然愿意支持他采取一切可能的残暴措施来对付城市。

我相信，也正是由于这样一种对待上层阶级的敌对情绪才产

生了公元212年著名的*constitutio Antoniniana*〈安东尼尼亚努斯敕令〉，通过这道敕令把罗马公民资格赐给了所有的裔民。由卡腊卡拉颁布的这项敕令，尽管有一些残篇断简已被我们在埃及发现，它仍然是一个谜，我们很难判断它的真正意图何在。在埃及所发现的这个法令的原文——如果它是原文的话——显然不把降虏包括在受赐公民权的范围以内。在卡腊卡拉时代有多少裔民被称为降虏呢？村庄(例如色雷斯和叙利亚的村庄)里的自由农民包括在这个阶级之内吗？城市辖区内的乡村居民的情况又如何呢？皇帝所有的佃农是否都是降虏呢？关于这样一些最关紧要的问题，如果我们还只能够作一种推测，我们事实上就没有希望去判断这道敕令的历史重要性何在，也无从判断卡腊卡拉在初即位时就颁布这一敕令究竟企图达到什么目的。如果它真的把所有的乡村居民都不列入受赐范围以内，而仅只关及城市居民，如果它在城市中只影响到正式公民(豪族)，而同下层阶级(寒门)无涉，那么就不能把它看作是倾向政治平等化的一个重大步骤，不能看作是使整个帝国国民群众提高到同一水平的一个重大步骤。这道勒令就成了扩大城市内的罗马公民人数(特别是东方各城市内的罗马公民人数)的一项局部措施。

再者，即使这种恩赐并非局限于如此少量的人数，而应用于较广泛的范围，但由于这是赐给个人的，它不影响城市原来的法律地位，因此，虽然一个“裔民”城市里的全体市民现在都成了罗马公民，但这个“裔民”城市的地位仍然同往昔一样，这个事实就使得这个法令的重要性非常有限。它使我们相信这样一点：卡腊卡拉的敕令除了迪约所强调的对赋税的影响而外，还有两个特殊的目的。

卡腊卡拉不仅把罗马公民身份赐给下层阶级的某些成员，而且也把它赐给自治市市民阶级和乡村居民的上层（由此而促进了乡村居民和城市居民的“συνοικισμός”〈合并运动〉），他通过这些做法扩大了那些有义务承担城市派差的人的数目。新的罗马公民既然现在有了平等的政治权利，也就没有理由逃避这种沉重的负担了。此外，卡腊卡拉把罗马公民身份赐给这些以往的化外之民，还想借此取悦于他们以赢得他们的忠心臣服。但是，与其说他的主要目的是要提高下层阶级，不如说是要贬低上层阶级——不仅在罗马城和意大利是如此，而且在外省也是如此——从而降低城市的统治阶级、即帝国的和自治市的贵族阶级的骄傲和自信心。罗马公民身份现在成了这么一种平凡的东西、这么一种廉价的荣誉，以致它已经失去了任何价值，甚至可以一视同仁地推及于降虏身上。事实上，卡腊卡拉的恩赐对谁都没有好处，没有任何真正重要的社会意义或政治意义。赋税和派差负担一如既往；无论城市无产者和城市中产阶级之间的鸿沟或城市居民和农民之间的鸿沟都并没有消除；新的罗马公民开始受到罗马法的约束，但在帝国公法发展历史的这段时期内，这并无关紧要；其全部意义如此而已。

但是，不管卡腊卡拉的法令的实际重要性可能多么小，从历史观点来看，这道敕令却标志着一个时期的结束和另一个时期的开始。它象征着建立在罗马民族与元老院之上的罗马国家（那仍然是开明民主政体的理想）的死亡。如今每个人都是罗马公民，这明明等于说谁也不再是一个罗马公民了。罗马公民资格一旦变成一句空话，变成一种空衔，它立刻就失去了一切重要意义。迄至图拉真和阿德里安时期为止，成为一个罗马公民意味着一种很高的待遇。即使说罗马公民不再是世界的主子和统治者了，他们依然构成都会居民的上层阶级，这个阶级如果说不是在法律上和政治上、那么仍是在社会上形成一个重要的和有势力的集团。在阿里斯提德斯看来，罗马公民仍旧是最高级、最优秀的人。把罗马公民资格赐给了每一个人，赐给了形形色色的人，于是这仅仅是一个称号了：它只不过意味着具有这种头衔的人生活在帝国的某一个城市之中。再往后，它就成了整个罗马帝国任何一个居民的同义语，也就是说，成了现在具体代表罗马国家的罗马皇帝治下的臣民的同义语了。随着皇权的兴起，罗马公民资格已曾丧失了它的政治价值。如今，它的社会重要性也照样丧失了。我们很难说卡腊卡拉在颁布他的这项法令时是否了解到这一点。

在这里不需要赘述卡腊卡拉短短一朝的政治军事事件有关的一些基本事实。他先在日耳曼尼亚取得了一些军事上的胜利，并在多瑙河前线驻留了短时期，然后开始大举远征安息人。显然，塞普提米攸斯不曾解决安息问题，而安息王朝的内忧则给卡腊卡拉一个收效长久的好机会。关于这次远征，我们了解很少。在尚未取得任何重要成就之前，这个皇帝就被他手下一个受禁卫军统领M.鄂佩留斯·马克里努斯唆使的军官杀死了。马克里努斯称帝以后，接着爆发了一场短期的内战。军队受到卡腊卡拉的纵肆，对塞韦鲁斯家族的恩泽充满了信任，所以极不愿意承认一个不相干的人做罗马皇帝而向他效忠。一当卡腊卡拉年轻的表甥巴西亚努斯（他是埃梅萨地方神庙的司祭长，绰号埃拉加巴卢斯或埃利约加巴卢斯）这样一个人起来与马克里努斯作对时，兵士们马上就倒向了他而撇开了不知名的马克里努斯，加之，马克里努斯最初的一些措施和他同元老院的交往已经不受兵士的欢迎。埃拉加巴卢斯在位时期既很短暂，又充满着变故。他在宗教方面的革新试验是尽人皆知的。他企图借此创造一种人人都可接受的世界宗教，把皇帝作为上帝在人间的代表而使他的权力神圣化，不过这个企图未获实现。虽然如此，他还是激起了全帝国所有最正直的罗马人和某些兵士们的愤慨。结果，那三位曾经布置他登基并以他的名义执政的叙利亚哲妇当中，有两位（尤莉雅·梅萨和尤莉雅·曼梅雅）不顾他的母亲尤莉雅·索埃米雅丝的意愿，而以另一个巴西亚努斯代替他为皇帝，此人是他的表兄弟，取名为亚历山大·塞韦鲁斯。

我们不需要详细叙述亚历山大统治时期的政治形势。迪约称颂他的统治，认为几乎完全恢复了开明君主政治的原则，埃罗甸在某种程度上也这样称颂他。就这个皇帝的本意而言，这种看法可能有些真实性。但他不能自由行事。他的背后有军队，有大群团结紧密的兵士，他们被塞韦鲁斯氏纵坏了，他们所习惯的方式就是绝不容许真正恢复安东尼努斯朝原则的政策。兵士们不会容许元老院议员阶级和旧骑士阶级的人们真正恢复权力。他们不会听任一个坚强果断的人去做这个年轻的皇帝的顾问。他们剧烈反对任何减少军饷和重整军纪的做法。在这样一些条件之下，要恢复安东尼努斯朝的原则是一个梦想。皇帝是兵士们手中的一个工具、一个奴隶，不得不服从于命运的严酷的安排。而军队愈来愈不成其为保卫帝国的工具了。对付东方新兴统治者波斯人的战争几乎全盘失败，说这场战争最后之所以没有铸成大祸，只是因为波斯人有他们自己的事务要解决。日耳曼边塞上的严重麻烦使皇帝产生想购买和平的主意，就因为这个原因，结果皇帝被他自己手下的兵士做乱杀害了。

塞普提米攸斯所奠定并为卡腊卡拉所巩固的国家新结构的基础注定要继续存在下去。从外表看来并没有什么变化。同以前一样，皇帝仍然以罗马人民最高长官的身份进行统治；同以前一样，国家的最高权力仍在元老院那里，而由元老院把它转交给皇帝；同以前一样，指挥军队和管理帝国所需要的文武官员均选自元老院议员阶级和骑士阶级；同以前一样，城市仍由城市贵族阶级来统治；至于军队，则仍然是一支罗马公民的军队。但事实上，除了名称而外，古代的国家已荡然无存了，任何想要改变现况的企图都必然要失败。兵士们决心继续做帝国的统治者和主宰者，不让那些仍然强有力的和人数众多的上层阶级再度执掌大权。罗马帝国面临着它历史上最大的一次危机。

卡腊卡拉、埃拉加巴卢斯和亚历山大三朝是帝国极为不幸的时期。虽然不曾发生过长期的流血内战（唯一的例外是马克里努斯和埃拉加巴卢斯之间的战争，不过这场战争是地方性的，并未影响到整个帝国），但帝国的机体已经疲惫得不能再支持严重威胁帝国的对外战争了。我们所拥有的史料把帝国财政的崩溃归咎于埃拉加巴卢斯的挥霍无度，其实这一点关系不大。主要的问题在于如何支付大规模征战的费用，而进行这些战争乃是必要的，否则罗马帝国就会变成东方的伊朗人、东北方的伊朗人和日耳曼人不断侵略的牺牲品。在这方面需要尽很大的努力，而且刻不容缓。整个帝国全都知道这一点：塞普提米攸斯·塞韦鲁斯、卡腊卡拉和亚历山大·塞韦鲁斯也都了解这一点，他们在这个问题上全都是公众意见的代表人。卡腊卡拉梦想自己充当一个新的亚历山大大帝，梦想实现这个伟大的马其顿人的志向，把世界上两个好战的文明种族——伊朗人和罗马人——合并为一个民族、一个国家，以遏止有吞没罗马帝国和安息王国之虞的野蛮主义潮流；虽然他的这种梦想表现出那些艰难时期的浪漫主义的抱负，但并不是什么吉诃德式的理想。然而，如果把这种浪漫主义的梦想看成一种伟大的政治思想，认为这种政治思想由于马克里努斯的罪行而未能付诸实现，那就未免太幼稚了。但这种同艰苦的实际情况显然相反的梦想却是日益衰落的帝国所特有的现象。第二个巴西亚努斯取名为亚历山大，这个事实表明这种乌托邦式的想法起源于那几位叙利亚女主漫无边际的空想，而那两个巴西亚努斯是从她们那里继承这种想法的。

卡腊卡拉和亚历山大的尝试都失败了，这不仅是由于军队素质退化和纪律日益松弛的缘故，而首要在于罗马帝国已过度贫穷，无法承担这样一种大规模事业的浩大开支。卡腊卡拉和亚历山大为了实现他们徒劳无益的计划，都对帝国大事搜括。我们立刻可以看出，康莫杜斯和塞普提米攸斯·塞韦鲁斯的抄没以及靠损害私人财产使国家财源剧增的做法并未使帝国变富，而是使帝国变穷了。佩尔提纳克斯本人虽是一个土地兼并者，是一个强占土地的人，但为了制止荒地日增的现象，他不得不采取一些一般性措施，在某种程度上更大规模地重复阿德里安的措施。他曾呼吁帝国国民去占据荒地，这样他们就变成地主而不再当佃户了。但据我们所知，这种呼吁并无成效。亚历山大不得不采用 M. 奥雷留斯所曾推行过的办法，把从边境外捉来的俘虏安置在荒地之上，以保证荒地得到开发。我们还偶尔听说，在他统治期间意大利严重地缺乏家畜，罗马城的肉市场一直缺货。

由此可以看出，罗马国家的机体内有一个根深蒂固的病患，不可能用治标的措施来治愈它。国家不断榨干资本，而资本乃是帝国的精血：一切企图使财政复元的措施，无论是像塞普提米攸斯进行抄没的那种暴力措施，或是比较制度化但却同样有害的措施，都不过是想一而再、再而三地勒索更多的钱财。塞普提米攸斯·塞韦鲁斯的战争以及卡腊卡拉和亚历山大的战争，都以寒门承担强迫劳动和豪族承担义务责任这种派差制度为基础，这种情形有似于图拉真和M.奥雷留斯的战争，不过更变本加厉得多。大罗马帝国已濒于返回自然经济的边缘，因为它得不到必需数量的稳定适用的通货。卡腊卡拉发行他那著名的 *Antoninianus*〈安敦银币〉（这是他所发行那种钱币的现代名称，值两个或一个半银元），想借以重新稳定通货，但这个企图失败了。物价上涨，优质的钱币匿迹，通货变得更坏了。不管对这种现象作何种解释，可以肯定的是：它破坏了居民对帝国货币的信任。国家本身认识到这个事实，而越来越采用征收实物的办法。在这段时期的文献资料中，我们经常可以遇到有关这种实物征课的记载。在埃及，义务供应制度无论在卡腊卡拉时期或在亚历山大时期似乎都变得非常正规化。甚至更早一些，即在塞普提米攸斯朝，派差已变得如此繁重，以至于尖蟹州的一个慈善的公民竟请求允许设置一笔专门的基金，使该州若干村庄的居民的这项负担有所减轻。征发制度是无所不包的：谷物、皮革、制矛的木料和挽畜等物资都必须供应，而报酬并无定数，并且还很靠不住。

小亚细亚和叙利亚的一般情况亦复如此。许多碑铭证实了*παϱαπομπή*或*prosecutio*〈运输差务〉这种沉重的负担，这就是负责按步骤地为军队运送人员和物资（公粮）。最大的受难者是自治市贵族阶级的成员。另一个祸患就是皇家官吏和自治市官员的勒索，他们在旅途中向城乡居民索求住处和食物。兵士驻宿真正是一种灾殃：叙利亚居民认为安息人的占领如果比起罗马部队的长期驻扎简直成了一种安慰。外省富户自愿承担这些负担的时代已经过去了。如果说外省人偶尔还在碑铭中提到履行派差义务，那么，他们的这种做法是为了说明他们尽了自己的职责，并表明这些职责并不轻松。城市里有钱的慈善家那类人渐渐看不见了，相应的是，我们看到一些承担过重的派差但还能胜任的城市资产阶级的成员。

卡腊卡拉和亚历山大对待上层阶级的政策与塞普提米攸斯一样，他们对待下层阶级的政策也与塞普提米攸斯的政策相同。下层阶级受到了帝国立法的照顾：最明显的一个例子就是关于学校的立法，关于这一点，在第四章中已经提过了。三世纪乃是整个帝国普及初等教育的鼎盛时期。我们最近发现的那些苇纸卷读本大多数是小学生用的课本，它们原先都是埃及小村庄里那些可能同神庙有关的学校里的东西；正是在三世纪，即在亚历山大·塞韦鲁斯时期，我们才初次听说村庄的初等教育教师是一个阶级。乌耳皮安在他的*Opiniones*〈《习律备考》〉的第三册中谈到过这些教师，并且强调这样一个事实，即无论在城市或村庄里都可以遇到他们。

更为重要的是有关皇帝与乡村居民、特别是与皇庄佃户之间的关系的一些事实。毫无疑问，自从M.奥雷留斯和康莫杜斯时期以后，军队已肯定变成了一支农民军队，他们来自城市辖区和皇庄上的各个村庄。这些村庄如今成了皇权的主要支柱，城市则对塞普提米攸斯及其继承者所建立的军事君主政体抱有敌意。皇帝们理解到这一点，从而相应行事。我们已经着重指出过，整个乡村居民尤其是皇庄上的佃户对塞普提米攸斯及其家族——神圣的安东尼努斯氏的合法继承者——表示信任和忠心；我们也已经说明过，这些感觉的根据在于塞普提米攸斯完全遵循阿德里安的政策，真心地力求改善整个乡村居民阶级的处境，特别是想尽可能地使皇家佃户提高到地主的地位，以改善这些佃户的处境。

在锡提菲斯地区所发现的某些碑铭反映了这个政策的另一个方面，J.卡尔科皮诺在两篇专门论文中对这些碑铭作了精辟的阐释。锡提菲斯地区是一个很大的皇庄，或许是在塞普提米攸斯时期才成为一个很大的皇庄，它由佃户耕种，一部分佃户是罗马化了的居民，一部分则是土著。这个地区在塞普提米攸斯时期（公元202年），可能由于紧急的军事需要而不再有罗马军队驻守了，从这时起就开始把农业居民集中于筑有城垣的堡里，这个过程无疑是由皇帝们开始进行、并得到皇帝们的鼓励的。这种集中意味着农民生活的相当大规模的都会化，它也具有一定程度的、也许是很大程度的自治，这种自治采取半自治市组织的形式而带有很强的军事色彩，这是很自然的，因为这种集中本是纯粹为了军事上的目的。这些筑有城垣的村庄里的佃户除了半自治市的组织而外，肯定还得到其他许多特权。正如色雷斯和叙利亚的自由村庄一样，它们变成了塞韦鲁斯朝的军队的主要基地，因此，从经济角度来看，它们的居民可能被看成是地主，而不是佃户。毫无疑问，由于

不断地安置新的移居者，他们的人数增多了，这些新的移居者从皇家的 *defensiones*〈禁田〉和 *definitiones*〈禁田〉* 上得到土地，虽然名义上称做佃户（*coloni*），其实是军事化的小地主。卡腊卡拉和亚历山大二人都奉行着塞普提米攸斯的政策。堡的数目不断增多，石砌的围墙代替了土墙，并且还建造了一些公共建筑物等等。大量碑铭证实塞韦鲁斯氏在阿非利加边境地区推行了这一政策。正如前文已经指出的，这种政策暗示着对这一部分居民、即帝国境内唯一剩下的最后一批勇悍好战的国民予以特殊保护。这一现象太显著了，就连我们所见到的文字史料也不会忽略它，拉丁文的亚历山大传就特意提到他在这方面的努力。塞韦鲁斯氏深知多瑙河流域和叙利亚地区农民的勇敢，对他们的作战本领和健壮的膂力深为赞赏，因而竭力要在阿非利加创造一个类似的阶级。这样一来，在塞韦鲁斯朝，阿非利加各行省的边境地区变成了当地最繁荣的部分，在碑铭中见到这些地区向皇帝们致以最热烈的颂词，以表明对于皇帝的感激。

这个运动并不仅限于阿非利加。在色雷斯地区也可以看到类似的使农民（不管是地主还是佃户）都会化和军事化的政策的影响。在该地发现的一份文献资料证实了塞普提米攸斯在这方面的活动，这份资料就是一个新建立的 *ἐμπόριον*〈集市〉的特许状，特许状的后面有一个附件，包括新移居者的名单和该省总督的一封信。这个集市名叫皮祖斯，皮祖斯只是塞普提米攸斯在这方面的许多设置之一：在总督的信中清楚地陈说了这个事实。这样的集市既

* 见上文，第 464 页。

不是城市，也不是村庄。总督在谈到它们的时候，也把它们称做 *σταθμοί* 即 *stationes*〈站〉，这种名称着重显示出它们的军事性质。但它们并不是兵士或退役军人的居留地。移居者系来自邻近的村庄。因此我相信色雷斯的集市相当于阿非利加的堡，并具有同样的目的：它们都是一个农业区域的居民的筑有城垣的市集场所，都是军事化的农业屯市。应当提到的是，它们尽管具有城市的外貌，并无真正的自治权。它们的长官是由总督任命的 *τόπαρχοι βουλευταί*〈会总〉或 *praefecti*〈堡长〉，总督还授给他们一定程度的司法权。因此，与这些堡长的身份最相当的就是早期罗马屯市的 *praefecti*〈屯市长〉和意大利的自治市的 *praefecti*〈自治市长〉。

塞普提米攸斯及其继承者在上日耳曼尼亚诸省也推行着类似的政策。但在这里，与其说是把农民转变成兵士，倒不如说是把兵士转变成耕种土地的人。大家知道，在塞普提米攸斯时期，日耳曼尼亚的那些保卫边境的新堡，或者由罗马兵士驻防，或者由土著联队戍守。每一个堡都分配到一块土地，由戍兵耕种。每个兵士得到一小块土地，而把自己的收入的一部分缴纳给一个专司其事的包租人，这个包租人也是一个兵士。我们可以把这种堡同多瑙河边境上的 *burgi*〈木楼〉相比。此外，在这些筑有城垣的堡以及堡内那些兵农合一的居民一线的后面，有一些庄子和旧兵营的一些营市发展成了市镇，被当作了日耳曼尼亚占领军培养兵士的地方。

最后，我们在这方面可以提到埃及的罗马退役军人的所谓 *κολωνίαι*〈屯市〉。这些居民点建立于埃及各个不同的地区，尤以法尤姆为多，它们建立的年代至少始自公元二世纪初期。它们由退役的兵士组成，这些人按一种极为低廉的价格从政府那里得到一份土地，而在某个指定的村庄辖区内形成一个罗马公民团体，并有某种程度的自治权（仿照托勒密时期的旧 *πολιτεύματα*〈同乡会〉的形式）。在塞普提米攸斯时期建立了许多这一类型的新屯市。移民得到一块地段，这是皇帝所恩赐的；他们可能享有较多的自治权。这种制度存在的时间很短；在公元 212 年把罗马公民资格授予埃及居民中的一切特权阶级之后，埃及的自治市生活接着发展起来，而上述制度大概就在这一发展过程中消失了。但无法否认的是，塞普提米攸斯一方面恢复早期皇帝们的政策，不断把罗马退役军人屯市分送给现有的各种城市（如腓尼基和巴勒斯坦的提尔和撒马利亚，阿非利加的乌基—马攸斯和瓦加），同时又努力在埃及建立新的屯市，以便达到像在阿非利加、色雷斯和日耳曼尼亚所达到的那样的结果。他企图在这一批分布于埃及全境的新居民点中为他的军队建立很多的新兵培养所，为坚决支持他的制度（世袭军事专制制度）的人建立很多的居住中心。

我认为，塞韦鲁斯氏在叙利亚也很可能奉行同样的政策。自从弗拉维攸斯氏和图拉真以来，这个地区由于成了罗马军队新兵征募的中心，即已十分重要，它向罗马帝国供应精锐的步军、翼军和骑射手联队，在整个帝国（包括叙利亚本身在内）都大规模地使用这些军队。他们之中有一部分人来自驻扎于叙利亚并享有罗马公民资格的退役军人阶层。大概在塞韦鲁斯朝采取了新的步骤。皇帝们为了军事上的目的，不以叙利亚行省境内的地区为满足，而急于想更广泛地利用叙利亚边境上的那些半独立的地域。其中最重要和最文明的地方就是帕耳米腊的辖区。或许从图拉真时期以来，而肯定是从阿德里安时期以来，帕耳米腊虽然享有自治权，却依然被一支罗马屯戍军所占领。反过来，它还为罗马军队提供一支部队，这支部队的装备和服饰都按本地式样，即所谓帕耳米腊联队，它们驻扎在帕耳米腊以外和叙利亚以外的地方。在塞韦鲁斯时期，罗马军队的正规单位“帕耳米腊”步兵营无疑是在帕耳米腊辖区内征募来的，它们同这些联队并肩出现。在亚历山大·塞韦鲁斯时，其中一个步兵营、即第二十步兵营担任驻守杜腊之责。帕耳米腊步兵营肯定是罗马军队的一部分，由罗马军官指挥。与此同时，皇帝们把罗马屯市的头衔赐给帕耳米腊和幼发拉底河上的一些城市（如杜腊）以及新建的美索不达米亚省的一些城市，所有这些城市都是重要的军事中心。这些事实可以得到这样的解释。塞韦鲁斯氏把屯市的头衔给了帕耳米腊，并在帕耳米腊征募步兵以代替联队，他们的目的是想不打乱这个城市的自治而使它知道从今以后它就是罗马帝国的一个部分了。塞韦鲁斯氏完全相信这个城市自己会适应它的新使命。他们允许在帕耳米腊征集的步兵可以驻防于该城的附近，几乎就驻防在它自己的辖区内，并且他们还不断地增加这些步兵的人数，这样一来，这支部队尽管在编制上还属于叙利亚的罗马军队，实际上已经变成了一支帕耳米腊军队。通过这些措施，塞韦鲁斯氏以为他们可以在安息人（后来的萨珊王朝）的边境上筑成一道罗马帝国的屏障；以为事实上可以达到他们在阿非利加、来因河地区和多瑙河地区所曾达到的后果，只不过所采用的方法不同而已。这是一场危险的赌博，塞韦鲁斯氏过分信任了帕耳米腊人的忠诚。大家知道，几十年后，帕耳米腊就自行脱离罗马帝国了。鄂德纳土斯和泽诺比雅的军队的核心大概是由驻

屯于帕耳米腊附近的帕耳米腊步兵营组成的。可惜我们无法断定鄂德纳土斯和泽诺比雅的军队的编制情况。

在第六章中,我们已经指出整个帝国范围内堡的建立以及村庄和营市的都会化这两件事同年轻人的团体青年社在这些半城市、半乡村的地方的传布密切地联系在一起,事实上,青年社乃是按特定的精神训练和教育未来的兵士和军官的专门团体。这些团体是奥古斯都所创立的,他本想把它们当作帝国军事结构和新政府形式的基础,但现在看到它们在意大利和都会化了的外省中日趋消亡,却反而转移到帝国的边陲地区,这一点难道不值得注意吗?这种迁移乃是时代的特征。帝国如今唯一可以依靠的阶级是同罗马的敌邦直接毗邻的地区的半开化的居民。卡腊卡拉由于对金发碧眼的日耳曼人和勇武好战的波斯人有所偏爱,所以本能地感觉到这样一个不可动摇的真理,即罗马帝国如今必须信赖这些分子,此外别无其他得救之法。在阿非利加新建立的堡中,与此相似的年轻人团体大概也在发展。这些事实同前文已提到的使蛮族在罗马帝国内落户的情况是相互一致的。

正如我在前文已曾尽力论述过的,塞韦鲁斯氏对于帝国各个不同地区的政策有着极其严重的后果。它使得罗马军队至少部分地转变为一群定居的农民,而事实证明,这正和托勒密王朝统治埃及时的政策一样未能取得令人满意的效果。塞韦鲁斯氏在着手这项改革时,可能主要出于两种考虑:第一,由于信任农民军队在军事、政治和社会方面的能力。这种信念并不会令人感到十分惊奇:例如我们在俄国的亚历山大一世和尼古拉一世身上也见到这种信念,他们也是出于这种信念而进行同样的尝试。第二,出于对财政状况的考虑；货币方面的严重困难可能使塞韦鲁斯氏产生了这样的想法，想至少部分地把有实际价值的东西酬给军队，那就是把土地给他们去耕种。又可能根据后面这种考虑才从法律上承认兵士有权结婚。但我们无法断定这些财政上的动机是否具有决定性意义，因为我们不知道被这种方式固定于土地上的兵士所得到的报酬是否比别的兵士少些。

尽管一再努力改善下层阶级的地位，但无论下层阶级或上层阶级，除了少数人以外，处境都是很坏的，从经济上来看尤其如此。国家对上层阶级的压迫越重，下层阶级的状况也就变得越发难以忍受。法律和行政组织都无法改善这种情况。亚历山大·塞韦鲁斯——或者说得更确切些，他的内阁成员们，即这个时期的大法学家们——看到了帝国的危急状态而试图挽救它。有些赋税，例如埃拉加巴卢斯所曾横征暴敛过的王冠金（*aurum coronarium*）这一重税，被部分地废除了。还赐给了上层阶级和城市某些豁免权和特权。但诸如此类的措施并未产生预期的后果。亚历山大曾一次又一次地依仗义务性工作和派差的制度。他对商人和工业家的协会方面所采用的某些新方法，必须从这种意义来解释。为了吸引商人，特别是为了吸引他们到京城里来，他废除了他们该缴纳的赋税，而代之以一种新税，这种新税征取之于手工业生产者。与此同时，他还亲自从埃及输入了大量工业品，这些工业品是埃及的农民和手工业者作为一种实物税而缴纳给他的（*anabolicum*〈上贡〉）。这项措施表明了罗马城本地工业的生产率是多么低，表明了赋税和强迫服役使海上贸易和整个商业承担了多么过分沉重的负担。另一方面，他增加了那些被认为对国家有用处而要求它们

应承担义务服役的协会的数目。我们已经看到，早在二世纪之初，船主和商人的同业公会就已经在很大程度上受到国家的控制。我们已经提到，它们曾从各个皇帝那里得到一些特权，作为对它们的义务性服务的补偿；我们也曾着重指出过康莫杜斯仿照亚历山大里亚商船队的形式组织阿非利加商船队这些措施的重要性。其他某些同业公会现在也根据相同的原则组织起来了，罗马城的同业公会可能就是这样。它们不但被承认为合法的团体，而且被承认为替国家服务的同业公会。我们所掌握的史料提到葡萄酒和羽扇豆的零售商以及鞋匠们，但称他们是一些“例子”，表明亚历山大的措施具有比较普遍的性质，并几乎对所有的同业公会发生过影响。无论如何，这次改革的倾向是很明显的：如果不实行强制，并且，如果不以国家控制作为最后手段，政府是得不到支援的。军队吞噬了国家的资源，国民越来越得不到必需的供应品，连罗马城的居民也不例外。在这种可怕的困境中，国家采用了强迫手段。正如前文所已指出的，通货质量的不断贬低是国家破产的征兆。这也许是不可避免的，但它破坏了国家的信用，并且是导致经济生活不稳定和物价痉挛性波动的原因之一。

帝国的状况和皇帝们所奉行的政策会引起什么样的结果，这是可想而知的。在塞普提米攸斯晚年所感到的那种略见好转的现象消失了。在亚历山大临朝期间，无论陆上或海上，盗匪又猖獗起来。政府采取了紧急措施，特别是在对付海盗方面。罗马帝国似乎回到了公元前一世纪时的惨淡状态，那时因海盗横行，商业几乎陷于停顿。无怪乎像契普里安这样一些作家在描述这个时代末期的帝国状况时充满了悲观情绪，并且谈起人力和自然力量俱已山穷水尽的话。也许我们会说契普里安是一个基督徒，他使自己的描写比现实更为阴暗，但是，他所描绘的情景只可能是他的听众所十分熟悉的，否则我们就很难相信他会用这种语调来叙述。

第十章

混战时期

从亚历山大·塞韦鲁斯去世到迪约克勒戚安即位这一段时期，是罗马帝国史上最黑暗的时期之一。凡遇我们能根据埃罗甸的著作和迪约·卡休斯的残篇断简来校订拉丁文皇帝传集的记载的时候，凡遇那些传集以比较精确可靠的史料为依据的时候，我们就可以勾描出帝国政治发展的总路线，不仅如此，而且还可以借助于司法方面的资料和文据档案来认识帝国社会经济演变的主要特征。迪约·卡休斯的史书止于亚历山大·塞韦鲁斯，我们从一些残篇中知道有人续写他的著作，但续写作者的记述不如这位塞韦鲁斯朝的伟大的元老院议员的原作那么精确。埃罗甸所记载的历史迄至马克西米努斯和那几位哥尔甸时期为止，他在第七册中对这些混乱的年代作了精彩的描绘，他的记载就到此为止。关于此后一段时期，我们就没有什么史料可以比得上这些内容丰富、编撰得宜的记载了。

三世纪下半期是社会大革命时期，是帝国彻底改造的时期，这个时期唯一的文字史料一方面有拉丁文的皇帝传集，即所谓《历朝皇帝传集》的第二部分（其中公元 244 年至 253 年脱节，包括菲利皮、德秋斯氏、鄂斯提利亚努斯、加卢斯、沃卢西亚努斯、埃米利亚

努斯诸朝以及瓦勒里亚努斯氏临朝初年)，另一方面有一些拉丁文以及希腊文的简略的《撮要》和《编年史》。简明的拉丁文史籍则有欧特罗皮攸斯、奥雷留斯·维克托尔以及被误认为出自奥雷留斯·维克托尔手笔的所谓 *Epitome de Caesaribus*〈《历朝皇帝事迹辑略》〉一书的作者的著作。所有这些著作都是四世纪下半期写成的。至于希腊文的编年史，除了著名的诡辩家欧纳皮攸斯的残篇是四世纪下半期的作品而外，其他如佐西木斯、佐纳腊斯、克德雷诺斯、辛克洛斯等人的著作均属于拜占庭时代。这些拉丁文的简史和希腊文的编年史所记述的史事过于简略，毫无涉及社会经济情况之处。这不是什么历史，而只是枯涩无味的历史纲目。因此，唯一具有真正的历史外貌的史料乃是拉丁文皇帝传集。

由此可见，同前一个时期相比，这部史料的价值问题对我们现在所要讨论的这个时期来说就远为重要，同时，衡量它的价值的方法也比以前有限得多。无怪乎我们看到这样的情况，即关于这部史料存在着很大的分歧意见，但有关它的价值问题所存在的分歧反不如有关这些传记的来源、有关它们的编成时代所存在的分歧为多。多亏恩曼和戴索以及其他许多学者的仔细研究，我们现在了解到这些拉丁文传记和拉丁文辑略作者的主要史料来源都是取自一部记载罗马皇帝事实的通史，这部通史大概是短传形式，仿照苏韦托纽斯的体裁，其编纂时代大概在迪约克勒戚安时期前后。希腊文编年史作家们所采用的史料来源是一部与此相似的著作，不过是用希腊文写的；那些为三世纪的皇帝们撰写拉丁文传记的作者(或不止一个作者)也许偶尔参考过这部史料。到此为止，近代学者们的看法还是相当一致的。至于这部假定中的传记体的皇帝历史的性质问题则麻烦得多。这部史料同欧特罗皮攸斯、奥雷留斯·维克托尔的著作以及《历朝皇帝事迹辑略》一样地枯燥乏味、空空洞洞吗？它的内容仅仅是一部记载三世纪历史的纲要(即使是一部确实可信的纲要)吗？或者说，它是不是更类似苏韦托纽斯的著作，记载了皇帝们的一些个人历史，并且，除了他们自相残杀的战争和偶尔插入的对外战争以外还记载了某些其他的事实呢？换句话说，究竟是这些拉丁文传记的作者或作者们全部可信的报道都取自一部与拉丁文辑略非常类似的史料，而其他的报道则出于杜撰呢，还是说他或他们从这部史料中所采用的材料比辑略作者所采用的更多一些，并且还随时参考其他一些希腊文和拉丁文著作(它们可能包含若干档案材料)来弥补空缺之处呢？

如果我们相信拉丁文传记的作者或作者们本身关于这个问题的说法，我们就必须假定后面这种看法是正确的；这种假定还可以从这样一个事实中找到根据：马克西米努斯、普莶努斯和巴耳比努斯以及几位哥尔甸等传记的作者采用了埃罗甸的作品作为自己的主要史料来源。但是，如果对这些传记中引用的档案材料进行一番仔细的分析，就可以完全肯定所有这些档案材料(书信、元老院决议、皇帝和另外一些人的演说词等等)都是伪造的。此外，这些传记中所引用的作者，除少数人以外，几乎全都是无人知晓的作者，因此有理由认为这些引证都只是虚构出来的。由于上述种种情况，我们遇到传记中的记载与拉丁文辑略作者和希腊文编年史作家的说法不符的地方都不敢置信。这些当然只是存疑而已，但这是根据少数可以核实的材料细心考证以及根据一般可能性而产生怀疑的。因此，这些拉丁文传记充其量只能用来对哥尔甸时期以后的帝国历史整理出一个轮廓。其中有关社会经济生活的简单报道,必须得到辑略作者,或司法材料,或苇纸卷和碑铭之类的档案材料,或钱币等所记载的某些可信的证据予以证实,才能为我们所采用。事实上,这种相符之处是非常少见的,这不仅由于我们的史料书籍的特征使然,而且也是由于补充材料的性质造成的:钱币所提供的证据十分贫乏,而除了钱币以外,我们所掌握的文献档案材料也是不多的。在一个不断发生战争和革命的动乱时期,这本是很自然的事情。而我们真正掌握的材料同古代史学家感到兴趣并记载下来的史事几乎没有什么关系。

与传记的史料来源问题比起来,关于《历朝皇帝传集》一书还存在着另一个同样重要的问题。这就是该传集的编纂年代和刊行年代的问题及其作者(一人或不止一人)究竟是谁的问题。根据书中自述、前后文的参照和标题来看,它们是由六个作者编辑起来的,其中三人(埃留斯·卡皮托利努斯、特雷贝留斯·波利约、弗拉维攸斯·沃皮斯库斯·锡腊库休斯)负责编辑亚历山大以后各个皇帝的传记。根据他们自己的陈述,以及按照这些传记献给皇帝的题词来看,他们全都生活在迪约克勒威安和君士坦丁时期。如果真是这样,如果这几位作者真是与三世纪的事件同时代的人,那么虽然他们的报导内容贫乏,我们总还可以指望在他们的记载中、特别是在有关这个世纪末年的记载中发现一些并非取材于文字史料的可靠报导,而且更为重要的是,我们在阅读它们时,总还可以指望呼吸到那个时代的气息。果真如此,那么,即使我们不相信那些档案和演说词的可靠性,即使我们发现其记载过于讲究修饰文藻(而且是老一套的修饰),即使我们把皇帝们的言词看作虚构之

词，但我们总会认为，我们在阅读这些公元三世纪的传记时，所听到的是出生和成长在内战的动乱之中的人们在向我们诉说，就算他们是些没有主见的作者吧，他们也会要表达出那个时代的感觉和情绪。

直到不久以前，还没有人对这六位成为问题的作者与迪约克勒戚安和君士坦丁同时代这一点感到怀疑。譬如说，六位作者中的最后一人沃皮斯库斯曾详细地记载了他自己生平中的某些片断以及某些他所熟识的人，他的记载与可靠的档案材料完全符合。正是由于看到了诸如此类的现象，所以连最近一些仔细研究这个问题的批判学派的知名学者，如 H. 彼得、Ch. 勒克里万、G. 德・桑克提、G. 特罗佩阿、Th. 蒙森和迪尔，都依然相信此书是六个人合著的，相信这些作者真有其人，至于许多比较年轻的英美学者持有这种看法，则更不在话下了；他们依然相信这些作者对于自己所属的那个时代的记述是正确无误的，而且，尽管已有不少学者认为这一串人名和所引年代都只是伪造的，并提出了许多有力的论据，他们还是相信这一点。H. 戴索在他的两篇论文中，最先指出这部传集不可能在迪约克勒戚安和君士坦丁时期就已写成，指出从这部传集中所呼吸到的气氛是较晚的和有很大不同的狄奥多西时代的气氛，因此作者们的全部名字以及关于他们的生平的全部报导都是无耻的捏造，而真正的作者乃是一个与狄奥多西同时代的人，是辛马库斯氏和尼科马库斯氏那个圈子里的人。戴索的攻击发生了很有力的影响。O. 西克立刻以许多新的论据来支持他的学说，不过他把此书伪造的年代确定得更晚一些（五世纪），A. 冯・多玛斯策夫斯基则亲自着手探讨这个问题，并启导他的许多学生来对这

个问题进行彻底的研究，主要目的在于证明戴索的假定总的说来是正确的。多玛斯策夫斯基支持这种假定，不过他对于这部伪书的年代的看法与戴索不同，他的意思想把它归于图尔的格雷哥里的时代（六世纪末期）。戴索的看法还被O.希尔施费耳德和E.科尔芮曼等著名的历史学家所接受，并被他们的学生们所传播。

戴索及其追随者们所提出的论证虽说不是最后的结论，但无疑是非常有力足以说服人的，以至反对学派中的许多知名学者也采取了折衷的看法。例如，蒙森就打算承认这样一点：一个与狄奥多西同时代的人把迪约克勒威安和君士坦丁时期所写的一部皇帝传记的基本内容接收过来并加以修改，书中虚构之处主要是由他添进去的，传记中所具有的狄奥多西时代的气氛也是他所赋予的。虽然有些学者接受了蒙森的折衷意见，但大多数德国学者已摒弃了这一看法，他们仍然主张全盘接受戴索的主要论点。这个伪造者编纂他这部伪书的理由何在，格弗肯和荷尔最近对这个关键性问题作了解答。他们所提出的看法是：伪书作者的目的是想根据辛马库斯之类最后一批野教徒的观点来向当时的读者陈述罗马皇帝的历史，主张宽容野教徒并含沙射影地对基督教进行攻讦。另外一个目的可能是想极力推崇元老院，以一个元老院议员的观点来概述帝国的历史。毫无疑问，这种观点在传集中非常强烈地表现出来，书内鲜明地区分了好皇帝和坏皇帝，好皇帝是那些尊重元老院的皇帝，坏皇帝则是提倡立嗣子和世袭原则的开明君主和军事暴君。辛马库斯的圈子里的人既然站在这种立场，当然不敢用自己的名字立言，而只好伪称刊行一部时间相当早的作者们所写的作品，其时代在基督教胜利和东方专制制度彻底建立以前。当

时的人大多非常无知，故而没有人会想到去考订伪书作者的记载，去证明这连篇的皇帝传记只不过是一场骗局。

对于最后这种有关该书作者或作者们的作伪目的的理论，诺曼·H.贝英兹曾提出了一种修正意见，他把这部传集同尤利安时代和尤利安政府的主导思想联系起来，从而使该书的年代比戴索及其追随者提出的年代更加接近于内战结束时期。虽然我们必须承认这部传集既是通俗的、同时又是寓有深意的作品，但无论贝英兹或戴索及其追随者都未能举出切实中肯的证据来证实他们所提出的成书时间。因此，关于这部传集编集成书的时间仍然是一个悬而未决的问题。

戴索的支持者所持的理论基本上就是这样。还有许多地方需要解释清楚，并且，还要说明伪造者或伪造者们把一大堆杜撰的东西加到一部朴实的历史纲要上去如何能使工作做得这么周密，而这个任务远远没有完成。但无论如何，如果说这个理论的基本论点是正确的——很难证明它不正确——那么就必须把《历朝皇帝传集》几乎完全从一系列确凿可信的三世纪生活史料中排除出去。它们代表了四世纪晚期的观点，而这种观点在许多方面是与生活在三世纪时的人们的看法不同的。一个停滞消极的时代不可能彻底了解一个革命时期的情绪，而且也很难如实地描述它，如果作者的目的是要树立他自己那个时代领导人物所怀有的特殊观念，那就更加不可能做到这一点。因此我们在利用《历朝皇帝传集》所提供的材料时，必须非常审慎。如果其中某段记载得不到其他较好的史料的证实，就应当置之不顾，而绝不要根据它来得出任何结论。

因此，在讨论亚历山大·塞韦鲁斯以后的时代时，我们应当充分利用埃罗甸的著作，他对于马克西米努斯和哥尔甸氏时期的情况的报道尤其精确；我们可以利用（如下所示）三世纪时的一个演说家或诡辩家在当时所作的演说词《献君王词》；我们必须借助于辑略作者和编年史作家的作品，借助于钱币、碑铭和苇纸卷所提供的档案材料来重新描绘历史的轮廓。除了碑铭和苇纸卷而外，所有这些史料对于社会经济演变情况的报道都很少，所以我们重新整理的工作必须尽量以档案材料为依据。虽然我们所得到的材料既不足而又零碎，但这项工作本身并非毫无希望。近年，罗马帝国的某些地区已经提供了丰富的和有价值的材料，过去还从来不曾利用过这种材料来重新描述整个情况的基本轮廓。

在致力于重新恢复亚历山大死后到迪约克勒威安即位为止的帝国社会经济发展的基本面貌之前，最好对这段动乱时期的政治事件作一简短的概述，对那些使帝国残败凋零的内外战争进行一番鸟瞰。当亚历山大被作乱的人杀害（公元 235 年）之后，兵士们拥立自己的一个首领为皇帝，这是一个出身寒微的人，是一个色雷斯的农民，他虽是官阶不很高的军官，但却是一个勇敢、有才干和坚强的军人，他了解军队，知道普通士兵的心情和愿望。此人就是C. 尤留斯·韦鲁斯·马克西米努斯。

他的统治为时甚短，这是一个内乱外祸频仍的时期。马克西米努斯大概从未要求元老院的承认，他也从未到过罗马城。他真正是一个兵士们的皇帝。由于他是一个优秀的将军，而军队服从于他，所以他在来因河和多瑙河边境上赢得了几场重要的胜利（公元 236 年），但由于他的政权所依据的原则遇到了激烈的反抗，他终于失败了（公元 238 年），反抗运动主要发生在意大利，此外也发生在阿非利加。关于这些情况，我们将在下文谈到。在阿非利加，一个年老的元老院议员 M. 安东纽斯·哥尔迪亚努斯[①](当时是阿非利加院辖省的总督)被宣布为皇帝，他受到国民中的上层阶级的支持。他和他的儿子都在同阿非利加正规军作战时死去了，正规军是由努米底亚的副将卡佩利亚努斯统率的。他们死后，曾经承认哥尔甸为合法统治者的元老院选举出两个元老院议员来代替他，这两人就是 M. 克洛丢斯·普苿努斯·马克西木斯和 D. 策留斯·卡耳维努斯·巴耳比努斯，他们借助于一个由二十名元老院议员组成的特别委员会来组织意大利的防务，以对付马克西米努斯。马克西米努斯出乎他自己和其他每一个人的预料之外，竟未能逼近意大利，而死于阻拦他进军罗马城的阿魁累亚城下。

他死后大约一个月，禁卫军以突然袭击的行动干掉了这两位元老院议员出身的皇帝，而承认老哥尔甸的孙子哥尔甸三世为唯一的皇帝，哥尔甸三世还是一个小孩子，普苿努斯和巴耳比努斯在最后完蛋(公元 238 年)以前曾被迫同这个小孩子一起共掌帝国大权。哥尔甸三世临朝时期同他前几朝一样动乱不安。东北方和东方两地的形势变得极其严重。在东北方，二世纪下半期曾在南俄罗斯草原组成一个强大国家的哥特人侵入了多瑙河流域各省，并与一些伊朗人部落和色雷斯的卡尔皮人结成联盟；在东方，波斯最早的两个国王阿尔达什尔和沙普尔一世占领了罗马在叙利亚的领土。由于那位防守阿魁累亚的图留斯·梅诺菲卢斯采取了强有力

① 哥尔迪亚努斯一字在英文中省去字尾，简称为哥尔甸，本书根据作者在各处使用不同的拼法而分别使用译名。其他，如阿德里安即阿德里亚努斯，奥雷利安即奥雷利亚努斯，君士坦丁即君士坦提努斯等等，均同此例，不另注出。——译者

1. 马克西米努斯

2. a. 普苤努斯　　b. 巴耳比努斯
c. 哥尔甸三世　　e. 德秋斯　　d. 菲利普一世

图 75　三世纪前期的皇帝们

图 75 说 明

1. 大理石雕马克西米努斯半身像。罗马,卡皮托耳博物馆。赫耳比希—阿梅隆:《向导》(德文),i,第 454 页,第 62 号;A. 赫克勒尔:《希腊罗马的画像艺术》(德文),图 CCXCVI-a;H. 斯图亚特·琼斯:《古代雕刻等品目录。卡皮托耳博物馆所藏雕刻》(英文)(1912 年),第 207 页,第 62 号,图 XLIX。

2. a. 镌有普苯努斯像的安敦银币。科昂所著书,v,第 14 页,第 3 号。

正面:文为 IMP. CAES. PVPIENVS MAXIMVS AVG.〈元戎·恺撒·普苯努斯·马克西木斯·奥古斯都〉;普苯努斯戴着辐射冠的半身像,面向右方。反面:文为 CARITAS MVTVA AVG.〈两位奥古斯都互助协作的珍贵〉;两只手握在一起。

b. 镌有巴耳比努斯像的安敦银币。科昂所著书,v,第 11 页,第 17 号。

正面:文为 IMP. CAES. D. CAEL. BALBINVS AVG.〈元戎·恺撒·D. 策留斯·巴耳比努斯·奥古斯都〉;巴耳比努斯戴着辐射冠的半身像,面向右方。反面:文为 FIDES MVTVA AVG.〈两位奥古斯都相互信任〉;两只手握在一起。

c. 镌有哥尔甸三世像的金元。科昂所著书,v,从第 47 页起,第 265 号(公元 242 年)。

正面:文为 IMP. GORDIANVS PIVS FEL. AVG.〈元戎·哥尔甸·奉天承运奥古斯都〉;哥尔甸戴桂冠的半身像,面向右方。反面:文为 P. M. TR. P. V. COS. II P. P.〈大司祭长·执掌保民权第五年·两任执政官·国父〉;哥尔甸穿着戎服,向右站着,拿着一支矛和一个球。

d. 镌有菲利普一世像的金元。科昂所著书,v,第 111 页,第 164 号。

正面:文为 IMP. PHILIPPVS AVG.〈元戎·菲利普·奥古斯都〉;菲利普一世戴桂冠的半身像,面向右方。反面:文为 ROMAE AETERNAE.〈罗马万年〉;罗马女神向左方坐着,手里拿着胜利之神和一支矛,身旁放着她的盾。

e. 镌有德秋斯像的金元。科昂所著书,v,第 190 页,第 48 号。

正面:文为 IMP. C. M. Q. TRAIANVS DECIVS AVG.〈元戎·C. M. Q.

图拉亚努斯·德秋斯·奥古斯都〉;德秋斯戴桂冠的半身像,面向右方。反面:文为 GENIVS EXERC(itus) ILLVRICIANI.〈伊利里亚部队的守护神〉;伊利里亚部队的守护神戴着壁冠,赤身向左站着,拿着 *patera*〈盘〉和 *cornucopiae*〈富饶角〉。其右边是一面军旗。

以上钱币(均藏不列颠博物馆)表现了混战时期各位皇帝的面貌,它们与安东尼努斯朝的那些贵族的面貌迥然有异。钱币的反面表现了他们短短的在位期间某些主要特色。普苿努斯和巴耳比努斯强调他们相互之间的友谊和忠诚,哥尔甸强调他的武功,菲利普强调罗马城的永存(当时罗马刚刚庆祝建城千年纪念),德秋斯强调他与伊利里亚部队的关系。本图及图 76 所刊钱币均承不列颠博物馆 H. 马丁利先生惠助,代我选录,并对其文字图形作了说明。

的措施,才消除了多瑙河上的危险;而在东方,皇帝本人在他的岳丈 C. 富里攸斯·萨比努斯·阿魁拉·提梅西透斯的指导下,击败了波斯人,并收复了叙利亚。正当军队准备进入敌方国境之时,提梅西透斯死了,哥尔甸三世在一场闹军粮的兵变中被兵士们杀害,这场兵变是由于供应不足引起的,而继提梅西透斯接任皇帝禁卫军统帅的 M. 尤留斯·菲利普可能从中煽动(公元 244 年),他是豪兰地方一个阿拉伯酋帅的儿子。

菲利普赶快结束对波斯的战争,他对波斯人作了很大让步,并撤出美索不达米亚,接着他就赶回罗马城。一路之上,他打败了一些日耳曼部落,并在多瑙河上几乎完全歼灭了色雷斯的卡尔皮部。当他在罗马城的时候,举行了庆祝罗马建城一千周年纪念的仪式(公元 248 年);但就在这个时候,多瑙河上的官军在一小股哥特人侵入梅西亚大肆骚扰之后发生了叛乱,拥立自己的一个军吏 Ti. 克劳迪亚斯·马里努斯·帕卡戚亚努斯为皇帝。东方崛起了另一

1. 加列努斯

2. a. 克劳迪亚斯·哥提库斯　　b.奥雷利亚努斯
c. 塔契土斯　　d. 普罗布斯
e. 卡鲁斯　　f. 卡里努斯

图 76　三世纪后期的皇帝们

图 76 说 明

1. 大理石雕加列努斯半身像。罗马，温泉博物馆。赫耳比希—阿梅隆：《向导》（德文），ii，第 178 页，第 1414 号；A. 赫克勒尔：《希腊罗马的画像艺术》（德文），图 CCXCVIII；R. 德耳布吕克：《古典时代的画像》（德文），图 LIII。

2. a. 镌有克劳迪亚斯·哥提库斯像的金元。其变形见科昂所著书，vi，第 145 页，第 161 号。

正面：文为 IMP. C. CLAVDIVS AVG.〈元戎·C. 克劳迪亚斯·奥古斯都〉；克劳迪亚斯戴桂冠的半身像，面向右方。反面：文为 MARTI PACIF(ero).〈和平使者马尔斯〉；和平使者即战神马尔斯，正向左方走去，拿着一支桂枝和一支矛。

b. 镌有奥雷利安像的金元。科昂所著书，vi，第 175 页，第 1 号。

正面：文为 IMP. CL. DOM. AVRELIANVS P. F. AVG.〈元戎·克劳迪亚斯·多米丘斯·奥雷利亚努斯·奉天承运奥古斯都〉；奥雷利安戴着辐射冠，披着胸甲，面向右方。反面：文为 ADVENTVS AVG(usti).〈奥古斯都驾临〉；奥雷利安穿着戎装，骑在马上，朝着左方，左手执矛，做向右方致礼状。

c. 镌有塔契土斯像的金元。科昂所著书，vi，第 233 页，第 122 号。

正面：文为 IMP. C. M. CL. TACITVS AVG.〈元戎·恺撒·M. 克劳迪亚斯·塔西佗·奥古斯都〉；塔西佗戴桂冠的半身像，面向右方。反面：文为 ROMAE AETERNAE.〈罗马万年〉；罗马女神向左方坐着，带着矛、球和盾。

d. 镌有普罗布斯像的金元。未发表过。

正面：文为 IMP. C. M. AVR. PROBVS AVG.〈元戎·恺撒·M. 奥雷留斯·普罗布斯·奥古斯都〉；普罗布斯戴桂冠的半身像，面向右方。反面：文为 P. M. TR. P. V COS. IIII P. P. ANT(iochiae).〈大司祭长·执掌保民权第五年·四任执政官·国父·安蒂奥克〉；普罗布斯乘凯旋车向左方驶行，拿着棕榈枝和王杖。

e. 镌有卡鲁斯像的金元。科昂所著书，vi，第 360 页，第 86 号。

正面：文为 DEO ET DOMINO CARO AVG.〈神和主·卡鲁斯·奥古斯都〉；卡鲁斯戴桂冠的半身像，面向右方。反面：文为 VICTORIA AVG.〈胜利·奥古斯都〉；胜利之神站在一个球上，面向左方，拿着花圈和棕榈枝。

f. 镌有卡里努斯像的金元。科昂所著书，vi，第 397 页，第 131 号。

正面：文为 IMP. CARINVS P. F. AVG.〈元戎·卡里努斯·奉天承运奥古斯都〉；卡里努斯戴桂冠、披胸甲的半身像，面向右方。反面：文为 VENERI VICTRICI.〈胜利的维纳斯〉；维纳斯向左方站着，拿着一个胜利之神的像和一个球。

以上钱币均藏不列颠博物馆。

选辑这一套钱币的宗旨与图 75 相同。请注意塔契土斯重复使用菲利普的形式：他们两人都致力于恢复安东尼努斯朝那种君主立宪政体。并希注意克劳迪亚斯、奥雷利安、普罗布斯、卡鲁斯和卡里努斯的钱币都有重武的象征。克劳迪亚斯所强调的是他以持久和平为其最终目的。

个僭位者约塔皮亚努斯。菲利普派遣他最优秀的将军 C. 梅休斯·昆土斯·图拉亚努斯·德秋斯(一个潘诺尼亚的土著)去对付帕卡戚亚努斯；马里努斯和约塔皮亚努斯均被自己手下的军队所杀，但德秋斯被他的兵士所胁迫(他们威胁他，如果拒绝听命就要把他杀死)而被立为皇帝，并出兵进攻菲利普。他在维罗纳附近击败了菲利普(公元 249 年)。德秋斯就任独一无二的统治者之后，就给予帝国很大的好处，他在所有行省内修建道路，改进行政管理机构，重整军队的纪律。但那是一个艰难多事之秋。除了复元工作而外，德秋斯的第一件任务就是要保卫多瑙河流域各省。他在公元 250 年之末或 251 年之初急忙赶到多瑙河地区，去击退哥特人的一次新的、可怕的入侵。哥特人穿过梅西亚，蹂躏色雷斯，围攻色雷斯首府菲利波波利斯，并击败了赶来援救这个繁华城市的罗马皇帝。菲利波波利斯守军指挥官普里斯库斯想借敌人之助来登上皇位，于是叛变投敌，菲利波波利斯因此被哥特人攻陷，并被洗劫一空。哥特人在归途中遇到德秋斯带领另一支军队进行阻击，但德秋斯再度被打败，他和他的儿子一同殁于阵上（公元 251 年）。哥特人满载着战利品，平安地回到了本土。罗马军队拥立 C. 维比攸斯·特雷博尼亚努斯·加卢斯为皇帝。由于在多瑙河各省发生了一次严重的瘟疫，加卢斯被迫向蛮族输款求和，并动身到罗马城去。下梅西亚总督 M. 埃米留斯·埃米利亚努斯（一个毛里塔尼亚的土著）在加卢斯离开以后，顺利地打败了哥特人而被自己的部下拥立为皇帝（公元 253 年）。在加卢斯和埃米利亚努斯这两个皇帝的斗争中，前者在意大利的英特腊姆纳附近的一次战役中阵亡了，后者则在斯波勒丘姆被手下的兵士谋杀。从来因河赶到意大利去帮助加卢斯的雷威亚总督 P. 利契纽斯·瓦勒里亚努斯这时被宣布为皇帝，并得到了元老院的承认。

瓦勒里安一到达罗马，就立刻使他的儿子 P. 利契纽斯·埃尼亚丘斯·加列努斯同他一起共列帝位。帝国在来因河上、多瑙河上和波斯边境上的情况几乎陷入无可挽回的地步。法兰克人和阿耳曼尼人突破了来因河边塞，侵入了高卢。由于多瑙河驻军中某些能干的将军的防御，哥特人被阻挡在多瑙河边塞上，虽然如此，但哥特人和博腊尼人却利用已变成他们藩属的富庶的博斯普鲁斯王国的资源，组织了一支由希腊船只组成的舰队，通过黑海，进抵高加索海岸和特腊佩祖斯（特雷比宗德），后来竟沿岸直下，来到富饶的比提尼亚省。这时候罗马的海军不值一提，海盗横行于海上，所以哥特人可以随时进行大胆的抄掠，无往不利。东方的形势更加糟糕。波斯人侵入叙利亚，威胁小亚细亚，他们打算在小亚细亚同哥特人会合。瓦勒里安前去抵抗他们，收复了安蒂奥克，阻止了波斯人同哥特人会师；并且，虽然他的军队受到瘟疫的打击，他仍然进入了美索不达米亚。但他在埃德萨附近遭到了惨败，而被敌军俘获(公元259年)。不过小亚细亚和叙利亚还是被夺回了，夺回小亚细亚的是一个罗马将军，名叫卡利斯土斯，他把波斯人撵走了；而夺回叙利亚的则是禁卫军统领马克里亚努斯和他手下的一个将军，名叫巴利斯塔。当入寇者企图渡过幼发拉底河返回波斯时，又一次被帕耳米腊的酋帅鄂德纳土斯所击败，鄂德纳土斯已被瓦勒里安承认为罗马将军。

在这个紧急关头，加列努斯的精明强干和坚忍不拔的精神挽救了罗马帝国。他被迫放弃了高卢的一部分地区，但他同手下的日耳曼兵士和不列颠兵士一起终于能击败日耳曼人的一次入侵而保住了意大利，并且在多瑙河上击败了两个先后称帝的僭位者英杰努乌斯和雷加利亚努斯(公元258年)。另一方面，外省似乎已经理解到它们所面临的严重危险，而纷纷自保，以谋生存。在高卢，该省的军队和人民拥立M.卡西亚努斯·拉提努斯·波司土穆斯(即 *restitutor Galliarum* 〈高卢的光复者〉和 *imperium Galliarum* 〈高卢帝国〉的缔造者)为自己的皇帝，并成功地把日耳曼人赶出了该省(公元259年)。在幼发拉底河上，帕耳米腊的鄂德纳土斯同样成功地击败了波斯人和两个僭位的罗马人。事实上，自从瓦勒里亚努斯被俘以后，他的禁卫军统领马克里亚努斯就同他的两个儿子马克里亚努斯和魁耶土斯一同僭居帝位(公元260年)。这两个马克里亚努斯向欧洲进兵，魁耶土斯仍然留在叙利亚。加列努斯的一个将军奥雷鄂卢斯击败了这两个马克里亚努斯，并把他们杀死，而鄂德纳土斯则结束了魁耶土斯及其助手巴利斯塔的统治。鄂德纳土斯得到加列努斯的承认，统治叙利亚以及小亚细亚部分地区直到公元 266—267 年被杀时为止，他被杀后由其子瓦巴拉土斯继立，而政府则由母后泽诺比雅以她的儿子的名义主持。

当时，加列努斯仍忙于同各个僭位者和蛮族作战，并致力于保卫阿非利加（防御摩尔国王法腊克森的进攻）、高卢、意大利和多瑙河地区。尽管他在反对波司土穆斯方面取得了某些成就，但最后还是不得不承认波司土穆斯是高卢省的实际统治者，因为他受到了哥特人海陆两路大举入侵和一些僭位者一再企图夺取皇位的行动的牵制。帝国境内瘟疫也甚为猖獗，而一次严重的地震又摧毁了小亚细亚许多繁荣的城市（公元 262 年）。加之，军队的叛乱造成了重大的损失：例如拜占庭就遭到了本城卫戍部队的洗劫。哥特人的再次入寇使巴尔干地区和希腊再度残破不堪，而当这些灾难最为严重的时刻，加列努斯手下最杰出的一个将军奥雷鄂卢斯奉命率领一支强大的骑兵部队去攻打波司土穆斯，他竟倒戈反对他的主子。加列努斯匆匆从多瑙河上赶回意大利，击败了奥雷鄂卢斯，并围之于米兰，但加列努斯这时却被自己手下的兵士杀害，兵士拥立多瑙河部队的一个军官 M. 奥雷留斯·克劳迪亚斯为皇帝（公元 268 年），这个人出生于伊利里亚。从克劳迪亚斯起，开始出现一连串的罗马皇帝，其中大多数都是罗马军队勇敢的将军，大多是多瑙河地区的人；他们都竭力谋求恢复帝国的统一，使它免于全部为北方和东方的邻邦所吞没。正如他们以前的各个皇帝一样，他们当然也不得不遇到军队跋扈和反复无常的情形。他们也

和前几朝皇帝一样，几乎全都成为军事阴谋的牺牲者，并且，在他们每一个人统治时期，在帝国的各个不同地区都出现僭位的人。但是，当这种行动似乎成了军队的一种传统或一种根深蒂固的习惯的时候，我们同时也见到有一种反动的征兆，这种反动是正当的，它反对帝国分裂和反对兵士的放纵行为。从纯粹的军事观点来看，军队（不仅仅是多瑙河地区的部队）似乎受过较好的训练，并表现出一种较优良的战斗精神。他们整个说来是真正忠于皇帝的：虽然皇帝们大多数是叛逆阴谋的牺牲品，但这些阴谋乃是一小群人干的勾当，而大多数兵士并未积极参加。

关于三世纪最后三十年的复杂而带有戏剧性的历史，我们只好作一番非常简略的概述。克劳迪亚斯一朝之所以著名，是因为他在日耳曼尼亚和多瑙河地区立下了大功，他在多瑙河地区彻底粉碎了哥特人的武装力量，使哥特人在一百多年内不再向意大利进攻。历史上称他为哥提库斯[①]，这个外号他是当之无愧的。但是，尽管高卢帝国这时处于内部分崩离析的状态，自从波司土穆斯死后，一个又一个皇帝迅速继位（乌耳皮攸斯·科尔芮留斯·勒利亚努斯，M. 奥雷留斯·马里攸斯，M. 皮亚沃纽斯·维克托里努斯），克劳迪亚斯还是没有时间来把这个独立的高卢帝国同罗马帝国重新合而为一。东方的帕耳米腊帝国在泽诺比雅及其年轻的儿子瓦巴拉土斯的治理之下，比较繁荣，也比较巩固，他们把埃及并入了自己的帝国之内。泽诺比雅逐渐形成了这样一种思想：建立

① 哥提库斯的意思就是“征服哥特人者”，与日耳曼尼库斯之为“征服日耳曼人者”相同。——译者

一个独立的东罗马帝国，以一个独立自主的奥古斯都为其统治者。

公元 270 年，克劳迪亚斯因罹瘟疫而死于多瑙河上，当时，多瑙河两岸，即罗马人一边和蛮族一边都再度有瘟疫在流行。克劳迪亚斯的兄弟 M. 奥雷留斯・克劳迪亚斯・昆提卢斯在西方被宣布为皇帝，并得到了元老院的承认，但他没有能力维持自己的帝位而败于克劳迪亚斯手下最有才干的将领 L. 多米丘斯・奥雷利亚努斯，后者像马克西米努斯一样，是一个多瑙河地方的农民，也是一个靠自己的个人能力而一帆风顺的军人。奥雷利安短短的统治时期是罗马帝国极其危险的时代，但也是罗马军队获得辉煌胜利的时代，这些战功可以和图拉真、M. 奥雷留斯的战功相比。他的第一项任务就是保卫意大利，击退尤吞季人和阿耳曼尼人这些日耳曼部落可怕的入侵。奥雷利安在雷戚亚抵御尤吞季人，在潘诺尼亚抵御汪达尔人，都得到了一些胜利，但在这以后，他却不得不面临着尤吞季人和阿耳曼尼人的联军对意大利的处于压倒优势的侵犯。奥雷利安在米兰附近被他们击败，同时又遇到罗马城和某些行省发生叛乱，受到哥特人又一次入侵的威胁，并面临帕耳米腊帝国明确的背盟行为，于是他命令意大利各个城市（包括罗马城在内）都筑建城堡，号召意大利的青年武装起来，最后终于把蛮族赶出了意大利，在罗马城和外省重新建立自己的权威。他在打败哥特人以后，接着进兵攻打泽诺比雅女王，经过艰苦的战斗，恢复了罗马在东方的主权，重新征服了埃及，既攻陷了帕耳米腊城，也俘获了帕耳米腊帝国的统治者，后者虽有波斯人的援助亦无济于事。奥雷利安必须赶回欧洲，在多瑙河下游同卡尔皮人作战，但他在返回欧洲途中，帕耳米腊和亚历山大里亚都发生叛乱，于是他又急速

折回东方。亚历山大里亚的叛乱是由一个名叫菲尔木斯的人领导的，这人是亚历山大里亚的一个富商兼工业巨头。这两处叛乱很快就被粉碎了，奥雷利安剩下的任务就是要使高卢帝国归顺，以完成帝国的重新统一。这项任务看来是比较容易解决的，因为最后一个高卢皇帝 C. 皮攸斯·埃苏维攸斯·台特里库斯（他是一个罗马元老院议员）出卖了自己的军队，在紧要关头转向了奥雷利安一边。奥雷利安在罗马城举行了一次盛大的凯旋式（公元 274 年），然后他又再次动身到外省去，以便重新恢复高卢的和平局面和准备远征波斯人。正在进行这些筹备工作的时候，他在色雷斯的佩临土斯附近被一帮阴谋分子杀死了（公元 275 年）。

这帮阴谋分子自己没有心目中的继任皇位者，军队就把选举新皇帝的事情交给元老院去办。显而易见，虽然军队久已习惯扶立新君和废黜旧君之事，但甚至连他们还承认一个皇帝的合法地位最后仍有赖于元老院。元老院举出了它的 *princeps*〈首席议员〉，即元老院议员名单上的第一名 M. 克劳迪亚斯·塔西佗，他是最末一个致力于恢复皇帝和元老院之间平等合作关系的统治者。由于哥特人入侵，塔西佗赶到了小亚细亚，出兵迎击，打垮了哥特人，但就在这胜利的时刻，却被一批阴谋者所杀害。东方的军队推举 M. 奥雷留斯·普罗布斯为自己的首领；西方则承认塔西佗的兄弟 M. 安纽斯·弗洛里亚努斯为自己的皇帝。一场新的内战爆发了。双方相遇于塔尔苏斯附近，但弗洛里亚努斯在战役开始以前就被手下的军队杀死了。普罗布斯的统治表现出和三世纪下半期所有各朝相同的特征。他负有在叙利亚和高卢两地与蛮族作战的艰巨任务，因为高卢在 276 年被日耳曼人侵入，日耳曼人残酷无情地摧毁了该省的富庶城市与蹂躏它的肥沃土地。除此以外，他还必须同高卢的博诺苏斯和普罗克卢斯以及叙利亚的萨土尔尼努斯这样一些竞争对手或僭位者作战。公元 282 年，他被手下的兵士弑于自己的原籍锡尔米攸姆，当时他正在准备对波斯人进行一次远征。他的继承者是 M. 奥雷留斯·卡鲁斯，这又是一个多瑙河地区的人，他的主要功绩就是命他的儿子卡里努斯统治着西方而亲自出兵远征波斯人，并获得了胜利。卡鲁斯在远征波斯期间死去，他的第二个儿子努梅里亚努斯在从东方回师途中被其岳丈阿里攸斯·阿佩尔暗杀于小亚细亚，因为阿佩尔想承继皇位。但阿佩尔并未被推举为皇帝。军中的将官们拥立 C. 奥雷留斯·瓦勒里攸斯·迪约克勒戚亚努斯为帝，东方立刻承认了他。接着，卡里努斯和迪约克勒戚亚努斯之间发生了内战，卡里努斯战败被杀，于是迪约克勒戚亚努斯成了独一无二的皇帝。出乎所有的人意料之外，迪约克勒戚安在他整个临朝时期，竟能够使他的皇帝地位不遭到反对和不引起争议。他不比他的前几朝皇帝更坏，也不比他们更好，而如果说他居然成功地完成了他的前人未曾完成的任务，那只是因为时机已经成熟了，灾难已经受够了。罗马帝国迫切需要和平，不惜以任何代价从皇帝那里得到和平。

分析和阐释我们上文所概述的这场伟大的社会政治革命、这场花了半个世纪以上的时间才告一结束的革命，是一项艰巨的任务，我们在着手解决这一艰巨任务之前，有必要考察罗马皇帝们在这一危机期间所奉行的政策。一个读者，即使只是浮光掠影地读到与这个动乱时期有关的史料，也能很容易在皇帝们所采取的一切措施中、特别是在皇帝们的日常例行公事中看出他们所奉行的

主导原则就是塞韦鲁斯氏所曾一举奠定的原则，也就是部分地以开明君主时期立下的先例为依据的原则。亚历山大以后的皇帝之中，大多数人都是塞普提米攸斯的忠实信徒，其忠实程度不下于塞普提米攸斯本家族的人。我们随时可以看到有一股强烈的反动趋势，反对这种政策，企图返回安东尼努斯朝光荣和幸福的时代而作垂死的挣扎，但事实上，这些企图只带来了新的屠杀，其结果使得以后继位的皇帝们更加忠实地信奉塞普提米攸斯政策的主要原则。

关于这些原则，我们已经谈过了，我们也已经说明了它们的根源，但再简单地予以概括，可能有所裨益。从政治观点来看，塞普提米攸斯的前人已经把政府完全官僚化了，而塞普提米攸斯又使它有系统地军人化。军人化的官僚机构是当时的口号，而位于这个官僚机构之上的，是一个拥有专制权力、家传世袭的君主，他的权力建筑在军队与国家官吏的效忠以及对皇帝的个人崇拜之上。使官僚机构军人化，就等于使它蛮族化，因为军队现在几乎全部是由帝国内文明程度较低的地区的农民以及落户定居的兵士和退役军人子弟组成的。为了达到这些目的，也就是说，要使政府军人化和使皇权稳如泰山，就逐渐把旧的上层阶级从军队中的指挥职位和外省的行政职位上排斥掉。一个新的军人贵族阶级代替了他们。这个贵族阶级正如皇帝本人一样，是从罗马军队行伍之中兴起的，而且也像皇帝本人一样，必然处在不断沉浮变化之中：从军队的行伍中不断涌现新人，替代那些已经上升到骑士级官职和争得元老院议席的人们。

由这个军人化的官僚机构所主持的行政系统，主要是从上而下发号施令的，它的这种特性乃是皇权极端不稳定的必然后果。

可以给它下一个定义：它是经常以尖锐的形式表现出来的永恒恐怖制度。在这个行政组织中起着最重要作用的是成千上万有着不同名义的警察，他们全都是皇帝的私人军事代表。他们的职责就是严密监视城乡居民，逮捕那些被认为对皇帝有危险性的人。可能还使用他们去镇压因政府对居民的赋税和力役的沉重压榨而引起的种种纠纷和罢工，以及对那些无力纳税或未履行应尽的公共负担的人进行人身迫害。

这个有组织的恐怖制度的一个显著特征就是：在政府和居民一切关系之中，尤其是在赋税和强迫劳动方面，强制原则进一步发展起来。与赋税平行的，还有对粮食、原料、手工业品、钱币、船舶、挽畜和力伕等等的征发制度；与赋税比起来，它的暴虐程度还要厉害得多，而在运用方面也是同样有严密组织的。在这种征发制度之外，还有要求人民为私人工作的做法。例如，征补新兵的方法和政府要求的一切紧急工作的安排都以此为依据。在组织国家经济活动方面，这种强迫制度也占着支配地位。社会上较富裕的成员负责垦种国有土地、收集赋税、收集征发的物资和钱币，并负责运输为国家利益而来往的人员和转移的物资。要使这个制度能够顺利执行，必须使它的力量易于就近达到每一个接受强制的人，这样，自然而然就产生一种趋势，即把每一个人固定在原有的居住地点，固定在他因出生和职业而从属的特定集团之内。一个种地的人必须居住在原籍，必须从事自己的工作，而不管其愿望和爱好如何。一个兵士应该住在军营之中，而他的子弟只要一达到一定年龄，就应当服兵役。一个自治市贵族阶级的成员应当就近在本城履行与自己的地位有关的义务。一个船主，只要他还能进行业务

活动，他就必须是他那个同业公会的成员。以及诸如此类。

这种制度之中并没有什么新东西。但在长期革命的情况下，它却占着无比重要的地位，并且，由于它不是被用作政府的一种辅助手段，而是被用作政府的主要手段，所以就变成了一种真正的灾难，这场灾难无形之中摧残了帝国的繁荣及其居民的精神。它不再等于一系列在艰难时期实行而一当恢复正常情况就立刻取消的紧急措施，这一点与安东尼努斯朝的情况有所不同，甚至与塞韦鲁斯朝的情况也有所不同。当非常情况不再是例外而变成经常现象时，那些曾经被视为临时紧急性的措施就变成了正规的行政制度，变成了整个政府结构的基础。

要概括地叙述这种制度在这个动乱的混战时代的发展，殊非易事。我们所得到的材料甚为贫乏，其中可信者很少。但关于这个时代一开始的时期，我们却拥有大量完全可以依据的完善材料，这就是亚历山大被杀以后，直到马克西米努斯短暂的统治及其死后的反动年代这一段时期，但不包括哥尔甸三世的统治和菲利普的六年在内。关于后面这一段时期，我们几乎毫无史料。关于马克西米努斯临朝时期，我们有当时人埃罗甸的报道，他的报道内容充实，精彩动人；为这个时期的皇帝们所写的拉丁文传记重复了他的报道，并从另一个三世纪希腊的历史学家（也许是德克西普斯）那里引来一些材料作为补充。关于菲利普的统治，我们有一篇名为《献君王词》（“*Eἰς βασιλέα*”）的演说词，这篇演说词是当时一个受过良好教育而地位较高的人写的，他对于那个时代的情况、特别是东方的情况十分熟悉。在他对菲利普的刻画中，可能有许多夸张之处，对菲利普的性格无疑有某种程度的理想化；但即使如此，演说词的这一部分仍然是有用的和重要的，因为与其说它表述了菲利普的想法和理想，不如说表述了当时受教育阶级的想法和理想。就这方面而言，这个演说词可以同迪约的各篇演说以及阿里斯提德斯的某些演说相比。另一方面，它的否定部分，即旨在于同菲利普的努力、同受教育阶级的愿望作一番对比的部分，真实地和十分可信地描述了菲利普即位以前帝国的一般情况。这种描述同埃罗甸和德克西普斯所记载的情况完全相符。

亚历山大被杀之后，马克西米努斯究竟是否力求获得元老院承认他的权力，这个问题是无关紧要的。要说明他真正的态度和愿望，远为重要的是：在他即位以后和第一次打败日耳曼人以后，当他迫切需要金钱而对国民中的优裕阶级充满憎恨之时，他的活动如何。他的统治以恐怖制度始，也以恐怖制度终。埃罗甸说道："当罗马本城和外省发生更大的屠杀的时候，歼灭蛮族又有什么用处呢？"所谓歼灭蛮族一语，乃暗指马克西米努斯在日耳曼尼亚的军事成就而言。说他残酷无情地杀尽了亚历山大·塞韦鲁斯手下所有的高级官吏，这一点我们可以信以为真，也可以认为不足凭信，但毫无疑问的是，他的统治一开始就对自己的敌人进行毫不留情的杀戮，而且杀戮从未停止过。不仅埃罗甸和拉丁文传记作者记述了这个事实，而且《献君王词》这篇演说词也清楚地证实了这一点。演说词作者在谈到菲利普即位时说："其他那些初登帝位就进行战争和多次屠杀的人"——当然这是专指马克西米努斯而言——"残害了许多官员，并给另外一大群人带来了不可恢复的灾难，因此，外省许多城市都荒无人烟，大片土地任其荒废，许多人都死掉了。"当阿非利加反马克西米努斯的叛乱被他手下的副将卡佩

利亚努斯借阿非利加驻军之力镇压下去之时，在该邦全境进行了一场大规模的屠杀。我们不仅有埃罗甸和拉丁文传记作者的记载为凭，而且还有一件发现于阿非利加的动人的碑文为证，碑文上写道："立此碑以纪念 L. 埃米留斯·塞韦里努斯，他又名菲利里约，享年约六十有六，因热爱罗马人而被这个（家伙）卡佩利亚努斯所擒获致死。维克托里努斯，亦名韦罗塔，（立此碑）以志友谊并表悼念。"读者可以看到罗马人对马克西米努斯和卡佩利亚努斯所率领的蛮族的反抗情绪。我们在后面将会再次谈到这种现象。

这类恐怖手段并不新奇：我们已经看到，这种支撑皇权的手段是公元一世纪时的军事暴君们从公元前一世纪内战中的领袖们那儿继承来的，它曾被多米戚安所恢复，并被塞普提米攸斯及其家族一贯施行。新奇之处在于色雷斯兵士的史无前例的残暴，在于这个制度一经开始竟被马克西米努斯的继承者们奉行了五十多年之久。另一个新现象就是：这种恐怖政策下的牺牲者不仅如同塞普提米攸斯时代那样，是一些帝国贵族阶级的上层分子和一部分自治市贵族阶级，而且还包括了整个有教养的、有资产的阶级在内。这场屠杀的自然后果也和塞普提米攸斯时期一样，是以那些与皇帝本人同样属于下层阶级的人来取代牺牲者原有的地位，这些新人大多数是普通的士兵，他们直到不久以前才成为新骑士阶级中的成员。我们的史料又一次非常清楚地表明这一点。

如果说马克西米努斯的恐怖手段不仅限于对付帝国的贵族，那么，其主要原因在于他迫切需要金钱，因此他就对帝国内整个资产阶级、特别是城市里的资产阶级发动进攻，大肆掠夺他们，好像他们并非罗马公民（他们之中大多数人不久以前承卡腊卡拉之赐

而得到了公民资格），而是被征服的异邦人一样。埃罗甸本人就是这个受迫害的阶级中之一员，我们可以再一次引用他那严厉而十分正确的话："人们天天都可以见到昨日之富翁今日行乞为生。暴君的贪欲就是如此，其借口为经常需要弄到一笔钱财作为发给兵士的军饷。"

> 但是〔他接着说道〕只要这些做法只是针对个人而作，只要灾难仅限于最接近宫廷的那些阶级，各城市和外省的人民是并不十分注意它们的。富人的不幸，或他们认为生活富裕的人们的不幸，不仅不为群众所理会，有时甚至还会使心怀恶意的卑鄙之徒感到高兴，因为他们嫉妒那些运气好而比自己优裕的人。但是，马克西米努斯在把大多数显贵之家弄得一贫如洗之后，发现掠到之物太少了，没有多大意思，丝毫没有达到他的目的，于是就向公共财产进攻。所有属于城市的钱财，包括用于养活下层居民或为赈济他们而募集起来的钱财，或者用来维持剧场或供宗教节日之用的钱财，都被他挪为私用；放在神庙里的还愿供物、神的雕像、献给古英雄的供品、公共建筑的一切装饰物、每一件用来美化城市的物饰，甚至凡是可以铸成钱币的金属，都统统被熔毁了。这种行动使城市人民深为悲痛……甚至兵士们对这些做法也表不满，因为他们的亲戚宗族都责骂他们，埋怨他们，因为马克西米努斯的这些作为都是假他们之名干出来的。

埃罗甸在概括马克西米努斯的这些行为时，在叙述他对于帝国全境各个城市进行大规模掳掠时，究竟正确到什么程度，这一点我们无法加以判断。在二世纪和三世纪初年，经常有一些碑铭提到富裕公民们给城市的大笔捐赠，提到他们为了埃罗甸所列举的那些目的而设置的基金，但到了马克西米努斯朝以后，我们就极少见到这样的碑铭了，这个事实说明马克西米努斯的抄没使富裕阶

级甚为震惊，并说明他的手法大概也被他的后继者们继承下来。很难相信城市里世世代代积累起来的财富会一下子无影无踪，但马克西米努斯以及那些步他后尘的人的残暴手段，显然对上层阶级的公益心予以致命的打击，使得他们隐藏自己的财富，尽可能地装穷。加之，派差制度把原先归城市或富裕公民为自身利益而花费的每一笔财物都转入了国库，都转入了政府的财政经办人的腰包之内。这样一来，帝国本来就不很多的（如我们所见到的）积蓄资本受到了严重的侵害，自从塞普提米攸斯·塞韦鲁斯以及混战时期的皇帝们对它施加致命的打击以后，它就一直不曾恢复。

同塞普提米攸斯时代的情形一样，恐怖制度是由一大批密探和军事警察来执行的。在《献君王词》这篇演说词中，演说者在谈到菲利普时说道：

> 用我已经说过的那些话，就足以说明他的公正。有什么德政能比这更伟大和更显著呢？所有各个行省都颤抖不安，都屈服于恐惧之下，因为一大批密探巡行于各个城市，偷听人民在说些什么。当一切正当合理的言论自由都受到破坏的时候，当人人自危、害怕得不得了的时候，是不可能随意思想和随意说话的。而他使所有的心灵解除了这种恐惧，使他们无所拘束，使他们重新得到充分的、完整的自由。

如果我们把这一段话同前一章所引的塞普提米攸斯时期的碑铭作一番比较，我们就会知道这位演说家的话并非夸大其词，马克西米努斯的制度只不过是最先由阿德里安予以系统化、而后由塞普提米攸斯发展成一种完善形式的那套手段的必然结果。我们可以相信，在马克西米努斯以后的时期内，在这方面除了可能变得更坏以外，并无任何改变。

然而，这些皇帝们用以保卫自己权力和充实自己府库的种种措施，全都徒劳无益。上引的这位作者强调了赋税的苛重和府库的空虚从而着重说明了这一点。档案材料证实了他的说法，并向我们表明这种制度的作用及其一切后果。下文在叙述三世纪帝国经济情况时，我们将会谈到它。当然，人人都已看到祸根在于军队，在于那成群结伙的兵士，他们贪婪，他们放纵，他们是皇帝的真正的主子，他们不爱劳动，不爱作战，而只是一味抢劫自己的同胞。《献君王词》这篇演说词的作者明确地陈述了这个事实，埃罗甸和拉丁文传记作者都证实了他的说法。他在另一处谈到菲利普时说道：

> 〔以前的皇帝中〕许多人在面对敌人时勇敢得很，但却被自己手下的兵士所掌握，所操纵。然而他却轻易地驾驭了他们，使他们服从命令；因此，虽然他们也得到了许多巨款，而且，如果他们得不到这么多或甚至更多一些的款项时可能会发生麻烦而难以应付，但毕竟没有使他们的贪欲受到鼓励。

恐怖制度以前从来不曾像在马克西米努斯时期这样有系统或无情地实行过，在这种恐怖制度的压迫之下，国内局势变得如此紧张，居民特别是城市里的居民变得如此愤激，以至于尽管实行恐怖统治，国内仍接二连三地发生起义，起义最先爆发于阿非利加，而蔓及于意大利。关于阿非利加的事件，虽然埃罗甸的记载（我们最好的史料）甚为清晰（马克西米努斯的拉丁文传的作者误解了埃罗甸的意思，并且译错了他的文字），但近代的学者们一般仍作了错

1. 阿非利加狩猎图

2. 阿非利加牧马图

图 77　三世纪和四世纪时的阿非利加

图 77 说 明

1. 镶嵌细工。发现于埃耳—杰姆附近一所富家住宅的废墟中。突尼斯，巴尔多博物馆。《高卢与阿非利加镶嵌细工图谱》(法文)ii，1(突尼西亚)，第 64 号(和一幅彩图)；S. 赖纳赫：《希腊罗马古画图谱》(法文)，第 298 页，1；〔A. 梅尔兰和 L. 普安索：《阿拉乌伊博物馆便览》(法文)，i(1950 年)，图 XVI〕。

本图按三栏分画。上栏画的是两个青年人，他们大概刚离开庄院，骑马在橄榄林中缓辔而行。两人之间有一个仆人步行，拿着一柄叉状之物(作猎人状)。次栏可以见到另一个仆人用一根皮带套住两条大猎犬(“slouguis”)，他正准备把它们放去追捕一个灌木丛中的一只野兔，那只野兔是另外两只狗发现的。第三栏中，那两个骑马的人和两只猎犬正在追逐那只野兔。在阿非利加，打猎图和农业图同样地习见。请看本书图 63-1，参阅《高卢与阿非利加镶嵌细工图谱》(法文)ii，1(突尼西亚)，第 375 号(欧德纳)；第 601 号(迦太基)；ii，2(阿尔及利亚)，第 260 号(欧埃德—阿特梅尼亚)，等等。又参阅本书图 79-1 和图 80。

2. 镶嵌细工。发现于苏斯(阿德鲁梅土姆)附近一所华丽住宅的废墟中，该宅属于一个石叫索罗土斯的人。驻苏斯狙击兵第四联队博物馆。《高卢与阿非利加镶嵌细工图谱》(法文)ii，1(突尼西亚)，第 126 号；S. 赖纳赫：《希腊罗马古画图谱》(法文)，第 360 页，3。参阅本图的一幅姊妹图，载《高卢与阿非利加镶嵌细工图谱》(法文)ii，1，第 124 号。

这幅镶嵌细工的四角布着四个圆牌，每个圆牌上画着两匹竞跑马挨近一棵棕榈树，马的名字写在它们的上面和下面——分别为 Amor、Dominator、Adorandus、Crinitus、Ferox...、Pegasus...等。在两个圆牌之间的弧角上画着一只野兔藏在草丛里。图的中央部分画着一条山麓下的一片草地，有一条河从山上流下来。山间可以见到守望楼，山坡上有树木和吃草的山羊，草地上有一群牝马领着驹马在啮草。马匹画得很美。参阅本书图 63-2。

误的陈述,他们硬说这是一次农民起义。事件的真相是这样的:马克西米努斯即位以后,阿非利加的皇家财务使奉命为皇帝在该地勒索一笔金钱。据说,他被任命为该省的总督,以代替年老的总督M.安托纽斯·哥尔迪亚努斯,哥尔迪亚努斯退休后,间居在提斯德鲁斯城——这种说法是冯·多玛斯策夫斯基的非常有吸引力的假说。这个皇家财务使在度支官及其僚属们勉强的帮助之下,按照常见的残暴方式进行工作,特别侵犯了省内富裕的地主,正如我们已知道的,这些富裕的地主已形成了阿非利加城市居民中最有势力的一部分人。这些人之中,有些被埃罗甸描写为"出身名门和富有的人",但他们正受到即将丧失自己"祖传家业"的威胁,于是策划了一次密谋。为了保证密谋绝对成功,他们命令自己手下的一些 *οἰκέται*(奴隶或佃户,可能是前者)以斧头大棒为武器,从他们的田庄上来到城市。这样的一群人是不会引起皇家财务使的怀疑的,因为他过去经常接见这些农民,听取他们控诉自己的地主。于是,这些人杀死了皇家财务使,而这次密谋的领导人,即一批阿非利加的地主(由于这个阶级的另一些人参加进来,密谋者人数增多了)遂拥立哥尔甸为皇帝。但哥尔甸未能获得阿非利加驻军方面的任何支持。他的力量只有少数兵士(也许是迦太基的 *cohors urbana*〈城防步兵营〉)和住在城市里的人(大概是青年里社的成员)所组成的一支民军这样一些乌合之众。哥尔甸答应取消一切密探和交还被抄没的地产,这个诺言吸引了他们。这些军队装备很差,也组织得很糟。他们没有什么武器,而使用着如我们在阿非利加的资产阶级家宅内可以看到的那些武器——剑、斧和打猎的标枪(在许多阿非利加的镶嵌细工上都可以看到这种打猎用的装备)。大概不会有许多农民和佃户投到他的麾下。无怪乎他的这支军队很容易就被他的私敌、努米底亚副将卡佩利亚努斯率领的阿非利加正规军击破。这场胜利之后,接着就是大肆屠杀和抄没财产。卡佩利亚努斯首先诛戮了迦太基所有的贵族,然后把他们的私人产业以及属于城市和神庙的钱财统统抄没归公。接着他就对其他各个城市如法炮制,"屠杀著名人士,流放普通公民,命令兵士焚烧和抢劫庄田和村庄"。

就在这个时候,哥尔甸已在罗马城得到承认,罗马城的人甚至在他死后仍坚持自己反马克西米努斯的起义。起义迅速蔓延于整个意大利,采取了与阿非利加的起义相同的形式:这是城市资产阶级反对兵士及其首领、军人皇帝的一场你死我活的战斗。元老院的任务就是去组织和领导这个资产阶级。普茬努斯组成了一支军队,这是把在罗马城和意大利招募的新兵组织起来的,它得到整个半岛上的城市居民的供应和支持。由元老院选举产生的皇帝得到了城市极力的支持,这一事实可以从下面两件事得到证明:埃莫纳的居民在本城辖区之内坚壁清野,不让马克西米努斯得到供应;阿魁累亚城英勇壮烈地抵抗马克西米努斯,把马克西米努斯置于死地。普茬努斯和巴耳比努斯的胜利可说是资产阶级的暂时的胜利。

城市在同马克西米努斯进行斗争时,也同塞普提米攸斯所采用的新行政制度进行了战斗。它们的敌人是军事君主政治,而它们的理想是建立在城市资产阶级之上的安东尼努斯氏的开明君主政制。在马克西米努斯死后,并无任何企图想恢复共和制形式的政府,这就说明了上述情况。普茬努斯和巴耳比努斯之被选为皇帝,着重表明了元老院的这一看法:皇帝应当是元老院议员阶级中最贤明的代表，而不应当是兵士们所指定的人。我们曾一再提到的那篇颂扬菲利普的演说词，也充满了同样的观点，即应当由最贤明的人任皇帝。这篇演说词的基本思想重复了迪约的演说词中对于一个皇帝的理想的描述，因此，给菲利普的 ἐγκώμιον〈颂词〉的标题称做《献君王词》不是偶然的。当然，这位作者所说的君王指的是斯多葛派所谓的那种执掌最高权力者。在这篇演说词和上一章提到的亚历山大·塞韦鲁斯关于王冠金的敕令（它包括了那位新统治者的政纲提要）之间，可以见到另一个明显的吻合之处。亚历山大·塞韦鲁斯，说得更确切些，他的顾问们，在这道敕令中强调这位皇帝旨在步图拉真和马尔库斯之后尘，他的统治要建立在 σωφροσύνη〈聪明〉、φιλανθρωπία〈仁慈〉、εὐεργεσία〈宽惠〉、κοσμιότης〈谦让〉和 ἐγκράτεια〈克己〉之上，所有这些都是斯多葛派的美德。《献君王词》这篇演说词说得更清楚一些。它是献给 φιλάνθρωπος βασιλεύς〈仁君〉的。最重要的是，这个“君王”被称赞为这样一个人，他不像其他人那样靠行使强力压制正义而得到皇权的，也不是为了“似乎要保持某一家族内的正统和世系”而得到皇权的，他之得到皇权，乃是依靠舆论的呼声，依靠罗马帝国国民的一致同意。这位演说家接着叙述了菲利普统治的主要特征，赞扬这个皇帝 ὅσιος〈神圣〉而 εὐσεβής〈虔诚〉，πρᾷος〈温和〉而 ἄοκνος〈勤奋〉，尤其是 σώφρων〈聪明〉、δίκαιος〈守法〉、ἐγκρατής〈克己〉和 φιλάνθρωπος〈仁慈〉。他的政策在每一个活动领域内都是同军事君主制直接相反的：他不信任密探和告密人，他不掠夺他的臣民，他是一个优秀的将军，而最重要的是，他是一位成功的政治家和外交家，他不是手下的兵士的奴隶，而是他们的主子。这不正是斯多葛派理想中的聪明正直的君王，而迪约不正是把图拉真说成是这样的君王吗？这个描写几乎完全不符合实际情况，菲利普并不是图拉真；不过，这一点无关紧要。演说者描述了一个应当如是的皇帝（尽管菲利普使他的儿子同他共掌皇权，读者仍可以看到演说者对家传世袭制度的攻击），并且力图把这个皇帝的真正性格纳入他的理想描写之中，只要他的真正性格能和理想配合多少就尽量纳入多少。

对于军事君主政体的反动只是昙花一现，城市资产阶级要恢复安东尼努斯氏开明君主政体的努力，并未获得成功。关于哥尔甸三世的统治，我们所知者极少，但他的岳丈提梅西透斯的手法看来与军事君主制的手法并无差别。菲利普和他以后的德秋斯情愿追随马尔库斯的道路。例如，菲利普曾经作过一些尝试，企图恢复秩序与法纪，改组军队，使城市稍许减轻一些负担，并重立元老院的权威。这些软弱无力的企图大概就是他不受兵士欢迎并终于死在他们手中的原因。大局决定于军队，如果梦想恢复一个建立在以城市资产阶级为代表的和平居民之上的政权，那是枉费心机的：严酷的现实就是这样。菲利普的后继者，甚至菲利普本人在某些方面，都理解到这种情况，而使自己的行动与之相适应。

军事君主制度的政策就这样战胜了城市资产阶级想恢复有知识和有产业的阶级在罗马帝国内的最高地位的最后一次尝试。但是，军队的胜利是靠牺牲帝国的安全和繁荣而得到的。胜利者沉溺于寻欢作乐之中，乃至使帝国竟连它本身的存在都一度濒于危亡。我们已经谈到过难以应付的蛮族入侵，谈过帝国在蛮族压力之下正逐步趋于瓦解。蛮族之所以一再进犯，其主要原因当然是帝国内部从未停息过的内讧。军队的胜利乃是军事化的、独裁的政府形式的胜利。如今在最困难条件下承担了不惜一切代价以挽救帝国并恢复其统一的皇帝们理解到这是确定不移的了。如果说这些皇帝断然放弃恢复安东尼努斯氏制度的梦想，着手建立这个由帝国内唯一的实际力量——军队——支持的军事化国家，并使之制度化，这是不足为怪的。根据马克西米努斯及其直接继承者各朝的经验，现在已经看得很清楚：资产阶级太弱了，它的组织太松弛了，它已不足以给予中央权力以有效的支持。

最先充分认识到这个痛苦事实的皇帝是加列努斯，他本人却是元老院议员贵族阶级中人，是一个有着知识分子的兴味并受过良好教育的人。因为他认识到这一点，所以，他着手建立一个奠基于军队之上的军事化的国家机构。显然，这项工作不可能一下子就完成：加列努斯及其继承者们不得不向反对派的阵营稍作让步，不得不逐步推行新制度。但是，在塞韦鲁斯朝还曾打算过要维持安东尼努斯氏时期的主要制度，而现在，想维持这些制度的妥协时代是一去不复返了。从这个时期起，那些制度愈来愈成为残余，起着主导作用的乃是塞普提米攸斯开其端的军事化方式。虽然我们所见到的材料很少，但还是能够看出加列努斯是第一个推测到罗马官僚机构彻底军事化政策的后果的人。正是他，把元老院议员阶级坚决排斥于军队统帅职位之外；正是他，采取了正式任命骑士阶级成员（即以前的兵士）担任外省总督这一决定性步骤。加列努斯本人虽是元老院议员出身，但不得不对上层阶级的愿望施以致命的打击，不得不培植帝国的新军人贵族阶级。从他以后，元老院议员阶级的成员没有一个人有机会担任选军军团的统帅或担任因军事目的而特别派遣的一支部队（*vexillatio*〈独立军〉）的统帅。

另一方面，加列努斯避免触怒元老院议员阶级。有些由皇帝直辖的行省仍然有着元老院议员担任的总督，不过骑士阶级的选军统帅们未必受他们的节制；无疑的是，军人在任何地方都居于优势，不论在外省或在文武官员越来越被视为皇帝私人部属的内廷，都是这种情况。骑士阶级的前程现在实际上纯粹是靠武途出身，文职在帝国的军事化行政组织中所起的作用已无足轻重。我们也不能忘记皇帝和普通士兵之间的密切关系。

奥雷利安的统治时间虽然很短，却似乎是这个发展过程中的另一阶段。呈现在我们面前的帝国好像是一个被围攻的国家，国内到处都是一种遭到围攻的状态，所有的城市都只是许多准备击退敌人进攻的堡垒。许多村庄和大庄院，即私人大地产的中心，也是这种情况。遗憾的是，我们关于奥雷利安这重要的一朝的史料太贫乏，而我们所拥有的少量材料往往只涉及次要的事情，只涉及一些很不重要的地方性措施。一般都认为奥雷利安在把皇权转变为奠基于宗教承认之上的纯军事性独裁制方面，采取了最后的和有决定性的步骤。从这一点来看，皇帝现在是“蒙天神之恩”的君王，而天神就是万能的太阳神，即伊利里亚军队的最尊之神。毫无疑问，索耳神[①]乃是奥雷利安私奉之神，在他统治时期，对这位神的崇奉在罗马城所占的地位有似于叙利亚的埃拉加巴耳神在其祭司长[②]统治罗马时期所得到的崇奉。还可以肯定的是，在奥雷利安以前和在他以后，一种信奉索耳神的一神主义在多瑙河驻军之

① 索耳即太阳神之名。——译者

② 即指皇帝埃拉加巴卢斯。——译者

中占着支配地位。虽然续写迪约·卡休斯之书的人(佩特鲁斯·帕特里秋斯)断言:奥雷利安在他部下的军队某次发生叛乱时曾强调地说,给他加上御袍的是天神,而不是军队;但这个记载究竟有多少可以相信,我们一点也不清楚。值得注意的是,迪约·卡休斯认为这一番话是M.奥雷留斯几乎在同样的场合下所说的。另一方面,我们除了知道奥雷利安崇奉索耳神和安东尼努斯氏的主神埃尔库勒斯神而外,关于他倾向君权神授说的问题几乎没有什么史料记载。事实上,他和以前各朝皇帝中的许多人一样,也是一个独裁者。他有刚强的个性,他意识到自认为是本身职责所在的事情,他以坚决的手段统治这个重新统一的帝国,并且独自一人统治它。但是他以前的许多皇帝也是这样的。至于他对待元老院和城市资产阶级的态度,他是一即位就采取恐怖政策,而当他战胜泽诺比雅以后,当他能够用帝国部分地区的掳获物来暂时充实自己府库的时候,这种恐怖政策才稍许有所放松。

奥雷利安究竟把帝国行政组织的军事化发展到何种程度,这一点无法判断。我们知道,他是一个很好的行政长官,是一个能使自己手下的文武官员和兵士们遵守纪律的人,但是,他的拉丁文传的作者在这方面所提到的详情细节,我们却很难信以为真。奥雷利安真正企图把国家事务集中在皇帝手中从而进一步发展以前各个军事独裁者所奉行的政策的措施,实际上总共只有两项。其中第一项措施就是采取有力的行动调整帝国极端紊乱的通货,使它统一,把地方自营的铸币厂、包括罗马城的元老院铸币局在内差不多统统都取缔了。这是对帝国城市的自治权和元老院特权的最后打击之一。

第二项措施影响了那些为国家服务的协会组织。我们已经顺次叙述了这些协会组织的各个演变阶段。政府一直对其中最重要的协会组织采取了日益加强的控制，特别是对船主和粮食批发商人组成的协会组织加强了控制。在进行这种国有化的同时，对大城市中从事商业、运输方面的专业工人的协会组织，以及对意大利和外省城市中与保障生活安全有关的一类同业公会、特别是地方上的救火队的同业公会（称为 *collegia dendrophororum et centonariorum*〈消防队员协会〉）也都置于国家管辖之下。皇家铸币局中的工作人员也受到国家的完全控制，服从于半军事化的纪律。对于每一方面，不仅包括国家工作人员对同业公会的严格控制，还包括了个人对于自己本行职业和居住地点的固着，同时还有一种趋势，那就是把个人义务转变为一种世袭的差务。我们已经见到亚历山大·塞韦鲁斯如何把政府统治推及于那些对保证京城正常粮食供应起重要作用的协会组织。奥雷利安似乎在这方面采取了有决定性的步骤。这不是指他为了修筑罗马城墙而暂时使罗马城内一切协会组织军事化的举动。在帝国其他一些变成堡垒要塞的城市里也可能采取了类似的措施。这种措施的内容就是详细登记建筑业公会的所有成员，并给予这些同业公会以 *Aureliani*〈奥雷利亚尼〉的头衔（这个措施可比之于康莫杜斯对待船主的相应措施）；我不相信这种措施是永久性的，也不相信它应当被看成是京城一切同业公会的新时代的开端。另一方面，奥雷利安很可能在重新组织罗马城粮食供应的制度方面，改组了与粮食买卖和粮食运输有关的协会组织，使它们成为真正替国家办事的机构，成为一个行政部门，把它们置于罗马城卫戍军军官的严密监督之下，使之

643

服从于严格的纪律。对这些同业公会来说，这意味着它们的会员如今已固定地依附于这些组织，它们本身可以通过强迫登记新会员的办法来增强自己的力量。如果说奥雷利安在京城采取了这种措施（这当然仅仅是一种假定），那么这种措施无疑地至少推广到亚历山大里亚和迦太基等城市；这种制度大概是通过一些个别的诏令而逐渐推行于帝国全境各个地方性同业公会的。

奥雷利安是罗马帝国的伟大的恢复者，他再度把帝国的政权集中于罗马城，而且集中得比以前更加有力；同时他自己以一个彻底军事化的官僚机构的首脑的姿态出现，这个官僚机构是在强迫帝国国民所有的团体参加行政工作并供应帝国以生活资料和劳动力的基础上发挥作用的。十分出人意料的是，当奥雷利安坚强巩固的统治告终时所形成的局面，竟有似于元老院暂时恢复了对帝国的统治。但这不同于马克西米努斯以后的情况，这就是说，它不是反革命的结果，不是城市和军队之间激烈斗争的结果；它是军队所决定的结局。元老院选举了 *princeps senatus* 〈首席议员〉塔西佗为独一的皇帝，以代替奥雷利安。显然，这样一种可能性意味着作为城市资产阶级代表的元老院和军队之间不再像马克西米努斯时期那样存在着尖锐的对立了。关于罗马历史上这个惊人的事件，我只能找出一种解释，这就是元老院不再代表帝国的城市资产阶级，同时，由于顾及国家存亡大局，元老院和身为军队最高统帅的皇帝之间如今已经完全协调一致了。元老院和皇帝同样强烈地感觉到，如果要挽救帝国和罗马文明，就迫切需要恢复秩序，这种感觉的确也开始存在于军队官兵之中；因此，元老院、至少它的大多数成员放弃了恢复安东尼努斯氏时期的情况的美梦。旧口号和

旧程式还被使用，例如，还使用它们来为这个随着首席元老塔西佗执掌政权而开始的帝国新纪元装点门面，但它们仅仅是口号而已，并不暗示有任何行动或政策有所改变。

事实上，在马克西米努斯的恐怖年代以后，尤其是在加列努斯改革以后，元老院不再代表它以前所代表的那些国民阶级了。元老院的议员如今大多数是行伍出身而逐步升上来的军队旧将领和帝国行政组织中的旧文武官员。把他们合在一起，就是一个新贵族阶级。它也是一个大地主贵族阶级。在下一章，我们将看到在旧日拥有地产的贵族阶级（帝国的和自治市的贵族阶级）的废墟上如何成长出一个新的地主阶级，这些新地主多半是退役的兵士和退役的军官。与他们并列的，是某些自古相传的地主之家，他们不仅安全无恙地度过了革命时期的风暴，甚至还能霸占新土地，扩大自己的地产。元老院如今代表了这些新人物，而不再代表受奴役和半破产的城市资产阶级了。这样一个贵族阶级当然迫切关心恢复秩序。它对于城市过去的光荣是漠不关心的，它愿意随时支持皇帝们和军队重整帝国的努力。它愿意看见从革命时期的大变动中所产生的新社会秩序稳定下来并得到巩固。

城市资产阶级始终没有恢复它作为罗马帝国领导阶级的地位。它的力量已被马克西米努斯的野蛮屠杀和抄没所粉碎，尤其是被派差制度所粉碎；剧烈的、痉挛性发作的恐怖政策所开始的毁灭过程，由派差制度最终完成。在塞普提米攸斯和马克西米努斯之后，它是否受到同一类型的新攻击呢？这一点我们无从说起。没有直接材料可以佐证；但是，要使它完全毁灭，并不需要新的攻击。帝国总的经济情况（见下章）；工商业的破产；蛮族对外省进行可怕的侵略——特别是对高卢、多瑙河流域各省、希腊和小亚细亚的侵略，阿非利加在一定程度上也受到侵略，甚至埃及亦不能免受侵略(受到布勒米耶斯人的入侵)——以致把资产阶级的繁荣生活的中心扫灭一空；还有政府的种种勒索和派差制度不断地榨干这个阶级的财富：所有这些因素都足以说明城市及其资产阶级之所以逐步衰落。我并不是说这个阶级已不再存在了；这样说显然是不符合实际情况的。即使用强暴的手段，也不容易把几百年积累起来的财富化为乌有。中产阶级残存下来，在外省和意大利的城市里还有一些富裕的市民。但这是一个新的资产阶级，一种普普通通的和卑下的资产阶级，惯于采取狡计和种种欺骗手法来逃避国家课加的义务，这是依靠剥削和投机事业来攒聚财富的资产阶级，但不管怎样，它的地位已一天不如一天了。它主要依靠过去的积蓄为生，而对于过去所积累的财富没有很大的扩增。在下一章，我们将再一次谈到这个问题。

让我们总结一下以上所述。在亚历山大·塞韦鲁斯以后的这段时期内，我们看到皇帝们在军队不断逼迫之下完成了由塞普提米攸斯开始的过程。开明君主政制时代实际上以中央政府和城市自治政府并行的两元政治终于告一结束。代表自治市资产阶级的元老院议员阶级和古老的骑士阶级，逐渐丧失了自己的社会特权和政治特权，并且不再存在了。自治市贵族阶级仍然为政府所使用，仍然保持了自己的某些特权，但它是受奴役的：它不再享有优先权和自由。它的成员以十分类似奴隶的仆役身份来为国家效劳。新的政府系统建立在皇帝和由军队支持的新军事化官僚机构的基础之上。这是长时期混战局势的最后一个发展阶段，也是它的主要结果。

这种发展是三世纪时的皇帝们的理想吗？我们已经试图说明，塞普提米攸斯是由于自己篡夺政权才不得不采取这种政策的。他的真正理想乃是安东尼努斯氏的开明君主制度。每当环境容许皇帝们显示他们的本来面目时，他们总是以古代观念的维护者的姿态出现。除开真心憎恨旧制度的马克西米努斯一人而外，其余所有的皇帝都是勉强地、毫不热心地循着这条通过发展军事化官僚机构而摧毁罗马帝国古老根基的道路前进。显而易见，他们之所以如此，因为他们是被迫的，因为他们看到二世纪时的理想已日益成为可悲的过时之物。国家的主人就是军队，皇帝们不得不使他们自己和国家结构适应于这个严酷的现实。军队十分清楚地表明它不打算容忍旧特权阶级的任何优势，皇帝除了同意军队的要求而外，没有其他办法。他们逐渐地、尽可能有节制地依从了军队的要求，这样就表明他们是真正了解形势的，是真正有爱国心的。他们主要的目的并不是要破坏古老的社会结构和建立军队专政制度，而是要按这样一种方式来修正帝国的体制和行政组织，以便使它们能在普遍混乱状态所造成的无秩序情况下保持罗马国家结构的巩固性和完整性，保卫它，使它免于分崩离析，免于被边境上的敌人所征服。

逐渐产生了一个生死攸关的问题，那就是军事防御的问题。为了解决这个问题，一切可能利用的力量都被集中用于这一任务，即训练一支强大的、能够抵御敌人的军队。这项工作要求人民的利益从属于国家的利益。它是在紊乱的状态下逐步完成的，这种紊乱状态乃是混战局面所造成的结果，而这种混战局面归根结底又是城市资产阶级垂死挣扎以图恢复其已失去的优势的结果。一俟这场斗争过去和资产阶级被彻底粉碎以后，皇帝们就全力以求恢复国家统一和强盛的事业。他们道路上的主要障碍不再是资产阶级与军队之间的内战，而是军队本身的问题了，军队既没有什么作战能力，而又极端放纵胡为。因此，从加列努斯以后，皇帝们都不断致力于改组军队，使之成为一个有战斗能力的工具，并尽可能使之不干预政治。这也正是奥古斯都在内战之后所完成的任务。

关于加列努斯及其继任者们所进行的军事改革，我们所得到的报道很少，而又多半不足为凭。但明显的是，从军事观点来看，主要的任务是建立一支强大的机动部队，能够随时调往一切受威胁的边防线，从而也能尽可能就近集中于皇帝驻跸之地。正由于这样，所以才组成一支由皇帝直接统率或由他最信任的将领统率的强大的骑兵部队。也正是由于这样，所以外省军队才衰微下来，它们逐渐变成了地方的民兵单位。一个由 *protectores*〈御林军〉组成的特殊的军事贵族阶级亦由此而兴，它以纯粹私人效忠关系而同皇帝本人结合在一起。但这只是问题的一个方面。军队之所以缺乏战斗力，并不仅仅归咎于它具有外省性质，即不仅仅由于军队的分散化，而且还归咎于它的构成情况：它已经变成一种由动员来的农民所组成的军队了，它是强迫征集来的，而且不是从罗马居民中的优秀分子内征来的。我们在下一章会看到，这种构成情况也说明了它所以有反叛精神的原因。因此，废黜这种农民无产者的军队，乃是三世纪时皇帝们的另一项艰巨任务，正如这一点也是奥古斯都和韦斯帕西安的主要任务一样。这个任务是以雇佣军代替征兵的方法逐步解决的。国民群众不再服兵役了。实际兵役代

之以所谓 *aurum tironicum*〈兵役金〉；用这笔钱来招募良好的雇佣兵。我们无法探究这个基本过程的逐步演变途径。我们已经看到，这种新制度早在塞韦鲁斯时期就开始发挥作用了。它的最后结果大概是加列努斯和三世纪后半期那些拥有强大力量的军事首领们所带来的。雇佣军兵士一部分是从帝国境内那些最不开化的部落(伊利里亚人、色雷斯人、阿拉伯人、摩尔人、不列颠人)中精选出来的，另一部分则是从日耳曼人和萨尔马特人中挑出来的。日耳曼人和萨尔马特人之所以参加罗马雇佣军，或者是希望获得优厚的报酬，或者是战争中的俘虏个别地或成批地被编入罗马军队。征兵尽可能只限于定居落户的兵士(他们之中有许多人本来是俘虏来的蛮族)的儿子和帝国境内最好战的部落；这些人经常被用来充实边防要塞和补充外省军队的员额。于是，皇帝们可以依靠自己军队中的这些核心分子，这些人既然同居民没有什么关系，自然感到他们与皇帝关系亲密，祸福与共；而皇帝们甚至可以在必要时随意使用这些军队来对付外省的军队。

军队的巩固工作是以急进的手段来完成的，这种手段的确是孤注一掷。新的罗马军队不再是一支罗马人的军队了。它是罗马皇帝或罗马国家的军队，但不是一支罗马人民(甚至就其最广义而言)的军队了。它不是罗马国民的一部分，不代表那些国民的利益。它是一个特殊的等第，靠牺牲国民来养活它们去同外敌作战。帝国的行政官吏、统治阶级的大部分成员和皇帝本人现在都由这个等第中擢选。这样一种军队不可能完全罗马化，不可能为国民所同化。其中已经罗马化的分子当然融合在国民大众之内，但它却不断地由来自异族地区的新分子所补充，因此它仍然是一个异族人所构成的军事等第。它的上层现在形成了在罗马帝国内占统治地位的贵族阶级。但他们一旦变得罗马化以后,就又被新来的人所代替,即被这个异族军事等第的军人中最强悍最有能力的人所代替。

第十一章

混战期间的罗马帝国

我们对于三世纪的罗马帝国所掌握的史料，没有一篇综合性的报道能比得上埃留斯·阿里斯提德斯的演说词。不过，当时的人经常表示那个时代是一个多灾多难之秋，当时所有的档案材料也反映了这一点。任何人只要细心阅读前章一再引用的演说词《献君王词》，同时，一方面拿它来和迪约与普利尼的演说词对比，另一方面又拿来和阿里斯提德斯的演说词对比，就会感觉到不仅实际情况大有不同，而且国民整体的精神面貌——特别是最上层社会的精神面貌——也大有不同。我们如果把拉丁文皇帝传集中三世纪诸帝的传拿来和二世纪诸帝的传对照一看，其文笔之动人并无逊色。我们固然会相信这些传记是四世纪时写的，相信其所反映的是狄奥多西时代上层社会的兴趣和态度。但是，无可否认的是，这位作家（或这些作家们）尽管是四世纪时的人，却使用了他们以前的当时材料，所以他们无形中不仅反映了自己的感情，而且也反映了他们在其材料中所遇到的感情。

皇帝普罗布斯的理想是大家都知道的，我们从他的理想中可以看到一些对整个时代特征表露得最明显的言辞。我不得不认为，替他写传的人的一些感叹的辞藻乃是由于这位皇帝本人的言

辞所引起的，他的言辞一定为同时人所熟悉而著称于当世。并且我相信，即使这位传记作者自己情绪最为激动的那些言语也相当能够代表三世纪时普遍的愿望，这种愿望与四世纪时的愿望并无多大的差异，因为四世纪时的局面虽说稍为安定一点，但仍然变化无准，所以远远不能洽于人心。因此我从普罗布斯的传中引用有关的段落。其中某些句子是行文上的俗套，但某些常遇到的词句（特别是本书中用重点标出者）却是在描写公元一世纪或二世纪那种所谓黄金时代的文字中所不可能出现的。这位传记作者写道："他〔普罗布斯〕说，不久以后，我们即将感到不再需要兵士了。"作者补充写道：

> 这不就等于说不再需要罗马兵士了吗？罗马国家将统治普天下的土地，掌有普天下的财物，而可以绝对无虞。天下将不再铸造兵器，也毋庸再勉力以供纳公粮了。牛，将用之于耕作；马，将任之以和平的劳役。不再有战争，不再有俘虏，天下太平，到处都遵守罗马的法律，到处都有我们的法官。

我们把这位传记作者的愿望简短地概括起来，不外乎 *securitas*〈安定〉、*pax*〈和平〉、*abundantia*〈丰穰〉和 *iustitia*〈守法〉四者。当他在这个主题上进一步发挥时，说得更为明确。

> 外省人不再需要缴纳公粮了，不再向兵士供献义贡了。罗马国家将有一些取之不尽的府库。皇帝将不再有所耗费，业主将不再有所献纳。这的确就是他许给我们的黄金时代。再也不会有军垒，任何地方再也听不到军号的声音，也不再需要制造武器。现在使我们的国家困于内战的大批军人到那时将会从事耕种土地，把光阴花费在读书、习艺

和航海上面。也就不再有人牺牲在战争中了。仁慈的神们啊，罗马国家犯了什么罪行触动你的大怒竟至夺去了我们这样一位皇帝呢？

要想描述三世纪时帝国总的形势是很不容易的，特别是对于亚历山大·塞韦鲁斯以后的时期而言是如此。但是，某些已经得到充分证明的突出事件，说明这段期间帝国经济迅速凋零而整个地中海世界的文明亦相随趋于衰落。经济生活中最显著的现象之一就是货币迅速贬值而物价高涨更为迅速。银币之逐渐贬值和金币之绝迹于市场，其转折点均在卡腊卡拉一朝，他用安敦银币代替了银元。从他以后，帝国货币的购买力就一直下降。在一世纪时，一个银元约折合八个半便士，到二世纪时只稍为贬一点点值，而到了将近三世纪中叶时竟抵不了一个法寻。甚至就连克劳迪亚斯二世和奥雷利安（他颁行新型的货币，在埃及称之为 *καινὸν νόμισμα*〈新币〉）的一些改革措施也未能遏止这种贬值现象。固然，这两位改革家确实摒弃了古代发行硬币的惯例，摒弃了与金属成色相应的实际交换价值，而创建一种新的信用货币制度，这种货币根本没有实际价值，其所以得到承认和能够流通完全是因为国家认可它的缘故。

货币之贬值与基本必需品之涨价密切相关。虽然没有统计数字可资利用，但是，我们研究了数以千百计的苇纸卷，可以明显地看出（至少在埃及）三世纪时物价的高涨造成了多么大的灾难，看出整个三世纪（特别是该世纪下半期）的物价与二世纪时相当稳定的物价比起来，是多么不稳定。只用介绍读者去参考 F. 鄂伊尔特耳所提出的事实和 A. 塞格雷所开列的表格就够了，那些表格虽不完备,却很有价值。不过,在这里也还可以举一两个例子。在一世纪和二世纪中,埃及的小麦价格惊人地稳定,二世纪时尤其稳定:当时每一 *artaba*〈阿尔塔笆〉的小麦价合 7 或 8 德腊克码。到了二世纪末最艰难的时期,上涨到 17 至 18 德腊克码,差不多接近于饥荒时期的价格;而到三世纪上半期,其价格波动于 12 与 20 德腊克码之间。由于货币不断贬值和物价不断上涨,以至到了迪约克勒戚安时代,每一阿尔塔笆的小麦竟值 20 塔伦特或 12 0000 德腊克码。固然,这时的钱币已经是信用货币,但物价之飞涨亦属骇人听闻。可惜的是,我们对于加列努斯至迪约克勒戚安之间的一段时期缺乏材料。在工资标准方面也发生与此相似的变异。公元后的头两个世纪中,一个成年的非熟练男工的工资是每天得 4 至 6 个鄂博耳,一个月的工资总算起来相当于 2 至 3 阿尔塔笆的谷价,几乎不足以维持一家人的生活。但是我们不要忘记,我们大概不可能设想埃及存在一个专门挣工资的劳工阶级。大多数挣工资者都只是偶尔帮工,他们还另有永久性的正业(其中大多数人是农民);而且,女人和小孩也同男人一道劳动。至于工业方面的劳工状况,我们几乎一无所知。到了三世纪上半期,工资涨到 2、3 和 5 德腊克码左右;但由于谷价差不多涨了一倍而且从来有涨无跌,所以工人的情况依然和过去一样地恶劣。当通行信用货币以后,工资就变得极不稳定,而整个劳动条件问题也发生了一个急剧的改变。

在这样的情况下,无怪乎最猖獗的投机活动竟成为经济生活中的一个显著的特征,尤其是与钱币兑换有关的投机活动。有两宗具有代表性的档案材料涉及这种投机活动的严重后果。当塞普提米攸斯·塞韦鲁斯时期,大约在公元 209—211 年左右,卡里亚的米拉萨城通过决议保护那些得到本城特许营业权的银行家来反对黑市兑换，这种黑市交易当时正在该城进行活动，不仅使享有垄断兑换权的银行家遭受严重损失，而且也使整个城市受到严重损失。这宗档案材料的结尾部分指出这个城市的市议政会之所以采取这种强硬措施不仅只因为该城收入受到损失而已。文件说："毫无问题，一小撮人的恶毒罪行动摇了城市的安全，他们打击城市，劫掠公众。钱币兑换的投机活动通过他们而进入了我们的市场，妨碍本城市对生活必需品供应的保证，因此，使许多市民，实际上也就是使全体公众，深受物资供应不足之苦。并且，也由于这种原因，才使我们应向皇帝缴纳的正规赋税拖延下来了。"我们由此看出，问题并不仅限于破坏了专营权而已。一种猖獗的投机活动正在进行，其中大概有一些投机倒把分子囤积成色好的白银，他们是用相当高的兑换比率换来这种银子的。附在这项决议后面的议政会议员的 *succlamatio*〈呼吁书〉报道了这件事。将近半个世纪以后（公元 260 年），在尖蟹州地方，正当马克里亚努斯和魁耶土斯短短的统治期间，由于货币惊人地贬值，使那些汇兑银行（κολλυβιστικαὶ τράπεζαι〈钱庄〉）的经理举行了一次正式的罢市。他们关闭店门，拒绝承认并拒绝兑换皇家的货币（τὸ θεῖον τῶν Σεβαστῶν νόμισμα）。行政当局采取强迫威胁的手段。该州的州将下令要这些银行家和其他一些兑换钱币的商人"开门营业，除了绝对非法的赝币以外，必须承认一切钱币并予以兑换"。发生这种骚乱已经不是第一次了，因为这位州将提到"长官大人过去已曾对他们制订下的刑罚"。值得注意的是，就在这个时代，若干契约中所开列的钱币并非皇家发行通用的那种掺铜甚多的银币，而是早先托勒密王

朝时期的银币，那种银币大概大批地匿藏在埃及各处。

由于商业生活普遍地不稳定，引起利息率的波动，而在二世纪时，利息率曾经像物价一样地稳定。当然，这方面的史料甚为贫乏，不容许我们作出有概括性的广泛结论。但是，比勒特尔认为在卡腊卡拉与亚历山大·塞韦鲁斯之间的时期内，利息率显然大为降低，如果他的说法是正确的话，那么，这个事实可能是由于到处不安定造成商业生活普遍窘困和停滞不振的结果而产生的。人们对于借钱的事甚为戒慎，而市场上供过于求。此后情况发生了什么变化，我们就不得而知了。对于二世纪和三世纪前几十年，我们所有的史料大多限于涉及与捐款和基金有关的投资方面的档案文献；但我们看到，虽然从我们很贫乏的材料中也可以肯定地推知：自从塞韦鲁斯氏以后，捐款的数目大大地减少。另外一个与此同类型的现象就是印度与罗马帝国(特别是埃及)之间的商业关系几乎完全中断，这大概主要是由于货币贬值和由于商人的积极性愈来愈低的缘故。在印度几乎没有发现过一枚三世纪时的钱币。商业关系一直断绝，直到拜占庭时代重新建立秩序和颁行一种稳定的黄金货币以后才恢复。

商业活动如此惊人的萧条不振，大部分要归因于那些最先进的和最富足的外省所经常面临的外患。我们已经一再谈过日耳曼人之入侵高卢，特别谈到公元 276 年的大难，在那一次，高卢最富足的地区全被洗劫而沦于荒废，大多数城市完全丧失了复原的力量。多瑙河地区也屡次遭受与此相似的蹂躏。我们已经提到过哥特人和萨尔马特人之占领那些最大、最富足的城市：菲利波波利斯城的命运就是典型的例子。富庶繁华的达契亚省终于被加列努斯或奥雷利安放弃了，其居民不得不迁移到多瑙河流域其他行省里去。即使在那些不曾受过哥特人劫掠破坏的城市里，我们也看到一片迅速衰落的凋零气象。克里米亚的潘提卡佩乌姆是一个很好的例子。这个城市从三世纪中叶以后称藩于哥特人。它像鄂耳比亚一样，城市没有遭到破坏，但是从考古发掘及其钱币可以看出它的生活状况发生了极其突然的改变：贫困疲惫现在成为主要现象了。在小亚细亚和叙利亚，情形也不比上述地区较好。帕耳米腊的君侯们虽阻挡了波斯人的进犯，而小亚细亚诸城市却经常受到哥特人从海上来的抄掠，同时，诸如伊骚里亚人等土著部落也恢复了他们旧时从事劫掠破坏的习惯：普罗布斯的确曾被迫同他们进行了一次正规战争。在叙利亚，帕耳米腊人的奋斗对于乡土只起过短期的援助作用：奥雷利安打败泽诺比雅的光辉胜利重新恢复了帝国的统一，但无形中却破坏了这个繁荣城市的有生力量，它自从受了他的这次打击以后始终没有复原。埃及比较安静一些，但也一再受到布勒米耶斯人的入侵，特别是在普罗布斯之时。最后还有，阿非利加的繁荣地区经受了利比亚部落和摩尔人部落严重的攻击。公元253年发生内乱，258—260年有巴伐尔人之入侵和法腊克森所支援的五部入之入侵，其后又有与巴夸特人及其国王努弗西斯之战，这些战争接踵而来。最后这次战争虽不见于文字记载，但其重要性却足以引起皇帝普罗布斯的注意，他大概向努弗西斯作了重大的让步。毫无疑问，西班牙的情况同样不佳。看来只有不列颠是唯一的例外，这里在三世纪时似乎平安无事而且很繁荣。

破坏性更大的是敌对的皇帝们之间经常不断的战争。其实际

危害还不在于战争中丧失了成千上万人的生命，因为这种损失还可以很快地得到弥补；实际危害乃在于，在这种情况下根本无法建立稍有一点秩序的和合法的行政组织。每一个僭立者，每一个皇帝，最首要地就是为自己的军队索取金钱、粮食、衣着、武器等等，而他们谁都等不及也不愿意按照合法的方式采取行动和约束自己仅限于国家正常收入范围以内。因此，除了极少数短命的皇帝以外，其他所有的皇帝的政策都多少近似于马克西米努斯的政策——强制性的征兵、强制性的抽捐和征粮、强迫劳动。在这种情况下，兵士和文武官员自然很容易无法无天地胡作非为，而这种危害也着实不小。尽管我们所掌握的文字史料很贫乏，但这些史料也经常隐约提到兵士们的暴行。我们仍要向读者提起那曾经引用过的演说词《献君王词》和普罗布斯传作者的意见。此外，在奥雷利安传中也有同类的记载。该传中经常援引对强奸其居停主人之妻的兵士的惩罚律例。在一封伪造的奥雷利安的信中列举了兵士常犯的种种罪行：

> 〔他说〕如果你想当一个将领，不仅此也，如果你想再活下去，那么就得制止兵士们的暴行。不许其中任何一个人偷一只鸡或捉一头羊。不许任何人拿走葡萄或打谷子，也不许任何人勒索橄榄油、盐和木材。要使每一个人安分守着自己的一分口粮。要让他们靠从敌人那里得到的掳获物为生，而不要仗着挤外省人的眼泪过日子。

即使这位作者是四世纪时的人，如果他在他的资料中没有见到无数提到军队行为放纵的事，那么也不可能写出这样的语句，而事实上，狄奥多西时期的军队与加列努斯时期的军队同样地坏。

当我们来描述三世纪某些外省的生活时，我们必须引用某些特殊事实，从这些事实可以看出奥雷利安传的作者对兵士暴行的陈述是完全属实的。我们在这里要着重提出一下，虽然我们所见到的记载只限于某些行省，但将它推广到其他行省是不会错的。我们必须记住，在罗马帝国内，除了不列颠和西班牙两地以外，没有任何一个地区不曾拥立过一个或多个僭位者和得到承认的皇帝。这并不只是多瑙河流域的独享权利：叙利亚、小亚细亚、希腊、埃及、高卢和阿非利亚，全都积极地从事于拥立罗马皇帝。

帝国长期处于"四面受敌的情况"下，军事化的官僚集团，无论是政府的或自治市的官吏，其行为都和兵士一样。政府官吏是拿自己的性命向皇帝负责的，而自治市官吏如果不能执行皇家官僚的命令就有被罢黜、折辱、处死的危险。因此，各个阶层的国民都遭受对外战争和内战两方面的严重迫害。兵士们的盗劫行为并非完全出自贪婪。外省的贫瘠与供应运输事务之组织得很坏，往往迫使兵士仅为保障自己的生存而不得不采取暴行。各城市的上层阶级本是负有市辖区内居民的责任的，但他们却尽其所能来保护自己仅余的财产和压迫下层阶级。下层阶级真正受尽人的压迫和劫掠。在此种种之外，还有经常发生的疾疫，那主要是由于整个社会生活紊乱、贫穷、吃不饱、城市环境肮脏等等引起的。很可能是因为受到生活条件残酷可怕的影响，种族自尽竟成为这个时代有代表性的现象。有关弃婴和堕胎的罗马法更促成了这种现象。

既然有这种情况，这个时代突出的社会经济特征所以为人口下降，原是不足多怪的。疾疫、外族入侵、内战和对外战争使人民死去不少。更为严重的是生活普遍的不安定和国家之经常压迫它的子民。看来这些情况长期存在,人民为这些情况所迫,只好逃出他们自己的住所,宁愿抛弃那难以坚持的城市生活或村庄生活,铤而走险,去到丛林沼泽之中从事劫掠为生。由于海军的组织十分涣散,海盗重新活跃起来,海上又像公元前一世纪时那样不安全了。在某些地方,如西西里(在加列努斯时)和高卢(所谓巴高德之乱发生的地方),下层阶级组织了正式的叛乱,这些叛乱被武力镇压下去了。此外,我们有种种理由相信:无论上层社会或下层社会,很少有家庭注意养育子女。前帝国时期虽也有人口减少的现象,如希腊人口减少,意大利的人口稍有减少,但仅限于这少数地区,而且其原因大多是由于这些地区的人口迁往罗马世界的其他地方去了。然而现在,人口减少的现象却成为了帝国生活中突出的征状。

由于上述情况的结果,帝国一般的生产力不断下降。越来越多的土地荒废了。灌溉排水工程被弃置了,这不仅使垦田面积不断减缩,而且还可能造成疟疾的流行,这种疾病逐渐成为了人类最可怕的劫难。商品交换日益不正常了,帝国各地区日益取给于本地的土产。由此而经常发生饥馑;也由此而使工业衰落,工业愈来愈只为一小群本地的消费者服务,而这些消费者的需求仅限于最低廉、最朴素的制造品。这样,每一个家庭,无论大小,自然都尽力求其自给;家庭生产之盛行乃为前所未睹。任何局部措施都不可能遏止这种有进无已的衰落现象。在人口减少的地区移去成群的战俘;采取了措施使城市对荒地负起责任;人们从自己的住处逃走被定为罪行:但这一切均无济于事。诸如此类的主意不可能阻挡衰败的进程:帝国的生产力稳步下降,而政府感到自己不得不加强采取暴力和强制的行动。

帝国总的情势大致如上所述。如果我们进而找寻专指个别行省的证迹，就会发现这种证迹极为贫乏。但是，仅就小亚细亚和埃及而言，还可以作出比较详细的描写。在小亚细亚（叙利亚也一样），生活中的一个主要的现象就是逐渐转向封建制度。我们已经描叙过帕耳米腊当地的君侯们怎样一度变成帝国东部的统治者，我们也已经谈过埃梅萨地方的散普锡杰腊木斯王朝的复辟。小亚细亚的所谓伊骚里亚人的叛乱，乃是帝国内部形成近似独立王国这种趋势的另一个征兆。瓦勒里安时期（公元253年）吕西亚的特尔梅苏斯地方的一件碑铭，尤其能典型地说明三世纪时的情况。彼处有一个人，其姓名为标准的罗马名字，叫做瓦勒里攸斯·斯塔提留斯·卡斯土斯，而他却有一个稀奇的头衔，称为 κράτιστος σύμμαχος τῶν Σεβαστῶν，其意为 *egregius socius Augustorum*〈奥古斯都们的高贵盟友〉。这个人是当地部队的司令官，这支部队无疑是本地的民军。人们称颂他，因为他曾使陆海两路都太平无事。虽然他并不住在该城市内，但却积极参与该城的生活，并表现了他对皇帝们的尊敬和忠诚。显然，我们在这里所见到的例子与在帕耳米腊和埃梅萨所见到的一样，这是罗马外省自己防御波斯人匪帮和防御海盗（海盗有本地人，也有哥特人）的例子。我们还可以看出，在这里也建立了一个近似独立的藩邦。它处于一个强有力者的领导下；这个人大概是当地旧土著王侯家庭的一个后裔，而这个贵族家庭已经罗马化了。可与这些吕西亚人和叙利亚人相提并论的有僭位者普罗库卢斯，此人祖籍为利古里亚人，他是英高尼部落（今热那亚附近之阿尔本加）的一个酋长，因善于抄劫，遂雄于

财，并拥有强大势力。他组织了一支两千人的小军队，仗着这支军队企图登上罗马帝国皇帝的宝座。

有一件大家所熟悉的档案文献描写了小亚细亚生活的另一个方面。这个文件记载了一个名叫奥雷留斯·埃克勒克土斯的人代替一群皇家佃户向皇帝菲利普提出的一篇呈状；从中替他递呈状的人名叫迪底木斯，是一名宪警（稽查兵），其职位较高（系 *centenarius*〈百人团员〉）。农民们的控诉如下：

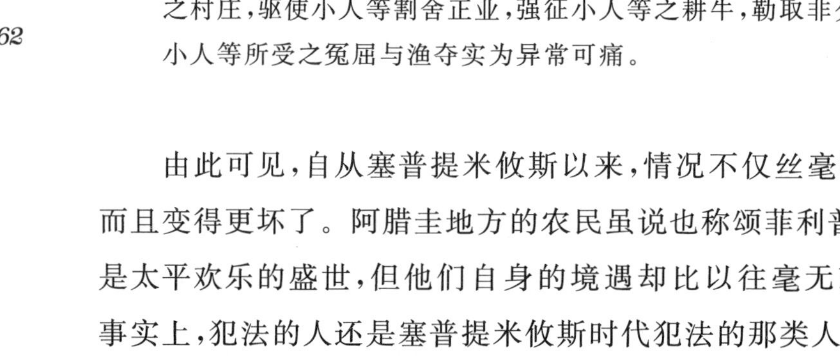

> 自陛下以至诚洪福之身临朝以来，苛政邪行，无不销匿，万民安谧无扰，诚为太平欢乐之盛世。惟小人等独遭受不幸，未能与享盛世之安乐，谨此具呈，奉达宸览。小人等均系至圣列帝与皇上共享之财产，故敢呈诉恳言之于陛下。小人等深受彼职在护民者之欺压榨取……举凡官吏、士兵、城市权贵（长官）与陛下所派之办事人员……均来到小人等之村庄，驱使小人等割舍正业，强征小人等之耕牛，勒取非分财物，故此小人等所受之冤屈与渔夺实为异常可痛。

由此可见，自从塞普提米攸斯以来，情况不仅丝毫没有改善，而且变得更坏了。阿腊圭地方的农民虽说也称颂菲利普临朝时期是太平欢乐的盛世，但他们自身的境遇却比以往毫无改善之处。事实上，犯法的人还是塞普提米攸斯时代犯法的那类人，欺压人民的手段也还是那老一套。就在这同一个时代，另一件递给哥尔甸三世的呈状（公元 238 年）与此所叙几乎一模一样。那件呈状是由一个名叫皮鲁斯的兵士呈给皇帝的，呈状后面附有一篇辩护士（？）的陈述，这个辩护士名叫提尔的迪约杰讷斯（此人或系该村的 *defensor*〈法律保护人〉）。呈状所诉述的是鲍塔利亚辖区内一个色雷斯人的村庄斯卡普托帕雷村的一般情况，其情况与上述者大致相同。具呈者不是皇帝的佃户，而是一些自己有田地房产的业主(οἰκοδέσποται)。他们所受的灾难也是那些兵士、皇帝的下级办事人员等类的人的强取豪夺。这个村庄不幸的是它位于一个温泉的附近和一个重要市场的附近，这个市场每年有一次大规模的季节性赶集。在正常情况下，这种位置本是有好处可得的，事实上这个村庄也的确曾经长期得地位之利；但是，到了三世纪，这反而成了村民们真正的祸患。来游览温泉和市场的人及其他旅客们为数甚夥，他们以这个村庄作为旅途中地位适当的歇息之所和打尖的站。他们在这里索取住房和食物而不付偿金，久而久之，把这个村庄弄得贫苦不堪，以至村中居民人口逐步凋零。村民们乞求援助，如果得不到援助，他们就以逃出自己的老家相威胁，因为这样就不再向皇家缴租税、服力役了。

我们再来看埃及吧。亚历山大·塞韦鲁斯时期以后的苇纸卷不如二世纪和三世纪前三十年时期的苇纸卷那样极其常见了。然而，它们对三世纪的情况所提供的写照虽不很完备，却十分精彩。有一篇神谕，其中包括了一系列的问题；我们从这些问题中可以很好地鸟瞰埃及普通居民中各个不同阶级的成见。这些问题大概都是有代表性的问题，时常为人们所提问，所以才被某一个人列举出来，这个人或许想提问其中的一些问题，但更像是需要答复这些问题。有些问题是没有时代性的，如“我会结婚吗?”或“经商的前途好吗?”，这类问题在二世纪时也常被人们提问的。但在这份苇纸卷所保存的二十一个问题中，至少有八个是这个特别的时代(三世纪末)所特有的问题，它们反映了这个时代的人所特有的兴趣。像

“我会被迫变卖吗?”这个问题显然与抄没财产有关。这个问题还以另一个形式表达:“我的财产会被拍卖吗?”另外一些有代表性的问题就是:“我会变成一个乞丐吗?”“我会逃亡于外吗?”“我会被派出使于外吗?”“我即将成为自治市议政会的议员吗?”“我的亡命生涯会告一结束吗?”“我会得到我的酬金吗?”等等。我们看到,是些什么样的大祸威胁着一个人的前途。这些灾祸都是由于国家干涉个人生活而产生的。一个人随便哪天都可能发生这些情形:财产被变卖,变成乞丐,逃亡于外,或者,更坏一些,成为了一个议员,或因此被委为代表本城市的使节派到京城里去,这些差事当然都得连累他耗费自己大量的金钱。另外有一封信,这是一个管家写给他主人的,信中开列了他在某段期间的开销。这封信使我们窥见一家巨室的家计情况之一斑。这一家大概是赫尔木波利斯某个大人物的家庭。开销中的大多数项目都同征发和贿赠或给兵士的正规支付有关,例如:“付给 *tarsicarius*[①] 迪米特里厄斯家中的兵士买克尼杜斯酒的钱”(第 12 行);“长官的 *beneficiarius*〈亲兵〉普卢戚翁来索取口粮,两斯帕丢姆的葡萄酒”(第 15 行);“给他的仆人,否则他将会向兵士报告,说 *praepositus*〈长官〉在这里”(第 18 行);“付选军长官烤火木材费”(第 27 行),等等。这封信后面附语的语气十分沮丧:管事人请求速赐回信并求指示。

三世纪时埃及生活的显著特征就是该地的人口逐渐减少、灌溉系统崩坏、荒地和贫瘠之地增多。例如,特阿德耳菲亚的苇纸卷中包括一个名为萨卡翁的村庄的一些信件,其年限为公元 280 至

① 此字当为某种职业者之称,意义不明,待考。——译者

342年，我们从这份苇纸卷可以看出在这个一度繁荣过的村庄的境内土地状况极为贫瘠。在四世纪初，其可耕(亦即可纳税的)田地面积不过500希腊亩，而其中已耕者只有200希腊亩。另一个繁荣的大村子费拉德尔非亚的情况亦不佳。这个村子里有三个有钱的地主，村境内许多块田地都归他们所有；他们曾向十首户会告状，告的是该村的πϱαγματικόs(会计员)超估了他们所占有的地段的面积和质量。之所以有超估的情形，大概是由于在田地册子上所注的这些地段面积之大和土质之肥都超过实况。在共计面积为$80\frac{5}{12}$希腊亩的纳税田地中，差错额为$33\frac{21}{32}$希腊亩，这一部分土地大概完全是不产庄稼的。此外，还详细列举出某些为业主所承认曾经属于他们产业之内的部分土地，载明它们现已几乎没有收成或需要穷耕苦作。在这种土地中，有一部分是河潮达不到的地面，但大多数是种植树木的地面，有的沦于荒废，有的其树木部分或全部被砍伐掉。

这种情况并不限于法尤姆一带。在加列努斯时期的一件档案文献(公元265—266年)中记载这样一桩事：有一个委员向大赫尔木波利斯市议政会报告某几块地产的情形，这些地产划归该市的萨腊皮斯神庙管辖而分租给了两位重要的市政官员。报告中说，有22希腊亩的葡萄田，其中“依旧结实之葡萄为数甚少，土地荒芜不堪，蔓草遍生，而该地产四周之土地则尤其荒秽不治，蔓草纵横”；葡萄酒压榨机和水槽乱七八糟；而其他地段的惨状大多与此相同。显然，这位委员所调查的土地原先是从旧业主手中没收下来的，那些业主在他们担任城市官员或国家官员的任上成了国家的债户，而这些土地之荒芜是由于私人经营时的那种积极性和小心管理现在都不再存在了。荒地和国有土地逐渐变成了同义词。国家固然可以把这种土地委托给一些居民团体或有钱的地主们，或者把土地强加给他们（即大家所熟悉的 ἐπιβολή〈添田〉制），也可以用极低微的价格把土地卖给那些想试试运气的个人，但是，在大多数情况下，这些办法的成效都可怜得很。曾经一度繁盛过的葡萄园和橄榄林都沦于荒废而不易于再恢复其早先的丰饶了。当然，遭到这种厄运的主要是那些早先属于私有的土地，那些早先在繁荣时代曾被私人地主致力经营并借人工灌溉而予以开垦的不受河潮的土地。至于能受河潮的皇家土地仍然丰产如故，而且总是找得到足够多的垦种者。土地之败坏完全要归咎于流毒甚深的派差制度，这种制度摧毁了小康的资产阶级的那些中小型的产业。我们在下文就会看到，残存下来的是农民和大地主。

土地日趋荒废的近因当然是由于对全境内所有的堤堰运河系统都疏忽不修从而使它们崩坏的缘故。它们之崩坏不仅对于私人地主有损，而且也不利于国家所占有的农民〈state-peasants〉。造成这种情况的原因在于一再发生战争和革命，在于国民间分工管理之不当，在于国家官吏之公然无忌地攫取不法收益和贿赂。政府尽其可能地试图重整灌溉系统，但它所采取的却是一贯使用的暴力强迫方法。致力最大者为皇帝普罗布斯，他在这方面的努力是非常有名的，乃至他的传记作者也提到这件事。公元 278 年的一件苇纸卷使我们看到这次重修工作是用什么方式和方法来进行的。凡是占有土地的人全都动员起来了。不允许任何人找寻借口、也不宽假任何人用付偿值的办法来代替亲身劳动。在 *dioiketes*〈总管大臣〉、州将和十首户会的监督下，由自治市市政官员和私人地主阶层中指派了一些专门负责人员。禁令是非常严格的："如有敢贪图任何财物〔即接受人之金钱而免除其劳役〕或敢玩忽有关法令者，即以破坏旨在解救全埃及之措施论，必俾其确知彼不徒以其资财试法，且将以其性命试法也。"晚此二十年左右（公元298年）的另一件档案材料使我们看出普罗布斯的严厉措施并未使埃及主管堤堰运河的官吏的品行有所改正，也未能迫使他们变诚实些。在这件呈状中，有一个村庄的代表们控诉了官吏们的压迫和欺诈行为。他们的话说得很明显：农民们说，"老爷，即使说我们明了上头派给我们的劳役公平合理，我们也会感到要全部完成我们的任务是非常难的，因为只要有人从中占我们的便宜，我们微薄的力量要负担起这些任务是绝对没有希望的。"固然，这只是一桩小案子——把一队人所做的150土方的工程不公平地记在另一队人的账下——但是，由此也可以看出制度之腐败及其对居民间的破坏性后果。

埃及经济之衰落，如我们前面已经一再指出的，主要是由于为害甚深的派差制度。前期的皇帝们曾在全境之内推广土地私有制，因而使大部分地区得以恢复其旧日的繁荣；而派差制度却使其前功尽弃。继埃及推行自治市生活之后，卡腊卡拉曾有许赐公民资格之举，但他这一行动也并未使派差制度引起什么改变，我们在第九章里已经说明了这一点。事实上，当市政制度推行到埃及的时候，这种制度在其他各地已经丧失其本来意义了。建立这种制度不再是为了把自治政府推广到古代世界中未曾有过这种制度的地区；这样做，现在实际上是为了用人身服役和物资责任这两条纽带把人民束缚于国家之下。政府造就大批新的公民，其目的在于借此来造就大批新的负义务者，造就新的 λειτουργοί〈干办〉或 *munerarii*〈应差户〉，把他们成群地组织起来以便于控制。埃及的农民和工匠自远古以来即形成专业的团体，各守其故业和故居，不得移易。在此以前，有产阶级已经避免了替国家服专门职役的义务，而得以自由地发展他们自己所选择的经济生活。现在，按照他们的居住地址把他们分批成群地组织成国家的仆役，给他们加上罗马公民和希腊市自由市民的光荣称号。交给他们的专门工作就是要他们负责缴付国家应得的各种赋税和协助国家征收赋税。这项工作的另外一面就是要他们负责向民众征发强制性力役和负责经管国家产业上——首要是荒地和废地——所得的收入。这种负担在二世纪时仍然是由特权阶级某些成员个人负责的，现在却变成课加在这些阶级有固定组织的团体中个别成员身上的一种负担了，当一个成员出缺时，就以另一个成员来顶替他。这些团体称为市议政会，同时把埃及的一部分土地以及这些地面上的农民和工匠一起分配给它们。

课加在民众身上的负担和城市（以城里的显要人物和市议政会议员为其代表）所应承的责任，从来没有像三世纪时这么沉重。最苛重的负担不在于那些正规的赋税和正规的力役——民众自古以来已经习惯于这些正规负担了——而在于一些紧急负担，即一些临时性的捐税、临时性的供应（公粮）和运输等。我们关于三世纪下半期城市议政会开会时的情形掌握一些片段的材料（得自尖蟹州诸城市和赫尔木波利斯），那时期，每当开这种会，市议员和官员们没有一次不谈到派差的事——怎样在城市富户中分配这些差务和下一次选定谁担任这种注定要倾家亡命的牺牲者。对于这种情形，我们无须感到奇怪。当奥雷利安之时，约在公元 270—275 年左右，尖蟹州议政院为一笔王冠金发生一场温和的争论，花这笔钱去制一些王冠是为了把它们献给皇帝以庆祝他新近的胜利。三世纪下半期中，战争和军队调动频繁，所以，在市议政会最感麻烦的差事当中，有一件就是征收和输送公粮（*annona*）。公元 265 年，议长（*prytanis*）为了替选军征收军谷采取了措置。就在这同一年中，又要替行政长官克劳迪亚斯·菲尔木斯的随行兵士输送食物。公元 281 年，为“正在行军中的兵士和水手们”（*τοῖς χωϱήσασι στϱατιώταις καὶ ναύταις*）供应面包。299 年，交下来刍秣，“令转交给路过本城的最高贵的兵士们”。还有一长列关于输送 *εἴδη ἀθηνιακα*（*species annonariae*〈特种粮〉）的账目都属于迪约克勒威安和马克西米亚努斯时期，那都是指定送交给兵士们的。然而，在二世纪时，公粮乃是税收以外附加的一项临时紧急负担，而所输送的军需物资看来多半由政府付予偿值。到了三世纪，它就完全变成了征发，变成了课之于地主以及公地和皇家田地承佃者的一项附加税了。城市议政会负责输送军粮，它们指派专人监收粮秣、运往港口或城市以及交付给部队的代表。我们从三世纪末年的一封私人信件里可以看出征粮者和缴粮者双方对于公粮感到多么惶恐。写信的人声明他这封信是应一位 *γνωστήϱ*〈保证人〉的请求而寄出去吁请援助的，因为这个保证人的责任是提名指派谁去承应派差，而他现在感到自己有困难。写信的人接着写道：

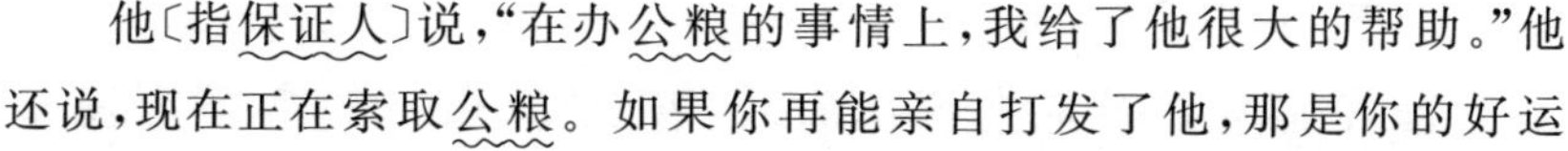

他〔指保证人〕说，“在办公粮的事情上，我给了他很大的帮助。”他还说，现在正在索取公粮。如果你再能亲自打发了他，那是你的好运

> 气;但如果办不到,请指示你希望做好些什么筹备工作。不要把这事置之不理,因为他们〔指征收公粮者?〕还没有离开这里。如果你有足够的力量打发了他,那才是一件大功劳,因为我们既没有牛也没有猪了。

城市议政会所面临的另一个困难问题就是怎样把公粮和实物租税运往尼罗河上的码头和运往亚历山大里亚。陆上的运输由驮畜主行会办理,由议政会委派专员(κatαπoμπoί 或 πα ϱαπoμπoί,即 *prosecutores*〈押运员〉)监运,无论自治市的十首户会或大地主和皇家田地的包租人都要替这些驮畜主负责。河上运输则交给船主的同业组织或交给政府船只的包租户去办理。市议政会也派专员负责监督装货上船,并负责货运的安全。我们猜想,这些专员大概陪伴一大队内河船只同行,并要在到达亚历山大里亚时亲自到场交付所运之货。押运公粮这项派差是一件最艰巨、最危险的差事。无怪乎在迪约克勒威安时期,有两个自治市议员的两个儿子被指派"往下河运送"葡萄酒和大麦时都一齐逃跑失踪了。市议员们忙于为这两个逃犯找替工。在议政会的一次会议上,"议员们说,'不要把事情逼紧了,以免他们〔指那些替工〕也逃跑'"。当时把那两个逃犯的保证人逮捕起来了。四世纪时的一件苇纸卷中描写了一个公粮押运员所需要忍受的艰苦困难,无疑的,那种经历与三世纪时的情况是相似的。事情似乎是这样(虽不十分清楚):那个可怜的 *prosecutor* 或押运员被赶出了他所乘坐的那艘船,还被一个名叫奥雷留斯·克劳迪亚努斯的人和指挥船队的船队长〈stolarch〉耍弄和殴打得身受重伤。

征发制度以及加在城市官员、市议员和一般富裕市民身上的

责任制使工业的组织受到影响而重新回复到托勒密时代所流行的状况。工业在二世纪时得到某种程度的解放，而现在又重新屈服于国家控制之下，其所采取的方式正是托勒密时代所特有的方式。在衣料工业方面，所以要重新建立国家控制的理由就是国家迫切地需要满足兵士们的衣着。有一件苇纸卷使我们得以略窥这一项工业的组织情况。这件苇纸卷记载了尖蟹州议政会于公元270—275年间所召开的一次会议的记录。会上所讨论的是为神庙供应亚麻布祭服的问题。从讨论情况看来，制造和供应两者都是按照托勒密时代的方式进行组织的。麻纱由城市从农民那里收来，再转交给织工；如果原料不足，由城市向市场上去购买。织工必须按照定价为城市做工，并且，城市命令他们交出多少布料，他们就必须交出多少。剩余的布料大概卖给商人和私人消费者。

在城市供应必不可少的某几项工业和零售商业的组织情况中同样可以看出托勒密制度之恢复。可以用油类的制造和销售情况为例。我们见到一些享有特许权的人，有的得到零售业专卖权，有的则以神庙所属油厂的承租人的身份出现。值得提醒的是，在亚历山大·塞韦鲁斯和奥雷利安为罗马城的城市供应所进行的组织工作中也见到与此相同的发展情况，关于这一方面，我们已经叙述过了。

因此，最先由塞普提米攸斯组织起来的埃及的自治市资产阶级，与罗马世界其他地区的资产阶级同样地穷困。他们每天都不仅有倾家荡产的危险，而且还有降低门第的危险，那就是说他们将不再属于豪族阶级而沦入寒门之列了。降低门第就使他们不免动辄为国家官吏所囚禁和处以肉刑，我们从利巴纽斯的著作中知道，这种事情在四世纪时是生活中常见的现象。固然，在三世纪初年，按照皇家的律条——其中最早的律条是奥古斯都颁布的——凡是放弃自己财产的人可以根据皇律免除肉刑。塞韦鲁斯在一道敕令中对这点说得很清楚："但是，你们这些公民却因此不受任何损害，也不服肉刑。"晚至公元 250 年，这些敕令还发生效力。这个时期的一件档案材料中，有一个名叫埃尔莫菲卢斯的人在放弃他的财产时还引用过这些敕令。然而，实际情况却有所不同。否则奥雷留斯·埃尔米亚斯在放弃他的财产时就不会卑躬屈节地恳求皇家财务使免动肉刑了。他说："无论如何，我投身在您的脚下……恳求您不要粗暴地对待我的人身，使我受伤害，这样的话，我就可以因您的仁慈而得以在乡里保持体面了。"显然，在家产倾败以后，经常会受到肉刑，唯一避免的方法是弃家亡命。三世纪时，在埃及每天都发生这种亡命的事。读者们会想起本章开头所引用的那篇神谕中的问题。我们还可以再引用得自尖蟹州的一封彰明昭著的私信。卡尔木斯写给他的兄弟索帕特鲁斯的信上说："市长已经传来了一道赦令，这里已经完全不再感到恐怖了；所以，只要你愿意的话，尽管大胆前来；因为我们不能再待在家里不出门。安娜由于旅途跋涉弄得精疲力竭，而我们等着和你见面，所以我们不能无缘无故地退隐起来；因为她自己打算单独留在这里看家。"这封信里的一些迷惑费解的隐语只有收信人才能懂得，它使我想起我所接到的许多从苏俄寄出来的信件。任何时代，任何地方，恐怖制度所造成的现象是相同的。

按照三世纪时通常的行政惯例，以兵士为实行压迫和勒索的工具。兵士们实在令民众感到害怕，而政府为了各种各样的目的无不尽量出动兵士。公元 242 年以后某个时候，有一个百夫长命令一个巡哨兵去缉捕一个倒霉的十首户会会员的嗣子们，并命令把他们抓来交给他；那些人原来是负责缴纳一个皇庄上的收入的，他们到期不能缴纳，从而使 ἐμβολή〈漕运差〉有不能胜利完成的危险——所谓漕运差即指将谷物装上船运往亚历山大里亚（和罗马）或运送给埃及驻军的工作。命令兵士去逮捕市议员并把他们押送给高级军官，这在三世纪和四世纪的埃及是极为常见的事。我们现在即将谈到埃罗尼努斯的信件。在他的信件中，兵士们所起的作用真正非同小可。埃罗尼努斯侍候一位大官人，这位大官人每逢他手下的 φροντιστής（管事）或其他属员违抗他的命令弄得他无法可施的时候，就以派兵作为最后威胁。这位阿利皮攸斯说："马上照办，免得让一个大兵来强迫你干"；"不要把这件事怠慢了，否则就要派一个大兵来对付他们〔指那些没有缴付欠款余额的人〕"；他还补充说："正准备派一个大兵去对付他们了，是我止住了他。"人们知道，对于村子里的居民来说，派去一个大兵是什么意思。事实上，这时候埃及的局面操纵在兵士们手中。甚至，农民或地主们自己中间发生了纠纷也不去找正规的行政当局而去诉之于那无所不管的百夫长。

情况既然如此，无怪我们看到埃及人们的生活极不安全，境内盗贼麇集。那些逃亡在外的人号称为"亡命〈anachorets〉"，他们势必要行劫以免于饥饿。因此，三世纪时的人们才经常提到所谓 ληστοπιασταί〈捕盗〉这种人，他们是各村庄派定专门捕捉盗贼的。可以想象得到，这项差事属于派差之列，自不能有多大效果。维尔肯在其《苇纸卷辑要》中所搜辑的凡是涉及捕拿盗贼的材料统统属于三世纪或四世纪，这并不是偶然的。正规的警察不足以适应镇压盗贼的任务而不得不用这类辅助人员来补充，这也是这个时代有代表性的现象。有一件档案材料特别清楚。一位州将写道："已经向下列名单上所开列的捕盗（λῃστοπιασταί）发出指示，叫他们配合那个村警去侦缉他正在找寻的那些罪犯。如果他们不认真办这件事，就把他们带上镣铐送到督台大人驾前去。"名单上的五个人都是土著，他们肯定不曾受过缉捕盗贼的专门训练。我们从哥尔甸时代的一件档案材料里可以看出政府当局所要搜捕的那些无家可归的流民的人数多到什么程度。在这份材料里，有一个正规的村警头目（ἀρχέφοδος 〈捕头〉）向赫尔木波利斯州的两个自治市巡警头目（εἰρηνάρχαι 〈保安队长〉）——这种新出现的派差性的职务是和整套自治市制度一道由小亚细亚传到埃及来的——赌咒发誓说政府当局所要找寻的另一个村子的四个人绝没有暗藏在他这个村子里。

当然，在这种征发制度和义务责任制下面，主要的受难者是那些家道小康而不太富有的人，而且是一些比较老实的人。这种人丧失了财产，降低了身份，逃亡在外面，到处躲躲藏藏地度日。至于那些家道豪富而横恣不法的人情况就好多了，他们既有本钱，也想得出诡计，去向官吏们行贿赂，并借着那些既比他们穷困又比他们老实的同事倒运的机会而发家致富。在这种情况下，无怪那些大地产重新繁盛起来，而且又出现了新的 οὐσίαι 〈名田〉。被没收的产业每天都有所增加。这种土地使城市负担过重，因为城市要为它们负起一切责任。被没收的土地大多是受不到河潮的地方，因而需要特别的照管。那些属于 γῆ οὐσιακή 〈名田地产〉（即指皇家所占之田地）一类的地段的情形也是这样，国家很难找到合适的承租者。国家和城市都采用多种多样的措施来挽救荒地，使它们免于全部荒废。以极低的价格把它们售给兵士和退役军人的老办法又恢复了。也有一些退役军人来碰碰他们的运气，如公元 246 年时行政长官手下的一个亲兵和前文所引威斯康星苇纸卷中所提到的三个费拉德尔非亚的农夫就是例子。似乎菲利普特别尽力想用低价抛售土地的方法来恢复埃及的繁荣，他所委任的行政长官和 καθολικός（*rationalis*〈大公正〉[1]）为此颁布了一项专令。但是，费拉德尔非亚的那几个农夫的经验却显得前途不太乐观。政府方面试图借 ἐπιβολή〈添田〉法（即以不毛之地添附给肥饶之地）或借虚浮不实的丈量来强迫新地主缴纳超过他们自愿负担的田地的赋额，而其结果大概在多数情况下都拖垮了新地主。有一件事并非偶然的巧合，那就是，正在公元 246 年这一年，尖蟹州的议长衔使命去到亚历山大里亚抗议 ἐπιβολὴ τοῦ ἱεροῦ ἀποτάκτου〈分担田的增课〉，它指的是拨归该州负责的国有田地赋额的增多，而这笔租赋当然是该州的地主们所不得不缴纳的。

使皇家田地和各城市所负责的田地保证得到垦种的另外一种方法就是找寻一些有钱的承租户而以有吸引力的条件把土地租给他们。最好的办法是找寻某些自愿承担这项工作的人，但是，似乎往往不是用这种强迫方式，就是用那种强迫方式，各城市的情形尤其如此。在三世纪中经常出现这种经管大片田地的人，他们都是有钱的男人或女人。他们既是某些田地（这些田地大概是他们从

① 官职名，地位相当于行政长官的副职。——译者

国家那里购买来的)的业主,同时又是皇家田地的承租人。其中最为大家所熟悉的一个人就是阿利皮攸斯。他手下有一个特腊索村的管事(φροντιστής)名叫埃罗尼努斯。我们在特阿德耳菲亚村遗址发现了埃罗尼努斯所保存的部分文件,因而使阿利皮攸斯寄给他这位管事之间的信件得以披露于世。在和埃罗尼努斯通讯的其他人中间,还有一些与阿利皮攸斯相似的有钱有势的人,也领有大片的田庄,其中尤以阿皮安为最著,他原先本是亚历山大里亚的一个 *exegetes*〈注释家〉。显然,所有这些人全都是大片皇家田地的承租人。他们都按照大规模的方式着手经营,并很可能在他们的产业上投下大笔资金。可惜的是,关于他们与国家之间的关系,我们知道得太少。甚至就连管事这种人的实际职能,我们也不清楚。看来这种人似乎并非那些领有大片田地者私自雇用的人员,而是国家任职的人员,他们只是隶属于那些向皇家行政机构负责管理自己分领的田地的大官人。至于这些半官吏性质的领田者管领其田地的期限或在职期限究竟有多久,我们是不知道的。他们的享有权可能是一种 *emphyteusis*〈世袭租地权〉,即无固定期限的租地权(*locatio perpetua*),所以他们逐渐变成大名田的实际业主了,在四世纪时的埃及经常提到这种名田。

事实上,阿利皮攸斯和阿皮安都是非常有势力的人物,他们和本州以及省的行政当局关系密切:我们看到,他们手下还有军队可供驱遣。另一方面,他们写给属员的信中的语气也显然表明他们是惯于发号施令使别人服从自己的人。我们注意到,他们所垦殖的土地大多是私人地主所掌有的那一类土地:它包括早先属于私人的一片面积极大的葡萄园。大地主的经济几乎全部以葡萄酒为主体。在阿利皮攸斯的庄子上，很少使用钱币而以葡萄酒为主要的通货，这一点极足以说明时代的特征。像埃及这样一个经济先进的地方逐渐还原成自然经济的状况了。三世纪时其他一些大田庄显然也是按照这同一方式经营的。例如，尖蟹州有许多苇纸卷提到一个名叫奥雷留斯·塞雷努斯(又名萨腊皮翁)的人的大田庄上的个别部分，这个人似乎在公元270—280年间运道极佳。我们不知道他是不是名田地产的承租人。可以肯定的是，他曾以极低的价格从国家那里买得土地以增加自己的财产；他所经营的主要事业似乎是在葡萄园和果树园方面。有许多有钱的妇女也是这类的领田者，例如克劳迪雅·伊西多腊(即又名阿皮雅者)(公元222年左右)和奥雷莉雅·特尔木塔丽雍(又名埃赖丝)(公元261年左右)。由此，我们看得很清楚，在埃及，三世纪是某些上流社会人士发家的好时光，这个时代促使一小撮人不仅保持而且还扩大了他们的财产，而其他的人则遭受极大的残酷迫害。除了亚历山大里亚的某些显贵以外，我们还经常见到军事化官僚机构中的一些成员也利用他们的机缘去增置自己的产业并从而在该省的权贵阶级中显露头角。前文已经提到许多这类的退职军人：我们还可以再补提一个名叫普布留斯·维比攸斯的人，他原先是一个兵士和埃及行政长官手下的 *officialis* 〈侍卫〉，后来成了亚历山大里亚的一个市议员和一个大地主；他死后，其家务由一个 πραγματευτής 或 *actor* 〈账房〉代替他的继承人掌管(公元268—269年)。

我们所作的描述虽然并不全面，但已经非常清楚地显示出罗马帝国在三世纪时、特别是在三世纪后半期遍地都是混乱与灾难。我们已经尽力表明帝国是怎样逐步沦落到这种可怜地步的。这是由于内战频仍和外祸剧烈二者共同造成的结果。而政府以军队为工具对民众采取恐怖强暴的政策,更使这种情况加剧了。由此可见,这种情况的关键在于内部的斗争招致了邻国敌人的猖獗犯境;削弱了帝国的防御力量;并迫使皇帝们对民众经常采取恐怖强暴的手段,这些手段竟逐渐发展成为一套稍有条理的行政制度了。在各个皇帝的政策中,我们找不出任何有系统的计划。他们的政策就是逐渐屈从于军队的愿望,屈从于维护帝国生存并保持其统一的需要。在这一段动荡多难的时期内,大多数皇帝都不是有野心的人,他们不是甘愿牺牲公众的利益来满足自己的个人抱负:他们并非为了强权而追求强权。其中最好的皇帝都是不得已而采用强权的,他们这样做一方面是出自一种天然的自卫心理,另一方面认为这是在自觉地把他们自己的生命贡献给维护帝国的崇高任务。如果说,这些皇帝遵循前文所述的方针,即遵循一种使整个社会平等的方针,摧残那些有特权和受教养的阶级在帝国生活中所起的作用,使人民屈服于以恐怖强暴为基础的一种既残酷而又愚笨的行政制度之下,并从军队行伍中提拔出一些人培养成新的权贵阶级,用上列种种方法使帝国发生了转变;如果说,这种政策逐渐造成了一个盛行奴役制的国家,这个国家的统治者只是一小撮人,其首领是一个独裁的君主,他指挥着一支雇佣军队和一支强征来的民军:那么,这一切都并非由于皇帝们的理想即是如此,而是由于这是维持国家继续生存以免于最后坍台的一种最简易的方法。但是,只有当军队予以必要的支持时,才能达到这个目的:而皇帝们显然相信按照他们所遵循的政策,就能获得军队的支助。

既然不是由于皇帝们的野心使国家越来越深地陷入灾坑,并使帝国的根本有颠覆之危，那么，究竟是什么内在原因引起军队不停地更换皇帝，刚刚拥立一个又立刻将他杀死，并且彼此相互进行人类历史上始无前例的疯狂战争呢？难道是一种"集体心理变态"操纵了兵士们而把他们推向毁灭的道路上去么？像这样一种精神病态竟而至少要延续半个世纪难道不是怪事吗？近代学者们通常所作的解释都认为三世纪时的剧变乃是与罗马国家转变为专制君主国这一顺乎自然、合乎需要的变化相伴而产生的。（据说）这危机是一种政治性的危机；它是由于皇帝们力图在政治上取消元老院而将奥古斯都的二元制改为纯君主制所造成的；皇帝们为这个目的奋斗，乃依靠军队，收买军队，煽起混乱状况，于是造成了一种过渡局面，由此过渡到建立四世纪时的东方式独裁政体。我们已经尽力表明这样一种解释是没有事实根据的。因为，在开明君主政治时期，元老院已经毫无政治重要性了。元老院的社会威望是很高的，因为它代表帝国中受教养和有资产的阶级，但是它很少直接参与国家的事务。要想建立独裁制度，丝毫用不着经历一段破坏混乱时期。事实上安东尼努斯氏没有流一滴血就建立了君主政体。真正的斗争并不存在于皇帝与元老院之间。

因此，我们必须摈斥所谓三世纪时在皇帝与元老院之间展开一场流血斗争这种理论，因为它是不合事实的。固然，将元首制转变为武力专制政体是不符合元老院的愿望的，但是，这个团体没有丝毫政治力量足以反抗皇帝们。近代某些大学者认识到这一点，所以他们试图从另一方面来解释这个危机，不过仍然是用政治原因来解释；他们的前提认为三世纪时的危机由于元老院积极反对所引起者少，由于皇帝与军队之间的关系所引起者多。三世纪下半期的新军不再是从意大利和罗马化的行省里征发来的罗马公民所组成的军队了;新军的兵源来自那些罗马化程度很浅或根本没有罗马化的行省,以及从边境外征来的一些好战的部落。当这支军队在安东尼努斯氏时期的末年一开始认识到本身的力量时,皇帝们立刻就用礼物和谄谀来收买他们,使他们养成了受贿的习惯;于是他们感到自己是国家的主人而向皇帝发号施令。他们所要挟索取的条件有一部分是物资方面的;有一部分在一定程度内是政治方面的,例如,统治阶级所享有的特权必须推广给军队。由于皇帝们未能使自己的权力在立法和宗教方面具有十分明确的根据,所以未能使群众和军队毫不迟疑地信服他们的权力;于是,愈来愈明显,皇帝们只是因为得到兵士的欢心才取得统治权。由此,每一个部队都选立他们自己的皇帝而将他视为满足本身愿望的工具。

我想,我对于这个理论已经作了正确的概括。这个理论无疑是比较近乎事实的,大体上与本书所持观点相合。我已经表述过罗马皇帝们是怎样费力地为他们的权力探求一种立法的根据。像韦斯帕西安尤其是像多米戚安这样一些皇帝很清楚地看出,以皇权神圣这种东方观念为基础、因而也就是以崇拜在世的皇帝为神这种观念为基础的世袭王朝原则,比起奥古斯都所制定而为其少数后继者、特别是为安东尼努斯氏所沿袭的那种微妙复杂的元首制更易于为群众所理解。但是,多米戚安所拟行的那种简单原则却非罗马帝国领导阶级所能接受,因为它等于完全否定了他们心中极为珍视的自由观念。这些领导阶级为了反对将元首制转变为一种赤裸裸的君主政体而进行斗争。他们在这场坚持不屈的斗争中即使说没有同那种由公民组成的军队结成盟友,至少也不是那种军队的敌对者,因为军队里的公民所持的观点大体上与他们是相同的。其结果在皇权这一方与受教养的阶级以及代表他们的元老院另一方之间达成了妥协。这次妥协是由安东尼努斯氏实现的。到了公元二世纪末年,军队已经彻底蛮族化了,这个团体已不能再理解微妙的元首制理论。因此,塞普提米攸斯·塞韦鲁斯用不着布置就让人们接受他所建立的世袭君主制,他在军队的协助下可以毫无困难地镇压那些因他的作为而引起的反对行动。我对于上述理论表示充分同意者就是这样一些。

但是,谈到了这里,问题就出现了。塞韦鲁斯氏王朝既已建立,既已得到军队自愿的承认和受教养的阶级迫不得已的承认,为什么又不能维持长久呢?对于兵士们之杀害亚历山大·塞韦鲁斯、甚至后来又杀害和出卖他们自己所拥立的一些皇帝从而造成政治混乱使帝国面临莫大的危机这一事实,我们应当怎样解释呢?兵变之迭出不穷绝不只是为了具有神权的世袭君主制而斗争,而另有其更为深刻的原因。这个目的一开始即已达到了;为什么斗争还要再延续五十年之久呢?

在一大批学者当中,也许以为最聪明的办法就是满足于这种片面的解释。我们的史料证据是贫乏不足的,最妥善之道一般就是含糊不言。在本书第一版中,我曾敢于提出一个理论,这个理论可以得到我们手中较贫乏的史料的某种程度的证实,而如果这个理论确实能为大家所接受,它就会使我们理解罗马帝国危机的性质。我的那段解释占了五页之多,引起大多数批评我的人的注意;很多人写文章反对我的“理论”,尽管他们并没有举出任何一个事实来反驳它。他们之所以反对我的“理论”,其主要理由是说我的思想倾向受到近代俄国种种事件的影响。我认为，既然没有进入本主题的讨论，如果仅仅因为我是否会由于研究近代史上类似的现象而得出原先那种解释于是就放弃了它，这是没有任何理由的。我仍然感到那种解释比较圆满，它符合于我所知道的一切事实。

在我看来，当皇帝们在军队的支持下为争取世袭君主制而与上层阶级进行的政治斗争告终之后，这种斗争又以另一种形式重复出现。这时候，关键已不在于任何政治目标了：军队与受教养阶级之间所争者现已在于国家的领导权。皇帝们并非始终站在军队这一边的；其中有许多皇帝都试图保持开明君主制曾以上层阶级为基础而建立的那种统治制度。然而，这些企图全都毫无结果，因为，皇帝们所作出的一切让步，任何一种可能意味着回复安东尼努斯氏时代的局面的行动，都遭到军队半不自觉的反对。加之，资产阶级已不再能给皇帝们以有效的支助。

三世纪时内战的真正意义就是这样。军队向特权阶级开火，并且一直要打到使这些阶级丧失其一切社会威望、精疲力竭地僵仆在半蛮族化的军队的脚下才肯甘休。但是，我们能否说军队打这场仗是为了他们自身的目的，并具有一定的计划想建立军队对其他民众施行暴政或独裁统治呢？没有丝毫史料证据支持这样的看法。一种汹涌澎湃的骚动发生了，而且在继续发展。其最后结果，对我们来说是可以理解的，但当时的人却不能理解，而亲身参与这可怕的悲剧的人则更不能理解了。推动力是嫉妒和仇视，而那些想要推翻资产阶级统治地位的人并没有提出建设性纲领。建设工作是由皇帝们来逐步进行的，他们在社会秩序被破坏的废墟上尽好地或尽坏地从事建设工作，但丝毫不是按照那些破坏者的精神来建设。旧的特权阶级被新的特权阶级所代替了;群众的处境比以往却毫无改善,反而越来越穷困、越来越可怜了。唯一的改变就是受难者的队伍比以前扩大了,帝国自古相传的文明状态一去不复返了。

如果说军队充当了破坏现存社会秩序的角色,这并非因为它是军队,它才憎恨那种社会秩序。即使就社会地位来看,军队的处境并不坏,因为它本来就是补充自治市资产阶级的后备队。军队之所以充当一个强有力的破坏者和拉平社会差距者,是因为在二世纪末和三世纪中,它所代表的是国民中的广大群众,这些群众在帝国美好的文明生活中是几乎没有份的。我们已经指出过,M.奥雷留斯和康莫杜斯的军队几乎全体是一支农民军队,这个农民阶级毫无机会享受都会文明的好处,而这个乡居的阶级却在帝国国民中占了大多数。这些农民中,有些人是小地主,有些人是大地主或国家的佃户或农奴;作为一个集体而言,他们都是臣服者,而城市权贵阶级的成员则是统治者;他们形成寒门阶级,正与城市里的豪族阶级相反;他们这个所谓降虏阶级与城市里的市民阶级恰成对比。简言之,他们是一个特殊的等第,这个等第与特权阶级之间隔着一道很深的鸿沟,其全部职责在于以他们的劳役赋税来支持城市的高等文明。开明君主制和塞韦鲁斯氏都曾致力于抬高这个阶级,想把它升为一个乡村资产阶级,尽可能使其中相当多的一部分人与特权阶级化为一体,而尽可能地善待其余的人,要使这些寒门阶级的头脑里意识到自身地位的寒贱而有意于加强他们对皇帝的忠顺;但是,这些皇帝们都未能达到他们的主要目的。事实上,开明君主制的力量基础是建筑在城市资产阶级身上的,资产阶级

的目的并不想无限度地扩大他们自己的队伍，把他们的特权分给大批新来的人。

其结果是使这个寒门阶级数百年来一向迟钝的恭顺态度逐渐转变为一种对特权阶级抱仇恨和嫉妒的激烈感情。这种感情很自然地反映在军队行伍之中，因为这时候军队全部是由农民组织起来的。自从塞普提米攸斯僭立以后，军队开始逐渐意识到自身的力量及其对于皇帝的影响；同时，这一朝的几位皇帝一再强调表示他们对军队的顺从和他们对农民的同情，而他们对待城市资产阶级甚为残忍：于是，军队便渐渐放任它的感情，并开始对皇帝们施加半有意识的压力，粗暴地反对某些皇帝对他们所仇恨的阶级所作的让步。资产阶级企图维护自身的势力和挽救自身的特权，结果引起了时刻不停的战争，而终于使特权阶级遭到一场残酷的覆灭。亚历山大抱着开明君主制的理想，自从他即位以后，就发生了激烈的骚乱；而自从继马克西米努斯的反动之后出现一段短暂的复原时期以后，这种激烈的骚乱就更多了。加列努斯时期的恐怖经历正是完全要由这次复原运动负根本责任；加列努斯及其后继者中多数人相应采取的政策最后终于把恢复城市统治的计划抛在一边而来迎合农民军队的愿望。虽说这个政策是一个自暴自弃的政策，但它至少挽救了帝国这个组织。农民们于是彻底战胜了城市资产阶级，而城市统治乡村的时代看来是告终了。加列努斯的继承者们建立了一个新国家，这个新国家是建造在新基础之上的；开明君主制的理想此后只成为偶然出现的残烬了。

当然，要证实我们所提出的城乡对立是三世纪社会革命的主要推动力量这一理论并非易事。但是，读者会回想起我们在前文

对马克西米努斯的政策、对他之消灭城市资产阶级、对阿非利加农民军队之支持他对付城市地主等方面所作的描述；也会记得在普苿努斯和巴耳比努斯朝、哥尔甸三世朝和菲利普朝以后的军事混乱局面中的那些激变。其他许多事实同时也证明了城市和乡村之间的对立。非常显著的是，要引诱军队到罗马帝国的城市里去抢劫屠杀是多么容易。我们已经谈到过当塞普提米攸斯战胜阿耳比努斯以后兵士们破坏里昂的事，谈到过卡腊卡拉对亚历山大里亚所进行的大屠杀，谈到过埃拉加巴卢斯的兵士要求劫掠安蒂奥克城。我们已经提过罗马城的民众与兵士之间一再爆发的内战。拜占庭在加列努斯时曾被本城驻军所洗劫，这个城市的命运是有代表性的。而更足以突出说明农民和兵士二者的态度的事件是奥古斯托杜努姆（奥顿）之被破坏，这事发生在公元 269 年，正当台特里库斯和克劳迪亚斯之时。当这个城市承认克劳迪亚斯以后，台特里库斯派他部下的一支军队前来镇压这次“叛变”。这支军队是由一帮土匪和农民联合组成的。他们截断了这个城市的水源，最后拿下了这个繁华的城市，彻底予以毁灭，使它永远没有恢复。在高卢推行都会化运动的时期，最大的建设就是里昂和奥顿，而这两个城市就这样被狂暴的兵士和农民所摧毁了。小亚细亚最富足的城市中的一个——提亚纳——在奥雷利安时期也险些遭到同样的厄运。皇帝救了这个城市，而他说服兵士们不要毁灭它时所说的话是很有趣的：“我们是为了解放这些城市才打这次仗的；如果我们劫掠它们，它们就不再信任我们了。让我们把这些人当作自家人放过去而到蛮族那里去打掳吧。”要想说服兵士们，使他们相信帝国的城市并不是他们的主要敌人，这显然不是容易的事。如佩特

鲁斯·帕特里秋斯所描写的，这些兵士们对待城市的态度就像从事劫掠为生的哥特人一样。他的话无疑地表达了许多罗马兵士的感情。“斯基台人嘲笑那些闭塞在城市里的人，说他们过的不是人的生活而是像鸟高栖在鸟巢里一样；说他们离开抚养自己的土地而选择了一无所出的城市；说他们信任那些毫无生气的事物胜于信任他们本身。”

我们还曾屡次提到农民与兵士之间所存在的密切关系。无论在康莫杜斯和塞普提米攸斯时期，或在菲利普和哥尔甸时期，农民们向皇帝提呈他们的诉状都是通过兵士提上去的。事实上，大多数兵士对于城市都一无所知或缺乏理解，而与他们本乡的村庄保持联系，村民们把他们中间的兵士视为他们当然的靠山和保护人，把皇帝看作他们的皇帝而不当作城市的皇帝。我们在第六章和第七章中已经叙述过三世纪时兵士和退役军人在巴尔干半岛和叙利亚（这都是盛行自耕农的地区，与盛行佃户——*coloni*——的地区情形相反）的乡村生活中所起的重要作用，我们曾指出他们形成了乡村里真正的权贵阶级并充当了乡村与行政当局之间的中介人。我们曾指出在同一世纪中退役军人在阿非利加乡村地区的渗透面有多么大；在描述这个时期的埃及情况时，我们曾一再提请大家注意那些现役军人和退役军人在该地经济生活中所起的重大作用。所有这些都表示出乡村和军队之间的联系从来不曾断过，自然军队会与乡村声气相通而把城市居民看成外人和仇人了。

尽管到了四世纪末情况有所改变，军队与乡村之间的关系依然完全同三世纪时一样。城市仍然存在，政府仍然利用自治市权贵阶级去向乡村居民收税征役。无怪乎虽然城市已经几乎完全丧失其政治社会势力，而农民对城市的感情却依然未改。就乡村方面来看，城市仍然是压迫者和剥削者。四世纪时的作家偶尔也表达过这样的感情，西方（主要是阿非利加）和东方的作家都有，尤以东方作家为多。我们对叙利亚、特别是对安蒂奥克附近一带的情况往往了解得比较详细，这要感谢利巴纽斯和约翰·克里索斯托姆。我们在这两位作家的作品中所见到的主要论题之一就是城乡对立的问题。在这场持久不懈的斗争中，政府没有固定的政策，而军队则站在农民一边来对付城市方面的显要人物。利巴纽斯的演说词 *De patrociniis*〈《辩护词》〉中有一段著名的话很可以表达兵士们的同情心理，这段话描述了兵士支持某些住着自由农民的大村庄、村民们之任意胡作非为以及城市权贵阶级的悲惨境地——他们从农民那里收不到任何赋税，反而遭受农民和兵士的虐待。利巴纽斯本人是一个城市居民和一个大地主，他受尽了兵士和农民之间这种友谊协商给他带来的苦恼。在他自己的田庄中，有一个田庄大概在犹太地方，这里的佃户四代以来从无抗命不驯的表现，现在却动摇不安起来了，他们在一个高级军官（他是他们的靠山）的支助下企图命令地主接受他们的工作条件。利巴纽斯自然对兵士和军官们充满了悲愤的情绪。另一方面，军队对村民的支持不可能仅仅用贪婪来予以解释。外省的兵士自身依然是农民，他们的军官也都是农民出身。因此，他们真正地同情农民，乐于支助农民来对付他们所看不起的城市居民。

我们在埃及还可以见到一些零星的史料，能够证明农民与城市地主之间的激烈对抗。公元 320 年的一件档案材料是很有代表性的。在这件档案材料中，我们知道赫尔木波利斯城有一个大官人名叫奥雷留斯·阿德耳菲攸斯，是一位竞技所所长，又是市议政会的议员，他向本州的州将提出了一件诉状。他是名田地产的世袭承租户（ἐμφυτευτής）*，从他父亲手中继承下他的庄田，而他一生都在垦种经营这份庄田。他曾在土地上投下许多钱，并改进了耕作方式。但是，当收获季节来到之时，这块庄田所属村庄的农民“拿出村民们常有的那种蛮横态度”（κωμητικῇ αὐθαδίᾳ χρησάμενοι）企图阻止他收获谷物。我们所引的这个词表示出城市与乡村之间的对抗是多么厉害。我们说，农民们的“蛮横态度”是由于他们希望得到外界的支持，这样解释未尝不可。他们可能有正当的理由：那位业主可能是一个强占土地的豪强恶霸，他可能曾经把农民们赶出了他们一向耕种的小块土地；但是，问题在于，这个故事总之反映了农民与地主之间根深蒂固的相互敌对关系。

因此，我觉得，毫无疑问，三世纪时的危机不是政治性的，而肯定是社会性的。城市资产阶级曾经逐渐取代了罗马公民的贵族阶级，而元老院议员阶级和骑士阶级大多数由他们中间的人来填补。那么，现在轮到这个阶级来受农民群众的攻击了。这两次行动都是在皇帝的领导下由军队来推动进行的。第一次行动以公元69—70年的短促而残酷的革命告一结束，但它没有影响到帝国繁荣的基础，因为那不是一个激进的变化。第二次行动牵涉方面要广泛得多，它引起了三世纪持久而悲惨的危机。这次危机是以农民彻底战胜城市资产阶级并缔造了一个面目一新的国家而告终吗？毫无疑问，城市资产阶级作为这样一个阶级而言，遭到了摧

* 参照第676页和第726页。

毁，丧失了它在二世纪时通过元老院对国家事务所行使的那种间接力量。但是，这个阶级并没有消灭。新兴的统治官僚集团立刻就与这个阶级的残余成员建立了密切的社会关系；而且，这个阶级中最有钱有势的一部分人仍然为帝国权贵阶级的一个重要的组成部分。正在消灭的阶级是中产阶级，这就是帝国各城市中成千上万的奋发有为的市民，他们是下层阶级与上层阶级之间的纽带。自从经过三世纪的大劫以后，我们很少听说过这个阶级了，只是听说它以城市的 *curiales*〈候选人〉的身份服务于帝国政府的税收界而已。它越来越受压迫，人数一直在减少。

当资产阶级遭逢上述的变化以后，我们是否可以说农民由于取得暂时胜利而使自身的境遇有所改善呢？无可置疑的是，在这个世纪可怕的阶级战争的最末尾，没有一个胜利者。如果说资产阶级受难惨重，那么，农民们则是一无所得。任何人读到前文所引的小亚细亚和色雷斯那些农民的诉状，或者读到利巴纽斯的演说词以及约翰·克里索斯托姆和萨尔维安的箴言，或甚至读到狄奥多西和尤斯提年的法典中的“令章”，就会理解到四世纪时的农民景况比起二世纪时要恶劣得多。一次由嫉妒和仇恨所引起而靠用屠杀和破坏来进行的运动终于产生了这样一种消沉沮丧的心理：看来人们宁愿接受任何安定的局面，而再也不愿意忍受无休止的混乱状态了。因此，他们欣然接受了迪约克勒威安所实现的安定局面；至于这种局面对罗马帝国人民群众的景况毫无改善这一点，他们也置之不顾了。

第十二章

东方式的独裁政体和古代文明衰落的问题

三世纪末，经过了一场延续数十年的社会性的惨酷内战以后，整个局面非常类似于公元前一世纪的内战结束时的情况。包括大部分军人在内的人民都感到厌倦而渴望和平与秩序了；国民中各个大集团的好战情绪已经过去了；每一个人都这样想：只要能保证生命安全和有可能恢复日常工作，用不着成天提心吊胆害怕发生新的局势变化、新的兵荒马乱，那么，任何条件他都愿意欣然接受或俯首顺从。但是，公元三世纪时的罗马帝国已大不同于公元前一世纪时的罗马帝国。公元前一世纪时的内战基本上是一场反对一小群家族统治的战斗；而其目的在于改造国家的结构，使之适应它那已经改变了的生活状况，使罗马城邦的组织适应罗马帝国的需要。奥古斯都的改制开创了一段过渡时期，在这期间，反对旧元老院议员阶级（他们代表罗马城古老的统治家族）的斗争告一结束，新的国家机构逐渐巩固而得到了国民的公认（例如从公元69年的危机即可看出这一点）。经历了这样一段过渡时期之后，以城市和城市资产阶级为基础的一个立宪的罗马帝国接着享受了一段安定与和平发展的时期。内战及其后果、军人专政等等都并没有影响到帝国和整个古代世界的根本命脉。古代世界的文明存亡攸关的就是城邦组织，而这种最重要的组织在那时候完全保留未动。看来似乎是这样：经过长期努力以后，建立了一套宪章井然的秩序，依靠这种秩序把城邦定为一个大一统帝国的基础。这套秩序就是开明君主立宪制；支持它的有一个势力强大而谙练政事的团体，那就是罗马元老院和罗马骑士，还有成百上千遍于全帝国的与此相似的团体，那就是各自治市的议政会。

只要帝国没有面临严重外祸，只要罗马军队、罗马组织和古代文明在帝国的邻邦中仍然能引起畏惧心理，新的罗马国家组织一直是稳固无虞的。但是，当这种畏惧之感逐渐丧失而罗马邻邦重新向它发动攻击的时候，这个国家机构就开始显出有屈服于人的危兆了。人们开始看清楚这样一个单独依靠有产阶级为基础的帝国不可能坚持应付外患，如果要使国家机构维持屹立不动就必须扩大它的基础。城市资产阶级的经济生活数百年来一直是依靠下层阶级、特别是种地阶级的辛勤劳动，他们表现出不愿意、也无能力担负起保卫帝国防御外敌的责任。安东尼努斯朝和塞韦鲁斯氏的列位皇帝曾经一再努力，企图使资产阶级重新振作起来，企图增加这个阶级的人数和恢复它的尚武精神，然而，这一切均归失败。为了保卫国家，皇帝们不得不求之于那些种地人，帝国的经济繁荣就依仗那些人，而他们的辛勤劳苦却从未使他们分享任何一点城市文明生活或分担任何一点管理地方事务的工作。罗马军队逐渐变成了一支农民军队，由统治阶级的成员率领和指挥；这真是一支贫农的军队，一支农村无产者的军队，因为只有这样的农民才会自愿当兵，当国家下令强迫征兵的时候也只有这样的人才会被一个

村民团体送去当兵。因此，对于二世纪后半期的军队，如果就其社会成分（而不是就其种族和政治成分）而言，与马里攸斯和苏拉的军队、庞培和恺撒的军队、安东尼和屋大维的军队是没有区别的。

所以，很自然的，这支军队终究要力图实现帝国下层阶级的奢望，正如公元前一世纪时的军队曾经表达过意大利的贫苦罗马公民的愿望一样。它试图借以实现这些奢望的工具当然就是它的领导者，也就是它所拥立和支持的皇帝。由于军队的愿望始终表现得不清楚，由于它的行动纲领——如果我们能把兵士们含糊的理想称之为纲领的话——多半是否定性的而很少是肯定性的，所以，这个过程采取了非常混乱的形式。而且，资产阶级逐渐觉察出殃及自身的危险，因而也屡次同样地借助于军事领袖（即皇帝）来争取保护其特权地位和防止二世纪时那种国家机构趋于崩坍。于是就重新爆发了内战，这次内战蹂躏了整个帝国，使它濒于土崩瓦解。军队之所希望者是大家平均分享管理帝国之权，来一个彻底的平等。如果单就它的纲领中这一个否定方面而言，这次斗争最后获得了成功。资产阶级现在吓怕了，也死亡大半了；城市濒于毁灭了；新的统治者，无论皇帝或官吏，大多数是从农民阶级当中兴起来的。

然而，正如公元前一世纪时一样，人们逐渐明显地看出内战摧残了整个国家，它的主要后果是使帝国在政治和经济上趋于崩溃。另一方面，如前所述，人民大众开始厌倦于斗争而渴望以任何代价来换取和平。当前急要之务是恢复国家组织和保持帝国生存，这一点也很明显。当军队本身及其伟大的领导者们奋力达成这项任务以后，立刻需要重新组织国家使之适应业已改变的情况，并使这些情况稳定下来和加以系统化，这也是刻不容缓之事。这与奥古斯都时期的局面完全相同。现在，重新建设的主要路线也是由社会经济情况来决定的，而且，也是由内战中的领导人的措施以及他们所进行的局部改革来开其端绪的。与马里攸斯、苏拉、庞培和恺撒的活动相对应者则有塞普提米攸斯、加列努斯和奥雷利安的活动；与奥古斯都、韦斯帕西安和安东尼努斯氏的丰功伟绩相当者则有迪约克勒威安和君士坦丁及其继承者们所致力的重新组织国家的工作。主要有待于改革者首先是怎样使国家稳定并加以组织使适应于经济、社会、政治和心理诸方面所已经改变了的状况。在人民愿望的要求下，一定要把平等与平均主义作为改革的基础；显然，城市和城市资产阶级在奥古斯都和安东尼努斯氏的国家里所曾起过的领导作用在这个新国家里是不容存在的。国家的基础现在已经建立在乡村和农民身上。另一方面，由于经济状况和文化状况已经改变，一个必然的后果就是国家机构的简单化。

就在这种情形下兴起了迪约克勒威安和君士坦丁的国家。这两位皇帝并不能自由自主地组织国家。他们继承了三世纪传下来的一堆麻烦极多的遗产，他们不得不接受这堆遗产。而在这堆遗产之中，除了帝国及其所有的自然资源依然存在这一件事以外，几乎再找不出任何积极性的东西来了。全国的居民已经完全丧失了他们的平衡。到处充满着仇恨和嫉妒：农民恨地主和官吏，城市无产者恨城市资产阶级，所有的人都恨军队，甚至农民也恨他们。异教徒痛恨基督教徒，迫害他们，把他们视为一帮存心要暗中损害国家的罪犯。一切工作失去安排而生产力趋于衰落；海路陆路都不安全而商业因此凋零；工业不可能繁荣，因为工业产品的市场日渐缩小而国民的购买力日渐降低；农业也经历了一个可怕的危机，因为工商业的不振剥夺了农业所需要的资本,而国家的苛求又劫走了农业中的劳动力和大量农产品。物价不断上涨,货币之贬值到了史无前例的程度。古代的税收制度已经紊乱而又没有发明任何新制度。国家与缴税人之间的关系是以略具组织形式的劫掠手段为基础的:强迫劳动、强迫交货、强迫借债或勒索捐献都成了习以为常的事。行政组织涣散而混乱。出现了一大批糊糊涂涂的新政府官吏,他们凌驾于全体旧行政人员之上,对其加以监督。旧官吏仍然存在,他们预见到自身日暮途穷,竭尽全力为自身的利益作最后的挣扎。人们追踪搜捕城市资产阶级,对他们进行迫害、敲诈和虐待。自治市权贵阶级由于受到有计划的迫害而人数大减,由于一再遭遇抄家和被迫负责保证政府得以对人民施加有组织的掠夺行为而家业凋残。因此,在这个破落的帝国中,到处充满着最可怕的混乱。在这样的环境下,任何改革者的任务都会是使混乱归于某种安定的秩序,而且,其方法越简单原始越好。过去那种比较精微的制度完全被破坏了,毫无恢复的可能。所存在的就是三世纪那套残酷的惯行办法,尽管它是那么粗陋而野蛮。这套惯行办法在一定程度上也是局势所造成的,要避免混乱,最简单的方法就是把这套惯行办法固定下来,使它成为制度,并尽可能使这种制度简单朴素化。迪约克勒戚安和君士坦丁的改制乃是三世纪社会革命的嫡嗣,它必然要在大体上遵循着这次革命的路线。这两位皇帝在自己的任务中也和奥古斯都一样地没有多大的自由。因为他们先后的目的都是使国家复元。奥古斯都仗着自己的才略不仅能顺利地使国家复元,而且还恢复了人民的繁荣。迪约克勒戚安和君士坦丁则牺牲人民的利益(这当然是违背他们本愿的)来保全国家。

本书的主要目的在于研究前期罗马帝国的社会经济状况，描写那种逐渐使城市在古代世界的历史中所起的主导作用趋于消灭的演变过程。以农民和乡村为基础的新型国家是历史上的一个新现象，对于它的进一步发展需要作一番缜密的研究，如我们已曾努力对它的起源史进行的那种研究一样。因此，读者们不要希望在本书中见到对它的成长作详细的分析。研究后期罗马帝国社会经济状况需要用本书同样的观点另写一部篇幅与本书相同的著作。目前还没有写出这样的著作。但是，在本书中，可以指望我对迪约克勒戚安和君士坦丁的改制的主要发展路线作一简短的概述，并对社会经济全貌作一综合的描写，以表达我对新制度及其与前期罗马帝国世界的关系的某些看法。

迪约克勒戚安及其继承者们所必须面临的问题是多方面的。一个最重要的问题是与中央权力、即皇权有关的问题。当然，并不存在消除这种权力的问题。如果说有一种力量使帝国的组织得到巩固，从而保证了它的生存，如果说有一种为群众所熟悉的制度，那就是皇权和当朝皇帝本身。其他任何东西都是不可靠的。尽管帝国经历了多少变乱，皇权观念依然屹立不动。民众普遍地相信，只有从上而下的力量才能使罗马帝国得救。在全国人民心中有一种根深蒂固的感觉，都认为，假如没有一个皇帝，罗马不可能存在，也不会存在。而三世纪时的苦难正证实了这种信仰。唯一的问题是怎样来巩固和组织这种最高权力，使皇帝不再成为军人手中的傀儡。头两个世纪所形成的皇权观念太微妙、太复杂细致了，以致它所依靠的农民群众不能够理解它。它是特权阶级高等文明的产

1. a–c 迪约克勒威安

2. a. 君士坦丁　b. 马克西米亚努斯　c. 加勒里攸斯　d. 利契纽斯

图 78　迪约克勒威安和君士坦丁

图 78 说 明

1. a. 镌有迪约克勒戚安像的金圆牌。巴黎，国民图书馆。科昂所著书，vi，第 41 页，第 264 号；F. 涅基：《罗马的圆牌》（意大利文），i，第 11 页，第 5 号，图 IV，第 12 号。

正面：文为 IMP. C. C. VAL. DIOCLETIANVS P. F. AVG.〈元戎·恺撒·C. 瓦勒里攸斯·迪约克勒戚安·奉天承运奥古斯都〉；迪约克勒戚安的头像，未戴冠帽，面向右方。反面：文为 IOVI CONSERVATORI ALE. (Alexandria)〈保护之神尤皮特尔。亚历山大里亚〉；尤皮特尔向左方坐着，手执霹雳和王杖。他的身旁是鹰。

b. 镌有迪约克勒戚安像的金圆牌。巴黎，国民图书馆。科昂所著书，vi，第 421 页，第 50 号；F. 涅基，引书同上，第 11 页，第 2 号，图 IV，第 9 号（公元 296 年）。

正面：铭文同上；迪约克勒戚安戴桂冠的头像，面向右方，有衣饰。反面：文为 CONSVL VI P. P. PROCOS. S. M. A. (Antioch)〈六任执政官·国父·兼任行执政官。安蒂奥克市议政会〉。迪约克勒戚安穿着执政官服，面向左方，手执一球和一根短短的执政官笏。

c. 镌有迪约克勒戚安像的金圆牌。不列颠博物馆。《古钱学年鉴》（英文）1900 年，第 32 页；F. 涅基，引书同上，第 11 页，第 7 号，图 N，第 14 号。

正面：铭文同上；迪约克勒戚安戴太阳冠的头像，面向右方。反面：文为 PERPETVA FELICITAS AVGG. P. R. (Rome)〈两位奥古斯都永承嘉运。罗马人民〉。尤皮特尔向左方站着，手执霹雳和王杖，脚下踩着一个被征服的蛮族人。站在他面前的是胜利神，面向右方，正在向他献上一个球。

2. a. 镌有君士坦丁像的金圆牌。巴黎，国民图书馆。科昂所著书，vii，第 288 页，第 502 号；J. 毛里斯：《古钱上的君士坦丁》（法文），1911 年，ii，第 468 页 xix，图 XIV，第 14 号（公元 326 年）。

正面：文为 D. N. CONSTANTINVS MAX. AVG.〈吾主君士坦丁大帝·奥古斯都〉；君士坦丁戴桂冠的胸像，面向右方，身穿繁缛的东方式的御袍，手执一根鹰杖和一个球。反面：文为 SENATVS S. M. T. S. (Thessalonica)〈元老院。特萨洛尼卡市议政会〉;皇帝站着,面向左方,身穿执政官服,手执一球和一根短短的执政官笏。

b. 镌有马克西米亚努斯像的金元。不列颠博物馆。科昂所著书,vi,第519页,第271号。

正面:文为MAXIMIANVS P. F. AVG.〈马克西米亚努斯·奉天承运奥古斯都〉;马克西米亚努斯戴桂冠的胸像,面向右方。反面:文为HERCVLI PACIFERO P. R. (Rome)〈降赐和平之埃尔库勒斯。罗马人民〉;埃尔库勒斯赤身像,右手执一桂枝,左手执其大头棒和狮皮。

c. 镌有加勒里攸斯像的金元。不列颠博物馆。参看科昂所著书,vii,第113页,第121号。

正面:铭文同上。加勒里攸斯戴桂冠的头像,面向右方。反面:文为IOVI CONSERVAT(ori) AVGG. ET CAESS. P. R. (Rome)〈保护之神尤皮特尔。两位奥古斯都和两位恺撒。罗马人民〉;尤皮特尔向左方坐着,手执霹雳和王杖。

d. 镌有利契纽斯像的金元。不列颠博物馆。科昂所著书,vii,第205页,第167号。

正面:文为LICINIVS P. F. AVG.〈利契纽斯·奉天承运奥古斯都〉;利契纽斯戴桂冠的胸像,面向右方。反面:文为VBIQUE VICTORES P. T. R. (Trèves)〈无往不胜。特雷韦人民〉;利契纽斯身穿戎服,面向右方,手执一矛和一球,站在两个被征服的蛮族人中间。

请注意迪约克勒戚安及其并列帝位者对埃尔库勒斯神和尤皮特尔神所致的尊崇,这两位都是日耳曼军士的大神而假托罗马神之名者;注意这一群皇帝的尚武精神,他们都是大内战时期最末尾的几位皇帝;还注意君士坦丁身穿繁缛的波斯外套的像所表现的东方姿态。以上钱币承M.惹昂·巴贝龙先生(巴黎国民图书馆)和H.马丁利先生(不列颠博物馆)惠助,代我选录,并对各币的文字图形作了说明。

物。这些阶级已经凋残衰败了,乃至他们的标准也降低和简单化了。旧观念把统治者视为罗马公民中的第一位长官,认为他的权威基础在于责任感，在于他委身事奉主宰宇宙的伟大神灵。而现在形成官吏集团的那许多半野蛮或纯野蛮的人们、军队以及这两者的后备阶级——帝国的农民，都不曾接受过这种观念，也不能理解这种观念。迫切地需要一种比较简单的观念，需要一种人人都能了解的比较广泛而浅明的观念。迪约克勒威安本人仍然墨守旧观念，认为统治者就是最高的长官，认为皇权应属于一个最贤明的人或一些最贤明的人，即所谓一个元首或几个元首。但是，他着重加强了他的权力的超自然性和神圣性，其表现为皇帝与上帝的一体化和宫廷中之施行东方式的仪节。二世纪时之崇拜皇帝为神是不关系于个人人身的，而现在开始同皇帝人身有关系了。由此而引入的这种教义并不是什么新东西。加利古拉和芮罗、多米戚安和康莫杜斯、埃拉加巴卢斯和奥雷利安都曾打算树立这种教义。他们之所以失败是因为他们过于将这种教义依附国民中一部分特殊人的特殊宗教。阿波洛和埃尔库勒斯都是空洞含糊的观念，不能吸引群众；叙利亚的索耳、米特腊斯、两位一体的尤皮特尔和多纳尔，这些神能够吸引一小部分人而不能吸引大多数人。帝国精神生活中显著的特征就是宗教狂热的增长。宗教逐渐几乎成为每一个人超乎一切的感情了。社会愈倾向于宗教性，各个集团之间的分歧也就愈尖锐。一个信奉米特腊斯神的人不会承认日耳曼人的多纳尔神所转化的皇帝，一个皈依埃及宗教信仰的人不会把自己的灵魂奉献给斯多噶派的埃尔库勒斯神以及诸如此类的抽象神祇的化身。而基督教徒则更坚决地反对所有这些人，根本否认上帝会肉身托化成一个凡人。对基督教徒加以迫害无济于事：每一次迫害都使他们团结得更紧密，使教会的组织更巩固。在三世纪

中，基督教会的势力大为增强。当国家组织逐步解体之时，教会组织却相应地逐步扩进，俨然像国家内部的一个独立王国。暴虐、强制、迫害，是国家的规章；仁爱、慈悲、抚慰，是教会的箴言。在各种宗教团体中，基督教会在这一方面是无与伦比的，它不仅有助于精神上的安慰，而且还对实际生活的灾难许以援助和给予真正的援助；同时，国家对这位救世者则施以虐待和迫害。

基督教徒的人数日益增多，力量日益加强，但却倦于再充当被迫害者，倦于向国家进行斗争了。国家和教会相互和解的时机已经成熟，彼此互相需要。按照某些学者的意见，君士坦丁之理解到这一点和施行了这件事乃是他的天才的成就。另外一些学者则相信这是由于他好迷信而犯的一个相当大的错误。至于我个人则相信这两个因素兼而有之，而最根本的动机还是从国家角度来考虑的。不管怎样，他向教会求和，假定它会承认国家和支持皇权。教会也同意讲和了；正如许多学者相信的那样，这有损于教会。皇权于是才开始稳定地建立在一个巩固的基础之上；但是，除了某些无关紧要的程式而外，它几乎完全丧失了它原先作为帝国人民最高长官职任的那种立宪性质。它现在近似于波斯萨珊王朝的君主权及其东方的先例——巴比伦、亚述、埃及等国的君主权。它是同时以暴力、强制和宗教为其基础的。个别皇帝可能沦为军事阴谋或宫廷阴谋的牺牲品。但皇权是永恒的，正如支持它的教会是永恒的一样；它是一种靡所勿届的权力，正如教会是一个天下普及的教会一样。简单化的工作就这样完成了，至少国民中准备坚决拒绝任何其他解决方案的那一部分人承认了这种新的最高权力。居于少数的基督教徒在国家的支持下逐渐变成了势力浩大的多数人，

并强迫那些从来不能也不打算为自己的宗教信条而奋斗、而自我牺牲的人们接受他们的信仰。基督教甚至还使这样一些人的宗教愿望大体上获得了圆满的解决。

重要性仅次于皇权问题而与皇权问题密切相关的是重新组织帝国军队的问题。我们从上一章中可以看出这个问题对帝国是何等的紧要。有鉴于对外战争之严重性和帝国边境上的部落之不断入侵，军队必须扩增人数，军队的纪律和作战技术必须达到图拉真、阿德里安和M.奥雷留斯时的水平。另一方面，现有的军队是从农民中征来的，这样一支由贫苦农民组成而服役期很长的国民军是一种既无效力又很危险的手段。要免除这种困难，唯一的办法只好回复到希腊化君主国和东方君主国那种比较原始、比较简单的军事制度。

迪约克勒戚安最早着手重新组织军队。他认识到各行省的边防军需要有常设的后备军（他以前的任何皇帝都没有认识到这一点），从而大规模地进行扩军；但是，他虽然增多了军队兵员的人数，却没有创立新的征兵方法，也没有改变军事制度。这些改革均有待于君士坦丁。如君士坦丁所见，帝国的主要军力只可能是一支扩大规模的禁卫军，即一支强大的马步军，驻扎在皇帝驻跸处的附近，或在副皇帝〈co-emperor〉驻跸处的附近，随时准备开赴前线御敌。这样的野战军，正如希腊化国王的军队一样（只有马其顿的安提哥尼德王朝例外），必须是一支雇佣军。这支雇佣军必然主要由蛮族组成，兵员由结盟的或称藩的日耳曼部落和萨尔马特部落中招募，以及由居住在帝国境内的这些种族的居民中招募。它包括各种不同的部队，其中有些确系皇帝的禁卫；但最重要者为

comitatenses〈扈跸军〉,其中之一部分称为 *palatini*〈宫卫军〉,这种部队是一支训练有素而组织完善的野战军,随时可以赴战。驻守在外省的军队,其职责在于镇压防域内的叛乱和迎击外敌的初次突袭,他们的组织方式则取法于希腊化国王的后备军。外省军队的兵士是从那些定居在边境上而世代有服兵役的义务的居民中征募来的。这些军户〈military settlers〉大多系蛮族人,或为日耳曼人,或为萨尔马特人,此外也有一些是三世纪时从皇帝那里领到边境地区一份土地的现役军人或退役军人的子孙。如果需要更多的军队,那就要招募志愿军,或在帝国居民中强征义务兵,大多在那些比较尚武的行省如色雷斯、叙利亚、不列颠和两毛雷塔尼亚等地的乡村居民中征调。重点放在蛮族部队 *auxilia*〈辅军〉身上,而罗马公民所组成的选军只起辅助作用。罗马共和国和前期帝国时代的基本观点仍旧保持未变:帝国所有的国民人人有服兵役的义务。但是,实际上,这种服役的义务已经转变为一种赋税,称为兵役金;这种税课取之于地主,而用以偿付雇佣军的部分雇值,并用以在帝国境内那些既无恒产又无固业的人(*vagi*〈游民〉)中间找寻足够的后备兵。像这样一些部队的军官绝不是从任何一个特定的阶级中选拔出来的。元老院议员阶级已经排除在军役之外,骑士阶级已经绝迹。任何一个人,只要表现出军事才能,就可以有希望从军吏的地位逐步升迁为一个军官(*tribunus*〈将领〉),指挥一个分支部队或一个选军军团或一支辅军部队,然后再升迁为指挥某一方面军队的将军(*dux*),甚至可以上升为骑军元帅或步军元帅(*magister equitum* 或 *peditum*)。至少在理论上这是可以办得到的,有时也能付诸实现。当然,经过一段时期以后,一般的军官

主要出自高级军官的家族，从而形成了一个新的军事权贵阶级，不过，这个阶级始终不是一个绝对排斥外人参加的等第。

四世纪和五世纪时的皇帝在重整帝国行政组织方面所采取的政策是增加官吏的数目，使他们各守专职并能各称其职，在一定程度上还赋予这个官吏集团以半军事性能。各城市的执政团体，即自治市议政会，这时候正一一相继将它们的自治权丧失殆尽，而变成了国家方面无酬的代理人，负责分配和征收赋税，负责分派义务劳役和课加在城市及其辖区内的居民身上的其他负担。与此同时，首都和外省的国家官吏在数量上和重要性上都增加了。帝国早期，在首都，官僚体制缓慢地取代了城市自治体制，但多少仍能适应于外省和意大利的地方自治的原则，并与这个原则协调一致。而现在，官僚体制却是有计划地在发展，它伸入了行政机构的每一个部门。在这里，我们不可能探讨后期罗马帝国权力无限的官僚体制的逐步形成过程及其此后的变化。几乎每一代皇帝都曾致力在这一方面进行过若干改进工作——这是一切官僚体制政府所共有的特点，在这种政府中进行改革既很容易，从表面上看去也很有成效。我们在这里只需要谈一点就够了，那就是：自从迪约克勒戚安和君士坦丁以后，中央政府的目的即在于建立一种组织完善的官僚机构，要使这种机构在中央的领导下能够担负起管理一个大国所有事务的责任。试与前期帝国那种精微复杂的制度相比：那时候担负重任的是各城市的自治政府，官僚体制仅系一辅助机构和监督机构；而后期罗马帝国的制度则不然，尽管这时候的制度表面看去很复杂，实际上比那时候简陋得多，其野蛮残酷的程度更非前者所能比拟。这时的官僚体制权力至高至大，不受国家基本成

员所施行的任何监督，从而逐渐变得十分腐化、不诚实，同时，尽管这些官僚都受过高度的专业训练，却显得相当庸劣无能。贿赂公行，非法渔夺习以为常；企图采取一大套暗中侦查的办法和官员彼此相互监督的制度来制止这些现象均属徒劳无益。每一次增加官吏的名额，每一次扩大监督人员的队伍，其结果都只是增添了靠贿赂贪污为生的人数。而行迹尤为恶劣的是那成千上万的秘密警察，即所谓 *agentes in rebus*〈政治警察〉，其前身为稽查队，他们的职务是监视人民和监视帝国的全体官吏。凡是一种官僚体制，如果不受人民所掌握的自治政府的充分权力的制裁，那么，无论它是以独裁主义或以共产主义为名而建立起来的，都注定了会腐化无能。显然，一种极度精心设置的官僚统治制度绝不会把兵权和政权融合为一而交给一些高级官员手中；这两个部门一向倾向于分别管理，现在就划分得更为清楚而非常专业化了。同样明显的是，大群的官吏绝不能选自某一特定的阶级，而只有看哪些人似乎最适合任职就录用他们。然而，由于占据政府官员的职位就能享有特权，所以，官员的职位很自然地渐渐变成了一个特殊等第的世袭权利。较高的职位是由皇帝亲自在一些候补人当中分配的，有许多新人通过这条道路而获得显要之职。但是，由于环境的力量，毕竟兴起了一个新的高级官僚权贵阶级，而这个权贵阶级实际上垄断了帝国所有的高级官职。

皇帝们为什么要用新的行政组织来代替旧的行政组织，这一点很容易明了。三世纪时的社会革命曾直接针对着城市和城市的自治政府，因为这些自治政府实际上已经完全掌握在城市资产阶级手中。对中央政府来说，最简便、最安全的办法不是按照新的、更民主的方式重新整顿城市的自治政府——这样做需要尽许多开创之力——而是承认现存状况，使城市市民全体成员都向国家负责，在他们身上课加许多义务而不给与任何相应的权利，从而彻底扼杀自治的观念。城市的自治政府就这样被摧毁了，所以不得不用其他组织来执行管理功能，不得不指派监察人员来监督胁迫市议政会；调任这种官职的自然是中央政府的官员，他们在此以前还只是有限度地参预外省的生活。有人认为这种改革早在前期帝国即已逐渐有系统地在进行，其原因是城市破产，而城市之破产正说明它们完全无能力管好市政。这种看法是站不住脚的。前期帝国的官僚体制与后期帝国的官僚体制有原则上的区别。前期帝国的官僚体制固然掌管国家事务，但很少干预城市的事务。如果说它也有所干预的话，那只是协助城市对自己的事务推行更为有效的管理而已。变化是从三世纪革命开始的。长期混乱局面摧毁了城市自治。后期罗马帝国并未按照新方式重新恢复它，却顺着事态的发展，把城市不是置于中央政府代理人的监督之下，而是置于其直接控制之下，使城市成为国家的奴仆，使它们所承担的职分有如过去在东方君主国统治时那样，只不过在负责缴税上有所不同罢了。进行这项改革不是为了人民，而是为了简化政府的工作任务。似乎是为了国家的利益而牺牲了人民的利益。在二世纪时，甚至在三世纪时，在村庄中发展着的自治幼苗，也随着整体的崩溃而一道绝迹了。

与行政制度改革密切相关的是税收方面的重大改革，这项改革流毒无穷。我们已曾一再强调指出，前期帝国的税收制度按照帝国各个地区流传已久的惯例而极不划一，所以并不十分苛重。

其所着重者在于间接税以及在于国家与皇帝所占有的田地和其他不动产的收入方面。各省都按照它们的惯例缴纳直接税——即地税和丁税。除了埃及一省以外,其他地区的直接税的数额,我们都不知道。但我们知道,帝国许多地区都部分地或全部地(例如意大利)豁免这些直接税,而且,其趋势是在扩大而不是在缩小。如果外省为它们的负担诉苦,那并不是因为税收。它们的沉重负担乃在于临时性的支付、强迫给军队和官吏供应粮食、战时征发、无定时的抄用、强制劳役等等。自治市权贵阶级并不把负责分配税额和收税工作当作一个非常沉重的负担而感到怨愤。他们诉苦的是负责课加在居民身上的临时负担和强迫捐献如王冠金之类。正是由于这些临时捐税强征暴敛的那种混乱状态摧残了城市资产阶级,同时也摧残了劳动阶级。在三世纪多难之秋,这些临时捐税变成了国家的主要收入。国家之生存不是依靠它的正规收入而是依靠一种略具组织形式的劫掠制度。

罗马国家从来不曾有过一种正规的预算,一旦遇到财政上发生困难的时候,没有固定可靠的储备可以取用。一些节俭的皇帝也曾时时积累了若干钱,但随时遇到好挥霍的人登上帝位就很容易把它花得一干二净,这种积蓄始终不是一项善为经营和投于可靠财路的资金。因此,在紧急情况下,皇帝无后备金可资,而他们又不曾设法逐渐加税以增添正规的收入;通常弄钱的办法就是按照城邦的原则取之于民,或以临时税的名目,或靠征发和抄用。无怪在三世纪困难的时候宁可忽略正税不顾,而大宗款项都来自临时税(特别是王冠金)和临时捐献的粮食、原料、制造品等等。这些措施以及当时整个时代普遍的不安定,使工商业陷于混乱状态,因而使间接税的收入总额大为减少。皇帝们有计划地贬低币值，这种愚笨的政策和整个经济情况以及有组织的掠夺制度（派差）加在一起，引起物价发生一阵一阵的剧烈波动而不与货币之逐步贬值步调一致。这就是四世纪时的皇帝从他们的前人那里继承下来的情况。只要这些情况一天不变，就没有指望来恢复经济的稳定和使货币处于巩固的基础之上。在这方面所策划的一切方案都失败了。最著称的就是迪约克勒戚安在货币政策和稳定物价方面的失败。他于 301 年颁布了一项有名的敕令，对各种物品规定了固定的价格，这并不是一项新举动。早在他以前即曾有人多次试行过，在他以后仍有人屡次试行。作为危急时的一项临时措施，这还可能收到一些效果。作为一项抱有长治久安打算的普遍措施，这就肯定会造成大害，会引起可怕的流血事件，而不会带来任何好处。迪约克勒戚安也抱着古代世界那种毒害匪浅的信念，总认为国家的权力是无限的，而许多近代的理论家竟同他一样抱着古代世界这种信念。

自从内战稍为平息以后，人人都看出该轮到制定税收方法的时候了。迪约克勒戚安面前摆着两条道路。他可以追随安东尼努斯氏的传统，废除那些像累赘似地积附在前期帝国制度之上的紧急措施，并且，在进行这个工作的时候考虑到各行省经济生活的特殊性。当然，这是一条比较艰难、比较费力的道路。要恢复帝国的繁荣，需要若干年的和平发展——要像奥古斯都一样让罗马帝国能有那么长时期的和平安定的统治，奥古斯都所面临的困难与这次内战结束后的困难差不多相同。可是迪约克勒戚安不愿意等待那么久，也许是不能够等待那么久。环境不容许他从容不迫地把帝国引回正常的状况。边境上的敌人随时准备进袭,国内的局势很不安定,而扩军和重整军队的工作耗去了大量的金钱。因此,迪约克勒戚安及其继承者们一直不想恢复古代那种复杂而不划一的税收制度。他们走上了他们面前的另一条道路:承认三世纪时的惯例,把紧急措施转变为制度,尽量使它简单化和普及化,其办法就是把这种制度推行到所有的行省,而不考虑它们社会经济结构的特殊性。由于货币贬值和不稳定,不可能采用货币税收制。三世纪时的皇帝们不再收货币税,而发明了或者说恢复了原始的实物税,其方式就是一再地紧急征收粮食以供军队、罗马城和国家官吏之用;此外,再加上以同样方式征收原料和制造品。这就是著名的 *annona*〈公粮税〉。还有什么比把这些紧急供应转变为正规税更容易的事呢?军队、首都、宫廷和官吏的需要都包括在其内了,而国家其他开支可以仍照过去那样靠旧税(旧税并未废除)和靠三世纪时系统化的临时捐税来支付。然而,国家未来的需要是难以预料的:其增减须视情况而定。由于这个缘故,所以才使公粮税保留着紧急供应的模样。皇帝每年确定当年所需要的缴租额。公粮税就这样成为定制,但没有比如此定制更坏的形式了。在三世纪时,人们还盼望着税收制度将来总有一天会定为正规制度。经过迪约克勒戚安这样一安排,这个希望化为泡影。没有一个人能预先知道他自己明年该缴多少税;在国家没有宣布当年所需要的税额以前,不可能有任何核计。

虽然公粮税已经定为一种永久性的制度,但税收问题仍远远没有解决。最重要的问题是公平合理分摊税额的问题。三世纪时,这个问题在各个不同的行省里是按不同方式解决的。在埃及,则以详密登录的垦田为根据；在那些都会化的行省，则根据户籍统计数字以及根据各个城市和其他纳税的大单位（皇家和元老院议员家的地产、属于神庙和藩邦诸侯的土地等）的缴纳能力而定。这套制度对迪约克勒戚安来说嫌太复杂细密了。它在大多数行省里都靠城市来具体执行，不容易立刻掌握其全部细节。简便得多的办法就是把几百年来的工作抛弃不顾而建立前所未有的最简陋、最原始的分摊制度。每一个兵士都能了解这种制度；不过，任何一个笨汉也能知道在这种情形下简单的办法并不是公平合理的办法。所有的垦地，不论是可耕地或已耕地，都一律分为若干 *iuga*〈轭〉，即以一轭两牛作为计算单位。每一轭地的面积按照土地位于平原或位于山坡而有不同，按照其出产系谷物或葡萄酒或橄榄油而有不同。此外就不再实行什么区分办法了。地域条件不在考虑之列。由于我们对迪约克勒戚安的改制知道得不很全面，也可能把它设想得过于简单。也许他的制度不像表面规定的那么生硬，而在各个不同地域也有所不同。不过，它的总路线是无可置疑的，其所表现的倾向是简化税收问题，乃至损害纳税者亦在所不惜。他的目的也可能是想建立一种适应农民知识水平（这个制度所依靠者就是农民）并在国民中平均分配负担的制度。军事混乱时期的皇帝们都力求表现对待寒门公平仁慈；这个政策一直没有被放弃，至少在理论上是如此，迪约克勒戚安就经常强调这一点。分轭之制可能是迪约克勒戚安本人生活经历中所熟悉的一种办法，它可能是那些还生活在部落经济状况下的伊利里亚人和色雷斯人中已经施行的一种税收单位。

然而，分轭法——即所谓 *iugatio*〈轭地制〉——只是迪约克

勒戚安的制度的一面。一块土地如果没有劳动力就毫无意义了：所以每一轭地即假定有一个 *caput*〈丁〉——义为“人头”，即耕种这块地的男丁。劳动力的问题到三世纪时变得尖锐起来了。帝国户口的迁移日甚一日。耕地者在这里受到压迫，就想到别处去试试。从我们前文所引用的许多档案材料可以看出，农民们在自己的愿望得不到允诺的时候就以逃奔他乡这种强硬的威胁作为最后手段。古代世界是在这样一种固定的信念中成长起来的，这种信念认为每一个人都属于一个固定的地方，这个地方就是他的 *origo* 或 *ἰδία*〈原籍〉。但是，只有古代东方君主国里的农奴才不许离开自己的居住处。自从罗马帝国统一文明世界以来，所有其他的人都有随意迁徙的自由。而这种自由不便于迪约克勒戚安贯彻其原始的轭地制。一小块土地可能垦种一年之后，到明年又荒废了：农民可以自由迁徙，到处为家，他还可以抛弃一切职业而变成某个城市里的无产者。大田庄上的出产不仅与它所占的轭数成比例，而且主要是与它所占的丁数成比例。帝国人口的逐渐减少，特别是农民种地者人数的减少，使得赋税与其说以轭为单位，不如说以丁为单位。因此，从迪约克勒戚安以后，就把地税和丁税两种单位合而为一。于是，每一个人，只要耕作一块土地，就等于认定了他所耕种的土地和这块土地上所使用的丁额，并包括牲畜在内。这种认定的办法使每个人对他的地和他的丁负责：不论他在什么地方，都必须缴纳分摊在这份地丁单位上的税。由于他本人和土地合成了一个单位，所以他就丧失了迁移的自由，他被固定在他的土地上和他的工作上，与他的祖先在东方君主国和希腊化君主国的国王手下充当“皇家农民”时的情形完全相似。就小亚细亚某些地区和埃及而言，这种制度自古已有；就克勒特人居住的某些地区而言，这也可能不是什么新办法：所可怪者，这样一种制度在阿德里安时代似乎已被废除，一直不曾出现，而现在却被重新恢复并普遍推行起来了。

在其他税收方面也采用同样原始的分课制度，这些税都是旧有的。国家所需要的粮食和某些原料则由地主们负担，而所需的金钱和制造品则大多取之于城市及其居民。工匠和船主须缴一种统一的税。至于那种税如何分课，我们不知道。他们还须向国家或向城市按某种规定价格输纳若干制造品。占土地多的大业主，元老院议员，要为他们的地产缴一种专门的货币税（*collatio glebalis*〈地产税〉）。此外，工匠、城市和元老院议员必须缴纳传统的王冠金（其名目繁多），每五年缴一次，遇到新皇帝践祚要另外加钱。税收制度之改革并未改进紧急情况下的强迫勒索办法。在战争期间，征发和抄掠仍如以往一样的盛行；在人民必须承担的一长串义务中，依然列入强制劳役和供应运输上所用的驮畜（ἀγγαρεῖαι〈强征〉）。我们从狄奥多西法典中的"令章"和利巴纽斯的演说词 Περὶ τῶν ἀγγαρειῶν〈《论强征》〉中可以看出后面这种负担有多么沉重。由此，不论在哪里，我们除了遇到同样的简化政策以外，还遇到野蛮的强制政策相辅而行，这种野蛮的强制政策是古代世界在三世纪黑暗期间才常常采用的。

至于收税的方法，我们已经谈过了。以往城邦的收税制度是用包税人来当差，这种制度在前期帝国大部分已被逐渐取缔，就是在那些依然保留这种制度的税项（如关税和征收皇庄所应课的实物租和货币税等）中也进行了很有效的改进。国家培养了一大批受高度专业训练的官吏来防止包税人对国库和缴税人进行两面欺骗的打算。但是，除了少数由国家直接管理的税（遗产税、释放奴隶和拍卖奴隶税、关税）以外，大多数的税都由城市收集，由城市代表送缴某一指定的行省的库里去，至于在各城市内部如何收集的问题，国家是不过问的。国家代理人——行省总督及其幕僚和皇家财务使——与城市长官的合作仅限于共同商定该城所缴的税额，这是根据市政当局的户口调查和中央政府对全省所进行的一次类似的户口调查来决定的。皇帝们在授予城市以自由处理之权的时候强调两个主要方面，一是分摊税额必须公平合理，二是税款必须全部缴清而不得拖欠。市政当局要对此负责。事实上，在困难时期欠缴的税款日渐积累，从而皇帝们经常将这些积欠全部豁免或部分豁免。为了使税收更上轨道一些和为了保证没有欠负，皇帝们（于总督和财务使之外）另外委派专门负责的高级官员来协助城市管理财政。从阿德里安的时候起，他们就想防止欠税数额不断增大的情形，其办法是使城市居民中最富裕的人来负责收税，特别是负责那些与紧急供应和辅助税等项目有关的税收。到三世纪时，收税、保证国家运输和供应军需这三件事的负担沉重不堪，皇家对于自治市资产阶级的压迫有增无已，对这个阶级向国家所负的责任也愈来愈缜密地进行调整。当资产阶级日趋贫困而人数凋零之时，当缴税者的支付能力减低之时，就随意滥用强制手段。罗马城的自由民和公民的某些基本权利被褫夺了，正如自治市的资产者从法律观点来看也被褫夺了某些基本权利一样。政府残酷起来了，有时候甚为横暴。然而，资产阶级仍然是外省民众中的特权阶级，仍然享有它旧日的某些特权。

迪约克勒戚安丝毫没有致力于改变他从三世纪军事混乱时期继承下来的状况。他始终没有想把城市资产阶级降低到城市辖区内其他居民那样的地位，使他们中的每一个人都仅只是一个缴税的单位；也没有想恢复城市旧日的荣耀。他沿袭前人的成规，倾向于把资产阶级变成国家的一群无酬的世袭仆役，并按照这种精神来发展它。举凡城市的生活福利、安全秩序以及居民对国家履行其一切义务等，均由候选人（即有资格当选为市议政员和官长的人）通过官职和市议政会向国家负责，这些人形成一个富裕市民团体。为了税收的目的，把每一个候选人的人身定为一个单位，像耕地者一样；而全体候选人组成一个大单位，代表该城所受课的税役总额。自然也用对待每个耕地者的同样办法来对待每个候选人和这个团体的全体成员。他们的责任不仅是物质上的，而且还是人身方面的。因此，他们必须严格遵守 *origo*〈原籍〉旧例，留在自己的城市里而不得逃往其他住处，在临死的时候必须在他们的子女中指定人来顶替自己充当纳税和负责的单位。有一批官吏就地随时对他们进行严密监视，如果遇到他们试图打破他们被关锁的镣铐，就对他们施行强制和暴力。难道这不最清楚地证明迪约克勒戚安毫无建树革新之才，或证明他毫无能力使现存制度适应于他的时代以力求保障人民的权利和繁荣吗？照我看来，他对市政方面的改组工作，也像他在其他方面的改革一样，似可作为他智穷力竭的明证，也可以典型地说明那个时代缺乏一切创造力而只好绝望地屈从于现行的习惯，那些习惯都是起源于一段革命混乱时期的。奥古斯都所面临的困难与此相同，因为内战时期也曾是一个肆行暴虐和公然劫掠的时期；但是他却从未设想再轮到他来使这

种劫掠和压迫合法化并把这些方法定为永久的制度。而在迪约克勒戚安的心目中，国家就等于强权，组织就等于有组织的暴力。我们不能说他之所以采取这种手段是受军队的意图的压迫。迪约克勒戚安从来不想把城市议政会所负的收税征役的责任转移给国家官吏以消除城乡之间的对抗情绪。他使这种对抗情绪继续存在，以致到四世纪和五世纪时，乡村仇恨城市依然像三世纪时那样深切：萨尔维安和他之攻击从城市里来的压迫者即可证明这一点。由此，我们可以说，迪约克勒戚安并非没有其他路径可循。他的面前道路很多，但他却蹈了前人那条直接导致摧残和奴役的覆辙。

恢复稳定的局势，重新建立一定程度的和平秩序，不可能不略收效果。第二次内战之后虽然没有接着出现一个奥古斯都的黄金时代，但也不能否认自从迪约克勒戚安和君士坦丁进行改革以后经济状况稍见好转。例如埃及在四世纪时元气有所恢复，罗马帝国的许多城市也是这样。在迪约克勒戚安失败了的一个方面，君士坦丁却获得了成功，这一点也相当重要：那就是他稳定了金融而在一定程度上恢复了钱币在公私活动中的信用。不过，这种复元现象为期甚短，这不是由于外在条件的影响或由于迪约克勒戚安和君士坦丁后继无人，而主要是由于制度使然，制度已经造成了衰落的局面，而其内部还孕育着进一步衰落的种子。以奴役耕地者和城市工匠为基础的税收制度既苛重而又不公平；束缚了每一个人身的锁链妨碍了经济生活的自由发展，使得经济生活停滞不前；有意识地采取残酷的政策来消灭罗马帝国最有生气、教养最好的阶级（城市资产阶级），终于逐步达到目的；帝国行政机构中的人员，无论地位高低，都逐步滋长了欺诈横暴的作风；皇帝们尽管心肠再好不过也无能力禁绝无法无天和贪污腐化的现象，而他们死守迪约克勒戚安和君士坦丁改革中的基本原则丝毫不知变通——以上所有的因素无一不产生其应有的影响。国民精神依然像在内战期间那样的沮丧。唯一的不同是现在有一种消极服从的思潮传遍了罗马帝国。大家认为斗争是无益的了，不如沉默地屈从忍受生活的负担，把找寻美好生活的希望寄托在死后。这种感情是很自然的，因为最诚实的人所作的最大的努力都注定会失败，多生产一点，国家就会多拿走一点。如果一个农民使自己的土地增产和扩大，他就知道自己的命运将会升到一个候选人的地位，而那就意味着受奴役、受压迫和最后弄得家破人亡。最好生产仅足以维持自己的家庭而不要枉费气力去改善自己的地位。兵士也知道得很清楚，只要他当一天兵，只要他宣告自己的子女也过着同样的生活，那么，他就可以比较宽裕。如果他一旦想解除这道符咒，他就立刻会知道他自己的命运或至少他的子女的命运也会和 *curia*〈议政会〉联系起来，势必情况更坏，反不如昔。一个大地主手下的佃户甘愿尽其职分而受主人的保护和压迫。与他相近的自耕农的命运并不足以吸引他为争取当一个自耕农而奋斗。城市里的工匠和不幸的候选人的情况亦复如是。遇到绝望的时候，各个人可以用孤注一掷的方法来改善自己的命运：佃户和农民可以设法投军或者转而为盗，兵士可以从部队里逃走，候选人可以干任何职业——当官吏、当兵、当佃户或当农民。然而这一切都是徒劳无益的。即使他们达到了目的，他们的情况也仍然完全和过去一样地恶劣。因此，人人都抱定消极服从的态度，而消极服从的精神从来不会引向繁荣。

后期罗马帝国经济生活的显著征状就是逐渐凋敝。人民愈穷苦，帝国的经济生活就愈原始化。商业衰落了，不仅是因为海盗和蛮族入侵的缘故，主要是由于没有消费者。最好的顾客是城市资产阶级，而他们的人数和购买力都在不断地减缩。农民生活在极度贫困的境况下，差不多完全回复到纯"家庭经济"，每一家都生产自己所需要的东西。余下唯一的消费者为特权阶级的成员、官吏、兵士和大地主，而他们一切生活所需或由国家供给（他们的薪俸是实物）或由自己的田庄供给。因此，最先衰落的商业部门也就是最重要的一个部门，即一省之内或行省与行省之间所进行的基本必需品的贸易。地方上的零售商业还勉强维持着，而奢侈品的生意则甚至反见兴隆。例如东方商业的复兴就是这种性质。然而，商业阶级本身仍然前途黯淡，不受重视。没有机会发展任何一行大商业企业。只要有一个人试着这么办，只要他买了船只或建立了商业关系，他立刻就成为船主或 *mercatores*〈商人〉的行业组织中的一员，立刻就必须为国家服役，为国家运货，而只取少得可怜的报酬，或将他所需要出售之物优先供给国家。因此，商人和船主的境况与候选人的境况同样地恶劣，国家采用强迫手段使这些团体的成员固守他们的职业，并用强迫手段收录新加入的成员以维持这些团体足够的人数。和土地所有权一样，商业和运输业也都成了一种不得躲免的世袭负担。工业方面与商业相同。消费者少，市场愈来愈狭窄，国家愈来愈苛虐。除了为群众制造某些合乎规格的货品以及为少数富人制造某些奢侈品以外，其他工业均靠国家订货来维持。但国家是一个又自私又横蛮的雇主：它规定价格，而如果我们考虑到官吏们从中所赚的钱，就可以知道这种价格规定之低损害了工匠的利益。自然，大工业公司都逐渐绝迹了。由于国家需要它们，特别是为了军队、宫廷和官吏的需要，许多工业企业转为了国营的工厂，这些工厂都按埃及和东方的方式管理，有一批固守专业和承受世袭负担的工人。

在前面几章中，我们已经尽力表明三世纪时的社会危机在很大程度上是由于国民群众以普遍平等为目的而进行的一次革命运动造成的。迪约克勒威安和君士坦丁的改革达到了这个目的了吗？我们能说后期罗马帝国比尤留斯—克劳迪亚斯氏、弗拉维攸斯氏和安东尼努斯氏的帝国更民主一些吗？的确，往日的一个特权阶级——骑士阶级——是消灭了。的确，军队和文官中的晋身之阶曾经一度向人们开了大门，特别在三世纪时。但是，事实上，后期罗马帝国即使说有一种奴隶的民主政治，也比前期帝国的民主精神要差。前期帝国并没有等第。一个活跃聪明的人可以很容易地增加自己的财产从而由农民的地位上升为地主，并由此可以厕身于自治市权贵阶级之列，接受罗马公民资格，变成一位骑士，最后成为元老院议员贵族阶级中的一员。我们看到像这样一种进身之途在两代或三代间就轻易地达到了。即使在军队中，虽然要由普通一兵晋升到部队里的骑士或元老院议员级别的职位是很少见的例外，但是，由一个小兵升到一级百夫长这样高的位置是很平常的事。在文职方面情形亦同。甚至就是奴隶也不例外。被释免的奴隶有许多好机会使自己成为高级官吏，他们本身和他们的子孙可以毫无障碍地进入自治市权贵阶级之列。

自从迪约克勒威安和君士坦丁改制以后，情形就不同了。一个佃户不用说上升到其他阶级，哪怕就是想上升为一个自由农民

或一个城市无产者，也没有合法的晋升之途。一个佃户可能例外地当上一个兵士，但这只是极少见的例外。迪约克勒戚安的税收改革和后来一些皇帝的敕令使佃户变成了农奴，事实上既已使他世代束缚在他的一块土地上，因此也就把他束缚在他的住所和他的主人关系上；于是他变成了一个严格地世代相承的等第中的一员。身为村社成员的自由的小地主也有着同样的情况：他被束缚在他的土地、他的村庄和他的职业上。唯一的晋升之途就是当上一个候选人，那实际上等于下降。有些人可以服军役，特别是那些恰好住在用兵的行省里的人；但是，从那些惩办逃兵的法律可以看出人们并不把这条路当作值得羡慕的特权。自治市的地主，即候选人，境况亦复如是。他们甚至比小地主更不自由，他们形成一个外人很难加入的阶级，人选极严的缘故是因为人人对进入这个阶级的想法本身就感到畏惧。城市中的其他居民——船主、商人、工匠、工人——全都渐渐地被束缚在他们的职业和他们的住处上。一个有特权的阶级就是城市和乡村里那些失业的无产者和乞丐，基督教会就是假定以他们作为照顾的对象。他们至少是自由的——有挨饿的自由，也有捣乱的自由。另外一个自由的特权阶级就是强盗，无论海陆两路的强盗人数都是有增无已。官吏阶级倒的确不是世袭的，无论如何在法律上没有这样的规定。做官是一种特权，皇帝可以自由地选拔国内贤能之士担任官职。但是，他的这种自由也有限度。一个候选人不能担任国家官吏，如果其中某一个人竟然越过这条规章，随时都可能把他送回他的议政会去。商人和船主也不得做官。农民和城市无产者根本不在考虑之列。文武两途划分得非常严格，军人不得担任文职。因此，由于环境所迫，只好从官吏家庭里挑选官吏。官吏阶级虽然在法律上不是一个对外关门的等第，而实际上却是如此。新元老院议员贵族阶级的情况与此相同。这是一个公职贵族阶级，皇帝特许地位高的文武官员加入这个阶级，其职位是世袭的。它逐渐也变成了一个由出生和教养来决定的贵族阶级，因为这个阶级对自己的知识传统严加防护，不肯外传。

所以，从社会观点来看，既无平等，亦不平均。在后期罗马帝国中，社会不是分为阶级，而是分为真正的等第，每一个等第都极不容外人加入，有的等第是因为自身有其特权，有的等第是因为负担沉重、生活困苦以致任何人都不愿意加入从而使该等第的成员被迫地世代相承。甚至在共同受国家奴役这方面也没有平等。固然，从反面来说是有平等的，因为人人都不许有政治上的自由，都不再留下自治的痕迹，不允许任何人有言论、思想或良心的自由，自从基督教得胜以后尤其如此；但是，即使这种受奴役的平等也是表面上的和相对的。大地主是皇帝的奴隶，但却是靠他的田庄为生的佃户—农奴的主子。那些候选人是行政当局的奴隶，并被行政当局当作奴隶看待，但是，他们却又是自己田庄上的佃户的主子，不尽如此，而且，就他们分配和征收赋税以及监督强迫劳役而言，他们又是城市和城市辖区的居民的主子；由于这样，人们把他们当作主子来仇恨，他们这种主子自身既不自由，又不能保护自己的奴隶而只会欺骗自己的奴隶。无怪乎这些奴隶情愿付出任何代价、情愿牺牲自己所留下的一点点金钱和一点点自由来乞求元老院议员、官吏和军人的保护。城市里的劳动阶级对于各种行业组织的成员——店东、船主和工厂主——所处的关系也是这样。而

船主、店东、工厂主等人事实上与其说是业主，远不如说更像是为国家利益而对自己的企业进行监督的低级职员；他们本身受着各部门的官吏和各个军事单位的长官的奴役驱遣。最后，我们来看各级官吏和军人，他们尽管操纵千百万人生杀予夺之权，但却要服从于一种奴隶性的铁的纪律，而且实际上成为彼此相互的奴隶和秘密警察的奴隶。大家都受奴役固然是这个时代显著的特征，但既然有不同的等级，既然受奴役的阴暗面各有不同，自无平等之可言。受奴役和平等这两者是不相容的，近代许多维护平等主义的人不要忘记了这一点。

尤其重要的是，在财产分配方面无论如何是不平等的。前期帝国的元老院议员、骑士、自治市权贵阶级、小资产阶级当然都破落了。他们以有耐心、有创造性的工作所积累起来的家产和建造起来的城市文明生活都一去不复返了。但是，旧的有产阶级为新的有产阶级所替代了，后者即使从经济观点来看也比他们的前人坏得多。前期帝国的人们置下的产业乃是整个帝国繁荣昌盛蒸蒸日上的结果。这些产业来自商业和工业，而其所获的资金则投之于土地以改进垦作方法和作物品种。二世纪的战争暗中摧残了这些产业，并延缓、甚至阻碍了经济发展。但是这些战争还没有使之毁灭，要恢复比较正常的状况还是可能的。三世纪的劫难像狂风似地卷走了帝国的繁华，使国民中的上进分子的创造精力为之衰靡不振。迪约克勒威安和君士坦丁的改革把国家方面有组织的劫掠政策定为永久性的制度，从而使一切有生产力的经济活动都无法进行。但是，它却没有阻止大产业的形成，甚而有助于它们的形成，不过改变其性质而已。新产业的基础不再是人们的创造力，也

1. 尤留斯的田庄
（迦太基的镶嵌细工）

2. 佃户送礼
（伊杰耳出土的碑）

图 79　三世纪和四世纪时的阿非利加和日耳曼尼亚

图 79 说 明

1. 镶嵌细工。发现于迦太基。突尼斯,巴尔多博物馆。A. 梅尔兰撰文,载《史学著作委员会考古学公报》(法文),1921 年,从第 95 页起。本图系根据 A. 梅尔兰先生所惠供之照片复制〔A. 梅尔兰和 L. 普安索:《阿拉乌伊博物馆便览》(法文),i (1950 年),图 XXII〕。

这幅镶嵌细工总的布局是十分新奇的。它设法把通常分别处理的两个主题结合起来,其一个主题是四季(例如,见本书图 58-1),另一个主题是一个大田庄上的生活(例如,见本书图 63)。图的中央是一所大庄院,即一所住宅和一座碉堡的联合建筑物。其最显著的外貌是它两角上的两座高耸的角楼、高大的底层及其拱形大门(这大门通往宅内各房间,大概还通往后面的一个大院子)、二层楼上漂亮的凉廊(起卧间都在二楼上)。这座建筑主要部分的后面可以见到另外两所分开的建筑,一所是厩房(?)或 *atrium* 〈正厅〉,另一所是一间圆顶的洗澡间。庄院外面环绕着一个园子。庄院两侧画着庄主行猎之状。两个仆人领路先行,其中一个是打野兽的,一个是看管猎狗的;田野里有一只野兔,那是猎取的对象;庄主骑着一头骏马,随后而来,他的身后跟着第三个仆人,背着食物袋。本图的上下两栏画的是庄田上的生活情景。四季各分占一角。左上角为冬季。一个男人拿着两只活鸭子;两个男孩在采集橄榄果;一个妇人拿着一个满盛黑橄榄果的篮子。他们代表一个 *colonus*〈佃户〉的家庭,图中画出他们与主人之间的关系:他们把当令的水果拿来献给庄院的女主人,女主人坐在一条长凳上,手执一扇。她坐的地方正是园子里鸡埘所在地,她的右边有一只公鸡在炫耀它美丽的羽毛,她的面前有一个雏鸡的窠,窠前有一群小鸡。同一栏的右角上画的是夏季。图中画着另一个佃户的家庭:背景是他们朴素的住宅,一所"茅棚"(*mapale*)或用芦苇编成的圆形小屋(参看菲利佩维厄的石棺上同一类型的小屋,那个石棺上所刻的乡村生活情景与此相似,见 S. 赖纳赫:《希腊罗马浮雕图谱》(法文)ii,第 3 页,第 5 号);前面场上可以见到这个佃户本人正在牧放他的绵羊和山羊,他的狗在一旁协助看守。他的左手拿着牧人的号角。他的妻子或女儿拿着一只小山羊献给她的女主人(这位女主人的像用于左右两个场面)。下栏左角画的是春季。庄院的女主人站在她的椅子面前，服饰雅丽，四面都是花丛，背景画着她的弄犬。她的面前站着一个女仆，手中拿着一副项链和一个盛化妆品的匣子；同时有一个男孩把三条鱼放在她的脚下。她的身后有一个男仆或一个佃户捧着一个满盛花枝的篮子。余下的那个角上画的是秋季。庄主坐在他的果园中的树下，园中满是熟了的水果；他的身后就是葡萄园。一个佃户跑过果园，拿着两只鹳鸟和一卷文书，文书上写 *Ju*（*lio*）*dom*（*ino*）〈呈尤留斯老爷〉，大概是一封贺帖或一张状纸。从葡萄园那边走过来另一个佃户，拿着一篮子葡萄和一只活的野兔，那大概是他刚从葡萄树丛里捉住的。这幅镶嵌细工突出地表现了佃户在田庄经济中所占的地位：庄院里的全部生活都依靠他们的劳力和献纳。

2. 一座墓碑上的浅浮雕。伊杰耳圆柱上雕刻图饰的一部分。特雷韦附近的伊杰耳。E. 埃斯佩朗迪厄：《罗马高卢浅浮雕图录》（法文）vi，第 442 页；德腊根多尔夫和克吕格尔：《伊杰耳出土墓碑》（德文）（1924 年），图录 9。

六个佃户排成一行，拿着实物贡品走进他们主人的住宅。他们刚刚穿过一座拱形大门进入该宅的院内。主人或他的管家在正厅的进口（挂着一幅半垂的帷幕）接待他们。他们所献的礼物或贡品包括一只野兔、两条鱼、一头山羊羔、一条鳗（?）、一只公鸡和一筐水果。阿尔隆（鄂罗劳努姆村）的一座墓碑上所雕的图形内容几乎与此相同，但那座碑现已遗失（E. 埃斯佩朗迪厄：《罗马高卢浅浮雕图录》（法文）V，第 271 页，第 4102 号）。在那幅雕图里，主人坐在一个台子后面的椅子上接待他的佃户；其贡品为一只公鸡、鱼、一筐水果和一只小猪。

不是发现和利用了新的财富资源，也不是改善和发展了工商业和农业；它主要在于以巧谲的手段利用国家中的特权地位对国家与人民双方同时进行欺骗和剥削。公家官吏，无论地位高低，都靠贪污行贿而发了财。元老院议员阶级摆脱了市政负担，把他们的赃利投之于土地，并利用他们这个等第的势力影响（他们在这方面的力量比皇帝们还要大，因而使皇帝们的好心好意无能为力）把赋税

1. 后期罗马帝国的一个罗马人在打猎

2. 汪达尔时期或拜占庭时期阿非利加的一所庄院及其庄主

图 80　后期罗马帝国的意大利和阿非利加

图 80 说 明

1. 一幅镶嵌细工的残片。发现于罗马的圣比比亚娜教堂附近。罗马，市立古物陈列馆。《罗马市考古委员会公报》(意大利文)32,1904 年,第 375 页;赫耳比希—阿梅隆:《向导》(德文),i,第 603 页,第 1072—1074 号。

一幅大镶嵌细工的三块残片之一。图中一个男人骑着马在一个树林里猎取一只野猪,有一只硕大凶猛的莫洛西亚狗从旁相助。这个人蓄着须,穿着罗马晚期式样的衣服;他的鞍鞯和马饰都显得很豪华。另外那两块残片画着另外的打猎场面——用网拿羚羊和用一个木制的捕兽机捕捉熊。就艺术风格来看,这幅镶嵌细工应与腊万纳地方狄奥多理皇宫中的镶嵌细工对比,其时代肯定相同;请看 G. 吉腊尔迪尼撰文,载《王家山猫学院珍藏古物集刊》(意大利文),24,1918 年,图 V(一幅几乎相同的打猎场面)。本幅残片上所见到的这个罗马贵人无疑地是一个哥特—罗马混血种。

2. 一幅镶嵌细工的片段。发现于迦太基的博尔季—杰迪德山麓。不列颠博物馆。《高卢与阿非利加镶嵌细工图谱》(法文)ii、1(突尼西亚),第 763 号,参看第 886 号,引用 A. W. 弗兰克斯所撰文,载《考古学》,(法文)38,1860 年,第 225 页,第 5 号;N. 戴维斯:《迦太基及其遗迹》(英文)(1861 年),从第 531 页起;莫尔根:《罗马不列颠的铺道》(英文),从第 272 页起,引用《建筑者》(英文),42,1882 年,从第 757 页起;《不列颠博物馆所藏希腊罗马雕刻品介绍》(英文),ii(1876 年),第二部分,从第 80 页起。就我所知,本幅片段以前未曾刊印过。A. 格腊恩姆曾在其所著《罗马的阿非利加》(英文)(1902 年)一书中刊印过本图中之建筑物,并曾予以描述(竟当作迦太基城垣的一部分!),见该书第 24 页和图版。

这幅镶嵌细工是那种描绘打猎场面的典型的阿非利加样本最晚近的摹制品之一(参看图 63 和 77-1)。本图中可以见到一个田庄主人骑着马在环绕他的庄院的山地里行走,他刚刚离开他的庄院。他扬起右手,作致礼状。从他的服装、马饰的形式和他的脸型可以看出他是一个汪达尔人,或者是汪达尔时期或拜占庭时期一个罗马化的阿非利加人。马臀上所画的符记是由三根芦苇和一个半月形构成的十字形,那是一种避邪的符。本幅片段是这幅镶嵌细工第一栏的一部分。在其第二栏中可以见到同一个人(骑着同一匹马)在猎取两只瞪羚(《高卢与阿非利加镶嵌细工图谱》(法文),第763号),同时另一个人用一根索套捉住一头牡鹿(同上,第886号)。另外一些残片所画的有一只野猪和一只狗、一只野兔等等。这幅镶嵌细工至少有两栏,或许三栏。

关于罗马晚期艺术中的打猎场面,特别是石棺上所刻之打猎图,请看G.罗登瓦尔德所撰文,载《德意志考古研究所罗马学组报导》(德文)36/37,1921—1922年,从第58页起。

负担转嫁在其他阶级身上,直接诈取国库,以及奴役人数越来越多的工人。我们在这里不可能讨论他们是怎样地和以什么名义来霸占大片肥沃的田地(其中有私产也有属于皇家的产业)。我们已经看到三世纪时这种人在埃及的活动。到了四世纪时,他们顺着旧路继续向前推进。购买、承租、代管、无限期承租、以世代负责垦种为条件的世袭租地权(*emphyteusis*),所有这些方法都用以使元老院议员阶级成为出类拔萃的大地主阶级,使大地产遍布于各行省有似于小王国一般。元老院议员阶级中很少有人住在京都或城市里。他们大多在乡下建立壮丽的庄院,环以城堡而居住于其中,拥有他的家庭和他的奴隶、一群真正带着武装的护院庄客,还有成百上千的农奴和依附人。我们从奥索纽斯、佩拉的鲍利努斯、西多纽斯·阿波利纳里斯和萨尔维安等人的记载中,从这种庄院的许多遗址中,从庄院楼板上那些画着他们在镇上或乡下的别院的华丽景象的若干镶嵌细工中,能非常了解他们的生活方式。这是一个人数不少而声势煊赫的阶级。每一个功名成就的"新"人都尽力追求成为这个阶级的一员,有许多人达到了这个愿望。这个阶级的人都很爱国,他们生来就热爱罗马城和帝国,他们是皇帝忠实的仆

人，他们对文明和文化评价很高。他们的政治眼光很窄狭，他们的奴隶性极大。但是，他们的外貌很威严，他们那种高贵的神情甚至使那些逐渐成为帝国主人的蛮族也为之心折。他们只在理论上同情并了解其他阶级，以文学来表示他们的怜悯，但不施实惠。他们把那些人看做微不足道的东西，在这方面有似于公元前一世纪和公元后一世纪时罗马城的权贵们。二世纪时的元老院议员大概没有这样排外和这样自负。当然，其中也有例外，但为数不多。由此可见，社会之分为两个阶级比以往更有甚焉：其一个阶级越来越穷困，而另一个阶级靠掠夺这个残破的帝国而发财致富——这是一群真正的寄生虫，他们对经济生活从来没有任何贡献，而靠别的阶级的辛勤劳动为生。

三世纪的社会革命摧毁了古代世界的社会经济生活和文化生活的基础，而不可能产生任何正面的成绩。它在一个以历史悠久的古典文明和城市自治为基础的、繁荣而组织完善的国家的废墟上建立了一个以普遍的愚昧无知、以强迫横暴、以奴役作践、以欺诈行贿为基础的国家。四世纪时的皇帝可以采取别的道路，可以不建成一个像后期罗马帝国这样的奴隶国家，而建成一个既免于前期帝国的错误却又不把革命期间的野蛮措施奉为准则的国家；然而，他们却建立了上述那样的一个国家，我们是否有理由谴责他们故意按照自己的心愿选择了这条道路呢？提出这个问题是没有意义的。四世纪时的皇帝（特别是迪约克勒戚安）是在横暴强迫的气氛中成长起来的。他们从来没有见过其他的现象，从来没有遇到过其他任何方法。他们所受的教育是有限的，他们只受过军事方面的训练。他们对待自己的职责很认真，他们受着衷心热爱祖国的情感的鼓舞。他们的目的是挽救罗马帝国,而他们达到了这个目的。他们好心好意地使用他们所熟悉的横暴强迫的手段来达到这个目的。他们从来没有问过:拯救罗马帝国是为了把它变成一个容纳几千万人的大监狱,这样做是否值得?

凡是阅读一部研究罗马帝国的书籍的读者都会希望作者对一般所谓罗马帝国衰亡(这个术语来自吉朋)或甚至整个古代文明衰亡的看法。因此,我必须先表明个人对这个问题所定的范围,然后简要地陈述我在这个问题上的个人意见。罗马帝国的衰亡,也就是说整个古代文明的衰亡,具有两个方面:其一是政治和社会经济方面,另一是文化精神方面。在政治方面,我们见到帝国内部有一个逐渐蛮族化的过程,特别是在西方。外来的日耳曼族分子在政府和军队中都占了主要地位,他们大批内迁,代替了战场上不再出现的罗马国民。一个与此相关的现象就是西罗马帝国的逐渐分崩离析,这当然也是这次内部蛮族化的必然后果;旧罗马行省中的统治阶级起初为日耳曼人和萨尔马特人所取代,后来完全为日耳曼人所取代,或通过和平的渗透,或通过征服。在东方,我们见到的是拜占庭帝国之逐渐东方化,这个运动最后导致在罗马帝国的废墟上建立了一些半东方式的和纯东方式的强国,即大食帝国、波斯帝国和土耳其帝国。就社会经济观点言,我们所谓衰落的意思指的是古代世界逐渐返回到非常原始的经济生活方式,几乎返回到一种纯粹的"家庭经济"。创造和维持高级经济生活方式的城市逐渐凋零了,其中大多数城市几乎不再存在于地球上了。依然残存着的只有少数城市,特别是那些曾经成为工商业大中心的城市。古代帝国那种复杂细密的社会制度也走着同样的下坡路而还原成

原始状态：国王、他的宫廷和扈从、大封建地主、教士、大群乡村农奴以及一小群工匠和商人。以上所述就是这个问题的政治和社会经济方面。但是，我们切不可过分地把它当作普遍现象。我们不能够把拜占庭帝国与西欧或与新形成的斯拉夫人的政治组织等量齐观。不过，有一件事是肯定的：在整齐一致的城市经济生活崩溃之后，每一个地方都开始发生了一种特殊的、因地而异的变化。

从文化精神方面来看，主要的现象是古代文明、希腊罗马世界的城市文明衰落了。东方文明是比较巩固的：它们掺杂了一些希腊城市文明而继续维持着，甚至在波斯和大食帝国还曾一度出现灿烂的复兴现象，更不用说印度和中国了。这一演变也有两个方面。其一是希腊文明在其曾经取得辉煌成就的领域如精密科学、技术、文学和艺术等方面的创造力完全穷竭了。这种衰落早在公元前二世纪时即已肇端。此后在意大利诸城市，再往后在帝国东西部各行省诸城市，创造力曾一度暂时恢复。这种进展到了公元后二世纪时几乎完全陷于停顿，而后，经过一段停滞时期，又开始逐步地、迅速地衰落下去。我们还观察到，与此平行的是希腊罗马文明同化力之逐步衰退。城市不再能吸收广大的乡村居民，这就是说，不再能使他们希腊化或罗马化。情形与此相反。乡村的蛮族风气反而开始把城市居民卷进去了。只剩下寥寥无几的文明生活的小岛，那就是后期罗马帝国的元老院议员贵族阶级和教士；但这两种人，除了一小部分教士以外，也都逐渐被那蛮族化的洪涛所吞噬了。

这个现象的另一方面就是在民众中间发展了一种新的心理倾向。这是社会下层的心理倾向，完全以宗教为依皈，它不仅忽视、

而且还仇视社会上层的文化成就。这种新的心理倾向逐渐支配了上层阶级，或至少支配了其中大多数人。各种神秘宗教（有东方的，也有希腊的）在上层阶级中的广泛传布就反映了这一点。基督教的胜利使这种影响达到了最高峰。在这方面，古代世界的创造力依然存在，例如，从建立基督教会、从基督教神学之适应上层阶级的智力水平、从创造一种有力量的基督教文学和一种新型的基督教艺术等等这样一些重要成就可以看得出来。努力创造新文化成就的目的主要在于感化民众，因此，其所体现的是城市文明那种高度水平的下降过程，至少就文字形式方面而言是如此。

由此，我们可以说，无论在政治和社会经济方面或在文化方面，帝国时期古代世界的发展有一个显著的特征。这就是上层阶级逐渐被下层阶级所吸收，与此相伴而行的是水平的逐渐降低。水平之降低是从许多方面造成的。有的情形是下层阶级慢慢地渗入上层而上层阶级不能同化新加入的分子。有的情形是爆发激烈的内部斗争：倡其首者为希腊各城市，随后则有公元前一世纪时席卷整个文明世界的内战。在这些斗争中，上层阶级和城市文明大体而言仍然是获胜者。两个世纪以后，爆发了一场新的内战，结果下层阶级获胜，给城市里的希腊罗马文明以致命的打击。最后，蛮族分子部分由于渗入、部分由于征服而从外界流进内部，彻底吞没了这种文明，这种文明在垂死的情况下即使对一小部分蛮族分子亦无同化之力了。

因此，我们所要解决的问题就是这样。为什么希腊和意大利的城市文明不能使群众同化，为什么它始终是一种社会中坚分子的文明，为什么它不能创造条件以保证古代世界沿着都会文明这条道路继续不断地向前推进？换句话说：为什么近代文明要很艰辛地、像一种新生的东西似地从旧文明的废墟上建立起来，而不是直接从旧文明继续发展起来的呢？对于这个问题已经有人提出了各种不同的解释，而且每一个解释者都宣称他已经解决了它。现在让我们对其中最重要的解释作一番评述。它们可以分为四类。

(1) 有许多著名的学者主张从政治方面提出解答。贝洛赫认为古代文明之衰落是由于罗马帝国吞并了希腊城邦，由于大一统国家之形成阻碍了希腊创造力去发展和巩固文明生活的伟大成就。这种观点有一些道理。罗马帝国之形成显然是在水平化过程中前进了一步，从而有利于最后使上层阶级为下层阶级所吸收。但是，我们必须考虑到，阶级战争是希腊城市的一个普遍现象，而我们毫无理由可以假定希腊城市公众集体会找得出办法来解决各种集体中产生内战的社会经济问题。而且，这种观点暗示在古代世界中只有一个种族有创造力，这显然是错误的。科尔芮曼同样倾向于这一方面，他进而提出另一种解释。他认为，奥古斯都裁减帝国的军事力量，而其后继者继续裁减军队，这件事乃是罗马帝国衰落的主要原因。这种提法把重点完全强调在问题的军事方面，因而又返回了一个陈腐过时的观念，即认为古代文明是由于蛮族入侵而破坏的；这个观念不应当复活。此外，帝国经济的衰退只允许维持一支较小的军队，这是所有的皇帝都了解的事实。更没有说服力的是费雷罗的看法，他认为帝国之崩溃是由于一桩不幸的事件造成的，这是一件偶然的事，但却产生了极其严重的后果。他说，M. 奥雷留斯不把他的权位传给元老院所选择的人而传给自己的儿子康莫杜斯，无形中就损害了元老院的威望，而罗马国家的全

部结构就奠基在这种威望上面；康莫杜斯之被暗杀引起了塞普提米攸斯之僭立和三世纪时的内战；而这种僭立行为和战争又摧毁了元老院的威望，并使皇权在主要支持它的民众心目中丧失其唯一的合法性。费雷罗忘记了三世纪时的皇权在立法上依旧来自元老院和罗马人民，即使在迪约克勒威安时期也还是这样，这种观念在君士坦丁及其后继者的时期仍然残存着。他还忘记了奥古斯都、韦斯帕西安和安东尼努斯氏的微妙制度乃是上层阶级的产物，不在民众观念范围以内，它根本不可能为帝国人民群众所理解。此外，费雷罗未能了解三世纪危机的真正性质。斗争并不存在于元老院和皇帝之间，而是存在于城市与军队——亦即农民群众——之间，事实可以证明这一点，那就是：战斗并不是由罗马城开端的而是由阿非利加行省诸城市开端的。赫特兰提供了一个比较深刻的解释。他认为，古代世界之衰落是由于它未能让群众参预政权，甚至还逐渐限制那些参与国家生活的人数，最后竟使他们仅限于皇帝本人、他的宫廷以及皇家官僚集团。我只把这一点看作前文所述重大现象的一个方面。如果罗马皇帝们知道而且相信代议制政府，难道我们有理由假定他们不会去试行这种计划吗？他们试行过许多其他计划，但都失败了。如果说代议制政府的观念对古代世界来说是陌生的（事实上并非如此），那么，进化到这样一种观念并非很难的事，为什么古代世界竟没有办到呢？而且，还产生这样一个问题：正如希腊城邦一样，它曾经是希腊文明发展的外貌之一，而不是那种文明光辉发展的原因；难道我们能够断言代议制政府是我们今天的文明光辉发展的原因，而不是文明发展的外貌之一吗？我们有最起码的理由相信近代民主政治是连续不断的进步发展的一种保证而且足以防止在促长仇恨和嫉妒的影响下爆发内战吗？我们不要忘记：最近代的政治社会理论提出的看法认为民主政治是一种过时的制度，它是腐朽的东西，是资本主义的产物，而唯一正确的政权形式是无产阶级专政，那就是彻底摧毁民众的自由而强迫人民全体只许接受物质福利和建筑在物质福利之上的平等主义这样一种单纯的理想。

(2) 对于解释古代世界衰落的经济说必须完全予以反驳。我在谈古代世界工业发展状况时曾提到K.比歇尔的理论，他的这一理论为M.韦伯尔和G.萨尔维约利所接受，并被他们加以修改。如果说这种理论对于工业发展这样一个小问题尚且不能解释，当然更不能用以解释整个现象了。捍卫这种理论的人忘记了古代世界的发展经历了多次循环周期，在这些循环中出现过很长的进步期，又出现了很长的倒退期，在倒退期间返回了比较原始的状况，就经济生活方面言，通常把这种较原始的状况称为“家庭经济”。固然，古代世界始终未达到我们所生活的这种经济发展阶段。但是，在古代世界历史上，我们看到有许多时期都曾出现高度的经济发展：许多东方君主国，特别如埃及、巴比伦和波斯的历史上的某些时期；城邦的鼎盛时代，特别是公元前四世纪时；希腊化君主国时代，其鼎盛期在公元前三世纪；后罗马共和国时期和前罗马帝国时期。所有这些时代都显示出各种不同外貌的经济生活和各种不同形态的资本主义。家庭经济的形态在其中任何一个时期都不流行。我们可以把这些时期的经济生活面貌比之于文艺复兴时期及稍后一些许多欧洲国家的经济生活面貌，虽然这种对比不会全部相同，因为近代经济发展并不能等同于古代世界的经济发展。根

据古代世界历史上这样一些时期不同的经济状况来看，家庭经济与资本主义经济之间的关系是多种多样的，这种关系在古代世界中不仅因时而异，而且在同一时期内因地而异。在这一方面，古代世界与近代世界倒不无相同之处。在欧洲的工业地区，如英国、德国和法国的部分地方，今天的经济生活大不同于俄国、巴尔干半岛和近东大部分地方这类农业地区。美国的经济生活丝毫不同于欧洲的经济生活，也不同于南美各个地区的经济生活，更不用说到中国、日本和印度了。古代世界也是这样。埃及和巴比伦曾有过复杂的经济生活，有着高度发展的工业和广泛的商业关系，而当时近东其他地区却过着极不相同的、原始得多的生活。公元前四世纪时的雅典、科林斯、罗得、锡腊库塞、提尔和西顿都是发达的商业资本主义的中心，而当时其他希腊城市却几乎过着纯农业生活。在希腊化时代和罗马时代，情形与此完全相同。我们必须解释的主要事实在于：既然资本主义的发展曾屡次在许多地方开了头，并且在古代世界大部分地区曾流行过一段相当长的时期，为什么会最后让位于原始得多的经济生活方式。甚至直到今天也未能完全排除这种方式。显然，绝不能断言古代世界自始至终过着原始的家庭经济生活方式，以此来解决上面的问题。因为这种说法的错误是一望而知的。我们可以说近代世界大部分地区正好也存在同样的问题，我们根本不能保证近代资本主义世界就不可能被一次激烈的巨变带回到原始的家庭经济状态。

综前所述，可知古代生活在经济方面的简单化并不是我们所谓古代世界衰落的原因，而是上述理论所欲解释的那更为广泛的现象的一个方面。在这方面，正如政治、社会、文化、宗教等人类生活其他方面一样，群众中那种较原始的生活方式没有被高级生活方式所同化，反而最后战胜了后者。我们可以从这些现象中挑出一个现象，宣称它就是最根本的原因；但是，这只是随意选择的假定，它不会使任何人信服。问题依然存在。资本主义一帆风顺的发展为什么会中途而止？为什么没有发明机械？为什么企业组织不完善？为什么原始经济的根本力量没有被打倒？这种力量逐渐在消失；为什么它们不彻底消失？认为它们在分量比例上比我们今天要强一些，这样说并无助于解释主要的现象。正是因为这样，所以有许多经济学家知道一般常见的解释只触及问题的表面而没有深入研究问题的本质，于是才提出某种有力的自然因素作为古代世界高级形式的经济生活趋于衰退的原因，想以此来挽救经济说，挽救唯物主义对整个历史发展的观念。某些学者所找到的这样一种因素就是古代世界各地的地力已经普遍用尽，认为这种现象在后期罗马帝国达于顶峰从而摧毁了古代世界。我在前面已经谈过这种理论。* 它没有任何事实根据。有关古代世界经济发展的种种事实均与此说相违背。在古代世界中，农业之衰落与经济生活其他部门的衰落道路完全相同，原因也完全相同。每当政治情况和社会情况在帝国各个地区有所改善的时候，田园也就立刻像过去一样地获得丰收。例如，在奥索纽斯和西多纽斯·阿波利纳里斯的时代，高卢的繁荣现象可资证明；埃及的事实也可作证明，因为埃及的地力是不可能用尽的，那些非泛滥区也只要用最简单的方法就可以非常容易地予以改善，然而，在三、四世纪时，这里

* 见第535—537页。

的农业也完全与其他行省一样地衰落了。显然，经济说无助于我们解决问题，经济学家们的探讨仅只揭示了古代世界衰落的一个方面，而没有揭示出衰落的原因。

(3) 医学和生物学的迅速进展对于解决古代文明衰落的问题产生过影响。经常有人从生物学方面提出解决方案，将退化和种族自尽这些理论应用之于古代世界。生物说从表面上看似乎很透彻地解释了有文化的上层阶级同化力衰退的问题。他们逐渐退化，丧失了同化下层阶级的能力，反而被下层阶级同化了。按照西克的看法，他们之所以退化及其人数之所以减少是由于内外战争“消灭了优秀分子”的缘故。另外一些人，如滕尼·弗兰克，则认为由于与低等民族血统混合因而污染了高等民族。还有一些人则认为退化是一切文明集体所共有的自然发展过程：优秀分子既不是被消灭了，也不是被污染了，而是由于他们不再继续繁衍，却任凭那些低等人任意生育，从而造成他们自身有意识地自尽。我没有资格从生物学和生理学的观点来判断退化问题。从历史学的观点来看，我敢于反驳西克的说法，因为在战争和革命过程中被消灭的不仅是优秀分子。另一方面，并非每次革命之后就一定不可能接着出现一个繁盛兴旺的时代。我也不同意弗兰克的看法，我觉得没有什么标准可以划分低等民族和高等民族。为什么认为只有希腊种和拉丁种的人才是罗马帝国里的高等民族呢？有一些所谓“污染了”统治民族的种族，如先印欧种和先闪米特种或地中海种，过去曾创造过伟大的文明（埃及文明、米诺斯文明、伊伯利安文明、埃特鲁里亚文明、小亚细亚文明），闪米特文明和伊朗文明也是属于这种情况。为什么混合了这些民族的血统就会污染和败坏希腊

人与罗马人的血统呢？另一方面，克勒特人和日耳曼人同希腊人和罗马人属于同一族系。克勒特人自有其高度的物质文明。日耳曼人注定了日后要发展一种高级的文化生活。为什么混合了这些人的血统就会使同属于雅利安族系的希腊人和罗马人退化堕落而不使他们革新迁善呢？由于种族自尽而使文明自然衰落的理论正是陈述了我们所已经说过的那种总的现象，即上层阶级逐渐被下层阶级所吸收而见不到上层阶级表现出同化力。它陈述了事实，但没有作出解释。这个理论所需要解决的问题是：为什么优秀分子不继续繁衍自己的种类？这可以从各种不同的方面来解决：我们可以提出经济说，或生理说，或心理说。但任何一种说法都没有说服力。

（4）认为基督教要对古代文明的衰落负责，这种说法也是极常见的。当然，这种观点非常狭窄。基督教只是古代世界整个精神面貌改变的一个方面。我们能够说这种改变就是古代文明衰落的根本原因吗？在原因和征候二者之间实难以分划清楚，而古代史领域内的一件迫切的任务就是进一步探究这次精神面貌改变的问题。这次改变无疑是城邦文明逐渐衰落以及一种新的大一统观念和新的文明兴起的最有影响的因素之一。但是，我们如何来解释这次改变呢？这是个人心理和群众心理问题吗？

如果我们能把“衰落”这个词汇应用于我所致力描述的那种复合现象的话，那么，现有的理论无一能充分解释古代文明衰落的问题。然而，其中每一种理论对于澄清认识都有很大的贡献，都有助于我们理解到一点，那就是：作为衰落过程基础的主要现象是有教养的阶级逐渐被群众吸收以及因此而必然使政治、社会、经济、文化等生活的一切机能都趋于简单化,我们对这个现象称之为古代世界的蛮族化。

古代世界的演变对我们来说是很有教益的前车之鉴。我们今天的文明只有不使它限于一个阶级所独有,而使它成为群众的文明,才能延续下去。东方文明之所以比希腊罗马文明较为巩固和延续得较久,是因为东方文明主要以宗教为基础,所以比较接近群众。另一个教训就是,要想使社会平等的激烈计划始终不曾有助于抬高群众。这种计划曾摧毁了上层阶级,而结果加速了蛮族化运动的进行。但是,最根本的问题依然像一个幽灵,一直在我们面前作怪:有可能把一种高级文明推广到下层阶级而不降低它的标准和不使它的质量减退到消失点的程度吗?是否每一种文明一当渗入群众中去的时候就注定了它要立刻开始趋于衰落呢?

译名对照表

1. 本对照表按笔画顺序排列；
2. 相同字头的，按字数多少排列；
3. 每笔画中按人名、地名、种族排列。

三　画

马乌，A.　Mau，A.
马果　Mago
马丁利，H.　Mattingly，H.
马尔斯　Mars
马克累　Macler
马英斯，F.　Mayence，F.
马攸里，A.　Maiuri，A.
马提斯，G.　Matthies，G.
马司帛洛，G.　Maspero，G.
马尔恰耳　Martial
马约尼卡，E.　Maionica，E.
马拉拉斯　Malalas
马里攸斯，C.　Marius，C.
马里库斯　Mariccus
马里雅安，L.　Mariani，L.
马尔锡亚斯　Marsyas
马特尔努斯　Maternus
马克里亚努斯　Macrianus
马克西米亚努斯　Maximianus
马特雷斯·奥法涅　Matres Aufaniae
马提西厄，H. 梅耶尔·德　Mathuisieux，H. Méhier de
马克西米努斯，C. 尤留斯·韦鲁斯　Maximinus. C. Julius Verus
马里努斯·帕卡戚亚努斯，Ti. 克劳迪亚斯　Marinus Pacatianus，Ti. Claudius
门德耳　Mendel
小普利尼　Pliny the Younger
凡纽斯·西尼斯托尔，P.　Fannius Synistor，P.

马其顿　Macedonia
马乔列　Maggiore
马德里　Madrid
马尔凯提　Marchetti
马尔古姆　Margum
马西利亚　Massilia
马克塔尔　Mactar
马里厄蒙　Mariemont
马道鲁斯　Madaurus

马罗芮亚　Maroneia
马哈腊加　Maharraga
马腊巴阿　Marabbaa
马涅锡安　Magnesian
马尔马拉海　Sea of Marmora
马尔契亚堡　Marcianopolis
马斯库卢拉　Masculula
马罗博杜乌斯　Maroboduus
土加　Thugga
土耳其　Turkey
土里斯　Turris
土布尔西库　Thubursicu
土布尔博—马攸斯　Thuburbo Majus
土里斯—塔纳勒尼　Turris Tanalleni
土布尔西库—努米达鲁姆　Thubursicu Numidarum
大夏　Bactria
大马士革　Damascus
大食帝国　Caliphate of Arabia
大勒普提斯　Leptis Magna
大勒普契斯　Lepcis Magna
大布利俄尼岛　Brioni Grande
大赫尔木波利斯　Hermupolis Magna
下努比亚　Lower Nubia
下梅西亚　Moesia Inferior
下日耳曼尼亚　Lower Germany
门德尔　Maender
门德科拉　Mendechora
小亚细亚　Asia Minor
小勒普契斯　Lepcis Minor
上梅西亚　Moesia Superior
上日耳曼尼亚　Upper Germany
万达尔　Vandal

马其顿人　Macedonians
马科曼尼人　Marcomanni
马尔马里德斯人　Marmarides

四　画

尤诺　Juno
尤利安　Julian
尤留斯，C.　Julius,C.
尤古尔塔　Jugurtha
尤皮特尔　Juppiter
尤韦纳耳　Juvenal
尤昆杜斯　Jucundus
尤斯提年　Justinian
尤士丁尼安　Justinian
尤利亚努斯　Julianus
尤莉雅・波拉　Julia Polla
尤莉雅・梅萨　Julia Maesa
尤莉雅・多姆娜　Julia Domna
尤莉雅・曼梅雅　Julia Mammaea
尤昆迪亚努斯　Jucundianus
尤留斯・菲利普，M.　Julius Philippus,M.
尤莉雅・索埃米雅丝　Julia Soaemias
尤留斯・曼苏韦土斯　Julius Mansuetus
尤留斯・C. f. 夸德腊土斯，C.　Ju-

lius C. f. Quadratus, C.
尤皮特尔—多利克努斯 Juppiter Dolichenus
尤昆杜斯·格里皮亚努斯 Iucundus Grypianus
韦克 Wecker
韦尔斯, C. B. Welles, C. B.
韦丘斯 Vettii
韦伯尔, M. Weber, M.
韦罗塔 Verota
韦雷斯 Verres
韦斯帕西安 Vespasian
韦鲁斯, 卢秋斯 Verus, Lucius
韦雷昆登西斯 Verecundensis
韦丘斯·菲尔木斯 Vettius Firmus
韦雷昆杜斯, M. 韦契留斯 Verecundus, M. Vecilius
韦提丢斯·尤韦纳利斯, Q. Vetidius Juvenalis, Q.
韦尔季留斯·欧里萨策斯, 马尔库斯 Vergilius Eurysaces, Marcus
巴卢, A. Ballu, A.
巴尔特, C. Bardt, C.
巴贝龙, E. Babelon, E.
巴库斯 Bacchus
巴特勒, H. C. Butler, H. C.
巴利斯塔 Ballista
巴贝龙, M. 惹昂 Babelon, M. Jean
巴尔托契尼, R. Bart Occini, R.
巴尔比攸斯 Barbii
巴西亚努斯 Bassianus
巴耳比努斯, D. 策留斯·卡耳维努斯 Balbinus, D. Caelius Calvinus
贝尔, H. I. Bell, H. I.
贝肯, F. H. Bacon, F. H.
贝涅, M. Besnier, M.
贝洛赫 Belock
贝英兹, 诺曼·H., Baynes, Norman H.
贝斯威瓦耳德, P. Boeswilwald, P.
贝雷尼切, 尤莉雅 Berenice, Julia
贝勒努斯·杰梅卢斯, L. Bellenus Gemellus, L.
瓦罗 Varro
瓦鲁斯 Varus
瓦罗凯 Warocqué
瓦明滕, E. H. Warmington, E. H.
瓦勒里安 Valerian
瓦巴拉土斯 Vaballathus
瓦勒里攸斯·斯塔提留斯·卡斯土斯 Valerius Statilius Castus
乌丘斯, C. Utius, C.
乌丘斯, P. Utius, P.
乌耳皮安 Ulpian
乌姆布里秋斯·斯考鲁斯 Umbrioius Scaurus
乌耳皮攸斯·科尔芮留斯·勒利亚努斯 Ulpius Cornelius Laelianus
比歇尔, K. Bücher, K.
比勒特尔 Billeter
比利阿尔, R. Billiard, R.
孔特瑙, G. Contenau's, G.
孔达科夫, N. Kondakoff, N.
毛里斯, J. Maurice, J.

文克尔曼　Winckelmann
日耳曼尼库斯　Germanicus

巴思　Bath
巴萨　Basa
巴黎　Paris
巴尔多　Bardo
巴格达　Baghdad
巴勒斯坦　Palestine
巴勒贝克　Baalbek
巴黎昔邑　Parisii
巴尔干半岛　Balkan Pen.
巴尔卡耳山　Gebel Barcal
巴比伦尼亚　Babylonia
巴尔贝里尼宫　Palace Barberini
贝叶　Bayeux
贝提卡　Baetica
贝鲁特　Beirout
贝雷亚　Beroea
贝芮文托　Benevento
贝里土斯　Berytus
贝约戚亚　Boeotia
贝雷尼切　Bernice
贝尔哥木姆　Bergomum
贝尔格莱德　Belgrade
贝芮文土姆　Beneventum
乌拉尔　Ural
乌提卡　Utica
乌梅里　Umeri
乌菲齐　Uffizi
乌提纳　Uthina
乌尔比诺　Urbino
乌扎利斯　Uzalis
乌耳皮亚纳　Ulpiana
乌耳梅土姆　Ulmetum
乌基—马攸斯　Uchi Majus
乌耳皮亚—图拉真纳　Ulpia Trajana
尤文纳　Iuenna
尤留堡　Iuliopolis
尤瓦鲁姆　Iuvarum
尤利约博纳　Juliobona
尤莉雅—维也纳　Julia-Vienna
比利时　Belgium
比布利斯　Byblis
比扎策纳　Byzacena
比提尼亚　Bithynia
比利牛斯山　Pyrenees Mts.
文多尼萨　Vindonissa
文多博纳　Vindobona
文塔—锡卢鲁姆　Venta Silurum
文多尼亚努斯村　Vindonianus
木尔萨　Mursa
木克锡　Muxsi
木提纳　Mutina
孔马杰芮　Commagene
孔科尔迪亚　Concordia
孔塞尔瓦托里宫　Palazzo dei Conservatori
中非　Central Africa
中国　China
瓦加　Vaga
瓦兰休姆—克劳迪亚斯镇　Forum Claudii Vallensium
丰富路　Strada dell'Abbondanza

丰塔纳—皮科拉 Fontana-Piccola
毛里塔尼亚 Mauretania
毛里塔尼亚—凯撒连西斯 Mauretania Caesariensis
韦累亚 Veleia
韦土洛尼亚 Vetulonia
开罗 Cairo
丹麦 Denmark
日本 Japan
六朝 Six Dynasties
牛津 Uxford
不列颠 Britain
内卡河 Neckar R.
以弗所 Ephesus
牙欧斯 Ngaous
厄比纳耳 Épinal
切德沃思 Chedworth

巴尔干人 Balkan
巴伐尔人 Bavares
巴夸特人 Baquates
巴高德人 Bagaudae
巴斯塔奈人 Bastarnae
木苏拉米部 Musulamii
木苏尼—雷甲尼部 Musunii Regiani
五部人 Quinquegentanei
尤吞季人 Juthungi
不列颠人 Britons
日耳曼人 Germans
乌比伊部 Ubii
贝都因人 Bedouins
瓦纳契尼部 Vanacini

五 画

卡尔扎,G. Calza,G.
卡尔德,W. M. Calder,W. M.
卡尼亚,R. Cagnat,R.
卡休斯 Cassius
卡尔木斯 Charmus
卡扎罗夫,G. Kazarow,G.
卡里努斯 Carinus
卡腊卡拉 Caracalla
卡提利纳 Catilina
卡尔科皮诺,J. Carcopino,J.
卡耳德里尼,G. Calderini,G.
卡利斯土斯 Callistus
卡尼亚—夏波 Cagnat-Chapot
卡尼纳—O.雅恩 Canina-O. Jahn
卡佩利亚努斯 Capelianus
卡利古拉,加攸斯 Caligula,Gaius
卡利斯特腊土斯 Callistratus
卡鲁斯,M. 奥雷留斯 Carus,M. Aurelius
卡耳普尔纽斯·特里丰,Ti. Calpurnius Tryphon,Ti.
卡皮托利努斯,埃留斯 Capitolinus,Aelius
布拉 Bulla
布克勒,W. H. Buckler,W. H.
布克曼,J. Buckmann,J.
布朔尔,E. Buschor,E.
布朗歇,A. Blanchet,A.
布鲁辛,G. Brusin,G.

布里齐约　Brizio
布鲁图斯　Brutus
布罗甘夫人,O. L.　Mrs. Brogan,O. L.
布吕姆讷尔,H.　Blümner,H.
布拉克,马里恩　Blake,Marion
布鲁尼塔努斯　Burunitanus
布龙斯—格腊登维茨　Bruns-Gradenwitz
布拉休斯·尼杰利约,L.　Blassius Nigellio,L.
加图　Cato
加耳巴　Galba
加攸斯　Gaius
加尔斯唐　Garstang
加留斯氏　Gallii
加攸斯·恺撒　Gaius Caesar
加莉雅·波拉　Gallia Polla
加勒里攸斯　Galerius
加斯提芮尔,G.　Gastinel,G.
加列努斯,P.　利契纽斯·埃尼亚丘斯 Gallienus,P. Licinius Egnatius
加卢斯,C.　维比攸斯·特雷博尼亚努斯 Gallus,C. Vibius Trebonianus
卢坎　Lucan
卢秋斯　Lucius
卢契安　Lucian
卢库卢斯　Lucullus
卢里攸斯　Lurii
卢契留斯　Lucilius
卢里攸斯·卢库卢斯　Lurius Lucullus
卢克雷丘斯·弗龙托　Lucretius Fronto
卢秋斯之子卢秋斯·门米攸斯·奎里努斯·帕卡土斯　Memmius,L. f. Quir. Pacatus,L.
弗雷泽,P. M.　Fraser,P. M.
弗耳策尔,E.　Fölzer,E.
弗兰克斯,A. W.　Franks,A. W.
弗拉库斯　Flaccum
弗兰克,滕尼　Frank,Tenney
弗里德兰德,L.　Friedländer,L.
弗拉维攸斯　Flavius
圣约翰　St. John
圣乔治　St. George
圣彼得　St. Peter
圣保罗　St. Paul
圣狄奥多　St. Theodore
圣约翰·克里索斯托姆　St. John Chrysostom
皮奥　Piot
皮尼亚,V.　Pignat,V.
皮若安,J.　Pijoan,J.
皮鲁斯　Pyrrhus
皮特—里佛兹　Pitt-Rivers
皮纳里攸斯·策里亚利斯　Pinarius Cerialis
尼古拉一世　Nicholas I
尼科马库斯　Nicomachi
艾扎纳斯　Aeizanas
艾德普索斯　Aidepsos
宁妮　Nymph
古韦,Ch.　Gouvet,Ch.

汉尼拔　Hannibal
史密斯,A. H.　Smith,A. H.
申包埃尔　Schönbauer
本迪芮利,G.　Bendinelli,G.
龙佩里亚尔,A. 德　Longpérier, A. de
兰德尔—默基佛,D.　Randall-MacIver,D.
台特里库斯,C. 皮攸斯·埃苏维攸斯　Tetricus,C. Pius Esuvius

卡苏　Kasu
卡马河　Kama R.
卡里亚　Caria
卡纳塔　Canatha
卡勒提　Caleti
卡累斯　Cales
卡普阿　Capua
卡普萨　Capsa
卡腊腊　Carrara
卡土卢斯　Catullus
卡尔契斯　Chalcis
卡皮达瓦　Capidava
卡皮托耳　Capitol
卡西利纳　Casilina
卡拉提斯　Callatis
卡特纳湾　Val Catena
卡梅罗斯　Kameiros
卡腊尼斯　Caranis
卡腊利斯　Caralis
卡腊诺格　Karanog
卡斯土洛　Castulo
卡斯托尔　Castor
卡尔嫩土姆　Carnuntum
卡拉布里亚　Calabria
卡帕多细亚　Cappadocia
卡斯特拉纳　Castellana
卡散德雷亚　Cassandrea
卡木洛杜努姆　Camulodunum
卡布里厄雷—德盖　Cabrières d'Aigues
卡斯特腊—韦特腊　Castra Vetera
卡斯特腊—雷季纳　Castra Regina
卡斯特罗—乌尔迪亚勒斯　Castro-Urdiales
卡勒瓦—阿特雷巴土姆　Calleva-Atrebatum
卡萨—德拉—丰塔纳-皮科拉　Casa della Fontana Piccola
布尔日　Bourges
布格河　Bug R.
布尔努姆　Burnum
布林迪西　Brindisi
布鲁克曼　Bruckmann
布鲁丘姆　Bruttium
布鲁塞尔　Brussels
布加勒斯特　Bucharest
布拉—雷季亚　Bulla Regia
布里克西亚　Brixia
布里杰戚约　Brigetio
布里甘提努斯　Brigantinus
尼罗河　Nile R.
尼科堡　Nicopolis
尼策亚　Nicaea

尼科西亚　Nicosia
尼科梅迪亚　Nicomedia
尼罗河三角洲　Delta
尼科堡—阿德—芮斯土姆　Nicopolis ad Nestum
尼科堡—阿德—伊斯特鲁姆　Nicopolis ad Istrum
加扎　Gaza
加贝斯　Gapes
加达腊　Gadara
加利利　Galilee
加勒斯　Gales
加德斯　Gades
加拉戚亚　Galatia
圣彼得堡　St. Petersburg
圣路易山　hill of St. Louis
圣比比亚娜　St. Bibbiana
圣罗曼—昂—加耳　Saint Romain en Gal
圣马丁—阿姆—巴克尔　St. Martin-am-Bacher
卢纳　Luna
卢昂　Rouen
卢森堡　Luxembourg
卢特戚亚　Lutetia
卢西塔尼亚　Lusitania
皮祖斯　Pizus
皮尔斯桥　Piercebridge
皮西迪亚　Pisidia
皮款土姆　Piquentum
皮切努姆　Picenum
兰斯　Rheims

兰比里迪　Lambiridi
兰贝西斯　Lambaesis
兰普萨库斯　Lampsacus
弗朗乔锡　Franciosi
弗里季亚　Phrygia
弗拉维攸堡　Flaviopolis
弗拉维约布里加　Flaviobriga
印度　India
印度河　Indus R.
印度支那　Indo-China
古苏锡　Gusuŝi
古尔曾锡斯　Gurzensis
艾拉　Aila
艾恩—祖瓦临　Ain Zouarine
本都　Pontus
东方　East
汉朝　Han dynasty
台伯河　Tiber R.
外约旦　Transjordan
幼发拉底　Euphrates
纠留斯庄　Villa Giulia

卡尔皮人　Carpi
卡尔尼部　Carni
卡里亚人　Carians
卡塔利部　Catali
卡累契亚人　Callaeecians
卡帕多契亚人　Cappadocians
加勒底人　Chaldaeans
加拉戚亚农民　Galatian Peasants
加腊曼特斯人　Garamantes
布匿人　Punic

布勒米耶斯人　Blemmyes
尼布杰尼部　Nybgenii
尼契维布斯部　Nicivibus
闪米特人　Semitic
闪米特—马其顿人　Semitic-Macedonian
印欧人　Indo-European
弗里吉亚人　Phrygians
皮鲁斯特人　Pirustae

六　画

安娜　Annoë
安土斯　Anthus
安东尼　Antony
安努斯　Annaeus
安德森，J. G. C.　Anderson，J. G. C.
安托尼讷　Antonine
安东纽斯，M.　Antonius，M.
安托尼雅　Antonia
安东尼努斯　Antonines
安提哥尼德　Antigonids
安东纽斯·纳索，L.　Antonius Naso，L.
安提斯丘斯氏　Antistii
安提斯特芮斯　Antisthenes
安东尼尼亚努斯　Antoninianus
安努斯·弗洛鲁斯　Annaeus Florus
安戚约库斯三世　Antiochus III
安东尼努斯·皮攸斯　Antoninus Pius
安纽斯·弗洛里亚努斯，M.　Annius Florianus，M.
安纽斯·屋大维·瓦勒里亚努斯　Annius Octavius Valerianus
西采　Psyches
西蒙　Simon
西夫金，J.　Sieveking，J.
西丘斯，P.　Sittius，P.
西塞罗　Cicero
西克，鄂托　Seeck，Otto
西耳瓦努斯　Silvanus
西耳瓦努斯·多梅斯提库斯　Silvanus Domesticus
西多纽斯·阿波利纳里斯　Sidonius Apollinaris
托勒密　Ptolemy
托尔斯泰，J.　Tolstoi，J.
托马塞提，P.　Tomassetti，P.
托勒牟斯　Ptolemaeus
托勒密·阿皮雍　Ptolemy Apion
托勒密·索特尔　Ptolemy Soter
托勒密·菲拉德尔富斯　Ptolemy Philadephus
托勒密·欧尔杰特斯二世　Ptolemy Euergetes II
亚历山大　Alexander
亚里士多德　Aristotle
亚历山大一世　Alexander I
亚历山大二世　Alexander II
亚历山大，C. 尤留斯 Alexander，C. Julius
亚历山大，Ti. 尤留斯 Alexander，Ti. Julius
亚历山大·延芮乌斯　Alexander

伊季耳季利　Igilgili
伊斯的利亚　Istria
伊斯坦布尔　Istanbul
伊斯帕利斯　Hispalis
伊斯佩卢姆　Hispellum
伊斯特利亚　Histria
伊斯特鲁斯　Istrus
伊波—迪亚里土斯　Hippo Diarrhytus
安息　Parthia
安曼　Amman
安蒙　Ammon
安努纳　Announa
安特顿　Anthedon
安契腊　Ancyra
安提诺堡　Antinoupolis
安梅达腊　Ammaedara
安蒂奥克　Antioch
安基亚卢斯　Anchialus
安提托罗斯　Antitaurus
安蒂奥基亚　Antiochia
安蒂奥基亚—皮西迪亚　Antiochia Pisidia
亚述　Assyria
亚洲　Asia
亚克兴　Actium
亚速海　Sea of Azov
亚德尔　Iader
亚美尼亚　Armenia
亚德里亚海　Adriatic Sea
亚历山大里亚　Alexandria
米兰　Milan
米娄　Mileu
米拉萨　Mylasa
米诺斯　Minos
米勒土斯　Miletus
米斯特里　Misteri
米塞努姆　Misenum
达勒姆　Durham
达契亚　Dacia
达尔马提亚　Dalmatia
达尔达尼亚　Dardania
达伦堡—萨格利约　Daremberg-Saglio
达尔—布克—安梅腊　Dar Buk Ammera
多利克　Doliche
多瑙河　Danube R.
多克勒亚　Doclea
多布鲁甲　Dobrudja
多里累乌姆　Dorylaeum
多德卡舍努斯　Dodecaschoenus
托米　Tomi
托罗斯　Taurus
托皮鲁斯　Topirus
托勒买斯　Ptolemais
托尔洛尼亚　Torlonia
托勒买斯—阿策　Ptolemais-Acê
西顿　Sidon
西安府　Si-anfu
西班牙　Spain
西西里岛　Sicily
约旦　Jordan
约克　York

约耳　Jol
约帕　Joppa
色雷斯　Thrace
色雷契亚　Thracia
色雷斯—米特里亚　Thraco-Mithria
吕西亚　Lycia
吕底亚　Lydia
丢姆　Dium
伦敦　London
红海　Red Sea
刚果　Congo
芝加哥　Chicago
迈锡尼　Mycenae
匈牙利　Hungary
尖蟹州　Oxyrhynchus
地中海　Mediterranean Sea, Mittelmeer
芒佐尼路　Viale Manzoni
那不勒斯　Naples
讷毛苏斯　Nemausus

伊朗人　Iranians
伊利里亚人　Illyrians
伊土雷亚人　Ituraeans
伊杜梅亚人　Idumaeans
伊伯利安人　Iberians
伊骚里亚人　Isaurians
色雷斯人　Thracians
色雷斯—伊利里亚人　Thraco-Illyrian
安息人　Parthians
安莫尼特人　Ammonites
达尔马提亚人　Dalmatians
达尔达尼亚人　Daldanians
吕西亚人　Lycians
吕底亚人　Lydians
地中海人　Mediterraneans
齐米曾塞斯部　Zimizenses
多克勒亚特斯部　Docleates

七　画

阿皮安　Appian
阿皮雅　Apia
阿皮雍　Apion
阿克苔　Acte
阿波洛　Apollo
阿菲雍　Apphion
阿梅隆,W.　Amelung,W.
阿提斯　Attis
阿什莫尔,B.　Ashmole,B.
阿布加里　Abgari
阿丘斯氏　Attii
阿利纳里　Alinari
阿努比斯　Anubis
阿格里帕　Agrippa
阿基米德　Archimedes
阿德里安　Hadrian
阿乌里詹玛,S.　Aurigenma,S.
阿尔达什尔　Ardashir
阿尔特米斯　Artemis
阿布拉米奇,M.　Abramic,M.
阿利皮攸斯　Alypius
阿格里皮娜　Agrippina
阿波洛纽斯　Apollonius

利契纽斯·瓦勒里亚努斯,P. Licinius Valerianus,P.
内罗 Nero
内尔瓦 Nerva
内梅西斯 Nemesis
内蕾伊德 Nereid
内普土努斯 Neptune
沃居厄,德 Vogüé,De
沃耳特兹,H. B. Walters,H. B.
沃卢西亚努斯 Volusianus
沃皮斯库斯·锡腊库休斯,弗拉维攸斯 Vopiscus Syracusius,Flavius
苏策苏斯 Sucesus
苏韦托纽斯 Suetonius
苏拉,L.科尔内留斯 Sulla,L. Cornelius
苏巴戚亚努斯·阿魁拉 Subatianus Aquila
里卡德,T. A. Rickard,T. A.
里克特,G. M. Richter,G. M.
里克特,G. F. Richter,G. F.
里卡里雍 Lycarion
劳姆,B. Laum,B.
劳弗尔,B. Laufer,B.
劳伦斯 Lawrence
努弗西斯 Nuffusis
努梅里亚努斯 Numerianus
努梅里攸斯·鲁夫斯,Q. Numerius Rufus,Q.
纳维纠斯 Navigius
纳尔契苏斯 Narcissus
纳布克贝卢斯 Nabyucbelus
希尔,G. F. Hill,G. F.
希尔施费尔德,O. Hirschfeld. O.
亨兹,C. Hentze,C.
亨宁,R. Henning,R.
辛马库斯 Symmachus
辛克洛斯 Synkellos
库皮德 Cupids
库比切克 Kubitschek
杜索,R. Dussaud,R.
杜萨雷斯 Dusares
麦克唐纳,乔治 Macdonald,George
麦克利斯,海伦 Mcclees,Helen
佐纳腊斯 Zonaras
佐西术斯 Zosimos
狄奥多西 Theodosius
狄奥多西一世 Theodosius I
坎达策 Candace
李比希,J. Liebig,J.
君士坦丁 Constantine
贡梅鲁斯,H. Gummerus,H.
沙普尔一世 Shapur I

阿耳 Arles
阿比拉 Abila
阿尔隆 Arlon
阿达纳 Adana
阿库拉 Achulla
阿拉伯 Arabia
阿特腊 Hatra
阿索斯 Assos
阿勒颇 Aleppo
阿腊圭 Araguê

阿斯塔　Hasta
阿提卡　Attica
阿凯亚　Achaea
阿普里　Apri
阿雷佐　Arezzo
阿尔巴诺　Albano
阿尔本加　Albenga
阿尔滕堡　Altenburg
阿加—贝伊　Aga Bey
阿布德腊　Abdera
阿西休姆　Asisium
阿米索斯　Amisos
阿杜利斯　Adulis
阿克苏姆　Axum
阿劳西约　Arausio
阿非利加　Africa
阿拉乌伊　Alaoui
阿帕梅亚　Apamea
阿昆库姆　Aquincum
阿特巴拉　Atbara
阿雷丘姆　Arretium
阿雷拉特　Arelate
阿普利亚　Apulia
阿普卢姆　Apulum
阿斯卡隆　Askalon
阿腊杜斯　Aradus
阿塞里亚　Asseria
阿魁努姆　Aquinum
阿魁累亚　Aquileia
阿比西尼亚　Abyssinia
阿瓦里库姆　Avaricum
阿尔及利亚　Algérie
阿尔卡迪亚　Arcadia
阿尔卑斯山　Alps Mts.
阿里亚努斯　Arrianius
阿杰丁库姆　Agedincum
阿波洛尼亚　Apollonia
阿奎—苏利斯　Aquae Sulis
阿斯土里卡　Asturica
阿魁塔尼亚　Aquitania
阿德里亚堡　Hadrianopolis
阿文森西斯镇　Civitas Avensensis
阿尔展托腊特　Argentorate
阿西尼亚努斯　Asinianus
阿耳提布罗斯　Althiburos
阿奎—塞克斯切　Aquae Sextiae
阿德鲁梅土姆　Hadrumetum
阿弗罗迪锡亚斯　Aphrodisias
阿尔多布拉齐尼　Aldobrandine
阿利卡尔纳苏斯　Halicarnassus
阿格里皮嫩西斯　Agrippinensis
阿德里亚努特腊　Hadrianuthera
克夫　Kef
克尔玛　Kerma
克耳西　Kelsey
克里特　Crete
克卢尼亚　Clunia
克罗芮亚　Chaeronea
克拉伦登　Clarendon
克里米亚　Crimea
克雷莫纳　Cremona
克尔索讷苏斯　Chersonesus
克劳迪亚—埃库姆　Claudia-Aequum

苏瓦　Sua
苏丹　Sudan
苏俄　Soviet Russia
苏斯　Sousse
苏萨　Susa
苏格兰　Scotland
苏门答腊　Sumatra
苏尔莫纳　Sulmona
苏费土拉　Sufetula
苏土努尔卡　Sutunurca
纳加　Naga
纳尔博　Narbo
纳罗纳　Narona
纳帕塔　Napata
纳波利斯　Neapolis
纳姆芮特斯　Namnetes
纳尔博嫩西斯　Narbonensis
希腊　Hellas, Greece
希尔姑兰　Herculaneum, Ercolano
希腊—非利士　Greco-Philisti
希腊—东方世界　Greco-Oriental World
希耶腊—锡卡米诺斯　Hiera Sykaminos
努马展　Neumagen
努比亚　Nubia
努米底亚　Numidia
努曼戚亚　Numantia
努姆卢利斯　Numlulis
利比亚　Libya
利尔邦　Lillebonne, Juliobonna
利纳雷斯　Linares
利科苏腊　Lycosura
杜加　Dougga
杜腊　Dura
杜罗斯托鲁姆　Durostorum
杜罗科尔托鲁姆　Durocortorum
库什　Cush
库卢　Chullu
库班　Kuban
里昂　Lyons
里耶提　Rieti
辛季杜努姆　Singidunum
辛菲罗波尔　Simferópol
劳迪策亚　Laodicea
劳里亚库姆　Lauriacum
伯克郡　Berkshire
伯罗奔尼撒　Peloponneses
沙俄　Tsarist Russia
犹太　Judaea
纽约　New York
远东　Far East
近东　Near East
来因河　Rhine R.
麦迪逊　Madison
忒息丰　Ctesiphon
条支王朝　Seleucids
佛罗伦萨　Florence
沃卢比利斯　Volubilis
芮萨克丘姆　Nesactium
坎博杜努姆　Cambodunum
狄奥多理王宫　Palace of Theodoric
岑特罗努姆—克劳迪亚斯镇　Forum Claudii Centronum

阿瓦梅部　Avamaean tribe
阿拉米人　Aramaeans
阿拉伯人　Arabian, Arabs
阿瑙尼部　Anauni
阿尔迪亚人　Ardiaeans
阿耳曼尼人　Alemanni
阿克苏姆人　Axumites
阿洛布罗杰部　Allobroges
阿斯图里亚人　Asturians
亚述人　Assyrians
亚细亚人　Asiatic
亚泽格人　Iazyges
亚美尼亚人　Armenians
亚普迪亚人　Iapudians
亚历山大里亚人　Alexandrians
克勒特人　Celts
克勒特—罗马人　Celto-Roman
克勒特—日耳曼部　Celto-German
克勒特—伊伯利安人　Celto-Iberians
克勒特—伊利里亚人　Celto-Illyrians
利比亚人　Libyans
利古里亚人　Ligurian
利布尔尼亚人　Liburnians
苏甘布里人　Sugambri
苏布尔布雷斯部　Suburbures
沃尔西人　Volscians
沃孔提部　Vocontii
库什人　Cushites
犹太人　Jews
希腊人　Hellene, Greek
汪达尔人　Vandals
努米达部　Numidae
岑特罗芮斯人　Centrones
纳塔布特斯部　Nattabutes

八　画

迪尔　Diehl
迪平提　Dipinti
迪亚娜　Diana
迪曼德，M.　Dimand, M.
迪底木斯　Didymus
迪约尼休斯　Dionysius
迪约尼索斯　Dionysos
迪约·卡休斯　Dio Cassius
迪约多鲁斯　Diodorus
迪约杰讷斯　Diogenes
迪约斯库里　Dioscuri
迪滕伯格尔　Dittenberger
迪约克勒戚安　Diocletian
迪米特里厄斯　Demetrius
迪约尼索多鲁斯　Dionysodorus
迪丢斯·尤利亚努斯　Didius Julianus
迪约·克里索斯托姆　Dio Chrysostom
迪米特里厄斯·波利约尔策特斯　Demetrius Poliorcetes
佩沙特　Peshate
佩尔休斯　Persius
佩尔尼斯，E.　Pernice, E.
佩伦尼斯　Perennis
佩特尔森，E. E.　Petersen, E. E.

武利奇,N.　Vulič,N.
武耳卡努斯　Vulcanus
杭特　Hunt
舍恩,R.　Schöne,R.
彼得,H.　Peter,H.
宙斯　Zeus
耶罗二世　Hiero II
泽诺比雅　Zenobia
季斯蒙迪,I.　Gismondi,I.
英杰努乌斯　Ingenuus
金贝尔,菲斯克　Kimbell,Fiske
昆提卢斯,M.奥雷留斯·克劳迪亚斯　Quintillus,M. Aurelius Claudius

佩拉　Pella
佩尼纳　Poenina
佩利尼　Paeligni
佩特腊　Petra
佩尔加蒙　Pergamon
佩尼纳谷　Vallis Poenina
佩西努斯　Pessinus
佩托维约　Poetovio
佩特罗沙　Pétrossa
佩特雷亚　Petraea
佩鲁西亚　Perusia
佩奥尼亚　Paeonia
佩临土斯　Perinthus
波兰　Poland
波拉　Pola
波河　Po R.
波恩　Bonn
波斯　Persia
波斯湾　Persian Gulf
波罗的海　Baltic Sea
波洛尼亚　Bologna
欧洲　Europe
欧贝亚　Euboea
欧德纳　Oudna
欧帕托里亚　Eupatoria
欧赫梅里亚　Euhemeria
欧埃德—阿特梅尼亚　Oued Atmenia
帕耳米腊　Palmyra
帕伦丘姆　Parentium
帕拉丘姆　Palatine
帕诺尔木斯　Panormus
帕雷托纽姆　Paraetonium
帕勒斯特里纳　Palestrina
拉万　Lavan
拉丁姆　Latium
拉特朗　Lateran
拉科尼亚　Laconia
拉巴特—安蒙　Rabbath-Ammon
罗马　Rome
罗得　Rhodes
罗马尼亚　Romania
罗托马古斯　Rotomagus
罗迪亚波利斯　Rhodiapolis
英格兰,英国　England
英特尔契萨　Intercisa
英特腊姆纳　Interamna
英斯—布朗德耳府　Ince Blundell Hall

九　画

R. G.
科尔特,M. 德拉　Corte,M. Della
科尔芮留斯·加卢斯　Cornelius Gallus
科尔芮留斯·普里莫杰纳斯,L. Cornelius Primogenes,L.
贺布森,H. L.　Hobson,H. L.
贺拉西　Horace
贺莫耳,Th.　Homolle,Th.
贺姆,哥尔东　Home,Gordon
贺斯菲尔德,G.　Horsfield,G.
施泰林,F.　Stähelin,F.
施内贝尔,M.　Schnebel,M.
施赖贝尔,Th.　Schreiber,Th.
契普里安　Cyprian
契科里攸斯,C.　Cichorius,C.
屋大维　Octavian
屋大维安努斯　Octavianus
费尼克,E.　Fernigue,E.
费雷罗　Ferrero
珀扎尔,M.　Pe'zard,M.
拜格贝,R.　Beigel,R.
奎里纽斯　Quirinius
洛埃施克,S.　Loeschke,S.
哈佛菲耳德,F.　Haverfield,F.
恺撒,C. 尤留斯　Caesar,C. Julius

科隆　Cologne
科木姆　Comum
科林斯　Corinth
科尔杜巴　Corduba
科西嘉岛　Corsica
科洛威安　Colotian
科派斯湖　Lake Kopais
科普托斯　Coptos
科戚耶乌姆　Cotiaeum
科斯托拉茨　Kostolatz
美国　United States
美洲　America
美因河　Main R.
美因兹　Mainz
美索不达米亚　Mesopotamia
契比腊　Cibyra
契尔塔　Cirta
契留姆　Cillium
契齐库斯　Cyzicus
契利契亚　Cilicia
南特　Nantes
南地中海　Southern Mediterranean
南努比亚　Southern Nubia
南日耳曼尼亚　South Germany
哈佛　Harvard
哈马特　Hamath
费赞　Fezzan
费拉德尔菲亚　Philadelphia
拜占庭　Byzantium
拜托采策　Baitocaece
突尼斯　Tunisie,Tunis
突尼西亚　Tunisia
叙利亚　Syria
叙利亚—腓尼基港　Syro-Phoenician harbours
柏林　Berlin
挪威　Norway

俄国,俄罗斯　Russia
勃艮第　Burgundy
奎库耳　Cuicul
兹利滕　Zliten
娄贝里山　Lowbury Hill
保加利亚　Bulgaria
威斯康星　Wisconsin
施瓦尔茨瓦耳德山　Schwarzwald Mt.

突厥人,土耳其人　Tark,Turkish
叙利亚人　Syrians
柏柏尔人　Berber
科拉皮亚尼部　Colapiani

十　画

埃罗甸　Herodian
埃罗德　Herod
埃格尔,R.　Egger,R.
埃赖丝　Herais
埃德加,C. C.　Edgar,C. C.
埃尔姆斯　Hermus
埃西奥德　Hesiod
埃利约斯　Helios
埃里特雷　Erythrael
埃留西斯　Eleusins
埃皮凡讷斯　Epiphanes
埃尔库勒斯　Hercules
埃拉加巴尔　Elagabal
埃罗尼努斯　Heroninus
埃尔加梅讷斯　Ergamenes
埃尔莫杰尼安　Hermogenian
埃尔莫菲卢斯　Hermophilus
埃米利亚努斯　Aemilianus
埃拉加巴卢斯　Elagabalus
埃留斯·加卢斯　Aelius Gallus
埃斯佩朗迪厄,E.　Espérandieu,E.
埃利约加巴卢斯　Heliogabalus
埃留斯·廷米努斯,L.　Aelius Timmius,L.
埃兰纽斯·弗洛鲁斯,L.　Herennius Florus,L.
埃皮丢斯·伊梅努斯　Epidius Hymenaeus
埃杜卢斯,P. 佩雷留斯　Hedulus,P. Perelius
埃德罗斯·阿提库斯　Herodes Atticus
埃维林·怀特—奥利佛　Evelyn White-Oliver
埃留斯·阿里斯提德斯　Aelius Aristides
埃米留斯·塞韦里努斯,L.　Aemilius Severinus,L.
埃尔维迪斯·普里库斯　Helvidius Priscus
埃兰纽斯·莫德斯提努斯,　L. Herennius Modestinus,L.
埃米利亚努斯,M. 埃米留斯　Aemilianus,M. Aemilius
特里通　Triton
特兰丘斯,M.　Terentius,M.
特罗佩阿,G.　Tropea,G.
特伦提耶夫　Terentiev

特鄂尼努斯 Theoninus
特翁,C.尤留斯 Theon,C. Julius
特里马尔基约 Trimalchio
特里托勒莫斯 Triptolemos
特米斯托克勒斯 Themistocles
特拉塞阿·佩土斯 Thrasea Paetus
特雷贝留斯·波利约 Trebellius Pollio
特尔木塔丽雍,奥雷莉雅 Thermutharion,Aurelia
格契 Goetschy
格弗肯 Geffcken
格雷文,H. Graeven,H.
格塞尔,S. Gsell,S.
格尼尔斯,A. Gnirs,A.
格里菲思 Griffith
格里符兹,I. Greaves,I.
格临费耳 Grenfell
格腊恩姆,A. Graham,A.
格雷哥里 Gregory
格拉古,加攸斯 Gracchus,Gaius
格拉古,提贝里攸斯 Gracchus,Tiberius
索耳 Sol
索利努斯 Solinus
索罗土斯 Sorothus
索伯特鲁斯 Sopatrus
索格利亚诺,A. Sogliano,A.
诺加腊,B. Nogara,B.
诺尔巴努斯氏 Norbani
诺尔巴娜·克拉腊 Norbana Clara
哥尔甸 Gordian
哥尔甸三世 Gordian III
哥尔迪亚努斯,M.安东纽斯 Gordianus,M. Antonius
莫尔根 Morgan
莫雷提,G. Moretti,G.
莫希约尼 Moscioni
桑克提,G.德 Sanctis,G. de
桑达尔斯,H. Sandars,H.
恩曼 Enmann
恩纽斯 Ennius
荷尔 Hohl
涅基,F. Gnecchi,F.
泰勒,M. V. Taylor,M. V.
朔贝尔,A. Schober,A.
莉维雅 Livia
高克勒尔,P. Gauckler,P.
宾科夫斯基,P. Bienkowski,P.

埃及 Egypt
埃札尼 Aezani
埃努斯 Aenus
埃莫纳 Emona
埃梅萨 Emesa
埃德萨 Edessa
埃耳—杰姆 El-Djem
埃耳—奥亚 El-Auja
埃托里亚 Aetolia
埃里克斯 Eryx
埃梅里塔 Emerita
埃斯库斯 Oescus
埃皮法尼亚 Epiphania
埃皮道鲁姆 Epidaurum

埃布腊库姆　Eboracum
埃尼亚戚亚　Egnatia
埃波雷迪亚　Eporedia
埃特鲁里亚　Etruria
埃塞俄比亚　Ethiopia
埃皮达姆努斯　Epidamnus
埃利约波利斯　Heliopolis
特里尔　Trjer
特杰亚　Tegea
特拜德　Thebaid
特腊索　Thraso
特雷韦　Trèves
特韦斯特　Theveste
特拉莫讷　Telamone
特勒普特　Thelepte
特斯塔乔　Testaccio
特尔杰斯特　Tergeste
特尔梅苏斯　Termessus
特里登土姆　Tridentum
特萨洛尼卡　Thessalonica
特奥多西亚　Theodosia
特腊佩祖斯　Trapezus
特雷比宗德　Trebizond
特雷斯米斯　Trossmis
特兰西瓦尼亚　Transylvania
特阿德耳菲亚　Theadelphia
特腊科尼提斯　Trachonitis
特罗佩乌姆—图拉亚尼　Tropaeum Traiani
索巴　Soba
索达　Soda
索耳瓦　Solva
索阿达　Soada
索非亚　Sofia
索马里兰　Somaliland
索科特腊　Socotra
索马涅教堂　Ch. Saumagne
索尔兹伯里　Salisbury
索克诺帕尤—芮索斯　Soknopaiou Nesos
格兰德　Grand
格洛斯　Glos
格齐雷赫　Gezireh
格伊利山　Gebel Geili
格勒武姆　Glevum
格洛斯特郡　Gloucesterstire
格罗弗桑克　Graufesenque
格腊尼亚诺　Gragnano
诺韦　Novae
诺曼底　Normandy
诺韦休姆　Novaesium
诺里库姆　Noricum
诺森伯兰郡　Northumberland
诺维约马古斯　Noviomagus
高卢　Gaul
高加索　Caucasus
高卢—科马塔　Gallia Comata
高卢—贝尔吉卡　Gallia Belgica
高卢—卢古杜嫩西斯　Gallia Lugudunensis
高卢—纳尔博嫩西斯　Gallia Narbonensis
莫斯科　Moscow
莫洛西亚　Molossia

莫根恰库姆　Moguntiacum
陶努斯　Taunus
陶罗梅纽姆　Tauromenium
透尔尼亚　Teurnia
透达利斯　Theudalis
哥尔廷　Gortyn
哥耳哥塔　Golgotha
爱琴海　Aegean Sea
爱德尔纳　Edirne
恩毛斯　Emmaus
恩坡里乌姆　Emporium
桑市　Sens
都灵　Turin,Torino
顿河　Don R.
唐朝　T'ang dynasty
热那亚　Genoa
朗格勒　Langres
翁布里亚　Umbria
宾夕法尼亚　Pennsylvania

埃及人　Egyptians
埃魁人　Aequians
埃特鲁里亚人　Etruscan
埃塞俄比亚人　Ethiopians
埃斯戚约芮斯人　Estiones
哥特人　Goths
哥特—罗马人　Gotbo-Roman
陶里亚人　Taurians
陶兰戚亚人　Taulantians
高卢人　Gauls
诺巴德斯人　Nobades
特雷韦里部　Treveri
恩克累亚人　Encheleians
翁布里—萨贝利人　Umbro-Sabellians

十一画

维尔肯　Wilcken
维吉尔　Virgil
维纳斯　Venus
维罗洛,Ch.　Virolleaud,Ch.
维索瓦,G.　Wissowa,G.
维斯妲　Vesta
维尔土斯　Virtus
维特留斯　Vitellius
维斯孔提,C. L.　Visconti,C. L.
维克托里努斯　Victorinus
维厄福瑟,A. 埃隆·德　Villefosse,A. Héron de
维纳斯·蓬佩雅娜　Venus Pompeiana
维克托尔,奥雷留斯　Victor,Aurelius
维克托里努斯,M. 皮亚沃纽斯　Victorinus,M. Piavonius
菲洛　Philo
菲利普　Philip
菲利皮　Philippi
菲洛夫,B.　Filow,B.
菲利里约　Phillyrio
菲利普一世　Philip I
菲利佩维厄　Philippeville
菲洛达木斯　Philodamus
菲洛帕托尔　Philopator

菲洛梅托尔　Philometor
菲拉德尔富斯　Philadelphus
菲洛斯特腊土斯　Philostratus
萨尔,F.　Sarre,F.
萨尔维安　Salvian
萨珊　Sassanid
萨腊皮翁　Sarapion
萨尔维约利,G.　Salvioli,G.
萨博伦塞斯　Saborenses
萨土尔尼努斯,尤留斯　Saturninus,Julius
萨克萨努斯,西耳瓦努斯　Saxanus,Silvanus
鄂托　Otho
鄂鲁斯　Horus
鄂伊尔特耳　Oertel
鄂芮西木斯　Onesimus
鄂德纳土斯　Odenathus
鄂普腊莫阿斯　Opramoas
鄂斯提利亚努斯　Hostilianus
鄂佩留斯·马克里努斯,M.　Opellius Macrinus,M.
梅尔兰,A.　Merlin,A.
梅杜萨　Medusa
梅南德尔　Menander
梅萨利娜　Messalina
梅策纳斯,C.　Maecenas,C.
梅尔库里攸斯　Mercury
梅尔库里攸斯·格里纽斯　Mercurius Gehrinjus
累土斯　Laetus
累内尔,H.　Lehner,H.
累曼—哈尔特累本,K.　Lehmann-Hartlebem,K.
累留斯·埃拉斯土斯　Laelius Erastus
勒维,E.　Loewy,E.
勒卡纽斯　Laekanii
勒克里万,Ch.　Lecrivain,Ch.
勒格兰德,A.　Legrand,A.
梭伦　Solon
曼契亚　Mancia
崩卡尔特　Boncart
康莫杜斯　Commodus

萨法　Safa
萨宾　Sabin
萨夫河　Save R.
萨卡翁　Sakaon
萨克腊　Sacra
萨洛纳　Salona
萨谟奈　Samnit
萨摩斯　Samos
萨瓦里亚　Savaria
萨尔迪斯　Sardis
萨布腊塔　Sabratha
萨拉里亚　Salaria
萨锡克斯　Sussex
萨姆纽姆　Samnium
萨腊皮斯　Sarapieion
梅雷　Meroë
梅丹纳　Medeina
梅西亚　Moesia
梅萨纳　Messana

梅德利　Medeli
梅达木特　Medamut
梅拉杰尔　Meleager
梅森布里亚　Mesembria
梅骚瓦腊特　Mesauvarat
梅尔库里攸斯村　pagus Mercurialis
梅迪约拉努姆—散托努姆　Mediolanum Santonum
维也纳　Vienna
维苏威　Vesuvius
维罗纳　Verona
维帕斯卡　Vipasca
维策戚亚　Vicetia
维鲁努姆　Virunum
维米纳秋姆　Viminacium
鄂亚　Oea
鄂耳比亚　Olbia
鄂斯雷芮　Osrhoëne
鄂德里斯　Odrysi
鄂德索斯　Odessos
鄂罗劳努姆　Orolaunum
勒札赫　Ledjah
勒根斯堡　Regensburg
勒普契斯　Lepcis
勒乌克—科梅　Leuke Kome
菲利皮　Philippi
菲利波波利斯　Philippopolis
基腊甘　Chiragan
基尔凯里雅诺　Kircheriano
康帕尼亚　Campania
康斯坦茨　Constance
第戎　Dijon
第聂伯河　Dnieper R.
崩纳　Bonna
密执安　Michigan
梵蒂冈　Vatican
隆迪纽姆　Londinium

梅雷人　Meroites
梅西亚人　Moesians
梅泽亚人　Maezaeans
梅奥特人　Maeotians
萨谟奈人　Samnites
萨尔马特人　Sarmatians
萨法伊特人　Safaites
萨博伊德斯部　Saboides
维伊人　Veii
基尼提部　Chinithi
培奥尼亚人　Paeonians
鄂克托杜鲁斯人　Octodurenses

十 二 画

普龙,M.　Prou,M.
普安索,L.　Poinssot,L.
普卢戚翁　Plution
普苿努斯　Pupienus
普森特斯　Psentes
普卢塔尔克　Plutarch
普里亚特利,K.　Prijatelj,K.
普里斯库斯　Priscus
普里雅普斯　Priapus
普罗伊讷尔　Preuner
普罗库卢斯　Proculus
普赖济希克,F.　Preisigke,F.

斯塔索夫,V.　Stassoff,V.
斯蒂科蒂,P.　Sticotti,P.
斯克腊巴尔,V.　Skrabar,V.
斯特朗夫人　Mrs. Strong,A.
斯普里攸斯　Spurius
斯科佩利亚努斯　Scopelianus
斯特尔齐果夫斯基,J. Strzygowski,J.
提土斯　Titus
提布卢斯　Tibullus
提贝里攸斯　Tiberius
提杰留斯·亚利苏斯,M.　Tigellius Ialysus,M.
提梅西透斯,C. 富里攸斯·萨比努斯·阿魁拉　Timesitheus,C. Furius Sabinius Aquila
博耳,F.　Boll,F.
博克,A. E. R.　Boak,A. E. R.
博尔曼,E.　Bormann,E.
博德利　Bodlei
博诺苏斯　Bonosus
雅努斯　Janus
雅科诺,L.　Jacono,L.
雅基木斯　Jakimus
塔西陀　Tacitus
塔克法里纳斯　Tacfarinas
塔西陀,M. 克劳迪亚斯　Tacitus,M. Claudius
富凯　Fouquet
富尔特文格勒尔,A.　Furtwängler,A.
富里攸斯·屋大维亚努斯,C.　Furius Octavianus,C.
琼斯,A. H. M.　Jones,A. H. M.
琼斯,H. 斯图亚特　Jones,H. Stuart
舒马赫,K.　Schumacher,K.
舒耳滕　Schulten
鲁宾逊,E.　Robinson,E.
策雷斯　Ceres
腊姆济,威廉　Ramsay,William
散普锡杰腊木斯　Sampsigeramus

塔拉　Tala
塔曼　Taman
塔卡佩　Tacape
塔奈斯　Tanais
塔帕斯　Tapace
塔腊科　Tarraco
塔木加迪　Thamugadi
塔巴尔卡　Tabarka
塔尔苏斯　Tarsus
塔尔锡安　Tarsian
塔兰土姆　Tarentum
塔布腊卡　Thabraca
塔纳塔蒙　Tanatamon
塔帕鲁腊　Taparura
塔普苏斯　Thapsus
塔腊科嫩西斯　Tarraconensis
奥顿　Autun
奥地利　Austria
奥契萨　Aucissa
奥林匹亚　Olympia
奥格斯堡　Augsburg
奥斯蒂亚　Ostia

奥龙特斯河　Orontes
奥腊尼提斯　Auranitis
奥古斯托杜努姆　Augustodunum
奥古斯塔—劳里卡　Augusta Raurica
奥古斯塔—图拉亚纳　Augusta Traiana
奥古斯塔—陶里诺鲁姆　Augusta Taurinorum
奥古斯塔—普雷托里亚　Augusta Praetoria
奥古斯塔—文德利科鲁姆　Augusta Vindelicorum
奥古斯塔—特雷韦罗鲁姆　Augusta Treverorum
斯巴达　Sparta
斯托比　Stobi
斯库皮　Scupi
斯基台　Scythia
斯塔别　Stabiae
斯米尔纳　Smyrna
斯克拉尼　Skelani
斯法克斯　Sfax
斯普利特　Split
斯波勒丘姆　Spoletium
斯特拉斯堡　Strasbourg
斯卡尔班戚亚　Scarbantia
斯卡普托帕雷　Scaptopare
斯堪的纳维亚　Scandinavia
斯特腊托尼策亚　Stratonicea
提尔　Tyre
提尼卡　Thignica
提亚纳　Tyana
提沃利　Tivoli
提帕萨　Tipasa
提腊斯　Tyras
提比利斯　Thibilis
提巴里斯　Thibaris
提洛斯岛　Delos
提姆加德　Timgad, Thamugadi
提贝里亚斯　Tiberias
提耳—夏特耳　Til-Chatel
普图伊　Ptuj
普鲁萨　Prusa
普里米斯　Primis
普特约利　Puteoli
普洛提娜堡　Plotinopolis
普鲁西亚斯　Prusias
普雷讷斯特　Praeneste
普雷姆尼斯　Premnis
腊万纳　Ravenna
腊戚亚里亚　Ratiaria
腊提斯崩　Ratisbon
策累　Cellae
策累亚　Celeia
策勒芮　Celaenae
博尔季亚　Borgia
博斯特腊　Bostra
博斯普鲁斯　Bosporus
博斯科雷阿勒　Boscoreale
博尔季—杰迪德　Bordj-Djedid
博阿里攸姆广场　Forum Boarium
散特　Saintes
散康太讷尔　Cinquantenaire

黑海　Black Sea
黑森林　Black Forest
雅典　Athens
雅努斯神庙　Temple of Janus
腓尼基　Phoenicia
蒂萨河　Theiss R.
鲁西卡德　Rusicade
渥克卢塞　Vaucluse
彭塔波利斯　Pentapolis
喀什尔—伊布里姆　Kasr-Ibrim

斯巴达人　Spartan
斯拉夫人　Slavs
斯基台人　Scythians
斯基台—色雷斯人　Scytho-Thracian
雅典人　Athenians
雅利安人　Aryans
腓尼基人　Phoenicians
博腊尼人　Borani
奥斯坎人　Oscan

十 三 画

塞利曼　Seligman
塞格雷,A.　Segré,A.
塞斯通,W.　Seston,W.
塞韦鲁斯　Severus
塞尔维攸斯　Servius
塞昆迪纽斯氏　Secundinii
塞普提米攸斯　Septimius
塞內卡,L.安努斯　Seneca,L. Annaeus
塞普提米攸斯·塞韦鲁斯，L.　Septimius Severus,L.
福尔斯　Fortis
福克斯,G. E.　Fox,G. E.
福尔土娜　Fortuna
福斯特尔　Foerster
福雷斯契厄,A.　Forestier, A.
福尔土娜·蕾杜克　Fortuna Redux
赖斯,E.　Reisch,E.
赖纳赫,S.　Reinach,S.
赖斯讷尔,G.　Reisner,G.
鲍卢斯　Paulus
鲍利努斯　Paulinus
蒙森,Th.　Mommsen,Th.
蒙特留斯　Montelius
雷季卢斯　Regillus
雷加利亚努斯　Regalianus
魁耶土斯　Quietus

塞伊　Sei
塞尼亚　Senia
塞姆塔　Semta
塞萨利　Thessaly
塞温特　Caerwent
塞巴斯特　Sebaste
塞尔迪卡　Serdica
塞尔维亚　Serbia
塞古西约　Segusio
塞浦路斯　Cyprus
塞诺芮斯　Senones
塞琉契亚　Seleuceia
塞韦鲁斯城　Severan town

塞琉契亚—切西丰　Seleuceia-Ctesiphon
锡卡　Sicca
锡什亚　Siscia
锡诺普　Sinope
锡尔特斯　Syrtes
锡提菲斯　Sitifis
锡腊库塞　Syracuse
锡尔米攸姆　Sirmium
锡耳彻斯特　Silchester
雷米　Remi
雷诺　Reno
雷戚亚　Raetia
意大利　Italy
意大利卡　Italica
瑞士　Switzerland
瑞典　Sweden
福利尼奥　Foligno
福尔米亚努斯　Formianus
蒙古　Mongolia
路夫勒　Louvre
蓬佩伊　Pompeii
窦耳土姆　Deultum
鲍塔利亚　Pautalia
瑙克腊提斯　Naucratis

意大利人　Italians
福凯亚人　Phocaeans
蓬佩伊人　Pompeians

十 四 画 以 上

赫腊　Hera
赫尔曼,P.　Herremann,P.
赫卡特　Hecate
赫特兰　Heitland
赫尔梅斯　Hermes
赫耳比希,W.　Helbig,W.
赫克勒尔,A.　Hekler,A.
赫特芮尔　Hettner
赫瑟林顿,A. L.　Hetherington,A. L.
赫发斯托斯　Hephaistos
赫腊克勒斯　Heracles
赛特　Sait
赛斯　Sayce
蔡侬　Zenon
察恩,R.　Zahn,R.
德莫特,G. T.　Demotte,G. T.
德梅特尔　Demeter
德鲁苏斯　Drusus
德耳布吕克,R.　Delbrück,R.
德克西普斯　Dexippus
德策巴卢斯　Decebalus
德雷克塞尔　Drexel
德腊根多尔夫,H.　Dragendorff,H.
德秋斯,C.　梅休斯·昆土斯·图拉亚努斯　Decius,C. Messius Quintus Traianus
霍尔,H. R.　Hall,H. R.
霍尔,R. W.　Hall,R. W.
霍格思,D. G.　Hogarth,D. G.
儒盖,P.　Jouguet,P.
穆索纽斯　Musonius
戴索　Dessau

戴维斯,N.　Davis,N.
戴格腊西,N.　Degrassi,N.

赫梯　Hittites
赫利亚　Heliasts
赫尔木斯　Hermus
赫普塔科米亚　Heptakomia
赫尔木波利斯　Hermupolis
赫腊克勒阿—林策斯提斯　Heraclea Lyncestis
豪兰　Hauran
赛伦塞斯特　Cirencester
嘎里耶—舒贝赫　Ghariyé-Shoubeih
德国,日耳曼　Germany
德比郡　Derbyshire
德尔斐　Delphi
德鲁兹　Druz
德黑兰　Teheran
德拉瓦河　Drave R.
德里努斯　Drinus
德卡波利斯　Decapolis
德耳米纽姆　Delminium
德涅斯特河　Dniester R.
撒丁岛　Sardinia
撒哈拉　Sahara
撒马利亚　Samaria
潘诺尼亚　Pannonia
潘提卡佩乌姆　Panticapaeum
黎巴嫩　Lebanon
摩泽尔河　Moselle R.
默兹　Meuse

赫尔维蒂人　Helvetii
潘诺尼亚人　Pannonians
潘提卡佩乌斯人　Panticapaeans
摩尔人　Moors

图书在版编目(CIP)数据

罗马帝国社会经济史:全2册/(美)M.罗斯托夫采夫著;马雍,厉以宁译.—北京:商务印书馆,2017
(汉译世界学术名著丛书:120年纪念版:珍藏本)
ISBN 978-7-100-14146-8

Ⅰ.①罗… Ⅱ.①M… ②马… ③厉… Ⅲ.①罗马帝国—社会发展史 Ⅳ.①K126

中国版本图书馆CIP数据核字(2017)第137880号

汉译世界学术名著丛书
(120年纪念版·珍藏本)
罗马帝国社会经济史
(全二册)
〔美〕M.罗斯托夫采夫 著
马 雍 厉以宁 译

商 务 印 书 馆 出 版
(北京王府井大街36号 邮政编码100710)
商 务 印 书 馆 发 行
南京爱德印刷有限公司印刷
ISBN 978-7-100-14146-8

2017年12月第1版 开本710×1000 1/16
2017年12月第1次印刷 印张49¼
定价:238.00元